BUNDESKUNSTHALLE **HIRMER**

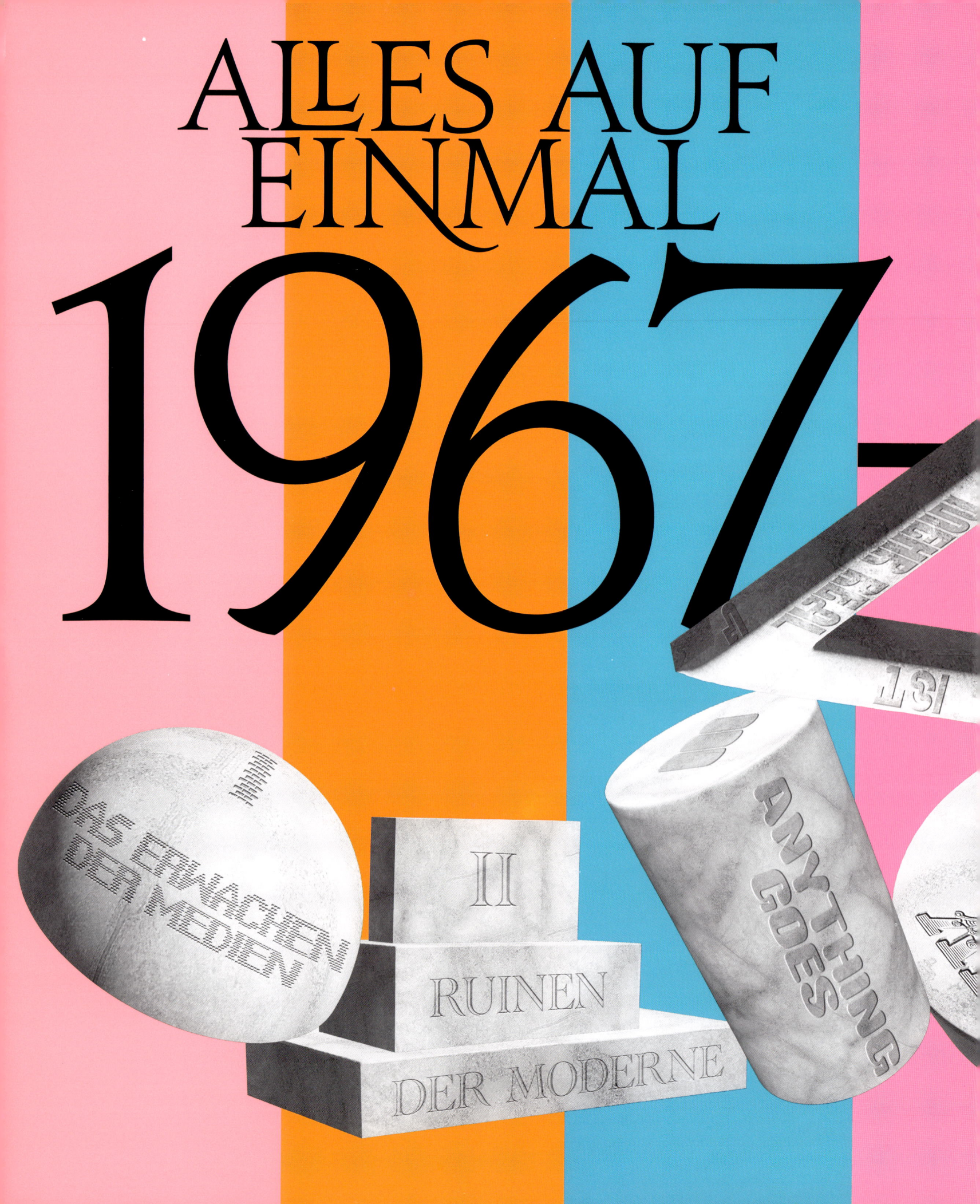

13
VORWORT
Eva Kraus

16–41
DAS ERWACHEN DER MEDIEN

42
IN DER ZWEITEN POSTMODERNE
Kolja Reichert

48
"DER MODERNE GING ES UM FLOSKELN, DER POSTMODERNE UM KONTEXT"
Neville Brody

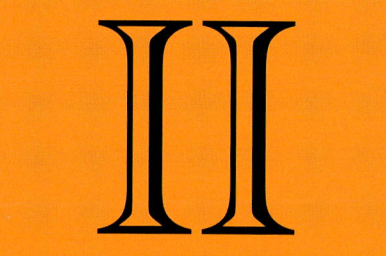

56–79
RUINEN DER MODERNE

80
SPRENGLADUNGEN AUS DER VERGANGENHEIT
Oliver Elser

88
"LE CORBUSIER IST EIN ESEL"
Denise Scott Brown

98
HELIKOPTERFLUG ÜBER DIE GEGENWART
Sylvia Lavin

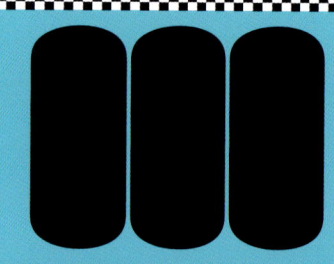

106–127
ANYTHING GOES

128
KRITISCHE THEORIE, POSTMODERNE UND POSTKOLONIALISMUS
Nikita Dhawan

134
ÄSTHETISCHE VERDINGLICHUNG. OPERATIONEN DES POSTMODERNEN
Gertrud Koch

140
DIE POSTMODERNE IM GLOBALEN FINANZSYSTEM
Moritz Schularick & Joseph Vogl

148–163
PROTECT ME FROM WHAT I WANT

164

ALLES AUF EINMAL. WAS LERNEN WIR HEUTE AUS DER POSTMODERNE?

Eva Kraus

172

„ICH WAR IMMER DAVON ÜBERZEUGT, DASS ARCHITEKTUR KRITIK IHRER SELBST SEIN KANN."

James Wines

180–197

NICHTS IST MEHR REAL

198

FERNSEHEN UND ARCHITEKTUR IN DEN 1980ER-JAHREN

Léa-Catherine Szacka

198

DAS INTERNET VOR DEM INTERNET: FRÜHE NETZKULTUR

New Models & Kevin Driscoll

VI

212–229

KULTUR & KAPITAL

230

RE-MAKE/ RE-MODEL

Diedrich Diederichsen

240

„MARSHALL MCLUHAN WAR FÜR MICH SO WICHTIG WIE DIE BEATLES"

AA Bronson

244–259

DAS ENDE DER GESCHICHTE

266

WERKLISTE

280

ABBILDUNGSNACHWEIS

282

KÜNSTLER*INNEN LEIHGEBER*INNEN DANK

284

AUTOR*INNEN

285

IMPRESSUM

VORWORT

Eva Kraus

Mit der Postmoderne begann unsere Gegenwart. Aus den Ruinen der Moderne, die glaubte alles sortieren und regulieren zu können, entstand eine bizarre, exzentrische Welt der visuellen Oberflächen und der Widersprüchlichkeiten, die uns bis heute prägt. Nicht nur aus den Bereichen Design, Architektur, Kunst und Mode wollen wir berichten. Auch anhand von Popkultur, Musik, Tanz und Film sowie Philosophie und Literatur erzählen unsere Ausstellung und dieses Buch aus einer frenetischen Zeit zwischen Dauerwelle und dem Beginn der Informationsgesellschaft, zwischen Kulturkapitalismus und Schulterpolstern, Memphis-Möbeln und Identitätspolitik. Damals synchronisierten neue Medien den Globus, die Welt wurde zur großen Bühne der Selbstverwirklichung. Auch die Bundeskunsthalle ist ein Kind der Postmoderne und des von ihr beförderten Booms von Kultur und Museen. Sie ist das größte Exponat und zugleich die Linse, durch die wir unsere nähere Vergangenheit noch einmal unter die Lupe nehmen.

    Über den Zeitpunkt, wann die Postmoderne begann, ist man sich nicht einig. Mit dem „Erwachen der Medien"? Im Architekturdiskurs wird das Interesse am Populären zum Startpunkt, angeregt durch die Studie *Learning from Las Vegas* der Architekt*innen Denise Scott Brown, Robert Venturi und Steven Izenour. Unsere Ausstellung beginnt in einem Nachbau von Venturis *Guild House* von 1963 in Philadelphia, das so wunderbar die mediale Transformation anhand einer goldenen Antenne auf dem Dach eines Altersheims symbolisiert. Repräsentativ steht es für ein neues Zeitalter, in dem die Realität sich im Fernsehen abspielt, die Mondlandung 1969 weltweit medial übertragen wird, die Menschheit zum ersten Mal ihren fragilen blauen Planeten zu Gesicht bekommt. Mit einem Video der Mondrakete geht 1981 auch MTV auf Sendung.

    Um 1970 wird die Postmoderne zum affirmativen Programm, zur Befreiung aus den Fängen der aseptischen Moderne, deren sozialer Impetus sich erschöpft hat. Die Appropriation Art stellt das Original in Frage, Copy & Paste wird zum künstlerischen Prinzip. Elaine Sturtevant kopiert 1967 Werke Andy Wahrhols und Roy

Lichtensteins. Für die Literatur deklariert Roland Barthes' Essay im selben Jahr den "Tod des Autors" und die "Geburt des Lesers" – kurzum, des aktiven Publikums. Marshall McLuhan publiziert sein Inventar der Effekte, "The Medium is the Massage". Durch den Nixon-Schock endet 1971 der Goldstandard. Die gesellschaftlichen Verwerfungen, die folgen, beschäftigen uns heute mehr denn je. Den Gestaltungsprinzipien der Postmoderne sind scheinbar keine Grenzen gesetzt. "Anything Goes" ist das Motto. Maßstäbe werden durcheinandergebracht: Die Kaffeedose wird zum Wolkenkratzer, der Wolkenkratzer zur Kommode. Witz und Humor, ein unorthodoxer Umgang mit Stilen und Referenzen sind Wagnis und Kräftemessen zugleich. Die Grenzen zwischen High and Low fallen. Graffiti-Laminate befreien vom "guten" Geschmack. Das globale Crossover floriert, heute würde man sagen: kulturelle Aneignung.

    Wir beenden die Ausstellung im Jahr 1992. Der Kalte Krieg ist zu Ende, Francis Fukuyama erklärt in seinem berühmten Buch "das Ende der Geschichte", und die Bundeskunsthalle wird eröffnet. Sie ist selbst ein wunderbares Beispiel für die nonchalante Vermischung interkultureller Referenzen. Zur Einweihung wurde sie mal als Moschee, mal als Karawanserei beschrieben.

    Anlässlich der ästhetischen Revitalisierung der Bundeskunsthalle und ihres 30. Jubiläums hatten wir beschlossen, die Postmoderne in einer Ausstellung zu feiern. Ihrem komplexen Erbe wollten wir uns in seiner ganzen Interdisziplinarität widmen. Zuletzt wurde im V&A in London 2011 eine große Überblicksausstellung zum Thema realisiert. In diesem weiteren unserer umfassenden kulturgeschichtlichen Projekte ergründen wir wiederholt die Frage: Wie wurden wir, wer wir sind? Hier nehmen wir eine Zeit in den Blick, die uns aus dem Abstand einer Generation erstaunlicherweise viel über uns und unsere Gegenwart verrät. Gemeinsam mit meinem sehr geschätzten Kollegen und Co-Kurator Kolja Reichert haben wir die Ausstellung entwickelt. Er ist es, der den Blick weitet von den angewandten und bildenden Künsten in die darstellenden hinein und darüber hinaus in die Philosophie, Ökonomie und Politik. Ihm gebührt meine hohe Anerkennung für seine große Begabung, ambitioniert und anschaulich die komplexesten Sachverhalte zu erörtern. Überaus dankbar sind wir beide den vielen Menschen aus den unterschiedlichsten Kunstdisziplinen und Fachbereichen, die uns inspiriert haben, mit denen wir in den letzten Monaten ins Gespräch kommen konnten, Interviews führen durften, von denen wir Beratung erhielten oder die für den vorliegenden Katalog wertvolle Beiträge schrieben: Neville Brody, AA Bronson, Nikita Dhawan, Diedrich Diederichsen, Oliver Elser, Gertrud Koch, Sylvia Lavin, Denise

Scott Brown, Moritz Schularik, Léa-Catherine Szacka, New Models, Joseph Vogl, James Wines und viele mehr. Ganz besonders gilt unser Dank den Künstler*innen, die uns in ihrer Großzügigkeit ein ungewöhnliches Vertrauen entgegenbrachten und unorthodoxe Neuinszenierungen historischer Arbeiten erlaubten: allen voran Jenny Holzer, General Idea, Jean-Paul Goude und James Wines. Interessanterweise hatten einige der historischen Protagonist*innen, die wir zur Vorbereitung der Ausstellung getroffen haben, zunächst Identifizierungsschwierigkeiten: „I AM NOT A POSTMODERNIST!" So wie auch der Architekt der Bundeskunsthalle Gustav Peichl kein Postmoderner sein wollte. Ambivalente Antworten, haben wir gelernt, gehören zur Postmoderne dazu wie die Überwindung des eigenen Widerstands gegen ihre stilistischen Grenzverletzungen. Den Gestalter*innen danken wir sehr – insbesondere für die intensive Auseinandersetzung mit den komplexen Inhalten: Neville Brody für das überzeugende grafische Konzept und die neue Schrift Bonnster, Studio Yukiko für die hervorragende Gestaltung der vorliegenden Publikation, Nigel Coates für die sehr gelungene, opulente Inszenierung in der Großen Halle. Unseren Kolleg*innen und Mitstreiter*innen der Ausstellung Susanne Annen, Hossein Maghsoudi, Martin Leetz und Marion Korb; für den Katalog Jutta Frings, Eva Assenmacher und Helga Willinghöfer; unserer Assistentin Elizabeth Namwanje und dem Praktikanten Jakob Seibert; sowie dem gesamten Team der Bundeskunsthalle sind wir allergrößten Dank schuldig – ihr enormer Einsatz und ihre außergewöhnlich engagierte Unterstützung haben uns und das Projekt bis zur Realisation getragen.

  Zuletzt bleibt dennoch die Frage, existiert sie noch, die Postmoderne? Gab es sie überhaupt? Und wenn ja, ist sie ein Stil, ein politisches Programm oder eine Epoche? Oder ist sie „die Kondition der Postmodernität", wie David Harvey sie 1989 in seinem gleichnamigen Buch nannte? Also ein Zustand und Verhältnis, das alles prägt und dem wir nicht entkommen? In jedem Fall hilft die Auseinandersetzung mit der Postmoderne, Widersprüchlichkeit und Vielsprachigkeit als Werte anzuerkennen, die es zu reaktivieren und zu pflegen gilt. Junge Leute von heute gehen enthusiastischer mit dem Erbe der Postmoderne, zumindest den Bildwelten von damals, um. So wie unsere Grafiker*innen von Studio Yukiko, die die amüsanten Motive der Sepulkralkultur im Katalog gestaltet haben. Ein Grabstein ziert das Cover. Beerdigen wir die Postmoderne, oder lassen wir sie gerade dadurch wieder auferstehen? Ist sie am Ende, oder leben wir mehr denn je mittendrin? Eines steht fest: In der Zeit der Postmoderne passierte und passiert alles gleichzeitig, alles schien und scheint möglich, alles auf einmal.

17

(S. 16) Feuer im US-amerikanischen Pavillon auf der Expo 1967 in Montreal mit geodätischer Kuppel von Buckminster Fuller, 20 Mai 1976

 Das Erste, was Sie sehen, wenn Sie die Ausstellung betreten, sind Musikvideos, zu lautem Sound auf großer Leinwand projiziert. David Finchers Video für Madonnas *Vogue*. Robert Longos Video für New Orders *Bizarre Love Triangle*. Annie Lennox singt *Sweet Dreams* in Drag als Elvis Presley. Fließende Identitäten, Pastiche und Historismus, gebrochen durch die Linsen von Subkultur und Unterhaltungsindustrie, nehmen zentrale Themen der Ausstellung im Schnelldurchlauf vorweg.

Verlässt man den Raum, entpuppt er sich als verkleinerter Nachbau eines der frühesten Beispiele postmoderner Architektur: Robert Venturis 1963 eingeweihtes Altenheim „Guild House" in Philadelphia. Auf dem Dach eine vier Meter hohe goldene Antenne. Der Anschluss ans Fernsehen sei nun so wichtig wie Strom für Le Corbusier und Wasser für Georges-Eugène Haussmann, erklärte Robert Venturi – und bezahlte, nachdem die öffentliche Hand das Budget strich, seine funktionslos gewordene Antennenskulptur selbst.

Nun sind wir in den Jahren des Wettrennens zum Mond. Wie visuelle Echos von Erde, Mond und Weltraumhelm beherrschen Blasen Architektur und Design jener Jahre: der aufblasbare Ball, in dem Coop Himmelb(l)au durch Basel laufen. Die Plastikkugeln, in denen Jane Fonda sich in *Barbarella* vor dem Kinopublikum räkelt. Hans Holleins *Mobiles Büro*, eine transparente aufblasbare Zelle mit Telefon und Schreibmaschine. Und auf der Weltausstellung in Osaka präsentieren sich Staaten und Unternehmen in Kuppeln und aufblasbaren Pilzen: ein letztes Aufbäumen des Pop-Optimismus vor der Ölkrise.

Ein weiteres Motiv jener Jahre ist die Pille, wie in den Pillola Lamps von Cesare Casati und C. Emanuele Ponzio. Hans Hollein klebt 1967 eine echte rot-blaue Pille auf Papier und schreibt darunter: „nicht-physisches Environment". Was heute an die Wahl zwischen roter und blauer Pille im Film *Matrix* erinnert, lässt sich im Rückblick als Entkorkung der immateriellen Ökonomie lesen, in der Informationen, Daten und Ideen wichtiger werden als physische Dinge. Am Ende der Ausstellung wird eine weitere rot-blaue Pille auftauchen. Auch die rote LED, die 1968 zum ersten Mal serienreif ist und den Taschenrecher ermöglicht, findet am Ende der Ausstellung ihre Entsprechung in der ersten blauen LED: Mit ihr wird Vollfarbdarstellung auf LED-Displays möglich, etwa auf unseren Handies.

1967 ist ein Brückenjahr zwischen Pop und Postmoderne: Die Künstlerin Sturtevant setzt Kopien von Werken Warhols und Roy Lichtensteins auf ein Blatt, das das MoMA in der Wanderausstellung *Art in the Mirror* zeigt. Damit löst Sturtevant das Werk vom Künstler

– ähnlich wie es im selben Jahr Roland Barthes in seinem Essay *Der Tod des Autors* tut. Statt Literatur auf psychologische Hinweise auf ihren Verfasser zu befragen, sollten wir lieber darauf achten, was der Text selbst macht, schreibt Barthes. Damit beeinflusst er maßgeblich den Poststrukturalismus, der nicht mehr von einer eindeutigen Beziehung zwischen Sprache und Welt ausgeht, sondern die Eigenlogik von Sprache und Zeichen erforscht. Wir zeigen den Essay so, wie er zuerst erschien, als Teil einer Multimedia-Ausgabe des *Aspen Magazines*, die in Nachfolge von Andy Warhol von dem Künstler und Kritiker Brian O'Doherty kuratiert wurde. Die Box enthält auch 8-Millimeterrollen mit Filmen, etwa von Hans Richter, und Schallplatten mit Vorträgen, darunter einer von Marcel Duchamp.

1967 tritt auch Jacques Derrida mit drei Büchern auf, der mit seiner Methode der Dekonstruktion einer der einflussreichsten Denker der Postmoderne wird. Er zeigt, wie unterschiedlich gesprochene Sprache und Schrift funktionieren und wie beide sich fortlaufend unserer Kontrolle entziehen.

Der Kontrollverlust ist ein entscheidendes Thema jener Jahre, und dabei sind meist die neuen Medien im Spiel. Jean-Luc Godard möchte die revolutionären Kräfte der USA ins Kino bringen, darunter Eldridge Cleaver von den Black Panthers oder Tom Hayden, der die Proteste gegen den Vietnam-Krieg in Chicago 1968 mitorganisierte. Man sieht den Regisseur Anweisungen geben oder die Interviewten noch einmal neu ansetzen: Revolutionäre verheddern sich in ihren Medien. Godard gibt den Film auf, sein Kollege D.A. Pennebaker stellt ihn fertig. Am Ende spielen Jefferson Airplane in New York das erste Rooftop Concert der Geschichte. Einmal schwenkt die Kamera auf die Konzernzentrale von Jefferson Airplanes Plattenfirma RCA: Befinden wir uns hier in einem Ausbruch revolutionärer Energie oder in der Gründungsstunde des Kulturkapitalismus, der Kreativität und Stil in Ressourcen verwandelt?

Die Proteste gegen den Vietnam-Krieg 1968 in Chicago beherrschen Haskell Wexlers New-Hollywood-Romanze *Medium Cool*, der sie als reale Kulisse dienen. Die Nationalgarde fährt Panzer auf, die Trucks der Fernsehsender werden fortgeschickt, die Menge deklamiert den berühmten Protestslogan: „The Whole World is Watching!" Als Tränengas strömt, durchbricht ein Kollege aus dem Off den Dreh: „Pass auf, Haskell, es ist echt!"

Was echt ist und was nicht, wird zu einer der Kernfragen der Postmoderne. Von ihr handelt auch die Fernsehserie *The Prisoner* von 1967: Ein Geheimagent will kündigen und findet sich entführt in ein Dorf, das einem Vergnügungspark gleicht. Smart Homes öffnen sich selbsttätig, alle haben immer Freizeit, alles ist überwacht.

„Number 6" kauft eine Karte. Die zeigt nur das Dorf, nicht die Umgebung. Er verlangt eine größere Karte. Die zeigt auch nur das Dorf. Dass die Verhältnisse so ungreifbar geworden sind, dass keine Karte mehr auf sie passt, werden später Theoretiker beklagen.

Als *The Prisoner* erscheint, veröffentlicht auch Marshall McLuhan seine Medientheorie noch einmal als Bildcollage – und lässt im Titel den Tippfehler *The Medium is the Massage* absichtlich stehen. Das Manifest liest sich wie für Social Media geschrieben: Man solle neue Medien nicht in die Aufgaben der alten zwängen, sondern ihren Produktivkräften vertrauen – wie auch denen der Jugend, die erstmals in der Geschichte mehr wisse als die älteren.

Das bekommen auch die renommierten Mid-Century-Designer zu spüren, denen auf der Aspen Design Conference von 1970 das Wort von Studierenden und Schwarzen Frauen genommen wird: Das neue Thema des Umweltschutzes erschließe sich nur privilegierten Weißen. Die französische Delegation veröffentlicht eine Protestnote: Wenn jeder Feind der Natur sei, würde es für Regierungen leicht, Klassenfragen zu ersticken. Der Autor, Jean Baudrillard, wird später zu einem der schillerndsten Philosophen der Postmoderne, vor allem mit seiner Idee des Simulacrums: einer Kopie, die vom Original ununterscheidbar ist, wie Sturtevants Blumen von denen Warhols.

In *The Prisoner* verschluckt eine hüpfende Blase jeden, der fliehen will. Die Blase wird, zwei Jahre vor der Mondlandung, zur Metapher für ein vollintegriertes System, das kein Außen mehr kennt. Und das Dorf zur Dystopie von Marshall McLuhans „Global Village". *The Prisoner* läutet die Informationsgesellschaft ein: „What do you want?", heißt es zu Beginn jeder Folge. Die Antwort: „Information." Offen bleibt, welche Information; jedenfalls keine, die der Protagonist geben könnte. Wie der totgesagte Autor ist er nicht mehr Auskunftgeber seiner selbst, sondern Versuchskaninchen, das für unbekannte Zwecke Daten liefert.

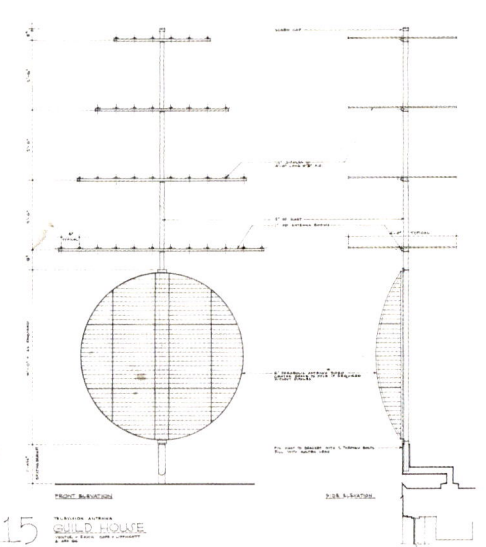

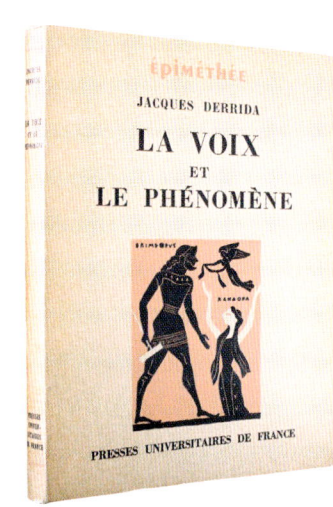

THIRTYFOUR

PARKING

LOTS

100

The youth of today are not permitted to approach the traditional heritage of mankind through the door of technological awareness. This only possible door for them is slammed in their faces by a rear-view-mirror society.

The young today live mythically and in depth. But they encounter instruction in situations organized by means of classified information—subjects are unrelated, they are visually conceived in terms of a blueprint. Many of our institutions suppress all the natural direct experience of youth, who respond with untaught delight to the poetry and the beauty of the new technological environment, the environment of popular culture. It could be their door to all past achievement if studied as an active (and not necessarily benign) force.

The student finds no means of involvement for himself and cannot discover how the educational scheme relates to his mythic world of electronically processed data and experience that his clear and direct responses report.

It is a matter of the greatest urgency that our educational institutions realize that we now have civil war among these environments created by media other than the printed word. The classroom is now in a vital struggle for survival with the immensely persuasive "outside" world created by new informational media. Education must shift from instruction, from imposing of stencils, to discovery—to probing and exploration and to the recognition of the language of forms.

The young today reject goals. They want roles—R-O-L-E-S. That is, total involvement. They do not want fragmented, specialized goals or jobs.

We now experience simultaneously the dropout and the teach-in. The two forms are correlative. They belong together. The teach-in represents an attempt to shift education from instruction to discovery, from brainwashing students to brainwashing instructors. It is a big, dramatic reversal. Vietnam, as the content of the teach-in, is a very small and perhaps misleading Red Herring. It really has little to do with the teach-in, as such, anymore than with the dropout.

The dropout represents a rejection of nineteenth-century technology as manifested in our educational establishments. The teach-in represents a creative effort, switching the educational process from package to discovery. As the audience becomes a participant in the total electric drama, the classroom can become a scene in which the audience performs an enormous amount of work.

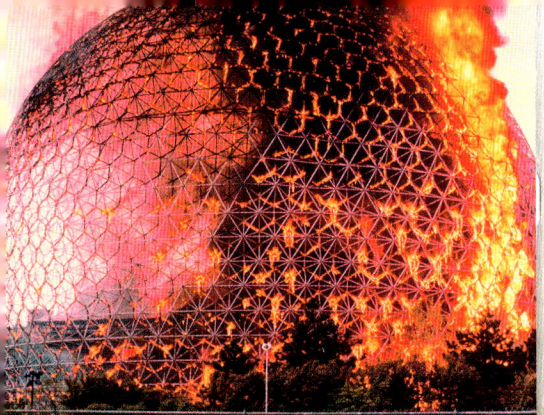

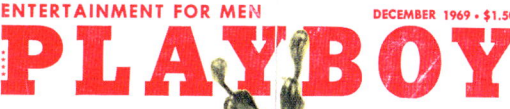

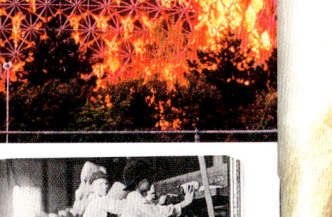

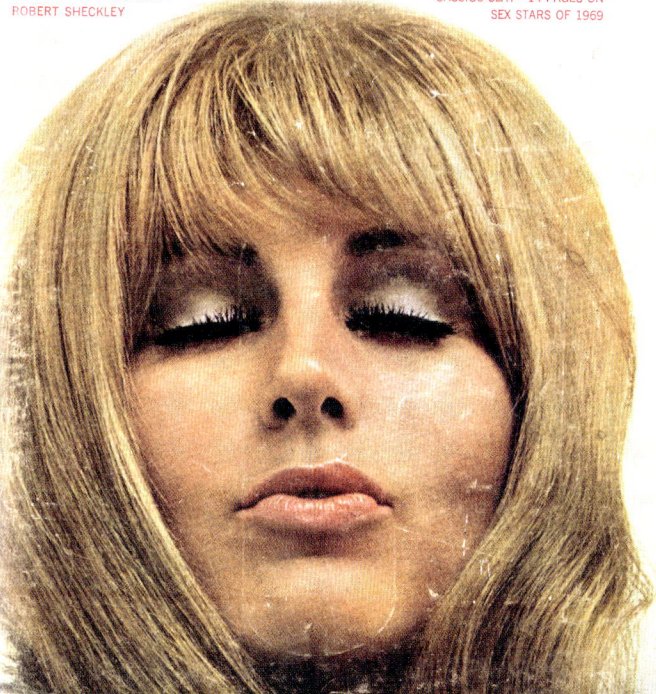

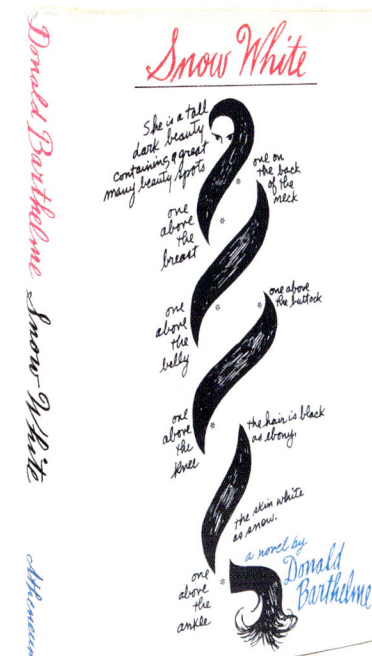

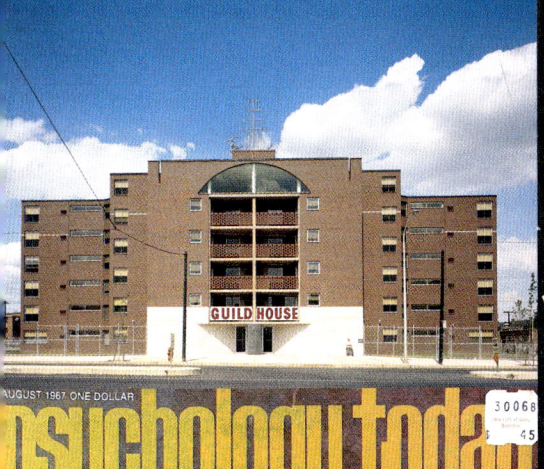

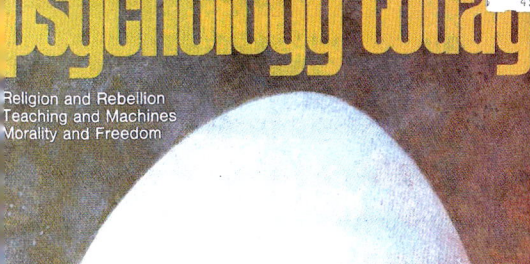

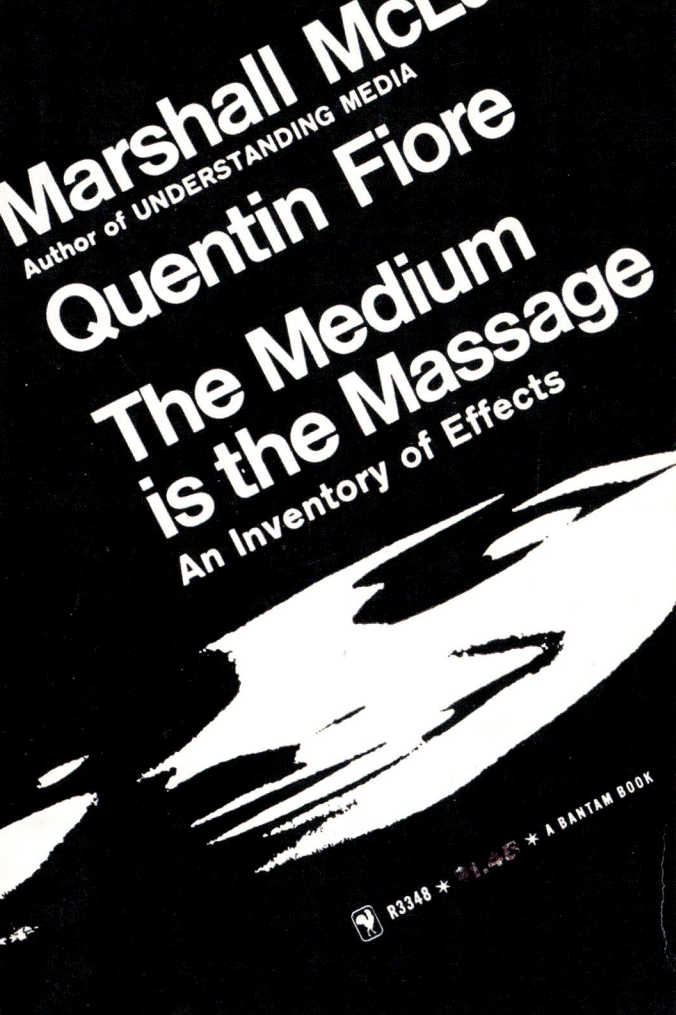

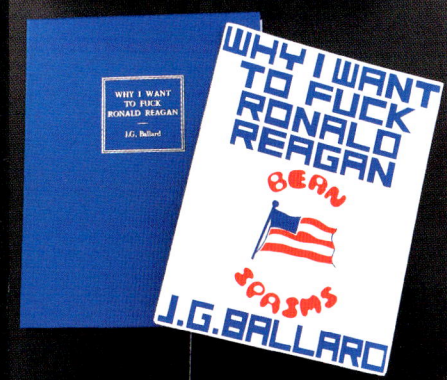

During these assassination fantasies

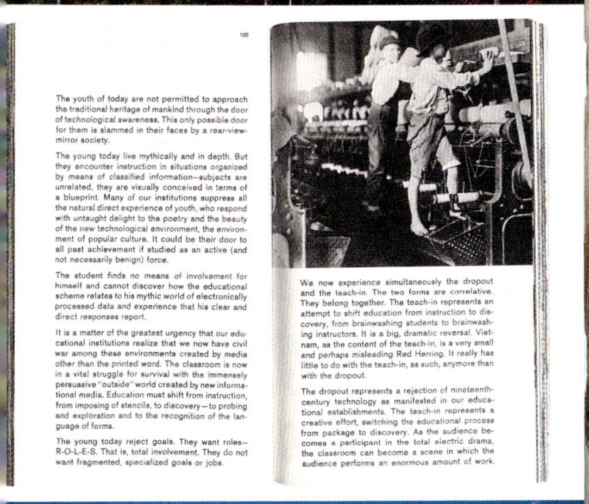

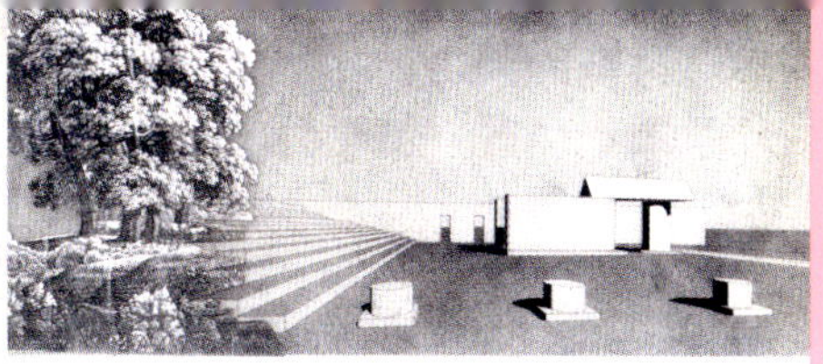

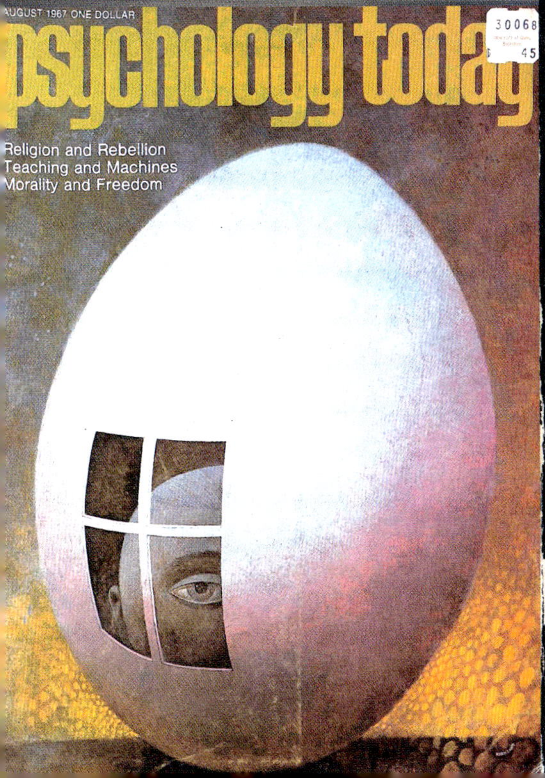

Ronald Reagan and the conceptual auto-disaster. Numerous studies have been conducted upon patients in terminal paresis (G. P. I.), placing Reagan in a series of simulated auto-crashes, e.g. multiple pile-ups, head-on collisions, motorcade attacks (fantasies of presidential assassinations remained a continuing preoccupation subjects showing a marked polymorphic fixation on windshields and rear-trunk assemblies). Powerful erotic fantasies of an anal-sadistic character surrounded the image of the Presidential contender. Subjects were required to construct the optimum auto-disaster victim by placing a replica of Reagan's head on the unretouched photographs of crash fatalities. In 82% of cases massive rear-end collisions were selected with a preference for expressed faecal matter and rectal haemorrhages. Further tests were conducted to define the optimum model-year. These indicate that a three year model lapse with child victims provide the maximum audience excitation (confirmed by manufacturers' studies of the optimum auto-disaster.) It is hoped to construct a rectal modulus of Reagan and the auto-disaster of maximised audience-arousal.

2

Robert Venturi, Konstruktionszeichnung der Antenne auf dem *Guild House*, 1960-1963 (1963)

3

Heinz Bienefeld, Haus Wilhelm Nagel, Wesseling-Keldenich, 1966–1969

4

Die erste kommerzielle rote LED, *Monsanto MV1*, 1968

5

Ed Ruscha, *Thirty Four Parking Lots in L.A.*, 1967

6

Elaine Sturtevant, *Warhol Flowers*, 1969

7

D. A. (Donn Alan) Pennebaker, Filmstill aus *One P.M.*, Rooftop-Konzert von Jefferson Airplane, 1968

8

Shunk-Kender, *Pepsi-Pavillon*, Osaka, 1970

9

Jacques Derrida, *La Voix et le Phénomêne*, 1967

10

Neil Armstrong, der erste Mensch auf dem Mond, 21. Juli 1969

11

Jean-Luc Godard an der Filmkamera bei Dreharbeiten zu *One A.M.*, 1968

12

Jacques Derrida, *De la Grammatologie*, 1967

13

Robert Venturi, *Guild House* mit Antenne, perspektivische Ansicht, 1960-1963 (1963)

14 Feuer im US-amerikanischen Pavillon der Expo 1967 mit der geodätischen Kuppel von Buckminster Fuller, 20. Mai 1976

15 Doppelseite aus: Marshall McLuhan/Quentin Fiore, *The Medium is the Massage, An Inventory of Effects*, 1967

16 Robert Venturi, *Guild House*, Philadelphia PA, 1964

17 *Psychology Today*, August 1967

18 *Playboy*, Dezember 1969

19 Marshall McLuhan/Quentin Fiore, *The Medium is the Massage, An Inventory of Effects*, 1967

20 Aldo Rossi, Rathausplatz und Partisanen-Denkmal in Segrate, 1965

21 Donald Barthelme, *Snow White*, 1967

22 J. G. Ballard, *Why I Want to Fuck Ronald Reagan*, 1968

23 Seite aus: J. G. Ballard, *Why I Want to Fuck Ronald Reagan*, 1968

24 Hans Hollein, *Architekturpille mit Bleistiftschrift, Non-physical environment*, 1967

25 Brian O'Doherty, *ASPEN. The Multimedia Magazine in a Box*, No. 5, 1967

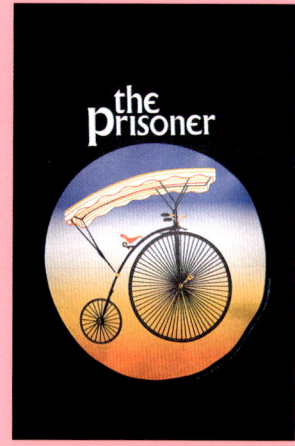

26 Filmstills aus Patrick Joseph McGoohan, *The Prisoner* (17-teilige Fernsehserie) und Logo, 1967

27 Elaine Sturtevant, *Warhol Flowers, Lichtenstein's Pointed Hand*, 1965

28 Haus-Rucker-Co, *Oase No. 7*, 1972

29 Coop Himmelb(l)au, *Restless Sphere*, 1971

30 Cesare Casati/Emanuele Ponzio, Lampe *Pillola*, 1968

31 Hans Hollein, *Mobiles Büro*, 1969

32 Stewart Brand, *Whole Earth Catalogue*, Juni 1975

33 Robert Venturi, *Guild House*, 1960–1963

34 Shunk-Kender, *Pepsi Pavillon*, Osaka, 1970

35 Walter Pichler, *TV-Helm (Tragbares Wohnzimmer)*, 1967

36 Nam June Paik, Filmstill aus *Global Groove*, 1973

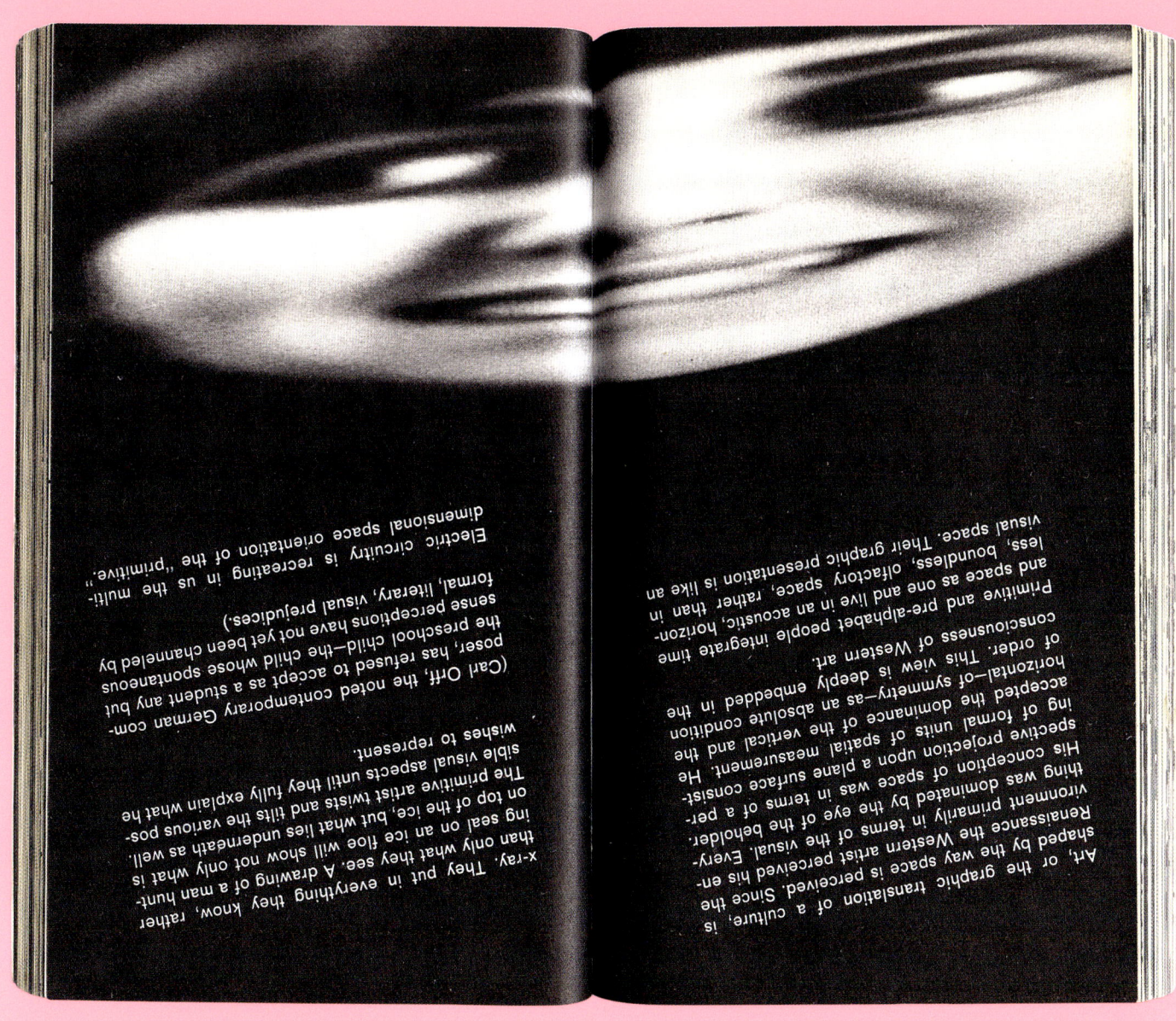

37 Doppelseite aus: Marshall McLuhan/Quentin Fiore, *The Medium is the Massage, An Inventory of Effects*, 1967

38 Filmstill aus *Barbarella*, 1968

39 Paco Rabanne, Tasche, 1969

40 Gaetano Pesce, *UP5_6/La Mamma, Donna*, 1969

41 Yvonne Rainer, Filmstill aus *Trio A*, 1978

42 Ed Ruscha, *Thirty Four Parking Lots in L.A.*, 1967/1999

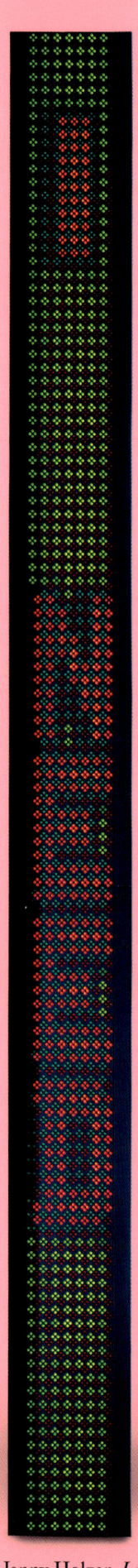

43 Jenny Holzer, *Laments: I am a man...*, 1987

40 DAS ERWACHEN DER MEDIEN

„Wir sollten postmodernen Kritiken des ‚Subjekts'
gegenüber tatsächlich misstrauisch sein, wenn
diese in einem historischen Moment auftreten, in dem
viele unterworfene Menschen zum ersten Mal
das Gefühl haben, Gehör zu finden."

*bell hooks, Postmodern Blackness,
in: Postmodern Culture_ vol. 1, no. 1 (September 1990)*

44 Richard Copley, *Streik der Müllabfuhr in Memphis*, 1968

Als im Februar 1968 in Memphis TN zwei Müllwerker von einem defekten Müllwagen getötet wurden, traten die wütenden Beschäftigten der Stadt – ausschließlich Schwarze – mit der Forderung nach sichereren Arbeitsbedingungen und höheren Löhnen in einen Streik. „Ihr Lohnniveau lag bei 1,25 bis 1,35 Dollar pro Stunde. Sie mussten mit Geräten arbeiten, die aus der Steinzeit stammten." William Lucy, Mitglied der American Federation of State, County, and Municipal Employees (AFSCME). © Richard L. Copley

KAPITEL I

IN DER ZWEITEN POSTMODERNE

Kolja Reichert

Als im Jahr 2016 ein korrupter und sexistischer Immobilienunternehmer, der sich in unzusammenhängenden Satzfragmenten äußerte, das Präsidentenamt der Vereinigten Staaten errang, werteten viele dies als „finalen Triumph der Postmoderne"[1]. Postmoderne Philosophen hatten gezeigt, wie wenig man sich blind auf Bilder, auf Sprache, ja selbst auf wissenschaftliche Fakten verlassen konnte. Damit hätten sie Tür und Tor geöffnet für den Relativismus und Nihilismus, der die jüngste Welle des Rechtspopulismus speise, für Fake News und Verschwörungstheorien. So lautete der plötzlich von vielen Seiten geäußerte Vorwurf. „In fast jedem Detail wirkt Trump wie die perfekte Manifestation der Postmoderne", ergötzte sich etwa *The New Republic*, und im *Guardian* schimpfte der Philosoph Daniel Dennett: „Ich denke, was die Postmodernisten getan haben, war wirklich böse. Sie sind für die intellektuelle Mode verantwortlich, die den Zynismus gegenüber Wahrheit und Fakten salonfähig machte."[2] Eine Denkrichtung, die ein feinkörnigeres Verständnis dafür schuf, wie Macht funktioniert; wie sie in Bildern, in Sprache, in Medien, in Institutionen und im Fühlen und Denken von Menschen wirkt; ein Denken, das die Kulturwissenschaften, die Gender Studies und die postkolonialen Studien beförderte, wurde also plötzlich mit den Gegenständen seiner Kritik verschmolzen, und es wurde ihm die Gewalt zum Vorwurf gemacht, mit der der US-Präsident Institutionen angriff, Minderheiten abwertete und gegen jeden rationalen Weltbezug vorging.[3]

Der Postmoderne wird aber nicht nur die epistemische Gewalt vorgeworfen, die von Donald Trump ausging. Die Postmoderne dient auch als Rechtfertigung für Kriege, etwa den des Kremls gegen die Ukraine. Der russische Präsident Wladimir Putin warnte mehrfach vor dem „postmodernen Gender-Wahn" des Westens.[4] Sein Chefideologe Alexander Dugin wettert schon lange gegen die „liberale Postmoderne".[5] Gleichzeitig nimmt er deren Verabschiedung absoluter Wahrheiten für sich in Anspruch, um dann eben auch ganz eigene russische Wahrheiten verbreiten zu können – und im Sinne des Ethnopluralismus[6] imperiale Politik mit völkischen, identitären und spirituellen Argumenten zu legitimieren. Es fällt schwer, hier nicht an die Zeilen aus „You're My Heart, You're My Soul" von Modern Talking zu denken, deren Synth-Pop die russische Popmusik bis heute prägt, seit sie als erste westliche Band nach den Glasnost-Verträgen ihre Musik in der Sowjetunion verkaufen durften: „It's My World in Fantasy/I'm livin' in my, livin' in my dreams". Mit der Ankunft dieser von allen Kriterien und Signifikaten befreiten Spielart der Postmoderne schien in Russland im Rückblick eine Büchse der Pandora geöffnet.

Russland ist luzide als „postmoderne Diktatur" analysiert worden, die die eigene Bevölkerung und die anderer Staaten durch Informationskriege in die Paralyse stürzt und das Vertrauen in Institutionen, Medien und Tatsachen aushöhlt.[7] Putins langjähriger Berater und Schöpfer der „gelenkten Demokratie" Wladislaw Surkow war Theaterregisseur und PR-Berater, bevor er konkurrierende politische Bewegungen gründete und gegeneinander ins Rennen schickte, um Putins Machtausbau zu zementieren. Diese und andere Taktiken legte er in einem unter Pseudonym veröffentlichen Roman offen. Dann wurde er zum Kontaktmann für die besetzten Gebiete in der Ukraine. „Ich bin daran interessiert, im Genre des Gegenrealismus zu arbeiten", erklärte Surkow nach seinem Rücktritt 2020. „Das heißt, dass man gegen die Realität vorgehen muss, sie verändern, sie neu machen muss."[8] Realität wird also von einigen der mächtigsten Menschen der Welt als quasi künstlerisches Material verstanden, und „Gegenrealismus" als ein Genre unter anderen.

Schon mit dem Titel seines Romans *Almost Zero* wies Surkow sich als Teil einer internationalen Lesergemeinschaft aus, die ein postmodernes Zeichenspiel mit Bret Easton Ellis' Debüt *Less Than Zero* von 1985 zu würdigen weiß; so wie es in den 2000er-Jahren, als die Schriften Jean-François Lyotards allmählich auf Russisch erschienen, unter russischen Politikern schick war, öffentlich Jacques Derrida oder Jacques Lacan zu zitieren.[9] „Wie in einem Echo dessen, was am Anfang des 20. Jahrhunderts dem Sozialismus widerfuhr, hat sich Russland eine angesagte, als Befreiung gedachte westliche intellektuelle Bewegung angeeignet und in ein Instrument der Unterdrückung verwandelt", schloss Peter Pomerantsev schon 2011.[10]

---

[1] So etwa in der *Zeit*: https://www.zeit.de/kultur/2016-11/donald-trump-praesident-usa-minderheiten-liberalitaet/komplettansicht

[2] „I think what the postmodernists did was truly evil. They are responsible for the intellectual fad that made it respectable to be cynical about truth and facts." https://www.theguardian.com/science/2017/feb/12/daniel-dennett-politics-bacteria-bach-back-dawkins-trump-interview

[3] Weitere Beispiele: „Is President Trump a Stealth Postmodernist or Just a Liar?" https://www.nytimes.com/2018/01/25/opinion/trump-postmodernism-lies.html; „Postmodernism didn't cause Trump. It explains him." https://www.washingtonpost.com/outlook/postmodernism-didnt-cause-trump-it-explains-him/2018/08/30/0939f7c4-9b12-11e8-843b-36e177f3081c_story.html

[4] Vgl. Eva Illouz in: Studio Bonn: The Common Ground: Himmel über Europa, https://www.bundeskunsthalle.de/studiobonn/the-common-ground.html

[5] Vgl. https://www.devolutionreview.com/existence-above-individuals-disentangling-dugins-fourth-political-theory-and-rage-against-postmodernism/

[6] Ein Konzept, das die Idee einer Vielfalt der Völker als deren Anspruch auf reine Identitäten und deren Verteidigung auslegt und das entscheidend in den späten 1970er-Jahren von

dem französischen Rechtsintellektuellen Alain de Benoist und seiner Gruppe GRECE geprägt wurde.

7 S. P. B. Craik, „The Weaponization of Postmodernism: Russia's New War with Europe", *LEQS Paper* No. 146/2019, Juli 2019, online abrufbar unter: http://aei.pitt.edu/102413/ „If the USSR, or today's North Korea, were 'classic' or 'hard' totalitarian regimes that rely on their own institutions and narratives, from the politburo to scientific socialism, 21st century Russia takes a much more 'postmodern' approach to control. Postmodern in the sense that it uses many of the techniques associated with postmodern art and philosophy: pastiches of other's narratives, simulacra (i.e. fake) institutions, and a 'society of spectacle' with no substance."

8 https:/actualcomment.ru/surkov-mne-interesno-deystvovat-protiv-realnosti-2002260855.html

9 „One blogger has noted that 'the number of references to Derrida in political discourse is growing beyond all reasonable bounds. At a recent conference the Duma deputy Ivanov quoted Derrida three times and Lacan twice." https://www.lrb.co.uk/the-paper/v33/n20/peter-pomerantsev/putin-s-rasputin

10 Ebda.

11 S. Jean Baudrillard, „The Precession of Simulacra", und „Der Golfkrieg hat nicht stattgefunden".

12 S. Paul Virilio, *Geschwindigkeit und Politik*, Berlin: Merve 2008.

Und nun führt Russland den postmodernsten Krieg aller Zeiten, postmoderner als der Vietnam- oder der Irak-Krieg, die einst postmoderne Denker wie Jean Baudrillard[11] oder Paul Virilio[12] so faszinierten: einen Krieg, der sich selbst verleugnet. Der ausschließlich auf Lügen beruht und auf der zynischen Mobilisierung historischer Traumata, kultureller Identitäten und dem daraus erwirtschafteten Ressentiment[13]. Ein gigantisches Role Play mit vertauschten Signifikanten (etwa Ukrainer*innen als Nazis).[14]

Es ist dieselbe Kriegstechnik, die auch Donald Trump ins Amt trug, weshalb alle gesammelten Spuren, die von dessen Kampagne in den Kreml führen, mehr als plausibel sind, wie auch die von der Kampagne für den Brexit im selben Jahr.

Die putin-trumpsche Mobilisierung der „Postmoderne" will in ihrer Raffinesse verstanden werden: Einerseits dient die Postmoderne als Feindbild, hinter dem die eigenen Follower beziehungsweise die eigene Bevölkerung versammelt werden. Andererseits inspiriert sie die Methodik, in der die Mobilisierung überhaupt erst erfolgt. Sie zielt direkt auf das Selbstbild „des Westens" oder „der liberalen Demokratie". Zugleich entwendet sie deren Werkzeuge zur Machtanalyse und macht sie zum Leitfaden der Machtausübung.

Was bleibt dem derart Angegriffenen? Die Kritik der Werkzeuge. Als hätten diese das, was sie kritisierten, selbst hervorgebracht.

Mit der Verabschiedung „der Postmoderne" führt die intellektuelle Klasse den letzten Streich des Angriffs gegen sich selbst aus: Sie schleudert die Waffen, die es erst erlauben würden, Angriff, Angreifer und Schlachtfeld zu verstehen, freiwillig aus der Hand. Im historischen Moment, in dem das, wovor postmoderne Denker immer gewarnt hatten, Realität geworden ist, werden Warnungen wie Waffen in den Wind geschlagen; wird der Weg zurück in eine Zeit vor 1968 gesucht, als politische Konflikte, ideologische Programme und moralische Fragen noch übersichtlich erschienen; oder gar in eindeutige Identitäten („der Westen"; „Europa"; „das Christentum"; „die Demokratie"), womit man sich auch noch mit den Zielen des Angreifers gemein macht und ihm das Feld überlässt, ohne es zu merken. Die Paralyse ist komplett.

Es lohnt also nicht nur deshalb, all das, was „Postmoderne" genannt wurde, noch einmal anzusehen, weil nach einem Abklingen der Debatten in den

45 James Stirling, Michael Wilford, and Associates, Ansicht der Staatsgalerie Stuttgart mit Fashion Models, 1980er-Jahre

1990er-Jahren derzeit wieder verstärkt von ihr die Rede ist.[15] Es lohnt nicht nur, weil viele Anlässe für postmoderne Theorien gerade in gesteigerter Form wiederkehren, zum Beispiel: die Explosion neuer Medien; Krisen politischer Handlungsmacht; Verlust gesellschaftlicher Bindekräfte; Blüten alternativer Welterklärungen. Es lohnt nicht nur, weil Architekt*innen und Designer*innen die postmodernen Entfesselungen von Widersprüchen wieder zu schätzen lernen. Die Beschäftigung mit der Postmoderne ist tatsächlich notwendig, um die Freiheit und Lebendigkeit des Denkens und Handelns, auf die demokratische Staaten immer so stolz sind, in die Zukunft zu retten, und zwar (das wäre der Unterschied zu früher) für möglichst alle. Die Postmoderne noch einmal zu verstehen, ist unausweichlich, um überhaupt auf Augenhöhe zu kommen mit der uneinholbaren Komplexität der Gegenwart und zu verstehen, wo genau die Verteidigungslinien individueller Freiheit, kollektiver Gestaltungsmacht und sinnhafter Weltbezüge eigentlich verlaufen. Denn je verworrener die Annahmen darüber sind, desto wütender wird versucht, die geteilte soziale Wirklichkeit zurück in alle möglichen Eindeutigkeiten und Regelwerke zu zwingen, in die sie schon lange nicht mehr passt. In einer Zeit, in der soziale Unterschiede zunehmend kulturalisiert und damit schwerer veränderbar werden; in der politische Ämter von Positionierungen in Kulturkämpfen abhängen (etwa dass eine Ministerin sich öffentlich zum Fleischverzehr bekennt[16]); und in der die Sprache für kulturelle, ästhetische und historische Differenzen und Widersprüche mehr und mehr abhandenkommt, ist es notwendig, sich noch einmal anzusehen, wie das alles begann mit der Kulturalisierung der Politik, der Ökonomisierung der Kultur, der Entpolitisierung der Ökonomie und der Politisierung der Identität. Der Ausweg aus der Farce, in der Geschichte immer wiederkehrt, ist nur möglich über die Geschichte.

Und genau diesen Ausweg versuchen die weltweiten rechtspopulistischen Angriffe auf die gesellschaftliche Vorstellungskraft abzuschneiden: Eine gamifizierte Reinszenierung von Geschichte[17] (das Zarenreich; das Sultanreich; der Gottesstaat; der Rhein[18]) zielt auf die Paralyse ihrer Opfer durch die Auslöschung von deren Zugriff auf Geschichte. Kern dieser Kampagnen ist die verführerische Einladung, sich auf Feindbilder zu konzentrieren statt auf die Voraussetzungen der eigenen Privilegien oder der eigenen Armut. Die republikanischen Wähler*innen hatten 2016 keinen Präsidenten gewählt, sondern eine Identität, ein Spiegelbild ihrer erträumten Souveränität. Grundlage dieser begriffslosen Identitätspolitik der weißen Mehrheit ist genau die emotionale Labilität, die sie gern Minderheiten vorwirft: ein Zustand kollektiver Schizophrenie, eingeschlossen im Echoraum unhintergehbarer Emotionen. Genau vor dieser Schizophrenie hatten marxistische Analytiker der Postmoderne wie Fredric Jameson und David Harvey gewarnt: vor dem Verlust der Orientierung gegenüber Vergangenheit und Zukunft und deren Zusammenschmelzen zu reiner, unterschiedsloser Gegenwart, in der keine Karte mehr auf die Verhältnisse passt. *Alles auf einmal.*

Von dieser Schizophrenie sind aber bei weitem nicht nur Anhänger*innen des Rechtspopulismus betroffen. Jeder Tag ist ein Abwehrkampf. Soziale Medien bombardieren uns mit aus Kontexten gerissenen Inhalten in einer Schlagzahl, die für Virilio und Baudrillard noch jenseits der Vorstellungskraft lagen. Im Ergebnis münden Debatten zunehmend in abstrakte Stellungskriege, bevor noch eine konsistente Beschreibung des umstrittenen Gegenstands möglich wäre.

Dass die Postmoderne um 2016 als Begriff wieder so leicht zur Hand war, verdankte sich also nicht nur einem Mottenfänger der Gedanken und Affekte namens Trump. Die Postmoderne lag in der Luft.

Vielleicht war es so: Das Ende des Kalten Krieges, dann die Digitalisierung, hatten das Nachdenken über die Postmoderne an den Rand gedrängt. Wie einst die Eisenbahn brachte das Internet eine „Zweite Moderne"[19] hervor, standardisierte Strukturen, mit denen sich Utopien eines weltweiten freien Verkehrs der Waren und Ideen verbanden. Seit dem Scheitern von mittels Facebook induzierten Revolutionen wie dem Arabischen Frühling und Edward Snowdens Enthüllung der globalen Massenüberwachung durch die NSA waren die wieder einmal zu universalistischen Illusionen enttäuscht. Wie in den 1970er-Jahren zirkulieren Verschwörungstheorien, psychedelische Drogen florieren, Intellektuelle verlassen die Institutionen[20]. Noch dazu ist die Zeit der Massenmedien vorbei. Die Zweite Moderne zerfällt und droht sich in ein repressives System zu verwandeln. Damit sind wir in der zweiten Postmoderne. Was ihr im Gegensatz zur ersten fehlt, ist Theorie. War diese in den 70er- und 80er-Jahren als „ästhetisches Erlebnis"[21] szenenbildende Kraft, so ist als Intensitätsangebot an ihre Stelle wohl die laufende Sortierung der Welt in den Apps der sozialen Medien getreten.

Die Rede von der Postmoderne kündete aber auch von einem aktuellen Bedürfnis: „Postmoderne" heißt jetzt so viel wie Regellosigkeit, und ihr Gebrauch als Schimpfwort zeugt von

[13] S. Joseph Vogl, *Kapital und Ressentiment*, München: C.H.Beck 2021.

[14] Vgl. Eva Illouz, „Lüge und Propaganda überwältigen unser historisches Wissen", *Zeit* Online, 10. April 2022, https://www.zeit.de/2022/15/russische-propaganda-juden-israel-krieg, zuletzt abgerufen am 23. Juli 2023.

[15] S. etwa: Stuart Jeffries, *Everything, All the Time, Everywhere: How We Became Postmodern*, London/New York: Verso 2021; Philipp Sarasin, *1977. Eine kurze Geschichte der Gegenwart*, Berlin: Suhrkamp 2021, und Pascal Zorn, *Die Krise des Absoluten*, Stuttgart: Klett Cotta 2022.

[16] CDU-Ministerin steht nach Teilnahme an Veggie-Monat unter Druck, Redaktionsnetzwerk Deutschland, 17. Mai 2023: https://www.rnd.de/politik/teilnahme-an-veggie-monat-cdu-ministerin-gorissen-bekennt-sich-zu-fleischkonsum-kritik-aus-eigenen-QGYAQTZFMBB7XPHND7PYWO4STI.html, zuletzt abgerufen am 23. Juli 2023.

[17] Vgl. Illouz (wie Anm. 14).

[18] Vgl. Björn Höcke, *Nie zweimal in denselben Fluss*, Björn Höcke im Gespräch mit Sebastian Hennig, 2018.

[19] Der Begriff wurde vom Gründungsdirektor des Deutschen Architekturmuseums und des Zentrums für Kunst und Medien Heinrich Klotz in Umlauf gebracht und von Ulrich Beck ausgearbeitet. S. Heinrich Klotz (Hg.), *Die Zweite Moderne. Eine*

Diagnose der Kunst der Gegenwart, München: C. H. Beck 1996; Ulrich Beck, „Das Zeitalter der Nebenfolgen und die Politisierung der Moderne", in: ders./Anthony Giddens/Scott Lash (Hg.), Reflexive Modernisierung. Eine Kontroverse, Berlin: Suhrkamp 1996, S. 19–112.

[20] S. Joshua Citarella, *Angela Nagle on Elites and Institutions*, Januar 2022, https://soundcloud.com/joshuacitarella/angela-nagle-on-elites-and-institutions, zuletzt abgerufen am 30. Juli 2023.

[21] Philipp Felsch, *Der lange Sommer der Theorie*, Frankfurt a.M.: S. Fischer 2015, S. 13

[22] Die Unterschiede etwa zwischen Poststrukturalismus und Dekonstruktion sollen hier nicht unter den Tisch fallen. Mit Postmodernem Denken ist hier ein Diskurszusammenhang gemeint, in dem all diese Theorien gegenseitig rezipiert und zitiert wurden – und für den es keinen besseren Namen geben wird als eben Postmoderne, im Sinne eines Epochenbegriffs einerseits und einer Abstoßungsbewegung gegen einen gemeinsamen Gegner (die Moderne) andererseits.

[23] S. Moritz Schularick/Joseph Vogl in diesem Katalog.

[24] Vgl. David Harvey, *The Condition of Postmodernity*, Cambridge MA: Blackwell 1990.

[25] Jerry Dammers, Frontmann der Ska-Band The Specials, deren Musikvideo zu *Ghost Town* in unserer

einem gestiegenen Verlangen nach Orientierung mittels Regeln. Dieses Bedürfnis äußert sich explizit auf dem Feld der Familienpolitik, etwa wenn Rechtspopulistinnen wie die italienische Ministerpräsidentin gegen gleichgeschlechtliche Elternschaften vorgehen. Es lohnt sich also, diesen irreführenden Gegensatz – Ordnung hier, Postmoderne da – zu entlarven und sich genau anzusehen, was auf dem Spiel steht, wo das Wort „Postmoderne" fällt.

Die Konjunktur postmodernen Denkens[22] – eines Denkens, das ausschert aus Vorgaben von Anwendbarkeit, Regelhaftigkeit oder der Verbesserung der Lebensverhältnisse und stattdessen alle möglichen Komplikationen am Wegesrand entdeckt, sich lustvoll in der Entdeckung immer neuer Voraussetzungen verstrickt – ist nicht zu trennen von einer spezifischen historischen Situation: dem Scheitern der Studierendenaufstände und in der Folge des Marxismus-Leninismus in westlichen Ländern; der Verlagerung der produzierenden Industrie in Staaten mit niedrigerem Lohnniveau, deren Arbeitsmärkte notfalls durch Militärinterventionen der USA im Wettbewerb miteinander gehalten wurden[23]; einer zunehmenden Akademisierung westlicher Gesellschaften, die sich in der steigenden Zahl von Hochschulabschlüssen ausdrückte; einem enormen Anstieg der kulturellen Produktion[24] und deren Indienstnahme für die wirtschaftliche Entwicklung; einer Privatisierungswelle; und der Deregulierung der Finanzwirtschaft, die eine neue Klasse hervorbrachte, die Investmentbanker, die mit ihren schnellen Gewinnen wiederum den Kunstmarkt anheizten. Nach der Abwicklung der Sozialpolitik der Nachkriegszeit unter Margaret Thatcher und Ronald Reagan stiegen zwar Armut und Obdachlosigkeit in Großbritannien wie den USA rasant.[25] Im selben Zug aber stiegen die Einkommen aus Vermögen. Die dadurch entstandene Sogkraft schuf ein günstiges Klima für kulturelle Innovationen. So herrschte für etwa zehn Jahre, von 1977 bis 1987, eine historisch besondere Durchlässigkeit zwischen Armut und Reichtum, und das Vehikel für den Grenzverkehr waren Kultur und Style. In New Yorks Clubs begegneten sich Rapper und Punks, Queers und Trumps[26], und Andy Warhol konnte sich in der neuen Vielfalt der Subkulturen als Königsmacher bedienen; konnte den Schaufensterdekorateur Victor Hugo zur queeren Ikone machen, den Graffiti-Maler Jean-Michel Basquiat zum Kunstmarktstar, und Latinx Drag Queens zu unbezahlten Modellen für teure Siebdrucke.[27] In London trafen sich jede Dienstagnacht mittellose Hausbesetzer*innen im Blitz Club und trugen neue Kostüme zur Schau, darunter Stephen Jones, der spätere Hutdesigner der Queen, Visage-Sänger Rusty Egan und Boy George, bald Frontmann von Culture Club. „In den Siebzigern war jeder arm", erklärt unser Ausstellungsarchitekt Nigel Coates die Chuzpe, mit der etwa Rusty Egan Mick Jagger wegen fehlendem Kostüm an der Tür abblitzen ließ.[28] David Bowie wiederum, der das freie Spiel mit Identitäten und Geschlechterrollen massentauglich gemacht hatte, durfte sich im Blitz die Statist*innen seines Videos zu *Ashes to Ashes* auswählen. MTV erhob das Spiel mit Identitäten zum Massensport. Mit seinen 4-Minuten-Clips erhöhte es die Schlagzahl, in der Role Models vor einem globalen Publikum auffuhren. Soziale Medien schließlich luden die Betrachter selbst in diese Clips. Sie boten jedem die Produktionsmittel, um in die Arena des Kampfes um Geltung und kulturelle Deutungshoheit zu treten.

Von Anfang an ging der gestiegene Kurswert von Kultur einher mit ihrer Ökonomisierung. Luc Boltanski und Arnaud Esquerre haben gezeigt, wie sich durch die Öffnung des Kulturbegriffs in den 1980er-Jahren hin zu Alltagskultur, Kreativwirtschaft und Denkmalpflege unter François Mitterands Kulturminister Jack Lang Kultur in eine Ressource verwandelte, deren Rolle der des Erdöls in der Industriegesellschaft gleichkommt.[29] Wer etwa über staatlich subventionierte denkmalwürdige Immobilien verfügt, kann sich von selbst vermehrendes Kapital vererben. Damit erklären die beiden Soziologen auch die von Thomas Piketty beschriebene Schere zwischen Einkommen aus Arbeit und Einkommen aus Vermögen. Kultur hat zur Zementierung ökonomischer Unterschiede beigetragen.

Zur wachsenden finanziellen Ungleichheit trat eine wachsende Ungleichheit kultureller Anerkennung. Mit dem Ende standardisierter Modelle für ein erfolgreiches Leben gerieten die Parameter für dessen Beurteilung in Fluss. Was dazu führte, dass jeder angestiftet ist, jeden anderen fortlaufend zu evaluieren, zu bewerten und nach Kategorien von Stil und Weltanschauung einzuordnen.[30] Andreas Reckwitz hat gezeigt, dass der Wettbewerb um einzigartige Lebensläufe, Geschmacksvorsprung und moralische Vorbildhaftigkeit seit den späten 70er-Jahren von Anfang an Verlierer produziert hat.[31] Neue Klassengrenzen verliefen zwischen jenen, die über die Bildung und das Netzwerk verfügten, um kulturelle Differenzen stilsicher zu navigieren und einzigartige Lebensläufe zu kuratieren; und jenen, die sich von diesen Ressourcen ausgeschlossen sahen, und zwar relativ unabhängig vom ökonomischen Hintergrund. Wer in diesem Wettbewerb um kulturellen Vorsprung nicht mithalten kann oder will oder sich durch die als dominant empfundenen Strömungen abgewertet fühlt, dem bleibt als Alternative die Resonanzerfahrung in kollektiven Identitäten. So brachte der Aufstieg des Kulturkapitalismus um 1980 den Aufstieg des Rechtspopulismus mit sich. Dass dieser zunehmend in einem Land nach dem anderen in die Zentren der Macht einzieht, liegt auch daran, dass Kultur, Lebensstil und Moral von einer ähnlichen Ökonomisierung erfasst wurden, wie Jean-François Lyotard sie in *Das postmoderne Wissen* für das wissenschaftliche Wissen feststellte. So wie dieses zunehmend dem Kriterium der Performanz, also der Wirksamkeit und Wirtschaftlichkeit unterworfen wurde, so messen sich heute Urteile immer weniger am Gegenstand des Urteils als an den Wetten auf die Urteile anderer, die das eigene Urteil nach sich ziehen wird. Auch Moral orientiert sich nun an ökonomischen Prinzipien der Performanz.

Seit sich auch Medien und Institutionen den Anreizmodellen der Plattformkonzerne unterworfen haben sich und die Formate des Posts, des Forwardings und des Kommentars vor alle anderen geschoben haben[32], sind sie in dieselbe Ebene gerutscht wie jeder andere: Als je unterschiedlich stark leuchtende Punkte kämpfen alle gegen alle um Geltung, auf einer offenen Bühne ohne feste Wertmaßstäbe. Von diesen Kämpfen hängen Erfahrungen von Selbstwert und Resonanz ab, die immer provisorisch und prekär sind.

Im Ergebnis werden politische Differenzen kulturalisiert, in die Lebensform eingebettet und der Verhandelbarkeit entzogen. Kritik trifft nun immer das ganze Subjekt. Lebensweise, Weltanschauung und politische Orientierung fallen in eins. Sie werden performative Einsätze in Kulturkämpfen, in denen Nebenfragen der Lebensgestaltung zu universellen Glaubensfragen stilisiert werden. Die sekundäre Ebene verschwindet, in der noch Bezüge zu einem Allgemeinen oder auch nur die Einigung auf Beschreibungen von Streitgegenständen möglich wären. Argumente produzieren zunehmend nur noch Rückstoßwirkungen zur Steigerung des Status in der eigenen Bubble. An der des Gegners gleiten sie ab. Unter diesen Bedingungen leistet die moralische Abgrenzung etwa gegen Rechsextreme nichts außer der Pflege des Status in der eigenen Bubble; um den Preis, dass die Nennung des Gegners dessen Status in dessen Bubble und seine insgesamte Reichweite erhöht. Besser, man lässt den Namen weg.

Dass sozialer Status von ästhetischen und moralischen Urteilen abhängig ist, war vor der Postmoderne nur in künstlerischen Zirkeln der Fall. Wer vorgegebene Lebensläufe verfolgte, sah sich von ihnen nicht infrage gestellt. Seit diese Logik aber die ganze Gesellschaft erfasst hat, haben ästhetische und moralische Urteilen eine Aufrüstung erfahren, die gegen Differenzierung arbeitet; vor allem aber gegen die Fähigkeit, Gemeinsamkeiten zu formulieren, die sich etwa gegen autochthone Setzungen der Volksgemeinschaft behaupten könnten. Umso größer wird die Attraktivität der Selbstsetzung unter Ausblendung aller anderen. Realität wird zum Rollenspiel, in dem der Faschist als Figurenangebot höchsten Intensitätsgewinn bei geringstem Aufwand verspricht. Faschistische Parteien locken mit dem Versprechen, mich nicht verändern zu müssen, nicht anpassen zu müssen, keine Rücksicht nehmen zu müssen, auf den angeborenen Privilegien und erlernten Erzählungen beharren zu dürfen.

Denn natürlich nerven die Kulturmenschen. Natürlich nervt das ständig an sich arbeiten müssen. Man kann den Wunsch schon verstehen, dass das aufhört. Dass alles bleiben möge wie es angeblich mal war. Man sich mit den eigenen Privilegien oder den Gründen der eigenen Unterdrückung nicht beschäftigen müsste. Aber das blinde Beharren darauf kann in letzter Konsequenz nur zu Gewalt führen. Je weniger reale geteilte Sinnerfahrungen, sei es durch Kunst, sei es durch gemeinsame Politik, der moralischen Ökonomie Einhalt gebieten, desto schneller kann sich in dieser die faschistische Erstarrung ausbreiten.

Dafür brauchen wir die postmodernen Autor*innen: um die Dynamik der faschistischen Versteinerung zu verstehen, die eben nicht plötzlich von oben kommt, sondern von unten, durch die Individuen[33]. Diese Beschreibung ist Gilles Deleuze und Félix Guattari möglich, weil sie Fluchtwege aus universalistischen Konzepten gefunden haben und mit ihrer minoritären Philosophie von unten denken; nicht der Frage folgend, was der Fall ist, sondern der Frage, wie Veränderung geschieht, und zwar unabhängig von politischen Programmen. Wir brauchen Jean Baudrillards atemlos wie Jagdflugzeuge neben ihren Gegenständen aufschießende Analysen als Wachmacher, der uns davon abhält, den Sedativen von Tradition, Ursprünglichkeit und moralischer Unbescholtenheit zu verfallen. Wir brauchen die Nüchternheit Jean-François Lyotards, um den weltanschaulichen Stellungskriegen zu entkommen, in die regressive Positionen führen wie die des oben zitierten Philosophen Daniel Dennett: „Eins dieser Narrative ist wahr, und die anderen sind es nicht; so einfach ist es."[34] Das ist Unsinn: Narrative können gar nicht wahr oder falsch sein. Fakten schon. Narrative befördern und legitimieren immerhin unterschiedliche Techniken der

Ausstellung läuft, beschrieb es dem *Guardian* 2002 so: „[…] the country was falling apart. You travelled from town to town and what was happening was terrible. In Liverpool, all the shops were shuttered up, everything was closing down. […] You could see that frustration and anger in the audience. In Glasgow, there were these little old ladies on the streets selling all their household goods, their cups and saucers. It was unbelievable. It was clear that something was very, very wrong."

[26] Jordan Runtagh, „Studio 54: 10 Wild Stories From Club's Debauched Heyday", *Rolling Stone*, 26. 4. 2017, https://www.rollingstone.com/feature/studio-54-10-wild-stories-from-clubs-debauched-heyday-198626/, zuletzt abgerufen am 23. Juli 2023.

[27] S. Gürsoy Doğtaş, „How Warhol Erased the Identity of His Black Trans Sitters", *C& América Latina*, 19. April 2021, https://amlatina.contemporaryand.com/editorial/andy-warhol-black-trans-sitters/, zuletzt abgerufen am 23. Juli 2023.

[28] Bruce Ashley/Michael Donald, *Blitzed!* (Film), 2020; Gespräch mit Nigel Coates am 16. Mai 2023.

[29] Luc Boltanski/Arnaud Esquerre, *Bereicherung. Eine Kritik der Ware*, Berlin: Suhrkamp 2019.

[30] Kolja Reichert, „More Contamination, Please!", *Arts of the Working Class*, 11. April 2020, online unter https://artsoftheworkingclass.org/text/more-

contamination-please, zuletzt abgerufen am 30. Juli 2023; s. auch Velten Schäfer, „Ich hatt' dich gerne, Postmoderne", *Der Freitag*, 27. Juli 2023, S. 17.

31 Vgl. Andreas Reckwitz, *Die Gesellschaft der Singularitäten*, Berlin: Suhrkamp 2017.

32 Vgl. New Models, „Do You Know Where You Live? Critical Survival", https://www.bundeskunsthalle.de/kritik, zuletzt abgerufen am 30. Juli 2023.

33 „Man vollzieht einen Bruch, man folgt einer Fluchtlinie, aber es besteht immer die Gefahr, daß man auf ihr Organisationen begegnet, die das Ganze neu schichten, also Gebilde, die einem Signifikanten die Macht zurückgeben und Zuordnungen, die ein Subjekt wiederherstellen – alles was man will, vom Wiederaufleben Ödipaler Konflikte bis zu faschistischen Versteinerungen. Gruppen und Individuen enthalten Mikrofaschismen, die nur darauf warten, Gestalt anzunehmen." Gilles Deleuze/Félix Guattari, *Tausend Plateaus. Kapitalismus und Schizophrenie*, Leipzig: Merve 1992, S. 20.

34 „One of those narratives is the truth and the others aren't; it's as simple as that", Dennett (wie Anm. 2).

35 Jean-François Lyotard, *Das postmoderne Wissen*, Wien: Passagen 2006, S. 190.

36 Jean-François Lyotard, *Der Widerstreit*, Leiden: Brill/Fink 1989.

Verifikation. Beides zu mischen, ist eine ignorante Starrköpfigkeit. Die faule Finte beginnt schon mit der Verzerrung des Gegners zur Karikatur: Die postmoderne Einsicht in die Unmöglichkeit universeller Wahrheiten wird als Absage an die Unmöglichkeit von Wahrheit überhaupt verkauft. Dennett und andere hantieren mit zu grobem Besteck. Mit modernistischen Hämmern des Entweder/Oder schlagen sie auf eine hochdifferenzierte, vielsprachige Wirklichkeit ein. In solchen Angriffen auf die Postmoderne zeigt sich die blinde Sehnsucht nach einer verbindlichen Metasprache, wie sie Jean-François Lyotard als totalitär analysierte.

Hinter dem Pappaufsteller der Postmoderne und den um ihn geführten Schattengefechten verbirgt sich der alte Kampf Moderne (die Suche nach universellen Rahmen für Partikularitäten) gegen Antimoderne (das Beharren auf Unverbrüchlichem, Unhintergehbarem, Unverhandelbarem [Identität]). Auch in der Zweiten Postmoderne ist die Fantasie einer rettenswerten Ursprünglichkeit wirksam, die es zu verteidigen gälte gegen Kontrollverlust etwa durch Einwanderung. Als gäbe es Letztverbindliches außerhalb von Kunst, Literatur, Wissenschaft, Ethik und der jeweiligen Herausforderung der Begegnung. Diese Sehnsucht nach dem Urtümlichen haben David Harvey und andere als Strukturmerkmal der Moderne identifiziert. Wolfgang Welsch hat schon 1987 überzeugend argumentiert, dass die Angriffe gegen die Postmoderne eigentlich nicht die Postmoderne meinen, sondern die Moderne: „Denn sie attackieren genau diejenigen Züge, in denen die Postmoderne eklatant als Einlösungsform der Moderne zu begreifen ist – freilich der harten, radikalen Moderne dieses Jahrhunderts. Die Beschwerdeführer, die ihre Heimstatt im 18., allenfalls im 19. Jahrhundert haben, wenden sich gegen die Moderne des 20. Jahrhunderts." Heute leben wir immer noch in den Parametern der Moderne, als Struktur wie als Ideologie: Noch immer gelten ihre einheitlichen Maße für Raum und Zeit; gilt die Dominanz der Zentralperspektive; und gilt das Privateigentum, das die Grundlage dafür bildet, dass jedes neue kulturelle Programm sich mit der Kapitalverteilung versöhnen wird. Die Digitalisierung hat all dies nur verstärkt. Unsere hyperindividualisierten Profile sind nur möglich dank einer standardisierten, modernistischen, zentralistischen Struktur der Massenproduktion von Servern und Code.

Die Digitalisierung hat aber auch verstärkt, was einmal mit Postmoderne bezeichnet wurde: Sie hat ein babylonisches Sprachgewirr entfesselt und die Offenheit für das Disparate, Unvollständige befördert, wie es sich in der Meme-Kultur zeigt. Damit hat sie Grundlagen für eine vernetztere Sensibilität eröffnet und den Weg zu kollektiveren Subjektivitäten – die allerdings nur handlungsfähig sind, wenn sie die Machtspiele der moralischen Ökonomie zu nutzen verstehen, die sie bestimmt.

Wir brauchen schließlich Lyotards kantischen Skeptizismus, um Auswege offen zu halten aus den Stellungskämpfen um die Durchsetzung gültiger Beschreibungen. Um den Eigengesetzlichkeiten einander widersprechender Ansprüche Raum zu geben. Und etwa zu verhindern, dass das Gedenken an die Verbrechen des Holocaust in Konkurrenz gerät mit dem Gedenken an die Verbrechen des Kolonialismus. Wir brauchen das ethische Programm der Paralogie, das sich aus seiner Sprach- und Erkenntnisphilosophie ableiten lässt. „Der Konsens ist ein veralteter und suspekter Wert geworden, nicht aber die Gerechtigkeit", wendet sich Lyotard am Ende des *Postmodernen Wissens* gegen Jürgen Habermas' Diskursethik: „Man muß daher zu einer Idee und Praxis der Gerechtigkeit gelangen, die nicht an jene des Konsenses gebunden ist."[35] Der Konsens nämlich setzt voraus, dass sich alle Sachverhalte in derselben Sprache darstellen ließen; was weder in den ausdifferenzierten Wissenschaften möglich ist noch zwischen Menschen, die unterschiedlich aufgewachsen sind. In *Der Widerstreit* legt Lyotard dar, dass es keine Sprache der Rechtsprechung geben kann, die nicht gegenüber anderen Sprachen Gewalt ausüben würde.[36] Es kommt darauf an, unterschiedliche Sprachen und Rechtsansprüche zueinander ins Verhältnis zu setzen, ohne auf Vermittlung in einer Metasprache zu beharren. Dies ist die Voraussetzung dafür, ineinander verkantete Illusionen von Ursprünglichkeit und Eigentlichkeit zu lösen; die eigenen moralischen Grundsätze der Herausforderung durch andere auszusetzen; und die Komplexität einer vielsprachigen sozialen Wirklichkeit zu begrüßen.

„DER MODERNE GING ES UM FLOSKELN, DER POSTMODERNE UM KONTEXT"

Die Graphikdesign-Legende Neville Brody über die Postmoderne und seine Arbeiten für *The Face* und die Bundeskunsthalle 1992 und 2023

Eva Kraus:
Hallo Neville, danke, dass Du zu uns nach Bonn gekommen bist!

Neville Brody:
Hallo, sehr gern! Ich bin aus zwei Gründen hergekommen: Zum einen arbeite ich hier am Rebranding, besser gesagt „Prebranding" der Bundeskunsthalle. Zum anderen wollen wir darüber reden, was hinter dieser Fantasy-Epoche steckt, die man Postmoderne nennt.

Eva Kraus:
Dein Lieblingsthema!

Neville Brody:
Ja, und nicht jeder, der sich als Postmoderner bezeichnete, war auch postmodern.

Eva Kraus:
So mancher wollte auch nie Postmoderne sein. Selbst der Architekt unseres Gebäudes verwahrte sich gegen diese Bezeichnung.

Neville Brody:
Ach, wirklich? Gustav Peichl?

Eva Kraus:
Ja! Sein Sohn behauptet das.

Neville Brody:
Die Ironie dabei ist, dass Herr Professor Gustav Peichl vielleicht keiner war – dafür aber sein Sohn Markus. Mit der Zeitschrift *Tempo*[1] war er einer der Vordenker der Postmoderne.

Eva Kraus:
Ja, darin erklärte er, worum es bei der Postmoderne geht.

Neville Brody:
Bei *The Face*[2] sprachen wir oft darüber, wie sehr wir die Postmoderne hassen. Wir alle hielten sie für lediglich dekorativ, stylish, oberflächlich ...

Eva Kraus:
... arrogant?

Neville Brody:
Tja, auch ein bisschen arrogant, aber als Fassade. Damals passierten so viele schreckliche Dinge in der Gesellschaft.

Eva Kraus:
Denkst Du, es ging nur um Machtspiele?

Neville Brody:
Ich glaube, es war eine Form des Eskapismus. Meiner Meinung nach hatten die Leute den Glauben an Institutionen, Regierungen und Konzerne verloren. Das Bemerkenswerte an den 1970er-Jahren ist, dass viele heute nicht wissen, wie viele von den Ereignissen sich in gewisser Weise gegen die Unternehmen richteten ...

Eva Kraus:
Ganz sicher...

Neville Brody:
Wir hatten den Vietnamkrieg, die Reaktionen darauf, den Aufschwung der Indie-Kultur. Zugleich streikten in Großbritannien die Bergleute, der Faschismus und ein gegen Zuwanderer gerichteter Nationalismus boomten, das war ganz schön beängstigend. Dazu Polizeibrutalität und eine Regierung, die Kultur in Konsum umkrempeln wollte.

Eva Kraus:
Nicht nur wollte, sondern sie hat es auch geschafft. Aber Du selbst warst auch kein Modernist, oder?

Neville Brody:
Ich war, glaube ich, ein Prämoderner. Denkt man an Dada, sogar an Bauhaus, dann könnte man das gewissermaßen als Post-Klassizismus bezeichnen. Auf jeden Fall war es „Prämoderne". Es war eine Art Urknall. Zu jener Zeit eröffneten immer neue Technologie immer neue Möglichkeiten, angefangen mit der Erfindung des Fotoapparats und der Einführung des Massendrucks mit aufgerasterten Bildern, das war in der Tat sehr wichtig.

Eva Kraus:
Das hat vieles verändert ...

---

[1] Die 1986 von dem Journalisten Markus Peichl und dem Art Director Lo Breier gegründete deutsche Zeitschrift *Tempo* erschien bis 1996. Sie schlug eine Brücke zwischen Popkultur und Gonzo-Journalismus zum intellektuellen Essayismus, ähnlich wie *The Face* oder *i-d* in Großbritannien.

[2] Von 1981 bis 1986 war Neville Brody Art Director von *The Face*, erfand dort neue Typografie- und Layout-Lösungen und war zudem in enger Zusammenarbeit mit dem Redaktionsteam auch am Inhalt beteiligt.

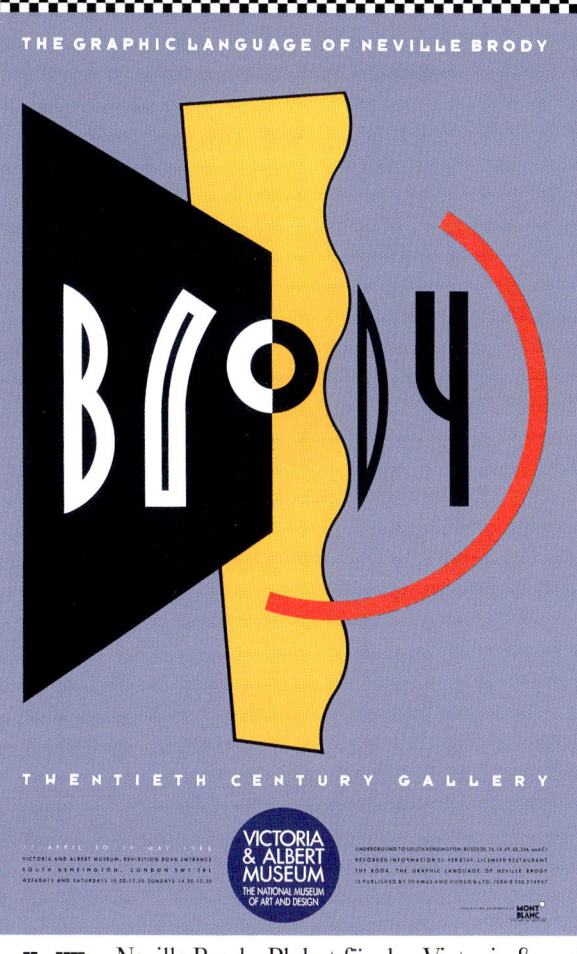

46 Neville Brody, Plakat für das Victoria & Albert Museum, London, 1988

Neville Brody:
Zeilenguss-Setzmaschinen schoben die Massenkommunikation an. Man denke nur an die Collagen von John Heartfield. Er schnitt Fotos aus, die er selbst aufgenommen, oder oft auch aus Zeitungen hatte. Davor gab es nur Zeichnungen und Radierungen. Der Rasterdruck war insofern eine viel bedeutendere technische Revolution, als man meinen könnte. Er machte erst die massenmediale Visualisierung möglich. Ende der 1980er-Jahre, vielleicht 1986/87, hatte ich dann meinen ersten Macintosh, und für mich war das revolutionär.

Eva Kraus:
Beim Rasterdruck konnte man Fotos integrieren, aber am PC konnte man selbst die Typografie gestalten.

Neville Brody:
Ja, der PC hat die Kommunikation entzaubert.

Um eine Schrift zu gestalten, musste man zuvor jahrelang studieren, eine Ausbildung machen und hochqualifiziert sein. Bis zur Digitaltechnik, die wahrscheinlich in den späten 1970er-Jahren Eingang in die Typografie fand, musste man jeden Buchstaben von Hand aus Metall ausschneiden – das war ein unglaublich schwieriges, handwerklich anspruchsvolles Verfahren. Dann kam plötzlich der Computer und demokratisierte die Typografie.

Eva Kraus:
Genau. Von da an konnte jeder mit neuen Programmen seine eigenen verwenden. Doch davor gab es noch den Fotosatz. Den hast Du wahrscheinlich im Studium noch gelernt.

Neville Brody:
Wir hatten dreierlei. Das eine war der Fotosatz, bei dem man seine Wörter Buchstabe für Buchstabe durch eine Folie belichtete. Dann gab es den IBM Kugelkopf – eine Art Golfball mit Buchstaben darauf. Wenn man die Größe ändern wollte, musste man den Kugelkopf austauschen. Als Drittes gab es Letraset, das waren Anreibebuchstaben, die man einzeln abrubbelte. Im Schriftdesign war Letraset das postmodernste Werkzeug, das wir besaßen. Wir konnten die Schriftanwendung komplett steuern. Man darf auch nicht vergessen, dass die Postmoderne erst durch die Technologie möglich wurde: Fanzines, Fotokopien und die Option, Sachen zu vergrößern oder zu verkleinern oder hundert Exemplare einer Zeitschrift zu produzieren. Preisgünstigere Optionen für die Herstellung von Schallplatten für Musiklabels. In jedem zweiten Schlafzimmer gründete jemand ein eigenes Plattenlabel – das war ausgesprochen postmodern. Und das Druckwesen hat sich verändert! *The Face* war noch mit 30 000 verkauften Exemplaren ein Erfolg, erschien aber in seiner Blütezeit in einer weit höheren Auflage.

Eva Kraus:
Die Technologie veränderte sich seinerzeit, aber der Journalismus auch.

Neville Brody:
Das war die Zeit, als viele neue Journalist*innen auftauchten. Zeitschriften wie *The Face* boten ihnen eine echte Plattform; sie befassten sich mit anderen Themen als zuvor. Sie schrieben vielleicht über Architektur oder Kriegsgebiete oder neue Modeschöpfer oder einen angesagten Nachtclub. Es war durch und durch eklektisch. *The Face* war gewissermaßen ein Beispiel für Dekonstruktion.

Eva Kraus:
Ja sicher, das war Punk, überall Collagen … Du sagtest einmal zu mir, Du seist eher ein Punk-Modernist als ein Post-Modernist, stimmt's?

Neville Brody:
Ich habe darüber nachgedacht: War Punk wirklich postmodern? War es nicht eher die Ablehnung institutioneller Modelle aus dem Glauben heraus, „alles ist möglich"? Das war für mich ein Schlüssel-Slogan: Alles ist möglich!

Eva Kraus:
Schaut man sich Kulturen und Stile an, dann spielte Punk in Europa keine große Rolle – ganz anders als in Großbritannien.

Neville Brody:
Für die Kultur in Großbritannien war Punk damals wichtiger als Architektur.

Eva Kraus:
Malcolm McLaren, Vivienne Westwood …

Neville Brody:
Und in Frankreich darf man die *bandes dessinées* nicht vergessen. Es gab ein sehr einflussreiches Kollektiv namens Bazooka. Aus der Ästhetik und Ethik des Punk entstanden richtig radikale Comics. Das solltet ihr Euch ansehen und in der Ausstellung berücksichtigen! Die Gruppe nannte sich Bazooka, und ihr wichtigstes Comic-Heft hieß *Un regard moderne*. Ein moderner Blick. Erschien im Verlag von *Libération*.

Eva Kraus:
Der Tageszeitung …

Neville Brody:
Genau. Und jede Seite des monatlich erscheinenden Hefts brachte eine neue Story für jeden Tag des jeweiligen Monats. Ich liebe diese Hefte!

Eva Kraus:
Woher stammten die ästhetischen Inspirationen?

Neville Brody:
Die lieferten Gemälde, Collagen und Zeichnungen, durchgepauste Fotos und eine Reihe Fanzines und Comics. Einiges davon war reine Pornografie und brach alle Tabus. In Frankreich drückte sich Punk eher in *bandes dessinées* aus als in Musik.

Eva Kraus:
Du erwähntest vorhin Heartfield: Gab es weitere Vormoderne oder Moderne, die Dich inspirierten?

Neville Brody:
Der ultimative Vor- und Postmoderne war für mich Alexander Rodtschenko. Er machte alles, von Grafikdesign über Entwürfe für ein Gebäude oder eine Uniform, abstrakte Gemälde, Fotografien, Typografie und Werbung bis zu Möbeln, und er unterrichtete auch …

Eva Kraus:
Mich erinnert das an El Lissitzkys „Supergrafiken", die riesig vergrößerten Schriftzüge und großformatigen Banner für den Sowjetischen Pavillon bei der Kölner Messe für Buch und Presse, und seinen berühmten Leporello.

Neville Brody:
Das waren die ersten zwanzig Jahre des 20. Jahrhunderts – in der Zeit wurde das 20. Jahrhundert erfunden. Das Einzige, was sich verändert hatte, war die Demokratisierung der Technologie.

Eva Kraus:
Das sehe ich genauso. Letzten Endes konnte jeder die Tools einsetzen, ohne jahrelanges Studium, ohne Spezialisierung, ohne ein komplettes Team zu benötigen. Das machte Kreativität viel einfacher und freier. Ich studierte damals Anfang der 1990er-Jahre in Wien an der „Angewandten", der Universität für Angewandte Kunst. Damals gab es eine gewaltige Explosion kreativer Arbeiten – die Leute schufen eigene Schriften, entwarfen ständig neue Plakate. Mit einem Schlag war damals alles so einfach, und als Grafikdesigner*in konnte man viel schneller etwas ausprobieren.

Neville Brody:
Die Ausstellung sollte diesen Aspekt irgendwo erwähnen: Inwieweit wirkt sich heute die KI auf das System aus? Die Auswahl verschiedener Fonts – vielleicht machen wir das gar nicht mehr, vielleicht haben wir das nicht mehr nötig? Man gibt die entsprechende Anweisung und das System liefert die richtige Schrift …

Eva Kraus:
Weißt Du, welche Fonts im Metaversum eingesetzt werden?

47 Seite aus: Bazooka, *Un Regard Moderne* #1, Libération, Februar 1978

Neville Brody:
Ich nehme an, sie verändern sich je nach virtueller Umgebung … In der Postmoderne lautete der Grundsatz: Es ist nur für den Betrachter wahr. Bei der Dekonstruktion geht es um eine Ansammlung von Elementen, deren Sinn sich erst durch das Betrachten ergibt … in gewisser Weise kann kein isoliertes Wort genommen werden und behaupten, „das ist wahr". Wahr ist es nur im Verhältnis zu einem anderen Wort. Und es ist nur wahr im Verhältnis zum Betrachter. Dann erst erhält es einen Sinn. Punk ging es so gesehen großenteils genau darum, und die KI basiert in ähnlicher Weise auf diesem Grundsatz.

Eva Kraus:
Entschuldige, wenn ich nachfrage: Meinst Du in postmoderner Zeit?

Neville Brody:
Ja, in der Moderne ist es als Aussage wahr, in der Postmoderne als Interpretation.

Eva Kraus:
Weil jeder einzelne von uns viel mehr Botschaften produziert?

Neville Brody:
Der Moderne ging es um Floskeln, der Postmoderne um Kontextualisierung.

Eva Kraus:
Oder um Referenzialisierung.

Neville Brody:
Der Eklektizismus der Postmoderne war das Ergebnis der Aufschlüsselung der Floskeln. Sie bewegte sich von ihnen weg und nahm dabei eine Menge oberflächlicher Werte des Konsumismus mit, zumindest die visuellen Werte. Die erschienen in Gestalt von Memphis, überschwänglicher Architektur oder von Supermärkten.

Eva Kraus:
… von James Wines zum Beispiel!

Neville Brody:
Ja, seine Sachen gefallen mir. Die sind fabelhaft, aber unter dem Strich sind sie immer auch umsatzfördernd.

Eva Kraus:
Warum meinst Du, die Postmoderne sei weniger wahr?

Neville Brody:
Das Problem der Postmoderne ist, dass sie als vorübergehende Kultur gedacht war. Doch heute ist sie ein historischer „Ismus".

Eva Kraus:
… damit hatte niemand gerechnet, oder?

Neville Brody:
1985 hätte niemand erwartet, dass eines Tages in der Bundeskunsthalle eine Ausstellung darüber laufen würde. Man versuchte lediglich, ein Narrativ zusammenzustückeln …

Eva Kraus:
Ich glaube, in Bezug auf die Postmoderne wird oft falsch verstanden, die Leute hätte das ironisch gemeint, aber das war gar nicht der Fall! Die Postmoderne wollte subversiv sein, war es aber in vielen Fällen nicht.

Neville Brody:
Wir könnten sie auch High Punk nennen.

Eva Kraus:
Warum nicht?!

Neville Brody:
Denn genau das war sie. Sie behauptete, wir müssen die Dinge nicht so hinnehmen, wie sie uns präsentiert werden. Wir müssen uns nicht mit Floskeln und Binsenwahrheiten abspeisen lassen. Das da dient diesem oder jenem Zweck, aber ich werde es zu einem anderen verwenden.

Eva Kraus:
Aber die Postmoderne war auch reaktionär – und manche Leute sind gerade deshalb berühmt geworden. Viele Stars der postmodernen Architektur beispielsweise waren reichlich klassizistisch.

Neville Brody:
Sottsass war ein vorbildlicher Handwerker und Designer.

Eva Kraus:
Vor allem die Italiener waren sehr konservativ.

Neville Brody:
Auf eine Art waren die Postmodernen in den 1980er-Jahren Thatcher und Reagan, mit Verlagerungen von der eigentlichen inhärenten

Bedeutung zur oberflächlichen Bedeutung. Sie kurbelte den Konsum an. Und wir hassten sie!

Eva Kraus:
In Design und Architektur gab es eine sehr patriarchalische Szene. Deshalb habe ich nach den Machtspielen gefragt. An der Universität in Wien waren die Professoren, die Architekten, die Leute, die der Postmoderne oder dem Dekonstruktivismus angehörten, meistens Männer, so arrogant, so selbstgefällig. Das fiel mir auf …

Neville Brody:
Die Postmoderne wurde zu etwas, das man sehr leicht kopieren konnte, genau wie Punk. Letztendlich hat die Werbung den Punk kopiert. Aber wenn man etwas kopiert, wird es zum Spiegel, und dann gibt es nichts mehr, woran man sich reiben könnte. Zum Schluss verdrängt man die Kultur mit ihrer eigenen Kopie. Das Gleiche passierte mit Hip-Hop, mit der Postmoderne. Und am Ende wurde die Postmoderne im Handumdrehen zu einem akzeptierten Stil, den man auf alles anwenden konnte …

..Eva Kraus:
Es ist auch die Ära der ikonischen Architektur. Aus dieser Zeit stammen alle möglichen kultigen Bauwerke. Jedes Unternehmen konnte seinen eigenen Stil und seine eigene Marke erfinden. Wie war das in der Typografie, wo doch schon bald jeder seine eigene Corporate Identity hatte?

Neville Brody:
Noch etwas, das in der Ausstellung fehlt, sind die Zeitschriften *FUSE* oder *Emigré*.

Eva Kraus:
… wichtige typografische Zeitschriften.

Neville Brody:
Weil *FUSE* vieles hinterfragte: Was ist ein Alphabet, was ist Sprache, was brauchen wir eigentlich, um einen Kommunikationsmechanismus aufzubauen? Reichen zwei Zeichen? Oder sollten es 50 000 Zeichen sein, oder nur eine Form?

Eva Kraus:
Hast Du deshalb an unlesbaren Titelblättern gearbeitet?

Neville Brody:
War das wirklich unlesbar?

Eva Kraus:
Irgendwie schon.

Neville Brody:
Nur in gewisser Weise unlesbar. Du akzeptierst abstrakte Malerei.

Eva Kraus:
Ja, ich habe gelernt, sie zu deuten.

Neville Brody:
Bei der abstrakten Typografie ist es genauso – und uns wurde klar, dass es das zuvor nie gegeben hatte.

Eva Kraus:
Vielleicht im Jugendstil?

Neville Brody:
Ja, aber es kam nicht aus einer strukturierten Sprache, die man wiederverwenden und zusammensetzen konnte. Bei *FUSE* sagten wir, diese Tastatur ist nur eine Abfolge von Behältnissen für Codes, und wenn man sie auf unterschiedliche Weise kombiniert, schafft man damit unterschiedliche Bedeutungen. Dann merkten wir, dass wir vollständig abstrakt arbeiten konnten, und erfanden die Freiform-Typografie … Für uns war sie wie abstrakte Musik, abstrakte Klänge, abstrakte Formen.

Eva Kraus:
Aber dabei kamen auch die Möglichkeiten des digitalen Zeitalters zum Zuge.

Neville Brody:
Diese Entwicklung wurde hundertprozentig durch digitale Technologie ermöglicht und katalysiert.

Eva Kraus:
… nahm ihre Möglichkeiten zugleich vorweg, stimmt's?

Neville Brody:
Der Kubismus wurde erst durch die Erfindung des Fotoapparats möglich. Beides ist direkt miteinander verknüpft.

Eva Kraus:
Multiperspektive, Simultaneität …

Neville Brody:
Porträts und Treue leistet die Kamera letztlich besser; das bedeutet, dass man in der Kunst folglich andere Aspekte und Sujets erkunden kann.

Dann hat man Cézanne und den Expressionismus, den Surrealismus etc.

Eva Kraus:
Konzeptualismus, Minimalismus …

Neville Brody:
Den Abstrakten Expressionismus. Ich frage mich, ob der Postmodernismus der letzte „Ismus" ist …

Eva Kraus:
Brodyismus? [lacht]

Neville Brody:
Tja … Prismatismus!

Eva Kraus:
Um auf Deine Frage zurückzukommen: Keiner von uns weiß so ganz genau, was die Postmoderne war. Ein merkwürdiger kurzlebiger Albtraum aus Stil-Mischmasch und verworrenen Botschaften?

Neville Brody:
… kollidierenden Galaxien im Kosmos! Wir sprachen ja schon vom Urknall!!

Eva Kraus:
Wir können vermutlich froh sein, dass wir ihn überwunden haben. Ich wurde in jener Zeit und Ästhetik geboren und sozialisiert, und in der Rückschau ist das superinteressant. All die Verschiebungen fallen mir ein, und das, was wir unter Postmoderne verstehen, wird wiederbelebt. Eine kunterbuntes, eklektisches Potpourri, ein Pastiche mit verschwimmenden Grenzen …

Neville Brody:
Der Postmodernismus war im Grunde sehr brutal. Nicht im physischen, sondern im kulturellen Sinne.

Eva Kraus:
Auch sehr elitär, finde ich.

Neville Brody:
Ja – und viele missverstehen das. In der Rückschau sehen sie nur die schicken Aspekte. War Malcolm McLaren ein Postmodernist? Aber ja! Es ging darum, Sachen kaputtzuschlagen und zu behaupten, alles sei möglich. Aber heute sehen wir darin nur noch ein dekoratives Statement.

Eva Kraus:
Meintest Du das, als Du vorhin sagtest, alles bleibe an der Oberfläche? Vielleicht war es als Bruch gemeint und entpuppte sich als Implosion.

Neville Brody:
Tatsächlich leben wir heute in der ultimativen Postmoderne. Alles ist möglich, es gibt kein Richtig und kein Falsch. Schau Dir MTV an, das wurde geboren und verabschiedete sich schon bald darauf wieder. Und die Zeitschrift *VICE* geht bankrott. Die Popkultur zerbricht.

Eva Kraus:
Weil wir keinen Mainstream mehr brauchen. Jeder kann seinen eigenen Stil und seine eigenen Vorlieben ausleben.

Neville Brody:
„Ismen" kommen und gehen im Wochentakt. TikTok und andere kurzlebige Moden halten sich nur ein paar Tage. Wir leben in einer Ära der ADHS. Die Postmoderne litt an ADHS.

Eva Kraus:
Das ist wahr. Seither leben wir in einer permanenten Pandemiekrise. ADHS beruht auf dem ganzen Konsumverhalten, der Digitalisierung – sie ist deren psychologische Konsequenz.

Neville Brody:
Heute dreht sich alles um Aktivierung, rund um die Uhr nur Aktivierung. Wir sprachen ja schon darüber – Marken sind nur Plattformen für Inhalte. Inhalte werden nicht mehr explizit ausgesprochen, sondern geliefert. Wenn man zum Geschichtenerzähler wird, kommen Schlag auf Schlag immerzu neue Geschichten.

Eva Kraus:
Man kann Moral und Wokeness perfekt instrumentalisieren. Siehst Du das auch so? Viele Unternehmen wollen die sozioökologische Wende für sich ausschlachten.

Neville Brody:
Kulturmäntelchen, Greenwashing, Klimakompensation etc.

Eva Kraus:
Die Handelssysteme brauchen neue Werte.

Neville Brody:
Noch einmal zur Verknüpfung zwischen diesem Aspekt und der Postmoderne und der Bundeskunsthalle. Immerhin steht dieses Gebäude seit jeher im Zwiespalt zwischen – nie zugegebenen – postmodernen Ansprüchen und der Wirklichkeit, eine reale Einrichtung zu betreiben, die in mancher Hinsicht eine Bundesinstitution ist.

Eva Kraus:
Vielleicht war es damals einfach eine Hommage an die Bunderepublik Deutschland. Denkt man an Helmut Kohl und all die anderen Persönlichkeiten der „Bonner Republik", dann erinnert vieles daran.

Neville Brody:
Es könnte eine Reaktion gewesen sein. Denn ehrlich gesagt war Wien seinerzeit viel postmoderner und dekorativer als Deutschland.

Eva Kraus:
Nachkriegsdeutschland bemühte sich um Bescheidenheit. Österreich hatte viel mehr aus Moderne und Jugendstil vorzuweisen. Die Menschen waren ästhetisch gebildeter als hier in Deutschland.

Neville Brody:
Also war es vermutlich ein Import aus Österreich.

Eva Kraus:
Und der Architekt war auch noch stolz darauf, dass die Bundeskunsthalle hermetisch ist, was ich selbstreferenziell, wenn nicht sogar egoistisch finde. Davor, in den 1960er-Jahren, wollte Cedric Price den *Fun Palace* bauen, ein völlig anderes Konzept mit einer flexiblen Struktur, eher wie das Centre Pompidou. Sein Entwurf verkörperte in Bezug auf Menschen, Barrierefreiheit und gemeinsam genutzte Räume ein ganz anderes Kulturbild. Unser Gebäude wurde damals von Journalisten als Tempel, aber auch als Karawanserei gedeutet. Letztendlich ist es wie ein Elfenbeinturm gestaltet. Hochkultur, die beeindrucken will.

Neville Brody:
Für deutsche Verhältnisse war es zur Zeit der Einweihung ein durchaus revolutionäres Bauwerk. In unseren Augen war es architektonisch definitiv etwas Neues.

Eva Kraus:
Später, in den 1990er-Jahren, wurde dies zu einem Regierungsstil, wie Axel Schultes' Kunstmuseum Bonn direkt gegenüber von uns. Sehr repräsentativ. Gebäude im Maßstab des 20. Jahrhunderts, während die Postmoderne verblasste, wie wir in unserer Ausstellung postulieren. Du wirst argumentieren, dass sie immer noch anhält …

Neville Brody:
Sie wurde absorbiert …

Eva Kraus:
In der Architektur war es definitiv das Ende einer Ära. Und Du hast die Marke dafür gestaltet.

Neville Brody:
Das Originallogo mit den drei Kegeln stammt nicht von uns, sondern von Pierlugi Cerri aus Mailand. Aber wir haben alles andere darum herum gestaltet. Und das war nicht so radikal anders als das, was wir heute tun. Ich denke, in den gut 30 Jahren hat sich das Gebäude gewehrt, und Du versuchst, seine Nutzung wieder zu normalisieren.

Eva Kraus:
Ich will es vor allem öffnen.

Neville Brody:
Peichl konzipierte es aber doch als einladenden Raum.

Eva Kraus:
Als Basis für Dein aktuelles Bundeskunsthallen-Design hast Du die Typologie des Gebäudes genutzt – seine Geometrie aus Quadrat und Kreis.

Neville Brody:
Es war seinerzeit eine Gegenbewegung zur Moderne und zu Wien. Sie kam oft aus konservativen Kreisen. Das meine ich damit, wenn ich sage, dass es in gewisser Weise ein brutaler Bruch war.

Eva Kraus:
Aber wir gestalten es jetzt neu.

Neville Brody:
Was wir jetzt vor allem tun müssen, ist, 30 Jahre Geschichte bereinigen und im Grunde alles wieder in Fluss bringen, d er die unterschiedlichen Bereiche frei durchströmen kann.

48 Logo der Ausstellung *Die Postmoderne*, 2023

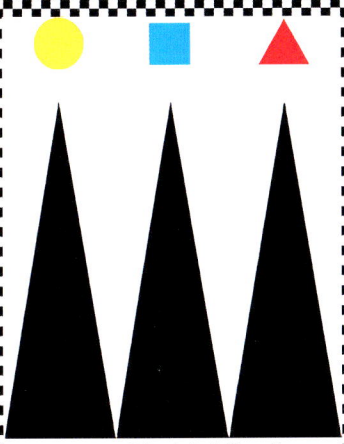

Pierluigi Cerri, Erstes Logo der Bundeskunsthalle, 1993

Eva Kraus:
Mir gefällt, dass das neue Design so vital wirkt. Die Schrift „Bonn" ist zwar ziemlich markant, massig und hervorstechend, aber sie ist trotzdem energiegeladen und lebendig.

Neville Brody:
Darüber haben wir ja schon gesprochen: Sie ist skalierbar, in der Stärke ebenso wie in der Größe. Sie kann groß und trotzdem dünn sein, aber auch klein und massig. Wir können mit Skalierung und multiplen Dimensionen spielen. Ich glaube nicht, dass wir das vor 30 Jahren gekonnt hätten.

Eva Kraus:
Und wie gefällt es Dir, Dein eigenes Design wiederzubeleben?

Neville Brody:
Es ist sehr spannend, das alte Design als neuen Ausgangspunkt zu nehmen und zu sehen, was man digital damit machen kann. Klar, die Bundeskunsthalle war zu diesem Zeitpunkt noch nicht für die Digitalisierung konzipiert. Als sie 1992 eröffnet wurde, gab es natürlich noch keine Website. Auch wenn wir alles am Computer entwarfen, wurde es nie digital veröffentlicht, sondern ging immer noch in den Druck. Heute dreht sich alles um die Digitalisierung, und wir müssen von dort aus arbeiten und sicherstellen, dass die Erfahrung der Wegfindung im Raum Teil des Narrativs ist …

Eva Kraus:
Deine Vorstellung, dass alle Bereiche der visuellen Sprache im Fluss sind, gefällt mir sehr. Wie eine unendliche Leinwand, und dann fokussiert man auf einzelne Aspekte.

Neville Brody:
Wir nennen es ein aktives Objektiv.

Eva Kraus:
Schön.

Neville Brody:
In unseren Augen ist die ganze Bundeskunsthalle ein aktives Objektiv. Kuratieren ist ein aktives Objektiv.

Eva Kraus:
In der Tat!

Neville Brody:
Denn Ihr könnt nicht wie in einem Amazon-Katalog alles herausbringen, was die Leute haben wollen. Ihr gebt ihnen Reisen vor.

Eva Kraus:
Da hast Du völlig Recht, das ist unser Job.

Neville Brody:
Hundertprozentig …

Eva Kraus:
Danke, dass Du mich daran erinnerst, und danke sehr für dieses Gespräch!

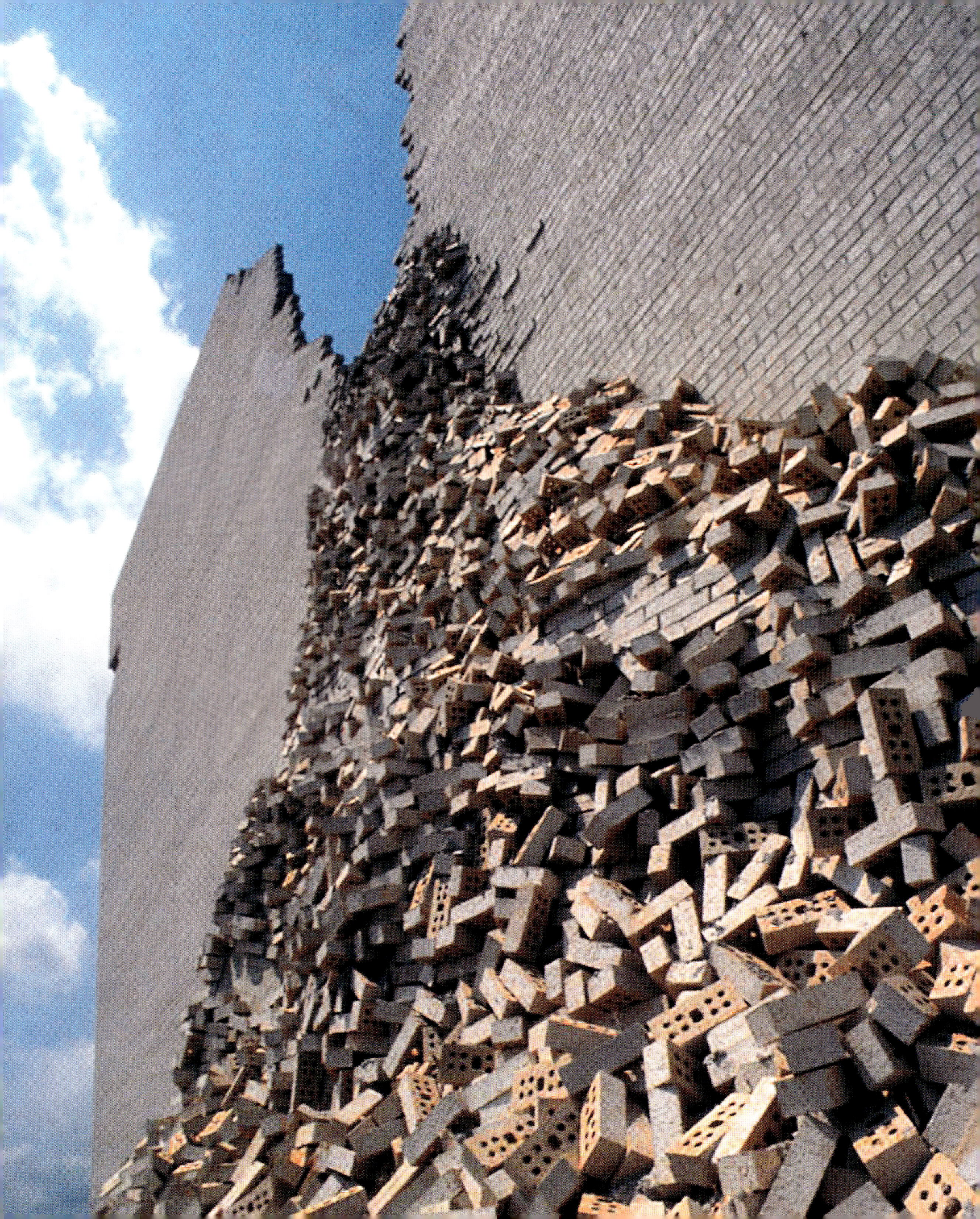

II
RUINEN
DER MODERNE

57

1 (S. 56) SITE (James Wines), Detail aus: *Indeterminate-Façade, Houston TX*, 1974

II

In diesem Kapitel wird die Moderne buchstäblich in die Luft gejagt, und mit ihr die Vorstellung, die Welt lasse sich regulieren. Ruinen überall: die explodierende Villa eines Immobilienmoguls, deren Trümmer am Ende des Films *Zabriskie Point* zum Sound von Pink Floyd in Zeitlupe durch den Himmel tanzen. Die durchbrochene Fassade eines Schmuckgeschäfts, die Hans Hollein als Architekten bekannt macht (und bei der man meinen könnte, er habe die Röhren seines Medienleitsystems für die Olympiade 1972 in die Fassade gestopft). Das abrissreife Einfamilienhaus, das Gordon Matta-Clark in der Mitte aufbricht, so dass Licht durch das Dach fällt. Die ruinenartigen Flagshipstores der Gruppe SITE für die Warenhauskette BEST. Ant Farm steuern einen Cadillac (Symbol des jetzt bedrohten Wohlstands der 50er-Jahre) in eine Wand aus brennenden Fernsehern. Und die Protagonisten in J.G. Ballards Roman *Crash* beziehen sexuelle Befriedigung aus dem Nachstellen berühmter Verkehrsunfälle.

Vor allem stürzen die Neubauten der Moderne ein. Offensichtlich funktioniere die funktionalistische Architektur nicht, erklärt Charles Jencks in dem vielfach aufgelegten Standardwerk *Die Sprache der postmodernen Architektur*: Als Beispiel dient ihm das Sozialbau-Viertel Pruitt-Igoe in St. Louis, in das Anfang der 1950er-Jahre viele Schwarze Familien umgesiedelt wurden. Zwanzig Jahre später hat es sich in eine Drogenhölle verwandelt, und die Stadtverwaltung weiß keine andere Lösung als es zu sprengen.

Heute weiß man, dass daran, anders als von Jencks suggeriert, nicht die Architektur schuld war, sondern der Umbau der Industrie- zur Dienstleistungsgesellschaft. Fabriken schlossen, Arbeitsplätze gingen verloren, und der subventionierte Auszug der weißen Mittelklasse in die Vorstädte ließ die Innenstädte verfallen.

Die 70er-Jahre sind im Westen ein Jahrzehnt der gebrochenen Illusionen. Die Linke hat erkannt, dass sich keine Mehrheiten gegen den Kapitalismus finden lassen. Aber auch der Kapitalismus erkennt die Grenzen des Wachstums und seine Abhängigkeit von den ölfördernden Staaten. Präsident Nixon entkoppelt den US-Dollar vom Goldpreis und überlässt damit Währungen der freien Spekulation globaler Märkte.

Ein Teil der Linken geht in den Untergrund, ein Teil in die Universitäten. Ein anderer in die Kultur.[1] Die revolutionäre Energie erfüllt nun die Gestaltung der Lebenswelt: Mit den Gruppen „Superstudio" und „Archizoom", deren konsumkritische Möbel heute begehrte Sammlerstücke sind, entsteht die Bewegung des Radical

Design. Ihr gehört auch Gaetano Pesce an, dessen feministischer Sessel *La Mamma* zur Ikone wurde. Im selben Geist wenden sich der Psychoanalytiker Félix Guattari und der Philosoph Gilles Deleuze im *Anti-Ödipus* gegen das Wegschließen psychisch Kranker, das mit der Moderne entstand.

  Überall wird der Norm der Kampf erklärt: Das Architektenpaar Denise Scott Brown und Robert Venturi würdigt in der Studie *Learning from Las Vegas* die Mitteilungsfreude kommerzieller Architektur und einen Städtebau, der sich nicht an abstrakten Idealen, sondern an der Lebenswelt der Menschen orientiert. Wie später Charles Jencks fordern sie Gebäude, die ihrer Umgebung offensiv und freundlich mitteilen, was sie wollen. Gegen den Utopismus der Moderne stellen Venturi/Brown die Würdigung des Normalen und regional Typischen: „Main Street is almost alright", lautet ihr vielzitierter Wahlspruch.

  Der Architekt Rem Koolhaas wird mit seiner Studie *Delirious New York* bekannt, die das kollektive Unbewusste Manhattans im Vergnügungspark Coney Island entdeckt. Die Künstlerin Madeleine Vriesendorp zeichnet dazu kopulierende Hochhäuser. In ihrem Zeichentrickfilm *Flagrant Délit* stapft eine grimmige Freiheitsstatue durch eine psychedelische Landschaft.

  Alle Formen geraten ins Gleiten, Geschichte wird zum Content: Alessandro Mendini verschmilzt die utopischen konstruktivistischen Kompositionen Wassily Kandinskys zu einem fröhlichen Sofa-Design. Der Architekt Stanley Tigerman versenkt auf einer Fotocollage Mies van der Rohes modernistisches Hauptgebäude der Architekturfakultät von Chicago im Lake Michigan. Tigermans Zeichnungen mobilisieren das Unbewusste der postmodernen Architektur, der alle historischen Formen seit dem griechischen Tempelbau gleichwertig zur Verfügung stehen – und befragt diese zugleich nach ihrer Rolle in totalitären Regimen vom römischen Reich bis in den Nationalsozialismus.

  Der Konformismus der Moderne ist gebrochen. An seine Stelle tritt das ironische Spiel mit dem Wissen um die Unmöglichkeit linearen Fortschritts. Wie Gordon Matta-Clark und James Wines erkennt auch Frank Gehry in der gebauten Ruine die Möglichkeit des Neuanfangs. An seinem eigenen Haus in Santa Monica erkundet er das Programm des Dekonstruktivismus, das ihn später zur Disney Concert Hall und zum Guggenheim Bilbao führen wird.

Ein Pionier des Radical Design ist Ettore Sottsass, der für den Hersteller Poltronova die jüngeren Kollegen auf den Markt bringt. Seine Zeichnungsserie *Der Planet als Festival* zeigt psychedelische Vergnügungsarchitekturen in Marslandschaften vor untergehenden Städten. Tatsächlich verwandelt sich das Leben in den westlichen Ländern immer mehr in ein Festival: Wurden in der Moderne Lust und Begehren unterdrückt, werden sie in der Postmoderne entfesselt. In Sottsass' Zeichnungen kündigt sich die Erlebnisökonomie an, wie sie Alvin und Heidi Toffler schon 1970 in ihrem Buch *Future Shock* aufziehen sahen: „Wir werden den Aufstieg von Erlebnisindustrien erleben, deren einziges Produkt aus vorprogrammierten Erfahrungen besteht, einschließlich simulierten Umgebungen, die Kunst einen Hauch Abenteuer, Gefahr oder anderer Vergnügen bieten."[2]

[1] Vgl. Richard Rorty, *Achieving Our Country: Leftist Thought in Twentieth-Century America*, Harvard University Press 1998.
[2] Alvin und Heidi Toffler, *Future Shock*, Toronto/New York/London: Random House 1970, Bantam Books 1971. S. 228, Kapitel 10.

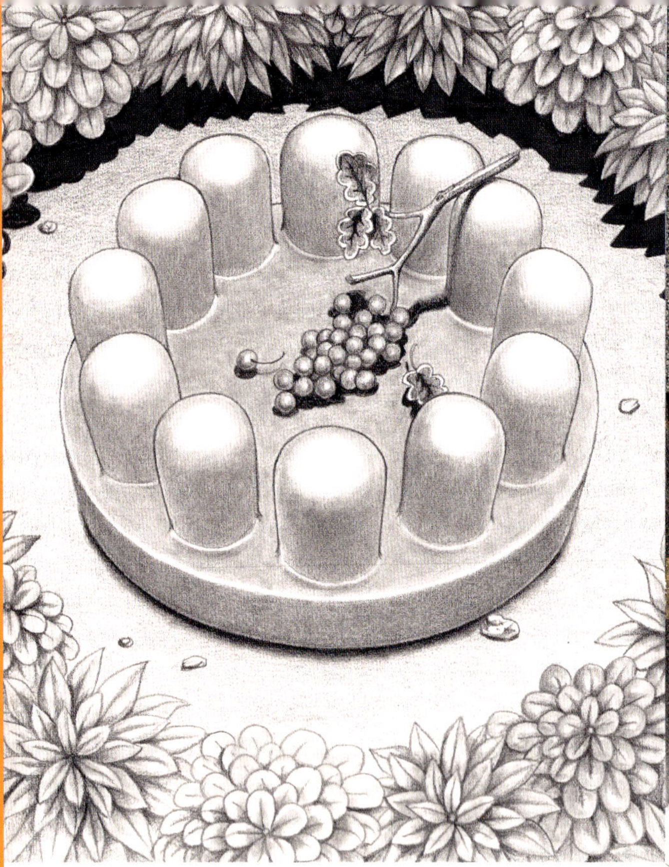

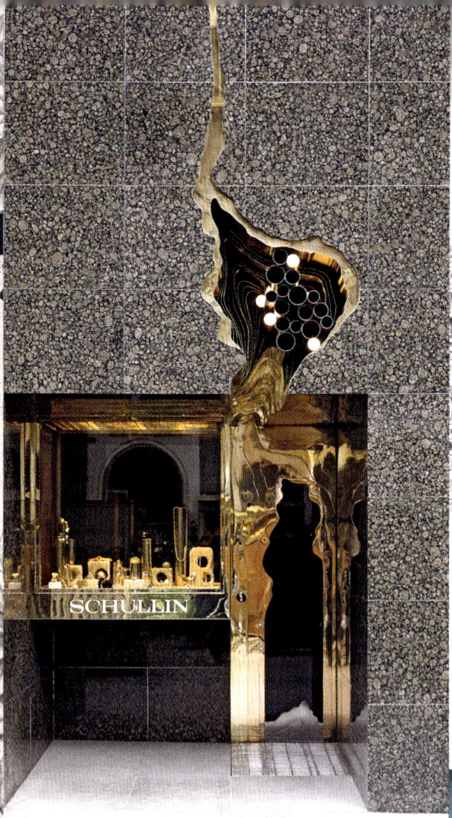
SCHULLIN

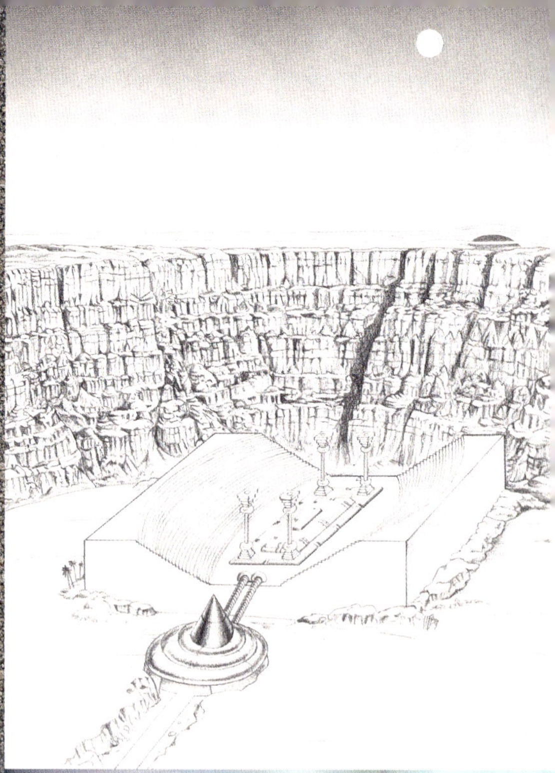

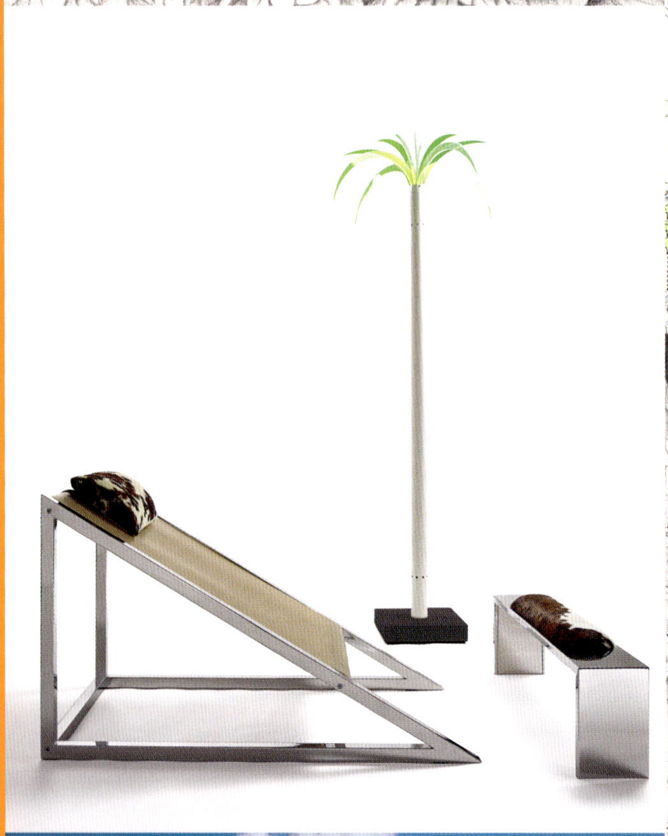

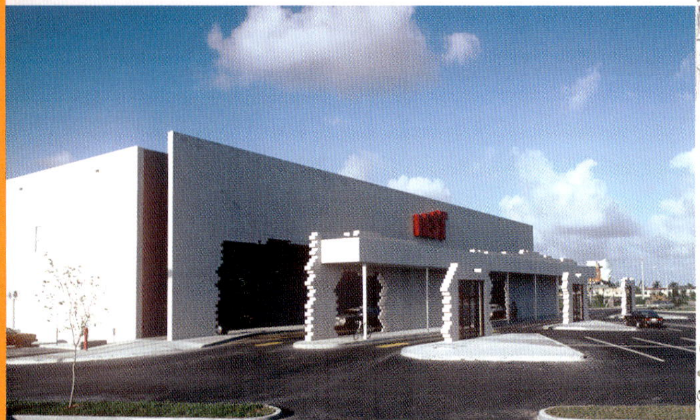

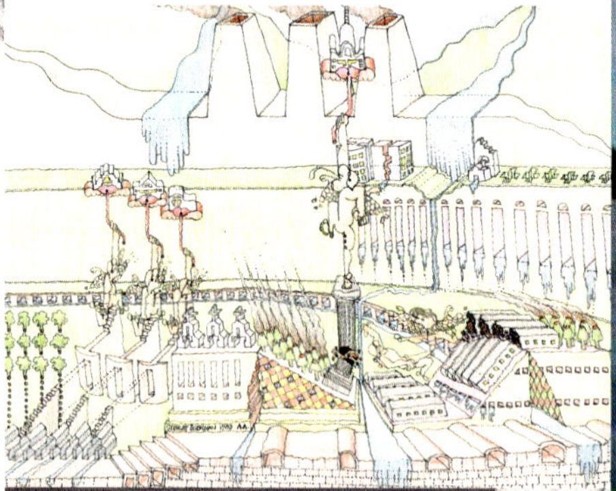

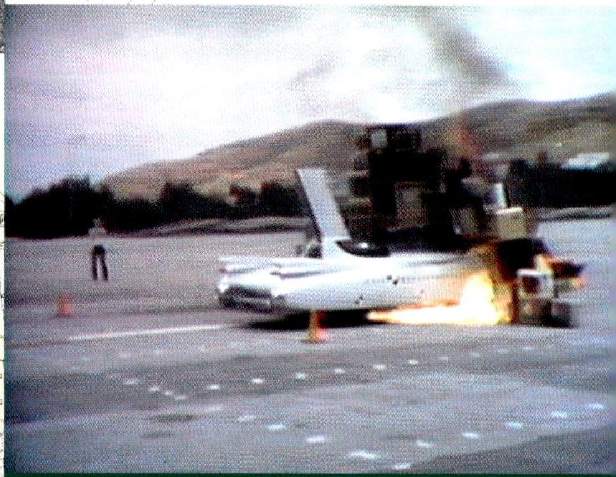

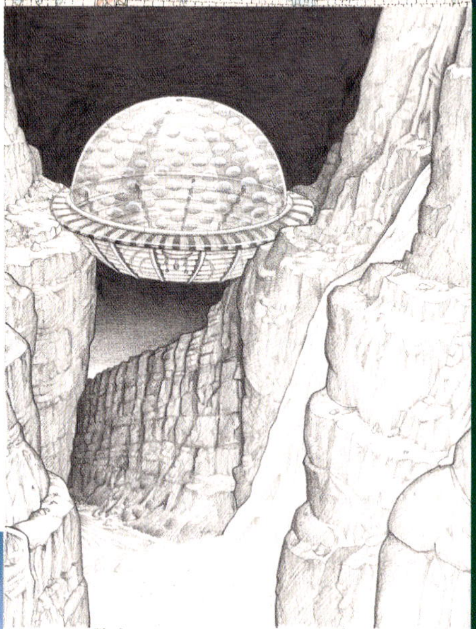

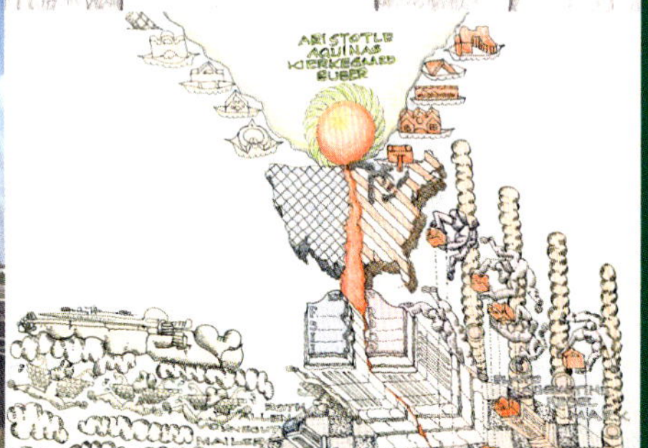

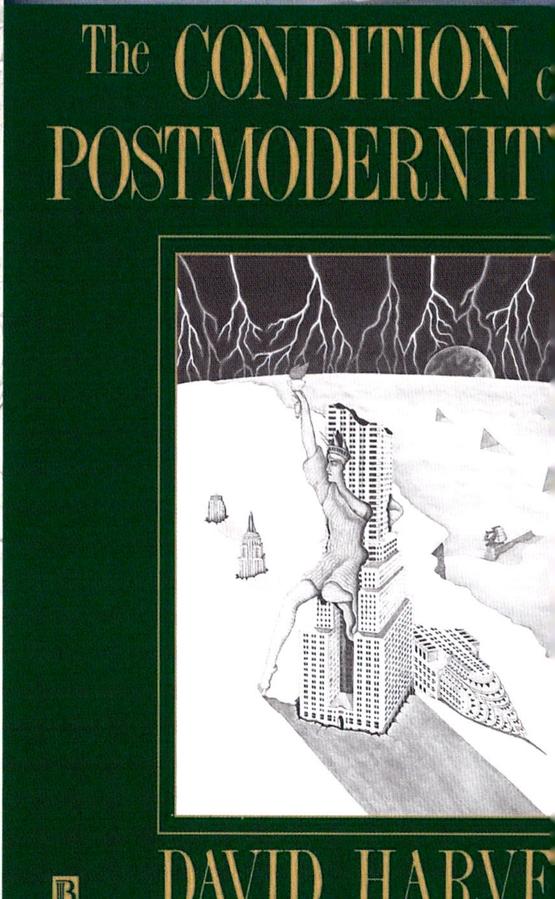
The CONDITION
POSTMODERNIT
DAVID HARVE

Italy: The New Domestic Landscape
Achievements and Problems of Italian Design   The Museum of Modern Art, New York

PLANS OF TEMPLES I

IRRAWADDY

TOCANTINS

2

Ettore Sottsass, Entwurf für eine Obstschale (mit Trauben), 1973

3

Archizoom Associati, Lehnstuhl *Mies*, 1969, Lampe *Sanremo*, 1968

4

SITE (James Wines), *Cutler Ridge Building, Miami FL*, 1979

5

Hans Hollein, Fassade des Juweliergeschäfts Schullin, Wien, 1972–1974

6

Stanley Tigerman, *Architoons, o.T.*, 1983

7

Ettore Sottsass, *The Planet as Festival: Study for Design of a Stadium for Rock Concerts, project (aerial perspective)*, 1972/73

8

Stanley Tigerman, *Architoons „Aristotle, Aquinas, Kierkegaard, Buber" et al.*, 1982

9

Ettore Sottsass, *The Planet as Festival: Study for Design of a Stadium to Watch the Stars, project (aerial perspective)*, 1972/73

10

Ant Farm, *Media Burn*, 1975

11

David Harvey, *The Condition of Postmodernity*, 1989

12 Stanley Tigerman, *The Titanic*, 1978

13 Stanley Tigerman, *Architoons, o.T.*, 1979

14 Alessandro Mendini, *Destruction of the Lassù Chair*, 1974

15 Ettore Sottsass, *The Planet as Festival: Gigantic Work, Panoramic Road with View on the Irrawaddy River and the Jungle*, project (aerial perspective), 1972/73

16 SITE (James Wines), *Rainforest Building, Hilaleah FL*, 1979

17 Ettore Sottsass, *The Planet as Festival: Study for a Dispenser of of Incense, LSD, Marijuana, Opium, Laughing Gas*, project (perspective), 1972/73

18 SITE (James Wines), Detail aus: *Indeterminate Façade, Houston TX*, 1974

19 Emilio Ambasz (Hg.), *The New Domestic Landscape. Achievements and Problems of Italian Design*, 1972

20 Ettore Sottsass, *The Planet as Festival: Study for Temple for Erotic Dances*, project (aerial perspective and plan), 1972/73

21 Ettore Sottsass, *The Planet as Festival: Study for Rafts for Listening to Chamber Music*, project (perspective), 1972/73

22 Sprengung der Siedlung Pruitt-Igoe,
St. Louis MO, 1972

23 Ettore Sottsass, *The Planet as Festival: Design of a Roof to Discuss Under*, project (Perspective), 1972/73

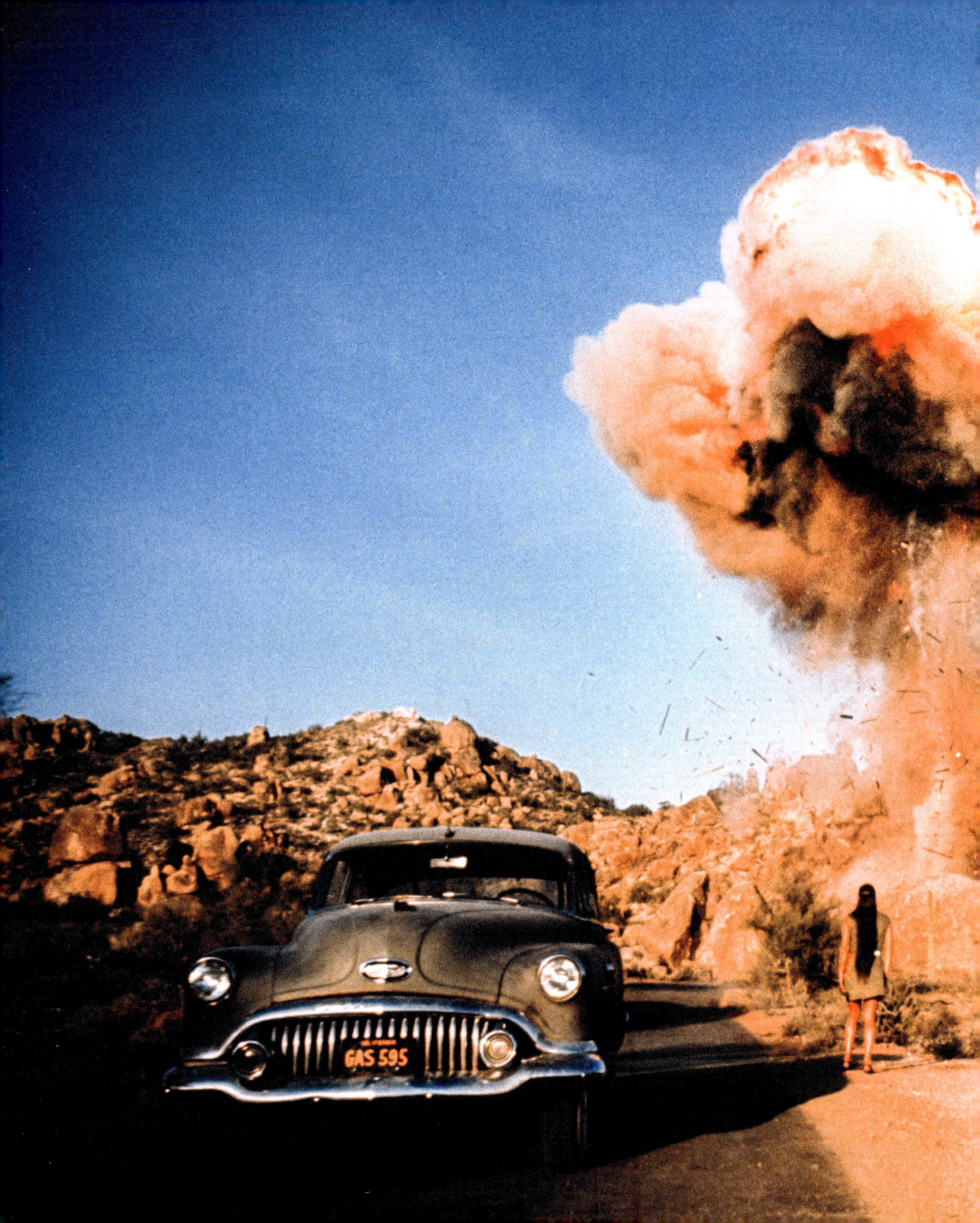
GAS 595

24 Danny Lynn, Explosionsszene in Michelangelo Antonionis *Zabriskie Point*, 1970

25 Madelon Vriesendorp, *Flagrant Délit*, 1975

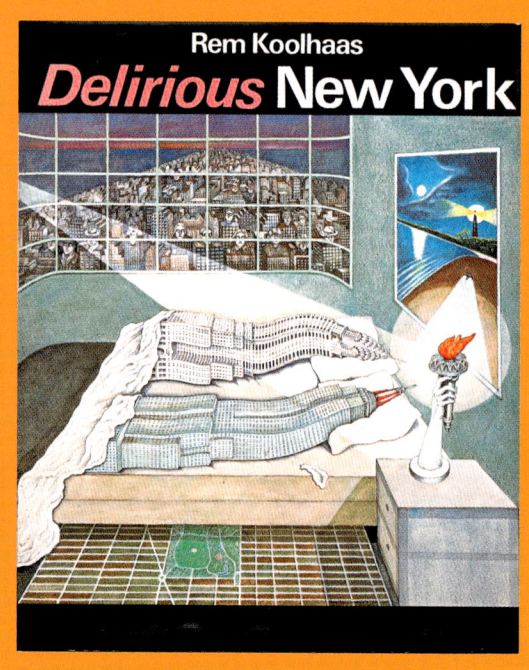

26 Rem Koolhaas/Madelon Vriesendorp, *Delirious New York*, 1978

27 Rem Koolhaas/Madelon Vriesendorp, *The City of the Captive Globe Project*, 1972

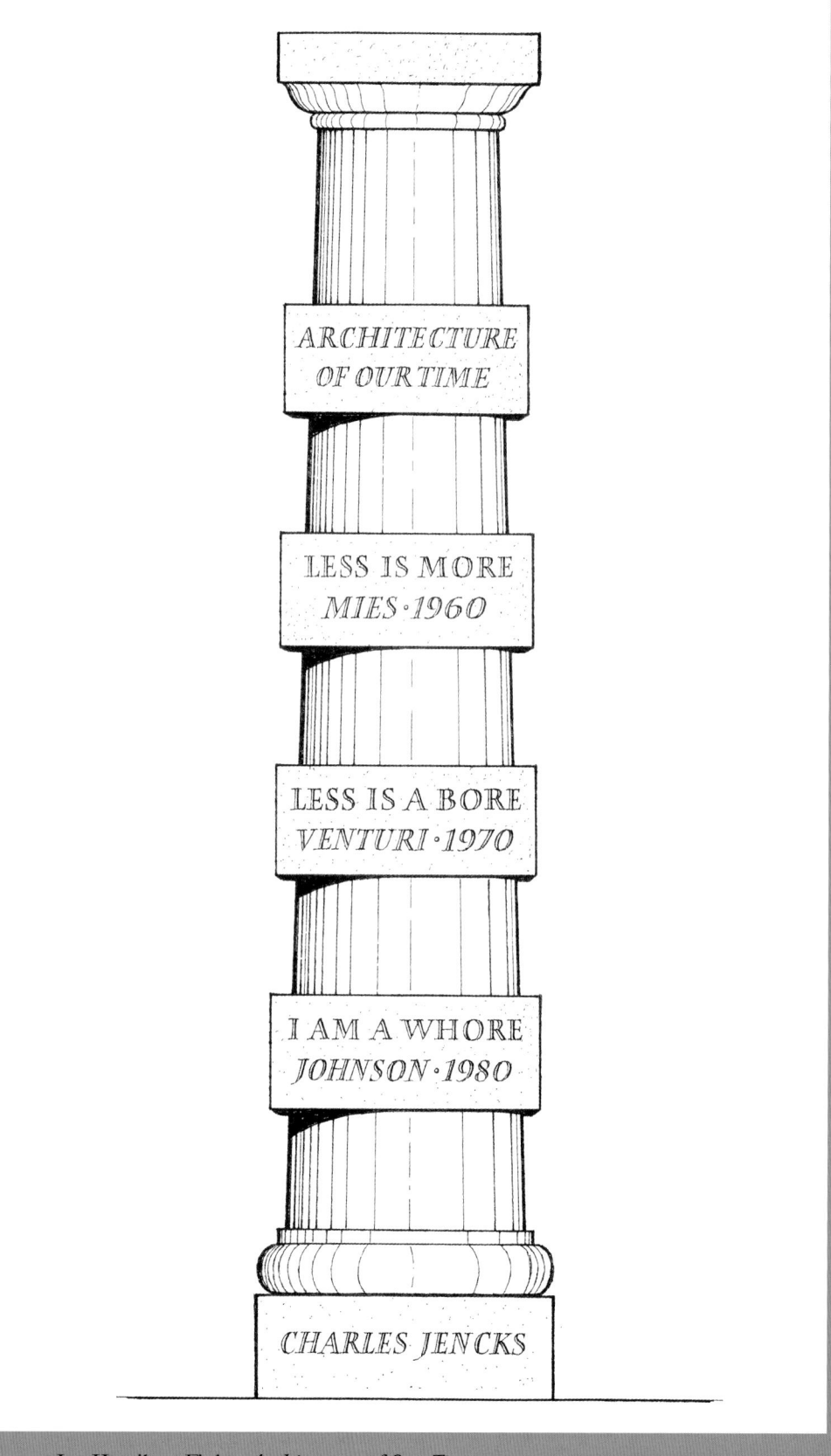

28 Ian Hamilton Finlay, *Architecture of Our Time*, 1980

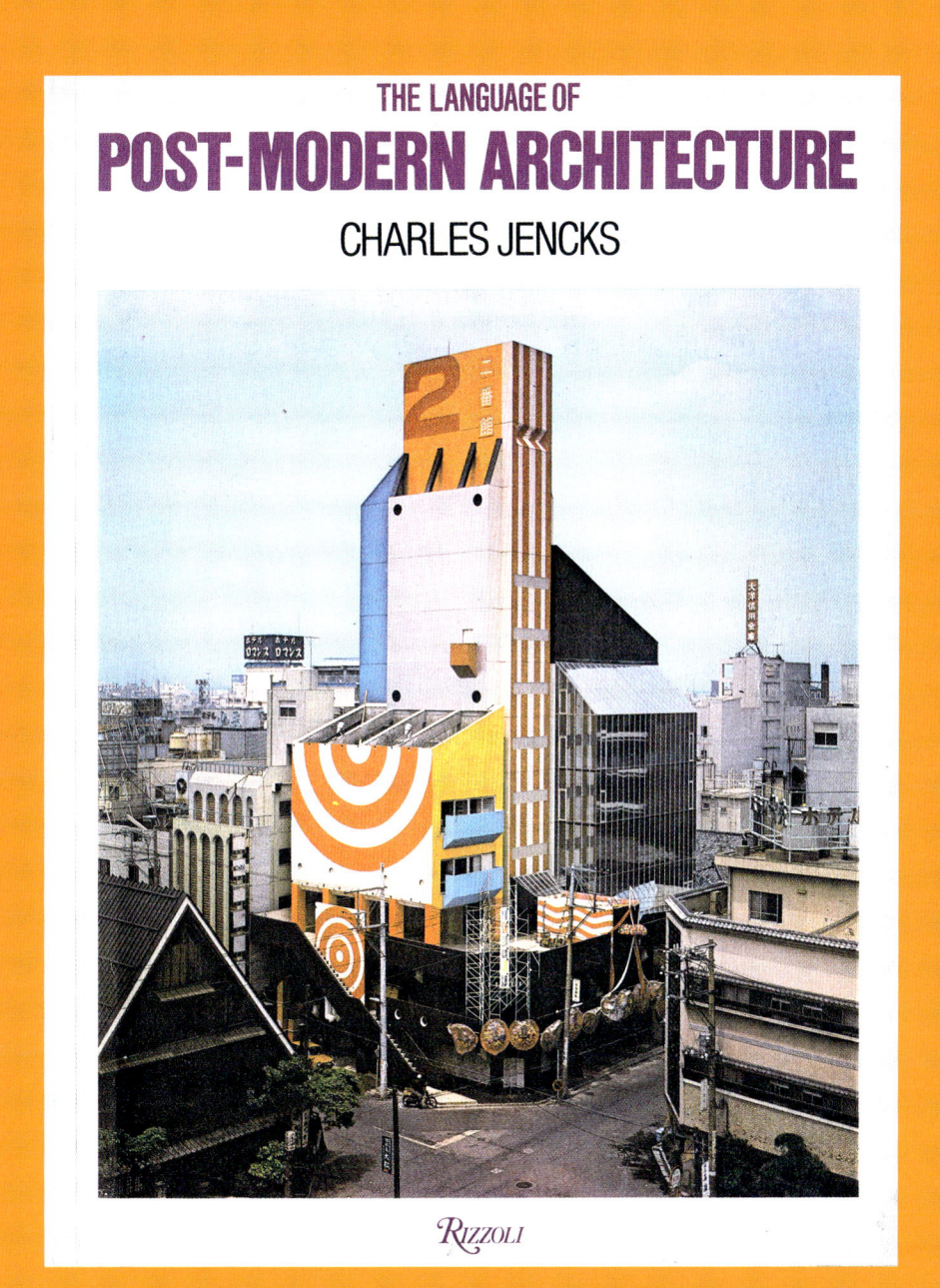

29 Charles Jencks, *The Language of Post-Modern Architecture*, 1977

30 SITE (James Wines), *Notch Building, Sacramento CA,* 1977

31 SITE (James Wines), *Peeling Building, Richmond VA,* 1972

32 SITE (James Wines), *Tilt Building, Towson MD,* 1976

33 SITE (James Wines), *Inside/Outside Building, Milwaukee WI,* 1984

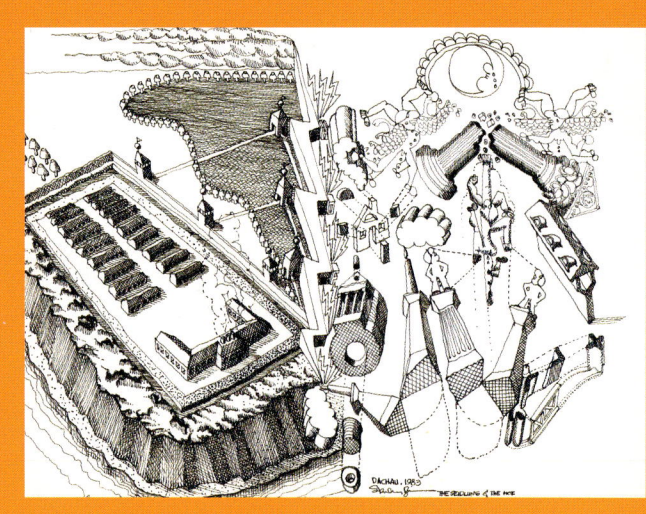

34 Stanley Tigerman, Dachau, *die Siedlung und der Hof*, 1983

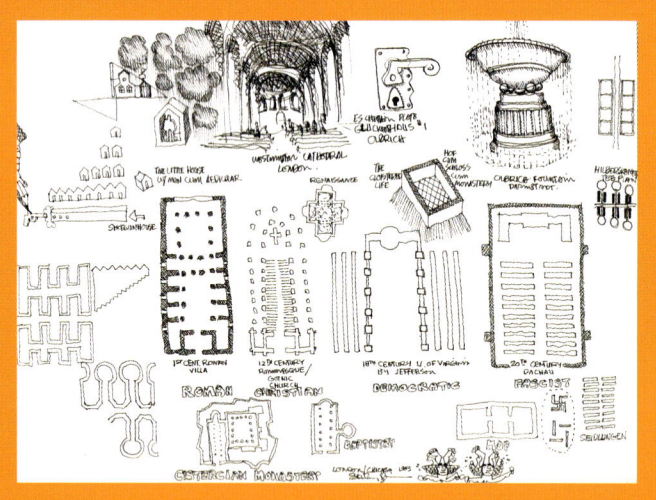

35 Stanley Tigerman, *Architoons "Cistercian Monastry" et al.*, 1983

36 Stanley Tigerman, *Architoons, o.T.*, 1978

37 Stanley Tigerman, *Architoons, o.T.*, 1978

38 Stanley Tigerman, *Architoons "Faith vs. Reason" et al.*, 1986

39 Stanley Tigerman, *Career Collage*, 1983

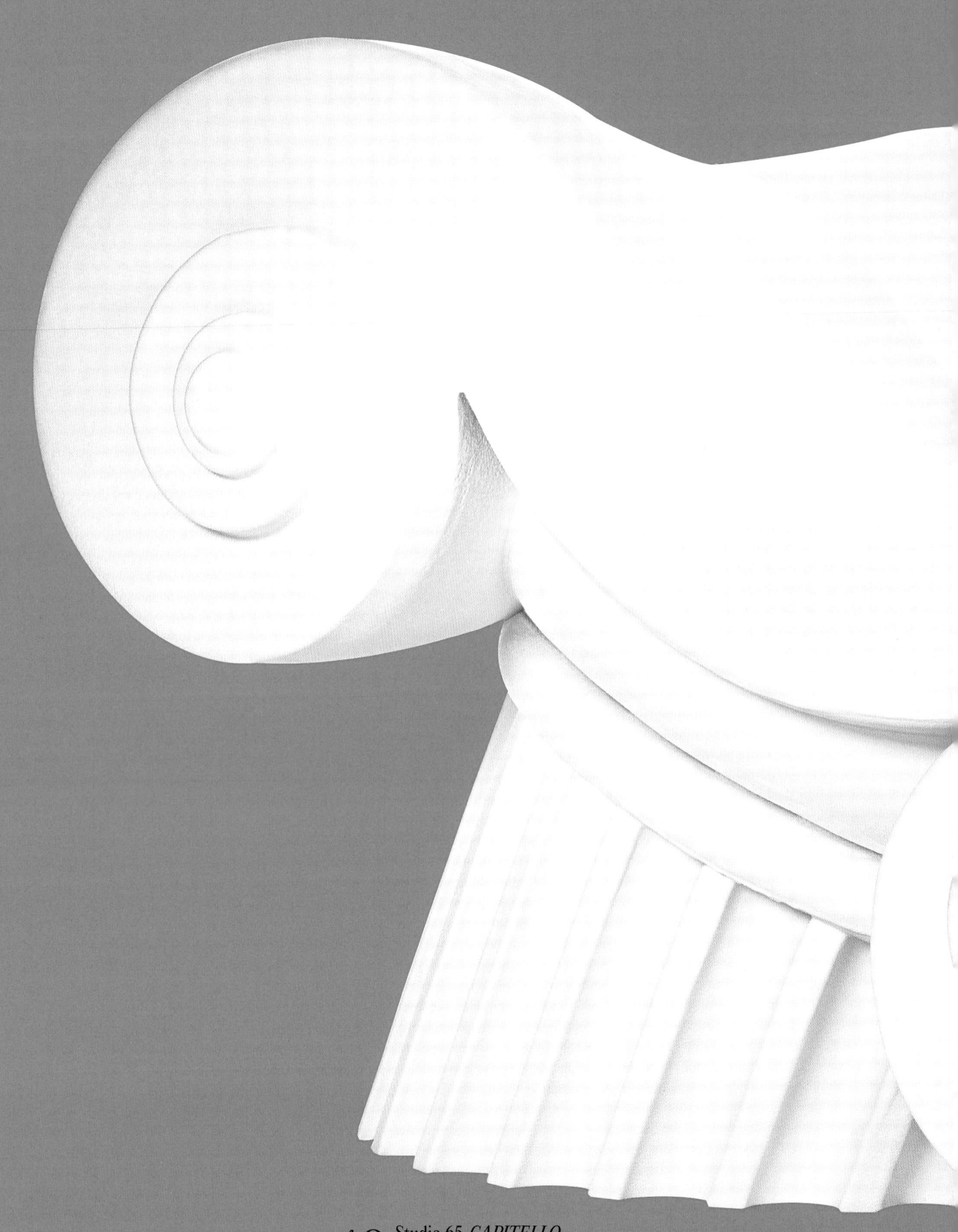

40 Studio 65, *CAPITELLO*, 1971

KAPITEL II

SPRENGLADUNGEN AUS DER VERGANGENHEIT

Oliver Elser

In Berlin ein Bauwerk der Moderne, ein strahlender Triumph für den aus der US-Emigration endlich in die Heimat zurückgeholten Mies, hingegen in Bielefeld ein politisch dubioses und architektonisch konservatives Museum? Eine Berlin-Bielefeld-Debatte fand nicht statt, trotz erstklassiger Zutaten für großes Feuilleton. „[D]er sandsteinrote Bunker-Bau steht der Berliner Nationalgalerie Mies van der Rohes zwar an baukünstlerischem Rang nach, übertrifft sie jedoch an Funktionswert", so hieß es nüchtern im *Spiegel* 1968 [ABB. 41].[1]

1 „Was für ein Mann", in: *Der Spiegel*, Heft 40, 1968.

Im September 1968 zieht eine Demonstration durch die Bielefelder Innenstadt [Abb. 41]. Das Ziel ist die vor kurzem fertiggestellte, aber noch nicht eröffnete Kunsthalle, ein Werk des US-amerikanischen Architekten Philip Johnson. Der Museumsbau wurde der Stadt Bielefeld von der Familie Oetker geschenkt und sollte nach Richard Kaselowsky benannt werden, der das Lebensmittelunternehmen ab 1920 bis zu seinem Tod im Jahr 1944 geleitet hatte. Was wohl als nächstes komme, „Nach dem Kaselowsky-Haus die Himmler-Uni?", fragt eine adrett gekleidete Demonstrantin auf ihrem Protestschild. In den Wochen vor der Einweihung hatte sich die Stimmung aufgeheizt. Immer mehr Menschen forderten, sich von der NS-Vergangenheit des Firmenchefs zu distanzieren, statt das mausoleumshaft anmutende Gebäude nach ihm zu benennen.

Die Architektur des Neubaus hätte weiteren Konfliktstoff bieten können, in mehrfacher Hinsicht. Auch Philip Johnson hatte eine Nazi-Vergangenheit, unter anderem als Korrespondent der antisemitischen Zeitschrift *Social Justice*, in der er Hitler und die Eroberung Polens feierte; ebenso wie der Architekt Caesar Pinnau aus Hamburg, der als Kontakt in Deutschland für die Umsetzung der Pläne des Amerikaners zuständig war. Pinnau hatte beste Kontakte zu Albert Speer und in Berlin 1938 die Inneneinrichtung der gigantomanischen Neuen Reichskanzlei entworfen.

Ist das Bielefelder Museum mit seiner Tempelform, der angedeuteten allseitigen Säulenreihe und der rötlichen Sandsteinverkleidung nicht eigentlich eine Anti-These zur schwebend-leichten Neuen Nationalgalerie von Ludwig Mies van der Rohe in Berlin, die nur 10 Tage zuvor eingeweiht worden war?

41 Demonstrationszug durch die Bielefelder Innenstadt, September 1968

2 Henry-Russel Hitchcock, *Die Bielefelder Kunsthalle*, Bielefeld 1974, S. 26.

INTERNATIONAL STYLE 2.0

Sechs Jahre nach der Demonstration von Bielefeld erschien eine schmale Broschüre zur Kunsthalle, mit der nun die angemessene Würdigung des Bauwerks nachgeholt werden sollte, die 1968 ausgefallen war, nachdem die SPD-Landesregierung kurzfristig kalte Füße bekommen hatte und die feierliche Eröffnung des Hauses abgesagt worden war. Das 1974 publizierte Bändchen ist eine Eloge aus der Feder des US-amerikanischen Kunsthistorikers Henry-Russel Hitchcock, ein alter Weggefährte des Architekten Philip Johnson. Die beiden verband eine legendäre, epochemachende Ausstellung, die sie 1932 für das New Yorker Museum of Modern Art konzipiert hatten. *Modern Architecture: International Exhibition*, so der Titel, ging in die Geschichte ein als die Ausstellung, die den Begriff „International Style" prägte und damit die seinerzeit noch junge Architektur der Moderne auf wenige – und schon bald darauf höchst umstrittene – Prinzipien kanonisch festlegte. Johnson und Hitchcock ließen den ganzen politisch-ideologisch-sozialen Überbau der Modernen Architektur an den Mauern des MoMA abprallen und reduzierten den Ethos der Weltverbesserung, der die Architekturdiskussion seit 1900 geprägt hatte, auf ein paar leicht zu merkende Stilkriterien wie die weiße, glatte, von allem Bauschmuck gereinigte Fassade oder die Grundrissstruktur als abstrakte Komposition von Linien und Flächen. Auch andere Historiker der Modernen Architektur wie etwa Sigfried Giedion beschreiben seit den 1920er-Jahren die neueste Architektur als Parallelentwicklung zur zeitgenössischen Kunst. Durch verführerische Bildvergleiche sollen die Ähnlichkeiten von kubistischer Malerei und aktueller Stahl-Glas-Konstruktionen ins Auge springen: Die Welt ist ins Rutschen geraten, die perspektivische Ordnung ist tot, Künstler*innen und Architekt*innen stellen gemeinsam die Avantgarde, um dem Zeitgeist adäquate Formen zu verleihen.

Von diesem Pathos der Moderne ist gegen Ende der 1960er-Jahre wenig übriggeblieben. Der Zeitgeist sucht Halt in der Vergangenheit. Hitchcock spannt einen weiten Bogen von Karl Friedrich Schinkel zu Philip Johnson, um dem Bielefelder Publikum die Kunsthalle als „amerikanisierte Form von Monumentalität" schmackhaft zu machen, die „in Deutschland ungewohnt" sei.[2]

Die Architektur steht zu diesem Zeitpunkt, wie bereits zu Beginn des Jahrhunderts, an der Schwelle zu etwas Neuem. Nur ist diesmal das Neue nicht neu. Sondern alt. Die Schockwirkung, die davon ausgeht, dass aus der Avantgarde eine Derniergarde wird, dauert bis heute an.

Das Neue hat 1968 noch keinen Namen. Der Architekturhistoriker Nikolaus Pevsner hatte zwar bereits 1961, 1966 und 1968 vor einer neuen, ihm höchst gefährlich erscheinenden Haltung gewarnt, die er „post-modern" nannte. Als Beispiel für den, so Pevsner, „neuen Historismus", in dem er einen Verrat an den Idealen der Moderne sah, diente ihm unter anderem das Werk von Philip Johnson, dem Architekten der Bielefelder Kunsthalle. Aber das Ereignis, das der Postmoderne einen so starken Stempel aufprägen wird wie die 1932er-MoMA-Ausstellung über die Architektur der Moderne, lässt noch einige Jahre auf sich warten. Erst 1977 erscheint *The Language of Post-Modern Architecture* von Charles Jencks. Wieder kommt es zu einer heftig umstrittenen Kanonbildung, denn auch Jencks nimmt Definitionen vor, die ebenso vehement debattiert werden wie die seinerzeit von Johnson und Hitchcock definierten Stilmerkmale des International Style.

Warum aber muss man sich an diese Diskussionen zur Postmoderne aus den 1980ern und davor überhaupt erinnern? Die Antwort schallt einem heute, im Jahr 2023, aus allen Architekturmedien und den Fluren vieler Hochschulen entgegen: Die Postmoderne ist wieder zurück. Es wird wieder collagiert, was die Baugeschichte so anzubieten hat, es fallen wieder einmal die Tabus, überall Rundbögen, Ornamente, Verrücktheiten, Bling-Bling – und all das geschieht in einer so seltsamen Beiläufig- und Theorielosigkeit, dass es dringend nötig ist, wieder einen Blick auf die alte, erste Postmoderne zu werfen. Möge es dabei helfen, sich zurechtzufinden und einer „neuen Unübersichtlichkeit" (Jürgen Habermas, 1985) vorzubeugen.

VOR DER POSTMODERNE

Zwei Schlüsseltexte des Postmoderne-Diskurses erschienen schon 1966: Robert Venturis *Complexity and Contradiction in Architecture* (dt. 1978) und Aldo Rossis *L'architettura della città* (dt. 1973). Im Jahr 1969 veröffentlichte der Literaturkritiker Leslie A. Fiedler einen Essay im US-Männermagazin *Playboy*, der den Begriff „Postmodernism" in die Geisteswissenschaften einführte (dt. bereits 1968 in *Christ und Welt*). Sein Plädoyer „die Lücke zu schließen zwischen hoher Kunst und niederer, belles-lettres und Pop-Art" liest sich wie der Begleittext zur Architektur von Charles Moore, der seit 1962 in seinen Projekten auslotet, was im englischen Sprachraum „vernacular" genannt wird. Analog zu Fiedlers Plädoyer für die „unschuldigen", von der elitären Literatur unbefleckten Genres wie Western, Science-Fiction und Pornografie erklärt Venturi die ungestalteten, chaotischen Verhältnisse in den von Reklametafeln überwucherten Zentren und Randgebieten der amerikanischen Städte für „almost alright".

Doch es gibt bereits in den 1930er-Jahren irritierend postmoderne Bauten, wie etwa die Villa Muggia von Piero Botton und Mario Pucci (Bologna 1938), das Rathaus in Heerlen von Frits Peutz (1936) oder das Museum Dronningmølle von Rudolph Tegner (1938). Das sind, wohlgemerkt, keine Bauten einer „konservativen Moderne", denn die gab es parallel zur avantgardistischen Moderne immer und überall. Vielmehr handelt es sich um Nebenwege, die aus heutiger Perspektive atemberaubend kühne Verweigerungen sind und weder avantgardistisch noch traditionell sein wollten. Stattdessen beides zugleich und das auf ziemlich schrille Weise. Und natürlich gab es Jože Plečnik, Gunnar Asplund, Sigurd Lewerentz, Carlo Mollino, Philip Johnson und zahlreiche andere Architekten, in deren Werk vieles vorweggenommen wurde, was später als Postmodern bezeichnet wird: Das Spiel mit Brüchen, Zitaten, Maßstabsveränderungen, die Verschmelzung von High and Low. Das gesamte Vokabular der Postmoderne wurde, wie der Wiener Architekt Hermann Czech einmal feststellte, bereits in Wien zwischen 1900 und 1930 von Architekten wie Otto Wagner, Adolf Loos, Josef Frank und anderen erfunden. Vielleicht wäre die Diskussion über jene Postmoderne, die von Jencks im Jahr 1977 angezettelt wurde, ganz anders verlaufen, wenn die Fülle postmoderner Bauten *avant la lettre* eine stärkere Rolle gespielt hätte.

MONDLANDUNG UND PALLADIO

1969, und dies ist mehr als nur eine Fußnote der Geschichte, wurde in den Tagen der Mondlandung in Wesseling bei Bonn ein Haus fertiggestellt, das mit einem Paukenschlag den Beginn einer neuen Zeitrechnung in der Architektur hätte verkünden können. Doch kaum jemand nahm davon Notiz. Der Architekt Heinz Bienefeld hatte die Postmoderne quasi im Alleingang erfunden, aber es dauerte noch Jahre, bis die Zeitschrift *Häuser* das Haus Nagel 1984 erstmals einem breiteren Publikum vorstellte. Bienefeld entwarf für einen Juwelier und Kunstschmied eine kleine Villa, deren Vorbilder unverkennbar die italienischen Renaissance-Landhäuser von Andrea Palladio waren. Gemeinsam mit einem Freundeskreis aus Künstlern und Kunsthandwerkern entstand ein – bis heute im Originalzustand erhaltenes – Gesamtkunstwerk [Abb.42]. Streng und klassisch in der architektonischen Komposition, verspielt, ja frivol, in den Details. Nichts davon war mehr „modern", aber wer genau hinsah, entdeckte, wie sich dort High and Low begegneten. Um Kosten zu sparen, verwendete Bienefeld verschiedene billige Materialien, die er auf jeweils überraschende Weise zum Einsatz brachte. Fliesen wurden mit der genoppten Rückseite nach vorn/oben verlegt, wodurch neue Ornamente entstanden. Alle Architekt*innen im Raum Bonn/Köln kannten das Haus, aber niemand nahm es ernst, keine Zeitschrift wollte es publizieren. Außer dem kommerziellen, auf eine Einfamilienhaus-Klientel ausgerichteten *Häuser*-Magazin interessierte sich anfangs nur noch die aus einer linken Tradition stammende Zeitschrift *ARCH+* für das Haus Nagel. Dort diente es als Beleg für einen neuen, kritischen Regionalismus.

REVISIONISMUS

So schnell, wie die Postmoderne auf der Bühne erschienen war, so schnell setzte die Ernüchterung ein. Als 1984 das Deutsche Architekturmuseum eröffnet wurde, stritt dessen Architekt, der Kölner Oswald Mathias Ungers, vehement ab, dass seine Architektur postmodern sei. Die Distanzierung wirkte kurios, war doch das „Haus im Haus" des DAM als Manifest einer „fiktionalistischen" statt „funktionalistischen" Architektur konzipiert. Deren Auftraggeber, der DAM-Gründer Heinrich Klotz, wollte die postmodernen Tendenzen nach Deutschland importieren, die er ab 1969 als Gastprofessor in den USA kennengelernt hatte. Seiner Eröffnungsausstellung im DAM gab er den etwas unglücklichen Titel *Revision der Moderne* und sah sich daraufhin dem Vorwurf des politischen Revisionismus ausgesetzt.

Das DAM erhielt für sein Debut fast ausschließlich vernichtende Kritiken. Die bundesweit organisierte Architekt*innenschaft beargwöhnte, dass in Frankfurt bei den zahlreichen Wettbewerben für die entlang des Mains entstehenden Museen und für das stark erweiterte Messegelände nur eine bestimmte, internationale und zuvor im DAM ausgestellte Riege zum Zuge komme. Klotz stürzte sich ins Getümmel der Debatten, stritt mit Günter Behnisch über den Neubau der Deutschen Bibliothek und die Bonner Regierungsbauten, mischte in unzähligen Wettbewerbsjurys mit, publizierte Streitschriften im Jahrbuch des DAM, legte sich mit einflussreichen Frankfurter Bankiers an und träumte von einer Rekonstruktion von Mies van der Rohes Barcelona-Pavillon in der Frankfurter Taunusanlage(!).

3 Jürgen Habermas, Die Moderne – ein unvollendetes Projekt, in: *Die Zeit*, Nr. 39, 1980.
4 Heinrich Klotz, „‚Post-Moderne'?", in: *Jahrbuch des Deutschen Architekturmuseums 1980/81*, Braunschweig/Wiesbaden 1980, S. 7–9.

42 Heinz Bienefeld, Haus Wilhelm Nagel, Wesseling-Keldenich, 1968

Gegner, die ihn angriffen, konnte Klotz aushalten. Aber er fand plötzlich keine Mitstreiter mehr. Nicht nur Ungers distanzierte sich. Klotz musste feststellen, dass sich kein Architekt und auch kein Theoretiker zur Postmoderne bekennen wollte, als er im DAM-Jahrbuch 1985 eine Umfrage zur aktuellen Situation des Bauens startete.

Denise Scott Brown, seit 1969 die Büropartnerin von Robert Venturi, schrieb im Jahr 1990: „We are modernists, not postmodernists. No one is a postmodernist. Maybe postmodernism is dead." Das war ebenso entnervt wie gleichzeitig postmodern-ironisch-gebildet formuliert. Denn die paradoxe Aussage „No one is a postmodernist" sei, so erklärte Scott Brown, die Abwandlung eines Zitats: „No one is a communist" stamme aus den inquisitorischen Anhörungen der McCarthy-Ära in den Vereinigten Staaten, als viele Linke versuchten, den Kopf aus der Schlinge zu ziehen, indem sie leugneten, jemals mit dem Kommunismus kokettiert zu haben. Alle wussten, dass das nicht stimmt. Und der Satz „Maybe postmodernism is dead" ist natürlich durch das „maybe" eine schelmisches Spiel mit großen Gesten („god is dead", Friedrich Nietzsche, klingt da an, ebenso *Der Tod des Autors* von Roland Barthes).

Als das Konzept der Postmoderne ab Ende der 1970er-Jahre in der Architektur auf den Begriff gebracht wird, will niemand mehr dabei sein. Keiner möchte sich vor den Karren spannen lassen, der von Jencks angetrieben wird. Niemand will zu nahe bei Klotz stehen, der im DAM die Architektur neu erfinden will, aber alle deutschen Architekten vor den Kopf stößt, indem er nur Ungers und Gottfried Böhm gelten lässt. Nicht zuletzt steht die Postmoderne in Deutschland unter Verdacht, die Architektur der „geistig-moralischen" Wende zu sein, die mit dem Amtsantritt von Helmut Kohl als intellektuelles Schreckgespenst durch die Debatten geistert.

HABERMAS ODER JENCKS

Der Philosoph Jürgen Habermas startet seine Adorno-Preisrede 1980 mit einem Angriff auf die postmoderne Architektur, die zuvor in Venedig erstmals geballt zu sehen war: „Das Echo auf diese erste Architekturbiennale war Enttäuschung. Die Aussteller in Venedig bilden eine Avantgarde mit verkehrten Fronten; unter dem Motto ‚Die Gegenwart der Vergangenheit' opferten sie die Tradition der Moderne, um für einen neuen Historismus Platz zu machen."[3]

Damit war der Ton gesetzt. Die Postmoderne galt in weiten Teilen der westdeutschen Kulturlandschaft als politisch fragwürdige Tendenz. Heinrich Klotz, 1979 als Gründungsdirektor des Deutschen Architekturmuseums in Frankfurt berufen, versuchte noch 1980, im selben Jahr wie Habermas, die Postmoderne als Modespektakel abzuqualifizieren.[4] Er möchte eine Gegenposition zum dandyhaften Charles Jencks aufbauen, streitet für eine ökologische und geschichtssensible „Zweite Moderne". Aber die Architekten, die er in seinem Museum ausstellen will, scheinen Klotz zum Einlenken gezwungen zu haben.[5] Charles Jencks' mediale Reichweite lässt sich nicht überbieten, daher geht Klotz zu einer Umarmungsstrategie über. Gemeinsam wollen sie eine neue Architekturbewegung anführen, eine Art postmoderne Version des CIAM (Congrès Internationaux d'Architecture Moderne). Dafür muss Klotz Jencks' Begriff der Postmoderne adaptieren. Doch ein Verrat am „Projekt der Moderne" (Habermas) sei das nicht. Klotz sah sich zu mehreren Anläufen herausgefordert, Habermas' Kritik an der Postmoderne teils zu widerlegen, teils in seine eigene Argumentation zu integrieren. Habermas wiederum borgte sich für seinen 1981 erschienenen Text „Moderne und postmoderne Architektur" bei Klotz das Vokabular für eine Wutrede gegen die Architektur der Gegenwart.[6]

Die Frankfurter Museumsbauten, damals das Mekka der Postmoderne, wurden zwar von einem SPD-Kulturdezernenten begleitet, doch ermöglichte sie ab 1977 der Machtwechsel zur CDU. Auch auf Bundesebene erhöhte es die Sympathien für die Postmoderne nicht, als für das kulturpolitische Lieblingsprojekt von Bundeskanzler Helmut Kohl, das Deutsche Historische Museum direkt vis-a-vis des Reichstags, der Architekt Aldo Rossi ausgewählt wurde. Die Debatte über seinen Entwurf ist vom Vorwurf einer Nähe zur NS-Architektur begleitet. Auch das DHM als Institution stößt auf Widerstand. In der Diskussion über das Museumskonzept und seine Architektur werden Argumente wiederholt, die bereits den „Historikerstreit" 1986/87 bestimmt haben. Eine von staatlicher Seite qua Gründungsakt kontrollierte Deutung der deutschen Geschichte erschien vielen Kritiker*innen unerträglich. Noch schlimmer machte es Rossis Entwurfskonzept, nach dem das Museum aus Gebäudeteilen zusammengesetzt

[5] In einem Brief an Léon Krier vom 29.9.1983 schreibt Klotz: „Ihr Einwand gegen den Titel unserer Ausstellung war uns neben anderen Argumenten Anlaß, das Thema der Ausstellung zu ändern und sie schlicht ‚Postmoderne Architektur' zu nennen." Hierzu ist eine Veröffentlichung von Birte Lebzien in Vorbereitung, die im Auftrag der Wüstenrot Stiftung die Gründungsakten des DAM inventarisiert.

[6] Jürgen Habermas, „Moderne und postmoderne Architektur" (1981), in: ders., *Die Neue Unübersichtlichkeit, Kleine Politische Schriften V*, Frankfurt a. M. 1985, S. 11–29, hier S. 14, Anm. 6.

43 Adam Nathaniel Furman, *The Democratic Monument*, 2017

7 Vgl. Frederike Lausch/Phoebus Panigyrakis, „Aldo Rossi in the turmoil of 'German identity.' The German Historical Museum competition of 1988", online: https://doi.org/10.6092/issn.2611-0075/11264

8 Vittorio Magnago Lampugnani, „Die Provokation des Alltäglichen. Für eine neue Konvention des Bauens", in: *Der Spiegel*, Nr. 51, 1993, S. 143 und 146.

9 Ebda.

10 „Bloß nicht diese Hauptstadt!", Heinrich Klotz im Gespräch mit Nikolaus Kuhnert und Angelika Schnell, in: *ARCH+*, Nr. 122, 1994, S. 23–27, hier S. 25.

werden sollte, die jeweils collagenartig die deutsche Architekturgeschichte zitierten. Darunter war auch ein Trakt, der vage an Schinkels Altes Museum, aber eben auch an den NS-Klassizismus des Hauses der Kunst in München erinnerte.[7]

Da zumindest in Deutschland alle Diskussionen zur Postmoderne von einer geradezu hysterischen Sorge begleitet werden, die vermeintlich aufklärerische Agenda der Moderne könnte damit zu Grabe getragen werden, ist vor dem Hintergrund der Kohl-Jahre an eine nüchterne Architekturdebatte nicht zu denken. Der 1968er-Aufbruch, so schien es vielen Intellektuellen, sollte beerdigt werden.

BERLIN: „FASCHISTOID"

1993/94 entzündete sich eine der wichtigsten Architekturdebatten in Deutschland, der „Berliner Architekturstreit". Erneut ging es um die Frage, ob da ein neuer, „faschistoid" zu nennender Ungeist in der Gegenwartsarchitektur beobachtet werden kann. Wesentlich daran beteiligt war Klotz' Nachfolger als DAM-Direktor, Vittorio Magnano Lampugnani, der zuvor bei der Internationalen Bauausstellung in Berlin (IBA) für das Ausstellungsprogramm, die Publikationen und den ideologischen Überbau zuständig war. Im *Spiegel* 1993 verkündete er einen *Rappel à l'ordre*. Sein Plädoyer für eine „Neue Einfachheit" liest sich wie das Manifest des konservativen Stadtumbaus, für den in Berlin mit der Berufung von Hans Stimmann als Senatsbaudirektor die Weichen gestellt wurden. Besonders Lampugnanis Bemerkungen zur Architektur des Nationalsozialismus stießen auf Entsetzen. Bereits seit den 1970er-Jahren hatte er sich damit beschäftigt, ob faschistische Architektur überhaupt eindeutig einer faschistischen Politik zuzuordnen sei oder ob sie zum international weit verbreiteten, keineswegs auf Diktaturen begrenzten Neoklassizismus der 1930er-Jahre gezählt werden müsse. In seinem *Spiegel*-Artikel provoziert er unter der Überschrift „Die Provokation des Alltäglichen" mit dem Stoßseufzer, dass ab 1945 „leider auch die tradierte Gediegenheit" der NS-Architektur pauschal verworfen worden sei und dass jeder, der sich aktuell noch um „altbewährte Materialien wie Naturstein" bemühe, als reaktionär gelte.[8] Wer strenge Fassaden entwerfe, bei dem dauere es nicht lange, „bis er als Faschist diffamiert wird".[9]

Strenge Fassaden, das brachten die für viele Architekt*innen im Rest der Republik empörenden Ergebnisse der Berliner Architekturwettbewerbe gleich kilometerweise hervor. Ein Sturm der Entrüstung brach los, *FAZ*, *Zeit* und *Frankfurter Rundschau* klinkten sich ein. Was Lampugnani prophezeit hatte, trat kurz darauf ein, aber die heraufbeschworene Diffamierung als Faschist traf nicht ihn selbst. Heinrich Klotz nannte 1994 einen Entwurf „faschistoid", den der Architekt Hans Kollhoff für den Potsdamer Platz [Abb. 44] eingereicht hatte.[10] Klotz zeigte sich entsetzt darüber, was für Berlin entworfen und mit welcher „Machtallüre" und Rigorosität dort diskutiert werde.

Plötzlich sah man sich wieder zurückversetzt in die Debatten zu Beginn der Postmoderne. Nichts war aufgearbeitet, nichts geklärt, alles kam wieder genauso zur Diskussion wie 1977.

SPEERS SCHATTEN ÜBER STUTTGART

Damals, 1977, im selben Jahr als Charles Jencks' *The Language of Post-Modern Architecture* erschien, wurde durch eine Jury über den Wettbewerb für die Erweiterung der Staatsgalerie in Stuttgart entschieden. Der Entwurf von James Stirling aus London setzt sich gegen die Lokalmatadore

44 Hans Kollhoff, Perspektive Potsdamer Platz, veröffentlicht Juni 1994

durch, unter ihnen die Arbeitsgemeinschaft von Behnisch & Partner mit Kammerer, Belz & Partner. Daraufhin schossen die Emotionen durch die Decke, es kam zu Handgreiflichkeiten. Frei Otto und Berthold Burckhardt packten die Faschismus-Keule aus. In einem Gastbeitrag schrieben sie: „Vor 20 Jahren wäre Stirlings Entwurf — als faschistisch abgetan — undenkbar gewesen." Doch die Zeiten hätten sich geändert: An der Baustelle der Neuen Pinakothek in München „hängen wieder die Musterfassaden der Speer'schen Epoche aus edlem, verfremdeten Stein". [11]

Behnisch reagierte in einem Beitrag für die *FAZ*. Darin findet sich das erstaunliche Kunststück, den britischen Kollegen gleichzeitig anzuklagen und ihn im selben Atemzug als willfähriges Werkzeug staatlicher Interessen erscheinen zu lassen:

> „Stirling mißbraucht seine Macht. Dabei liefert er Architektur Mächtigen aus, er macht Architektur manipulierbar. [...] Unsere gesellschaftliche Aufgabe ist es jedoch, die sich immer wieder bildende Macht zu reduzieren, uns ihr entgegenzustellen, um auch den schwächeren, in der Regel doch wertvollen Kräften zu ihrer Gestalt zu verhelfen. Das tut Stirling nicht. Er weicht aus, paßt sich an mit diesem Entwurf, er restauriert, er bestätigt die Macht, er demontiert Architektur, er macht Kunst manipulierbar, er liefert Architektur der Macht aus." [12]

Diese „Macht", das ist für Behnisch der Staat selbst, was umso bemerkenswerter ist, weil Behnischs wichtigster Auftraggeber zu dieser Zeit niemand anderes als der Staat in seiner Bonner Verfasstheit gewesen ist, denn sein Büro hatte seit Jahren an der Erweiterung des Bundestages geplant. In diesem verzweifelten Appell Behnischs, der Staat möge nicht machtvoll auftreten, schimmert der „Deutschen Herbst" durch, die Angst vor dem übermächtigen Staat, der 1977 gegen den RAF-Terrorismus ein für viele beängstigendes Arsenal aufgefahren hatte. [13]

1977 die Staatsgalerie-Debatte, 1993 der Berliner Architekturstreit – zwei Ereignisse, von denen die postmoderne Architektur eingerahmt wird. 1977 ein spielerischer Aufbruch als Import aus London, der in Deutschland auf Entsetzen stößt, 1993 die ideologische Verhärtung einer Tendenz, die Andreas Huyssen 1984 als die der Postmoderne zugrundeliegende „nostalgische Sehnsucht nach den Lebens- und Ausdrucksformen der Vergangenheit" [14] beschrieben hatte.

Postmoderne Architektur, das charakterisiert sie jenseits aller Stilmerkmale, hat immer zwei Gesichter. Sie gilt als konservativ, steht unter Nostalgieverdacht, bedient mühelos die Bedürfnisse großer Konzerne und staatlicher Institutionen nach Machtausdruck, Monumentalität und Ewigkeitspathos. Man muss den Blick nur auf Erdogans Präsidentenpalast, die Moskauer Prunkbauten der post-Sowjetära oder nach China richten. Das ist die eine Seite. Auch die Berliner Architektur der 1990er wäre undenkbar, wenn nicht in den Jahrzehnten zuvor bei der IBA das Vokabular in den Architekturdiskurs zurückgeholt worden wäre, das dann gänzlich unironisch und zur Kulisse erstarrt als Steintapetenfassaden ausgerollt wird.

POP!

Doch es gibt ja noch einen Strang der Postmoderne. Verrückte Zahnarztpraxen und ein Café in Tokio [Abb. 45], in das ein Flugzeug gekracht zu sein scheint. Die Saalgasse in Frankfurt als Wiedergeburt der Strada Novissima, dem Höhepunkt der Venezianischen Architekturbiennale von 1980. Ein gigantischer Säulenkopf, der mitten in Ostberlin für die Akademie der Künste entstehen sollte. Das alles gab es auch, und daran muss erinnert werden, wann immer wir in der Ödnis der gegenwärtigen Architekturproduktion stehen, umgeben von den Schießschartenfassaden der Neubauviertel wie etwa am Berliner Hauptbahnhof. Buntere Fassaden allein sind keine Lösung aus der Misere, die uns allgegenwärtig umgibt. Aber, und das ist die eigentliche Quintessenz des postmodernen Denkens, die großen Lösungen sind stets zum Scheitern verurteilt, ja, sie stehen zu Recht unter Ideologieverdacht. Die postmoderne Haltung in der Architektur, die beständig aktuell bleibt, akzeptiert das Fragmentarische, betont das Lustvolle, feiert den Eigensinn.

Wenn junge britische Architekt*innen wieder in Farb- und Formorgien schwelgen, allen voran Adam Nathaniel Furman [Abb. 43], dann ist das ein Aufstand gegen eine Haltung, die Heinrich Klotz einst den „Seriosismus" des Bauens genannt hat, dabei Bruno Taut paraphrasierend: Architektur tritt uns unerträglich seriös entgegen." [15] Die PoMo-Ära war ein kurzer Versuch, daran etwas grundlegend zu ändern.

---

11 Berthold Burkhardt/Otto Frei, „Brutalismus in Stuttgart?", in: *Stuttgarter Zeitung*, 23.9.1977.

12 Günter Behnisch, „Streit um Stirlings Preis", in: *FAZ*, 29.12.1977.

13 Vgl. Stephan Trüby, „Der deutsche Architekturherbst 1977 ff. Stuttgart und die postmoderne Architektur", in: *ARCH+*, Nr. 248, 2022, S. 48–59.

14 Andreas Huyssen, „Postmoderne – eine amerikanische Internationale?", in: Andreas Huyssen/Klaus R. Scherpe (Hg.), *Postmoderne. Zeichen eines kulturellen Wandels*, Reinbek bei Hamburg: Rowohlt Verlag 1986, S. 13–44, hier S. 14.

15 „Nieder der Seriosismus!" (1920), in: Ulrich Conrads (Hg.), *Programme und Manifeste zur Architektur des 20. Jahrhunderts*, Reihe Bauwelt, Fundamente Bd. 1, Gütersloh/Berlin/München 1964, S. 54.

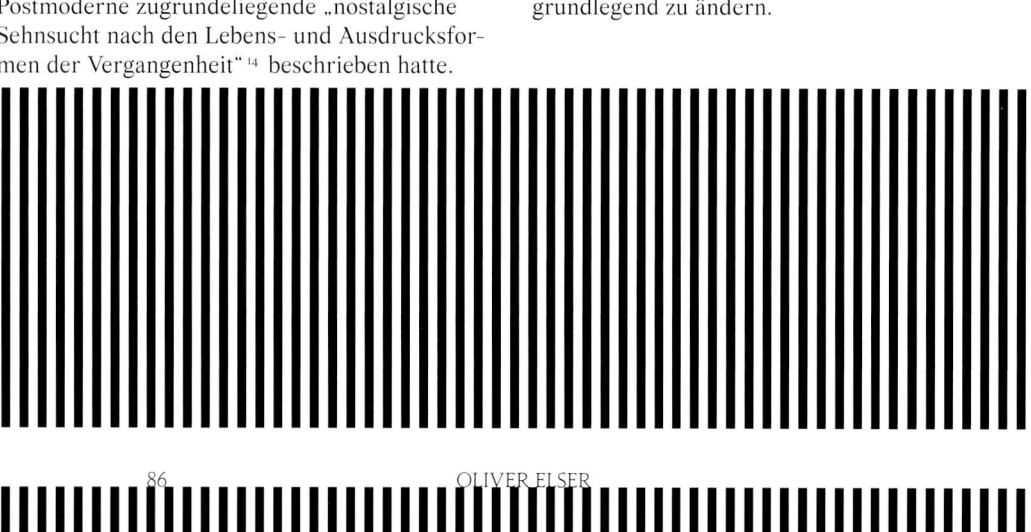

45 Nigel Coates, *Caffé Bongo*, Tokio, 1986

„LE CORBUSIER IST EIN ESEL"

Denise Scott Brown im Gespräch
mit Eva Kraus und Kolja Reichert

Denise Scott Brown:
Ich vermute, Sie möchten von mir hören, wie ich zur Postmoderne kam, denn es war ja nicht dasselbe wie bei anderen Leuten.

Kolja Reichert:
Wie also kamen Sie zur Postmoderne?

Denise Scott Brown:
Ich schreibe gerade selbst ein Buch darüber, und wenn es raus kommt, wird es so dick [deutet 12 cm an].

Eva Kraus:
Am Beginn unserer Ausstellung haben wir eine riesige Leinwand, auf der MTV-Videos laufen. Wenn man den Raum verlässt, dreht man sich um und stellt fest, dass man die Videos in einem Nachbau des Guild House Ihres verstorbenen Mannes Robert Venturi gesehen hat, mit der goldenen Antenne auf dem Dach.

Kolja Reichert:
Es ist eine sehr postmoderne Idee, eine Skulptur zu schaffen, die sich hinter dem Bild ihrer eigenen Funktion versteckt, aber sie hat keine Funktion, sie ist nur ein Bild. Dennoch empfindet sie niemand als Bild, weil sie wie das Objekt aussieht.

Denise Scott Brown:
Sie haben es erfasst. Bob machte in dieser Zeit oft solche Sachen. Was Sie beschreiben, ist ein manieristischer Blick auf diese Antenne. Bob schockte die Leute auch gern mit Sprüchen wie: „Nun ja, sie ist eben da, denn das, was alte Leute wollen, ist fernsehen." Er war nicht so unsozial, wie es klang, er wollte nur provozieren. Die Pop-Künstler taten das auch.

Eva Kraus:
Später zeigen wir dann die Videos, die Sie mit Ihren Studierenden in Las Vegas gedreht haben, in denen Sie Ihre Theorie aus der konkreten Bilderzeugung heraus entwickeln.

Denise Scott Brown:
Ach, wissen Sie, als Bob und ich heirateten, sagte er: „Gott sei Dank, jetzt muss ich nie wieder eine Kamera mit mir herumschleppen!" Ich war es, die den Gedanken formulierte, dass die Kamera den eigenen Blickwinkel verschiebt. Vor einiger Zeit kam eine junge Frau und machte Fotos von mir in der Bibliothek dieses Hauses. Ich hatte meine Hand auf der Couch ausgestreckt. Sie fotografierte mich, viele Bilder, schnell und eifrig. Dann kam sie zu meinen Händen. Und auf einmal vergaß sie mich und umkreiste jeden einzelnen Finger. Das ist eine Metapher für das, was die Kamera tut: Sie verwandelt Architektur in Urbanismus, und genau das passierte auch uns.

Kolja Reichert:
Sylvia Lavin sagt in dieser Publikation in Bezug auf Hubschrauber etwas ganz Ähnliches wie Sie über die Kamera: Dass er ein Werkzeug darstellte, das Theorien und Erfahrungen des kulturellen Wandels prägte. Wie wirkten sich Hubschrauber und Luftbildfotografie Ihrer Meinung nach auf Ihre Forschung in den Bereichen Architektur und Städtebau aus?

Denise Scott Brown:
Nun, die Studierenden baten [den Luftfahrtunternehmer] Howard Hughes um Geld. Er lehnte ab, stellte ihnen aber eine Stunde lang seinen Hubschrauber zur Verfügung. Das nahm dann Steve Izenour in die Hand, und sie machten tolle Aufnahmen. Als Bob und ich heirateten, schenkten uns die Studierenden zur Hochzeit eine Stunde im Helikopter über Los Angeles. Dort schoss ich interessante Bilder, die in meinem Fotobuch erscheinen werden. Ich habe überhaupt eine Menge Luftaufnahmen gemacht. Ich bin über Teile Afrikas geflogen, und wenn zum Beispiel in einer Gegend Dürre herrschte, sah das für mich aus wie ein etwas zu lange gebackener großer Käsekuchen, wie ihn meine Großmutter machte, an der Oberfläche voller Rinnsale.

Kolja Reichert:
Vor allem in LA träumte man immer wieder davon, Helikopter im Individualverkehr einzusetzen. Wie stellten Sie

[1] Die Charta von Athen wurde im Wesentlichen von Le Corbusier verfasst und 1933 beim Congrès International d'Architecture Moderne in Athen verabschiedet. Sie formuliert die Grundsätze für autofreundliche moderne Innenstädte, die anhand von Rastern in räumlich getrennte Funktionsbereiche unterteilt werden, wie in Le Corbusiers „Ville Radieuse".

sich in den 60er-Jahren die Stadt der Zukunft vor?

Denise Scott Brown:
Wissen Sie, wenn man mit Sozialplanern zusammenarbeitet, setzen die sich meistens durch. Alle wollten die Stadt des Jahres 2020 bauen. Bis dahin waren es damals noch 60 Jahre. Wir nannten die Stadt 2020 sarkastisch die perfekte urbane Vision. Und nein danke, wir denken gar nicht darüber nach, denn uns ist klar, dass die Menschen jetzt gerade sehr, sehr arm sind und wir nichts tun, um ihre unmittelbare Not zu lindern. Und wenn ihr Architekten über 2020 redet, lasst ihr uns jetzt und hier im Regen stehen.

Kolja Reichert:
Also dachten Sie damals nicht über die Zukunft der Großstadt nach, sondern über aktuelle Probleme?

Denise Scott Brown:
Ja und nein. Als wir in Las Vegas planten, dokumentierten wir die Gegenwart. Aber wir sagten: Schauen wir mal, was wir über die Energien für die Zukunft lernen können, denn sie wirken sich jetzt aus.

Eva Kraus:
Die Videos und Fotos von Ihrer Tour nach Las Vegas sind fantastisch.

Kolja Reichert:
Diese befreiende Klarheit des Denkens in Ihrer beider Arbeit, diese großzügige Wertschätzung des Alltäglichen und Gewöhnlichen, dieser geradlinige Respekt vor den Menschen, ohne den Umweg über Utopien: Ist das etwas, das Sie in die Beziehung einbrachten?

Denise Scott Brown:
Es heißt, Bob habe den Manierismus an der American Academy in Rom kennengelernt. Aber das stimmt gar nicht. Die Engländer waren den Amerikanern beim Studium des Manierismus um zehn Jahre voraus. Deshalb hat er in der Akademie über Manierismus gar nichts gelernt. Zwölf Tage vor seiner Abreise nahmen ihn einige Architekturhistoriker*innen mit und zeigten ihm zwei Gebäude von Brasini. Er sah nur die beiden und sagte: „Genau das will ich machen!" Er flog nach Philadelphia zurück, fand aber in den USA niemanden, der über Manierismus redete. Und dann merkte er mit einem Mal, dass es da in der Fakultät für Stadtplanung eine Frau gab, die über Manierismus sprach, und das war ich. Und dass ich immer wieder darüber sprach lag daran, dass die Brutalisten Alison und Peter Smithson sich mit Regelverstößen vor allem im Italien der Renaissance auseinandersetzten. Als Bob und ich anfingen, zusammen zu unterrichten, war ich diejenige, die ihn auf die Bücher von Edwin Lutyens aufmerksam machte. Irgendwann wollte er dann, dass ich mir das Haus seiner Mutter ansehe. Und ich stritt mit ihm, nach dem Motto, wenn du so viel Holz auf so viel Beton klebst, dann hält das nicht. So in der Art ging es hin und her. Und das hatte ich alles aus Afrika. Aber das weiß niemand.

Eva Kraus:
Ihre Großeltern flüchteten Ende des 19. Jahrhunderts vor den Pogromen in Lettland und Litauen. Inwiefern hat es Ihre Arbeitsweise beeinflusst, dass Sie in Afrika groß geworden sind?

Denise Scott Brown:
Afrika war – und ist – von gesellschaftlichen Auseinandersetzungen geprägt. Während wir studierten, wurde die Apartheid gesetzlich verankert. Wir alle demonstrierten dagegen. Witwatersrand war die liberalste Universität Südafrikas, alle Studierenden waren in Aufruhr. Ich kannte diese Themen deshalb zur Genüge. Ich wusste auch viel über das afrikanische Wohnungswesen, weil ich viele Wohngebäude fotografiert habe. Von den Smithsons wusste ich, dass man Stadtplanung studieren musste, weil in der Entwicklung in den Städten Englands und Europas gerade so vieles im Gange war. Unser Studienberater war zudem in Kenia aufgewachsen, weil seine Eltern amerikanische Missionare waren. Er sagte: „Hier haben wir die Lehrveranstaltungen und die Ideen, die ihr für die Arbeit in einem Neubaugebiet brauchen werdet." Aber ich wollte lieber eine Vollzeitstelle als Architektin und Planerin an einer Universität in Amerika annehmen und mit Studentinnen und Studenten aus aller Welt spannende Dinge machen. Genau das habe ich getan. Und das erste, was ich sagte, war: „Nieder mit der Charta von Athen!"[1]

Eva Kraus:
Ich war gerade auf der Architekturbiennale in Venedig, die massiv von Stadtplaner*innen und Architekt*innen aus Afrika geprägt ist. Das ist eine sehr aufschlussreiche Verlagerung im Diskurs darüber, was Architektur heute ist.

Denise Scott Brown:
Dave Crane brachte mir im Studium Sachen bei, die ich für Afrika brauchen würde, aber sie erwiesen sich auch in Amerika als sehr nützlich. Rex Martienssen zeigte in seinen Schriften auf, dass Urbanismus in der Wüste auf eine Weise möglich war, die in Europa nicht funktionierte. Und das habe ich in Las Vegas umgesetzt. Ich plante unser Ateliergebäude in Las Vegas, während ich noch an der UCLA lehrte. Ich war rund vier Mal in Las Vegas. Und dann war ich ein fünftes Mal mit Bob dort, und er war einfach verrückt nach der Stadt. Und dort fingen wir auch an, uns zu verlieben.

Kolja Reichert:
Sie haben sich wirklich in Las Vegas ineinander verliebt?

Denise Scott Brown:
Aber nein, ich nicht. Ich hatte da schon acht Jahre lang mit ihm unterrichtet. Aber er kam aus den Zwängen in Philadelphia heraus, und als er sah, wie sehr ich mich über all die Dinge freute, witterte er Morgenluft. Er begriff allmählich auch, dass ich Fähigkeiten hatte, die andere Leute nicht hatten, und dass ich Dinge wusste, die er nicht wusste. Das macht einen sehr attraktiv, vielleicht sogar sexy?

Kolja Reichert:
Für Männer, die keine Angst haben, ja.

Denise Scott Brown:
Bob kam also von Yale herüber, um sich mein Atelier in Santa Monica anzusehen, und wir fuhren im Auto den Strip rauf und runter und hörten die Beatles, und wir waren sehr glücklich und verliebten uns. Mein erster Mann war 1959 ums Leben gekommen, ich war also eine junge Witwe. Kennen Sie das Foto von mir, auf dem ich die Hände in die Hüfte stemme?

Eva Kraus + Kolja Reichert:
Ja, natürlich!

Denise Scott Brown:
Ich dachte daran, was Le Corbusier seinen Studierenden sagte: Geht um die Gebäude herum und schaut euch an, wie sie von hinten aussehen! Ihr werdet feststellen, dass selbst diejenigen, die ihr auf der Vorderseite hässlich findet, auf der Rückseite sehr funktional sind. Also ging ich um die Gebäude am Strip herum.

Eva Kraus:
In der zweiten Reihe des Strip gab es Slums, oder?

Denise Scott Brown:
Ja. Ich dachte auch an die moderne Kunst, die ich in Galerien in ganz Europa gesehen hatte, aber auch an Kunst, wie ich sie in Südafrika kennengelernt hatte. Eine unserer Lehrerinnen war eine geflüchtete holländische Jüdin namens Rosa van Gelderen. Sie gab uns große Bögen Papier, eine Menge Plakatfarben und große, dicke Pinsel und sagte, malt, was ihr möchtet. Malt, was ihr um euch herum seht. Künstler kann nur sein, wer malt, was er um sich herum sieht!

So lernten wir mit neun oder zehn Jahren gesellschaftliches Bewusstsein in der Kunst. Meine Mutter besaß alle möglichen Kunstbücher, sie hatte Architektur studiert, und wir bauten ein Haus im Stil der frühen Moderne, das eine Schülerin Le Corbusiers entwarf. Als Architekturstudentin hatte sie zu der Gruppe gehört, die Le Corbusiers Ideen nach Südafrika trug. Wir wohnten in einem kubistischen Haus, und es war wunderschön. Ich würde sagen, ich wurde mit zwei Jahren Architektin, denn als ich die Baupläne sah und meine Eltern überlegten: Das kommt hierhin, das kommt dorthin – da war ich schon mit Architektur befasst. Als ich laufen lernte, kannte ich keine Türklinken in der üblichen Höhe. In unserem Haus war die Türklinke ein Hebel, an den man erst als Fünfjährige heranreichte. So gesehen waren schon die ersten Schritte in meinem Leben mit Le Corbusier konform, und in allen Lebensphasen habe ich mich an der Architektur der frühen Moderne orientiert und die Regeln über Bord geworfen. Wenn ich mir etwas ansehe, habe ich diesen Formenvorrat all der Bildbände im Kopf, die meine Mutter besaß, so wie Bob all die Bildbände mit Schwarz-Weiß-Fotografien von Rom besaß, die seine Eltern gekauft hatten. Er lag da und schaute sie sich an. Er war sehr überrascht, als er dann nach Rom kam und feststellte, dass alles orange war.

Kolja Reichert:
Wann haben Sie begonnen, den Begriff Postmoderne zu verwenden?

Denise Scott Brown:
Es gibt einen Teil der Postmoderne, den Architekt*innen überhaupt nicht kennen. Und das kam bei uns schon früh auf und hatte mit sozialer Planung zu tun und mit meiner Großmutter, mit der Tatsache, dass der größte Teil ihrer Familie nach Afrika gegangen war, und diejenigen, die geblieben waren, umgebracht wurden. Meine

Großmutter war Sozialistin; in Johannesburg las sie jede Woche den englischen *New Statesman and Nation*. Sie zog zu uns, als ich acht war, und sie und mein Vater stritten sich über Politik. Sie las auch deutsche sozialistische Autoren und religiöse und literarische Denker der Nachkriegszeit, die das „Ende der Unschuld" ausriefen: Man darf sich nicht darauf berufen, man sei naiv gewesen, als man den Holocaust zuließ. Und man darf sich nicht darauf berufen, man sei naiv gewesen, wenn man zulässt, dass die falsche Art Gebäude Menschen weh tut. Man muss klüger werden, sich besser informieren. Meine Großmutter las Freud, aber auch Arthur Koestler, Stefan Zweig und Autor*innen, die das gesellschaftliche Bewusstsein für den Kampf gegen Hitler förderten. Das war also ein Teil dessen, was ich in meiner Kindheit hörte. Sie saß in Afrika und hörte Hitler im Kurzwellenradio und schrie „Lügner, Lügner, Lügner" auf Deutsch, das sie sehr gut beherrschte. Mein Vater glaubte, Russland würde den Krieg nicht überstehen. Sie wusste jedoch, dass Russland das konnte, denn sie war erst kurz zuvor dort gewesen. Ich betrachte Architektur deshalb aus einem moralischen und sozialen Blickwinkel und lasse das in mein Handeln einfließen. Man darf nicht glauben, es sei gut, überall Hochhäuser zu bauen, nur weil dadurch viele reiche Leute noch reicher werden. Man muss mehr über die Dinge wissen und ein soziales Bewusstsein dafür entwickeln, was richtig und was falsch ist.

Eva Kraus:
Darf ich Sie noch auf ursprüngliche Bauweisen in Afrika, aber auch in den USA ansprechen, „the vernacular"?

Denise Scott Brown:
Nun, in Afrika gab es viele, viele verschiedene Arten von Lehmhäusern, und ich mag sie sehr. Die Leute in Mapoch bauten einige der schönsten von allen, und ich habe davon viele Fotos gemacht und viel darüber geschrieben. Da war außerdem die Bauweise der Menschen in den Städten. So kam ich zur Pop-Art: Afrikaner, die an den Rand von Industriegebieten gezogen waren, wo eine Menge Industrieschrott herumlag, und die sich daran bedienten. Wenn man sich diese Orte anschaut, kommen einem die Tränen angesichts der Kreativität, die sie dort an den Tag legen. Es ist wunderbar, humorvoll, farbenfroh und auch praktisch. Es gibt diese Sendung, wo Trevor Noah die Zuschauer*innen mitnimmt zu seiner Großmutter, die in einem dieser kleinen Häuser in Soweto lebt. Aber ich war auch bei einer Tagung in Mexico City, und ich habe mir als einzige dort die enorme Bandbreite an Sozialwohnungen angesehen.

Kolja Reichert:
Wie Oliver Elser uns in diesem Band in Erinnerung ruft, war Philip Johnson mitverantwortlich dafür, dass die Moderne sich von der Grundidee des sozialen Wohnungsbaus mit all seinem politischen und utopischen Potenzial verabschiedete und zu einem rein ästhetischen Programm für Konzernarchitektur wurde.

Denise Scott Brown:
Ich nenne das geistlos. Viele Jahre, nachdem er sich bei den Juden entschuldigt und behauptet hatte, er sei kein Nazi mehr, war er immer noch Nazi, und seine Schriften belegen das. Er gehörte zu der „Make America Great Again"-Fraktion, den Neonazis, die es bis heute gibt. Philip Johnson war einer von denen. Er war sehr gemein und böse. Er mochte Bob sehr. Und er bekam eine Heidenangst vor mir.

Kolja Reichert:
Warum?

Denise Scott Brown:
Weil ich einen Artikel schrieb und ihm einen Dämpfer verpasste: Ich sagte, seine erste Amtshandlung bestand darin, eine unserer Skizzen aus *Learning from Las Vegas* zu kopieren und im Telefongebäude umzusetzen. Wir fügten die Skizze und ein Foto ein. Philip geriet in Panik. Er hatte Angst, ich würde seine Karriere ruinieren.

Kolja Reichert:
Wie konnte er seinen Einfluss über so viele Jahrzehnte aufrechterhalten?

Denise Scott Brown:
Nun, zum einen vereinnahmte er alle jungen Architekten, die eine Konkurrenz hätten darstellen können, und nahm sie unter seine Fittiche. Er kannte einen ganzen Haufen Leute, die in New York Architekten beauftragten, reiche Geschäftsleute, die er dann zum Picknick mit ein paar handverlesenen aufstrebenden Architekt*innen einlud. Man nannte sie „Philip Johnson's kids", und sie blieben auch immer nur die Junioren.

Eva Kraus:
Und was ist mit Charles Jencks und seiner Truppe in Großbritannien, hatten Sie zu denen oft Kontakt?

46 Cervin Robinson, Brant House, Greenwich CT, 1970

47 Robert Venturi/Denise Scott Brown/Steven Izenour, Diagramm aus *Learning from Las Vegas*, 1972

48 Emma Brown, Allan D'Arcangelos *The Trip* (1965) im Besitz von Denise Scott Brown und Robert Venturi, 2023

49 Denise Scott Brown, *Robert Venturi à la Magritte on the Strip*, 1966

50 Denise Scott Brown, *Las Vegas Style*, 1966 / „Ich bin König von allem, was ich überblicke"/Denise Scott Brown parodiert Robert Moses auf dem Las Vegas Strip, 196

51 Fakultät und Studierende des Learning From Las Vegas Studio, Yale University, Dunes Casino und Hotel Las Vegas, 1968

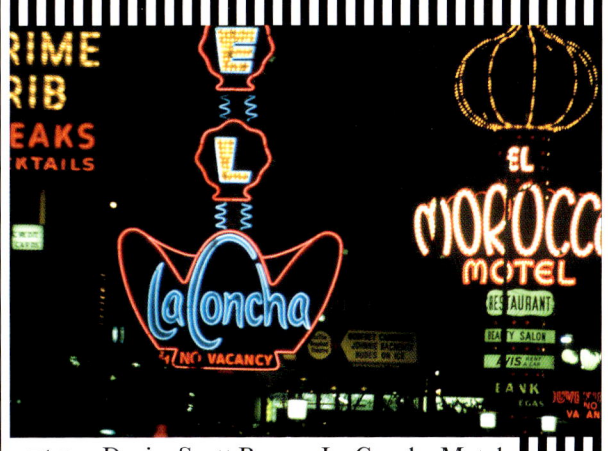

52 Denise Scott Brown, La Concha Motel, Las Vegas, 1966

53 Fakultät und Studierende des Learning From Las Vegas Studio, Yale University, Stardust Casino und Hotel, Las Vegas 1968

54 Denise Scott Brown, Stardust Casino und Hotel, Las Vegas 1968

55 Fakultät und Studierende des Learning From Las Vegas Studio, Yale University, Hochzeitskapelle, Las Vegas, 1968

Denise Scott Brown:
Auch den konnten wir nicht ausstehen. Aber es war sehr lustig, weil er dann auf Bitten von Johnson einen Artikel über mich schrieb und mich Denise Scott Wrong nannte.

Kolja Reichert:
Was wollte er damit sagen?

Denise Scott Brown:
Dass ich Dinge gegen Philip gesagt habe, die falsch [wrong] waren. Er stand für gewisse Reformen, aber er war immer oberflächlich.

Kolja Reichert:
Aber es gelang ihm, die postmoderne Architektur ins Gespräch zu bringen, so dass Leute anfingen sich auf sie zu beziehen.

Denise Scott Brown:
Ich weiß, aber das führte auch dazu, dass man sich zu leicht auf sie beziehen konnte. Wissen Sie, wir arbeiteten sehr, sehr hart, wir hatten auf einmal Aufträge. Und von einem Moment zum anderen stellten wir plötzlich fest, dass wir weit abgeschlagen waren, weil alle zu etwas anderem übergegangen waren, wir aber immer noch das machten, was wir für die Postmoderne hielten. Darüber waren wir nicht unglücklich. Die Nationalgalerie, das Toulouse-Gebäude und ein großer Komplex, den ich in Michigan entworfen habe: Ich liebe all diese Dinge, die Art der Standortanalyse. Das kommt eigentlich aus der Stadtplanung. Die Leute waren immer ganz begeistert von Denises Standortanalyse. Dabei ist es gar keine, es ist Urban Economics, Stadtökonomie – deren Muster angewandt auf Bewegungsmuster in einer komplexen Situation. Aber mir gefällt auch die Ästhetik sehr, die Art von Räumen, die sie schafft, und wie man sie nutzbar macht.

Eva Kraus:
Darf ich Sie auf Ihre Verbindung zur Pop-Art und ihren Vertreter*innen ansprechen? Ich frage mich, ob Sie schon früh auf Ed Ruscha gestoßen sind?

Denise Scott Brown:
Jeder fragt mich nach Ed Ruscha. Bevor ich England verließ, öffnete mir der englische Pop-Künstler Eduardo Paolozzi wirklich die Augen für den britischen Alltag. Wir schauten uns diagonale Abkürzungen über Domfreiheiten an und durchbrachen das System der Rechtecke durch Diagonalen. An den Arbeiten Paolozzis fiel mir auf, dass man auch in der kommerziellen Architektur in Einkaufsstraßen Schaufenster aus Stahl und Glas findet, die eine Art Pop-Art sind, mit Werbung darin. Die erste Pop-Art, die ich sah, war Jasper Johns auf der Biennale. Später freundeten wir uns mit Warhol und Allan D'Arcangelo an – er malte das berühmte Gemälde in Rot und Gelb mit dem Pfeil und dem zweiten Pfeil, der in die andere Richtung zeigt. Es ist rätselhaft: In welche Richtung soll man gehen? Wir waren auch sehr eng mit den Lewises befreundet. Sie waren großartig und kauften diese Bilder und hängten sie in ihren Geschäften auf, ein gutes Bild pro Laden. Sie holten einen in Philadelphia mit dem Flugzeug ab und flogen einen nach Richmond, Virginia, und da waren sie alle.[2]

Kolja Reichert:
Und gab es irgendwelche Einflüsse der Pop-Art auf Ihre Arbeit?

Denise Scott Brown:
Na ja, die goldene Antenne war teilweise von Pop-Art beeinflusst. Danach haben wir Pop-Art in unsere Gebäude integriert. Die Bauten für die Brants bekamen einige hübsche Pop-Art-Elemente. Und wir verwendeten Muster und Ziegelverbände, die wie Pop-Art aussahen.

Kolja Reichert:
Weitere Pop-Art-Strategien kamen bei der Gestaltung Ihrer Ausstellungen zum Zuge. Die bekannteste, *Signs of Life. Symbols in the American City* von 1976, war eine solche Pop-Art-Ausstellung! Wie sind Sie auf diese riesigen Sprechblasen mit Erklärungen gekommen?

Denise Scott Brown:
Das hatten wir schon vorher in winzigen Ausstellungen in kleinen Orten angefangen. Und dann merkten wir, dass, wenn man ein Foto auf einen großen Stoff an der Wand aufzieht, es wie ein Renaissance-Gemälde von Canaletto wirkt.

Kolja Reichert:
Das machten Sie mit den Auftragsfotos von Stephen Shore. Der Künstler Thomas Demand hat gesagt, dass Sie damit das Blow-up-Prinzip im Ausstellungsdesign erfunden haben.

Denise Scott Brown:
Ja.

Eva Kraus:
Ihre Augen sind so schön, wie Sie uns die

[2] Siehe auch das Gespräch mit James Wines in diesem Buch.

ganze Zeit anschauen. Sehr lebendig und strahlend.

Denise Scott Brown:
Meine Augen sind sehr, sehr schlecht. Wenn ich Sie anschaue, sehe ich alles verschwommen. Ich sehe eigentlich alles nur aus der Erinnerung. Wenn ich in der Hauptgeschäftsstraße eine neuartige Dekoration oben an einem Gebäude entdecke, dann sehe ich nur, was ich dort vermute. Das gefällt mir, denn so sehe ich viel klarer.

Eva Kraus:
Und was träumen Sie nachts?

Denise Scott Brown:
Ich hatte letzte Nacht einen intensiven Traum, aber ich habe ihn komplett vergessen. Wissen Sie, mit 91 leidet man unter Angstträumen, weil man alt wird.

Kolja Reichert:
Und wie sehen Ihre Tage aus? Sie sind doch bestimmt mit sehr vielen Menschen in Kontakt.

Denise Scott Brown:
Nun, ich schreibe einen Essay, in dem es heißt: „Nieder mit der Charta von Athen!" Es gibt einen Artikel von einer Frau namens Catherine Ingraham. Darin schildert sie, wie Le Corbusier den Esel als Erklärung dafür benutzt, was falsch ist. Er meint, wenn die Straße gerade ist, ist der Verstand klar. Der Esel hingegen schlägt den falschen Weg ein. Er ist faul, er ist planlos. Le Corbusier hält den Esel für die Wurzel allen Übels. Ich sage, „der Esel ist der wahre Funktionalist", und „Le Corbusier ist ein Esel!" Sehen Sie, ich bin Afrikanerin, ich weiß besser als Le Corbusier, wie ein Trampelpfad aussieht! Es gab da einen preußischen Adligen namens Johann Heinrich von Thünen. Im Jahr 1819 reitet er auf einem Pferd durch seine Ländereien, und da fällt ihm auf, dass die Rinder ganz nah am Schlachthof auf der Weide stehen. Wenn man Kartoffeln anbaut, kann man sie eine Woche lang mit einem Eselskarren transportieren, aber Erdbeeren muss man umgehend auf den Markt bringen. Wenn man die Kosten für all das berechnet, ist das der Ausgangspunkt für das System der zentralen Orte. Wenn man versteht, was ein Esel braucht, hat man auch eine Vorstellung von Neigung, Stellplätzen, Verpflegung und Beschaffenheit der Straßen. Man kann auch nachvollziehen, was ein Auto braucht. Und man ist vielleicht nicht weit davon entfernt zu begreifen, was man für eine Mondlandung braucht. All das ist eine Chance, den Werkzeugkasten zu verstehen, ohne Angst zu bekommen, denn es geht um Wirtschaft. Le Corbusier sagt: „Ich bin ein Narr, wie der Esel, ich liebe Schönheit!" Ich sage, „liebe weiter Schönheit, aber geh bis 1819 zurück, setz dich hinter von Thünen auf das Pferd und schau mal, was du lernen kannst!" Es heißt nicht „Nieder mit den Eseln!", sondern „Nieder mit den Eseleien!"

Eva Kraus:
Apropos Tiermetaphern: Wie kamen Sie auf die Idee mit der Ente?

Denise Scott Brown:
Das war mein Konzept! Alle sagten, es sei Bobs Idee gewesen.

Kolja Reichert:
Das wissen wir. Aber wie kamen Sie darauf?

Denise Scott Brown:
Wir haben die Straße als Informationsgeber betrachtet. Die Sprache der Straße schafft in hohem Maße die Bedeutung der Stadt. Geht man zum Beispiel eine Straße entlang und sieht, dass die Gebäude immer höher werden, weiß man, dass man sich dem Stadtzentrum nähert. Das ist eine sehr wichtige Funktion der Straße. Und im ländlichen New York gab es diese Ente, die einem ohne jede Beschriftung allein durch ihre Form sagte, was es dort zu kaufen gab. Das war ein sehr wichtiges Beispiel dafür, wie kommerzielle Architektur funktioniert. Später ging ich mit Bob in Yale spazieren und sah mir das Gebäude der Fakultät für Architektur an und meinte, es sage einem durch seine Formen zwar, worum es drinnen geht, aber es lüge. Es ist die falsche Aussage. Also verglich Bob die beiden. Er konnte sehr gut Matrizen erstellen, mit denen man Dinge vergleichen konnte. Wir meinten, es gebe Möglichkeiten der Kommunikation, sei es in Form einer Ente oder eines dekorierten Schuppens, bei denen man ein ganz schlichtes Gebäude nimmt und einen Zettel anbringt, auf dem steht: „Enten zu verkaufen! Hier gibt es etwas zu Essen!"

Kolja Reichert:
Heute ist Ihre eigene Baupraxis endlich mehr ins Blickfeld gerückt. Können Sie uns etwas über Ihr Konzept für den Sainsbury-Flügel der National Gallery in London erzählen?

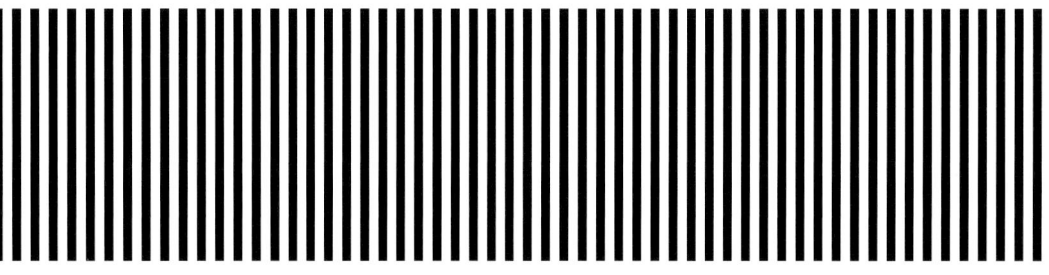

Denise Scott Brown:
Sehen Sie, ich hatte all diese Hintergrundinformationen über Afrika und tauschte mich über vieles mit Bob aus. Mit meinem ersten Ehemann Robert Scott Brown war ich von London nach Venedig und dann nach Rom gefahren und hatte so viel wie möglich über den Manierismus gelernt. Ich erzählte den Leuten in der National Gallery von alledem, und sie waren sehr beeindruckt und fragten: „Würden Sie ein traditionelles oder ein modernes Gebäude bauen?" Ich sagte, „wir machen ein modernes Gebäude." Sie fragten: „Was würde Venturi machen?" Ich sagte, „wir machen ein modernes Gebäude." Daraufhin wollten sie wissen: „Warum?" „Na ja, wir haben noch nie ein historisches Gebäude gebaut." Und während wir darüber sprachen, wurde ihnen klar, dass es etwas war, das sie ein traditionelles Gebäude nennen würden. Bob und ich besuchten in Italien Palazzi, vor allem in Rom, Florenz und Venedig, und dann bauten wir deren Nachfolger, weil wir fanden, das sei für London das Richtige. Eines der ersten Dinge, die man über Venedig erfährt, ist das Hochwasser. Schauen Sie sich diese Palazzi an der Rialtobrücke an, wie sie ihren Maßstab verändern. Unten ist das hohe Erdgeschoss, in dem die Familie einen weltweiten Getreidehandel betreibt und ihr Korn lagert. Und über dem Wasser und den Mücken wohnt dann der Adel, und da ist auch die Seufzerbrücke. Und das ist auch die Ebene, auf der wir am Trafalgar Square die Kunstwerke unterbrachten, aus demselben Grund: um die Gemälde vor Hochwasser zu schützen. Das ist ein gutes System, aber niemand in England hatte darüber nachgedacht. Viele mochten es anfangs nicht, jetzt lieben sie es. Die staatliche Denkmalschutzbehörde Historic England stufte es als herausragendes postmodernes Bauwerk in England ein. Das bedeutet, es steht auf Augenhöhe mit allen gotischen Kathedralen Englands. Aber jetzt ist das Gebäude in Gefahr.

Eva Kraus:
Warum?

Denise Scott Brown:
Mir ist jetzt klar, dass wir von den Bauträgern ausgetrickst wurden. In England bemühten sie sich sehr um die Genehmigung, zwei der schönsten Gebäude der Smithsons abzureißen. Ich sprach mich dagegen aus. Sicher waren sie in mancher Hinsicht nicht mehr zeitgemäß, aber nicht durch und durch. Aber man wollte die Fläche lieber für weitaus höhere Geschäftsgebäude nutzen, nicht für Wohnungen. Und das schafften sie. Dann hieß es: Das darf nie wieder passieren, lasst uns ein Gebäude finden, das man als postmodern und modern bezeichnen kann, und ihm Grade I verleihen,[3] und dann reißen wir es ab. Danach haben wir Zugriff auf alle Grade I-Gebäude und alle übrigen denkmalgeschützten Bauten, wenn wir sie haben wollen. Und das haben sie gemacht! Ich denke, diese Leute bekommen jetzt Angst, dass sie wie Idioten dastehen, wenn nur genügend Menschen aus Europa und Japan und von überall her sagen: „Was macht ihr denn da?"

Kolja Reichert:
Wir sollten nicht schließen, ohne Ihren 1989 erschienenen Essay *Room at the Top? Sexism and the Star System in Architecture* anzusprechen. Er analysiert sehr systematisch, wie Sexismus funktioniert, und ist deshalb leider sehr aktuell.

Denise Scott Brown:
Als wir damals an der National Gallery arbeiteten, war Prinz Charles zum Abendessen bei Simon Sainsbury, um sich unsere Entwürfe anzusehen. Sie setzten mich neben Prinz Charles, und nach dem Essen zeigte ich ihm, was wir machten. Er war warmherzig und geistreich, wie ein Doktorand, würde ich sagen. Aber zum Schluss nannte auch er es „das Bauprojekt Ihres Ehemanns". Dabei hatte ich den Auftrag für uns an Land gezogen! Ich sagte: „Er und ich arbeiten beide daran", und da sagte er: „Oh, entschuldigen Sie bitte." Dass ein Prinz so etwas sagt, das hat mir sehr gut gefallen.

Eva Kraus:
Ich bin auch sehr dankbar für Ihren Aufsatz, denn ich wurde an der Universität für angewandte Kunst in Wien sozialisiert, wo Hans Hollein lehrte und Coop Himmelb(l)au, später Zaha Hadid und viele mehr.

Denise Scott Brown:
Hans Hollein war nicht nett zu mir. Er lud Bob nach Berlin ein, aber mich nicht.

Kolja Reichert:
Wenn Sie sich die Geschichte der postmodernen Architektur ansehen, gibt es da jemanden, den Sie mögen und von dem Sie jungen Architekt*innen sagen würden: „Schaut euch diese Arbeiten an"?

Denise Scott Brown:
Ich würde sagen, sie sollten sich alle ansehen.

3 Denkmalschutz für ein Bauwerk von außerordentlicher, teils internationaler Bedeutung

56 Emma Brown, Lenin-Collage aus Renaissance-Fotos und -Zeichnungen sowie Kissen mit Batman-Comics, um eine Pop-Art Atmosphäre zu kreieren (1972–2012), 2023

57 Timothy Soar, Denise Scott Brown, Robert Venturi und Kollegen vor dem Sainsbury Wing, National Gallery, London, England, 1991

58 Tom Bernard, Modell eines Vorstadthaus-Gartens, aus der Ausstellung *Signs of Life*, Renwick Gallery, Smithsonian Institution, Washington DC, 1976

HELIKOPTERFLUG ÜBER DIE GEGENWART, ODER: WER WURDE NOCH NIE POSTMODERNISIERT?

Sylvia Lavin

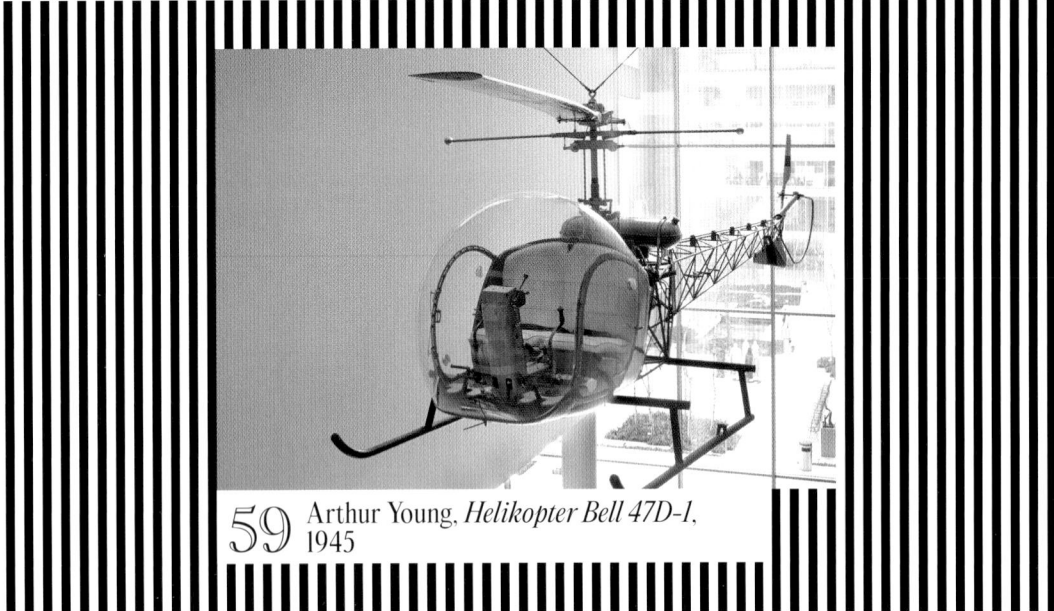

59 Arthur Young, *Helikopter Bell 47D-1*, 1945

Unter der Decke des Marron Atriums im New Yorker Museum of Modern Art schwebt in schwindelerregender Höhe ein Helikopter des Typs Bell-47D1. Der 1945 von Arthur Young entworfene Helikopter ist nur eines von vielen Fortbewegungsmitteln in der Architektur- und Designsammlung des Museums, die von Rollstühlen bis hin zu Rennautos reicht. Statt seine Leistungsmerkmale aufzuzählen, beginnt die Objektbeschreibung des Helikopters im MoMA aber wie folgt:

„Zwischen 1946 und dem Ende der Produktion im Jahr 1973 wurden in den Vereinigten Staaten über dreitausend Helikopter des Typs Bell-47D1 hergestellt und in 40 Länder verkauft. Der Bell-47D1 ist zwar geradlinig und zweckmäßig, aber der Designer Young, der auch Dichter und Maler war, hat dem durchsichtigen, kugelförmigen Cockpit bewusst die offene Struktur des Heckauslegers gegenübergestellt, um ein Objekt zu kreieren, in dem filigrane Schönheit und Effizienz untrennbar miteinander verbunden sind. Was den Bell-47D1 von anderen Helikoptern unterscheidet, ist die Tatsache, dass das Kunststoff-Cockpit nicht aus mit Metallnähten verbundenen Teilstücken besteht, sondern aus einem Guss gefertigt ist. Das Ergebnis ist ein aufgeräumteres, einheitlicheres Erscheinungsbild."[1]

[Abb. 59] Anders ausgedrückt, präsentiert das MoMA den Helikopter als idealtypisches Objekt der Moderne, das exemplarisch für das explizite und implizite Selbstverständnis des Museums ist, dessen eigene Wurzeln in der Moderne der Mitte des 19. Jahrhunderts liegen. In dieser Hinsicht repräsentiert der Bell-47D1 die amerikanische Interpretation des europäischen Funktionalismus, der wohlwollend als schlichtes und harmloses Gut importiert und nicht als Maschine, sondern für seine reproduzierbare – aber dennoch auf einzigartige Weise schöne und ausgereifte – Ästhetik geschätzt wurde.

Der fragliche Helikopter wurde zwar 1945 entworfen, aber erst 1984 vom MoMA erworben, dem Jahr, als Frederic Jameson seinen wegweisenden Aufsatz *Postmoderne – zur Logik der Kultur im Spätkapitalismus*[2] veröffentlichte. Der Bell-47D1 ist tatsächlich zugleich eine passende Ergänzung der Sammlung von modernen Maschinen des MoMA und ein nachträglich hergestelltes Objekt der Moderne, das dem Einfluss der Entwicklung des MoMA hin zur Postmoderne gemäß der Definition des vorherrschenden Diskurses, der in dieser Zeit insbesondere durch Jameson vertreten wurde, ausgesetzt war. Aus Sicht der 1980er-Jahre wird das Objekt durch seinen Anachronismus zur Nachahmung.

---

1 S. *MoMA Highlights: 350 Works from the Museum of Modern Art*, dritte überarbeitete Ausgabe, 2013, S. 174. Die gleiche Beschreibung ist auch auf der Website des MoMA zu finden: https://www.moma.org/collection/works/2234

2 S. Fredric Jameson, „Postmodernism, or, The Cultural Logic of Late Capitalism", in: *New Left Review* 146, Juli – August 1984, und Fredric Jameson, Postmodernism, or, The Cultural Logic of Late Capitalism, Durham, NC: Duke University Press 1991.

3 S. Anm. 1, S. 174.

4 S. Sylvia Lavin, *Architecture Itself and Other Postmodernization Effects*, Leipzig: CCA Spector Books 2020.

5 Über die diversen Komplexe gibt es eine umfangreiche Literatur, u. a. Stuart W. Leslie, *The Cold War and American Science: the Military-industrial-academic Complex At MIT and Stanford*, New York: Columbia University Press 1993; Timothy Lenoir/Luke Caldwell, *The Military-entertainment Complex*, Cambridge, Massachusetts: Harvard University Press 2018; Hal Foster, *The Art-Architecture Complex*, London: Verso 2013.

6 Das Konzept der Kette von Aktionen habe ich mir aus Berhard Siegerts Theorien zu kulturellen Techniken geliehen, insbesondere aus seinem Text *Cultural Techniques: Grids, Filters, Doors, and Other Articulations of the Real*, übers. von Geoffrey Winthrop-Young, New

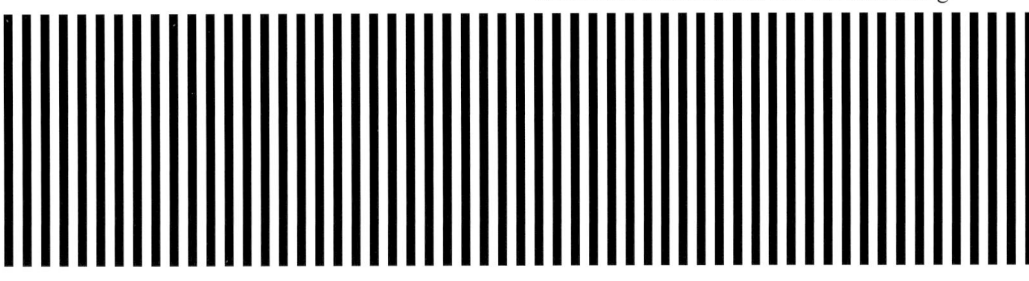

7 Eine ausführliche Einführung in die Geschichte des Helikopters bei James R. Chiles, *The God Machine: From Boomerangs to Black Hawks, the Story of the Helicopter*, New York, N.Y.: Bantam Book 2007, und K. Carey, *The Helicopter: An Illustrated History*, Wellingborough: Patrick Stephens 1986.

8 Atlanta, San Francisco, Chicago, New York und Los Angeles waren die urbanen Zentren des subventionierten Helikopterverkehrs. S. A. G. Peters/D. F. Wood, „Helicopter Airlines in the United States 1945–75", in: *The Journal of Transport History* 1977, S. 1–16.

9 Besonders deutlich wird dies in Werbevideos. Siehe z.B. „1962 New York Airways Helicopter Service to Manhattan Promotional Film", Periscope Film, 2017: https://www.youtube.com/watch?v=AY18coX4uWg&t=65s „Pan Am's Pad", *Newsweek*, 25. Mai 1964, S. 80: https://login.ezproxy.princeton.edu/login?url=https://www.proquest.com/magazines/pan-ams-pad/docview/1843957774/se-2 „New York Airways Offer Helicopter Sightseeing", 1961, in: *The Chicago Defender (National Edition)*, 1921–1967, Juli 2008, S. 4: https://login.ezproxy.princeton.edu/login?url=https://www-proquest-com.ezproxy.princeton.edu/historical-newspapers/new-york-airways-offer-helicopter-sightseeing/docview/492961893/se-2

Es wird zugleich entkontextualisiert und durch den simulierten Flug im nicht kartierbaren hyperrealen Raum rekontextualisiert gezeigt, wobei die schwerelose Präsentation nicht nur seine Funktion, sondern sein eigentliches Wesen sublimiert. 1984 war der Bell-47D1 schließlich nicht mehr nur ein Helikopter, sondern eine Medienikone, ein Star, der in Kinofilmen und im Fernsehen auftrat: vom beliebten Film *MASH* und der dazugehörigen Fernsehserie, über Blockbuster wie *Thunderball*, Kultfilme wie *Sweet Sweetbacks Lied* von Melvin Van Peeble bis hin zu Folgen der Fernsehserien *Alfred Hitchcock präsentiert*, *Tennisschläger und Kanonen* und *Nummer 6*. Am Ende der Objektbeschreibung des MoMA wird noch einmal die Präsentation des Helikopters als Symbol hervorgehoben, indem man durch sprachliches Ausweichen eine semantische Wolke schafft, die verschleiert, was 1984 über die Umweltauswirkungen der sogenannten Libelle bekannt war: „Die Blasenform verleiht dem […] Helikopter ein insektenähnliches Aussehen […] und seinen Spitznamen ‚käferäugiger Helikopter'. Es erscheint also passend, dass die Schädlingsbekämpfung zu den wichtigsten Einsatzgebieten des Bell-47D1 zählte."³ Das in rein visueller Stille schwebende Objekt ist exemplarisch für Jamesons Definition der Postmoderne als Verschleierung wirtschaftlicher Interessen durch Spektakel und schwebende Symbole.

Während die Fähigkeit des Helikopters, zugleich als Ideal der Moderne und als Ikone der Postmoderne zu fungieren, Fragen zur Periodisierung und Definition von Begrifflichkeiten aufwirft, ist sie auch ein Hinweis darauf, wie hilfreich es ist, den Helikopter als Schlüsselelement dessen anzusehen, was ich als Postmodernisierung bezeichnet habe.⁴ Der Helikopter ist gleichzeitig Subjekt und Objekt eines Verflechtungsprozesses einer zunehmenden Anzahl von Komplexen und des Feedbacks daraus. Der bekannteste dieser Bereiche war der 1961 von Dwight D. Eisenhower benannte Militär-Industriekomplex, aber bis Mitte der 1980er-Jahre kamen der Militär-Unterhaltungskomplex, der Industrie-Forschungskomplex, der Kunst-Architekturkomplex und viele weitere hinzu.⁵ Dieser Komplex von Komplexen hat die linearen Systeme der Modernisierung – lineare Städte und Industrieprodukte, lineare Perspektiven – neu zusammengesetzt und durch Konvergenz der vielen Einzelteile ein dynamisches, globales Netz von Vorgängen geschaffen. Die Entwicklung des Helikopters von der schönen Maschine hin zum spektakulären Sinnbild zeigt, dass er ein Medium war, durch das kulturelle Infrastrukturen verlagert wurden: in den instabilen Luftraum zwischen einem Gebäude und einem anderen, zwischen Grund und Grundbesitz, zwischen Individuen und Politik. Seine Fähigkeit, diese Zwischenatmosphäre zugleich auszufüllen und herzustellen, war bereits 1960 sichtbar: In der Anfangssequenz von Fellinis *Das süße Leben* sieht man nicht einen, sondern gleich zwei Helikopter, die eine Jesusfigur über den Stadtrand Roms transportieren und dabei einen Luftraum durchqueren, in dem die von Betonstaub geprägte Atmosphäre der sich im Bau befindlichen Stadt unten und der „himmlische" Raum oben aufeinandertreffen. [Abb. 60] Die Bewegung der Rotorblätter erschafft einen akustischen und materiellen Grenzbereich zwischen den Flugrechten, die im Rahmen des sogenannten Wirtschaftswunders im Italien der Nachkriegszeit festgelegt werden, und dem durch die Protagonisten geltend gemachten historischen Anspruch des katholischen Wunders. Gleichzeitig befindet sich auch in den Helikoptern ein Luftraum, in dem sich ein Journalist, ein Fotograf und ein Telefon befinden, sodass der Raum durch Massenkommunikationssysteme eingenommen ist. Der Helikopter erschafft mit anderen Worten einen Zwischenraum, in dem eine Kette von Aktionen einen Komplex von Komplexen bildet.⁶

60 Federico Fellini, Filmstill aus *La dolce vita*, 1960

Fellini hat dargestellt, was man mittlerweile als das goldene Zeitalter des Helikopters in den Vereinigten Staaten bezeichnet.[7] Anfang der 1960er-Jahre spielten Helikopter eine entscheidende Rolle im Vietnamkrieg: Mit ihnen wurden Soldaten in die Schlacht geflogen, verwundete Soldaten transportiert und Chemikalien als Waffen eingesetzt, was entscheidend für die Entwicklung von Umweltzerstörung als militärische Strategie war. Die US-Regierung hat außerdem den Einsatz von (meist von Vietnam-Veteranen geflogenen) Helikoptern für Ziviltransporte aktiv subventioniert. Dies war insbesondere in Städten der Fall, in denen es aufgrund von staatlichen Investitionen in Autobahnen sowie die Öl- und Automobilindustrie weniger konventionelle öffentliche Verkehrsmittel gab, während die Luftverschmutzung und das Verkehrsaufkommen zugenommen hatten.[8] Dadurch war es 1965 günstiger, einen Helikopter vom Kennedy-Flughafen zum Pan Am-Gebäude im Zentrum von Manhattan zu nehmen als ein Taxi. Die Nutzung von Helikoptern wurde also zur Normalität und mit dem Autofahren gleichgesetzt, aber Helikopterflüge wurden auch zu einer Form der Unterhaltung, da sie in den Werbekampagnen, die die Menschen bewegen sollten zu fliegen, statt mit dem Auto zu fahren, mit Fahrgeschäften in Freizeitparks verglichen wurden.[9] Während die Helikopter-Branche diesen Unterhaltungs-/Transportkomplex mit dem Militär-/Zivilkomplex kombinierte, entstand aufgrund des durch die großen Panoramafenster ermöglichten visuellen Aspekts von Helikoptern die Möglichkeit, schwebend zu beobachten, wie Ereignisse sich in Zeit und Raum entfalten, und gleichzeitig der Erdoberfläche nah genug zu kommen, um Personen und Orte zu erkennen, ohne zu landen, sowie die große Wendigkeit eines Telekopter-/Überwachungskomplexes. So konnten alle möglichen Ereignisse vom Bruch eines Staudamms bis hin zu Rassenunruhen live im Fernsehen übertragen werden, und die polizeiliche Überwachung der Stadtbevölkerung aus der Luft wurde zur Norm. Mitte der 1960er-Jahre waren Helikopter aufgrund ihrer Fähigkeit, vertikal zu starten, ihrer für urbane Räume geeigneten Wendigkeit und der Sichtweite irgendwo zwischen nah und fern zu allgegenwärtigen, vielfältigen Instrumenten zur Informationsverknüpfung geworden, die die Postmodernisierung vorantrieben.[10]

Wenn Künstler*innen und Architekt*innen sich mit Helikoptern befasst haben, was sie immer häufiger und auf verschiedenste Weisen taten, wurden sie unweigerlich in den Raum dieses Komplexes von Komplexen hineingezogen. Einige Architekt*innen haben Entwürfe für Helikopter gemacht: 1967 entwarf Christiano Toraldo di Francia, der ein Jahr später Mitbegründer von „Superstudio" wurde, für ein Gelände an der Küste in Süditalien bei Tropea die *Macchina per le vacanze*, die Urlaubsmaschine. In dem Bauwerk, das gleichzeitig ein Damm zur Erzeugung von Wasserkraft und zur Stabilisierung der Küste gegen Erosion sowie ein Hotel für die wachsende Tourismusbranche war, wurden auf der einen Seite Menschen in Zimmern aus Beton und Cortenstahl und ohne Meerblick gestapelt, während auf der anderen Helikopter in der frischen Brise des Mittelmeers landeten. Der Entwurf geht von einer Kette von Tätigkeiten aus, die den Menschen letztendlich in einem zunehmend destabilisierten Umfeld verortet.[11] [Abb. 61] Andere Architekt*innen von „Archigram" bis hin zu Kisho Kurokawa haben Helikopter bei ihren Entwürfen berücksichtigt und mit ihnen Teile von Gebäuden nicht nur strukturell integriert, sondern auch innerhalb des Transport-/Unterhaltungs-/Kommunikationskomplexes, der sich durch den mit Helikoptern erschlossenen Luftraum ergibt. Künstler und Künstlerinnen wie Robert Smithson haben Werke geschaffen, die selbst als Helikopter verstanden wurden. In seinem 1972 über *Spiral Jetty* verfassten Text schrieb Smithson: „Für meinen Film (ein Film ist eine Spirale aus Einzelbildern) habe ich mich selbst von einem Helikopter (aus dem Griechischen *helix, helikos*, was Spirale bedeutet) aus filmen lassen [...]. War ich bloß ein Schatten, der außerhalb von Körper und Geist in einer Plastikblase geschwebt ist?"[12]

Smithsons Interesse an dem, was er als „Maßstab von Zentren" bezeichnet hat, manifestierte sich im „Geräusch des Helikoptermotors [der] zu einem ursprünglichen Seufzer wurde, der in fragilen Luftaufnahmen widerhallte", was ihm erstmals in Kalifornien bewusst wurde, wo die Entwicklung des Helikopters zur kulturellen Technik der Postmodernisierung besonders offensichtlich war.[13] Helikopter waren Schnittstellen zwischen der Luftfahrtindustrie, Transportnetzen, Disneyland, Immobilienspekulation, Fernsehjournalismus, der Filmbranche und den akademischen Fachbereichen Städteplanung, Architektur und Soziologie, und sie spiegelten das von Möglichkeiten bestimmte Wesen der Stadt wider.

[10] Während er sich auf Sao Paulo in der Gegenwart konzentriert, spricht Cwerner auch über Stadttheorie und -planung im Zusammenhang mit der speziellen Mobilität von Helikoptern und von dem, was er als vertikale Flugutopie bezeichnet. S. Saulo B. Cwerner, „Vertical Flight and Urban Mobilities: The Promise and Reality of Helicopter Travel", in: *Mobilities* 1 (2), 2006, S. 191–215.

[11] Das Projekt war seine Abschlussarbeit an der Universität von Florenz und wurde in *Domus*, Nr. 479, Oktober 1969, S. 40–43, veröffentlicht. S. Gabriele Mastrigli, *Superstudio: Opere: 1966–1978*, Macerata: Quodlibet 2016. Mastrigli hat das Projekt außerdem für die von ihm zusammengestellte Ausstellung für MAXXI im Jahr 2016 ausgewählt, *Superstudio 50*.

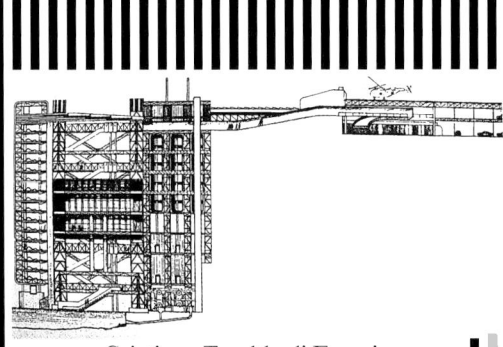

61 Cristiano Toraldo di Francia, *Urlaubsmaschine in Tropea, Italien*, 1967

12 Robert Smithson, „The Spiral Jetty" (1972), in: Robert Smithson/Jack D. Flam (Hg.), *Robert Smithson, the Collected Writings*, Berkeley: University of California Press 1996, S. 148–149.

13 Smithson (wie Anm. 12), S. 149.

14 Sophie Didier erörtert das Thema in: „Edward W. Soja, Los Angeles and Spatial Justice, Rereading *Postmetropolis: critical studies of cities and regions* twenty years later", in: *Justice spatial/spatial justice*, Nr. 12, Juli 2018, S. 1–12.

15 S. Charles Jencks, „The Truth About Icons", in: *Architects' Journal* 220(9), Sommer 2004, S. 20–22, 24.

16 Mit diesem besonderen Jahr im Leben von Scott Brown befasst sich mein Text „Positioning Denise Scott Brown: Los Angeles, 1965–1966", in: Frida Grahn (Hg.), *Denise Scott Brown In Other Eyes*, Basel/Berlin: Birkhäuser 2022, S. 133–156.

Obwohl in LA enorm viel intellektuelle und kreative Energie in die Bemühung investiert wurde, den Postmodernismus über eine Anzahl eingrenzbarer Merkmale zu definieren, die man je nach politischer Haltung und Situation übernehmen, lehrreich finden oder ablehnen konnte, fanden diese Bemühungen innerhalb der operativen Logik der Postmodernisierung statt und basierten auf dieser. Edward Soja hat zum Beispiel argumentiert, dass die Übertragung einer Endlosschleife von Helikopter-Aufnahmen auf lokalen und nationalen Fernsehsendern sowohl 1965 als auch 1992 anstelle „gelebter" Aufstände in Los Angeles stattgefunden habe, obwohl

62 Fakultät und Studierende des Learning From Las Vegas Studio, Yale University, Blick auf das Flamingo, Las Vegas, 1968

„Aufständische" die Helikopter als Signale innerhalb eines inoffiziellen Navigations- und Kommunikationssystems genutzt hätten, das tatsächlich die Aufstände mitgestaltet hat.[14] Charles Jencks, der mit seinen Versuchen, Definitionen der Postmoderne zu formulieren und sie auf volksnahe Weise zu verteidigen, selbst in einer Endlosschleife gefangen war, kam letztendlich zu dem Schluss, dass die Ikonen der Architektur nicht für Menschen oder Kameras gestaltet wurden, sondern für Helikopter.[15] Bevor Jencks und Soja in Los Angeles ankamen oder Teil des Lehrkörpers der UCLA wurden, hat Denise Scott Brown im Studienjahr 1965/66 an der kurz zuvor gegründeten School of Architecture and Urban Planning Städteplanung unterrichtet. Sie kam zeitgleich mit der Eskalation in Watts an und verließ Los Angeles kurz nach ihrer Heirat mit Robert Venturi und dem Beginn der durch und durch postmodernen Zusammenarbeit des Ehepaars.[16]

Einen erstaunlichen Teil dieses Jahres verbrachte Scott Brown über und rund um Los Angeles in Helikoptern schwebend. Dies war nicht nur ihrer Weitsicht, sondern auch dem Umstand geschuldet, dass Helikopter ein alltäglicher Teil der Transportinfrastruktur der Stadt waren. Die bemerkenswerte Anzahl von Helikoptertickets und -quittungen – nach Disneyland, zum Flughafen und zurück usw. –, die sich zwischen den Papieren in ihrem Studio befanden, spiegelte diese Allgegenwart wider. Ihre Alltäglichkeit war aber auch entscheidend in Bezug auf ihre außergewöhnliche Fähigkeit, Komplexe zu überwinden: Jeder Flug konnte dem Transport, der Forschung, pädagogischen Zwecken, fachlichem Austausch oder der Unterhaltung dienen oder auch einer unklar definierten Kombination dieser Aspekte. Obwohl der genaue Zweck der einzelnen Reisen nicht eindeutig ist, ist es offensichtlich, dass Scott Brown Helikopterflüge als Möglichkeit genutzt hat, die Blickwinkel zu erweitern, die sich in ihrem bekannten fotografischen Werk wiederfinden. Scott Brown hatte in den 1950er-Jahren begonnen, Fotografie zu Dokumentationszwecken einzusetzen. Da Reisen zu ihren Forschungsmethoden gehörten und sich auch aus den durch ihr Berufsleben bedingten Ortswechseln ergaben, findet man in ihren Bildern oft technische Transportmittel: Autos, Boote, Züge. [Abb. 62] Eine recht kleine Auswahl

63 Ed Ruscha, Foto 1 aus *Thirty Four Parking Lots in L.A.*, 1967/1999

dieser Fotografien wurde häufig reproduziert, dramatische Bilder von Kalifornien zu Beginn der Kultivierung dessen, was man heute als neue Ökosysteme bezeichnet, die dadurch entstanden sind, dass Autobahnen durch Berglandschaften gebaut wurden, wo Häuser gefährlich nah am Rande von Schluchten kauern und Ackerland zugepflastert wurde, um Parkplätze zu bauen. Als Archiv sind ihr in Kalifornien entstandenes fotografisches Werk und die Bilder, die sie und ihre Studierenden später in Las Vegas aufgenommen haben, aber von Helikopteraufnahmen bestimmt: vom Luftraum aus aufgenommene Bilder, die weder die Logik einer nahen, detaillierten Perspektive vom Boden aus aufweisen noch den omnipotenten Gesamtüberblick von Luftaufnahmen. Stattdessen zeigen diese Fotos aus einer mittleren Entfernung aufgenommene Ansichten, keine Details oder Panoramen. Sie sind oft schemenhaft und unbegrenzt und laden nicht zu ästhetischer Kontemplation ein, sondern suchen stattdessen nach Mustern in der Kultivierung der urbanen Flächen am Boden.

Bekannter sind die Bilder, die Ed Ruscha 1965 aus einem Helikopter über Los Angeles aufgenommen hat, die weder „für eine genaue Untersuchung" gedacht waren noch „ausreichend genaue Informationen für mehr als einen kurzen Blick auf die abgebildeten Objekte" enthalten. Ihr Ziel besteht stattdessen darin, Systeme der urbanen Entwicklung zu erkennen.[17] Ruscha wird üblicherweise als Scott Browns Vorbild

17 S. zu diesem Thema den wichtigen Aufsatz von Susanna Newbury, „Thirtyfour Parking Lots in the Fragmented Metropolis", in: *The Speculative City: Art, Real Estate, and the Making of Global Los Angeles*, University of Minnesota Press 2021, S. 32. S. außerdem: Sarah Garland, „Picturing Distance: Ed Ruscha's Los Angeles Photobooks", in: *Journal of American Studies* 54, 2020 (3), S. 470–491.

18 Die Beziehung zwischen Ruscha und Scott Brown untersucht Alexandra Schwartz in: *Ed Ruscha's Los Angeles*, Cambridge: MIT Press 2010, bes. Kap. 3, „Learning from Ed Ruscha", sowie Martino Stierli in: *Las Vegas in the Rearview Mirror, The City in Theory, Photography and Film*, übers. von Elizabeth Tucker, Los Angeles: The Getty Research Institute 2013.

19 Zur Zusammenarbeit zwischen Ruscha und Gehry s.: „Double or Nothing; Architecture Not in Evidence", in: *Perspecta* 49, 2016, S. 37–52.

20 Diese Geschichte erörtere ich in *Architecture Itself* (wie Anm. 4), S. 78–94.

angesehen, er der Erfinder und sie die Nachahmerin beim Einsatz des Helikopters als Forschungswerkzeug. Die Allgegenwart des Helikopters stellt jedoch nicht nur die Genealogie von Originalen in Frage, sondern auch die Modelle der Urheberschaft, die die zunehmende Unvermeidbarkeit des Komplexes von Komplexen nicht identifizieren und deren Subjekt und Objekt der Helikopter war.[18] So wie ein Bad zu nehmen, hatte auch der Einsatz von Helikoptern, also der Zustand, von Informationsnetzwerken umgeben und ihnen ausgesetzt zu sein, keinen Ursprungspunkt, sondern war eine konditionierende Eigenschaft der Existenz, zumindest für all jene, die sich irgendwo in der Nähe ihres rapide wachsenden Luftraums befanden. [Abb. 63] Es ist tatsächlich hilfreich, den Einfluss der Helikopternutzung auf Ruscha zu untersuchen, statt sich nur auf seine Nutzung von Helikoptern zu konzentrieren, denn so findet man Hinweise darauf, inwiefern der Einsatz von Helikoptern Ruscha in unerwartete Situationen gebracht hat. Mitte der 1970er-Jahre hat ein Helikopterflug Ruscha beispielsweise vom Objekt zum Subjekt gemacht, da er durch ihn zum Immobilienspekulanten wurde. Bei einem Flug über das Yucca Valley sah er ein Grundstück und entschied, es selbst zu entwickeln. Er kaufte schließlich diese Ansammlung architektonischer Überreste und bat Frank Gehry, sie zu einem Haus zusammenzusetzen. Während die örtlichen Entwickler häufig Architekt*innen baten, Gebäude zu errichten, die wie spanische Missionen oder fliegende Untertassen aussahen, wollte Ruscha ein Gebäude, das wie eine gefundene Struktur aussehen sollte.[19] Natürlich war die Vogelperspektive auf dem Gebiet der Immobilienspekulation nichts Neues, aber die mediale Dichte des Luftraums der Helikopter hat eine neuartige Potenzierung von Kritik und Engagement bewirkt. Das vielleicht beste Beispiel für diese Potenzierung ist die Art und Weise, auf die ein 10 Meilen langer Abschnitt der Küste Nordkaliforniens auf der Grundlage eines Spekulationsflugs zur Sea Ranch wurde. Diese gilt bis heute als *das* postmoderne Denkmal der Anti-Entwicklung und war zu jener Zeit eines der größten Entwicklungsprojekte im Westen der Vereinigten Staaten, das Bestimmungen zur Flächennutzung unterlag, die als so restriktiv galten, dass sie zu Gerichtsverfahren führten, die eine Änderung der Zugangsrechte zum Meer für den gesamten Bundesstaat zur Folge hatten.[20]

Züge und Schreibmaschinen sind Teil einer intensiv erforschten Reihe von Gerätschaften, die Werte wie Geschwindigkeit, Macht und Abstraktion gemeinsam haben, welche für den Prozess der Modernisierung von grundlegender Bedeutung waren. Helikopter und eine noch nicht abschließend erforschte Reihe anderer medialer Instrumente von Lieferketten über Designverträge bis hin zu Rasterfolien, die nicht besonders schnell, originell oder heroisch sind, untermauern den Prozess der Postmodernisierung gerade durch ihre Unabhängigkeit bewirkenden Unzulänglichkeiten. Ihre fehlende autonome Betriebsfähigkeit hat bewirkt, dass durch sie oft unerwartete Konstellationen von Komplexen entstanden sind, die sich ohne sie vielleicht nicht gebildet hätten. Ein Erkenntniswert, der mit den medialen Effekten des Helikopters wie zum Beispiel der Art und Weise, wie seine sich langsam entfaltende Allgegenwart Verbindungen zwischen dem Boden, einem Krieg und einem Kunstwerk geschaffen hat, vergleichbar ist, findet sich auch in den Unterrichtsmaterialien wieder, die Scott Brown in ihrer Zeit in Los Angeles zusammengestellt hat. Der in dem Jahr, in dem sie mit Helikoptern über Südkalifornien flog, entstandene Lehrstoff weist Bezüge zu Kursen auf, die sie vor und nach dieser Zeit gegeben hat und zeichnet sich vor allem durch eine konnektive Intensität aus: Ihre Unterrichtspläne, die schon immer vergleichsweise lang und textbasiert waren, wurden besonders lang – 100 Seiten –, um eine fast endlose Anzahl von Themen, Lektüren, Argumenten, Beispielen und Gegenbeispielen festzuhalten. Der Kurs wurde in extremem Maße fächerübergreifend und die Städteplanung zu einem Isomorphismus ihrer Helikopterbilder der Stadt. Sie bat auch diverse Gäste, ihre Materialien zu kommentieren, zu ergänzen und zu kritisieren und fügte deren Hinweise in der endgültigen Fassung als Randnotizen hinzu. Scott Brown hat sich nie darum bemüht, ihre Expertise zu einem bestimmten Thema zu maximieren, und so entstand durch diese sich überschneidenden Wissensbereiche ein diskursives Feld, das von Mustern der Diskontinuität bestimmt war. In den Aufgaben, die sie ihren Studierenden stellte, forderte sie diese explizit dazu auf, Recherchen zu betreiben, um Daten von Verkehrsleitsystemen, Polizeiüberwachung, Nachrichtenkanälen, städtischen Archiven, aus fachbezogenen Interviews und akademischer Literatur zusammenzutragen. Anders ausgedrückt, bewegte sich ihr Lehrstoff so wie ihre Helikopterbilder in einer kulturellen Infrastruktur, in der verschiedene Dinge in einem dynamischen und unberechenbaren System miteinander verknüpft waren, und war selbst Teil dieser Infrastruktur. Dadurch hat der Helikopter/Lehrstoff unbeabsichtigt und ohne Kritik ein analoges Internet erschaffen.

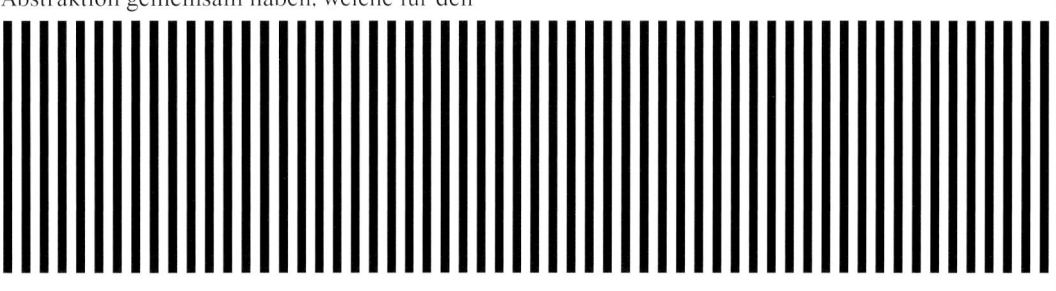

Die merkwürdige und alles umschlingende Medienökologie des Luftraums von Helikoptern hat auch weit über 1965 hinaus unerwartete Pfade und Verbindungen geschaffen [Abb. 64]. 1977 stürzte ein US Airways Helikopter vom Dach des Pan Am-Gebäudes. Fünf Menschen starben, und die *NY Post* verglich den Zustand auf den Straßen mit einem Kriegsgebiet.[21] Richard Donner, der 1978 beim ersten Superman-Film Regie führte, sah die Katastrophe als Gelegenheit, um die Geschichte umzuschreiben und dem postmodernen Historismus seinen ersten rettenden Helden zu schenken. Auch Richard Serra erkannte die Gelegenheit, das Unglück in Potenzial zu verwandeln: Er war von dem Tauwerk beeindruckt, mit dem die Trümmer des Helikopters entfernt wurden, und heuerte die Aufräummannschaft an, um seine Stahlplatten zu positionieren. 1984, das Jahr, in dem mit dem Macintosh von Apple die Ausbreitung von PCs und damit die Verbreitung der Datenverarbeitung begann, die das analoge Internet der Dinge ins digitale verlagern sollte, war die Hochblüte des Helikopters und ein Wendepunkt, nach dem andere Instrumente zu prominenteren Akteuren der Prozesse der Postmodernisierung werden würden.

Das MoMA erwarb den Bell-47D1 und nahm ihn aus dem Flugverkehr, um ihn in simuliertem Flug auszustellen, während Jameson ihn als Teil postmoderner Kriegsführung sah. Der Helikopter, schrieb er, sei zu der „neuen Maschine" geworden, „die nicht wie ältere Maschinen der Moderne wie die Lokomotive oder das Flugzeug für Bewegung steht, sondern nur *in Bewegung* dargestellt werden kann, [in der] sich irgendein

[21] Zu diesem Ereignis s.: Meredith L. Clausen, *The Pan Am Building and the Shattering of the Modernist Dream*, Cambridge, MA: MIT Press 2005, und: „A Chopper Turns Deadly", in: *Newsweek*, 30. Mai 1977, S. 27. Zu den Themen Pan Am, Helikopter und Krieg s.: Jim Trautman, „Pan Am's War: From Transporting Troops To Evacuating Babies, Pan Am Was In Vietnam From Beginning To End", in: *Vietnam* 34, 2022, Nr. 5.

[22] Jameson (wie Anm. 2), S. 84–85. Nach Jameson wurde viel über Helikopter und postmoderne Kriegsführung geschrieben: s. Tim Blackmore, „Rotor Hearts: The Helicopter as Postmodern War's Pacemaker", in: *Public Culture* 15, Nr. 1, 2003, S. 90–102; A. Spark (1989), „Flight Controls: The Social History of the Helicopter as a Symbol of Vietnam", in: J. Walsh/J. Aulich (Hg.), *Vietnam Images: War and Representation*, London: Palgrave Macmillan 1989; Vernadette Vicuña Gonzalez, „The Machine In The Garden: Helicopter Airmobilities, Aerial Fields of Vision, and Surrogate Tropics", in: *Securing Paradise: Tourism and Militarism in Hawai'i and the Philippines*, Durham NC: Duke University Press 2013, S. 147–180; Herbert P. Lepore, „The Coming of Age: The Role of the Helicopter in the Vietnam War", in: *Army History*, Nr. 29, 1994, S. 29–36. Jamesons Untersuchung

64 Pan Am Werbeplakat für Helikopterflüge, 1970er-Jahre

Aspekt des neuen Mysteriums des postmodernen Raums konzentriert".²² So bahnbrechend Jamesons Theorie auch aufgrund der Berücksichtigung der Geschichte der Gegenwart ist, so waren die Auswirkungen von Helikopteroperationen nicht das Produkt eines konzentrierten und daher eingrenzbaren Raums, der durch den Begriff Postmodernismus abgesondert und externalisiert wird. Die besessenen sprachlichen Bemühungen der Kritiker*innen, Mitte der 1980er-Jahre den Postmodernismus zu definieren, zu entscheiden, wer so zu benennen sei und was nicht, wirken aus heutiger Sicht wie Versuche, das Unkontrollierbare zu kontrollieren, indem man einem Sachverhalt eine sprachliche Struktur aufzwingt, der zu einer elementaren Bedingung geworden ist. Helikopter und ihr Einsatz waren nicht bloß Werkzeuge, sondern zugleich Subjekte und Objekte der Postmodernisierung, Glieder einer sich ständig wandelnden Kette von Tätigkeiten, die sich selbst in Bewegung befand; sie verknüpften den Luftraum und Radiowellen, Fernsehübertragungen und Immobilientransaktionen, und ihre Auswirkungen zerstreuten sich immer weiter, bis der Komplex von Komplexen, den sie darstellten, über den Raum hinausreichte und zur Atmosphäre wurde.

1984 schwebten während der Olympischen Spiele mehr als 100 Helikopter über LA und bildeten so das größte Sicherheitssystem, das jemals in Friedenszeiten zum Einsatz kam, und das größte jemals live im Fernsehen übertragene Medienevent.²³ Während der Abschlusszeremonie flog ein großer Militärhubschrauber über dem Coliseum. Er war schwarz lackiert und seine Lichter waren ausgeschaltet, sodass er für die Zuschauer am Boden unsichtbar blieb. Sogar das Geräusch der Rotorblätter wurde durch zwei Zivilhelikopter übertönt, die ihn begleiteten. Es war ein Helikopter-Helikopter-Komplex, der nicht Jesus, sondern ein Raumschiff transportierte, das über dem Publikum im Coliseum schwebte und Licht- und Klangsignale an die Zuschauer*innen schickte, die man mit Taschenlampen ausgestattet hatte, mit denen sie antworten konnten, sodass er Teil eines speziesübergreifenden Kommunikationsspektakels wurde. Die prominente Rolle des Helikopters als fliegendes Symbol war die Abschlussvorstellung dessen, was als vorübergehendes urbanes Internet begonnen hatte, eines Komplexes aus elektronischen Sicherheitsplaketten, computergestützt verbundenen Verkehrs- und Kommunikationssystemen und den Komponenten einer umfassenden Designstrategie aus Kostümen, Pavillons, Straßenschildern, Drucksachen und Logos, die sich nach und nach über die gesamte Stadt verbreitet hatten und von denen einige Elemente letztendlich zu beständigen Teilen der Infrastruktur der Stadt wurden. Einige der Knoten dieses dynamischen Netzwerks waren sichtbar, andere unsichtbar, aber die Luft dieses Raums zu atmen, war unvermeidbar. 1984 lebten ca. 8 Millionen Menschen in Los Angeles, und 2,5 Milliarden Menschen haben das Ereignis live verfolgt.²⁴ Etwa 94,2 Prozent der 1984 geborenen leben heute noch und hängen von Drohnen und Google Earth ab, um den Weg nach Hause zu finden.

---

zum Helikopter wird auch von R. Martin zitiert: „Architecture's Image Problem: Have we Ever Been Postmodern", in: *Grey Room* 22, Winter 2005, S. 12.

23 Zu den Olympischen Spielen in LA s.: Barry A. Sanders, *The Los Angeles 1984 Olympic Games*, Mount Pleasant SC: Arcadia Publishing 2013; Matthew P. Llewellyn/John Gleaves/Wayne Wilson, *The 1984 Los Angeles Olympic Games: Assessing the 30-year Legacy*, London: Routledge 2015, und meinen Text (wie Anm. 4), S. 108–112. S. außerdem die Presseberichterstattung in der *LA Times*: https://www.nytimes.com/1984/07/26/sports/the-olympics-los-angeles-84-security-is-called-largest-in-peacetime.html; https://www.nytimes.com/1984/08/08/arts/olympics-a-success-in-ratings-for-abc.html

24 https://www.nytimes.com/1984/08/08/arts/olympics-a-success-in-ratings-for-abc.html

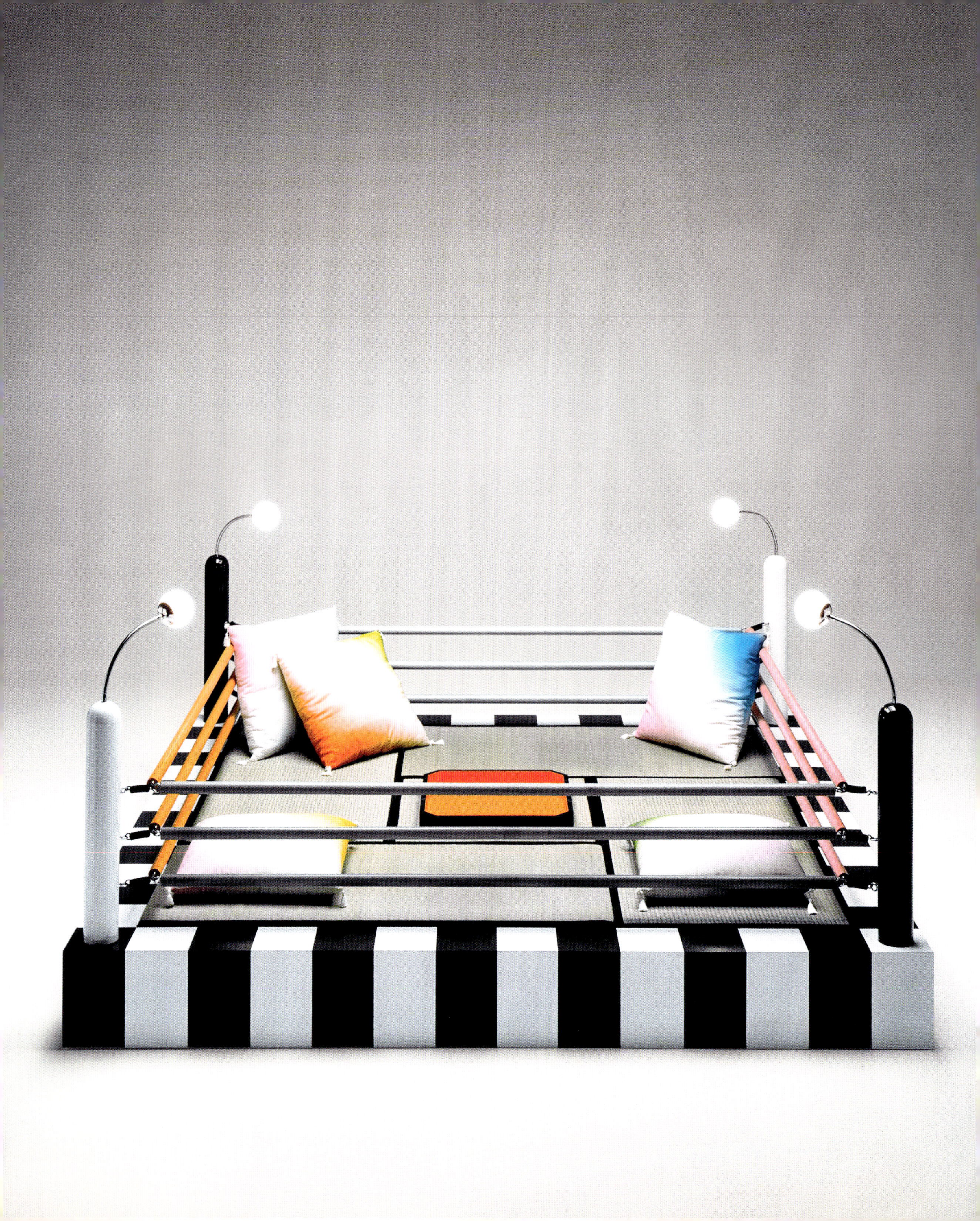

ANYTHING GOES

107

1 (S. 106) Masanori Umeda (Memphis Milano), *Tawaraya Boxing Ring*, 1981

Wer Postmoderne sagt, denkt meist auch an das Schlagwort „Anything Goes", das einem Swing-Musical aus den 1930ern entstammt: Alles ist erlaubt. Was das heißt, wird um 1980 anschaulich, als alle Maßstäbe des guten Geschmacks gesprengt werden.

Alle Maßstäbe? Nein. Nur die Vorstellung, dass es *einen* guten Geschmack gibt, *einen* Gang der Geschichte, *eine* Entwicklung der menschlichen Vernunft und *eine* wissenschaftliche Methode, an der man diese messen könnte. Der westliche Empirismus ist nur eine mögliche Welterklärung unter vielen anderen: Das ist die provokante These des Philosophen Paul Feyerabend, der 1975 in seinem Buch *Anything Goes* für Methodenpluralismus plädiert: Jede Art des Erkenntnisgewinns ist zulässig, wenn sie sich in der Praxis bewährt, und seien es Esoterik oder Okkultismus.

Dazu passen die synkretistischen Rituale in Alejandro Jodorowskys Film *Der heilige Berg*. Am Ende enthüllt der Regisseur die vorangegangene Stationenreise als ergebnislosen Bilderzauber für sein Publikum, das er jetzt direkt durch die Kamera anspricht. Die Wand zwischen Werk und Zuschauer ist verschwunden, kein Standpunkt ist einem anderen überlegen.

So bricht auch David Hockney die Zentralperspektive, mit der seit der Renaissance die Illusion des Bildraums gepflegt wurde. Sein Gemälde *Kerby (Nach Hogarth) Nützliches Wissen* sampelt einen satirischen Kupferstich William Hogarths aus einem Pamphlet für perspektivisches Zeichnen von 1754. Während modernistische Maler den Bildraum mit Aufbruchsfuror einrissen oder verschlossen, hält sich Hockney in postmodern-ironischer Entspanntheit eng ans Original: Wie Hogarth lässt er jeden Gegenstand in unterschiedlichen Bildtiefen zugleich erscheinen. Die Elemente lösen sich aus ihren Rollen als Träger von Funktionen oder eines Fortschritts, selbst den Namen „Kirby" schreibt Hockney absichtlich falsch. Zugleich reduziert er die Formen auf ein historistisches Pastiche, wie es zur selben Zeit in der Architektur um sich greift.

Charles Moore etwa inszeniert 1978 seine Piazza d'Italia in einem italienisch geprägten Viertel von New Orleans als Kulissenspiel aus italianistischen Klischees: von römischen Säulen über die schwarz-weißen Marmorstreifen Sienas und den faschistischen Razionalismo bis zur Stiefelform Italiens selbst, die als Steg über einen Brunnen führt. Die Wasserspeier hat der Architekt nach seinem eigenen Gesicht geformt. Nur wer zuvor Ideen von Genie und Original verabschiedet hat, kann sich diesen verspielten Narzissmus leisten.

Dass im selben Jahr Edward Said mit dem Buch *Orientalismus* die Werkzeuge bereitstellt, um zu verstehen, wie Kunst und Literatur mit exotistischen Klischees den Kolonialismus unterstützt haben, scheint die neuen, frei drehenden Zeichenspiele nicht zu bremsen: Hans Hollein inszeniert das Österreichische Verkehrsbüro als orientalistische Fantasie mit Messingpalmen und Spitzkuppel im Mogulstil. Ausgerechnet das „Jewish Welcome Centre" verschließt er zur klaustrophobischen Oasenzelle.

Auch in der Musik wimmelt es von ironischer kultureller Aneignung: Van Dyke Parks spielt für das Album *Discover America* Calypso-Klassiker neu ein, auch als Kritik daran, dass karibische Musiker kein Copyright geltend machen können. Der Japaner Haruomi Hosono veröffentlicht das Tropicália-Album *Tropical Dandy* und gründet die Technopop-Band Yellow Magic Orchestra. Wie Kraftwerk treten sie in den Farben des Faschismus auf, appropriieren also ihre eigene Geschichte. Ihr erster großer Hit in den USA ist ein Cover von Martin Dennys Single *Firecracker* aus dem Jahr 1959: eine orientalistische Fantasie, die chinesisch klingen sollte und nun im Pingpong von Nachfahren der Kolonialmacht Japan angeeignet wird.

Identität wird zum kulturellen Spielfeld, zur Ressource, aber auch zur Grundlage von Politik: Im Statement des Combahee River Collective, einem Zusammenschluss feministischer Schwarzer Frauen in Boston, wird sowohl der Rassismus weißer Feministinnen wie Sexismus innerhalb der Bürgerrechtsbewegung benannt. Die Verfasserinnen schließen, dass ihre Befreiung an ihrer spezifischen Unterdrückung als Schwarze Frauen ansetzen muss. Sie erfinden dafür das heute so umkämpfte und oft falsch verwandte Wort Identitätspolitik. Die Schrift ist ein Maß an analytischer Kohärenz. Beispielhaft verabschiedet sie eine Befreiungspolitik, die über Leichen geht und den Zweck über die Mittel stellt. Politik wird spezifisch. Der Einzelfall wird zur Regel.

In New York findet derweil die Stadtregierung eine folgenreiche Einzelfalllösung: Ein junger Immobilienunternehmer namens Donald Trump baut mit dem Geld anderer Leute das heruntergekommene Commodore Hotel zum Grand Hyatt um. Dafür mietet er die Immobilie zum Spottpreis und erhält für sie die nächsten 42 Jahre Steuerbefreiung. Der Deal verschiebt bis 2020 410 Millionen US-Dollar von der öffentlichen Hand auf die Konten Trumps und schafft mit die Grundlagen für dessen Macht: ein früher Fall einer nachteilhaften Public Private Partnership.[1]

Aus ökonomischer Aussichtslosigkeit entsteht in London und New York die Selbstermächtigung des Punk. Vivienne Westwood und Malcom McLaren verkaufen ihre ersten Entwürfe in ihrem Modeladen „SEX". Matt Groening, der spätere Erfinder der Simpsons, veröffentlicht seine frühen Cartoons im *WET Magazine for Gourmet Bathing*, ein von der schwulen und der Surfer-Kultur Kaliforniens geprägtes Independent-Magazin, in das bald auch Stars wie Debbie Harry oder Kevin Costner wollen. Subkultur und Mainstream stürzen sich voller Neugierde aufeinander, und aus ihren Funkenschlägen entsteht die neue dominante Form des Crossover.

Zugleich wächst die kulturelle Produktion, und mit ihr der Kunstmarkt. Architekturzeichnungen werden plötzlich teuer gehandelt und in Ausstellungen gezeigt. 1978 lädt die Ausstellung *Roma Interrotta* auf dem Trajansmarkt zwölf frisch als postmodern kanonisierte Architekten ein, je ein Zwölftel von Gianbattista Nollis barockem Stadtplan Roms neu zu interpretieren. Schließlich erlebt die postmoderne Architektur auf der ersten Architekturbiennale von Venedig 1980 unter dem Kurator Paolo Portoghesi ihren Durchbruch: 20 Architekten und Gruppen präsentieren hinter den eklektischen Fassaden der „Strada Novissima" ihre Entwürfe und Theorien. „Alles auf einmal" lässt die einzigen erhaltenen Teile auferstehen: die Malereien im sechs Meter hohen Portal von Thomas Gordon Smith.

Die „Strada Novissima" entsetzt Jürgen Habermas so sehr, dass er in der *Zeit* zu seiner langjährigen Kritik an der Postmoderne ansetzt. Der Geist des Stil- und Methodenpluralismus geht jedoch nicht mehr zurück in die Flasche. Auch nicht die Autorität der Vernunft, wie Habermas sie retten möchte. 1981 eröffnet Ettore Sottsass mit jungen Kollegen unter gewaltigem Publikumsansturm ein neues Label. Die exzentrischen Regale, Tische, Stühle und Lampen von „Memphis" brechen jede Regel: Sie sind oft wenig funktional, unbequem und aus billigen Materialien hergestellt. Sie begründen den Kult gemusterten Laminats. Sie tragen exotische Namen wie „Casablanca" oder „Tahiti". Sie bestehen vor allem aus Ideen. Sie sind Mode, für den Moment gemacht und für eine Gesellschaft, in der ausgefallener Geschmack und kulturelle Abweichung zu Distinktionsmerkmalen geworden sind. Anarchie und Macht sind kein Widerspruch mehr.

[1] https://www.propublica.org/article/trump-pushed-for-a-sweetheart-tax-deal-on-his-first-hotel-its-cost-new-york-city-410-068-399-and-counting

oh, no! it's DEVO

WET
Brando
Fiorucci
Mud

SPECIAL
PEOPLE
ISSUE
FILE
FILE goes to a party with
DIEGO
CORTEZ
VOL. 3, NO. 3, SPRING, 1977, $3.00
MR. PEANUT,
COLORED DOGS,
PORNOGRAPHIE,
and other books by artists.
after a fashion?
GEEK/CHIC
BZZZ BZZZ
BZZZ BZZZ
BZZZ BZZZ
page 58
Katharina Sieverding
"I like to look at America
and America likes to look at me."

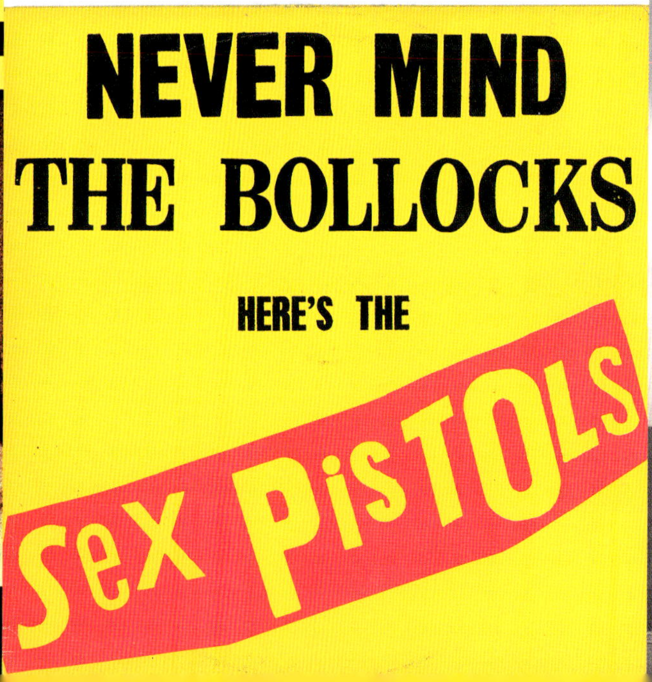
NEVER MIND
THE BOLLOCKS
HERE'S THE
Sex Pistols

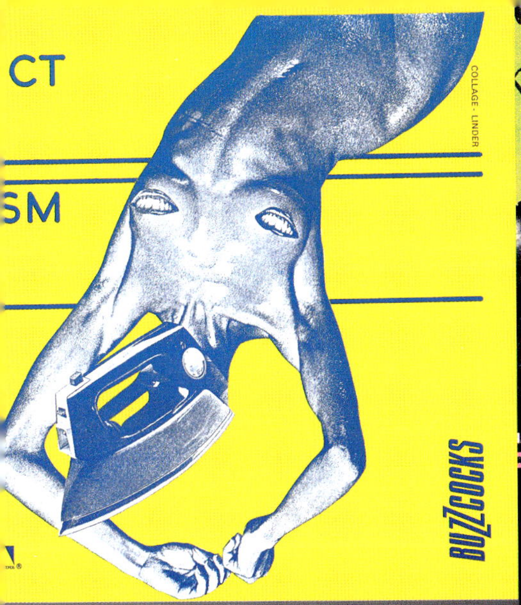
BUZZCOCKS
COLLAGE: LINDER

PUNK 'TIL YOU PUKE!
FILE
VOL. 3, NO. 4, FALL, 1977, $3.00
AZI DOG & THE VILETONES
PLUS
SEX PISTOLS
RICHARD HELL
ROUGH TRADE
PATTI SMITH
TALKING HEADS
DEAD BOYS
THE CURSE
DAMNED
and featuring
I LOVE LUCASTA with THE DISHES
Debbie Harry, the blonde in Blondie, in the pink. (See centrespread.)

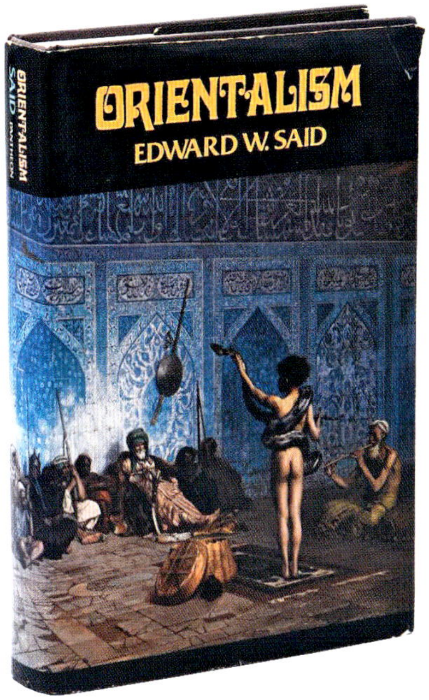
ORIENTALISM
EDWARD W. SAID

LUDUS
The Seduction

KRAFTWERK
TRANS EUROPA EXPRESS

FILE
SPECIAL GENERAL IDEA ISSUE
NDO CANE KAMA SUTRA
G EAT DOG EAT DOG

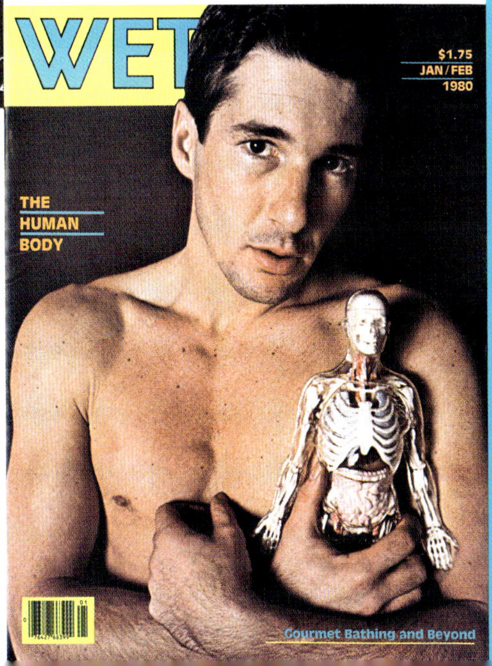
WET
$1.75
JAN/FEB
1980
THE HUMAN BODY
Gourmet Bathing and Beyond

2
Richard Seireeni, *oh no! it's Devo*, 1982

3
Alessandro Mendini, Sessel *Proust*, 1978/1988

4
Matt Groening, *Simpsons Roasting on an Open Fire*, 1. Episode der Simpsons, 1989

5
General Idea, *FILE Megazine* vol. 3 no. 3 („Special People Issue"), Frühjahr 1977

6
Ettore Sottsass, Lampe *Treetops*, 1981

7
The Sex Pistols, *Never Mind the Bollocks*, 1977

8
General Idea, *Test Tube*, Video, 1979

9
Wet Magazine, September/Oktober 1978

10
Gaetano Pesce, *Tramonto a New York*, 1980

11
Masanori Umeda (Memphis Milano), *Tawaraya Boxing Ring*, 1981

12
SITE (James Wines), *Highrise of Homes*, 1981

13
Buzzcocks, *Orgasm Addict*, 1977

14
Ettore Sottsass, Sessel *Teodora*, 1986

15
General Idea, *FILE Megazine* vol. 5 no. 4 („Mondo Cane Kama Sutra Dog Eat Dog Eat Dog Issue"), Frühjahr 1983

16
General Idea, *FILE Megazine* vol. 3 no. 4 („Punk 'Til You Puke Issue") Herbst 1977

17
Kraftwerk, *Trans Europa Express*, 1977

18
Studio 65, *BOCCA®*, 1970

19
Edward Said, *Orientalism*, 1979

20
Ludus, *The Seduction*, 1981

21
Alessandro Mendini, Sofa *Interno di un interno*, 1991

22
Wet Magazine, 1980

23 Hans Hollein, *Österreichisches Verkehrsbüro*, 1978

24 Charles Moore, *Piazza d'Italia*, Modell der Gesamtanlage mit Umgebung, 1974/75

25 Alejandro Jodorowsky, Filmstill aus *The Holy Mountain*, 1973

KAPITEL III

26 David Hockney, *Kerby (After Hogarth), Useful Knowledge*, 1975

„Unsere Erfahrungen und Enttäuschungen in diesen Befreiungsbewegungen sowie die Erfahrung an der Peripherie der weißen männlichen Linken führten zur Notwendigkeit, eine Politik zu entwickeln, die antirassistisch war, anders als die weißer Frauen, und antisexistisch, anders als die Schwarzer und weißer Männer."

Combahee River Collective Statement, April 1977

27 Mitglieder des Combahee River Collective beim Marsch und der Kundgebung für Bellana Borde und gegen Polizeigewalt, Boston MA, 15. Januar 1980 (Foto: Susan Fleischmann)

This is a RECORD COVER. This writing is the DESIGN upon the
record cover. The DESIGN is to help SELL the record. We hope
to draw your attention to it and encourage you to pick it up.
When you have done that maybe you'll be persuaded to listen to
the music - in this case XTC's Go 2 album. Then we want you
to BUY it. The idea being that the more of you that buy this
record the more money Virgin Records, the manager Ian Reid and
XTC themselves will make. To the aforementioned this is known
as PLEASURE. A good cover DESIGN is one that attracts more
buyers and gives more pleasure. This writing is trying to pull
you in much like an eye-catching picture. It is designed to get
you to READ IT. This is called luring the VICTIM, and you are
the VICTIM. But if you have a free mind you should STOP READING
NOW! because all we are attempting to do is to get you to read
on. Yet this is a DOUBLE BIND because if you indeed stop you'll
be doing what we tell you, and if you read on you'll be doing what
we've wanted all along. And the more you read on the more you're
falling for this simple device of telling you exactly how a good
commercial design works. They're TRICKS and this is the worst
TRICK of all since it's describing the TRICK whilst **trying** to
TRICK you, and if you've read this far then you're TRICKED but
you wouldn't have known this unless you'd read this far. At
least we're telling you directly instead of seducing you with
a beautiful or haunting visual that may never tell you. We're
letting you know that you ought to buy this record because in
essence it's a PRODUCT and PRODUCTS are to be consumed and you
are a consumer and this is a good PRODUCT. We could have
written the band's name in special lettering so that it stood
out and you'd see it before you'd read any of this writing and
possibly have bought it anyway. What we are really suggesting
is that you are FOOLISH to buy or not buy an album merely as a
consequence of the design on its cover. This is a con because
if you agree then you'll probably like this writing - which is
the cover design - and hence the album inside. But we've just
warned you against that. The con is a con. A good cover design
could be considered as one that gets you to buy the record, but
that never actually happens to YOU because YOU know it's just a
design for the cover. And this is the RECORD COVER.

28 Hipgnosis, Plattencover *XTC – Go 2*, 1984

73

IN WITNESS WHEREOF, the parties hereto have duly executed this instrument as of the day and year first above written.

WEMBLEY REALTY, INC.   UDC/COMMODORE
                      REDEVELOPMENT CORPORATION
By: _____ By: _____
    (Vice President) (Tenant)   (Vice President) (Landlord)

STATE OF NEW YORK }
COUNTY OF NEW YORK } ss.:

On this 23rd day of May, 1978, before me personally came DONALD TRUMP, to me known, who being by me duly sworn, did say that he resides at ███████████████████████████████, that he is the Vice President of WEMBLEY REALTY, INC., the corporation described in and which executed the foregoing instrument; that he knows the seal of said corporation; that the seal affixed to said instrument is such seal, that it was so affixed by order of the Board of Directors of said corporation; and that he signed his name thereto by like order.

_____
Notary Public

KIERSTIN M. SHIMMEL
Notary Public, State of New York
No. 31-4619942
Qualified in New York County
Commission Expires March 30, 1979

STATE OF NEW YORK }
COUNTY OF NEW YORK } ss.:

On this 23rd day of May, 1978, before me personally came Richard Kahan, to me known, who being by me duly sworn, did say that he resides at ███████████████████████████████, that he is the Vice President of UDC/COMMODORE REDEVELOPMENT CORPORATION, the corporation described in and which executed the foregoing instrument; that he knows the seal of said corporation; that the seal affixed to such instrument is such seal, that it was so affixed by order of the Board of Directors of said corporation; and that he signed his name thereto by like order.

_____
Notary Public

SUSAN E. JARVIS
NOTARY PUBLIC, State of New York
No. 31-4540332
Qual. in New York & Suffolk
Cert. Filed in New York County
Commission expires Mar. 30, 1979

29 Mietvertrag zwischen der UDC/Commodore Redevelopment Corporation und Wembley Realty Inc., 19. Dezember 1977

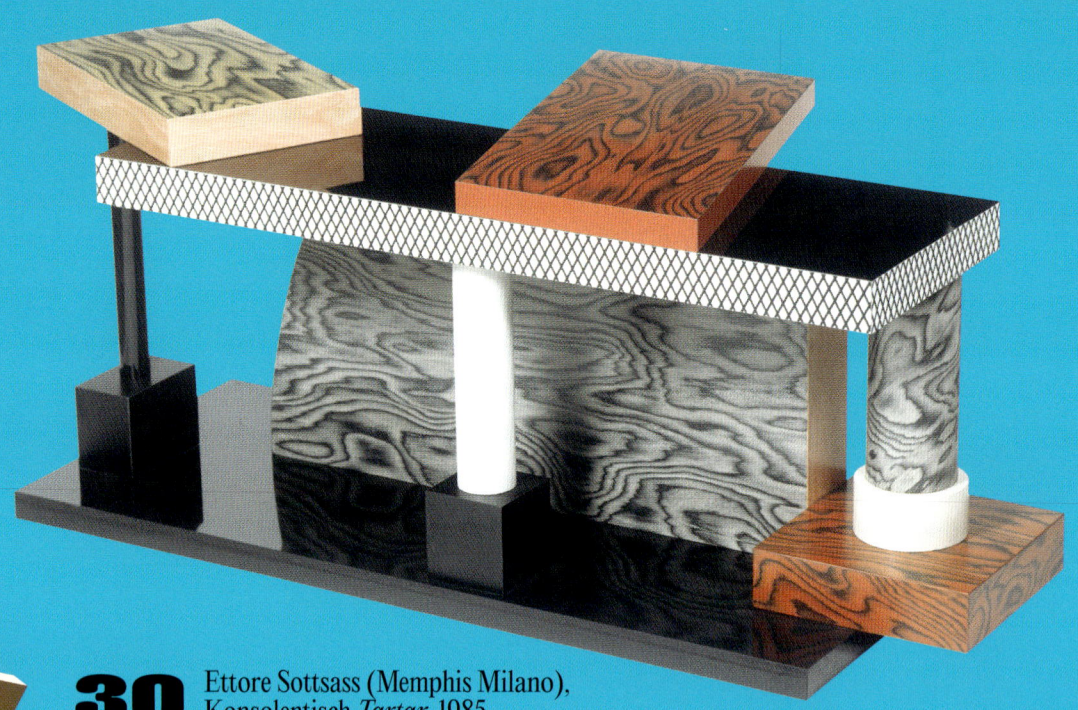

30 Ettore Sottsass (Memphis Milano), Konsolentisch *Tartar*, 1985

31 Ettore Sottsass, Regal *Factotum*, 1980

32 Peter Shire (Memphis Milano), Sessel *Bel Air*, 1981

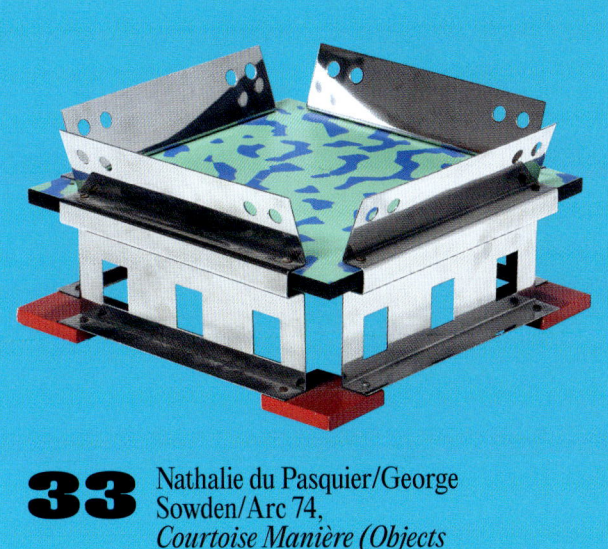

33 Nathalie du Pasquier/George Sowden/Arc 74, *Courtoise Manière (Objects for the electronic age)*, 1983

34 Ettore Sottsass (Memphis Milano), Raumteiler *Carlton*, 1981

35 Alessandro Mendini, Sessel *Poltrona di Proust*, 1978/1988

36 Thomas Gordon Smith, *Strada Novissima* (erste Architekturbiennale), 1980

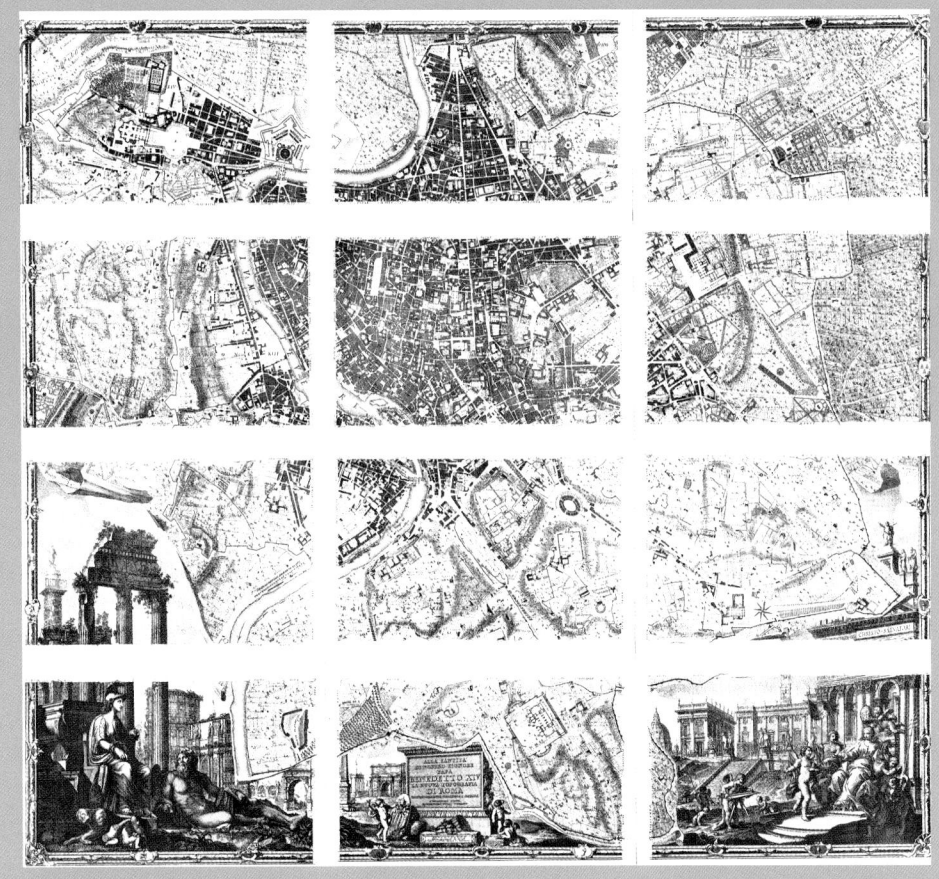

37 Gianbattista Nolli, *Stadtplan Roms*, 1748

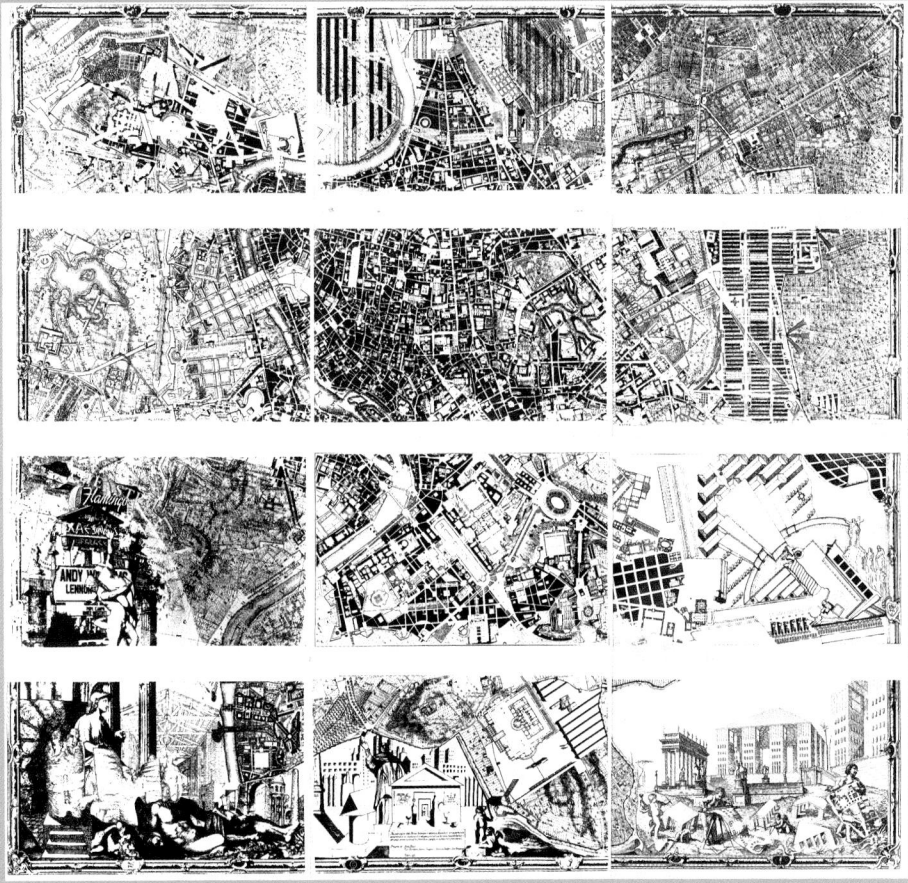

38 *Roma Interrotta*, Zeichnungen von Costantino Dardi, Romaldo Giurgola, Michael Graves, Antoine Grumbach, Paolo Portoghesi, Colin Rowe, Piero Sartogo, James Stirling, Robert Venturi, 1978

FRANKFURTER, FRITTEN UND CURRYWURST: KRITISCHE THEORIE, POSTMODERNE UND POSTKOLONIALISMUS[1]

Nikita Dhawan

DAS PARADOXON DER MODERNE

Seit seiner Einführung ist der Begriff „postmodern" umstritten und mit verschiedenen Problemen behaftet. Die Kontroversen reichen von Missverständnissen im Zusammenhang mit dem Präfix „post" in „postmodern" bis hin zu einem falschen Verständnis der wissenschaftlichen und politischen Ansprüche dieses Begriffs. 1994 bemerkte Michel Foucault bekanntlich: „Was nennen wir Postmoderne? Ich bin nicht auf dem Laufenden."[2] Dieser Impuls, sich von dem Gattungsbegriff zu distanzieren, ist zum Teil auf den Vorwurf an die Postmodernisten zurückzuführen, ihr Ansatz sei gegen die Aufklärung gerichtet. „Moderne" und „Aufklärung" werden häufig synonym verwendet und gelten als Wegbereiter fortschrittlicher Normen, die die Organisation von Staat und Gesellschaft radikal verändert haben. Von orthodoxen marxistischen Denkern wie Aijaz Ahmed über Wissenschaftler der Kritischen Theorie der Frankfurter Schule nach Adorno wie Jürgen Habermas bis hin zu dekolonialen Wissenschaftlern wie Walter Mignolo und Ramón Grosfoguel werden der Postmoderne verschiedene Sünden vorgeworfen, die vom Antiuniversalismus bis zum Eurozentrismus reichen.

In ähnlicher Weise wird den sogenannten „Postcolonial Studies" seit ihren Anfängen mit Edward Saids *Orientalism* (1978)[3] immer wieder der schwerwiegende Vorwurf gemacht, sie führten zu normativem Nihilismus. Während also der Kolonialismus zähneknirschend als unentschuldbar anerkannt wird, werden postkoloniale Perspektiven als „unkritisch" und letztlich unemanzipatorisch abgetan, da sie keine normativen Prinzipien mit universeller Gültigkeit liefern. Von Leugner*innen des Klimawandels bis hin zu Rassist*innen: Antirationale, antiliberale und wissenschaftsfeindliche Ideologien haben im aktuellen politischen Klima Hochkonjunktur. Indem sie universelle Normen der Vernunft und des Fortschritts als Alibis für neoliberale und neokoloniale Politik anprangern, werden Postmoderne und Postkolonialismus beschuldigt, antimoderne Ressentiments zu schüren. Kritiker*innen der Aufklärung, wie die Postmodernisten, intersektionale Feministinnen und postkoloniale Wissenschaftler und Wissenschaftlerinnen oder das, was in Frankreich als die Islamo-Linke (*islamo-gauchisme*)[4] bezeichnet wird, werden für den Aufstieg der Post-Wahrheitspolitik verantwortlich gemacht.

Die postmoderne Infragestellung solcher Normen wie Liberalismus und Säkularismus habe sich negativ auf die postkolonialen Gesellschaften ausgewirkt, heißt es. Die islamistische Terrorgruppe Boko Haram wird als Paradebeispiel für eine antimoderne Ideologie im globalen Süden dargestellt. Frei übersetzt bedeutet der Name dieser Gruppierung „Westliche Bildung ist verboten." 2015 schloss sich Boko Haram formell der Terror-Miliz Islamischer Staat (IS) an. Der Islamische Staat in Westafrika lehnt alles, was mit dem Westen in Verbindung gebracht wird, als Sakrileg und Sünde ab. Es wird weiter geltend gemacht, dass uns die Infragestellung der Moderne nicht von Faschismus und Kolonialismus befreit habe, sondern ironischerweise Illiberalismus und Intoleranz gestärkt hat. Die Befürworter*innen der Aufklärung beklagen, dass diese fälschlicherweise als Synonym für Rationalismus, Universalismus, Szientismus und andere „Ismen" verwendet wird, die die Postmoderne und der Postkolonialismus zu boykottieren versuchen. Die Fatwa gegen Salman Rushdie und der Aufstieg der Taliban werden als Beispiele für postkolonialen Kulturrelativismus und ethnozentrischen Nativismus angeführt.

Im Mittelpunkt der Kontroverse um das „Post" in der Postmoderne und folglich im Postkolonialismus steht das Verständnis von „Kritik". Während Kritiker*innen das „post" als „anti" dechiffrieren und folglich postmoderne und postkoloniale Wissenschaftler*innen beschuldigen, fortschrittliche moderne Normen zu untergraben, bezeichnet das „Post" in der Postmoderne und im Postkolonialismus meiner Ansicht nach eine komplexe Zeitlichkeit, die auf die sozio-politischen, wirtschaftlichen und kulturellen Folgen der Moderne und des Kolonialismus anspielt, die bis in unsere Zeit andauern. Von der ersten Generation der Frankfurter Schule und der Postmoderne inspirierte postkoloniale Theoretiker*innen betonen die enge

---

[1] Der Titel ist inspiriert von Asha Varadharajan, ‚Frankfurters and French Fries': Adorno and Poststructuralism, in: *Exotic Parodies: Subjectivity in Adorno, Said, and Spivak*, Minneapolis: University of Minnesota Press 1995, S. 66.

[2] Michel Foucault, Critical Theory/Intellectual History, in: *Critique and Power: Recasting the Foucault/Habermas Debate*, Cambridge, MA: MIT Press 1994, S. 124.

[3] Edward W. Said, *Orientalism*, London: Pantheon Books 1978; dt.: *Orientalismus*, Frankfurt a. M.: S. Fischer Verlag 2009.

[4] „Islamo-leftism" is not a scientific reality, CNRS. 17. Februar 2021, https://www.cnrs.fr/en/islamo-leftism-not-scientific-reality-0, zuletzt aufgerufen am 2. Juli 2023.

[5] Theodor W. Adorno/Max Horkheimer, *Dialectic of Enlightenment: Philosophical Fragments*, Kalifornien: Stanford University Press 2002 [1947]; dt.: *Dialektik der Aufklärung*, Amsterdam: Querido Verlag 1947.

[6] Michel Foucault, *Discipline and Punish*, New York: Vintage 2012 [1975]; und ders., *Madness and Civilization*, New York: Vintage 2013 [1961]; dt.: *Überwachen und Strafen*, Berlin: Suhrkamp Verlag 1976; *Wahnsinn und Gesellschaft*, Berlin: Suhrkamp Verlag 1973.

7 Das Combahee River Collective war eine Schwarze, feministische, lesbisch-sozialistische Organisation mit Sitz in Boston, die von 1974 bis 1980 aktiv war und sich auf die Notlage Schwarzer Lesben konzentrierte, die sowohl dem Rassismus als auch dem Heterosexismus ausgesetzt waren. Der bahnbrechenden Erklärung „Combahee River Collective Statement" (1977) wird die Prägung der Begriffe „Identitätspolitik" und „ineinandergreifende Systeme der Unterdrückung" zugeschrieben: https://americanstudies.yale.edu/sites/default/files/files/Keyword%20Coalition_Readings.pdf, zuletzt aufgerufen am 2. Juli 2023.

8 Susan Nieman/Oana Serban, Why postcolonial anti-Enlightenment discourse is not a leftwing position (2022), https://www.youtube.com/watch?v=gyDNKpoUYn4

39 Jacques Derrida und Gayatri Chakravorty Spivak, undatiert

Verflechtung zwischen westlicher Vernunft und genozidaler Gewalt. Statt Freiheit und Gleichheit einzuläuten, eröffnete die Moderne ein neues Kapitel in der Geschichte der Herrschaft in Form von Faschismus und Kolonialismus. Das Paradoxon der Moderne besteht darin, dass den Kolonisierten liberale und aufgeklärte Werte gepredigt, aber in der Praxis verweigert wurden.

NORMATIVER NIHILISMUS UND IDENTITÄTSPOLITIK

Einer der entschiedensten Einwände gegen den emanzipatorischen Anspruch der Moderne kam von der ersten Generation der Kritischen Theorie der Frankfurter Schule. Theodor Adorno und Max Horkheimer vertraten die Auffassung, dass die Moderne den Versuch Europas verkörpere, durch instrumentelle Rationalität zu herrschen. In der *Dialektik der Aufklärung* (1947)[5] argumentieren sie, dass die Vernunft der Aufklärung weit davon entfernt war, Gleichheit und Freiheit zu gewährleisten, und zur Barbarei des Faschismus führte. Als Machtinstrument im Dienste der privilegierten Klassen gelang es der Moderne, die Natur, die Frauen und andere Minderheiten zu beherrschen.

Eine weitere starke Herausforderung ergibt sich aus dem postmodernen Denken. Foucault schlägt eine kritische Selbstinventarisierung der Moderne und ihrer zwingenden Folgen vor. In seinem Frühwerk, z. B. in *Wahnsinn und Gesellschaft* (1961) sowie in *Überwachen und Strafen* (1975)[6], spricht er vom „klassischen Zeitalter" oder dem „Zeitalter der Vernunft", das seiner Ansicht nach die „Disziplinargesellschaft" hervorgebracht hat. Den sozialen Institutionen und Praktiken des klassischen Zeitalters entspricht die „klassische Episteme", die charakteristische Art und Weise, in der Wissen im 18. Jahrhundert konzipiert, geordnet und verfasst wurde. Foucault untersucht die Entstehung von Institutionen wie Krankenhäusern, Heimen und Gefängnissen, die eng mit der Entwicklung der „Humanwissenschaften" verbunden sind, und zeigt, wie diese Diskurse und Institutionen neue Formen der Kontrolle und des Zwangs legitimierten. Dies stellt die Selbstdarstellung des Zeitalters der Vernunft als „humanitär" und „fortschrittlich" in Frage. Während Kant die Aufklärung als Herausforderung an die Willkür der politischen Macht versteht, konzentriert sich Foucault auf die Verbindung zwischen Rationalisierung und der Gewalt der modernen Normen: Die Einführung vermeintlich humanerer Praktiken und Institutionen, sei es im Strafvollzug oder in der Medizin,

legitimierte die systematische Ausgrenzung und das Mundtot-Machen von Menschen, die von hegemonialen Normen abwichen. Im Namen der Heilung wurde der Wahnsinn zur „Geisteskrankheit" – und damit wirksam zum Schweigen gebracht. Moderne Gefängnisse wurden zum Symbol „zivilisierter" Gesellschaften, in denen Überwachung anstelle von Folter und Reformen anstelle von physischer Gewalt als „humaner" gelten. Ältere Technologien wurden nicht nur wegen ihrer Grausamkeit abgelehnt, sondern auch wegen ihrer Ineffizienz und wirtschaftlichen Untauglichkeit. Lehrer*innen, Psycholog*innen und Sozialarbeiter*innen wurden zu Verteidiger*innen und Vollstrecker*innen moderner Normen im gesamten sozialen Bereich.

Eine weitere starke Kritik an der Moderne kommt von feministischen Wissenschaftlerinnen, die das ambivalente Verhältnis des Feminismus zur Moderne betonen. Es gibt wichtige Schnittmengen zwischen der feministischen Aufklärungskritik und der Kritik seitens der Postmoderne und des Postkolonialismus. Während einige feministische Wissenschaftlerinnen argumentieren, dass moderne Prinzipien der Individualität, Gleichheit und Emanzipation die Forderung nach Frauenemanzipation entscheidend geprägt haben, betonen andere, dass der Ausschluss und das zum Schweigen bringen der Stimmen und der Handlungsfähigkeit von Frauen dem Zeitalter der Vernunft innewohnt.

Schwarze, intersektionale und postkoloniale Feministinnen lassen sich von kritischen Interventionen wie derjenigen des Combahee River Collective (1977)[7] inspirieren, um die ineinandergreifenden Unterdrückungssysteme und das Erbe von Rassismus, Sexismus und Homophobie als Folgen der Moderne, des Kolonialismus und des Kapitalismus aufzuzeigen. So wurde beispielsweise das moderne Versprechen des Fortschritts, sei es in technologischer oder moralischer Hinsicht, durch die Versklavung und Ausbeutung von Nichteuropäern erkauft, die den Reichtum und die Privilegien in Europa hervorgebracht haben. Wie von Schwarzen Feministinnen hervorgehoben, wird die untrennbare Verbindung zwischen Moderne und Gewalt in Darstellungen über den emanzipatorischen Charakter der Aufklärung außer Acht gelassen.

Gegen die Ablehnung postkolonialer, queerfeministischer Politiken als „tribal" und „antiaufklärerisch"[8] betonen sie das gespannte Verhältnis zwischen besonderen Identitäten und universellen Normen. Es wird die Auffassung vertreten, dass die Handlungsfähigkeit in besonderen Erfahrungen der Entrechtung verankert und verfestigt ist und nicht einfach losgelöst und in allgemeinen Begriffen von Menschenrechten ausgeübt werden kann, die nur die Privilegien des bürgerlichen weißen

Mannes schützen und fördern. Als Antwort auf die Behauptung, dass postkoloniale-queer-feministische Kritik an der Moderne in einen gefährlichen Anti-Universalismus verfällt, möchte ich mich auf Hannah Arendt berufen, die scharfsinnig bemerkt: „Wenn man als Jude angegriffen wird, muss man sich auch als Jude verteidigen. Nicht als Deutscher, nicht als Weltbürger, nicht als Verfechter von Menschenrechten."[9] Der jüdische Widerstand gegen den genozidalen Antisemitismus muss laut Arendt im Vokabular der Entwürdigung artikuliert werden und nicht einfach in Begriffen der assimilatorischen liberalen Idee des „Humanen", die angeblich engstirnige Gruppenidentitäten außer Kraft setzt. Wie postmoderne und postkoloniale Wissenschaftler*innen betonen, haben liberale Ideale des „Humanismus" und der „Humanität" als Alibi gedient, um die Privilegien einer kleinen elitären Minderheit zu sichern. Dementsprechend schließt Frantz Fanon *The Wretched of the Earth* (1961) mit der folgenden Bemerkung ab: „Verlassen Sie dieses Europa, in dem sie nie aufhören, über Menschen zu reden, und doch Menschen ermorden, wo immer sie sie finden, an jeder Ecke ihrer eigenen Straßen, in allen Ecken der Welt."[10] Der tunesische Philosoph und Historiker Hichem Djait wirft dem imperialistischen Europa zu Recht vor, sein eigenes Menschenbild zu verleugnen.[11]

Die Moderne hat im Namen des Humanismus, des Fortschritts, der Vernunft, der Emanzipation und des Liberalismus eine Spur von Gewalt- und Ausbeutungssystemen hinterlassen. Alle nichtwestlichen Individuen, Gesellschaften oder Staaten, die als „zivilisiert" gelten wollten, mussten sich den europäischen Normen anpassen und diese nachahmen, oder sie liefen Gefahr, mit Gewalt zwangsmodernisiert zu werden. Gleichzeitig konnten die Versuche der Kolonisierten, europäische Normen zu imitieren, nur „schlechte", „schwache" oder „gescheiterte" Kopien hervorbringen, was wiederum die Autorität des europäischen „Originals" untermauert.

Als Reaktion auf diese „zivilisatorische Mission" verfolgten die antikolonialen Nationalist*innen die selektive Strategie, die Technologien und Verwaltungspraktiken im „materiellen" Bereich zu übernehmen, ohne die europäischen Überlegenheitsansprüche im „intellektuellen" Bereich zu akzeptieren.[12] Moderne Technologien und kapitalistische Wirtschaftssysteme wurden als unverzichtbar angesehen, während antikoloniale Nationalist*innen die Bedeutung der Bewahrung und des Schutzes der (oft geschlechtsspezifischen) kulturellen Identität betonten.

Angesichts dieses aufgezwungenen Vermächtnisses schlagen dekoloniale Wissenschaftler*innen eine Dekolonisierung im Sinne einer Entwestlichung vor, die eine Abkehr von der europäischen Moderne und Ungehorsam gegenüber dem europäischen Kanon zur Folge hat. Sie empfehlen eine (erneute) Hinwendung zu vorkolonialen und vormodernen Vergangenheiten, um „verlorene" und „entwertete" indigene Archive zurückzugewinnen. Andererseits führt ein eurozentrisches Narrativ leicht zu der Schlussfolgerung, dass das Problem nicht in der Aufklärung liegt, sondern im unvollendeten Projekt der Moderne, dessen Potenzial noch gar nicht voll ausgeschöpft wurde. Aus dieser Sicht sind Nichteuropäer, die in der Vergangenheit gefangen bleiben, „rückständig" und „unterentwickelt" und müssen zur europäischen Moderne „aufschließen".

In dem Maße, in dem sie nostalgische Narrative sowohl der europäischen Moderne als auch idealisierter vormoderner und vorkolonialer Vergangenheiten problematisieren, versuchen postkoloniale Perspektiven, ein komplexeres Verständnis von Dekolonisierung zu bieten, auch wenn sie Thesen über gegenwärtige politische und wirtschaftliche Strukturen als unvermeidliche Ergebnisse eines fortschreitenden Geschichtsverlaufs in Frage stellen. Sie wenden sich gegen ein in Etappen gegliedertes Geschichtsbild und die Idee einer historischen Entwicklung mit Europa als Quelle und Parameter des kritischen Denkens. Die eurozentrische Voreingenommenheit der Moderne beruht auf einer historischen Amnesie gegenüber der kolonialen Gewalt und einer Missachtung der eigenen Engstirnigkeit. Dipesh Chakrabarty wendet sich gegen das fortschrittliche Aufklärungsnarrativ und fragt treffend: „Kann die Bezeichnung von etwas oder einer Gruppe als nicht- oder vormodern jemals etwas anderes sein als eine Geste der Macht?"[13]

DAS UNVOLLENDETE PROJEKT DER MODERNE

In seinem einflussreichen Essay „Die Verschlingung von Mythos und Aufklärung. Bemerkungen zur Dialektik der Aufklärung – nach einer erneuten Lektüre" attackierte Habermas die Kritiker*innen der Moderne und denunzierte Adorno, Horkheimer, Foucault und Derrida als antiaufklärerisch und antinormativ.[14] Bemerkenswerterweise war Habermas nicht der einzige, der Überschneidungen in der Kritischen Theorie der ersten Generation und der Postmoderne diagnostizierte. Tatsächlich drückt Foucault sein Bedauern über die zu späte Begegnung mit den Schriften von Adorno aus: „Hätte ich die Frankfurter Schule zur richtigen Zeit gekannt, wäre mir eine Menge Arbeit erspart geblieben. Manchen

9 Hannah Arendt, *Essays in Understanding, 1930–1954: Formation, Exile, and Totalitarianism*, New York: Schocken Books 1994, S. 12.
10 Frantz Fanon, *The Wretched of the Earth*, London: Penguin 1961; dt.: *Die Verdammten dieser Erde*, Berlin: Suhrkamp Verlag 1981.
11 Hichem Djait, *Europe and Islam: Cultures and Modernity*, Berkeley: University of California Press 1985, S. 101.
12 Partha Chatterjee, *The Nation and Its Fragments. Colonial and Postcolonial Histories*, Princeton: Princeton University Press 1993.
13 Dipesh Chakrabarty, *Habitations of Modernity: Essays in the Wake of Subaltern Studies*, New Delhi: Permanent Black 2002, S. 19.
14 Jürgen Habermas, The Entwinement of Myth and Enlightenment: Re-reading Dialectic of Enlightenment, in: *New German Critique*, Bd. 26, 1982, S. 13–30.
15 Michel Foucault, *Foucault Live, Collected Interviews 1961–1984*, New York: Semiotext(e) 1996, S. 353.
16 Habermas (wie Anm. 14), S. 18.

17 Ebda., S. 13.
18 Ebda., S. 23.
19 Raymond A. Morrow, Defending Habermas Against Eurocentrism: Latin America and Mignolo's Decolonial Challenge, in: Tom Bailey (Hg.), *Global Perspectives on Habermas*, London: Routledge 2013, S. 129–130.
20 Ebda., S. 128f.
21 Jürgen Habermas, Modernity Versus Postmodernity, in: *New German Critique*, Bd. 22, 1981, S. 13.
22 Michel Foucault, What is Enlightenment? in: Paul Rabinow, *The Foucault Reader*, New York: Penguin 1984, S. 42.
23 Foucault (wie Anm. 15).
24 Walter Mignolo, Epistemic Disobedience and the Decolonial Option: A Manifesto, in: *Transmodernity: Journal of Peripheral Cultural Production of the Luso-Hispanic World*, Bd. 1, Nr. 2, 2011, S. 51.
25 Walter Mignolo, Geopolitics of sensing and knowing: On (de)coloniality, border thinking, and epistemic disobedience, in: *Confero*, Bd. 1, Nr. 1, 2013, S. 144.
26 Walter Mignolo, The Geopolitics of Knowledge and the Colonial Difference, in: *South Atlantic Quarterly*, Bd. 101, 2002, S. 85–86.

Unsinn hätte ich nicht geäußert, und ich bin viele Umwege gegangen, um mich nicht in die Irre führen zu lassen, als die Frankfurter Schule bereits die Wege geöffnet hatte."[15]

Im Gegensatz zu Adorno, Horkheimer, Foucault und Derrida sieht Habermas die Moderne und die Aufklärung als Überwindung der Autorität der Tradition durch das zwanglose Mittel der rationalen Argumentation auf der Grundlage von Wissenschaft und Logik. Der gesellschaftliche Diskurs wurde für ihn durch rationale Überlegungen und nicht durch autoritäre Diktate geprägt. Adornos und Horkheimers pessimistische Kritik an der instrumentellen Vernunft blendet die emanzipatorischen Seiten der Aufklärung aus, die in wissenschaftlicher Erkenntnis, demokratischen Institutionen und kultureller Modernität zum Ausdruck kommen.[16] In seiner Kritik an Adorno und Horkheimer ist die Wortwahl von Habermas aufschlussreich. Er beklagt, dass Adorno und Horkheimer unter dem Einfluss „dunkler" Autor*innen die Grundlagen der Vernunft zerstören, indem sie das „schwärzeste, nihilistischste Buch" schreiben.[17] Für Habermas sind die Moderne und die Aufklärung – gekennzeichnet durch Wissenschaft und Technik, positives Recht, säkulare Ethik und autonome Kunst – positive Kräfte der Geschichte. Diese wurden von antimodernen Denkenden falsch dargestellt, deren gegenaufklärerische Positionen für die Zukunft der Menschheit gefährlich sind. Adorno und Horkheimer, so der Vorwurf, ziehen sich am Ende selbst den Boden unter den Füßen weg und verlassen damit die intellektuelle und normative Grundlage für kritisches Denken.[18] Statt eines Überschusses an Vernunft diagnostiziert Habermas einen Mangel an Rationalität, der das Projekt der Moderne behindert. Sein Bemühen besteht darin, normative Kritik in kommunikativem Handeln zu begründen, um das emanzipatorische Potenzial der Aufklärung zu retten. Er geht davon aus, dass wir als gleichberechtigte rationale Wesen alle Anspruch auf die gleichen Rechte und Pflichten haben; nicht die Unterschiede, sondern unsere Gemeinsamkeiten als sprechende und handelnde Akteure bilden die Grundlage für die Rechtfertigung gemeinsamer Ideale, die die zwischenmenschlichen Beziehungen bestimmen. Um das unvollendete Projekt der Moderne zu verwirklichen, ist nach Habermas die Verwirklichung und Institutionalisierung des Rationalisierungsprozesses unabdingbar.

Bei diesen Überlegungen zu westlicher Rationalität, Deliberation, Konsens und Öffentlichkeit werden Fragen von Rasse, Klasse, Geschlecht, Sexualität, Religion und Kolonialismus außer Acht gelassen. In Habermas' Logik machen Unterschiede keinen Unterschied. Die Befürworter argumentieren, dass Habermas' Vorstellung von der Moderne als „unvollendetes Projekt" mehrere Modernen und unterschiedliche Lebensformen einschließen kann und die Bereitschaft zeigt, sich von arabischen, asiatischen oder afrikanischen Kulturen aufklären zu lassen.[19] Das Schweigen von Habermas zum Kolonialismus und seinen Folgen für die Kritische Theorie spricht jedoch für sich selbst. Für ihn sind die Normen der Moderne weder historisch noch kontingent, sondern universell verbindlich, während alles, was nicht-universalisierbar und kulturspezifisch ist, außerhalb der Grenzen von Wahrheit und Moral liegt. Auf die Frage, ob seine Theorie für die Dritte Welt relevant sei, antwortete Habermas: „Ich bin versucht zu sagen: ‚Nein' […]. Ich bin mir der Tatsache bewusst, dass dies eine eurozentrisch begrenzte Sichtweise ist. Ich würde die Frage lieber übergehen."[20]

Als Antwort auf Habermas' Vorwurf, ein „Jungkonservativer" und „Antimodernist"[21] zu sein, wendet sich Foucault[22] gegen das intellektuelle Tauziehen, sich zwischen „für" oder „gegen" die Aufklärung entscheiden zu müssen, so dass „jede Kritik an der Vernunft und jede kritische Prüfung der Geschichte der Rationalität" vor die Wahl gestellt wird, entweder die Vernunft anzuerkennen oder in den Irrationalismus zu fallen.[23]

MARXISTISCHE UND DEKOLONIALE KRITIK AN POSTMODERNE UND POSTKOLONIALISMUS

Während Habermas Adorno und Horkheimer vorwarf, gefährliche Freunde zu hofieren und Affinitäten zu postmodernen Schriftsteller*innen zu haben, werfen dekoloniale Wissenschaftler wie Mignolo und Grosfoguel der Postmoderne und dem Postkolonialismus Eurozentrismus vor. Die postkoloniale Theorie, so Mignolo, „wurde in der Falle der (Post-)Moderne geboren".[24] In ihrer übermäßigen Fokussierung auf die europäische kritische Tradition vernachlässigt die postkoloniale Theorie indigene Kosmologien, vorkoloniale und antimoderne Episteme, von denen behauptet wird, dass sie jenseits des Komplexes Moderne/Kolonialität angesiedelt sind. Dekoloniale Wissenschaftler und Wissenschaftlerinnen lehnen auch den Marxismus als eurozentrische Kapitalismuskritik ab. Mignolo behauptet, dass der Postkolonialismus eher in Euro-Amerika und in der englischsprachigen Welt als in der Dritten Welt entstanden ist.[25] Die postmoderne und postkoloniale Kritik an der Moderne, so wird behauptet, „kann nicht gültig sein für […] diejenigen, die nicht weiß oder christlich sind".[26]

In ähnlicher Weise unterscheidet Grosfoguel zwischen einer poststrukturalistischen/postmodernen „eurozentrischen Kritik des Eurozentrismus"[27] und dem dekolonialen Ansatz, der den Eurozentrismus aus subalterner Perspektive radikal in Frage stellt. Indem sie sich auf den westlichen Kanon stützen, werden die postkolonialen Studien beschuldigt, das Projekt der Kritik zu deradikalisieren, und müssen daher, so Grosfoguel, selbst dekolonisiert werden.[28]

In Erweiterung von Quijanos Begriff einer „kolonialen Machtmatrix" (*patrón de poder colonial*)[29] behauptet Mignolo, dass „die koloniale Geschichte das nicht anerkannte Zentrum in der Entstehung des modernen Europas" sei[30]; auch wenn der Kolonialismus „vorbei" sei, sei die Kolonialität noch nicht vorbei.[31] In ihrem Bemühen, dem Eurozentrismus entgegenzuwirken, wendet sich die „dekoloniale Option" indigenen Auffassungen und Ansätzen von Erkenntnistheorie, Kosmologie, Ethik und Ästhetik zu. Dekolonialität ist ein Versuch, die Welt durch die Produktion von Gegendiskursen, Gegenwissen, gegensätzlichen schöpferischen Handlungen und Gegenpraktiken zu rehumanisieren, die darauf abzielen, die Kolonialität abzubauen und der Welt vielfältige andere Formen des Seins zu eröffnen. Es wird vorgeschlagen, dass das indigene Verständnis von grundlegenden Konzepten wie Zeit, Raum, Land, Natur, Universum, Mensch und Tier einen Gegenpol zu modernen Ansätzen bildet, die diese Ideen instrumentalisieren und rationalisieren. Außerdem glaubt man, dass die indigene Spiritualität dem westlichen Säkularismus entgegenwirkt.[32] Dekoloniales Denken entkoppelt sich dabei nicht nur von Kolonialität/Moderne, sondern auch von postkolonialen Studien.[33] Die dekolonialen Wissenschaftler*innen, die allesamt selbst nicht indigen und zumeist an renommierten Universitäten in den Vereinigten Staaten tätig sind, berufen sich auf indigene Traditionen und erheben den Anspruch, einen radikaleren Ansatz zur Dekolonisierung zu verfolgen.

Während Wissenschaftler*innen der dekolonialen Option der Postmoderne und dem Postkolonialismus Eurozentrismus vorwerfen, werden sie von ihren marxistischen Kolleg*innen beschuldigt, den Fokus von den drängenden materialistischen Kämpfen abzulenken und das revolutionäre Projekt des Antikapitalismus und der Dekolonisierung auf eine Frage der epistemischen Gewalt und des diskursiven Widerstands zu reduzieren. Sowohl die Postmoderne als auch der Postkolonialismus werden beschuldigt, die Klassenkämpfe auszublenden.

Gegen Aijaz Ahmads Gegenüberstellung eines „Dritte-Welt-Marxismus" und einer „Erste-Welt-Postmoderne"[34] warnt Stuart Hall davor, Herrschaft auf ein Entweder-Oder von ökonomischen *oder* soziopolitisch-kulturellen Formen zu reduzieren.[35] In Anlehnung an Fanon muss die Dekolonisierung für Hall multidirektional sein und sowohl materialistische als auch nicht-materialistische Kämpfe umfassen. Seiner Ansicht nach sind die postkolonialen Studien ein Versuch, die radikalen kritischen Erkenntnisse des Marxismus und der Postmoderne zusammenzubringen, ohne die eine Seite gegenüber der anderen in den Vordergrund zu stellen. Wie Hall[36] betont, haben sich die postkolonialen Studien eben wegen der Unzulänglichkeiten der marxistischen Theorien, die sich in erster Linie auf die politische Ökonomie konzentrieren, auf Ideen der Differenz und Intersektionalität gestützt. Zu dem Einwand, dass der postkoloniale Versuch, marxistische und postmoderne Erkenntnisse miteinander zu verbinden, wie das Reiten auf zwei Pferden gleichzeitig sei, bemerkt Gyan Prakash: „Lassen Sie uns wankelmütig an zwei Pferden festhalten."[37] Methodische Reinheit kann nur erreicht werden, wenn entweder epistemische Gewalt oder wirtschaftliche Ausbeutung außer Acht gelassen wird; Prakash plädiert daher dafür, die „fruchtbaren Spannungen" zwischen verschiedenen theoretischen Ansätzen zu verhandeln und fordert postkoloniale Kritiker*innen und Historiker*innen auf, „Stuntreiter*innen" zu werden.[38]

KRITIK AN DER MODERNE IST NICHT DASSELBE WIE ANTI-MODERNE

Wissenschaftler und Wissenschaftlerinnen der ersten Generation der Kritischen Theorie, der Postmoderne und des Postkolonialismus sind sich insofern einig, als sie sich alle auf die Gewalt der Vernunft in Form von Faschismus, Autoritarismus und Kolonialismus konzentrieren. Alle drei tragen zur Analyse des Kapitalismus bei, ergänzen aber die marxistische Klassenanalyse durch ihr intersektionales Verständnis von Macht und Widerstand. Natürlich gibt es entscheidende Unterschiede zwischen der Aufklärungskritik von Wissenschaftlern und Wissenschaftlerinnen der Frankfurter Schule, der Postmoderne und der postkolonialen Wissenschaft. Obwohl beispielsweise sowohl die Vertreter*innen der ersten Generation der Kritischen Theorien als auch die Postmodernisten die im Namen der emanzipatorischen Rationalität ausgeübte Gewalt untersuchen, versäumen sie es, sich auf die Verbindung zwischen der Moderne und dem Kolonialismus zu konzentrieren. Als Adorno und Horkheimer die *Dialektik der Aufklärung*[39] schrieben, stand ein großer Teil der Welt unter europäischer Kolonialherrschaft. Angesichts ihres

27 Ramón Grosfoguel, The Epistemic Turn: Beyond Political-Economy Paradigms, in: *Cultural Studies*, Bd. 21, Nr. 2–3, 2007, S. 211–223.

28 Ramón Grosfoguel, Decolonizing Post-Colonial Studies and Paradigms of Political-Economy: Transmodernity, Decolonial Thinking, and Global Coloniality, in: *TRANSMODERNITY: Journal of Peripheral Cultural Production of the Luso-Hispanic World*, Bd. 1, 2011, S. 1–38.

29 Anibal Quijano, Coloniality and Modernity/Rationality, in: *Cultural Studies*, Bd. 21, Nr. 2–3, 2007 [1991], S. 168–178.

30 Walter Mignolo, Epistemic Disobedience, Independent Thought and De-Colonial Freedom, in: *Theory, Culture & Society*, Bd. 26, Nr. 7–8, 2009, S. 16.

31 Walter Mignolo, Decolonial options and artistic/aesthetic entanglements: An interview with Walter Mignolo, in: *Decolonization: Indigeneity, Education & Society*, Bd. 3, Nr. 1, 2014, S. 197.

32 Walter Mignolo, Coloniality of Power and De-Colonial Thinking, in: *Cultural Studies*, Bd. 21, Nr. 2, 2007, S. 163.

33 Mignolo (wie Anm. 24), S. 52.

34 Aijaz Ahmad, *In Theory. Classes, Nations, Literatures*, Oxford: Oxford University Press 1992.

35 Stuart Hall, When was ‚the post-colonial' Thinking at the Limit, in: Ian

35 Chambers/Lidia Curti (Hg.), *The Postcolonial Question: Common Skies, Divided Horizons*, London/New York: Routledge 1996, S. 242–260.
36 Ebda.
37 Gyan Prakash, Can the „Subaltern" Ride? A Reply to O'Hanlon and Washbrook, in: *Comparative Studies in Society and History*, Bd. 34, Nr. 1, 1992, S. 184.
38 Ebda.
39 Adorno/Horkheimer (wie Anm. 5).
40 C. L. R. James, *The Black Jacobins*, London: Secker & Warburg 1938; dt.: *Die schwarzen Jakobiner*, Berlin: b_books/Dietz Verlag 2021.
41 Nikita Dhawan, *Rescuing the Enlightenment from the Europeans. Critical Theories of Decolonization* (erscheint 2024).
42 Gayatri Chakravorty Spivak, What is Enlightenment? Interview with Jane Gallop, in: Jane Gallop (Hg.), *Polemic: Critical or Uncritical*, London/New York: Routledge 2004, S. 179–200, hier S. 179. Jacques Derrida, *De la Grammatologie*, Paris: Éditions de Minuit 1967; dt.: Grammatologie, Berlin: Suhrkamp Verlag 1974.
43 Foucault (wie Anm. 22), S. 45.
44 Spivak (wie Anm. 42), S. 179.
45 Audre Lorde, The Master's Tools Will Never Dismantle the Master's House, in: *Sister Outsider: Essays and Speeches*, New York: Crossing Press 1984, S. 110–113.

Eintretens für den Marxismus ist es bedauerlich, dass sie sich weder mit der Transnationalisierung des Kapitalismus durch den europäischen Kolonialismus noch mit der Gewalt der Sklaverei und des kolonialen Völkermords auseinandergesetzt haben. Trotz ihrer Besorgnis über das Wiederaufleben des Faschismus und die Übel des Kapitalismus im Westen vernachlässigten sie die enge Verbindung zwischen Kolonialismus, Kapitalismus und Neokolonialismus.

Adorno und C. L. R. James, einer der bahnbrechenden und einflussreichen antikolonialen Denker und Autor des großartigen Buches *The Black Jacobins*[40], trafen sich in den 1940er-Jahren bei mehreren Gelegenheiten über ihren gemeinsamen Freund Herbert Marcuse. Obwohl beide Marxisten waren und die Arbeit des jeweils anderen kannten, gab es keinen nennenswerten Austausch zwischen den beiden intellektuellen Giganten. Trotz der „verpassten Begegnungen" sind die postkolonialen Studien näher an den Vertretern der Kritischen Theorie der ersten Generation wie Adorno und Horkheimer, als bisher angenommen wurde. In Anlehnung an Adorno und Horkheimer erforschen postkoloniale Wissenschaftler und Wissenschaftlerinnen die Gewalt der westlichen Vernunft und der Moderne, ohne die Möglichkeit einer Rettung der Aufklärung aufzugeben[41], so dass es darum gehen muss, den destruktiven Elementen zu widerstehen und gleichzeitig die brauchbaren anzunehmen.

Schließlich muss darauf hingewiesen werden, dass das Verhältnis von Postmoderne und Postkolonialismus durch gegenseitige Beeinflussung gekennzeichnet ist. Foucaults Aufenthalt 1968 in Sidi Bou Said in Tunis während der Studentenbewegung und Derridas Erfahrung, als arabischer Jude in Algerien aufgewachsen zu sein, haben ihre Kritik an der westlichen Moderne und ihren zwanghaften Aspekten stark beeinflusst. Die Auslöschung dieser persönlichen Erfahrungen in den wissenschaftlichen Debatten und der bedeutende Einfluss des Postkolonialismus auf die Postmoderne sind bedauerlich. Sie macht es unumgänglich, die komplexen Verflechtungen zwischen Postkolonialismus und Postmoderne nachzuzeichnen. So machte Gayatri Chakravorty Spivak beispielsweise die englischsprachige Welt mit ihrer bahnbrechenden Übersetzung von Derridas *Grammatologie* aus dem Französischen im Jahr 1976 auf Derrida aufmerksam.[42] Die postkoloniale Lektüre von Marx, Gramsci, Adorno, Horkheimer, Foucault und Derrida hat diese Denker und Denkerinnen globalisiert und sie für Kontexte relevant gemacht, die sie in ihren Schriften vernachlässigt haben. Postkoloniale Wissenschaftler und Wissenschaftlerinnen verwenden die von westlichen Wissenschaftlern und Wissenschaftlerinnen entwickelten Kategorien, um Situationen zu analysieren, die diese Denker und Denkerinnen weder erlebt noch vorhergesehen haben. Dies bringt es mit sich, unter den Bedingungen geopolitischer und historischer Unterschiede auf unterschiedliche Weise Marxist und Marxistin oder Dekonstruktivist und Dekonstruktivistin zu sein.

Das Dilemma des postmodernen und postkolonialen Queer-Feminismus besteht darin, dass unsere Beziehung zur Moderne durch die Unmöglichkeit gekennzeichnet ist, uns kategorisch jenseits von ihr zu verorten. Trotz des Vorwurfs der Antimoderne versuchen Postmodernist*innen, postkoloniale Wissenschaftler*innen und Vertreter*innen der ersten Generation der Kritischen Theorie meiner Meinung nach, die widersprüchlichen Folgen der westlichen Vernunft zu verstehen. In Anlehnung an Foucaults Empfehlung, uns von der „intellektuellen Erpressung, für oder gegen die Aufklärung zu sein"[43], zu befreien, besteht die Herausforderung darin, die Unverzichtbarkeit des grundlegenden Vermächtnisses der westlichen Moderne bei der Verfolgung kritischer Projekte anzuerkennen und gleichzeitig ihren Euro- und Androzentrismus zu bestreiten.

In einem interessanten Interview mit dem Titel „Was ist Aufklärung?" stellt Gayatri Chakravorty Spivak die Essays von Kant und Foucault einander gegenüber, um der Frage nachzugehen „Was ist mit dem Besten der Aufklärung falsch gelaufen?"[44] Das Verhältnis der Postkolonialität zur westlichen Moderne und ihrem Erbe an Vernunft, Wissenschaft und Technologie wird als „double-bind" beschrieben. Spivak betrachtet den Postkolonialismus als „Kind einer Vergewaltigung". Ohne koloniale Gewalt zu rechtfertigen, muss die postkoloniale Welt lernen, das Erbe der europäischen Moderne zu lieben. Die Herausforderung lautet: „Wie soll man lernen, das Kind einer Vergewaltigung, eines Gewaltverbrechens, zu lieben?" Gegen eine kategorische Ablehnung der Moderne und eine ethnozentrische Suche nach „reinen", nicht-westlichen Wissenssystemen muss der Fokus auf die Verflechtungen von westlicher und nicht-westlicher Welt gerichtet werden. Wie die Erfahrung in vielen postkolonialen Kontexten gezeigt hat, hat die Kritik an der Moderne autoritäre und nationalistische Regime gestärkt. Anstatt der Moderne abzuschwören, wie es die dekolonialen Wissenschaftler*innen vorschlagen, oder das Habermas'sche „unvollendete Projekt der Moderne" zu verfolgen, das von kolonialer Amnesie geplagt ist, besteht die postkoloniale Herausforderung darin, eine postimperiale Zukunft zu entwerfen, indem die Werkzeuge des Meisters eingesetzt werden, um das Haus des Meisters abzureißen.[45]

ÄSTHETISCHE VER-DINGLICHUNG — OPERATIONEN DES POSTMODERNEN

Gertrud Koch

Noch schneller als die Moderne wurde die Postmoderne totgesagt. Die letzte Volte der Postmodernisierung ist die eigene Historisierung, in der die Postmoderne als eine Variante der Moderne auftritt. Ein Verfahren, dass die Moderne selbst zu einem Museum ihrer Varianten postmodernisiert. Statt von der Postmoderne als eingrenzbarem historischen Zeitabschnitt sollte man vielleicht besser vom Postmodernen als einem operativen Verfahren sprechen. Walter Grasskamp hat in einem Sonderheft der Zeitschrift *Merkur* aus dem Jahre 1998, in dem eine „Bilanz" zur Postmoderne gezogen werden sollte, unter dem Titel „Ist die Moderne eine Epoche?" auf den inneren Zusammenhang dieser Frage mit der Logik des Museums als Institution der Moderne verwiesen. Der „Chronozentrismus" der Moderne ist die Gangfeder des Museums: Vergangenes wird synchron gegenwärtig im Blick des Betrachters. Jede Kunst- oder Stilepoche ist zwar nicht mehr, wie Rankes Formel des Historismus behauptete, „gleich nahe zu Gott", aber gleich nah im Auge des Betrachters:

> „Nur indem sie die vorhergehenden Epochen untereinander abgrenzte und deren Geschichte erzählte, konnte sich die Moderne selber als Epoche etablieren: von dieser Position aus hat sie Geschichte stets als ihre Vorgeschichte geschrieben – eine unauffällige, aber wirksame Ideologisierung des historischen Materials. Es ist eine Art Chronozentrismus, mit dem die Moderne seither ihre zentrale Stellung in der Darstellung der Geschichte einnimmt. [...] Freilich leidet die Trennschärfe dieser Chronologie daran, daß, genau besehen, die Moderne in jeder Epoche steckt und jede Epoche in der Moderne: Durch ihre Definitionsarbeit ist die Moderne jeder Epoche inhärent, während – und auch dies war neu – jede Epoche in der Moderne präsent blieb. Keine Institution macht dieses konstitutive Paradox der Moderne anschaulicher als das Museum [...]:
> Das Kunstmuseum war das eigentliche Organon der Epochengeschichte, das Zentralorgan jener Symbiose aus ästhetischem und historischem Bewußtsein, mit dem sich die Moderne selbst als Epoche hervorbrachte – eine anthropomorphe Architektur im geistigen Sinn."[1]

Grasskamps kunsthistorische Analyse des Zusammenfalls von Moderne und Museum basiert auf einer zeitphilosophischen Modellierung: Moderne wäre demnach eine Perspektive auf die Geschichte aus einer jeweiligen Zeitgenossenschaft heraus, die ein „Post-" für sich reklamiert, das sie gleichzeitig negiert, indem sie alles Vorhergegangene als gleichzeitig ansieht. Ein „Post" könnte es also immer nur als zukünftigen Blick einer Gegenwart geben, die immer schon passé ist – oder als ein Blick eines Futurum Zwei, das auf dem Zeitstrahl noch nicht erreicht ist. Setzt man diese zeitliche Konstellation der Moderne als einer ständigen Gegenwart des Vergangenen als Paradoxie, dann kann die Postmoderne – wie Achilles die Schildkröte – die Moderne nie überholen, weil sie auf demselben Zeitpfeil unterwegs ist, auf dem die Moderne vor ihr gestartet ist. Die Moderne wäre dann gleichsam trotz gegenteiliger Beteuerungen eine Stillstellung der Zeit, die jede Zukunft in eine mögliche Vergangenheit biegt. Die Moderne enthielte dann das Postmoderne als ihr eigenes Paradox der Selbstmusealisierung. Dann kann man die logische Paradoxie des antiken Beispiels als Parabel lesen vom Zusammenbruch der Zeit, aus der Postmoderne wird dann die Posthistoire, die bekanntlich besonders schnell zu Ende gegangen ist, weil sie an der Moderne nicht vorbeikommt. Lyotard hat diese Aufhebung der Zeit in eine Metapher von der Geburt als Zustand gefasst: „Ein Werk ist nur modern, wenn es zuvor postmodern war. So gesehen, bedeutet der Postmodernismus nicht das Ende des Modernismus, sondern den Zustand von dessen Geburt, und dieser Zustand ist konstant."[2]

Betrachtet man hingegen die Postmoderne als eine performative Operation der Konstruktion einer Außenperspektive auf die Moderne, was teilweise später als Meta-Moderne bezeichnet wurde, wird die Sache jenseits der historiografischen Epochenfrage interessant, weil dann eine kritische Dimension ins Spiel kommt, in der die Posthistorisierung der Moderne zur Kritik an der Moderne wird, eine Form der Selbstaufklärung,

---

[1] Walter Grasskamp, „Ist die Moderne eine Epoche?" in: *Merkur*, Heft 9/10, 1998, S. 759.

[2] Jean-Francois Lyotard, „Beantwortung der Frage: Was ist postmodern?", in: *Tumult 4*, S. 140, zit. nach: Albrecht Wellmer, *Zur Dialektik von Moderne und Postmoderne*, Berlin: Suhrkamp 1985, S. 54.

3 Hal Foster, „The Object Comes Alive: A Conversation with Claes Oldenburg", in: *OCTOBER* 182, Herbst 2022, S. 120.

die Albrecht Wellmer bereits 1985 als „Dialektik von Moderne und Postmoderne" analysiert und begrifflich neu gefasst hat. Wie Adorno und Horkheimer in der *Dialektik der Aufklärung* teilt Wellmer den postmodernen „Impuls" der Kritik an einer zum Herrschaftsinstrument geronnenen Vernunft, die nurmehr Rationalisierung im szientifischen weißen Kittel ist und lebensverändernde Praktiken, differente Erzählungen und ästhetische Differenz planiert hat. Über die hinlänglich quasi zeitgleich formulierten Kritiken an den Sollbruchstellen postmoderner Konfigurationen wie des Umschlags in einen relativistischen Historismus, einen Neo-Konservatismus, der ironische Distanz zur Gesellschaftskritik bewahrt, versucht Wellmer diejenigen Aspekte des postmodernen Denkens und Handelns herauszulösen, die in einem dialektischen Verhältnis zur Moderne stehen. Aufklärungskritik ist eben selbst auch Aufklärung. In dieser Perspektive einer aufklärenden Postmoderne, die das „unfinished business" der Moderne im Blick hat, stellt sich erst einmal die Frage neu, die vor allem Fredric Jameson gestellt hat: inwieweit die Symptome der spätkapitalistischen Warenästhetik, in der Konsum und Leben ineinanderfließen, hier diagnostisch-experimentell zeitgenössische Kommentarfunktion annehmen – oder ob sie bloße Verdoppelung spätkapitalistischer Befindlichkeiten bleiben.

Liest man postmoderne Verfahren unter dieser Perspektive, dann wird der Verdacht, dass die Postmodernisierung der Moderne lediglich die Langlebigkeit kapitalistischer Gesellschaften zum Pastiche einer neuen Zeitlosigkeit verklärt, ambivalenter. Denn es könnte ja sein, dass die postmoderne Ästhetik in ihrer Mimesis an die Warenästhetik, der Präferenz des Designs vor dem Werk ein Spiel mit der Mimikry ans Tote ist: an die Erstarrung der Dingwerdung des Subjekts selbst. Die ironische Heiterkeit, die zur Maske vergrößert wird, übertreibt den „Fetischcharakter der Ware" (Marx im *Kapital*) zur Leerstelle und schließt genau darin auf zum Sinnentzug tradierter Formen, den die moderne Kunst in filigranen Architekturen vorantrieb. Allerdings sind es nun nicht mehr die Kanonices der „affirmativen Kultur" (Marcuse) und Kunst bürgerlicher Selbstrepräsentation, sondern die Schablonen der Massenkultur, die in ihrer Doppeldeutigkeit von Glücksversprechen und „Massenbetrug"(Adorno/Horkheimer) eingefangen werden. Die eingefrorenen Tränen in den Riesenformaten Roy Lichtensteins, die Aufgeblasenheit der Fun-Objekte Jeff Koons' den fließenden Übergang von den Laufstegen der Haute Couture in die Music Videos der frühen MTV-Ära kann man dann als Chiffren des Spätkapitalismus verorten. Nicht mehr nur die psychoanalytische Diagnose von der Zerrissenheit des Subjekts, sondern die Auflösung des Subjekts in die Warenform, in die es sich sowohl als selbstoptimierter Produzent wie als Konsument von Gütern schmiegt und biegt, wird zum Referenzobjekt. Die Dialektik von Postmoderne und Moderne entfaltet sich in den Beziehungen zum Objekt, zum Ding, und zwar in Distanz zum *objet trouvé* des Surrealismus. Das Ding ist nun die materiale Form der Ware, konkret und abstrakt zugleich, es zu transformieren in ein ästhetisches Objekt ist mehr als die mechanische Reproduktion. Claes Oldenburg ist vielleicht einer der interessantesten Vertreter dieses Vexierspiels, in dem Dinge gleichzeitig materiell und gegenständlich, „realistisch" sind und Form werden durch Bearbeitung und Umstellungen, durch Verkleidungen und Platzierungen, kurz durch theatrale, performative Praktiken. In einem Interview mit Hal Foster zieht Oldenburg Vergleiche zu Warhol und Lichtenstein, zu Pop-Art und New

40 Roy Lichtenstein, *El Cap de Barcelona*, 1992

41 John Hejduk, Wohnanlage mit Atelierturm, Berlin 1988

42 Claes Oldenburg/Coosje van Bruggen, *Knife/Ship II*, 1986

Holz, Stahl, Aluminium, mit Polyurethan-Email überzogen
10,82 × 25,29 × 9,67 m
© The Estate of Claes Oldenburg and Coosje van Bruggen

43 Alfred Hitchcock, Handzeichnung, aus: François Truffaut, *Mr. Hitchcock, wie haben Sie das gemacht?*, München 1973, S. 39

4 Joshua Shannon, in: *OCTOBER* 182, Herbst 2022, S.109.

5 Francois Truffaut, *Mr. Hitchcock, wie haben Sie das gemacht?*, München: Carl Hanser Verlag 1973, S. 39.

Realism, indem er betont, dass er viel mehr an den Dingen, die er benutzt, sich neu aneignet, sie verändert, transformiert und zum Leben bringt: „CO(Claes Oldenburg): The object comes to life. It's alive. HF(Hal Foster):That's essential. You don't redouble reification, which is what a lot of Pop and New Realism does; you animate or reanimate."³ Allerdings spielen auch bei Oldenburg Techniken des Humors in der Transformation eine erhebliche Rolle, er scherzt mit ihnen, „calling them names" etc. Joshua Shannon hat das gut beschrieben, wenn er zwei Stadien seines Werkes gegeneinander setzt:

> „Schon bald schuf er in Zusammenarbeit mit seiner Frau Patty Mucha überdimensionale und widerspenstige Andenken an das „Gee-Whiz"-Ende der Wirtschaft – riesige Nylon- und Gummiversionen von 50-Cent-Burgern und Eistüten aus dem Drugstore. Diese sexualisierten, lebensgroßen Skulpturen spielten auf die traditionellen, skurrilen Objekten des Kapitalismus an, gerade als die New Yorker Wirtschaft ihre Produktion zugunsten der interessanteren Sektoren der globalen Finanzwelt aufgab. Ende der 1960er-Jahre hatte Oldenburg eine neue visuelle Strategie gefunden, die er für den Rest seines Lebens beibehalten sollte: Anstatt die chaotischen Gegensätze der neuen Richtung des Kapitalismus durchzukauen, inszenierte er eine halbparodistische Nachahmung des Glitzerns, der Glätte und Größe. Jahrzehntelang produzierte er, meist in Zusammenarbeit mit seiner zweiten Frau Coosje van Bruggen, riesige Knöpfe, Wäscheklammern, Radiergummis für Schreibmaschinen und Gummistempel – kleine, steife und monumentale Objekte – für öffentliche Einrichtungen in den USA und Westeuropa. [...] Diese post-surrealen Oldenburger sind im Allgemeinen bei allen beliebt, außer bei Kunsthistorikern, die sie heimlich verdächtigen, sich den Versprechungen spektakulärer, profitabler Unterhaltung hingegeben zu haben. Zu Recht: Das Rezept für diese Skulpturen besteht mehr aus Vergnügen als aus Herausforderung. Aber man muss anerkennen, dass dieses Vergnügen aus den befreienden Möglichkeiten der Phantasie und des Spiels entspringt. Ihre Provokation ist sanft, aber sie stellt die Frage: „Welche andere Banalität kann aufgeblasen, welche andere Unwahrscheinlichkeit Realität werden?"⁴

Es ist eine Kunst, die die Straße sucht, den öffentlichen Platz, auf dem sie sich unübersehbar macht, skulpturales Straßentheater der animierten Dinge, die plötzlich weit mehr sind als bloße äußere Zeichen kapitalistischer Verdinglichung von Arbeit in Ware und Lebenszeit in Arbeits- und Freizeit. Liest man die ironische Spielart postmoderner Verfahren nicht mehr als flachen Reflex auf die Tiefen der Hochkultur, sondern als Metamorphose der Massenkultur und nicht als ihre Verdoppelung, dann kommt die Dialektik von Moderne und Postmoderne in ihren Auf- und Abwärtsspiralen deutlicher zum Vorschein.

Eine imaginierte Bilderreihe: John Hejduks Fotografie (1988) des Modells einer Hauswand, die wir als Gesicht lesen, das seine Augen in Form von schräg gestellten, farblich von der Wand abgesetzten Außenjalousien auf- oder niederschlägt. [Abb. 41] Claes Oldenburg und Coosje van Bruggens, *Knife/Ship II*, ein riesiges rotes Taschenmesser, dessen Klingen so aufgeklappt sind, dass sie wie Schiffssegel anmuten, während aus dem Corpus des Messers/Schiffsbauchs Ruder ragen wie auf einer Galeere. Es wurde 1986 in Los Angeles als Riesenskulptur vor einer Hochhauskulisse öffentlich aufgebaut, in einer anderen Version schwamm es auf dem Canal Grande in Venedig. [Abb. 42] Roy Lichtensteins *El Cap de Barcelona*, 1992 auf einem öffentlichen Platz in Barcelona aufgestellt, wirkt wie ein cut-out aus einem Comicstrip und präsentiert ein riesiges Gesicht mit einem merkwürdig zerfransten Umriss. Alfred Hitchcock fertigte während des langen Interviews, das François Truffaut mit ihm gemacht hat, eine Skizze zu einer Einstellung an: Ein kleiner Kastenwagen hat auf den hinteren Türen zwei ovale Fenster, durch die am unteren Rand die Köpfe von Fahrer und Beifahrer zu sehen sind, „und da der Lieferwagen hin- und herschaukelt, wirkt das wie ein Gesicht mit zwei Augen, deren Pupillen hin- und hergehen."⁵ [Abb. 43]

In diesem Kontext ist es sinnvoll, sich noch einmal zu vergegenwärtigen, welche Bilderfahrungen in diesen Objekten aufgerufen sind. Im Falle von Hejduk ist es nicht das Objekt selbst, sondern sein Referenzobjekt, eine Hauswand, die deutlich die Proportionen verschiebt: Ein Gesicht nimmt eine komplette Hauswand ein. Im Falle der Arbeit von Claes Oldenburg und seiner Frau wird ein handlicher kleiner Gegenstand in ein überdimensioniertes Riesenobjekt transformiert. Im Falle von Lichtenstein wird ein flaches Gesicht aus Linien zu einem gigantischen Emoji aufgefaltet, das in seinem Affektausdruck nicht mehr eindeutig zu lesen ist. Im Falle von Hitchcocks kleiner Handzeichnung muss man sich die geplante Verwendung in einer Großaufnahme vorstellen, so dass auf einer etliche Quadratmeter großen Leinwand die hintere Tür eines Lieferwagens zu einem gigantischen Gesicht wird, das frontal ins Publikum schaut. Alle Bilder arbeiten sich an einer Art Großaufnahme ab, einer Großaufnahme, die den Gegenstand selbst transformiert: es wird ja kein Gesicht auf eine Häuserwand projiziert (ein Verfahren, das ebenfalls für äußerst interessante Effekte sorgt), sondern die Häuserwand wird zu einem Gesicht, das Taschenmesser zu einem großen Schiff, grafische Linien zu einem riesigen Porträt, die Tür eines Autos zu einem grimassierenden Gesicht. All dies sind weniger Verfahren der geometrischen Projektion einer maßstabsgetreuen Vergrößerung als vielmehr die visuelle Metamorphose von Dingen zu animierten Ausdrucksmedien: „The object comes alive", wie Claes Oldenburg sagt, der selbst viele Filme und Opern besucht hat.[6] Ein Verfahren, das aus dem Kino kommt, das die transformatorische Qualität der Riesendinge in der Großaufnahme zwar referenziell habitualisiert hat, den Schock der Großaufnahme aber dennoch immer wieder neu inszeniert. Gerade im Italowestern wird die Detailaufnahme zur postmodernisierten Transformation: Statt der Panoramafahrten John Fords im „klassischen" amerikanischen Western werden nun die Detailaufnahmen zum neuen Panorama, die Hutkrempe wird leinwandfüllender Rahmen für ein Augenpaar und eine Mundharmonika.[7] Auch die Lichtenstein'schen Formatierungsspiele zwischen grafisch-zweidimensionalem Bild und Skulptur sind bei Hitchcock und vielen anderen zentral, selbst wenn sie dem Zuschauer in ihrer technischen Produktion nicht durchschaubar sind. 1926 drehte Hitchcock, wie er sagte, seinen „ersten Hitchcock-Film", *The Lodger*: „Die erste Einstellung des Films ist der Kopf eines blonden Mädchens. Sie schreit. Das habe ich so fotografiert. Ich habe eine Glasplatte genommen und den Kopf des Mädchens darauf gelegt, dann habe ich ihre Haare so ausgebreitet, daß sie das ganze Bildfeld füllen, und sie von unten angeleuchtet, so daß einem das blonde Haar besonders auffiel. Dann Schnitt und Blick auf die Leuchtreklame einer Musikrevue: ‚Heute Abend Goldene Locken'. Die Reklame spiegelt sich im Wasser."[8] Auf der Glasplatte werden die Haare zum Bild auf einer transparenten Leinwand arrangiert, die den realen physischen Raum, in dem sich der Kopf der Schauspielerin befindet, auflöst in einem neuen Bildraum. Auch wenn Hitchcock die Einstellung selbst in einen funktionalen, narrativen Rahmen stellt, so wird doch deutlich, dass er dazu ein Bild im Bild produziert, das Bild von „blonden Haaren", die sich vom Hintergrund des Leinwandbildes abheben, eine Art innerer Detailaufnahme. Die postmodernistische Obsession mit der Transformation des Objekts zu einem neuen Bild oder einer neuen Gestalt – Oldenburg redet hier von „guise", was sowohl Verkleidung wie Gestalt und Maske bedeuten kann – korrespondiert mit den Bildtechniken des Films, sowohl was die Liebe zur Umformatierung von Proportionen betrifft wie auch die Obsession des Verschwindens und Auftauchens von Bildern in Bildern. Das Kino in seiner von Anbeginn ungehemmten Lust an der Anverwandlung anderer Künste und Stile an das Leinwandformat ist als die „modernste" vielleicht immer schon auch die „postmodernste" Kunst gewesen. Die Dialektik zwischen High und Low, die seine Positionierung in der spätkapitalistischen Gesellschaft zwischen Kunst und Ware bestimmt, die Gigantomanie und Detailversessenheit der immer größer gewordenen Leinwände und Kameratechnologien, die extreme Detailaufnahmen ermöglichen, die zu neuen Ausdruckswelten der Dinge führen, hat längst die anderen Künste ergriffen. Während das Kino sich noch immer von unten nach oben, von der Straße ins Museum bewegt, bewegt sich die postmodernisierte Kunst mit den massenmedialen Techniken und Technologien von oben nach unten auf Straßen und Plätze.

Diejenige Postmoderne, die einmal in und mit der Architektur begonnen hat, füllt die Lücke zwischen der öffentlichen Seite der Fassaden und der Funktionalität, die sie in ihrem inneren hervorbringt. Auf einmal bersten die Gebäude ins Äußere, die *Oase 7* von Haus-Rucker-Co. lässt 1972 eine Blase aus einer Hausfassade entweichen, in der die „Oase" über den Köpfen der Passanten schwebt. Man weiß nicht, ob das touristische Imaginäre der Angestellten hinter der Fassade oder der träumerische Blick der Passanten hier aufsteigt oder ob sie der *Restless Sphere* angehört, als die Coop Himme(l)blau 1971 einen durchsichtigen Ballon mit darin eingeschlossenen Personen auf die Straße brachte. [Abb. 45] Es sind skulpturale Erweiterungen der städtischen Architektur, die die profanen Programme der Stadt„verschönerung" durch Kunst am Bau ironisch aufgreifen und als Straßentheater weiterführen.

Das Öffnen der Fassade als ironische Ausstülpung imaginärer Spielformen und installativer Szenen ist aber nicht die einzige Phantasmagorie, die in der dialektischen Spannung zwischen Moderne und Postmoderne wirksam wird. Die im zeitlichen Modell der Gleichzeitigkeit aufgehaltene Frage, ob Neubeginn und Zerstörung des Bestehenden als Riss oder radikaler, revolutionärer Bruch gedacht werden müsste, geistert in unterschiedlichen Formen durch die Bildbestände. Zum einen wird sie ornamental gedacht wie in SITE's Kaufhaus BEST, wo die Struktur der Ruine als aufgebrochene Form inszeniert ist, aber eben auch als technisches Wunder, das die Überwindung des nagenden Zahns der Zeit als animierte Comicstrip-Form metaphorisiert (nicht unähnlich dem Apple-Logo des angebissenen Apfels, der gleichzeitig auf die Zeitlichkeit des Naturprozesses

6 Foster (wie Anm. 3), S. 111f.

7 z.B. in: Sergio Leone, *C'era una volta il West (Spiel mir das Lied vom Tod)*, Italien/USA 1968.

8 Truffaut (wie Anm. 5), S. 38.

[9] Jean-François Lyotard, „Das Anti-Kino", in: Dimitri Liebsch (Hg.), *Philosophie des Films. Grundlagentexte*, Paderborn: mentis 2005, S. 88.

und auf die „zeitlose" Perfektion der Technik verweist). Gordon Matta-Clarks *Splitting* Hausprojekte knüpfen wiederum an Hybridisierungen an, die aus der Mischung von Videotechnik und materialer Objekthaftigkeit entstehen: Es sind reale Häuser, die aufgeschnitten werden und dabei dann aber gleichzeitig auch ungewöhnliche Perspektiven in einem Videofilm ermöglichen. [Abb. S. 173] Es überschneiden sich hier nicht nur die Zeitformen zweier Medien, sondern auch das Bildgedächtnis von Skulptur und Film: In Momenten erinnern die zerschnittenen und zerlegten Häuser an die Studiobauten des Slapstick-Films, in denen permanent demoliert und umgruppiert wird – z.B. bei Laurel & Hardy. Die doppelte Stellung des Objekts im Film als einerseits reales, material physisches *vor* der Kamera und andererseits als Bild in einem imaginären Raum der Fiktion des Bewegungsbildes – bei Matta-Clark wird die Säge zum wörtlichen *Slapstick* an den Objekten, die von jeder narrativen Kausalität freigesetzt sind.

Die Stabilisierung des Bruchs bei BEST ist aber nicht das erste und nicht das letzte Wort und Bild der Postmodernisierung der visuellen Welt. Antonioni hatte bereits in *Zabriskie Point* die politische und ästhetische Sprengung als Möglichkeit inszeniert. In der Wüste beobachtet eine junge Frau aus der Ferne die Sprengung einer postmodernen Villa: Einzelne Objekte fangen an, in der Luft zu schweben und zu tanzen, in Zeitlupe gefangen in einer Zwischenzeit, die weder kompletter Stillstand noch reale Bewegung ist, eine reine Potenzialität. Die Revolution als die nicht stattfindende, aber ständig imaginierte Exit-Option. Der Film läßt offen, ob es sich um eine tatsächliche Sprengung oder um die Phantasmagorie der jungen Frau handelt. Jean-François Lyotard hat in seinem Essay *Acinéma*, einem Schlüsseltext der postmodernen Filmtheorie, das Faszinosum des Feuers, der Explosion mit einem Hinweis auf Adorno als die eigentliche filmische Urszene beschrieben: „Wichtig ist im Gegenteil, daß sich die ganze erotische, im Simulakrum eingeschlossene Kraft entzündet, entfaltet und schlicht verbrennt. So sagt Adorno, die einzig wahrhafte Kunst sei die der Feuerwerker: Die Feuerwerkerei simuliere in Vollendung die unfruchtbare Verzehrung der Energien der Lust."[9]

Die Dialektik von Moderne und Postmoderne sprengt die Ver-Dinglichung der Kunst wieder auf, indem sie die überdimensionierten Objekte selbst wieder in die Luft jagt, zumindest in ihrer radikalen Gründungsphase, bevor sie im siegreichen neoliberalen Mindset der 80er-Jahre selbst gänzlich als Ware und Investitionsgut verramscht wurde.

44 SITE (James Wines), *Notch Building, Sacramento CA*, 1977

45 Haus-Rucker-Co, *Oase No. 7*, 1972

DIE POSTMODERNE IM GLOBALEN FINANZSYSTEM

Gespräch Joseph Vogl, Moritz Schularick und Kolja Reichert

Kolja Reichert:
Joseph, du hast gesagt, der einzige Bereich, in dem es Sinn macht, von Postmoderne zu sprechen, sei die Ökonomie. Warum?

Joseph Vogl:
Das, was Postmoderne genannt wird, ist zunächst mit einer anderen Post-Sache verknüpft, nämlich mit der Auflösung der Nachkriegsordnung Anfang der 1970er-Jahre, die sich in mehreren Schritten vollzog. Für Europa und die USA war die erste Ölkrise 1971 ein einschneidendes Datum, zusammen mit den dadurch ausgelösten wirtschaftlichen Turbulenzen und Teuerungsraten, was in Deutschland zum manifesten Ende der Wirtschaftswunderzeit geführt hat. Entscheidend ist parallel dazu auch das Ende des Abkommens von Bretton Woods, das den Ruin des Systems fixer Wechselkurse bei den wichtigsten Währungen eingeläutet hat. Die Vorstellung flottierender Signifikanten – was man als Merkmal postmoderner Zeichenordnungen verstehen mochte – ist von Ökonomen und Kulturhistorikern unmittelbar mit floatenden Wechselkursen in Verbindung gebracht worden.

Kolja Reichert:
Das Ende des Goldstandards: Geld ist nicht mehr an Materie gebunden. Wir zeigen in der Ausstellung Richard Nixons Fernsehansprache, in der er 1971 die Entkopplung des US-Dollars vom Gold ankündigt und damit die Postmoderne in der Ökonomie einläutet.

Moritz Schularick:
Die Verbindung von Postmoderne und Neoliberalismus ist spannend, denn es handelt sich beim Neoliberalismus eigentlich um ein Metanarrativ und ein klassisch modernes Projekt. Die Liberalisierung der Finanzmärkte ist ja in der ökonomischen Theorie ein Instrument, uns allen zu erlauben, uns gegen unsichere Zukünfte zu versichern. Je vollständiger die Finanzmärkte werden, umso stabiler und sicherer sollte die Welt werden. Dieses Metanarrativ, das ganz zentral für die Liberalisierung der Finanzmärkte war, ist sicher gescheitert. Und wir sind dann seit den 80ern und 90ern in einer Welt endemischer Finanzinstabilität.

Joseph Vogl:
Das Abkommen von Bretton Woods war 1944 der Versuch, Lehren aus den Wirtschaftskrisen der 20er-Jahre zu ziehen und aus den politischen Katastrophen des Faschismus, Nationalsozialismus und des Zweiten Weltkriegs. Damit war die Unterstellung verbunden, dass diese Desaster miteinander zusammenhängen und es darum ging, bestimmte Dynamiken eines exzessiven Kapitalismus zu begrenzen. Die Nachkriegsordnung war dezidiert von einem Wohlfahrtsstaats-Kompromiss bestimmt und hat in allen westlichen Industrienationen einschließlich Japan zu einer Privilegierung von Sozialprogrammen geführt, zur Entstehung dessen, was man in Deutschland soziale Marktwirtschaft genannt hat, zur entsprechenden Steuerpolitik, auch in den Vereinigten Staaten, mit einer stark progressiven Besteuerung. Die Auflösung dieses Wohlfahrtsstaats-Kompromisses ist dann verbunden mit dem Vietnamkrieg, mit der enormen Verschuldung der Vereinigten Staaten und einem hohen Auslandshandelsdefizit, übrigens zugunsten von Japan und Deutschland; und darum mit der Unmöglichkeit, den Ausgleich zwischen westlichen Währungen, Dollar und Goldstandard zu halten. Der US-Finanzminister hatte damals gesagt: „Der Dollar ist unsere Währung, aber Euer Problem."

Moritz Schularick:
Ja, John Connally hat das als US-Finanzminister unter Nixon so prägnant formuliert.

Joseph Vogl:
Milton Friedman, der damals noch mit der Umsetzung des Marshallplans in Europa beschäftigt war, hat immer wieder darauf hingewiesen, dass die Auflösung eines mehr oder weniger stabilen Währungssystems eine immense Chance für den amerikanischen Finanzmarkt sei und eine

46 Präsident Richard Nixon entkoppelt den US-Dollar vom Goldstandard, 15. August 1971

neue Gelegenheit zur Steigerung von Renditen auf den Kapitalmärkten angesichts schrumpfender Profitraten in der produzierenden Industrie. Das hat zur Einführung von Währungsderivaten an der Chicagoer Börse, der Chicago Mercantile Exchange, geführt. Anfang der 1970er-Jahre hatte dieser Markt wenige Millionen Dollar pro Jahr umgesetzt, 1990 waren es bereits 100 Milliarden, und im Jahr 2000 stieg der Handel mit Währungsfutures auf über 100 Billionen Dollar jährlich an. Auch das wäre ein Datum, an dem man die Dynamik der Finanzmärkte mit dem Auftauchen von Fragen der Postmoderne verknüpfen könnte.

Moritz Schularick:
Der Nachkriegskonsens bricht auch deshalb, weil eine neue Generation von Wirtschaftspolitikerinnen und -politikern an der Macht ist und eine neue Generation von Akademikern. Die Erinnerung an den Krieg verblasst, die an die Weltwirtschaftskrise sowieso. Auch für meine Studierenden ist die globale Finanzkrise von 2008 schon weit entfernte Geschichte. Da waren die sieben, acht Jahre alt.

Kolja Reichert:
Welche Akteure sind damals entscheidend?

Moritz Schularick:
Beim Aushöhlen dieses intellektuellen Konsenses der Nachkriegszeit spielt natürlich die Mont Pèlerin Society eine große Rolle, die Friedrich Hayek 1947 gegründet hatte. Sie ist der Hort des neoliberalen Denkens, der immer stärker transnationale Züge annimmt und die Globalisierung intellektuell vorbereitet. Man darf auch nicht vergessen, dass der sozialistische Block mit der Sowjetunion lange als sehr erfolgreiches Gegenmodell gehandelt wurde, was man sich heute kaum mehr vorstellen kann. In den 1970er-Jahren versteht man, dass es so gut auch nicht läuft in der Sowjetunion, und dann treten die Probleme des wohlfahrtsstaatlichen Nachkriegskompromisses sehr viel stärker in den Fokus. Es passieren auch Dinge, die in dem keynesianischen Gedankenrahmen, der den Nachkriegskonsens getragen hat, nicht passieren dürfen: etwa, dass durch

zusätzliche Staatsausgaben oder geldpolitische Impulse nur noch die Inflation ansteigt, sich die alten Wachstumsraten aber nicht mehr einstellen. Da wurde auch unterschätzt, dass es in den zwei Nachkriegsjahrzehnten sehr viel aufholendes Wachstum und Wiederaufbau gab. Irgendwann liegt dieser Nachkriegskonsens auf dem Rücken wie ein Käfer und strampelt mit den Beinen. Der keynesianisch geprägten Makroökonomie geht damals das Koordinatensystem verloren, und in diese Lücke springt dann der Neoliberalismus mit der Theorie, wir sollten sowieso nicht steuernd in die Märkte eingreifen, wir maßen uns da ein Wissen an, das wir nicht haben, die Devise sollte sein, so viel Markt wie möglich, so wenig Staat wie nötig, und attackiert damit den Erfahrungskonsens aus der Weltwirtschaftskrise und dem Zweiten Weltkrieg.

Joseph Vogl:
Und da macht sich schleichend die Einsicht breit, dass dieser Nachkriegskapitalismus sehr viel mehr Elend verträgt, als man bis Ende der 60er-Jahre gedacht hatte. Es gibt ja eine weitere wichtige Demarkationslinie, nämlich die rabiaten staatlichen Interventionen von Thatcher und Reagan Anfang der 1980er-Jahre: Zerschlagung von Gewerkschaften, radikal veränderte Steuerpolitik, Deregulierung von Finanzmärkten, Privatisierung von öffentlichen Unternehmen, von Bahn, Telekom, Versorgungsinfrastrukturen etc. Das hatte direkte wirtschaftliche Effekte, etwa Deindustrialisierung in den USA und in Großbritannien, Takeoff der Finanzindustrie, die Visionen von Dienstleistungsgesellschaften, von atmenden Fabriken und seelenvollen Unternehmen. Und parallel dazu die Schöpfung neuer bürokratischer Monster, ein programmatisch verändertes Verhältnis zwischen staatlichen Institutionen und privaten Firmen, also Public Private Partnerships, oder das New Public Management: der Einzug von unternehmerischen Kriterien in die öffentliche Verwaltung.

Kolja Reichert:
Deindustrialisierung ist doch aber auch schon um 1970 entscheidend. Charles Jencks hat die postmoderne Architektur auch damit legitimiert, dass die modernen Bauten sowieso nicht funktionieren. Als Beispiel führt er den riesigen Sozialbaukomplex Pruitt-Igoe in St. Louis an, in den vor allem viele arme Schwarze Familien umgesiedelt wurden, damit sie endlich im Licht der modernistischen Wohnung leben konnten. Dass er sich nach 20 Jahren in eine Drogenhölle verwandelt hatte und ab 1972 abgerissen wurde, lag natürlich nicht an der Architektur, sondern daran, dass ein Umbau stattfand, den offenbar keiner der Beteiligten im Ganzen begriff: Die Fabriken wurden geschlossen, die Zugezogenen aus dem Süden fanden keine Arbeit. Dazu kam ein repressives bürokratisches System, das arbeitslosen Familienvätern nicht erlaubte, mit ihren Familien zu wohnen. Und zugleich gab es den Auszug der weißen Mittelklasse in die Vorstädte, der auch von der Regierung gefördert wurde, um die Infrastruktur für den Fall eines Atombombenangriffs aus Russland zu dezentralisieren. Könnt Ihr zu diesem Umbau der industriellen in die Dienstleistungsgesellschaft und den Kulturkapitalismus etwas sagen?

Moritz Schularick:
Dieser keynesianische, wohlfahrtsstaatliche Nachkriegskonsens war, gerade in den USA, ein Integrationsprojekt für die weiße Mittelschicht. So nützten etwa die staatlichen Förderungen im Rahmen der großen Wohnungsbauprojekte in den 1930er-Jahren fast ausschließlich den Weißen. Förderungen zum Eigenheimerwerb waren nur für Stadtviertel vorgesehen, die fast ausschließlich von weißen Amerikanern bewohnt wurden. Viele dieser Regeln wurden dann erst langsam im Rahmen der Antidiskriminierungsgesetze im Zuge der Civil Rights-Bewegung ausgesetzt.

Joseph Vogl:
Der amerikanische Keynesianismus geht ja nicht zuletzt auf den New Deal in den 30er-Jahren zurück, und selbst dieses Wirtschaftsprogramm von Präsident Roosevelt war eine Sache für Weiße. Der Ausschluss der Schwarzen aus diesen wohlfahrtsstaatlichen Projekten ist heute noch eine Wunde dieses hochgepriesenen Programms. Es geht eine Linie vom New Deal über den Keynesianismus und Bretton Woods bis in die 1970er-Jahre.

Kolja Reichert:
Lässt sich, so gesehen, der Neoliberalismus sogar als antirassistisches Projekt begreifen?

Moritz Schularick:
So weit würde ich nicht gehen wollen. Im Präsidentschaftswahlkampf von Barry Goldwater 1964 geht es auch darum, eine Ausdehnung der New Deal-Programmatik auf Schwarze zu

unterbinden. Die Civil Rights-Bewegung führt zu einer konservativen, weißen Gegenbewegung, die durchaus rassistische Untertöne hat, sich aber des nützlichen neoliberalen Arguments bedient, dass der umverteilende Sozial- und Wohlfahrtsstaat sowieso problematisch sei. In dem Moment, da mit der Civil Rights-Bewegung der Sozialstaat auch Schwarzen zugutekommen würde, inklusive größerer Umverteilung von Weiß nach Schwarz, entstünde eine rechtskonservative Strömung, für die der Neoliberalismus das Vehikel ist, um den Umverteilungsapparat so stark zu verkleinern, dass am Ende nicht mehr viel übrig bliebe, von dem die Schwarzen profitieren könnten.

Joseph Vogl:
Wenn ich Sie richtig verstehe, ist damit auch eine wirtschaftspolitische Ironie verbunden, dass nämlich eine Steuerpolitik, die insbesondere die Mittelklasse entlasten sollte, in letzter Konsequenz zu einer Prekarisierung exakt dieser Mittelschicht geführt hat. Spätestens hier wird ein ideologischer Agent reanimiert, der die Politik und die Wirtschaftspolitik bis heute heimsuchen wird, nämlich mit der Frage nach der ominösen Mitte der Gesellschaft. Die hat in dieser Zeit wieder damit begonnen, sich als gefährdet, lädiert, in irgendeiner Weise als malade zu begreifen, als Ergebnis von Maßnahmen, die eigentlich diese „gesunde Mitte" hätten pflegen sollen. Insgesamt könnte man sagen: Verlässliche Formen der Organisation von Massen durch Wirtschaftspolitik beginnen zu scheitern, etwa das, was man Fordismus genannt hat, also die Erzeugung von Massengesellschaften durch Massenproduktion. Der sozialtechnische Ordnungszusammenhang von Massenproduktion, Massenkonsum und Massenmedien hatte seinen Höhepunkt wohl Ende der 60er-Jahre, emblematisch vorgeführt bei der Mondlandung 1968, wo eine globale Massengesellschaft in dieselbe Röhre schaute. Was nun Anfang der 80er-Jahre passiert und übrigens recht schnell reflektiert wird, auch in kultureller Hinsicht, ist die Auflösung dieser mehr oder weniger stabilen Integration von möglichst umfangreichen Masseneinheiten. Ein Beispiel dafür wäre das Auftauchen von Privatsendern wie MTV, was auch sofort als Einschnitt kommentiert wurde, beispielsweise in David Cronenbergs Film *Videodrome*, der den Kollaps des älteren Massenpublikums vorgeführt hat. Es beginnt die Zeit der parzellierten Öffentlichkeiten, aber auch der erodierten Solidarmilieus, wie sie früher etwa durch Gewerkschaften zusammengehalten wurden. Solche Dinge werden Anfang der 80er-Jahre virulent. Und deswegen wäre die Rede von der Postmoderne immer auch in Verbindung zu setzen mit dem, was man im Begriff des Postfordismus zusammengefasst hat.

Moritz Schularick:
Ich wehre mich ein bisschen gegen eine zu starke Idealisierung dieses Nachkriegskonsenses. Gerade in der linken Öffentlichkeit gibt es oft die Idee: Wenn wir nur wieder zu Bretton Woods und diesem wohlfahrtsstaatlichen Nachkriegskonsens zurückkehren würden. Bei Ihrem Beispiel MTV leuchtete bei mir gerade total viel auf. Diese großen Wohlfahrtsstaaten waren natürlich auch ein enges Korsett mit ihren großen öffentlichen Unternehmen, wo man sechs Wochen auf die Telefonleitung warten und lange Formulare ausfüllen musste. Übrigens zeigt inzwischen sowohl die ökonomische wie soziologische Forschung sehr schön, dass die Komplexität des Zugangs zu wohlfahrtsstaatlichen Leistungen oft eine ist, die immer nur den Insidern zugutekommt, sprich denen, die große Sprachkompetenz haben und diese komplexen Formulare ausfüllen können – nicht etwa Minderheiten oder Migranten. In jedem Fall bricht da in den frühen 1980er-Jahren auch etwas anderes auf, gerade weil der Freiheitsaspekt davor unterbelichtet war, da gab's halt die Sportschau und die Hitparade, und das war's. Auf einmal kommt ein neues Angebot, bunt und aus Amerika mit neuer Musik, neuen Formaten. Da ist eine Gegenbewegung, die etwas anspricht, bei der Leute aufspringen und sagen, wir nehmen diese neuen Freiheitsmöglichkeiten wahr. Ich wehre mich dagegen zu sagen, das ist eine aufoktroyierte Liberalisierung, die keiner wollte, und auf einmal wachen wir auf im neoliberalen Albtraum. Auch '68 ist ja eine Opposition gegen eine Starrheit im System, eine Bewegung für mehr Freiheit, mehr Vielfalt, mehr Diversität als sie diese letztlich enge nationalstaatliche Wiederaufbau-Koalition nach dem Zweiten Weltkrieg zuließ.

Joseph Vogl:
Ich stimme völlig damit überein, dass die wirtschaftliche und kulturelle Dynamik des Kapitalismus immer wieder dazu einlädt, jüngst vergangene Verhältnisse im Rückblick als idyllisch zu erfahren. Seit der Entstehung des Kapitalismus gehört es zum historischen Selbstverständnis, Vorgeschichten zu idealisieren und Veränderungen – meistens verbunden mit Krisen – als Zumutung zu begreifen. Aber zwei Dinge kommen hinzu, welche das Aufblühen des Neuen und Bunten und Vielfältigen Anfang der 80er-Jahre vielleicht in ein anderes Licht stellen. Das erste wäre eine sehr systematische, politisch wie

ökonomisch gewollte Zerschlagung von älteren, etwa gewerkschaftlichen oder versicherungstechnischen Solidargemeinschaften, für die dann Ersatz versprochen wird in anderen Organisationsformen, in porösen Institutionen, Selbstorganisation, privater Vorsorge. Das zweite betrifft die Frage, inwieweit genau diese Prozesse, nämlich die Feier des Bunten und die neuen Märkte fürs Minoritäre, eine Bewegung oder Wendung belegen, die etwa Guy Debord mit dem Begriff der Rekuperation bezeichnet hat; inwieweit also die sogenannte Künstlerkritik am alten Industriekapitalismus nach und nach von kapitalistischen Geschäftsformen übernommen wurde und dann eben auch eingebaut worden ist in Unternehmensformen, mit den Posten des Kreativen, der projektorientierten Arbeit, der Flexibilisierung von Arbeitszeiten, der Plakatierung von Diversitäten. Die Neoliberalisierung der Politik korrespondiert mit dem Umbau sozialer und unternehmerischer Strukturen, der sich an „künstlerischen" Kriterien orientiert: Kreativität, Flexibilität, Spontaneität, Projektarbeit, Ende von Karrieren und Routinen, Mobilität, Networking – und all die Schlagworte, die seit dieser Zeit auftauchen und nun nicht nur ein neues Angebot für die werktätige Bevölkerung signalisieren, sondern auch ein Passepartout für die Selbstdefinition der in diesen Märkten herumirrenden Subjekte liefern. Am Horizont stehen dann Individuen, die eher Dividuen sind, wasserlöslich, mit geringeren Kohärenzhoffnungen und geschrumpften Erwartungen an Lebenskonstanten; man verschreibt sich dem Programm der Diversifizierung und der Variabilität und folgt schließlich dem, was Gilles Deleuze in seinem kleinen Text über die Kontrollgesellschaft die Allgemeinheit des „Surfens" genannt hat[1].

Moritz Schularick:
Aber warum ist das nicht letztlich eine Rückkehr zum aufklärerischen Individualismus und damit ein modernes Projekt?

Joseph Vogl:
Zunächst sollte man sich davon verabschieden, das, was Postmoderne genannt wird, als Antithese zur Moderne zu begreifen. Reflexionsfiguren der Moderne sind stets mit deren Ende und Vollendung, also mit post-modernen Wendungen, beschäftigt – abgesehen davon, dass der Begriff der Postmoderne oder des Postmodernismus bereits seit Ende des 19. Jahrhunderts auftaucht und etwa für eine Beendigung des Aufklärungsprojekts oder für eine Unter- bzw. Überbietung der ästhetischen Moderne einstand. Im 19. Jahrhundert war das etwa mit Fragen eines

unwiderruflichen Epigonentums verbunden. Und in der ersten Hälfte des 20. Jahrhunderts konfrontierten sich Romane wie Robert Musils *Der Mann ohne Eigenschaften* mit entropischen Sozialprozessen, sie kalkulierten nicht mehr mit möglichen Welten, sondern mit einer Welt alles Möglichen und nahmen ein Ende der Geschichte in den Blick. Zur Moderne gehört eine Kritik des Modernen, an Modernisierungsprozessen und Perfektibilitätsideen, eine Kritik an Avantgarden und deren Ansprüchen. Fragen des Postmodernen waren also im Selbstverständnis der Modernen immer schon eingefaltet. Und was den Individualismus betrifft, der hatte in der Aufklärung ja zwei wesentliche Koordinaten. Die eine war mit Naturrechtsdebatten, mit Fragen des Gesellschaftsvertrags von Hobbes bis Rousseau und mit dem entstehenden Liberalismus, etwa bei Adam Smith, verbunden und bestimmte das, was der Politologe Macpherson „Besitzindividualismus" genannt hat[2]: den Aufbau, die Stärkung und Stabilisierung des Individuums durch Aneignungsprozesse, durch Eigentumsverhältnisse. Die zweite Koordinate, die mit dem Subjektformat der Aufklärung verknüpft wurde, ist Autonomie, Selbstbestimmung als Selbstdefinition des aufklärerischen Subjekts. Beide Koordinaten haben, so denke ich, ihre Orientierungskraft eingebüßt. Auch wenn das westliche Durchschnittssubjekt immer noch Selbstbehauptung mit handfesten Besitzansprüchen kombiniert und sich im Liberalismus oder Neoliberalismus ein ideologisches Fortleben sichert, hat es seine theoretische Unschuld verloren und wurde seit den 80er-Jahren samt seines Universalismus zu einer recht partikularen europäischen, abendländischen, kolonialen, weißen Herrschaftsformel umgemünzt.

Moritz Schularick:
Ja, ich denke im neoliberalen Projekt ist dieser aufklärerische Besitzindividualismus sehr präsent. Eigentumsrechte werden wieder wichtig, und der ökonomische Diskurs wird zunehmend einer über nutzenmaximierende Akteure, die sich in freien Märkten bewegen, wodurch es Dank der unsichtbaren Hand am Ende allen besser geht. Für mich ist das letztlich ein Metanarrativ darüber, wie die Welt verortet sein sollte, wie sie zu funktionieren hat, vom Washington Consensus bis hin zu Schuldenbremsen und einer Zügelung der Rolle des Staates im Wirtschaftsleben. Da überlappen sich vielleicht Entwicklungen, die tatsächlich unterschiedliche intellektuelle Entstehungsgeschichten haben, und gehen eine Koalition ein, bei der gar nicht so klar ist, dass sie sich aus unterschiedlichen Quellen speist. Das „Anything Goes"

1 Gilles Deleuze, „Postskriptum über die Kontrollgesellschaften", in: ders., *Unterhandlungen 1972–1990*, Berlin: Suhrkamp 1993.

2 Vgl. C. B. Macpherson, *Die politische Theorie des Besitzindividualismus*, Berlin: Suhrkamp 1990.

im Kulturellen ist sicherlich kompatibel mit dem neoliberalen Wirtschaftsprojekt, das aber zumindest in einigen zentralen Aspekten eine Anknüpfung an klassisch liberale Ideen ist. Während man im intellektuellen Bereich aufgegeben hat, dass man Individuen befreit und dann irgendwie zum gesellschaftlichen Optimum kommt, ist ja im Neoliberalismus die Idee zentral, dass wir die Individuen nur von ihren Fesseln befreien müssen, dann kommen wir zum gesellschaftlichen oder zumindest ökonomischen Optimum.

Joseph Vogl:
Man kann dem Neoliberalismus tatsächlich nicht absprechen, dass er universalistischen Ideen nachhängt, die natürlich auch universalistische Ideen des Kapitalismus sind. Man darf aber auch nicht vergessen, dass er immer dort grimmig geworden ist und recht heftig interveniert hat, wo es um universalistische Ideen im Zeichen von Emanzipations- und Befreiungsbewegungen gegangen ist. Denken Sie an Milton Friedman und die Unterstützung der wirtschaftsliberalen Chicago-Schule für den Militärputsch Pinochets gegen die sozialistische Regierung Allendes in Chile. Das fällt genau in diese Zeit der ökonomischen und kulturellen Umbrüche um 1973. Der Anspruch von Befreiungsbewegungen jeder Art ist zu einem globalen Feindbild eben dieses Neoliberalismus geworden und hat zu einer anderen Symbiose geführt, nämlich von neoliberaler Politik und Marktfundamentalismus mit autoritären Staaten, autokratischen Regimen und Diktaturen. Zudem erübrigt es sich wohl zu bemerken, dass die europäische Aufklärung und Moderne nicht unbedingt als Befreiungsprogramm an den Peripherien Europas angelangt sind. Man könnte also sagen, dass all die Debatten über die Grenzen der Aufklärung und der Moderne, über postmodernes Denken und Bauen, über eine Kultur des Surfens nur einen geringen Teil der Weltbevölkerung beschäftigt und den Leuten in Entwicklungs- und Schwellenländern nichts oder wenig bedeutet hat. Hier ging es um westliche Selbstbeschäftigung und um die intellektuelle Nabelschau eines siegreichen Weltteils in den Krisen nach dem Zweiten Weltkrieg.

Moritz Schularick:
Absolut. Ein anderes Beispiel ist, wie bereit der liberale Marktfundamentalismus war, mit offen rassistischen und Antiminoritäten-Positionen zusammenzuarbeiten, bis hin in die Gegenwart in Amerika oder Großbritannien, wo diese Positionen überraschend kompatibel sind. Das ist halt die Kehrseite dieser Offenheit, dass sie auch so aufgeladen und genutzt werden und sich dagegen auch nicht wehren kann.

Joseph Vogl:
Ja.

Kolja Reichert:
Philipp Sarasin beschreibt in seinem Buch *1977. Eine kurze Geschichte der Gegenwart* die Ersetzung von Befreiungspolitik durch Menschenrechtspolitik. Verschiedene Gruppen suchen sich je weit entfernte Fälle, wo sie Menschenrechte realisieren wollen. In dem Zuge entstehen auch die Charity-Konzerte für die Hungerleidenden in Biafra, dann Band Aid und U.S.A. for Africas „We are the World". Die verschiedensten US-Musiker*innen singen gemeinsam für Afrika, in der Vorstellung, man müsse sich einfach nur versammeln mit den richtigen Absichten und könne dann damit eine Art von Heilung oder Transfer schaffen. Das ist ja eine individualisierte Form des Bezugs auf jemand Entferntes, Fremdes, unter Ausblendung der eigenen Verstricktheit und der eigenen Privilegien. Lässt sich das in diese Entwicklungen einordnen?

Joseph Vogl:
Das Problem kann man vielleicht so fassen: Wie lassen sich bestehende Ausbeutungsverhältnisse erhalten unter der demonstrativen Inklusion ihrer Verlierer? United Colors of Benetton war dafür ein Wahlspruch. Mit neuen Formen der Werbung ist eine Industrie entstanden, die sich auf die Gestaltung und Ausnutzung von Benutzeroberflächen für eine globale und bisweilen kritische Kundschaft konzentriert. Hier lässt sich ein zynischer Aspekt nicht verstecken, der darin besteht, Visionen globaler Inklusion zum Gegenstand von Verkaufsstrategien zu machen, unter der Beibehaltung von Verhältnissen, die diese Inklusion überhaupt erst möglich erscheinen lässt. Vielleicht kann man aber den Bezug zwischen dem sogenannten Postmodernen einerseits und der Neoliberalisierung von Gesellschaften und ökonomischen Infrastrukturen andererseits noch konkreter herstellen: Das wäre die These, dass die Debatten, die unter dem Markenzeichen des Postmodernen geführt wurden, wie auch die ökonomischen Auseinandersetzungen unter den Leitlinien des Neoliberalismus einen gemeinsamen Punkt haben, nämlich ein sehr dezidiertes Vergessen dessen, was ältere ökonomische

Theorien Produktionsverhältnisse genannt hätten. Ein Vergessen historisch-materialistischer Fragen. Ich würde die Postmoderne nicht nur auf das Motto vom Ende der großen Erzählungen beziehen, sondern auf das Verstecken oder Entschärfen von Perspektiven des historischen Materialismus – wenn man die Anstrengungen von Autoren wie Michel Foucault oder Gilles Deleuze ausnimmt, die dem Materialismus eine neue Fassung zu geben versuchten.

Moritz Schularick:
Sie sprechen mir aus dem Herzen. Natürlich ist in der rückblickenden Diagnose auffällig, dass sich unter dem Deckmantel dieser sehr offenen, progressiven und inklusiven Diskurse auf der harten Ebene des Materiellen massive tektonische Verschiebungen ergeben haben, dass etwa die Ungleichheit massiv gestiegen ist. 30 Jahre später wachen wir auf und sind zurück in der Ungleichheit von Besitz, wie wir sie vor dem Ersten Weltkrieg hatten. Man fragt sich immer, wie kann das sein, dass sich alle ökonomischen Indikatoren seit 1980 drehen, die Ungleichheit wieder zunimmt, die Verschuldung stark zunimmt, die private wie die öffentliche, und wir Ökonomen wachen dann erst 2014 mit Thomas Pikettys Buch auf.[3]

Joseph Vogl:
Was zugespitzt heißen würde, dass das Ende der Debatten über Postmoderne auch mit einem eigentümlichen Aufwachen verbunden war.

Moritz Schularick:
Ja. In der Makroökonomie haben wir uns Aggregate angeguckt, Wachstum, Lohnentwicklung, aber wir haben uns nicht angeguckt, wie die Lohnentwicklung oben und unten in der Verteilung ist oder welche Auswirkungen bestimmte wirtschaftspolitische Maßnahmen, Geldpolitik etwa, auf die Verteilung haben. Wie konnten wir 30 Jahre moderne Makroökonomie machen, ohne von vornherein auch diesen Fragen Beachtung zu schenken? Hat der postmoderne Diskurs zu dieser Vergessenheit geführt und dazu beigetragen?

Joseph Vogl:
Vielleicht kann man ideengeschichtlich festhalten, dass die wachsende Bedeutung heterodoxer Positionen im Bereich der kulturellen Debatten von einer zunehmenden Orthodoxisierung auf dem Gebiet der Wirtschaftswissenschaften im Sinne der Neoklassik begleitet wurde. Das mag auch dazu geführt haben, dass die wechselseitigen Beobachtungsverhältnisse erodierten und man sich immer weniger gegenseitig zur Kenntnis genommen hat. Noch in den 70er-Jahren gab es in den Kultur- und Geisteswissenschaften eine interessierte und kritische Wahrnehmung dessen, was in der Wirtschaft und in der Wirtschaftspolitik passierte. Das ist zumindest vorübergehend und vor allem in Deutschland aus dem Blickfeld geraten, und umgekehrt ist mein Eindruck, dass parallel dazu insbesondere in der Makroökonomik die Beobachtung kultureller Sachverhalte mehr und mehr geschwunden ist.

Kolja Reichert:
In welcher Welt sind wir also aufgewacht? Es gab um 1980 herum eine erstaunliche Durchlässigkeit zwischen kulturellem und finanziellem Kapital. Mick Jagger wollte in den Blitz Club, wo sich arme Londoner Hausbesetzer jeden Dienstag in anderen Kostümen trafen und allmählich die Kultur der Zeit bestimmten, darunter Boy George oder Stephen Jones, der spätere Hutdesigner der Queen. Jagger wurde abgewiesen, weil er kein Kostüm hatte. David Bowie durfte rein, weil er David Bowie war. Und hat sich dort die Darsteller für das Musikvideo *Ashes to Ashes* ausgesucht. Nach dem Schlagwort „Kultur für alle" unter Jack Lang oder dem Frankfurter Kulturdezernenten Hilmar Hoffmann gab es bis in die 2000er-Jahre hinein die Illusion, dass man allein mit Kultur, mit Stil, mit Kunst irgendwohin kommen kann. Das hat sich komplett geschlossen. Auf YouTube werden mir als Identifikationsangebote fast nur noch Investmenttipps eingespielt. Es geht darum, möglichst die Rente mit 30 zu erreichen. Da verschließt sich eine Individualisierung, wo man mit Ambivalenzen, mit Irritation gar nicht mehr so weit kommt, sondern immer Position beziehen muss in einem ökonomisch bereits komplett zugeteilten Feld.

Joseph Vogl:
Was unter gegenwärtigen ökonomischen Bedingungen immer noch eine elementare Rolle spielt, ist die strukturelle Entmächtigung der Individuen. Auch wenn sie nicht in allen Arbeitsverhältnissen und direkt spürbar ist, bestimmt Machtlosigkeit die individuellen Existenzweisen im Plattform- und Informationskapitalismus. Dafür werden kompensatorische Angebote bereitgestellt, z.B. eine Stärkung von Subjektgefühlen als Geschäftsmodell. Vom Ichgewinn durch Kostümierung

3 Thomas Piketty, *Das Kapital im 21. Jahrhundert*, München: C. H. Beck 2014.

bis zur Verlockung der Rente mit 30 stellt sich dieselbe Frage: Wie lässt sich reale Ohnmacht durch *self-fashioning* und das Aufblähen von Ego-Qualitäten kompensieren? Das scheint das Zusammenspiel zwischen der Produktion von Ichreservaten und der Wertschöpfung auf Plattformen und in sozialen Medien zu bestimmen. Einerseits kann man sich auf langjährige psychotechnische und arbeitswissenschaftliche Forschungen stützen und Persönlichkeitsprofile massenweise aus acht Merkmalen fabrizieren, wie das etwa Cambridge Analytica einstmals mit Hilfe von Facebook getan hat. Andererseits werden die Benutzer-Ichs mit passenden Ich-Inhalten beliefert, bestätigt, aufgeblasen und bestärkt – selten war Entmächtigung mit so viel Sorge um die Ich-Befindlichkeit verknüpft.

Moritz Schularick:
Bei uns Ökonomen hat der Begriff der Tribalisierung Einzug gehalten im Hinblick auf Populismus und solche Aufladungen mit bestimmten Angeboten, die immer weniger selbstbestimmt sind. Ich erlebe das auch stark mit den Studierenden: auf der individuellen Ebene eine Beschreibbarkeit, die diese Tribalisierung unterstützt; auf der anderen Seite die Perfektionierung der Herstellung von Ohnmacht auf staatlicher Seite. Wir sind heute in einer Situation, in der staatliche Strukturen kaum mehr in der Lage sind, Steuerungsfunktionen, die sie einmal wahrgenommen haben, überhaupt noch auszufüllen, eben weil sie nicht mehr da sind. Wir sehen jetzt auch in Deutschland, dass wir eine Steuerungsfunktion des Staates einfordern, für die er de facto gar nicht mehr die Kompetenzen und Kapazitäten hat.

Joseph Vogl:
Ja, man hat eine hohe Abweisungseffizienz entwickelt, die von Callcentern über Dienstleistungswüsten bis zum Kampf mit Digitalformularen reicht.

Moritz Schularick:
Ohnmacht.

Joseph Vogl:
Verzweiflungsgebiete, in denen man sich täglich bewegt. Dabei müsste das alte Diktum von der Religion als Opium des Volks reformiert werden: Der „Seufzer der bedrängten Kreatur", den Marx einmal aufgerufen hat, ist nicht mehr Religion, sondern die Blase eines frei Haus gelieferten Ichs.

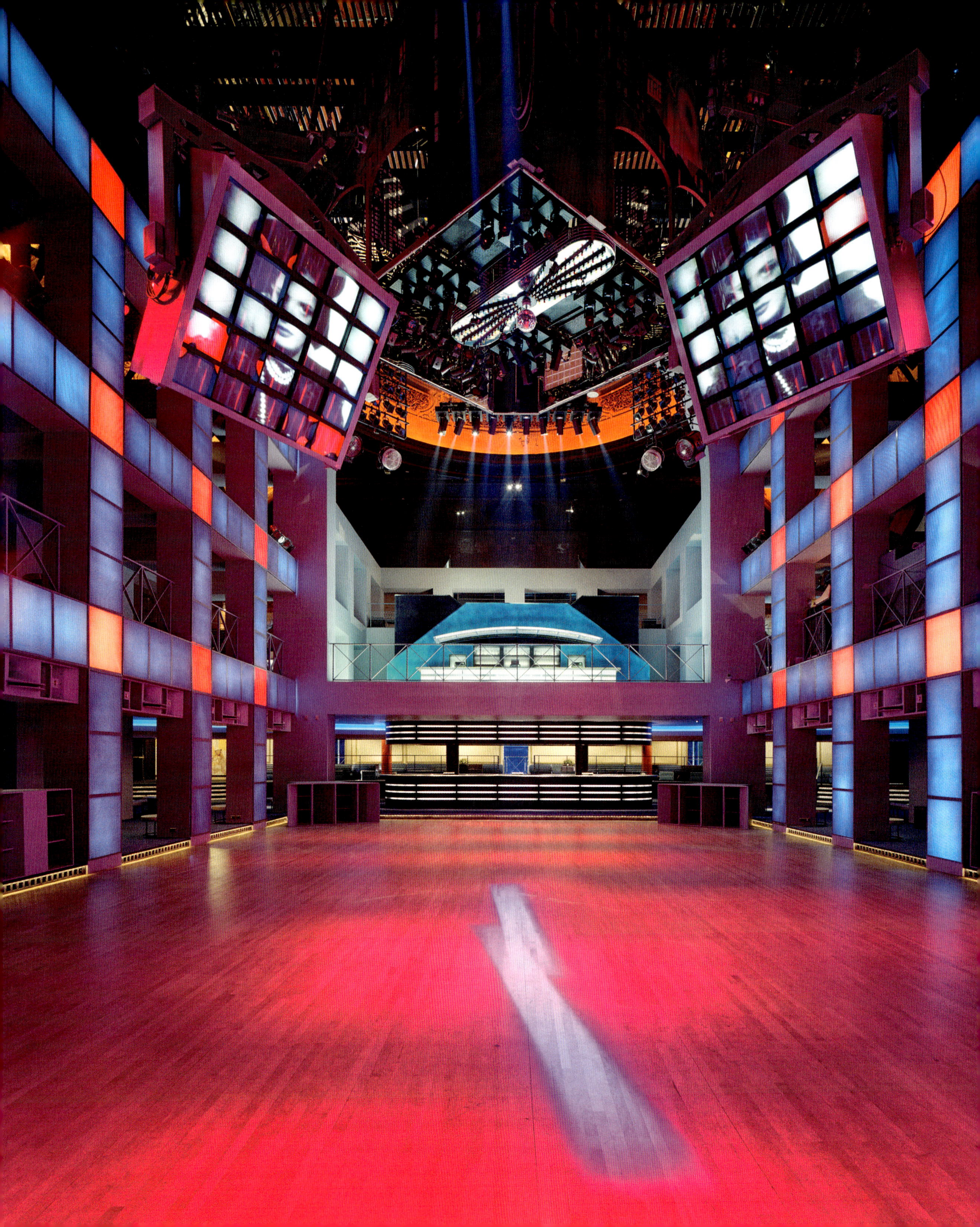

IV

PROTECT
ME
FROM
WHAT
I
WANT

149

(S. 148) Timothy Hursley, *Arata Isozakis Palladium, New York*, 1985

IV

„Bewahre mich vor dem, was ich will": Dieser Satz leuchtet 1982 von einer Glühbirnen-Wand am New Yorker Times Square, hoch über den Autokolonnen, zwischen bunt blinkender Reklame für Musicals und Videorekorder. Die Stadt kommt wirtschaftlich wieder auf die Beine. Mit Ausstellungen wie der *Times Square Show* oder der *Real Estate Show* haben Jenny Holzer, Jean-Michel Basquiat und andere Künstler*innen zur Neubelebung des Viertels am Times Square beigetragen. Jetzt durchläuft es die Gentrifizierung. Zwischen den Werbeschaltungen aber hat der Public Art Funds Platz für Kunst reserviert. Jenny Holzers *Truisms* reißen der Werbung die Maske ab und enthüllen die paralysierenden Double Binds des Konsumkapitalismus. Für *Alles auf einmal* haben wir die Reklametafel am Times Square nachgebaut, und Jenny Holzer hat dafür ihre Arbeit neu interpretiert.

    Das Amalgam aus Verlangen und Drohung dient als Titel für dieses Kapitel, in dem es um Macht und Begehren geht und wie sie sich während der Postmoderne ändern. In seinem berühmten Buch *Überwachen und Strafen* beschreibt Michel Foucault 1975, wie in der Moderne die Hinrichtung von der Haftstrafe abgelöst wird. Im runden Panoptikon-Gefängnis sind die Zellen um einen Innenhof angeordnet, niemand bleibt ungesehen. Zoe Zenghelis' Entwurfszeichnung für einen Gefängnisumbau in Arnheim für Rem Koolhaas' Büro OMA zeigt genau so ein Panoptikon. Foucault dient das Panoptikon als Metapher für die „Disziplinargesellschaft", in der alle die Macht in ihren Körpern tragen und gegenseitig und an sich selbst die Einhaltung der Normen überwachen. Die Aufgabe des Philosophen sieht er darin, die Griffe der Macht von den Körpern zu lösen und ihr eigene „Selbsttechniken" entgegenzustellen.

    Im Erscheinungsjahr von *Überwachen und Strafen* probiert Foucault zum ersten Mal die populäre Selbsttechnik LSD. Auf einem nächtlichen Ausflug ins Death Valley genießt er am Aussichtspunkt Zabriskie Point die psychedelische Droge zur experimentellen Musik von Charles Ives und Karl-Heinz Stockhausen – „eine der wichtigen Erfahrungen meines Lebens", wie er im ausgestellten Brief seinen Gastgebern dankt.

    Neue Selbsttechniken florieren in den Jahren um 1980 auch auf den Tanzflächen der Clubs: dem Studio 54, dem Blitz Club in London, und später dem New Yorker Palladium. Dessen spektakuläre, von dem postmodernen Architekten Arata Isozaki in ein altes Theater gestemmte Rasterarchitektur aus riesigen Leuchtwürfeln bildet in der Ausstellung ein Portal, hinter dem Beats wummern und man den Clubgänger*innen von damals begegnet. Auch auf der Tanzfläche sehen alle einander, und der Beat endet nie, seit das DJ-ing erfunden ist: Disco treibt die Menge in Richtung eines immer weiter hinausgezögerten Höhepunkts. „Eine Dusche aus Technologien bringt ständig neue Begierden hervor", beschreibt es Isozaki im Architekturmagazin *Domus*, und die Journalistin Gini Alhadeff erklärt: „Es ist wie der erste Schultag, nur nachts, und in einer Klasse mit 3000 Schülern. Das ist Entertainment in der post-orwell'schen Metropole."[1] Interessant, dass die Überwachungsmetapher so nahe liegt. Waren Gefängnis, Schule und Fabrik die Architekturen der Disziplinargesellschaft, so ist die Disco eine Architektur der Kontrollgesellschaft, wie sie Gilles Deleuze 1990 in Abgrenzung zu Foucault beschreibt: „In den Disziplinargesellschaften hörte man nie auf anzufangen (von der Schule in die Kaserne, von der Kaserne in die Fabrik), während man in den Kontrollgesellschaften nie mit irgendetwas fertig wird."[2] In der Kontrollgesellschaft ist nicht mehr der Körper bestimmend, sondern der Code.

Der Körper aber wird zunehmend zum Material, das in Form gebracht und ins Bild gesetzt wird: Arnold Schwarzenegger erklärt den eigenen Körper zur Skulptur und sich zum Bildhauer, und Jane Fonda macht Aerobic zum Massensport. Soziale Codes verändern sich. Offen schwul zu sein, bis 1967 in Großbritannien noch strafbar, ist immer weniger gefährlich, auch dank der Lockerung von Geschlechterrollen, wie sie David Bowie oder Grace Jones vorleben.

Im Londoner Blitz Club feiern mittellose Hausbesetzer*innen aus der Punk- und der New-Romantics-Szene, die sich jede Dienstagnacht mit neuen Kostümen überbieten. Unter ihnen sind kommende Stars wie Boy George, der spätere Hutdesigner der Queen Stephen Jones, die Bands Spandau Ballet und Visage. Visage-Frontmann Steve Strange macht den Türsteher und weist Mick Jagger ab, weil er nicht hinreichend verkleidet ist. David Bowie wirbt hier Darsteller für sein Musikvideo *Ashes to Ashes* an. Während die neoliberalen Reformen von Margaret Thatcher und Ronald Reagan die soziale Spaltung vorantreiben, sind für kurze Zeit die Grenzen zwischen Ruhm und Armut durchlässig, und die Währungen, mit denen der Grenzübertritt bezahlt wird, sind kulturelles Wissen und Style. Gesellschaftlicher Status hängt nun weniger davon ab, dass man die Regeln einhält, als davon, dass man neue erfindet.

[1] *Domus* Nr. 666, November 1985: „The Palladium: Immaterial Building": „A shower of technologies gives birth to successive desires": „It's like the first day at school, only at night, and in a class of 3000. That's entertainment in the post-Orwell metropolis."

[2] Gilles Deleuze, Postskriptum über die Kontrollgesellschaften, in: ders., *Unterhandlungen. 1972–1990*, Frankfurt a. M. 1993, S. 257.

The AGE of SELF by Robert Wyatt
RAISE your BANNERS HIGH
by
The Grimethorpe Colliery
Brass Band
& G.C.H.Q. Trade Unions
with 7:84 Theatre Co. England

MERICAN PSYCHO
BRET EASTON ELLIS

PARCO 1977 SUMMER

2

Robert Wyatt /
The Grimethorpe Colliery
Brass Band & G.C.H.Q.
Trade Unions With 7:84 Theatre
Co. England – *The Age Of Self /
Raise Your Banners High*,
1985

3

Godfrey Reggio,
Filmstill aus
Koyaanisqatsi,
1982

4

Jane Fonda,
Workout,
1970er-
Jahre

5

Rainer Werner
Fassbinder,
Filmstill aus
*Querelle, Ein Pakt
mit dem Teufel*,
1982

6

Sheila Rock, Visage
(Rusty Egan, John McGeogh,
Barry Adamson, Billy Currie,
Dave Formula, Steve Strange,
Midge Ure) vor dem BLITZ,
1978

7

Timothy Hursley, Arata Isozakis Palladium, New York, 1985

8

Bret Easton Ellis, *American Psycho*, 1991

9

Simeon Wade, Michel Foucault und Michael Stoneman im Death Valley, Mai 1975

10

Elliott Erwitt, *Arnold Schwarzenegger at the Whitney Museum*, New York City, 1976

11

Harumi Yamaguchi, *Parco*, 1977

12 Michel Foucault und Simeon Wade
im Death Valley, Mai 1975

28 Januar

Dear Simeon,

Thank you for your letter. I enjoyed a lot hearing from you and your recent experiences. I had a rather bad time last fall; I could not come through my book about sexual repression. I hope that I know now how to work it out. Anyway, I'll apply for a sabbatic year, and then I'll have plenty of time. A part of which I'll spend in California. I am supposed to visit Berkeley and teach there next fall. Of course I'll visit you in Claremont.

I am anxious to read your book about Death Valley and our trip. It still remains for me one of my great experiences.

Do you still intend to visit Europe next summer? Give my friendly regards to Michael. With much affection

Michel

Thousand thanks for the Malcolm Lowry book. Lowry is really the greatest.

13 Brief von Michel Foucault an Simeon Wade,
28. Januar 1976

PROTECT ME FROM WHAT I WANT

14. General Idea, *Pasta Paintings: Sans titre (Mastercard)*, 1986/87

15 Jean-Paul Goude in Kooperation mit Antonio Lopez, *Konstruktivistisches Umstandskleid*, 1980

16 David Lynch, Filmstill aus *Eraserhead*, 1977

17 John Barrett, *Studio 54*, 1978

18 Ron Galella, *Andy Warhol und Grace Jones im Studio 54 bei der Premierenparty für Grease, 13. Juni 1978*

19 Adam Scull, *Andy Warhol und Lillian Carter im Studio 54, 1977*

20 Ron Gallela, *Geburtstagsfeier von Grace Jones im Studio 54, 1978*

21 Roxanne Lowit, *Victor Hugo im Studio 54, 12. September 1978*

ALLES AUF EINMAL. WAS LERNEN WIR HEUTE AUS DER POSTMODERNE?

Eva Kraus

Mir selbst ist die Postmoderne als salonfähiges Modell erstmals in meinem Studium an der „Angewandten" in Wien begegnet – eine Kaderschule und Hochburg des Starkults in den 1990er-Jahren. Paolo Piva und Ron Arad waren meine Lehrer. Exklusiv war es dort, kapriziös ist es zugegangen. Hans Hollein ist in diesem Kontext als langjähriger Professor und unangefochtene Architektur-Ikone zu nennen – und als solche gerierte er sich auch. Kaum ein*e Meisterschüler*in – weiblich oder männlich und ja, so hießen wir tatsächlich – entkam seinen beharrlichen Korrekturen ohne anschließende Tränen. Die italienische Designszene ging damals ein und aus, darunter Alessandro Mendini oder Ettore Sottsass. Wolf Prix von Coop Himmelb(l)au lud für die sogenannten Reviews internationale Koryphäen ein, besonders die Kalifornier – ob es Thom Mayne oder Frank O. Gehry waren –, selbst an Arata Isozaki erinnere ich mich. Es wurden viele internationale Größen beschäftigt, Karl Lagerfeld und Jil Sander hatten in den 1980er-Jahren kurzzeitig eine Professur in Wien. Unvergesslich bleibt Vivienne Westwood bei der Diplombegehung – es muss im Januar 1991 gewesen sein – im hautengen, transparenten Kleid (ohne viel darunter), zwischen ausschließlich (für mich) alten Männern im schwarzen Anzug. Später kam Zaha Hadid dazu, auch sie konnte ihre Diven-Rolle in Wien besonders gut ausleben. Denn das war Usus.

An der Hochschule war man sich in Architekturkreisen einigermaßen einig, dass die Postmoderne anfing, als sich der Blick von der Hochkultur dem zuwandte, was in Amerika als „Vernacular" bezeichnet wird: Las Vegas mit seinen Agglomerationen der Stile und pseudoluxuriösem Kulissenbau, mitten in der Wüste. Denise Scott Brown ist 1968 erstmals mit ihren Studierenden aus Yale in diese Hochburg der Banalitäten gefahren, um daraus zu lernen. Faszinierend für mich als junge Weltreisende war 1989 vor allem ein inszenierter Sonnenuntergang, der sich alle halbe Stunde in einem italienischen Restaurant in der Nähe der berühmten Hotels wie dem Caesars Palace am Strip vollzog und das überaus beliebte Etablissement in einen rot gleißenden Sonnenuntergang vor Dolce-Vita-Kulisse tauchte. Kitsch allein taugt nicht zur Kategorisierung als Postmoderne, aber die reziproken Auswirkungen sind interessant. Die italienische Klassik, von der Las Vegas damals überschwemmt war, wurde den Studierenden also nicht über die Reise nach Rom oder historische Architekturfibeln nähergebracht, sondern über ihre schlechte Reproduktion. Aber vielleicht erkannte Denise Scott Brown, die sich im Klassizismus sehr gut auskannte, als Erste einfach das ungeheure Potenzial des Populären darin. Auf dem Umweg über die „low culture" bahnte sich die Antike so jedenfalls ihren Weg zurück in die allgemeine Wahrnehmung und von dort bis in die hohe Schule des Establishments.

ITALIEN

Italien war für die Postmoderne ein Dreh- und Angelpunkt. Veritable Möbelhersteller ermöglichten die große Modifikation des Designsektors. Zaghaft, aber bestimmt begann auch hier die Loslösung von der Moderne. Dem Diktat der Standardisierung wollte man sich nicht länger unterordnen, farbenfrohe Utopien belebten den Markt. Das MoMA würdigte schon 1972 Italien als „The New Domestic Landscape" mit ihren kunststoffbasierten Wohnlandschaften. Nach kritischeren Tendenzen wie dem Radical Design der 1960er-Jahre mit seiner noch konsumkritischen Ausrichtung diktierte der neue Luxushunger des Westens den Markt, und die italienische Schule bediente diesen mit stets neuen, exzeptionellen Überraschungen. Ettore Sottsass' berühmte Schreibmaschine *Valentine für* Olivetti aus dem Jahr 1969 wurde damals zum Inbegriff einer neuen Ära. Abseits funktionalistischer Geräte entwickelte das Ausnahmetalent aber auch wunderbare Keramiken, Objekthaufen oder große Säulen, magische Skulpturen zwischen Totem und Tabu, esoterische Momente. Insbesondere *Chiara di Luna*, eine weiß-türkisfarbene Vertikale, die halb vom Mond beschienen scheint. Voller Poesie und Kosmos – Jahre bevor er mit seinen Projekten in heiterere Sphären zu driften begann. Oder die überbordenden Landschaften aus *The Planet as Festival*, wie Sottsass 1973 eine Serie von Zeichnungen nannte, Werke lustvoller Fantasie.

Ein kurviger Sessel von Gaetano Pesce mit dem Spitznamen „Big-Mama" und Sitzkomfort wie in Abrahams (oder Mamas) Schoß. Innovativ dabei war die Vakuumverpackung, aus der nach dem Öffnen ein aufblasbares Gebilde entsprang, das dem Zeitalter der Bubbles zu einer weiteren Ikone verhalf. Zu dessen 50. Jubiläum entwickelte der Designer ein mit Nadeln versehenes Blow Up als demonstrative Selbstanklage, das im Nachgang einer feministischen Kontroverse um ihre patriarchale Form vor dem Mailänder Dom präsentierte wurde. Mit der *Poltrona di Proust* aus dem Jahr 1978 gelang Mendini ein einmaliger Coup. Pointillistischer Impressionismus überzieht gepolsterte Bequemlichkeit, gepaart mit Referenzen an den großen Romancier und das Ancien Régime. Die Appropriation führt ihre beliebige Verfügbarkeit vor – und es verschmolzen verschiedene Meisterwerke in einem Objekt. Beim Sofa *Kandissi* aus dem Jahr 1978, eine Jumelage aus Wassily Kandinskis geometrischer Abstraktion und historischen Formen des Biedermeiers, interagieren in einer wilden Mischung gemusterter Stoff und bunten Zeichen. Mendini vertrat Ende der 1970er-Jahre die Gruppe „Alchimia", deren alchimistische Variationen, ihre sogenannten Re-Designs, der langweiligen Standardware immer neue Stilmixe bescherten und emotionsloser Massenware individuelle Unikate entgegenstellten. Im Gegenzug gründete Sottsass 1980 „Memphis". Eine heitere Jungdesigner*innengruppe, deren Name von der altägyptischen Königsstadt und dem Geburtsort Elvis Presleys stammte – womit die Spannbreite der Referenzen ausreichend beschrieben ist. Auch hier wurde mit bewusst generischen Oberflächenlaminaten Designgeschichte geschrieben. Außergewöhnliche Namensgebungen gehörten mit zur Idee. Lampen wie *Tahiti* (Sottsass), *Oceanic* (Michele de Lucchi) und *Super* in Form rollender Igel (Martine Bedin) oder schwere Möbel wie *Tartar* (Sottsass) mokierten sich augenscheinlich über das Hightech der 1970er-Jahre. Eine Ikone der Hybridität ist der *Tawaraya Ring* von Masanori Umeda, ein wie ein Boxring gestaltetes Doppelbett aus den ersten Präsentationen von „Memphis". Eine riesige Liegewiese, aufgebaut nach dem System des japanischen Tatamimatten-Raums, kombiniert mit westlicher Formensprache für den intellektuellen Schlagabtausch, so der Designer. Dieses ungewöhnliche Möbel befand sich später im persönlichen Besitz von Karl Lagerfeld. „Alchimia" und „Memphis" ging es – auch wenn sie miteinander konkurrierten – in ähnlicher Weise um die Durchdringung von Alltagskultur und Design. Diese visuellen Trigger unseres kollektiven Gedächtnisses waren nicht nur marketingtechnisch schlau gesetzt. Humor und gute Laune wurden zum Stilmittel, die Abwendung von der Funktionalität, das Antidesign oder das Feiern von Banalitäten zur Strategie. Alessi verpflichtete für seine Serie „Tea & Coffee Piazza" viele bekannte Architekt*innen, jeweils ein Silberservice zu gestalten. Wolkenkratzer oder Flugzeughangars im Miniaturformat wurden zu Milchkännchen und Zuckerdosen, Banalitäten und schnöde Gebrauchsobjekte zu validen Manifesten. Dieses „Beiwerk" kanonisierte den Stil der Postmoderne auf den Esstischen der westlichen Upper Class, und Michael Graves' Wasserkessel eroberte sogar die Schulbücher – für profanes Design eine Meisterleistung. Luciano Benetton und der Fotograf Oliviero Toscani revolutionierten in den 1980er-Jahren mit gesellschaftskritischen, mitunter zynischen Kampagnen, bei denen der Skandal vorprogrammiert war, die Modemarke. Schockiert war man von riesigen Werbeplakaten mit einem blutverschmierten Neugeborenen oder einem ausgemergelten, bettlägrigen Aidskranken beim augenscheinlichen Abschied im Kreise der Familie. Heute würde man diese politisch so gar nicht korrekten Bilder kaum mehr präsentieren – damals verhalfen sie United Colors of Benetton zum Welterfolg.

FRANKREICH

In Frankreich herrschte weiterhin der Funktionalismus vor, wenn auch eleganter als anderswo. Roger Tallon, bei dem ich 1992 für ein Gastsemester studierte, gestaltete den TGV, und Philipp Starck verdankte seinen Durchbruch interessanterweise seiner stromlinienförmigen Zitronenpresse, die kurz nach ihrem Erscheinen zum Kultobjekt der 90er-Jahre avancierte. Man traf den Designer in dem von ihm gestalteten Café Costes unmittelbar beim Beaubourg. Die französische Kulturnation schuf sich mit dem Centre Pompidou ein signifikantes Wahrzeichen und eine unvergleichliche Demonstration für ihr Bekenntnis zur Kunst – ein Tempel der Macht, nur in anderem, bescheidenerem Kleid, mit seinem auf die Fassade gesetzten Maschinenraum. Diese herrliche Umkehrung von Service und Repräsentation von dem kongenialen Duo Renzo Piano und Richard Rogers wurde 1977 für die Massen eröffnete. Was dagegen mit maßlosem Machtproporz passieren kann, mag man sich im Pariser Vorort Noisy-le-Grand bei den in atemberaubenden Maßstab von Ricardo Bofills ab 1978 errichteten *Espaces d'Abraxas* ansehen, einem gigantomanischen, theatralen Gebäudekomplex, übersät mit repetitiven Stuckaturen, wunderbar geeignet als futuristische Filmkulisse.

22 Vivienne Westwood und Malcolm McLaren, 8. Juni 1977

23 Vivienne Westwoods Geschäft SEX, King's Road, London, 5. Dezember 1976

24 Grace Jones beim Neujahrskonzert in Australien, 1980

Ansonsten befand sich Paris in der Hand der Modeindustrie. Paco Rabanne gehörte zu den ganz Großen seiner Zeit. Seine handwerklich meisterhaft entwickelten, auf Metallelementen basierenden Minikleider versprühen bis heute ungeheuren Sex-Appeal. Exzeptionell sind seine Kostüme für *Barbarella*, einen Film mit der späteren Fitnesskönigin Jane Fonda, dem man heutzutage Sexismus vorwerfen und empört ungeschaut lassen könnte. In jungen Jahren war für mich Martin Margiela mit seiner geschlechtsneutralen Garderobe und den seit 1989 regelmäßig wieder aufgelegten, weiß übertünchten Tabi-Boots herausragend. Der Twists zwischen Minimalismus und Radikalität – von mir eine ganz persönliche Leidenschaft.

JAPAN

Issey Miyake schickte Naomi Campbell in jungen Jahren auf den Laufsteg und ließ schon 1976 im Seibu Theater in Tokio zwölf Schwarze Frauen dauerperformen. Unter ihnen Grace Jones, die in seinem außergewöhnlichen Bustier auch 1980 bei einem Neujahrskonzert in Australien auftrat. Er beherrschte grandios die visuelle Mischung aus East & West, aus einer im ästhetisch sehr dogmatischen Kontext bisher ungesehenen Farbenfreude, kombiniert später mit seinem technisch perfektionierten, neu entwickelten Plissee. Den Entwürfen ist der weltumarmende Gestus des Modedesigners abzulesen, und kombiniert mit höchster Präzision entstand ein wahrer, multikultureller Trend, bestechend über Jahrzehnte. Die Grande Dame der japanischen Mode ist jedoch bis heute Rei Kawakubo. Sie gründete im Jahr 1969 „Comme des Garçons" als bis heute international extrem erfolgreiches Label. Seither präsentiert sie ohne müde zu werden raffinierte Kombinationen aus Tradition und Mainstream, im Spannungsfeld von Deformation und Asymmetrie. Exzentrik und Fröhlichkeit, das Überbordende und die Kontraste liegen dieser zurückhaltenden Dame aus Japan.

Um noch in Japan und seiner wegweisenden Architektur zu verweilen: Nach der hyperventilierenden Osaka-Expo 1970 steckte das Land im Innovationsrausch. Das städtebauliche Konzept sowie die schnell berühmt gewordene Festival Plaza lagen in der Verantwortung von Kenzo Tange. Ihre Verdichtung verdankte sie den frühen utopischen Konzepten und wuchernden Megastrukturen der Metabolisten. Aufblasbare Pavillons, riesige Kunstwerke, futuristische Roboter und sphärische Bürozellen lockten 65 Millionen Besucher*innen an. Heute kann man getrost sagen, dass dieses Weltevent weitaus fortschrittlicher war als vergleichbare Projekte im Westen. Die impulsgebende Insel ist bis heute ein sich aufgrund geringer Bauauflagen stark entfaltendes Paradies der Postmoderne, insbesondere die Millionenstädte strotzen vor Eklektik. Ein fantastisches Beispiel dafür ist das bizarre M2 Building aus dem Jahr 1991 von Kengo Kuma in Tokio. Eine riesige ionische Säule thront über einem ehemaligen Autohaus, das mittlerweile ein Bestattungsinstitut ist. Überzeichnete Motive treffen auf Gigantomanie, Opulenz und Sinn fürs Detail werden hier virtuos vermischt. Das Gebäude ist, wie er selbst zugibt, eine „Jugendsünde" des heute weltweit renommierten, für nachhaltige Architektur bekannten Architekten. Meines Erachtens verdient dieser Beton gewordene Irrsinn respektvolle Anerkennung, ein einleuchtendes Zeugnis von Referenzialität in Reinstform. Auf ähnliche Weise hat mich das Caffè Bongo in Tokio schon immer fasziniert. Gestaltet von Nigel Coates 1986, schien in seine Fassade eine Düsenmaschine eingeschlagen zu sein, ein Fresko zierte die Decke, eine Gipskopie des homoerotischen *David* und die klassizistische Innenausstattung changierten zwischen Destruktion und Schönheit. In den Boden waren Vitrinen und kleine Guckkasten-Monitore eingelassen, die Fellinis *La Dolce Vita* spielten. Exzentrik par excellence.

GROSSBRITANNIEN

Schaut man nach Großbritannien, ist hingegen die Endzeitstimmung nicht zu leugnen, auf deren Nährboden der Punk entstand. Berühmt wurde das exzentrische Paar Malcolm McLaren und Vivienne Westwood. Zur Szene der Sex-Pistols gehörend, setzte insbesondere sie sich als Rebellin im Modesegment durch. Seit 1971 etablierte sich ihre Boutique – auch diese trug vorläufig den Namen SEX – in Londons nobelster Gegend Chelsea. Westwood wurde zur Anführerin der britischen Modeszene und Aktivistin zugleich. In ihren 1980er-Kollektionen kombiniert sie Trash und Erotik, viktorianische Stilelemente und Fotoprints, S&M-Leder mit Rüschen, fernöstliche Exotik mit Schottenmustern. Als Modeikone konnte sie das Interdisziplinäre zwischen historischer Eleganz und britischem Punk auf einzigartige Weise miteinander verbinden. Ihr wilder Stilmix riss die Grenzen zwischen Sub- und Hochkultur, zwischen Anarchie und Distinktionsbewusstsein ein.

Später zeigt sich eine solche Haltung im typografischen Bereich beispielsweise bei Neville Brody. In vollkommen neuartigen Kombinationen widmet er sich der individuellen Ziselierung jedes einzelnen Charakters seiner Alphabete. Grafisch entwirft er elektrisierende, manieristische Oberflächen zwischen Punk und Eleganz. Mit dem von ihm als Art Director gestalteten Magazin *The Face* hat er eine ganze Generation visuell beeinflusst. Für die Bundeskunsthalle entwickelte er 1991 die auf einem quadratischen Raster angelegte Hausschrift „Bonn" – eine zweidimensionale Verkörperung ihrer dreidimensionalen Architektur.

USA

In den USA beherrschte Andy Warhol die Popkultur. Raffinierter jedoch nahm uns die Pictures-Generation mit der Appropriation Art jegliche Illusion. Der freie Umgang mit Meisterwerken und deren Vervielfältigung als Ware veränderte die Wahrnehmung nachhaltig. Die Realität spielte sich in den Vereinigten Staaten vermehrt im Fernsehen ab. Die Mondlandung 1969 faszinierte und erschütterte die Welt zugleich. 1981 ging MTV an den Start und trat seinen Siegeszug für die Musikindustrie an. Eine Freundin meinte einmal zu mir, nachdem ich in den 1990ern jahrelang in New York gelebt hatte, dass ich das Land gar nicht kennen könne, weil ich nie einen Fernseher besaß. Jedoch weigerte ich mich, in dieser Parallelwelt zu leben. Extreme verschafften sich im Big Apple erstaunlich problemlos Dominanz und Platz. Philip Johnsons berühmtes AT&T-Building von 1979 schießt als Referenz an den britischen Tischler in Form einer langgezogenen Chippendale-Kommode in die Höhe und ist nur ein Beispiel dafür, dass sich nicht nur jegliche Proportionen verschoben, sondern auch hollywoodeske Superlative sich längst und selbstverständlich in amerkanischen Skylines verfestigt haben. Nach New Orleans bin ich eigens gepilgert, um mir die *Piazza d'Italia* von Charles Moore anzusehen, den Inbegriff einer Homage an seine Heimat voller Symbole und Zitate. Nur sind solche architektonischen Meisterwerke leider nicht vor Verwahrlosung geschützt, und ihr lustvolles Spiel ertrinkt in sozialen Missständen.

OESTERREICH

Mit Österreich und den schon erwähnten Vertreter*innen der späten Wiener Schule schließt sich der Kreis. Der Exzeptionalist Hollein entwarf nicht nur Kulturtempel im großen Stil wie das MMK in Frankfurt, sein berühmtes Tortenstück. Sein Gestaltungstalent umfasste Zeichnungen, freie Kunst, Design, Architektur und vieles mehr.

Das *Mobile Büro* etwa, eine aufblasbare und global installierbare Bürozelle für Workaholics *avant la lettre* – in Isolationshaft. Der goldgefasste Riss in der Fassade über einem Wiener Juweliergeschäft balanciert zwischen Luxus und Zerstörung als Gegenpol und Spannungsbogen. Mit seinem Österreichischen Verkehrsbüro und den exotischen Palmen unter gläsernem Tonnengewölbe reinszeniert er 1978 die Idee der Weltausstellung und bedient sich dabei bewusst kultureller Aneignung – ein heute stark infrage gestelltes Konzept. Damals erschien diese Mischung aus globalen Versatzstücken – selbst für mich, als in Wien sozialisierte Designerin – gar nicht seltsam, sondern als logische Weiterentwicklung nach der goldenen Secessionskuppel oder dem Zuckerbäckerstil der Donaumonarchie.

DEUTSCHLAND

In Deutschland ist die Suche nach Hochkarätigem aufwendiger. Die Gruppe „Des-in" war gesellschaftskritisch, aber nicht postmodern. Architektonisch ist die Staatsgalerie in Stuttgart von James Stirling aus dem Jahr 1984 zu erwähnen – bewundert und geschmäht zugleich –, zumindest ist sie eines der ersten Bekenntnisse in Deutschland zum unorthodoxen Umgang mit Farbe und Form am Bau. Unser Gebäude, die Bundeskunsthalle, wurde 1992 eröffnet und gilt als die monumentale Antwort Helmut Kohls auf das Centre Pompidou. Die vielen so herrlich verspielten Elemente verdanken sich nicht nur dem österreichischen Erbe des Architekten Gustav Peichl, sondern sind auch klar der Postmoderne zuzuschreiben. Ein Bau der Superlative, dessen Kritiker ihn unter anderem als Tempel, Moschee oder Karawanserei diffamierten. Zumindest behielten sie recht, was die Ambivalenz seiner Artikulation betrifft. Erst in den folgenden Jahren tat sich architektonisch mehr mit dem Transfer der Hauptstadt von Bonn nach Berlin und ihren Politzentralen, die um Machtrepräsentation und Deutungshoheit rangen. In den Interieurs hierzulande feierte man den Abklatsch von Luxus mit goldenen Wasserhähnen in Kombination mit viel transparentem Acryl. Die Nachkriegsgeneration steckte in einem stilistischen Dilemma, und viele gestalterische Entwürfe blieben unausgegoren. Spät rächte sich die politisch motivierte Schließung des Bauhauses in den 1920er- und 1930er-Jahren. In Deutschland existierte lange kein Nährboden für exzeptionelle Gestaltung, Resultat waren unentschlossene Imitationen internationaler Tendenzen.

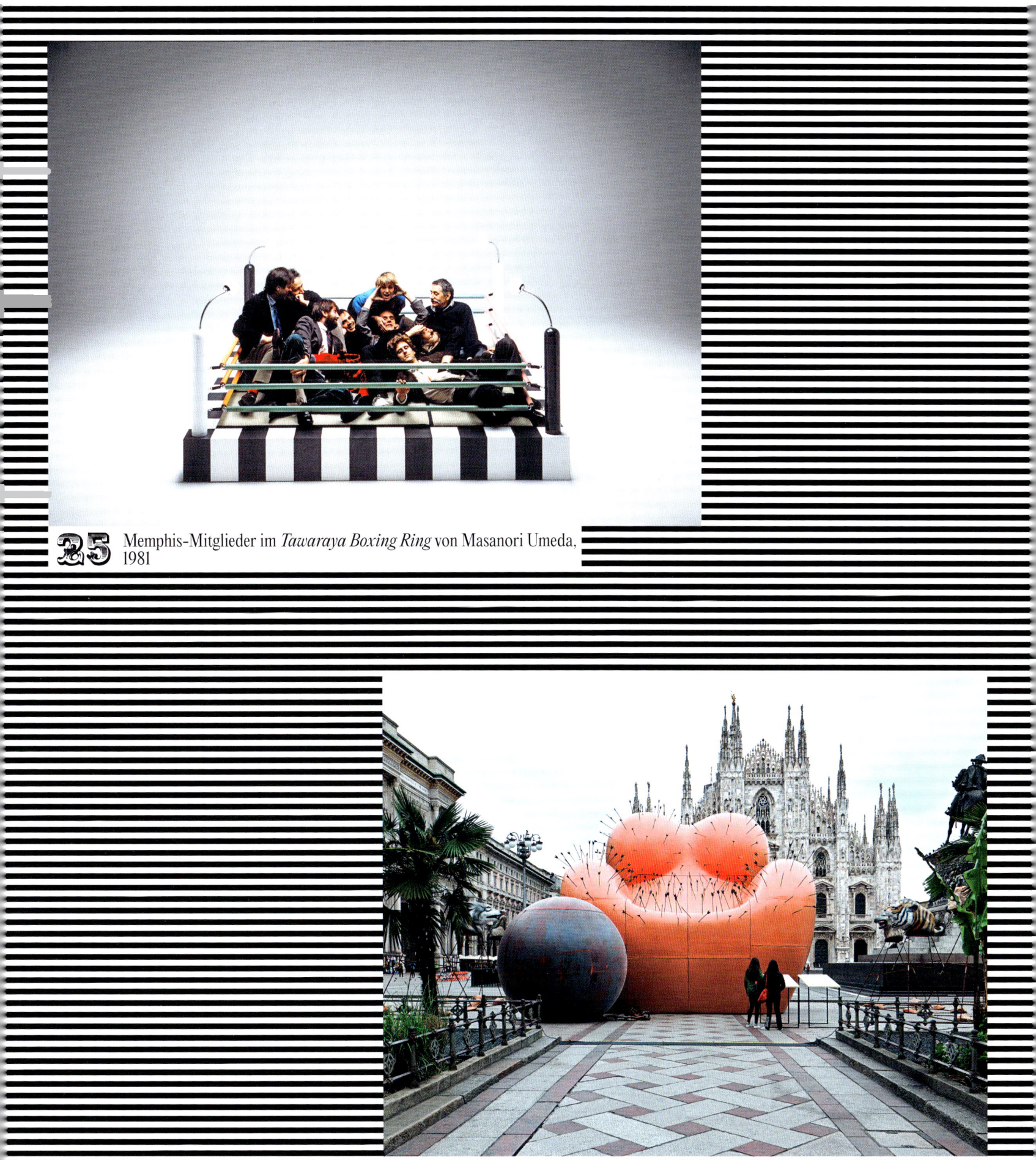

25 Memphis-Mitglieder im *Tawaraya Boxing Ring* von Masanori Umeda, 1981

26 Gaetano Pesce, *Maestà Sofferente*, 2019

28 Ettore Sottsass, *Chiara di Luna*, 1989

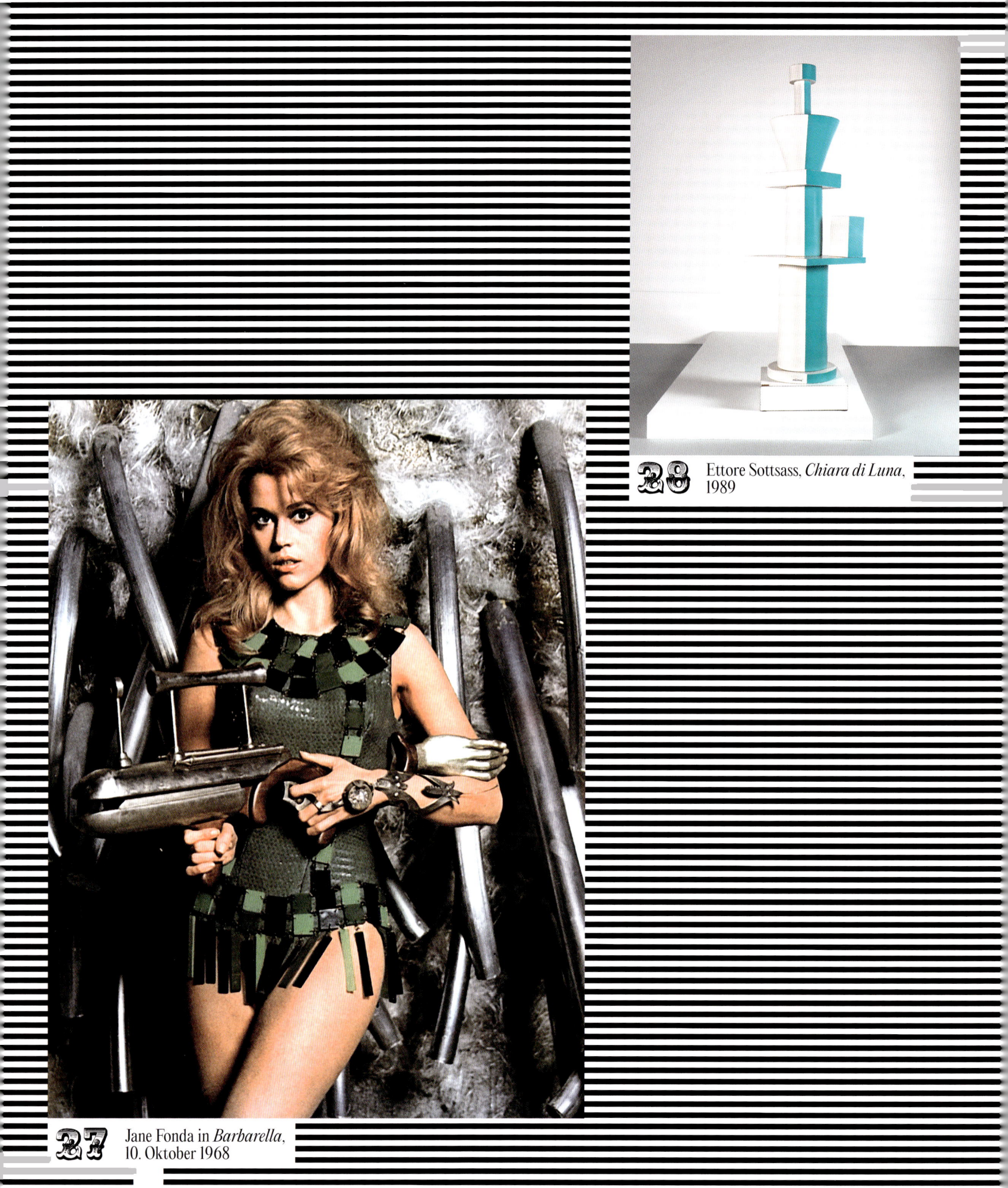

27 Jane Fonda in *Barbarella*, 10. Oktober 1968

Soweit meine persönlichen, exemplarischen Beobachtungen, über beeindruckende Momente und mir geschenkte, nachhaltige Einflüsse an den wichtigen Schauplätzen dieser Welt. Als junges Mädchen habe ich den großen Twist der Postmoderne nicht verstanden, auch ihre überbordenden Gesten nicht als subversive Strategien, als Auflehnung gegen eine pseudo-geordnete Welt, die mehr aus Schein als aus Sein bestand. Lange erschien mir die Postmoderne ohne Reflexion, ihre Entwürfe als ästhetische Eskapaden, oberflächlich, pures Dekor. Die Postmoderne ist der Historismus des 20. Jahrhunderts, und genauso nichtssagend und opulent erschien sie mir, konservativ und sogar orientierungslos in beliebig wirkenden Wiederholungsschleifen. Schon als Studentin sah ich die Implosion der Postmoderne vorprogrammiert – wenn man im Fazit meinen Ausstieg aus dem Designberuf benennen will. Ernüchterung oder Sättigungsgefühle ergaben sich meines Erachtens als Schlussfolgerung aus ihrer eigenen Maßlosigkeit, begleitet von der Dekadenz einer hochgezüchteten Spezies, die dem Luxus frönt. Gesellschaftlich muss man im Rückblick konstatieren, dass längst abgeschafft gemeinter Kolonialismus in der großen Privilegienvergessenheit jener Zeit munter weiterblühte. In der Kritik stehen heute der damalige Sexismus und Rassismus in strukturellem Ausmaß. Mir selbst ist vor allem Machismo begegnet.

Trotz aller Skepsis war es mir doch ein Anliegen, nochmals genau hinzusehen, versuchen zu verstehen, welch Aversion und Faszination zugleich die Postmoderne ausmacht. Ihre Paradoxien erkenne ich heute als produktives Ergebnis einer fordernden Zeit, Widersprüchlichkeit und Heterogenität kann ich als Qualität begreifen. Gesellschaftlichen Diskrepanzen eine Form zu geben, sehe ich mittlerweile als eine der spannendsten Aufgaben. Denn im Endeffekt geht es nicht um Geschmacksurteile, sondern um Referenzen, die gelesen werden wollen. Heute fasziniert mich der große Culture Clash – kosmopolitisch, dekadent und unbekümmert. Fast sorgenfrei wirkt dieses „Anything Goes", und neidisch kann man heute auf ungetrübte Freiheiten blicken. Die Postmoderne steckt voll von lustvollem Vermischen, Distinktion, Exzeptionalismus und Individualismus. Es entsteht bei mir eine neue Nostalgie dafür, und mit Erstaunen sehe ich die schier unendlichen Gestaltungsmöglichkeiten von damals. Meines Erachtens steht eine Revision steht an, eine Ergründung und Einordnung unserer visuellen Kultur, mit der viele der heutigen Mid-Ager aufgewachsen sind. Und es bleibt die Frage: Was lernen wir aus der Postmoderne? Ich plädiere für Respekt angesichts ihrer Fortschreibung und Würdigung von Geschichte. Die ins Visuelle umgesetzte Komplexität ist ein Geschenk. Alles wird in der Postmoderne durch Referenzen miteinander verwoben und weiterentwickelt. Alles wird aktiviert und gefeiert. Ein einziges Fest. Als gäbe es kein morgen. Es geht um alles, um alles auf einmal.

29 Hans Hollein, Schminktisch *Vanity*, 1982

„ICH HABE IMMER DARAN GEGLAUBT, DASS ARCHITEKTUR EINE KRITIK IHRER SELBST SEIN KANN."

Interview Kolja Reichert
und James Wines

Kolja Reichert:
Zeichnest Du immer noch jeden Tag?

James Wines:
Ja, ich bin vielleicht der letzte Architekt auf der Welt, der noch mit der Hand zeichnet. Im menschlichen Gehirn gibt es 225 Millionen Milliarden Verknüpfungen und damit unendlich viel mehr als im größten Computer der Welt. Das Gehirn arbeitet immer vertikal und horizontal gleichzeitig. Ich sage den Studierenden immer, dass Computer toll sind, sich aber besser zur Bestätigung eignen als für den Entwurf selbst. Während des kreativen Prozesses könnte ich niemals mit einer Programmiererin oder einem Programmierer im Nacken arbeiten.

Kolja Reichert:
Du hast in den 1960ern als Bildhauer in Rom gelebt, als Radical Design aufkam.

James Wines:
Ich kannte viele der Künstler und Architekten, die an den Anfängen der radikalen Architekturbewegung beteiligt waren. Zu der Zeit habe ich auch in SoHo gelebt, wo sich die internationalen Kunst- und Designszenen trafen. Ich hatte also viele der besten Environmental- Designer*innen gleich nebenan. Die meisten Protagonist*innen der Bewegung wohnten in einem Umkreis von zwei oder drei Häuserblocks. Jedes Mal, wenn eine/einer der radikalen Architekt*innen aus Rom zu Besuch nach New York kam – zum Beispiel Gianni Pettena oder Michele de Lucchi –, haben sie bei mir im Loft gewohnt und die Künstler*innen von SoHo kennengelernt. In meinem Studio begegneten sich die Vertreter*innen der radikalen Architektur und die New Yorker Szene. Deshalb habe ich mich auch so gefreut, als der Brief kam, in dem Du Deine Pläne für diese Ausstellung beschreibst. Mir war klar, dass sich hier endlich jemand aus einer übergreifenden Perspektive mit der gesamten postmodernen Bewegung befasst.

Kolja Reichert:
Wie muss ich mir SoHo in den späten 1960er-Jahren vorstellen?

James Wines:
In den 60er- und 70er-Jahren gab es eine große alternative Kunstszene. Dazu gehörten zum Beispiel die Judson Church for Performance, SoHo for Environmental Art und die Bowery für Film und Video. Es ging vor allem darum, dass viele rastlose Individuen raus aus den Kunstgalerien wollten und aus der konventionellen Art und Weise, wie Kunst gezeigt wurde. Jeder kreative Bereich hatte seine radikalen Beispiele. Dennis Oppenheim hat mit Pyrotechnik Explosionen in Kunstgalerien veranstaltet. Einmal hat es sogar gebrannt, und es gab einen Skandal wegen Verstößen gegen die Sicherheitsvorschriften. In den späten 1960ern und frühen 70ern musste man nur vor die Tür gehen und konnte nackte Künstlerinnen und Künstler auf der Straße performen sehen, überwacht von Polizisten. Diese Performance-Kunst war so wichtig, z.B. Vito Acconci und das Living Theater mit seinen Interaktionen mit dem Publikum. Nam June Paik, der großartige Videokünstler, hat direkt um die Ecke in der Mercer Street gewohnt, und wir haben uns oft unterhalten. Als Künstler, der mit der Marlborough Gallery arbeitete, musste ich mir die Frage stellen, warum all die Bilder an den Wänden und die Skulpturen auf Sockeln so langweilig geworden waren. Ich erinnere mich an eine Ausstellung von Claes Oldenburg in einer kleinen Galerie in der Nähe, in der 57. Straße. Seine Arbeit hat mir den Atem verschlagen. Das war, als er gerade mit seinen weichen Skulpturen anfing. Seine damalige Frau Patti Mucha nähte noch die ganzen Arbeiten von Hand zusammen, was die Grundlage war für seinen kreativen Prozess. Sie war selbst ein Genie. So wurde mir klar, dass meine Arbeit sehr altmodisch war. Ich bin in meine eigene Galerie zurückgerannt und habe dem Direktor erzählt, was ich gesehen habe und ihm gesagt, dass ich Oldenburg fantastisch finde und er einfach die ganze Ausstellung kaufen soll. Zu der Zeit konnte man kleinere Werke von Oldenburg für 300 Dollar bekommen. Mein Händler ging in die Ausstellung, sah sich um und sagte mir, er fände nicht, dass Claes' Arbeiten RICHTIGE Skulpturen

30 SITE (James Wines), *Indeterminate Façade, Houston TX*, 1974

seien. Ich glaube, diese Kategorisierungen sind das, was in der Kunstwelt am schwierigsten zu begreifen ist. Ich habe noch vor mir, wie die Leute sich damals bei Performance-Veranstaltungen angeschrien haben: zum Beispiel bei den Happenings von Allan Kaprow. Ich weiß noch, wie die Menschen sich darüber aufgeregt haben. Es gab immer diese aggressive Bewertung – das ist keine RICHTIGE Kunst, kein RICHTIGES Theater, keine RICHTIGE Architektur. Am Ende ist dieser Widerstand gegen Veränderungen das erste Anzeichen dafür, dass gerade etwas konzeptuell Bedeutendes passiert.

Kolja Reichert:
Hast Du Dich mit Gordon Matta-Clark ausgetauscht, als er 1974 *Splitting* machte?

James Wines:
Wir haben uns nicht nur ausgetauscht, wir waren direkte Nachbarn. Wir haben uns immer gestritten. Gordon hat mich zum Beispiel gefragt, warum ich mich mit dieser krassen, kommerziellen Welt einlassen will. Und ich habe ihm erklärt, dass das nun mal mein Material war. Dass ich es nicht bejuble, sondern kritisiere, dass ich überraschenden Humor und sardonische künstlerische Kommentare in diese Welt der Einkaufszentren bringe.

Dann habe ich Gordon gefragt, warum er Gebäude zerschneiden will, die sowieso zum Abriss bestimmt sind. Während unserer Gespräche habe ich immer besser verstanden, dass seine Entscheidung, abbruchreife Gebäude zu zerschneiden und zu zerlegen, ein grandioser Akt des „Erhalts durch Zerstörung" war. Denn indem er diese Bauwerke zerschnitten hat, hat er den Abfall der Vorstädte in Environmental Art verwandelt. Am Anfang hat niemand verstanden, was wir beide gemacht haben. Die Leute dachten, wir sind verrückt ... und wenn man sich das Ganze unter dem Aspekt zielführender Karriereentscheidungen anschaut, hatten sie wahrscheinlich recht.

Kolja Reichert:
Wie kamst Du von Skulpturen zur Gestaltung von Kaufhäusern?

James Wines:
Erstmal muss ich sagen, dass ich sie nicht wirklich gestaltet habe. Ich habe nur die Bedeutung des gewöhnlichen Archetyps der „großen Kiste" verändert. Diese Geschäfte hatten eine allgegenwärtige Gebäudeform, über die nie jemand nachdachte. Für mich waren sie unerschlossenes „Rohmaterial" für Kunst. Meine ganze kreative Absicht zielte darauf, konventionelle Gestaltungsprozesse zu

31 Gordon Matta-Clark, *Splitting*, 1974

umgehen, damit ich das transformieren könnte, was die Gebäude selbst ausmachte.

Friedrich Kiesler war in den 1960ern, in seinen letzten Lebensjahren, ein wertvoller Mentor und eine große Unterstützung für mich. Eines Tages sagte er zu mir: „Weißt du, James, deine Skulpturen sind gut, aber diese ganzen modernistischen und konstruktivistischen Sachen wurden schon gemacht. Abstrakte Kunst ist ganz schön altmodisch." Ich wachte also eines Morgens auf und gestand mir ein, dass er wohl richtig lag. Ich hatte mich schon immer für Kunst im Freien interessiert – vor allem für Architektur und öffentliche Räume –, und ich beschäftigte mich zunehmend mit Kontext als Thema.

Kolja Reichert:
Das Notch Building war Dein erstes Gebäude für den BEST-Konzern, richtig?

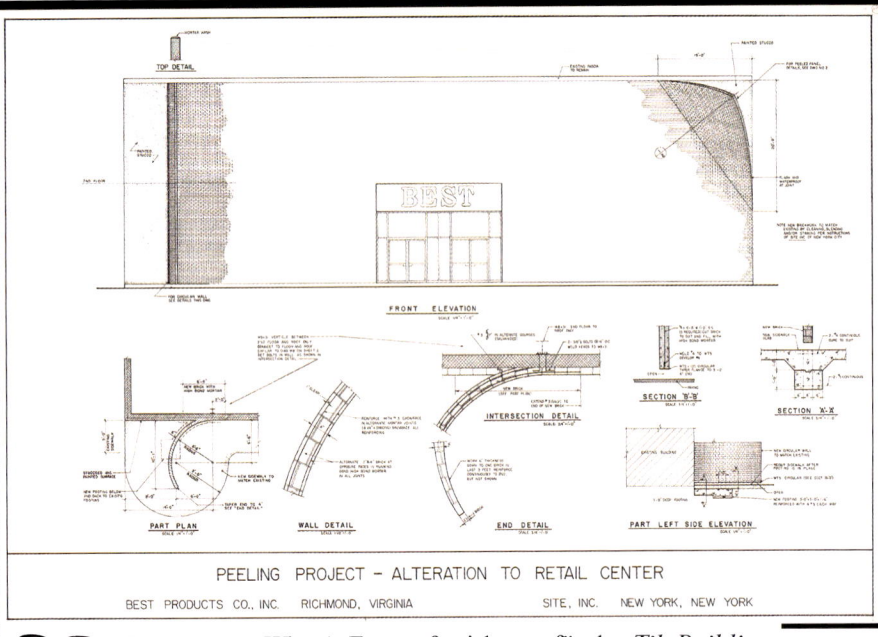

SITE (James Wines), Entwurfszeichnung für das *Tilt Building (Peeling Project)*, 1975

James Wines:
Naja, vor dem Notch gab es noch das Peeling-Projekt, eine Renovierung, und das Indeterminate Facade Building.

Kolja Reichert:
Wie kamst Du darauf? Wie hast Du diese Form entwickelt?

James Wines:
Der Eigentümer von BEST, Sydney Lewis, hatte meine frühen, neo-konstruktivistischen Skulpturen gesammelt. Weil er ein bedeutender Kunstsammler war, bekam sein Unternehmen viel Kritik für die hässlichen, klotzförmigen Läden. Ich glaube, ursprünglich wollte er, dass ich Skulpturen an den Fassaden der BEST-Märkte oder auf den Parkplätzen nebenan installiere. Das fiel aber genau in die Gründungszeit von SITE. Wir hatten uns als kleine Gruppe von Leuten zusammengeschlossen, die gemeinsame Interessen teilten: Umweltfragen, Nachnutzung, Collagierungen in Kunst im öffentlichen Raum, Kontextverschiebungen und Bedeutungsverschiebung von Bauten im öffentlichen Raum. Diese Ziele waren das genaue Gegenteil davon, Gebäude mit „Kunstwerken" zu verzieren.

Kolja Reichert:
Die abgebissene Ecke des Notch Building ist wirklich rausgefahren, stimmt's? Wie wurde das technisch umgesetzt?

James Wines:
Ich war fasziniert von der Idee einer puzzlehaften Architektur ... vor allem von der Vorstellung, dass Teile sich wirklich bewegen. Die gesamte

33 SITE (James Wine), *Kaufhaus BEST (Notch Project)*, Modell, 1977

James Wines:
Es gab auch einen Knopf zum Schließen. Eine witzige Anekdote in dem Zusammenhang ist, dass direkt neben dem BEST Notch Building ein Toys "R" Us lag, der am gleichen Tag offiziell Einweihung feierte. Die Attraktion eines Kaufhauses, das sich bewegt, hat dazu geführt, dass wohl über tausend Leute bei der Eröffnung von BEST Schlange standen und nur ganz wenige vor Toys "R" Us. Das hat die Vermutung von SITE bestätigt, dass die Öffentlichkeit sich für eine einzigartige architektonische Konstruktion interessieren würde, egal, ob die Menschen etwas von Kunst verstehen oder nicht.

Kolja Reichert:
Das ist die Doppelkodierung, die Charles Jencks für die postmoderne Architektur fordert: Gebäude, die gleichzeitig die breite Masse und die Expert*innen ansprechen.

James Wines:
Charles hatte recht. Letztlich verfügen alle ästhetisch bewundernswerten und auf ikonische Weise einprägsamen Kunstwerke über diese Dualität: Es handelt sich dabei um die Kombination eines lesbaren Narrativs mit einer unterschwelligen Kodierung, die ihre Betrachter auf mehreren Ebenen anspricht. Ob man an Vito Acconci denkt, an Joseph Beuys oder an David Lynch, sie alle hatten diese integrative, vielschichtige Sensibilität als Quelle ihrer kommunikativen Kräfte. Außerdem basierten alle unsere Arbeiten auf einer kontroversen Bildsprache, während das Publikum meist dachte, es wüsste, wie Kunst auszusehen hat. Menschen, die einen Film von David Lynch gesehen hatten, sagten zum Beispiel oft: „Das ist ein merkwürdiger Film, aber irgendwie hat er mir gefallen." Ich weiß noch, wie Bob Smithson und ich oft darüber diskutiert haben, dass Leute, wenn sie in eine Kunstgalerie gehen und die gewohnte Beleuchtung, die Sockel und die Rahmen sehen, kulturell so konditioniert sind, dass sie sich in die Rituale dieses konventionelle Umfelds fügen. Unwillkürlich übernimmt die kuratorische Regie, und man ist bereit alles, das in diesem Kontext auftaucht, als Kunst zu akzeptieren. Für einen Environmental Artist in den 1960ern lag der Spaß darin, dass nichts von dem, was wir taten, auf Vitrinenbeleuchtung, Ausstellungskataloge, wachsame Kunsthändler*innen oder schicke Rahmen angewiesen war. Die Herausforderung lag darin, jemanden dazu zu bringen, deine Arbeit an einem ganz normalen Ort zu bemerken, der mit Kunst nichts zu tun hatte. In der gesamten

Ecke des Gebäudes beweglich zu machen und sie vom eigentlichen Bauwerk zu trennen, schuf eine Kombination aus architektonischer Beweglichkeit, einem eigenständigen Kunstobjekt im öffentlichen Raum und einer Ruhezone für Fußgänger, alles auf einmal. Wir konnten zunächst keine Ingenieur*innen finden, die wussten, wie man ein so riesiges Gewicht mechanisch bewegen könnte. Als Kompromiss hat eine Führungskraft der BEST Products Company vorgeschlagen: „Machen wir das doch einfach aus Styropor." Ich habe das mit dem Hinweis abgelehnt, dass Styropor als gefaktes Material die gesamte Intention zerstören würde. Meine Empfehlung war: Wenn man es aus echten Betonblöcken baut, wird es die Menschen als einzigartiges architektonisches Phänomen beeindrucken, sowohl physikalisch wie ästhetisch. Zum Glück sind schließlich die Ingenieure*innen eingestiegen, die auch den Mondrover konstruiert hatten. Sie haben ausgetüftelt, welche Art von motorisiertem System wir brauchten, um das Gewicht, die Bewegung und das Gleichgewicht zu bewältigen. Das tolle Ergebnis war, dass die Mitarbeitenden der BEST Company einfach auf einen Knopf drücken konnten, und das Gebäude teilte sich. Das war ein irres Erlebnis für das Publikum.

Kolja Reichert:
Und wie konnte man es wieder schließen?

Kunstgeschichte war dieser Einsatz von Wegwerfmaterialien und der Idee inakzeptabler sozialer und kultureller Konventionen eine Quelle für lebendige Kreativität. Denk daran, wie Shakespeare Publikumsreaktionen als theatralen Kontrast zum Bühnengeschehen eingesetzt hat, so dass sowohl die Schauspieler*innen wie das Publikum mitreden und zur Handlung des Stücks beitragen konnten. Diese Gegenüberstellung von hoher Bühnenkunst auf der einen Seite und laienhaftem Kommentar auf der anderen hat eine Kollision erzeugt, die Energien freisetzte. In der Architektur haben sich Robert Venturi und Denise Scott Brown letztlich genau dafür eingesetzt, mit ihrer Begeisterung für Einkaufszentren, Casinos in Las Vegas und Werbetafeln als Beispiele für archetypische Vitalität: All diese Dinge wurden von den konservativen Verfechter*innen des modernistischen Designs verachtet. In Wirklichkeit gibt es in der Gebäudegestaltung nichts Sterileres und Langweiligeres als die endlose Wiederholung von ausgelaugten Stilen, die auf den engen, anerkannten Konventionen hoher Kunst beruhen.

Kolja Reichert:
Wer waren die Lewises, denen BEST gehörte und von denen die Aufträge kamen?

James Wines:
Sydney und Frances Lewis waren sehr besondere Mitglieder der Kunstszene. Sie haben unglaubliche Partys veranstaltet, bei denen sich die gesamte Kunstwelt in einer Hotelsuite traf. Das Wichtigste war, dass sie verstanden, dass man als Sammler*in niemals den Künstler*innen sagen sollte, wie sie arbeiten sollen. Ich weiß noch, wie ich Zeichnungen und Skizzen für meine Pläne für das BEST-Gebäude in Houston in Texas fertig hatte. Ein paar der leitenden Angestellten des Unternehmens waren von der ganzen Idee entsetzt und fanden sie lächerlich. Aus unternehmenstaktischen Gründen berief Sydney eine außerordentliche Vorstandssitzung ein, um zu verhindern, dass der aufkommende Widerstand aus dem Ruder lief. Es waren etwa 10 der wichtigsten Leute von BEST im Raum. Das Treffen begann tatsächlich damit, dass einer von ihnen prophezeite: „Wenn Sie so ein Gebäude bauen, wird kein Mensch jemals hineingehen." Das war sein Statement, und das hat alle weiteren Äußerungen beeinflusst. Sydney Lewis schrieb alle Kritikpunkte in ein kleines Notizbuch. Am Ende der Diskussion sagte er: „Bleib noch eine halbe Stunde hier, James, ich möchte mit Dir reden." Nachdem dann alle seine Führungskräfte den Raum verlassen hatten, nahm er sein Notizbuch, warf es in den Papierkorb und sagte: „Alles klar, James, wann fangen wir an?" Ich meine, das ist die Art von Auftraggeber, die man sich wünscht.

Kolja Reichert:
Wie fielen die Reaktionen in der Architekturwelt aus?

James Wines:
Ich weiß noch, wie *Architectural Record* von der Fertigstellung des Indeterminate Facade Building in Houston berichten musste. Als offizielles Designmagazin mit konservativen Standards hat man den gesamten Auftrag natürlich recht verächtlich angesehen. Witzigerweise gab es in der nächsten Ausgabe von *Architectural Record* Leserbriefe von all den empörten Architekt*innen, die sich beschwerten, wie verantwortungslos es sei, so ein Gebäude überhaupt zu besprechen, und behaupteten, dass es keine RICHTIGE Architektur sei. Einige bezeichneten es als „architektonische Abscheulichkeit". Ich wusste, dass Sydney und Frances Lewis diese Leserbriefe sehen würden, und hatte Sorge, dass ihre Reaktion das Ende meiner Karriere bedeuten könnte. Sydney rief mich nachmittags an, und das erste, was er sagte, war: „James, ich habe gerade die Briefe im *Architectural Record* gesehen. Ist das nicht toll?" Er hat die Situation geliebt, weil er die Macht der Kontroverse verstand. Ein anderer Aspekt, den sie glaube ich mochten – und es hat sich gezeigt, dass das eine sehr wertvolle Erkenntnis war –, war die Tatsache, dass der Öffentlichkeit die Arbeit gefiel, weil sie humorvoll und selbstironisch war. Sie machte sich über Architektur, Wirtschaftsunternehmen, Designtypologien und das Einkaufserlebnis in Amerika lustig. Sie hatte die Stärken großer Bühnenkünstler wie Liberace und Elvis Presley, die dem Publikum niemals ihr Ego oder ihre eigene Wichtigkeit unter die Nase gerieben haben, sondern entspannt auftraten und ihre Anziehungskraft daraus gewannen, dass sie sich selbst nicht zu ernst nahmen. Genau das ist auch mit der BEST Products Company passiert. Was wäre Oscar Wilde, mein persönlicher literarischer Held, ohne Humor? Was wäre Shakespeare ohne Humor?

Kolja Reichert:
Was wären gotische Kathedralen ohne satirische Skulpturen?

James Wines:
Ganz genau! Im 12. Jahrhundert gab es so viele Kirchenfassaden mit eingemeißelten Karikaturen von unbeliebten Bischöfen und Kardinälen.

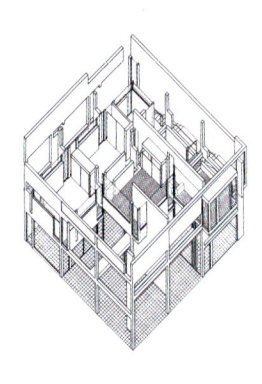

Es ist wirklich unglaublich, dass dieses Erbe von „Architektur als Kommunikationsmittel", als sozialer und religiöser Kommentar, so oft ignoriert wird, zugunsten von „reinem Design". Also wirklich!

Kolja Reichert:
„Pures Design" ist so ein männliches Konzept.

James Wines:
Ja! Der Beruf ist bis heute eine diskriminierend machohafte Tätigkeit. Schau Dir die Jahresberichte der Bauindustrie an über ihren endlosen Wettbewerb um den Bau gigantischer Wolkenkratzer. Ich habe schon lange das Gefühl, dass es hier um Bauherren geht, die sich in ihrer Männlichkeit und ihrem Selbstbild bedroht fühlen. Um das zu kompensieren, entwickeln sie die Besessenheit, die „größten Erektionen der Welt" zu erschaffen. Das offensichtlichste Beispiel für diesen machohaften Zwang sind Donald Trumps Wolkenkratzerambitionen.

Kolja Reichert:
Auf YouTube gibt es ein beliebtes Video, in dem Peter Eisenman die Arbeit einer Studentin scharf kritisiert. Die Kommentare unter dem Video sind voller Verachtung. Diese männliche Autorität scheint so überholt zu sein.

James Wines:
Interessanterweise hatten Peter und ich im Laufe der Jahre eine zurückhaltende und recht schwierige Arbeitsbeziehung, denn er hat meine Architektur natürlich gehasst und schien gegen alles zu sein, an das ich glaubte. Ich konnte immer sehen, wie unangenehm es ihm war, wenn eine Unterhaltung auf das Thema einer postmodernen Sensibilität kam. Er hat mich dann durch irgendeine herablassende Bemerkung oder indem er meine Ideen als wenig relevant abtat, wissen lassen, dass seine Ansichten meinen weit überlegen sind. Andererseits haben mir unsere Gespräche bei diversen Symposien Spaß gemacht, und ich habe ihn für seinen intellektuellen Scharfsinn und sein architektonisches Talent aufrichtig respektiert.

Kolja Reichert:
Wir zeigen Peter Eisenmans Falk House von 1970, und das wirkt sehr postmodern, wie ein abstraktes Muster aus Farben, das geschaffen wurde, um fotografiert zu werden, und nicht, um darin zu wohnen.

James Wines:
Das Komische ist, dass Peter seine „dekonstruktivistische" Vision der Architektur verfolgt und sich gleichzeitig gegen den Postmodernismus ausgesprochen hat. Er schien immer in den formalistischen Einflüssen von De Stijl und den Arbeiten von van Doesburg und Rietveld gefangen zu sein. Er hat eine avantgardistische Position beansprucht, indem er sich auf Derridas dekonstruktivistische Literaturanalysen bezog und Parallelen zu seiner eigenen Zerlegung, seinen Achsendrehungen und der Weiterentwicklung formaler Strategien zog. Ich persönlich habe ihm diese Vergleiche mit Literaturkritik nie abgekauft, und am Ende des Tages wurde dieser Einsatz von Fragmentierung in der Gebäudegestaltung selbst die Art stilistischer Konvention, die Peter als das Versagen des Postmodernismus kritisiert hat.

Kolja Reichert:
Wie kam es zu dem Wettbewerb für das MMK in Frankfurt?

James Wines:
Es fing damit an, dass SITE 1983 einen Entwurf für den Wettbewerb um das Museum für Moderne

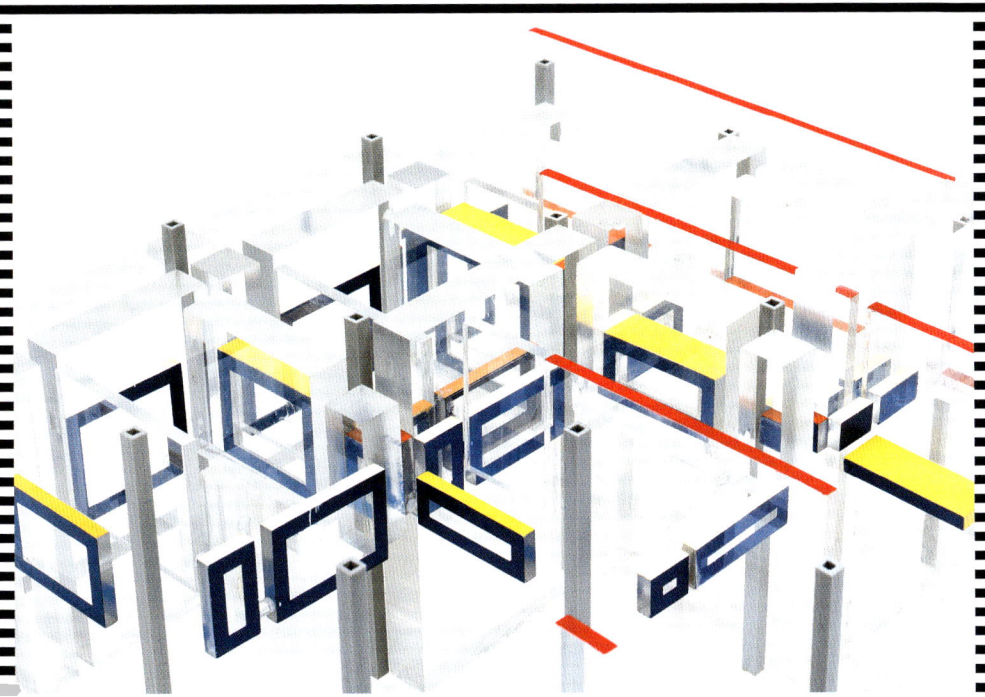

34 Peter Eisenman, Entwurfszeichnung für das *Falk House (House II)*, 1969

35 Peter Eisenman, Modell des *Falk House (House II)*, 1977

„ICH HABE IMMER DARAN GEGLAUBT DASS ARCHITEKTUR EINE KRITIK IHRER SELBST SEIN KANN."

Kunst in Frankfurt eingereicht hat. Das gesamte Areal war zerstört und nach dem Zweiten Weltkrieg neu bebaut worden. Es gab dort noch lange Überreste der alten Gebäude. Ich dachte, dass es architektonisch reizvoll wäre, diesen historischen Bezugsrahmen zu erhalten, auch wenn es sich um keine positive Erinnerung handelte. Die Form des Grundstücks hatte sich vom klassischen Raster zu einem Dreieck verschoben, deshalb sahen wir eine einzigartige ästhetische Herausforderung darin, den Verweis auf ein rechteckiges Gebäude auf ein dreieckiges Grundstück zu setzen. So konnten wir einen großen Schnitt durch die Gesamtstruktur schaffen und einen Bezug zwischen den Ausstellungshallen innen und dem Straßenraum außen herstellen. Der Entwurf von Hans Hollein ist eine formellere Interpretation. Der Ansatz von SITE war als umgekehrtes optisches Statement angelegt, das tatsächlich wie eine Verletzung der vorhandenen Form wirkte. Wahrscheinlich hat die Jury diese Strategie als anmaßend und als unsensiblen Umgang mit der kollektiven Erinnerung empfunden. Andererseits hat dieser konzeptuelle Ansatz die Frage aufgeworfen, wie viel lokale Geschichte Architektur sichtbar machen darf. Aus der Zeit, als ich in Italien gelebt habe, erinnere ich mich noch gut an die vielen provokanten Skulpturen an den Kirchenfassaden. Sie stellten oft scharfe Kritik an der Religion und ihrer Führungsriege dar. Für die Fassade von Santa Maria degli Angeli an der Piazza della Repubblica hat Michelangelo 1541 die Überreste eines Frigidariums der römischen Diokletianstherme wiederverwendet. Ich habe schon immer daran geglaubt, dass Architektur unterschiedliche Bedeutungen aus ihrer Umgebung in sich aufnehmen und sogar als Kritik ihrer selbst verstanden werden kann.

Kolja Reichert:
Eine der Fragen in unserer Ausstellung ist, was aus dem kritischen, geistesgegenwärtigen Spiel in postmoderner Architektur geworden ist. Venturi und Scott Brown haben im Prinzip gesagt, dass alles irgendwie in Ordnung ist. Jeder Ort ist in Ordnung. Jede Gestaltung ist in Ordnung. Jeder Mensch ist in Ordnung. Und alle sollten die Freiheit haben, ihre eigene Umwelt zu gestalten. Rem Koolhaas hat das wahre Wesen New Yorks im Vergnügungspark gesehen. Aber was passiert, wenn sich Disney das zu eigen macht? Mit dem hypertrophischen Swan Hotel von Michael Graves in Disney World? Dann gibt es kein Entkommen mehr.

36 SITE (James Wines), *Entwurfszeichnung für das Museum für Moderne Kunst*, Frankfurt, Skulpturengarten, 1982

James Wines:
Ich würde sagen, dass alle wichtige Kunst, egal wie skandalös oder kontrovers sie zu ihrer Zeit ist, die Kultur nur dann nachhaltig beeinflussen kann, wenn hinter ihr eine tiefere Bedeutung und eine progressive ästhetische Motivation stehen. Wie man an Venturis Vorliebe für kommerzielle Banalität und an Disneys Zelebrierung pubertärer Niedlichkeit sehen kann, ist es möglich, diese vielgescholtenen Artefakte neu zu bewerten, und zwar in Hinblick auf ihre offensichtliche Beliebtheit und ihre ikonische Beschaffenheit als Gestaltungsmaterial. Beiden Beispielen mangelt es aber an der entscheidenden konzeptuellen Tiefe und den nötigen Beweggründen, um sie als ernsthafte Weiterentwicklungen in der Kunst bezeichnen zu können. Das Schwierigste an diesem Argument ist, die Merkmale zu erklären, über die man Kunst überhaupt definiert, und belastbare Begründungen für den Begriff „Sensibilität" als Grundlage der Bewertung zu liefern.

Merkwürdigerweise merken wir als informierte Betrachtende sofort, wenn grundlegend neue Ideen – wie Venturi sie zum Beispiel in *Komplexität und Widerspruch* beschreibt – zu dem zuckersüßen Dekor verkommen, das so vielen Entwürfen der späten Postmoderne zu eigen ist. Vito Acconci war ein enger Freund von mir. Als er 2017 buchstäblich im Sterben lag und nur noch wenige Tage zu leben hatte, sagte er: „Weißt du, James, ich habe neulich verstanden, dass wir unser ganzes Leben damit verbracht haben, Künstler*innen gegen Architekt*innen und Architekt*innen gegen Künstler*innen zu verteidigen. Wir saßen immer in der Mitte und haben versucht, zwischen diesen beiden gegensätzlichen Kräften zu vermitteln." Wir schätzten beide Italien und waren uns einig, dass das Tollste an Rom war, dass die Gebäude mit uns sprachen und wir mit den Gebäuden. Ich habe eine komplette Vorlesung, in der es nur um Licht und Schatten in Italien geht. Schau Dir nur Borrominis Architektur an der Piazza Navona an und Berninis Skulpturen in Rom. Ihre Arbeiten waren meisterhafte Inszenierungen, die auf dem Einfangen von Sonnenlicht und seinem Einsatz mit maximaler Wirkung beruhten ... indem diese Lichtquelle auf den Oberflächen der Skulpturen flimmert und nichtendende Vielfalt von Illusionen und Assoziationen hervorruft. Heute ist skulpturale Architektur das Produkt computergestützter, formaler Vorgaben. Das führt zu riesigen wogenden Formen mit beleuchteten Teilen oben und Schatten unten. Ich hoffe, dass Eure Ausstellung in Bonn den Postmodernismus aus den oft engen und unzutreffenden Definitionen befreit. Und bin voller Zuversicht, dass sie das öffentliche Bewusstsein dafür stärken wird, wie diese Bewegung, wenn man die innovativsten Ansätze betrachtet, neue Auffassungen des Begriffs „Sensibilität" eröffnet hat.

37 SITE (James Wines), *Entwurfszeichnung für das Museum für Moderne Kunst, Frankfurt, Blick von Osten*, 1983

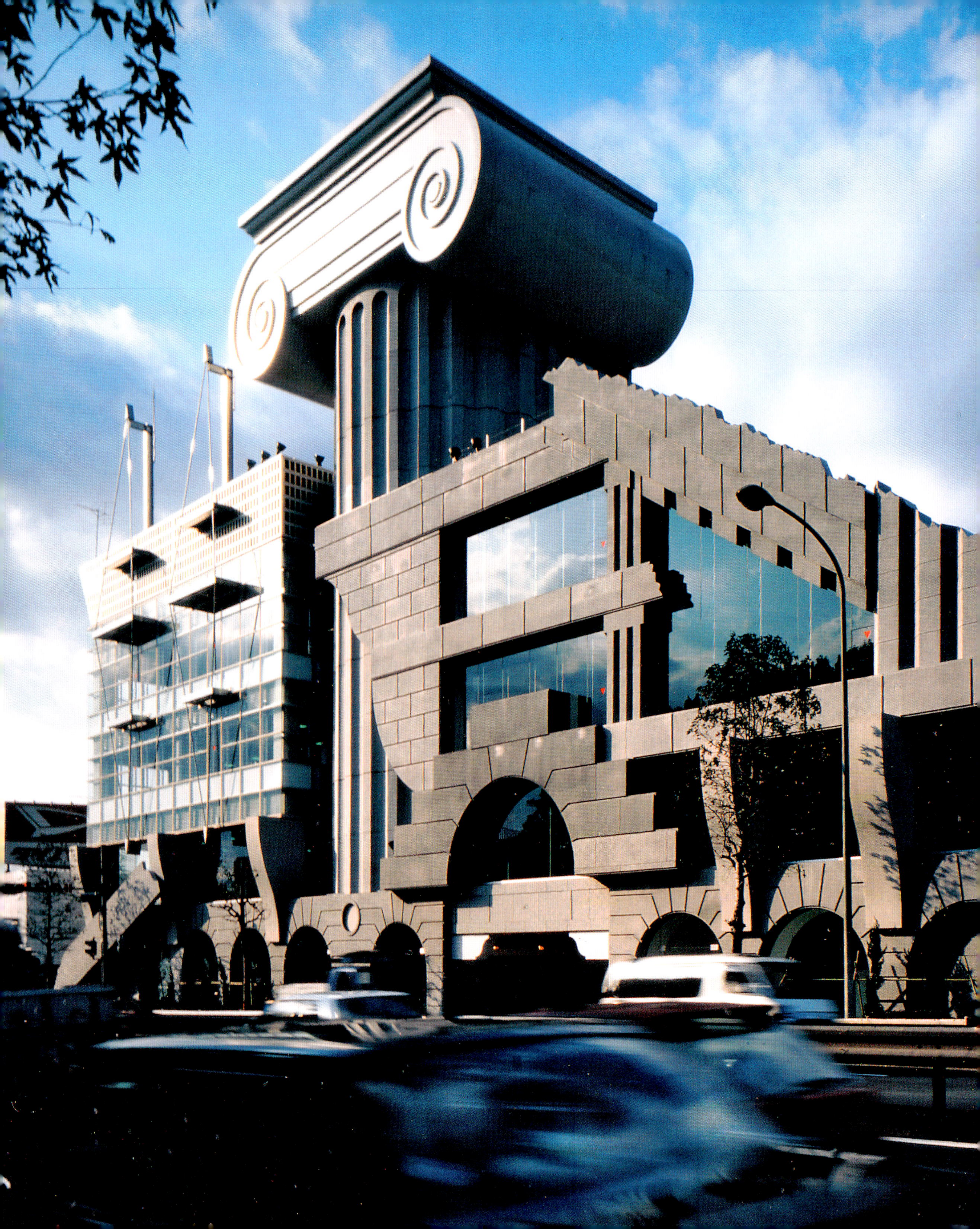

181

1 (S. 180) Kengo Kuma, *M2 Building* (Foto: Mitsumasa Fujitsuka), Tokio 1991 (Detail)

Jetzt ist es vorbei mit der Realität. Medien bilden keine Wirklichkeit mehr ab, sondern bringen Simulationen hervor, eine künstliche Hyperrealität, die sicherstellt, „dass jeder an seinem Platz bleibt". Das ist der Sound des Philosophen Jean Baudrillard. Wer vom Metaverse spricht, von Virtual Reality oder Cyberpunk, findet in Baudrillards Hauptwerk *Der symbolische Tausch und der Tod* von 1976 den Quellcode. Das Buch ist kulturell einflussreich. Es erteilt der Hoffnung, die Wirklichkeit mit dialektischer Theoriearbeit enthüllen zu können, eine endgültige Absage. Sein hastiger, apodiktischer Ton bündelt die Paranoia, die den Einzug digitaler Datenverarbeitung in alle gesellschaftlichen Bereiche begleitet.

  Dass Realität ungreifbar wird und zur Funktion von Daten- und Kapitalströmen, dieser Eindruck spricht aus vielen Werken dieser Jahre: etwa aus Ridley Scotts Debütfilm *Blade Runner*, in dem der Mutantenjäger Rick Deckard zwischen Mensch und Maschine unterscheiden muss, während ein allmächtiger Konzern im Hintergrund die Strippen zieht. Realitätsentzug spricht auch aus Cindy Shermans *Untitled Film Stills*, in denen die Künstlerin sich in Rollen zeigt, die man aus Filmen zu kennen meint. Aber diese Filme gab es nie. Louise Lawler fotografiert bekannte Kunstwerke als Teil der Wohnungseinrichtung ihrer Besitzer. Sie trennt das Kunstwerk vom Künstler – ganz im Geiste von Roland Barthes' *Tod des Autors* – und zeigt es in einer Beobachtung zweiter Ordnung als Speicher sozialen und ökonomischen Kapitals. Legten Barthes und Derrida die brüchige Beziehung von Wort und Bedeutung offen, machen Sherman und Lawler das Gleiche mit Bildern.

  Auch die Architektur löst sich weiter aus ihren Funktionen: Philip Johnson lässt als Zentrale des Telefonkonzerns AT&T eine riesige Chippendale-Vitrine über Manhattan aufragen. Kengo Kuma krönt seinen Showroom für Mazda mit einem gewaltigen ionischen Kapitell. Und Ricardo Bofill gestaltet östlich von Paris einen Komplex mit 600 Wohnungen als düsteren Traum der Architekturgeschichte: Ein monströser Halbkreis schließt sich um einen Turm. Bedeutungslose Ornamente strukturieren die Fassaden, funktionslose Portale rahmen den von der Sonne abgeschirmten Platz. Der Komplex wirkt nicht nur wie eine Filmkulisse, er dient seit seiner Fertigstellung auch als solche, etwa für *Brazil* (1985) oder *Die Tribute von Panem* (2015). Architektur wird zum Kommunikationssystem, das über die Köpfe seiner Nutzer hinweg Botschaften sendet, und Architekturgeschichte zum Meme. Wo das Finanzkapital blüht, blüht die postmoderne Architektur. Aber auch von der öffentlichen Hand wird sie geschätzt, wie das nächste Kapitel zeigen wird.

Informationsflüsse in Datenform bestimmen jetzt die Wirklichkeit: Das ist die Kernaussage von Jean-François Lyotards Buch *Das postmoderne Wissen*, das 1979 wie eine Bombe einschlägt. Der Philosoph sieht die europäische Wissenstradition abgelöst vom globalen Wettbewerb um die Bewirtschaftung von Informationen, die nicht für Menschen bestimmt sein müssen, sondern unter Maschinen ausgetauscht werden.

    In Frankreich bucht man schon 1982 von zu Hause aus Fahrscheine und tätigt Bankgeschäfte: mit dem Minitel, das die staatliche Post verkauft. 1984 bringt Apple den ersten PC mit grafischer Benutzeroberfläche auf den Markt, den Macintosh. In einem vom Blade Runner-Regisseur Ridley Scott gestalteten Kinoclip wird der Macintosh als Waffe gegen den Überwachungsstaat aus George Orwells Roman *1984* beworben: Eine Hammerwerferin zerschmettert Big Brother.

    Zunächst verkauft sich in Europa das Konkurrenzmodell besser, der Olivetti M24. Wieder einmal ist Ettore Sottsass Chefdesigner. Olivetti sponsert auch das erste Experiment in vernetztem Schreiben. Wir sehen den Philosophen François Chatelet am Olivetti M20 über seinem Beitrag brüten. Die Texte gehen 1985 in eine bis heute einflussreiche Ausstellung ein: *Les Immateriaux* im Centre Pompidou soll mit einer Mischung aus künstlerischen und wissenschaftlichen Exponaten die Bevölkerung auf das Zeitalter des Immateriellen einschwören. Chefkurator ist Jean-François Lyotard. Erstmals erkennt der Audioguide per Infrarot, wo man ist, und spielt automatisch die richtigen Texte ein.

    1984 beklagt der Literaturtheoretiker Fredric Jameson die Unmöglichkeit, „das große globale multinationale und dezentrierte Kommunikationsnetzwerk" mit menschlichen Mitteln fassen zu können. Die Postmoderne habe eine neue Sorte Raum hervorgebracht, den „Hyperspace". Als Beispiel dient John Portmans Westin Bonaventure Hotel in Los Angeles, das sich zur Stadt hin verschließt, während sich in seinem gewaltigen Atrium eine eigene Stadt eröffnet und in seinen vier identischen Türmen ein Labyrinth identischer Flure. Dem Hyperspace entspreche die Flachheit und Leere postmoderner Literatur und Kunst, bescheidet Jameson: etwa Andy Warhols *Diamond Dust Shoes*, eine Siebdruckserie ungezählter Anordnungen von Damenschuhen in wechselnden Farben. Wir konfrontieren Jamesons Kritik mit ihren Gegenständen.

Beispiel für einen Hyperspace ist auch die Zentrale des Chemiekonzerns Union Carbide, für die der Architekt Kevin Roche 1982 die perfekte Form errechnen lässt, die allen Mitarbeitern den gleichen Blick ins Grüne ermöglicht: ein mehrstöckiges Parkhaus mit Bürotentakeln. Die Mitarbeiter können Einrichtung und Kunst aus zehn Stilen wählen. Statt wie bisher in ein modernes Hochhaus in Manhattan zu pendeln, parkt man direkt vor dem Flur. Zwei Jahre später tritt in einer Chemiefabrik von Union Carbide[1] im indischen Bhopal als Folge von Sparmaßnahmen eine Gaswolke aus und vergiftet bis zu einer halben Million Menschen. Wegen fehlender Papiere können viele Tote nicht gezählt werden, die Schätzungen reichen bis zu 25 000.

„Es sterben Menschen", singt die erste Reihe US-amerikanischer Popstars im Weltvereinigungs-Gospel *We Are the World*, „und es ist Zeit, dem Leben zur Hand zu gehen." Es gibt sie noch, die Realität. Nur wird es zunehmend leichter, sie auszublenden.

[1] Der Konzern hielt 51 Prozent, weitere Anteilseigner waren indische Regierungs- und Privatunternehmen. Vgl. https://www.spiegel.de/geschichte/chemiekatastrophe-von-bhopal-a-948629.html

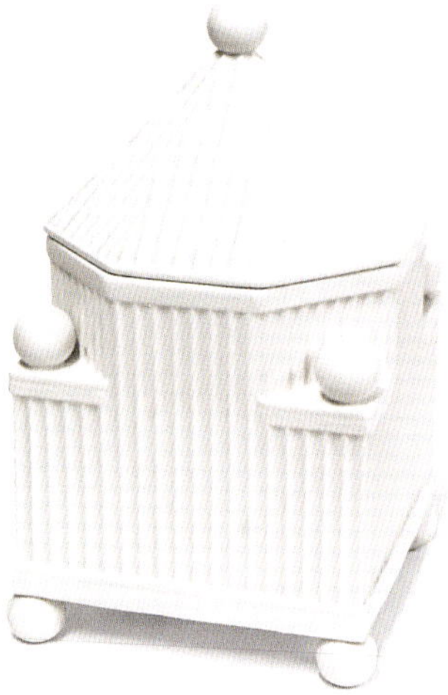

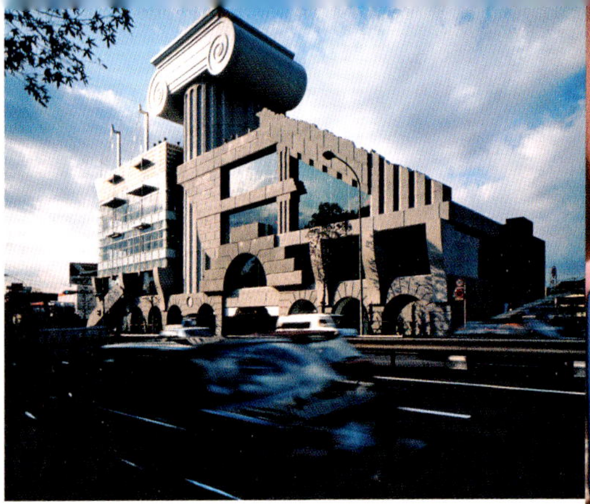

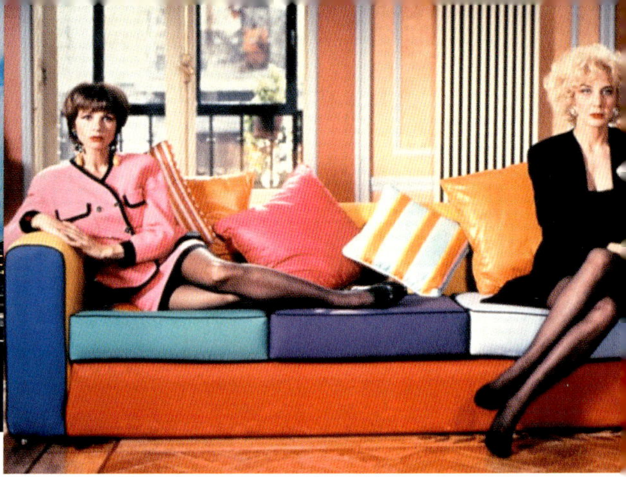

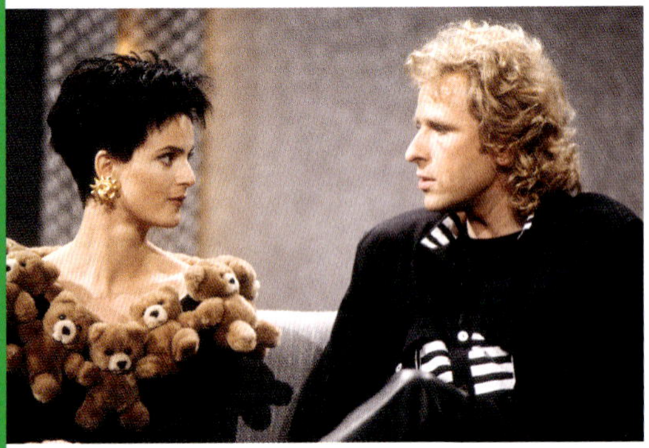

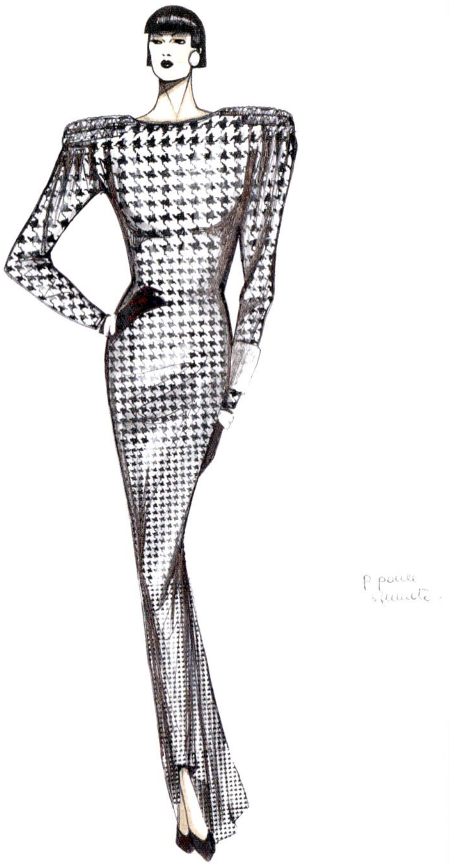

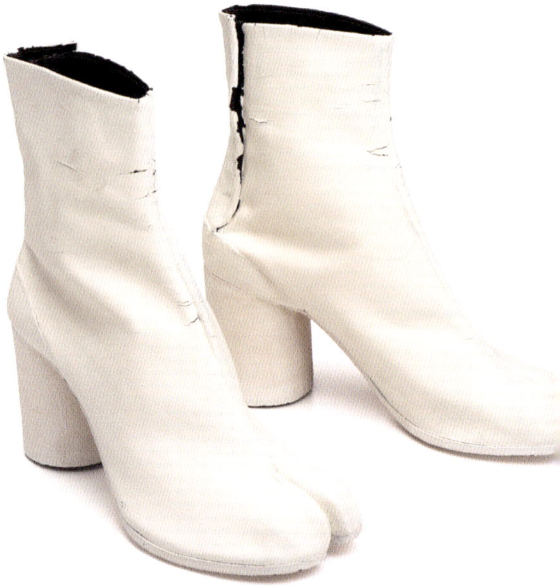

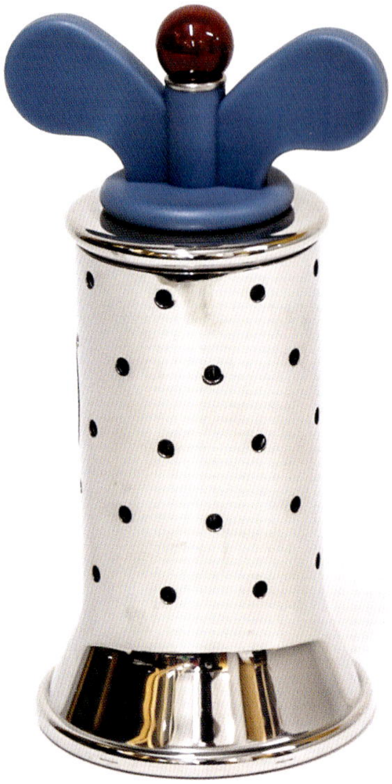

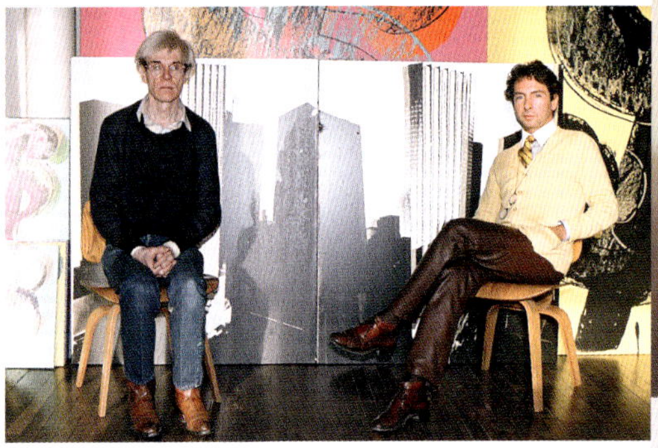

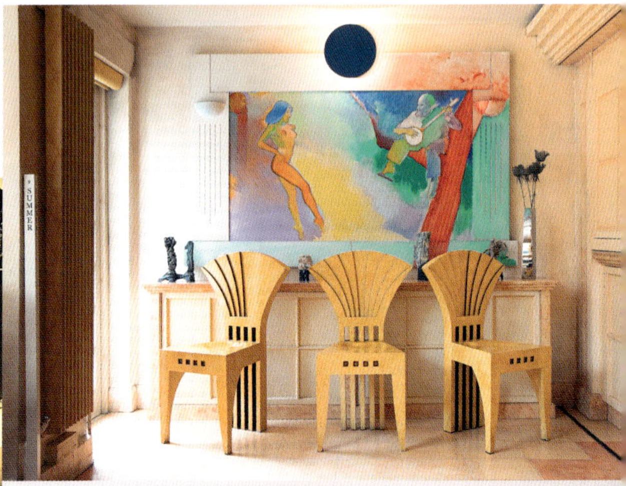

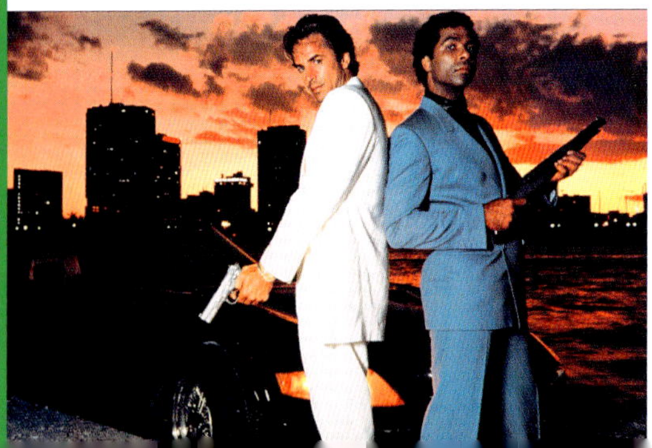

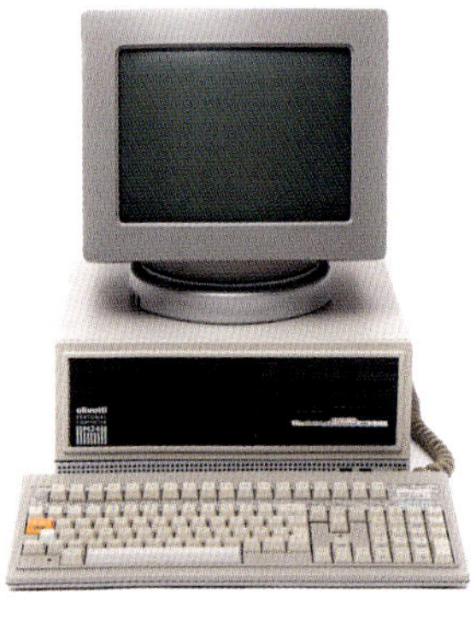

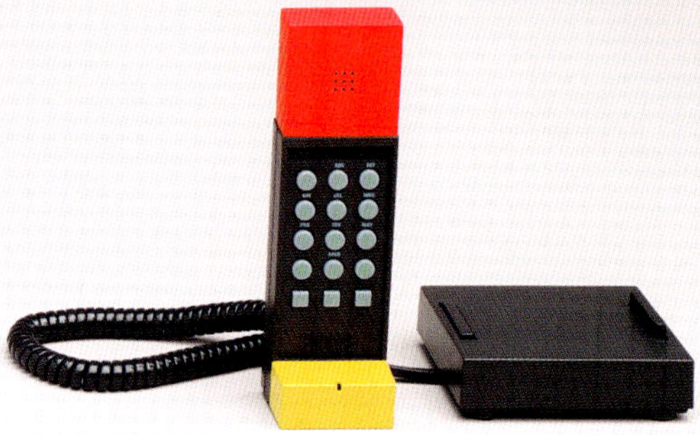

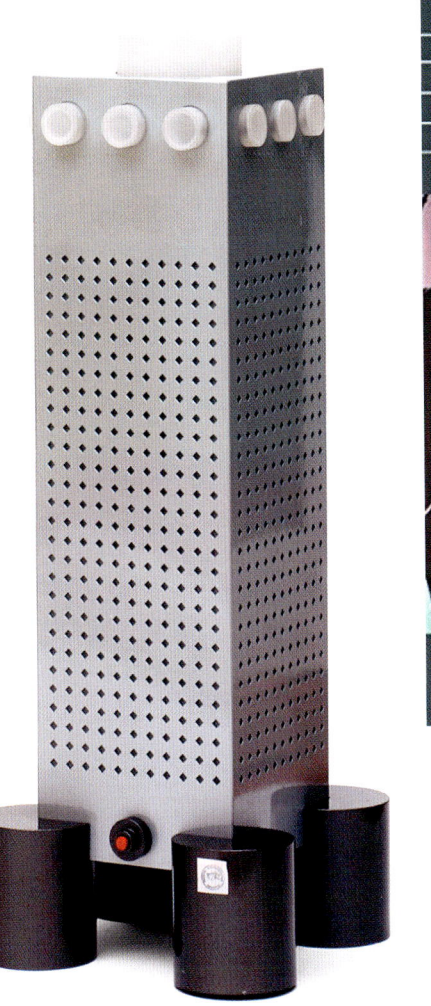

POSTMODERNISM

OR,

THE CULTURAL LOGIC OF LATE CAPITALISM

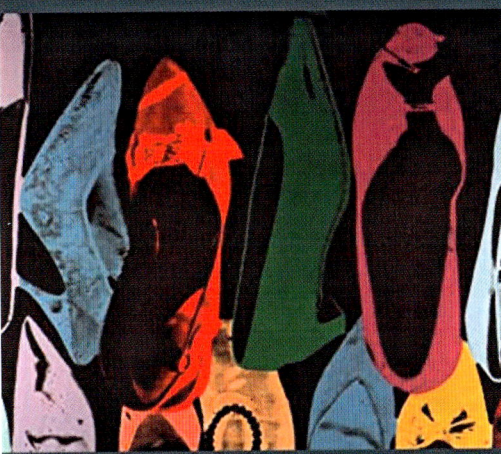

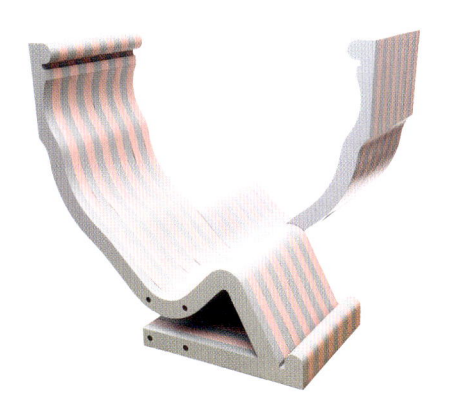

FREDRIC JAMESON

2 Stanley Tigerman, Keksdose *Teaside*, 1986

3 Gloria von Thurn und Taxis und Thomas Gottschalk, 1989

4 Michael Graves, *Pfeffermühle*, 1988

5 Filmstill aus *Miami Vice*, 1980er-Jahre

6 Kengo Kuma, *M2 Building* (Foto: Mitsumasa Fujitsuka), Tokio, 1991

7 Gianni Versace, Originalzeichnung, 1986

8 Carlos Martorell, Andy Warhol und Carlos Martorell, 1980

9 Ettore Sottsass, *Olivetti M24 XP 1050*, 1984

10 Pedro Almodóvar, Filmstill aus *High Heels – Die Waffen einer Frau*, 1988

11 Martin Margiela, *Tabi*, 1989

12 Charles Jencks, *Sun Chairs*, 1985

13 Ettore Sottsass, Telefon *Enorme*, 1987

14 Matteo Thun/Andrea Lera, Stehlampe *WWF Tower*, 1985

15 David Byrne, Filmstill aus *True Stories*, 1986

16 Kabelloser Kopfhörer Philips *WH 200*, 1985

17 Frederic Jameson, *Postmodernism or, The Cultural Logic of Late Capitalism*, 1986

18 Philip Johnson/John Burgee, *AT&T Building*, 1982

19 Stanley Tigerman, Sessel *Tête à Tête*, 1983

20 Trevor Fiore, Modell *Karin* von Citroën, 1980

21 Cindy Sherman, *Untitled Film Still #67*, 1980

22 Shin Tamakatsu, Zahnklinik *ARK Kyoto*, 1981–1983

23 Ricardo Bofill, *Espaces d'Abraxas*, Modell, 1982

24 Louise Lawler, *Livingroom Corner, Arranged by Mr. and Mrs. Burton Tremaine Sr., New York City*, 1984

25 Louise Lawler, *Arranged by Donald Marron, Susan Brundage, Cheryl Biship at Paine Webber, Inc.*, 1982

26 Cindy Sherman, *Untitled Film Still # 25*, 1978

27 Cindy Sherman, *Untitled Film Still # 58*, 1980

28 Andy Warhol, *Diamond Dust Shoes*, 1980

29 Trisha Brown, Filmstill aus *Set and Reset*, 1983

30 Gianni Versace, Kleid, 1986

31 Trevor Fiore, Modell *Karin* von Citroën, Blick auf das Armaturenbrett, 1980

32 Kevin Roche, Zentrale von Union Carbide, 1982

33 Kevin Roche, Lobby der neuen Zentrale von Union Carbide, 1982

34 Raghu Rai, *Abundant Union Carbide Plant*, 1984

FERNSEHEN UND ARCHITEKTUR IN DEN 1980ER JAHREN

Léa-Catherine Szacka

Am 1. August 1981 begann die allererste Sendung von MTV mit dem berühmten „Ladies and Gentlemen, rock and roll!" mit Aufnahmen von der NASA-Mondlandung 1969. Durch die Kombination von Rockmusik und heiligen Bildern – von dem, was damals noch als der berühmteste Moment in der Geschichte des Fernsehens und als das technologisch fortschrittlichste Ereignis der Menschheit angesehen wurde – wurde das MTV-Leitmotiv zum Emblem einer ganzen Generation. Es lässt zudem darauf schließen, dass MTV auf dem Weg war, neue und unerforschte Gebiete zu erobern.

Der neue Fernsehsender, der sich zunächst vor allem auf Rockmusik konzentrierte, wurde von zwei der größten amerikanischen Mischkonzerne gegründet: 1979 kaufte American Express die Hälfte der Warner Cable Corporations,[1] weil sie das Kabelfernsehen als Verkaufsinstrument sahen, um Waren und Dienstleistungen direkt in die Haushalte zu liefern.[2] Auch wenn die Idee, Musikvideos rund um die Uhr zu zeigen, den meisten Fach- und Geschäftsleuten zunächst wie eine Schnapsidee vorkam, gelang es visionären Köpfen wie dem Mitbegründer von MTV, Robert W. Pittman, ein Bedürfnis zu wecken, das es vorher gar nicht gegeben hatte. Der neue Fernsehsender, der sich vor allem an die 12- bis 24-Jährigen richtete, behauptete, dass „Teenager die demografische Gruppe seien, die sich am wenigsten für das Fernsehen interessiere", weil das Fernsehen nicht an Teenagern interessiert sei. Für Kinder gab es Zeichentrickfilme, für Erwachsene die Abendnachrichten und die meisten der darauf folgenden Sendungen. Teenager waren ein unerschlossenes Publikum, eine unsichtbare Macht. MTV gab ihnen, was sie wollten, und brachte sie dazu, sich nicht nur für MTV zu interessieren, sondern davon besessen zu sein und es „zu ihrem persönlichen Wohnzimmer zu machen".[3]

Weniger bekannt ist die Tatsache, dass MTV aus einem frühen Experiment mit interaktivem Fernsehen entstanden ist. Einige Jahre vor der Gründung von MTV hatte Warner Cable QUBE entwickelt, das erste interaktive Zwei-Wege-Kabelfernsehsystem und eine frühe Form des Narrowcasting, das eine Fülle von spezialisierten Kanälen bot, die es den Zuschauern ermöglichten, „[ihrem] Fernseher zu antworten" [Abb. 35, 37]. QUBE, eine ursprünglich nur in Columbus, Ohio, erhältliche Technologie, die eine neue Art der Interaktion mit der Technologie einläutete, wurde als „das Fernsehen der Menschen, von Menschen und für Menschen" bezeichnet. Es markierte den Beginn der Ära des partizipativen im Gegensatz zum passiven Fernsehen und hatte das Potenzial, unter anderem die Unterhaltungsindustrie, den audiovisuellen Unterricht und den Bildungssektor zu revolutionieren.[4] Doch 1984, nur 7 Jahre nach seiner Gründung, wurde QUBE eingestellt, da die hohen Kosten für die Erstellung einzigartiger Programme und die Unterhaltung einer ungewöhnlichen Infrastruktur zu einem Defizit von 875 Millionen US-Dollar geführt hatten.

Ungeachtet seiner sehr kurzen Lebensdauer und seiner zahlreichen Mängel nimmt QUBE einen singulären Platz in der Mediengeschichte ein. Es erweiterte die Programmauswahl erheblich und ermöglichte dem Zuschauer, sich aktiv zu beteiligen, was eine radikale Veränderung und einen Fortschritt gegenüber den bisherigen Angeboten des Fernsehens oder des Kabelfernsehens darstellte. Es brachte das Potenzial mit sich, die Städte Amerikas auf einer profitablen Basis für das Kabelfernsehen zu öffnen. Vor allem aber kündigte seine Technologie – die Verbindung einer Konsole in jedem Haus mit einem Computer im Studio, der alle sechs Sekunden die Meinung oder das Votum der Kunden im System aufzeichnen und melden konnte – das 21. Jahrhundert an, indem sie es ermöglichte, eine riesige Menge an persönlichen Daten über jeden einzelnen Nutzenden im System zu sammeln.

Unser Wohnumfeld ist heute einem dramatischen Wandel unterworfen, und im Zentrum dieser Revolution steht die Präsenz einer Vielzahl von Bildschirmen, die nicht mehr nur Fenster zur Welt sind, sondern unsere privaten Räume direkt in die öffentliche Sphäre rücken. Anhand von zwei Fallstudien – der Gründung von Music Television (MTV) im Jahr 1981 und dem Start des britischen Frühstücksfernsehens TV-am im Jahr 1983 – zeichnet dieser Aufsatz die materielle Geschichte des Aufkommens des postmodernen Fernsehens im Amerika und Großbritannien der 1980er-Jahre nach. Er analysiert den Raum des Fernsehens in

[1] Gemeinsam gründeten sie die Warner-Amex Satellite Entertainment Company (WASEC), die mehrere erfolgreiche Kabelsender (MTV, aber auch The Movie Channel und den Kinderunterhaltungs- und Bildungskanal Nickelodeon) schuf und entwickelte.

[2] Rob Tannenbaum/Craig Marks, *I Want my MTV: The Uncensored Story of the Music Video Revolution*, London: Plume Book 2012, S. xii.

[3] Ebda., S. xxxviii.

[4] The Videocassette & CATV Newsletter, special report, Warner Cable's QUBE. http://www.qube-tv.com/qube-tv/QUBE-REPORT.pdf, abgerufen am 16. Februar 2020. Derselbe Bericht sagte voraus, dass „QUBE das erste Marktscharmützel in Sachen Programmgestaltung, Marketing und technologischer Revolution sein könnte, das die Wirtschaft, das Bruttosozialprodukt, die Unterhaltungsgewohnheiten und den Lebensstil der Amerikaner tiefgreifend beeinflussen könnte". Und in der Tat hatte das kommerzielle Potenzial von QUBE-ähnlichen Systemen einen enormen Einfluss auf die Musikaufnahme- und Musikverlagsbranche.

[5] Jonathan Crary, *24/7: Late Capitalism and the Ends of Sleep*, London/New York: Verso 2014, S. 80.

[6] In den Vereinigten Staaten hatten die drei ursprünglichen Sender – ABC, CBS und NBC – traditionell ein

virtuelles Oligopol in der Fernsehindustrie, bis um 1948 die ersten Experimente mit dem Kabelfernsehen begannen. Genauer gesagt, war es die Einrichtung des ersten Kabelfernsehsystems in Mahanoy City, Pennsylvania, im Jahr 1948, die den entscheidenden technologischen Wandel im Fernsehen einleitete. S. Ralph Baruch, *Television Tightrope: How I Escaped Hitler, Survived CBS and Fathered Viacom*, Los Angeles: Probitas Press 2007, S. 209. In der *Encyclopaedia Britannica* heißt es: „1970 empfingen nur 8 % der amerikanischen Haushalte Kabelfernsehen; 1980 war diese Zahl auf 23 % gestiegen und

drei verschiedenen, aber miteinander verflochtenen Maßstäben – dem häuslichen Maßstab des Heims, dem städtischen Maßstab des Fernsehstudios selbst und dem territorialen Maßstab des Senders – und untersucht, wie das Aufkommen des Kabelfernsehens und des kommerziellen Fernsehens den Raum des Fernsehkonsums, der Fernsehproduktion und der Fernsehverteilung radikal verändert hat. Schließlich zeigt er, wie sich unser Verhältnis zur Telekommunikation in der Postmoderne völlig verändert hat und die heutige Allgegenwart des Bildschirms in unserem Alltag einleitete.

KABELFERNSEHEN

Ab der zweiten Hälfte des 20. Jahrhunderts, mit dem Aufkommen des Kabels und der Privatisierung, wurde das Fernsehen „zum Ort einer Destabilisierung der Beziehungen zwischen Ausgesetztheit und Geschütztheit, Handeln und Passivität, Schlafen und Wachsein, Öffentlichkeit und Privatsphäre".[5] Das Medium wechselte nun von einer Ära der Knappheit zu einer Ära der Verfügbarkeit: von einem stabilen System mit einer kleinen Anzahl von Kanälen – oft öffentlich-rechtliche Monopole, die ein permanentes Programmformat mit synchronisiertem Fernsehen boten – zur Vervielfachung der Kanäle, die oft auf eine bestimmte demografische Gruppe ausgerichtet waren [Abb. 36].

Das Kabelfernsehen, auch Gemeinschaftsantennenfernsehen (Community Antenna Television, CATV) genannt, wurde ursprünglich als Möglichkeit konzipiert, bestehende Fernsehsignale an Haushalte zu übertragen, die sie aufgrund großer Entfernungen oder Hindernisse wie Berge oder hohe Gebäude nicht klar empfangen konnten.[6] Im Vergleich zum Fernsehen über Antenne brachte die Kabeltechnologie ein viel breiteres Angebot an Kanälen direkt ins Haus der Amerikaner*innen. Während in den späten 1970er-Jahren die Fernsehzuschauer und -zuschauerinnen in den größten Städten des Landes höchstens sieben Kanäle empfangen konnten, waren es ein Jahrzehnt später 38.[7] Die Nachkriegsära des Fernsehens war eindeutig vorbei, als eine Vielzahl neuer privater und oft spezialisierter Sender – wie das 24h News Network (CNN) und Music Television (MTV) – begannen, nach Inhalten zu suchen, um die oft bis in die Nacht reichenden Sendezeiten zu füllen. Laut Andrew Crisell, Spezialist für Rundfunkstudien, „können wir den 19. Januar 1972, den Tag, an dem alle Beschränkungen der Sendezeit aufgehoben wurden, als den Beginn der Ära des modernen Fernsehens bezeichnen".[8] Diese Kanäle vermittelten ein neues Gefühl der Unmittelbarkeit, boten gleichzeitig spezialisierte und zielgerichtete Inhalte an und trugen so dazu bei, das Gefühl der zerstreuten Zugehörigkeit zu überwinden, das durch die Synchronisierung entstand, die das Fernsehen früher kennzeichnete.

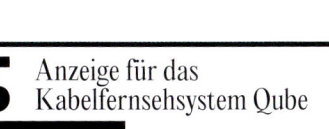

35 Anzeige für das Kabelfernsehsystem Qube

36 Kabelfernsehwerbung aus den frühen 1970er-Jahren

In Großbritannien verabschiedete das Parlament nach der Krönung von Elisabeth II.[9] das Fernsehgesetz von 1954, das das Fernsehmonopol der BBC brach und die Gründung des ersten kommerziellen Fernsehsenders im Vereinigten Königreich, ITV, ermöglichte. Mit dem Gesetz wurde auch die Unabhängige Fernsehbehörde (Independent Television Authority, ITA, später umbenannt in IBA) geschaffen, um die Branche zu regulieren und Konzessionen zu vergeben. Nach 1955 begann mit dem unabhängigen kommerziellen Fernsehen mit regionaler Ausprägung der „Wettbewerb zwischen mehreren Anbietern mit sehr unterschiedlichem Charakter".[10] Da die zunehmende Popularität des britischen kommerziellen Fernsehens oft als Bedrohung für die traditionellen Werte und die britische Lebensart empfunden wurde, regulierte es die IBA stark, um zu verhindern, dass es so offenkundig kommerziell würde wie seine amerikanischen Pendants.

MTV

Insbesondere in den Vereinigten Staaten war der Kabelmarkt Anfang der 1980er-Jahre plötzlich auf der Suche nach neuen und originellen Inhalten, um die langen Programmstunden zu füllen. Mit dem Ziel, für das Fernsehen das zu tun, was UKW für das Radio tat, erschien das Netzwerk als eine einfache und billige Lösung: Durch den Einsatz von Werbe-Musikvideos als zentraler Programminhalt war MTV in der Lage, eine völlig neue Form der kulturellen Produktion zu schaffen, die die Musikindustrie für den größten Teil der 1980er- und 1990er-Jahre dominierte.

Musik war schon lange vor MTV in Bilder umgesetzt worden. Anfang der 1970er-Jahre begann Warner Bros Records mit der Produktion von Videos für Künstler und Künstlerinnen, wobei der Musiker Van Dyke Parks die neue Abteilung für Audio/Visualisierung leitete. Etwa zur gleichen Zeit etablierten zwei sehr populäre australische Fernsehsendungen – *Countdown* und *Sounds* – die Bedeutung von Filmclips als Mittel zur Förderung neuer Veröffentlichungen sowohl etablierter als auch aufstrebender Künstler und Künstlerinnen. 1975 wurde das Video zu Queens *Bohemian Rhapsody* von Bruce Gowers für die BBC-Musiksendung *Top of the Pops* produziert. Das Aufkommen von MTV trug jedoch dazu bei, eine Industrie für Musikvideos zu schaffen, da es voraussah, dass das Zielpublikum des Senders, „junge Leute, die Geld und die Neigung hatten, Dinge wie Schallplatten, Schokoriegel, Videospiele, Bier und Anti-Pickelcreme zu kaufen",[11] eine größere wirtschaftliche Macht hatte. Anfang der 1980er-Jahre begannen die Plattenfirmen mit der Produktion von Musikvideos und versorgten MTV so mit kostenlosen Inhalten. Und es war dieses Format – „extrem kurze (höchstens vier Minuten lange) Texte, die uns in einem aufgeregten Zustand der Erwartung halten"[12] –, das zu der hypnotischen Wirkung und dem ständigen Gefühl der Erwartung beitrug, die den Erfolg von MTV ausmachten. Der neue Fernsehsender war geprägt von der Politik der Verbreitung. Im Gegensatz zu Clubs und anderen innerstädtischen Phänomenen erreichte MTV die Vorstädte und ländlichen Gebiete, „wo die Kosten pro Meile für das Graben und Verlegen von Kabeln niedriger waren"[13], bevor es Großstädte wie New York oder Los Angeles erreichte. Parallel zur Institutionalisierung neuer Formen der häuslichen Unterhaltung vollzog sich bei MTV also auch eine territoriale Verschiebung. Im Gegensatz zu Rave-Partys und anderen innerstädtischen Phänomenen, die sich in den 1980er-Jahren ausbreiteten, brachte MTV die Musik und die Clubkultur direkt in die Vorstädte und kolonisierte häusliche Räume wie Kellerwohnzimmer und Teenagerzimmer.[14] Mit einer Kulisse, die dem „idealen Kellerversteck eines 15-Jährigen oder einer 15-Jährigen" nachempfunden war, wollte MTV den Zuschauern und Zuschauerinnen einen eigenen Raum bieten, der auch eine alternative Welt widerspiegelte.[15]

Das Music Television Network trug nicht nur dazu bei, Platten und Werbung zu verkaufen, sondern leitete auch eine tiefgreifende und allgegenwärtige Veränderung des Zuhauses ein, das nun auch zu einer Bühne wurde, auf der die Menschen auftreten und „mit ihrem Fernseher sprechen" konnten. Fernsehen war nicht mehr nur eine passive Tätigkeit, sondern trug dazu bei, den häuslichen Raum und die Familienzeit zu kolonisieren, da amerikanische Teenager plötzlich vom Wohnzimmer der Familie oder – über einen zweiten Fernseher – von ihrem eigenen Zimmer aus an einer ganzen Reihe von kulturellen Aktivitäten teilnehmen konnten. Diese Domestizierung der Jugendunterhaltung leitete eine breitere kulturelle Verlagerung des Schwerpunkts ein, weg von öffentlichen und kollektiven Räumen hin zum privaten Haushalt. MTV begann nicht als Live-Fernsehsendung, sondern wurde im Voraus aufgezeichnet und später von einer Einrichtung in Hauppauge, New York, via Satellit übertragen.[16] Und erst in der zweiten Hälfte der 1990er-Jahre verlegte man die MTV-Produktion in ein eigenes Studio mit einer Fläche von 20 000 Quadratmetern im Hochparterre des Viacom-Gebäudes am 1515 Broadway [Abb. 38].[17] Das neue Studio mit seinen raumhohen Fenstern zum Times Square sollte „den Menschen verdoppelte sich innerhalb der nächsten vier Jahre. Zum Ende des Jahrzehnts waren fast 60 % der amerikanischen Haushalte mit einem Basiskabelanschluss ausgestattet, und fast die Hälfte von ihnen empfing einige Premium-Kanäle. Ende der 1970er-Jahre schalteten mehr als 90 % der Zuschauer*innen zur Hauptsendezeit ABC, CBS oder NBC ein; 1989 waren es nur noch 67 %, und dieser Anteil ging in den folgenden Jahren des Jahrhunderts stetig zurück." https://www.britannica.com/art/television-in-the-United-States/The-era-of-the-miniseries, abgerufen am 13. Mai 2023.

7 Baruch (wie Anm. 6), S. XVI.

8 Andrew Crisell, *An Introductory History of British Broadcasting*, London: Routledge 2002, S. 152.

9 In Großbritannien gilt die Krönung von Elisabeth II. am 2. Juni 1953 oft als der Tag, der das Fernsehen verändert hat. Die Nachricht, dass diese vollständig im Fernsehen übertragen werden würde, erhöhte den Druck, das Fernsehen wirklich landesweit zu verbreiten, denn zu dieser Zeit konnten viele Menschen in den Randgebieten und an den Küsten kein Signal empfangen.

10 John Ellis, *Seeing Things: Television in the Age of Uncertainty*, London: Bloomsbury 2000, S. 61.

11 Steven Levy, „Visions of MTV", in: *Rolling Stone* Nr. 410, 8. Dezember 1983.

12 E. Ann Kaplan, *Rocking Around the Clock: Music Television, Postmodernism and Consumer Culture*, London/New York: Routledge 1987.

13 Tannenbaum/Marks (wie Anm. 2), S. XII.

14 Interessanterweise ist die Genealogie des Video-Jockeys aus dem sehr öffentlichen Raum der Diskotheken hervorgegangen. Tatsächlich schuf die Künstlerin Merrill Aldighieri (die erste VJ überhaupt) Anfang der 1980er-Jahre in New York eine neue Allianz zwischen Musik und Bild, als sie begann, Video-Installationen als herausragende Komponente des Clubdesigns zu schaffen, wobei mehrere Monitore über der Bar und der Tanzfläche hingen.

15 Pat Aufderheide, „Music Videos: The Look of the Sound", in: *Journal of Communication* Bd. 36, Ausgabe 1, März 1986, S. 64.

16 Die Präsentationen der VJs wurden zunächst in einem kleinen, von Teletronics betriebenen Studio in der West 33rd Street aufgezeichnet. Um 1985 verlegte MTV die Produktion zu Unitel Video in der West 57th Street, direkt gegenüber dem CBS-Studio.

17 Das von einem der wirklich großen New Yorker Architekten des 20. Jahrhunderts, Ely J. Kahn & Jacobs, entworfene 1515 Broadway, auch One Astor Plaza genannt, ist ein ikonischer 54-stöckiger Büroturm.

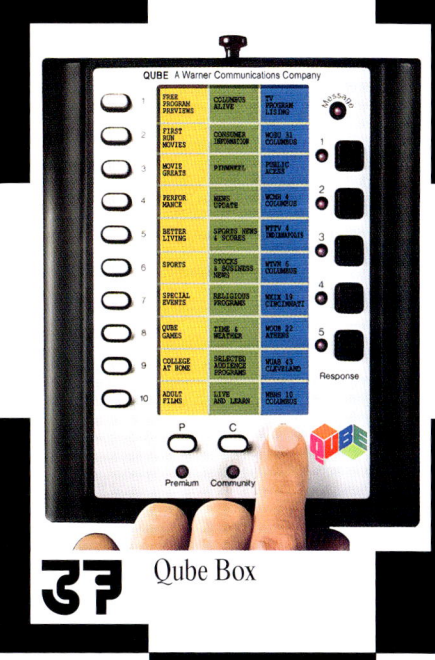

37 Qube Box

das Gefühl vermitteln, in New York und Teil dieses unglaublichen Spielplatzes zu sein".[18] Der neue Produktionsraum von MTV, der drei Ansichten des Times Square einfing, bot eine neue Beziehung zur Stadt und zwischen dem Publikum, den Bands und VJs. Dieser Umzug unterstrich noch einmal den kontinuierlichen Fluss von Bildern, Kommunikation, Räumen und Identitäten, den MTV mit seinem Start 1981 in Gang gesetzt hatte.

TV-AM

Während MTV in Amerika debütierte, war auf der anderen Seite des Atlantiks in Großbritannien gerade die so genannte Thatcher-Ära angebrochen. In dieser Zeit der Deregulierung, der Privatisierung der meisten verstaatlichten Industrien und der Schwächung der Gewerkschaften zugunsten einer „Unternehmenskultur" veränderte sich die Medienlandschaft des Vereinigten Königreichs radikal, als das Privatfernsehen das Monopol der British Broadcast Corporation (BBC) aufhob. Diese von Brian Wenham als „Third Age of Broadcasting" (Drittes Zeitalter des Rundfunks)[19] bezeichnete Ära, die auf das Zeitalter der Vorherrschaft des Rundfunks (1922–1953) und das Goldene Zeitalter des rationierten Fernsehens (1953–1982) folgte, war durch eine Vervielfachung der Kanäle und allgemein durch eine verstärkte Bildübertragung über Satellit und Kabel gekennzeichnet.

In diesem ganz besonderen politischen und wirtschaftlichen Umfeld ging zwischen 1983 und 1992 TV-am, der erste britische Betreiber einer kommerziellen Frühstücksfernsehlizenz, mit einem Format auf Sendung, das „harte" und „weiche" Nachrichten über Lifestyle und Unterhaltungsgeschichten umfasste. Während in Amerika *Today*, die erste – und am längsten laufende – nationale Frühstücksfernsehsendung (oder Morgensendung), am 14. Januar 1952 von NBC zum ersten Mal ausgestrahlt wurde,[20] wurden in Großbritannien die Bildschirme erst 30 Jahre später in die Morgenroutine aufgenommen.[21] Das Frühstücksfernsehen war zu teuer (aufgrund bestehender Vereinbarungen mit den technischen Gewerkschaften mussten den Fernsehtechniker*innen für ihre Arbeit in den frühen Morgenstunden hohe Überstundenzuschläge gezahlt werden)[22], und der kulturelle Snobismus verachtete es als zu anspruchslos und vor allem als ein Genre, das seine Wurzeln in den Vereinigten Staaten hatte.[23] Indem es das Fernsehen an den Frühstückstisch brachte, bewirkte TV-am eine einschneidende Veränderung der englischen häuslichen Lebensweise [Abb. 39, 40].

Am 28. Dezember 1980 vergab die Independent Broadcasting Authority (IBA)[24] des Vereinigten Königreichs die Konzession für eine „nationale Frühstückssendung" an TV-am. Die Gruppe wurde von Fernsehleuten und dem Wirtschaftswissenschaftler Peter Jay (geb. 1937), einem ehemaligen britischen Botschafter in Washington und Wirtschaftsredakteur der *Times*, der zum Unternehmer wurde, speziell für die Bewerbung um den Vertrag für das Frühstücksprogramm gegründet. Zu Jay gesellten sich u. a. der englische Politiker und Geschäftsmann Sir Richard Marsh (1928–2011), der im Kabinett und als Minister in vier großen Außenministerien tätig war, sowie der berühmte Fernsehmoderator, Journalist, Komiker und Schriftsteller David Frost (1939–2013), der in den 1970er-Jahren durch seine Interviews mit berühmten politischen Persönlichkeiten wie dem ehemaligen US-Präsidenten Richard Nixon bekannt wurde.[25] In ihrem Konzessionsantrag versprach die Gruppe, eine neue Form des aktuellen Fernsehens zu produzieren, die den traditionellen englischen Journalismus erneuern würde.[26]

Als Teil des kommerziellen Senders ITV hatte TV-am auch einen territorialen Vorteil, der bedeutete, dass es mehr britische Bürger und

38 Frank Micelotta, Performance von *Rage Against the Machine*, MTV, Times Square Studio, New York

39 Richard Bryant, TV-am Studio London, entworfen von Sir Terry Farrell, 1983

Bürgerinnen erreichte als jedes andere kommerzielle Fernsehprogramm. Obwohl er ausschließlich zwischen 6 und 9.25 Uhr sendete, war er der einzige ITV-Sender, der nach Tageszeiten und nicht nach geografischen Zonen definiert war. Mit anderen Worten: TV-am hatte von 6.25 bis 9 Uhr morgens die Kontrolle über das gesamte ITV-Netz, wobei die Signale direkt vom Breakfast Television Centre über British Telecom an das IBA-Sendernetz und die privaten Empfänger weitergeleitet wurden.

Am 1. Februar 1983 ging TV-am in einem unkonventionellen Fernsehstudio in Camden Town, London, auf Sendung, das von Sir Terry Farrell entworfen worden war, einem damals angesagten englischen Architekten, der als „John Soane des postmodernen Britannien" galt.[27] Das Fernsehstudio war eines der ersten Anzeichen für die Wiederbelebung von Camden Town in den frühen 1980er-Jahren.[28] Es war in einer stillgelegten Industriegarage und einem Autoreparaturzentrum aus den 1930er-Jahren in Hawley Crescent untergebracht, das an die Camden Lock grenzte.[29]

TV-am nutzte die Identität des Gebäudes, um ein Image für eine neue und revolutionäre Form des Fernsehens zu schaffen, und stützte sich dabei auf das performative und explorative Potenzial der ephemeren Architektur sowie auf die Ideen des Total Environment Design. Von Anfang an setzte TV-am bewusst auf die ästhetische Strategie des so genannten „ewigen Sommers": Durch die Verwendung fröhlicher Farben im gesamten Studiogebäude und in der visuellen Identität sollten die frühen Morgenstunden aufgehellt werden, indem man suggerierte, dass ein frischer und vielversprechender neuer Tag bevorsteht.[30] In den Studios gab es von Memphis inspirierte Möbel sowie eine Reihe hochgradig performativer Innenräume, die von kräftigen Farben, Formen und Motiven dominiert wurden und sich entlang eines zentralen Atriums erstreckten, das von Osten nach Westen verlief und dem Lauf der Sonne folgte: eine Hospitality-Suite im Stil eines japanischen Tempels, eine leuchtend gelbe zentrale Monumentaltreppe, die einer mesopotamischen Zikkurat nachempfunden ist, eine Brücke, die die Form eines klassischen Tempels nachahmt, und, am anderen Ende des Atriums und eingerahmt von einem ionischen Bogen, ein mediterraner Garten, gefolgt vom Wilden Westen, einem mit Sand und Kakteen dekorierten Raum. Um das Gebäude zu „thematisieren", setzte Farrell außerdem monumentale Eierbecher aus Glasfaser auf jede Spitze der hinteren Fassadenzacken. Die TV-am-Eierbecher, eine Mischung aus Historismus und Popkultur, wurden zum Symbol für das Frühstücksfernsehen und schließlich zum Markenzeichen des Senders [Abb. 43].[31]

Das Studio von TV-am Camden Town wurde mit einem extrem niedrigen Budget und

18 Bill Carter, „Times Square Awaits MTV Live", in: *The New York Times*, 13. Juli 1997, 1. Abschnitt, S. 21.

19 Brian Wenham, *The Third Age of Broadcasting*, London: Faber & Faber 1982.

20 Die erste Nachrichtensendung am Morgen war *Three To Get Ready*, eine lokale Produktion, die von dem Comedian Ernie Kovacs moderiert und von 1950 bis 1952 auf WPTZ (jetzt KYW-TV) in Philadelphia ausgestrahlt wurde. Obwohl das Programm (benannt nach der WPTZ-Frequenz von Kanal 3) hauptsächlich unterhaltungsorientiert war, enthielt es auch einige Nachrichten- und Wetterbeiträge. S. „Ernie Kovacs". Broadcast Pioneers of Philadelphia, abgerufen am 17. Dezember 2010. *WPTZ's Kovacs Reaps Early Scanner Harvest. Billboard*, 7. April 1951, abgerufen am 17. Dezember 2010.

21 Wie Michael Leapman erläuterte, war das Morgenfernsehen in Großbritannien 1977 erprobt worden, als Yorkshire Television in Zusammenarbeit mit der IBA ein neunwöchiges Experiment unternahm. Es war nicht von Erfolg gekrönt, was nicht verwunderlich ist, da das Programm nicht originell und der Zeitpunkt falsch gewählt war (von 8.30 bis 9.30 Uhr, zu einer Zeit, als viele der potenziellen Zuschauer*innen bereits zur Arbeit gegangen waren). Michael Leapman, *Treachery? The Power*

Struggle at TV-am, London: George Allan & Unwin Publishers 1984, S. 41–42.
22 Leapman (wie Anm. 21).
23 Ian Jones, *Morning Glory: A History of British Breakfast Television*, London: Kelly Publications 2003, S. 11.
24 Die IBA ist eine Einrichtung, die in den 1950er-Jahren als Unabhängige Fernsehbehörde (Independent Television Authority) gegründet wurde, um sicherzustellen, dass die Einführung der Kommerzialisierung des Fernsehens nicht zu einem Zusammenbruch der Standards führt. Die Organisation unterlag politischer Einflussnahme.
25 TV-am, National Breakfast Time, Bewerbung um einen Vertrag, Mai 1980, Archiv TV-am, S. 5.

einem sehr knappen Zeitplan gebaut und war eher als Medienumgebung denn als traditionelle Architektur konzipiert. Das Gebäude wurde als eine Abfolge von mehreren Fernsehbildschirmen behandelt. Die vordere Fassade an der schmalen und hässlichen Seitenstraße Hawley Crescent ist eine Mischung aus klassischem Stil und industrieller Ästhetik: „Die Wände sind mit silberfarbenen Industrieblechen in verschiedenen Profilen verkleidet, die mit Farbstreifen durchsetzt sind, die an den Sonnenaufgang erinnern (und dem Logo des Bahnhofs entnommen sind)."[32] Die Metallverkleidung ruhte auf einem grau-schwarzen hohen Mauersockel und wurde von einem abstrahierten Schlussstein bekrönt, der den Haupteingang markierte. Ganz anders die hintere Fassade auf der Kanalseite: die ursprüngliche Autoreparaturwerkstatt, die man mit einem fröhlichen blauen, schwarz-weißen Anstrich versah [Abb. 42].

In einem Interview mit der BBC sagte der ehemalige Geschäftsführer von TV-am, dass der Versuch, die gesamte Umgebung zu nutzen, anstatt sich nur im Studio zu verstecken, ein bahnbrechender Aspekt des Fernsehens in den 1980er-Jahren war. Indem sie den Geist dieses neuen Unternehmens einfingen[33], trugen mehrere Elemente des TV-am-Gebäudes zum Medienimage des Senders bei und förderten die Entwicklung und Verbreitung eines postmodernen Stils innerhalb der britischen Popkultur der 1980er- und frühen 1990er-Jahre. Die Innen- und Außenräume des Gebäudes dienten gelegentlich als Kulisse für improvisierte Fernsehsendungen[34], sie waren sowohl dauerhaft als auch vorübergehend. Das Atrium wurde zu einem zusätzlichen Studio, das man als farbenfrohe Kulisse für Dreharbeiten nutzen konnte. So fanden beispielsweise die Aerobic-Übungen von Lizzie Webb (Mad Lizzie) gelegentlich nicht im traditionellen Wohnzimmerstudio, sondern im monumentalen Treppenhaus statt. Ein Zerrspiegel, der auf einer Plakatwand gegenüber der Hauptfassade des TV-am-Studios angebracht war, mediatisierte schließlich das Bild des Gebäudes und machte es direkt zu einem Werbeelement für den Sender [Abb. 41].

Die von MTV und TV-am eingeführten Formen ununterbrochener Infrastrukturen bedeuteten das Ende der Programmplanung und der Synchronisierung kontinuierlicher Inhaltsströme und ebneten den Weg für das Narrowcasting, das seinerseits eine technologische Form der Fragmentierung darstellt. Diese neuen Formen des Fernsehens – und die damit verbundenen Inhalte – waren ein wichtiger Bestandteil der Medienlandschaft des späten 20. Jahrhunderts: Durch die Oberfläche des Bildschirms führten sie zu einer neuen Art von räumlicher und zeitlicher Konstruktion, vom Mikrobereich des Hauses bis zum Makrobereich des Territoriums. Sie veränderten die Art und Weise, wie das Fernsehen konsumiert wurde, und damit auch die häusliche Umgebung: Von einem zentralen Punkt im Haus aus begann das Fernsehen, alle häuslichen Räume zu besiedeln, einschließlich der Schlafzimmer, Keller und Küchen. Sie veränderten die Art und Weise, wie Fernsehen produziert wurde, indem sie einen direkteren Kontakt zwischen den bis dahin geschlossenen Fernsehstudios und

40 Richard Bryant, TV-am Studio London, entworfen von Sir Terry Farrell, 1983

41 Alberto Piovano, TV-am Studio London, entworfen von Sir Terry Farrell, 1983

dem städtischen Raum herstellten und die Architektur des Studios als eine Form der medialen Darstellung des Senders nutzten. Schließlich veränderten sie durch ihre Verteilungspolitik die territorialen Beziehungen: Im Falle von TV-am boten sie eine territoriale Einheit, im Falle von MTV wurde das Verhältnis zwischen Zentrum und Peripherie umgekehrt.

Ein provisorisch eingerichteter Schuppen[35], das Camden-Studiogebäude von TV-am, sollte nicht über die Dauer der Konzessionslaufzeit hinaus bestehen bleiben. Infolgedessen wurde das Gebäude 1992 an MTV-Europe verkauft, das Farrells ursprüngliches Design stark veränderte, indem es die TV-am-Schriftzüge an der Seite der Hauptfassade modifizierte und die meisten Innenräume neu gestaltete. Das Musikfernsehen war nach London gekommen, und nichts eignete sich besser dafür als ein stillgelegtes und im Grunde genommen vergängliches postmodernes Design.

42 Richard Bryant, TV-am Studio London, entworfen von Sir Terry Farrell, 1983

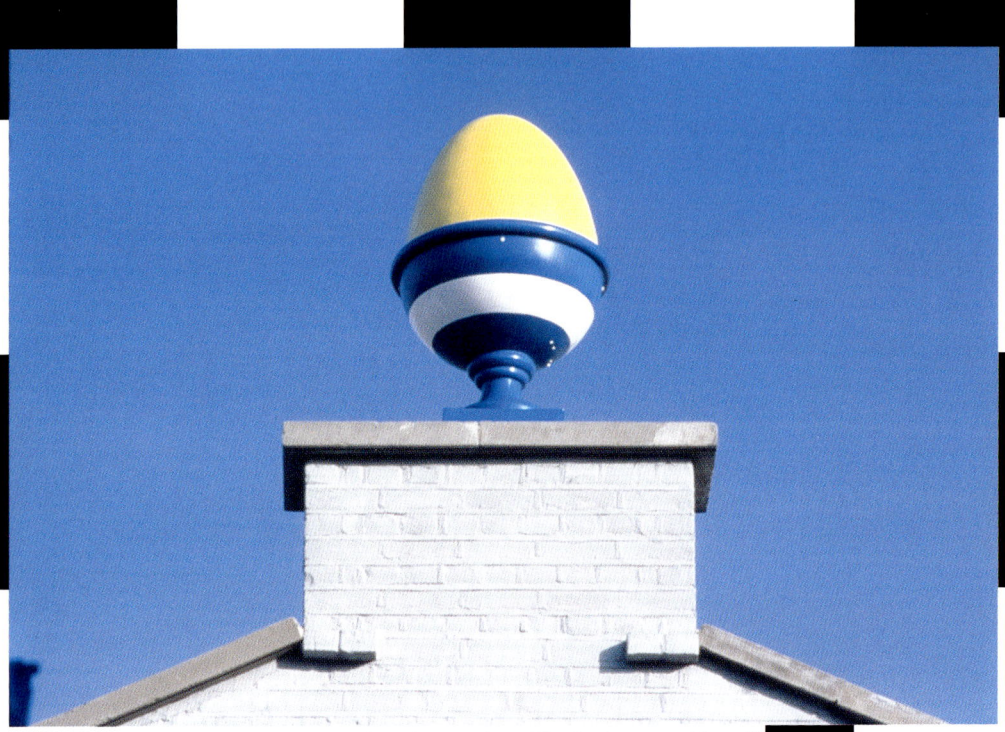

43 Richard Bryant, TV-am Studio London, Eierbecher von Farrell auf dem Dach des Gebäudes, 1983

26 Leapman (wie Anm. 21), S. 15.

27 Zu dieser Zeit arbeitete Farrell unter anderem mit Charles Jencks an der Gestaltung seines Thematic House (jetzt Cosmic House) im Holland Park, London.

28 Der Camden Market wurde 1974 gegründet und „Camden war ein Mekka für Rebell*innen, Künstler*innen und Aussteiger*innen aus aller Welt. Es war ein unglaublich kreativer Ort. Jeden Abend spielten fantastische Bands."

29 Leapman (wie Anm. 21), S. 83.

30 Farrell arbeitete mit dem Grafikdesigner Douglas Maxwell zusammen, der das Logo von TV-am entwarf – eine Sonne, die durch farbige Bänder scheint, um einen Sonnenaufgang wiederzugeben. Er entwickelte eine ähnliche Idee und setzte sie in den drei Teilen des Gebäudes ein – die Anmutung des Morgens mit dunklen Grautönen, Schwarz und Nebel im unteren Bereich, die sich zu helleren Farben und Oberflächenstrukturen im oberen Bereich steigern. Das Logo war das Erkennungszeichen des Senders und wurde auch auf Briefpapier, Fahrzeugen und Werbeartikeln verwendet. Quelle: „A–Z of TV-am", https://www.tv-am.org.uk/, abgerufen am 3. Mai 2018.

31 Im September 2015 wurden die Eierbecher im Rahmen der Christie's Auktion „Out of the Ordinary" verkauft. Im Katalog wird das Objekt wie folgt beschrieben „Polychrom verzierter Fiberglas-Eierbecher aus dem British Television Center Building, um 1980, entworfen von Terry Farrell, 40 ½ Zoll (103 cm) hoch; 14 x 14 Zoll (36 x 36 cm) quadratischer Sockel. 1 000–1 500 GBP" (1 600–2 300 USD; 1 500–2 100 EUR).

32 Sir Terry Farrell/Colin Fournier, *Terry Farrell: Interiors and the Legacy of Postmodernism*, London: Laurence King Publishing 2011, S. 126.

33 Ebda., S. 126.

34 Adam Nathaniel Furman, „Why TV-am was Britain's most maverick building", Blog, Royal Academy of Arts, veröffentlicht am 29. April 2016, https://www.royalacademy.org.uk/article/architecture-why-tvam-was-most-maverick, abgerufen am 20. Mai 2023.

35 Wie von Denise Scott Brown und Robert Venturi in *Learning from Las Vegas*, 1972, konzipiert, s. Interview mit Denise Scott Brown in dieser Publikation.

DAS INTERNET VOR DEM INTERNET

New Models und Kevin Driscoll
über frühe Netzkultur

```
[===================\/============\/=============\/======================]
Call The Works: 914's Text-file BBS.    Home of Terror Ferret and BilDo
Located in beautiful Chappaqua, NY.     300/1200 Baud, N,8,1
10 Megabytes    900+ Textfiles.         (914)/238-8195

         _ (X)_            _
         \__][_  \        / \    _ _
            ,'   \ \__/\_/  /   / //\
          _/      \/   \   /\__/  \\ \_____
        /'\_,  \/  \___\_// \/    \_\\     \_
       /                                      \
[===================\/============\/=============\/======================]
Entry #1
Jason M. Scott, Chappaqua, NY                            IBM PC owner
Call my board, and distribute this list.
[========================================================================]
```

44 Anzeige für „The Works BBS", Octothorpe Productions, 1986 (Courtesy Jason Scott)

LIL INTERNET:
Kevin, kannst Du uns erzählen, wie das Internet aussah, als Du zum ersten Mal von ihm gehört hast?

Kevin Driscoll:
Meine ersten Erfahrungen habe ich mit lokalen Einwahl-Mailboxen gesammelt, sogenannten Bulletin Board Systems (BBS). Als Teenager traf ich mich mit Freunden in einem örtlichen Spieleladen für Pen-&-Paper-Rollenspiele. Der Laden war eine Art Vereinsheim. Man zahlte einen monatlichen Beitrag für eine Mitgliedskarte und konnte dann Tische reservieren, um mit seinen Freunden zu spielen. Irgendwann richteten die Besitzer ein elektronisches schwarzes Brett ein. Und als sie einen Computer in den Laden stellten, kamen die meisten meiner Freunde und ich mit diesem BBS in Berührung, bevor wir zu Hause einen Computer mit Modem hatten. Diese Community vor Ort war für uns das Sprungbrett in eine Online-Community.

Caroline Busta:
In Erzählungen vom Internet klafft oft eine Lücke zwischen den Ursprüngen in der militärisch-industriellen Infrastruktur der Nachkriegszeit und dem Aufstieg von Plattformen wie Facebook nach der Jahrtausendwende. Liegt das vielleicht auch daran, dass die Begrifflichkeiten für diese Technologie – ob „Cyberspace", „World Wide Web" oder „Internet" – für verschiedene Menschen so unterschiedliche Sachen bedeutet haben?

Kevin Driscoll:
Ja, in meinem Buch geht es auch immer wieder um die Frage, was Leute zu unterschiedlichen Zeiten und je nach Wohnort, Alter oder sozioökonomischer Situation unter „Internet" verstanden haben. Ich denke, 1995 wurde „Internet" ein globaler Begriff für das Online-Sein. Davor meinte „Internet" eher das TCP/IP-Netz, das von der ARPA [Advanced Research Projects Agency] entwickelt wurde, einer Einrichtung des US-Verteidigungsministeriums. Die Computer im ARPANET waren anders als die, die heute auf unserem Schreibtisch stehen – das waren große, teure Maschinen für die Nutzung durch eine ganze Organisation. Heimcomputer mit AOL, CompuServe, Genie, Prodigy oder Mailboxen galten als etwas anderes. Wenn Leute mit Einfluss über das TCP/IP-Internet sprachen, hatten sie meist keine Ahnung davon, was an der Basis passierte. Genau darin liegt das Problem, denn das hat die Art und Weise geprägt, wie wir über das Internet sprechen

und wer bestimmt, wofür das Internet da ist und wie eine Online-Community auszusehen hat. Diese Kluft zwischen der TCP/IP- und der Heimcomputer-Welt ist der Grund dafür, dass unsere Erinnerungen ans Internet verzerrt sind. Die meisten Heimcomputer hatten nicht mal die notwendige Software, um Online zu gehen, bis Microsoft Windows '95 um TCP/IP erweiterte und ein Icon auf den Desktop setzte, unter dem „Internet" stand. Mit einem Klick darauf öffneten sich ein Telefoneinwählprogramm und ein Webbrowser, in dem dank Hyperlinks alles nur einen Klick voneinander entfernt war. Mit dieser Neuerung entstand die Vorstellung vom Web als einem einzigen grenzenlosen virtuellen Raum, statt als Informationen, die von einem physischen Gerät zum nächsten wandern.

Caroline Busta:
Ich kann mich noch gut daran erinnern, wie ich Mitte der 90er-Jahre auf dieses Symbol geklickt habe, aber keine Ahnung hatte, wo ich meine Freunde finden kann. Okay, ich war jetzt mit diesem sogenannten World Wide Web verbunden, aber es fühlte sich an, als wäre ich mitten im Death Valley. Wenn man sich aber diese Mailbox-Systeme vorstellt, die an physischen häuslichen oder öffentlichen Orten gehostet werden, hat das gar nichts isolierendes. Kannst Du beschreiben, wie sich die sozialen Seiten von BBS entwickelt haben?

Kevin Driscoll:
Sicher, BBS steht für „Bulletin Board System". Anfangs dachte man bei einem BBS an eine computergestützte Version einer Pinnwand voll mit Flyern, wie man sie auf dem Unicampus oder im Café sieht. Es war ein Raum für ständigen Austausch innerhalb einer Community, und ein informelles Archiv.

Als sich die BBS-Idee in den späten 70er-Jahren zu verbreiten begann, bestand das typische Board aus einer Person, die einen Computer mit einem Modem an die heimische Telefonleitung anschloss. Das Modem an sich ist schon faszinierend: Wie ein außerirdisches Musikinstrument wandelt es einen Datenstrom in Töne um und sendet sie über die Telefonleitung (oder manchmal auch über eine Funkverbindung). Am anderen Ende wandelt ein zweites Modem den Ton wieder in Daten um und leitet sie an eine Maschine weiter. Mit dieser Technik konnte man das bestehende Telefonnetz umwidmen und Daten durch Leitungen schicken, die normalerweise für die Übertragung menschlicher Stimmen verwendet wurden.

Die einfachste Form eines BBS bestand aus einem Host-Rechner, der an einer Telefonleitung hing und auf Anrufe wartete. Sobald eine Verbindung hergestellt war, erschien auf dem Bildschirm des Anrufers ein Menü mit Auswahlmöglichkeiten

45 Werbeanzeige von Universal Data Systems für das Modem 103-LP, 1985

DAS INTERNET VOR DEM INTERNET 207

wie „neue Nachrichten lesen", „eine Nachricht senden", „eine Nachricht für den Sysop [Systemoperator] hinterlassen", „Dateien herunterladen" und „abmelden". Wenn wir von BBS sprechen, meinen wir im Großen und Ganzen eine Form der sozialen Interaktion, bei der eine Person sich einloggt, die neuen Nachrichten liest, vielleicht eine Nachricht schreibt und sich dann abmeldet. Während sie zugeschaltet ist, ist die Leitung belegt, und andere können keine Verbindung herstellen. Deshalb konnte nur eine begrenzte Anzahl von Personen pro Tag Online sein.

LIL INTERNET:
Bei den ersten Anschlüssen war das Modem noch nicht einmal in die Telefonbuchse eingesteckt, oder? War das nicht eine Art kleines Lautsprechermikrofon, auf das man den Telefonhörer legte, so dass das Modem über denselben Telefonhörer „sprach" und „hörte", mit dem man auch mit Freunden telefonierte?

Daniel Keller:
Man hätte TCP/IP wahrscheinlich auch über ein Dosentelefon laufen lassen können, oder?

LIL INTERNET:
Ja, und über das Radio – ein Typ in England hat das in den frühen 80ern gemacht.

Kevin Driscoll:
Stimmt! In Großbritannien gab es Anfang/Mitte der 80er-Jahre eine öffentlich-rechtliche Fernsehsendung, die sich nur mit Computern befasste. Und am Ende jeder Folge schickten sie einem ein Programm – das heißt, sie sendeten Töne, die man auf eine Kassette aufnehmen und dann auf dem Computer abspielen konnte.

Caroline Busta:
Ich fasse es nicht ...

Kevin Driscoll:
Doch, die Welt der Heimcomputer war nicht für die Übertragung von Daten von einem Gerät zum anderen optimiert, das war der Grund, warum sich so viele Do-it-Yourself-Netzwerke entwickelten. Sagen wir, Du hattest einen Apple und ich einen RadioShack-Computer: Die Formen der Datenspeicherung waren nicht miteinander kompatibel. Und da Heimcomputer keinen Zugang zu TCP/IP hatten, experimentierten Leute mit den Protokollen von Fernschreib- und Telexnetzen. BBSs wiederum wurden zu Knotenpunkten, an denen Besitzer verschiedener Computertypen Daten austauschen konnten, ohne Kassetten oder Disketten.

Caroline Busta :
In Deinem Buch erwähnst Du, dass Leute, die auf der Arbeit Zugang zum großen Mainframe-Internet hatten, es unter der Hand für sozialen Austausch nutzten.

Kevin Driscoll:
Tatsächlich ist die wirtschaftliche Struktur des ARPANET sehr ungewöhnlich. In den späten 1960er-Jahren begann das US-Verteidigungsministerium mit der Finanzierung der Computerforschung quer durch die USA. Man kann sich das so vorstellen, dass sie Computer als seltene, teure Ressource ansahen – ein paar wenige Supercomputer über das Land verteilt – und sie für verschiedene Institutionen, Universitäten, Regierungsbehörden und so weiter verfügbar machen wollten. Dieses Vorhaben löste in den 1970er-Jahren einen Forschungsboom in Sachen Vernetzung aus. Faszinierend ist aber, dass diese Netze, die für die gemeinsame Nutzung von Daten und Rechenleistung gedacht waren, mehr als für alles andere für den Austausch elektronischer Post genutzt wurden. Das beste Buch über diese Zeit ist *Inventing the Internet* (MIT, 1999) von Janet Abbate. Und ein Großteil der Gespräche in diesen frühen Netzen war völlig inoffiziell. Eine wichtige Mailingliste im ARPANET war zum Beispiel die Science-Fiction-Diskussionsgruppe SF-LOVERS in den frühen 80er-Jahren. Die Gruppe tat aber alles, um nicht zu sehr aufzufallen. Was, wenn der Kongress herausfände, dass diese Spitzentechnologie und das damit verbundene Forschungsbudget dafür verwendet wurden, über Science Fiction zu plaudern? Die Mailbox-Gemeinschaften zahlten dagegen ihre Rechnungen selbst und waren frei von jeder größeren institutionellen Aufsicht oder Einmischung.

LIL INTERNET:
Es ist interessant, dass sowohl BBSs als auch ARPANET kollektive Kommunikationskanäle waren, aber ausdrücklich keine Massenmedien. Weil sie vor dem Blick der breiten Öffentlichkeit geschützt waren, äußerten Kritiker die Befürchtung, dass sie Neonazis und Rechtsextremisten anziehen könnten. Tatsächlich gab es aber eine Menge queerer Menschen und andere Progressive, Radikale und

Außenseiter, die einander über BBS fanden. Bei der Entstehung des Internets aus dem ARPANET fällt unter den Tisch, wie sehr gegenkulturelle und marginalisierte Identitäten maßgeblich an der Entstehung von Online-Communities und sozialen Netzwerken beteiligt sind.

Kevin Driscoll:
Als neues Medium, das sich durch einen gewissen Grad an Zugänglichkeit auszeichnete, waren BBSs für alle wertvoll, die sich von den herrschenden Mediensystemen ausgeschlossen fühlten, seien es Neonazis, die sich der Zensur entziehen wollten, oder Menschen, die in ihrem Alltag isoliert wurden und auf der Suche nach einer Community waren. Man kann diese Gruppen aber schwer verallgemeinern. Da es in dieser Online-Welt keine Suchmaschine, keinen zentralen Verzeichnisdienst wie Yahoo, kein DNS (Domain Name Server) und nichts außer Mundpropaganda gab, konnte es passieren, dass Leute, die in derselben Stadt dieselbe Technologie nutzten, überhaupt nichts voneinander mitbekamen. Deshalb war Mundpropaganda enorm wichtig. Es ist aber vollkommen offensichtlich, dass queere Menschen in diesem frühen Online-Raum allgegenwärtig waren und dass viele Mailboxen in den USA ihre Queerfreundlichkeit aktiv nach vorne stellten. Ein Beispiel hierfür ist die Arbeit von Tom Jennings. Er entwickelte die Protokolle für FidoNet und veröffentlichte in den 80er- und 90er-Jahren mehrere Queercore-Zines. Sein Code ermöglichte es den Nutzer*innen, ein Netzwerk auszubauen, ohne dass teure Gebühren für Ferngespräche anfielen, und schuf so ein Internet für jeden – ein Internet, das fast ausschließlich von Amateuren entwickelt wurde. Das FidoNet lässt sich vereinfacht so erklären, dass jeder Computer im Netz über eine Liste aller anderen Computer und deren Telefonnummern verfügte. Nachts (wenn die Telefontarife am günstigsten waren) wachten die Computer automatisch auf, wählten ein paar benachbarte Geräte an und stellten Verbindungen untereinander her. Binnen weniger Tage gelangten neue Nachrichten an alle aktiven Computer, und das gesamte Netzwerk wurde auf diese Weise synchronisiert. Damit wurde es zu einem Modell für ein funktionierendes dezentrales Messaging-Netzwerk. Außerhalb der USA, vor allem in Osteuropa, wurde FidoNet zum Symbol eines liberalisierten, postsowjetischen Kommunikationsraums, der aus dem Nichts entstand.

LIL INTERNET:
Man sollte wohl nicht unerwähnt lassen, dass sich BBSs zeitgleich mit der AIDS-Krise entwickelten. Welche Rolle spielten sie beim Kampf gegen AIDS und im Widerstand gegen die Gesetzgebung der Reagan-Ära?

Kevin Driscoll:
Das ist eine ganz wichtige Frage. Es gab ein Netzwerk namens AEGiS (AIDS Education General Information System/Allgemeines Informationssystem zur AIDS-Aufklärung), das dank Schwester Mary Elizabeth Clark Informationen aus staatlichen Datenbanken weiterleitete. Zum Beispiel wurden wichtige Studien und entscheidende medizinische Informationen an das AEGiS-Board verbreitet. Damals hatten Menschen, die positiv auf HIV getestet wurden, oft keinen Arzt oder Ansprechpartner, der ihre Fragen beantworten konnte, und natürlich konnte man die Symptome noch nicht einfach googeln. So war AEGiS, neben anderen BBSs, eine wichtige Ressource, die erlaubte, Menschen mit Informationen zu versorgen und untereinander zu vernetzen.

Caroline Busta:
Wie groß war das nordamerikanische BBS-Netz in seiner Blütezeit?

Kevin Driscoll:
Sehr vorsichtig geschätzt vermute ich, dass es dort etwa 100 000 Mailboxen gab, die um die zweieinhalb Millionen Menschen versorgten.

Caroline Busta:
Kannst Du Dir vorstellen, wie groß die Reichweite in Europa und woanders war?

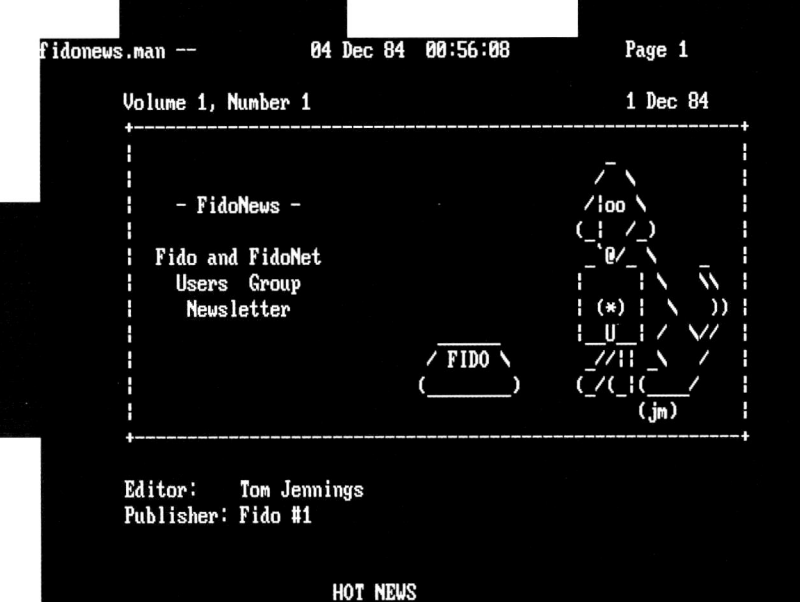

Erste Ausgabe von *Fido News* mit dem ASCII Hunde-Logo, entworfen von John Madill (Courtesy of Tom Jennings)

Kevin Driscoll:
In meinem Buch habe ich mich auf Nordamerika konzentriert, weil das Telefonsystem dort Nummern aus den USA, Kanada, der Karibik und Teilen Nordmexikos umfasst. Europa war dagegen in einzelne Staaten mit jeweils eigenen Verwaltungsstrukturen unterteilt. Und da die meisten Menschen in Westeuropa keine Flatrate für Ortsgespräche hatten, war die lokale BBS-Kultur dort nicht so verbreitet. Es gab jedoch auch andere kulturelle Bereiche, die in Europa florierten, nicht aber in den USA: zum Beispiel das Musizieren mit dem Amiga und das Programmieren in der Demoszene (eine Form von Computerkunst mit Wettkampfcharakter). Es ist nur eine Vermutung, aber vielleicht lag das daran, dass die Gamingkultur in Europa eher auf Heimcomputern stattfand als auf Konsolen, wie sie in den USA vorherrschten und aus Computern im Wesentlichen Geräte zum Spielen machten. Tatsächlich sahen viele Europäer*innen den Heimcomputer als ein Gerät, mit dem man viele verschiedene kreative Dinge tun konnte, vom Musikmachen bis zum Knacken von Software und dem Aufbau von Piraterienetzwerken, oder für experimentelles Programmieren.

LIL INTERNET:
Und was hat es mit dem auf sich?

Kevin Driscoll:
Minitel war eine Art Videotext-System (interaktive Inhalte, die auf einem Videomonitor angezeigt werden), das von einer französischen Vision der 1970er-Jahre von der Zukunft der Medien geprägt war, der Telematik – der Konvergenz von Fernsehen, Computern und Satellitenkommunikation. Das Minitel war ein Heimterminal mit einem Acht-Zoll-Bildschirm, einer Tastatur und einem Modem, das sowohl über Telefon- wie über die Datenleitungen lief und seine Nutzer*innen mit einem staatlichen, landesweiten Datennetz verband, das auf Paketvermittlung basierte. Es war zentralisiert und dezentralisiert zugleich, sowohl öffentlich wie privat. Damals stand Frankreich unter dem Druck, seine Telekommunikationsinfrastruktur aufzurüsten, um mit anderen Industrienationen wettbewerbsfähig zu bleiben. Noch in den 1970er-Jahren gab es in vielen französischen Wohnungen nicht einmal einen Telefonanschluss.

LIL INTERNET:
Unglaublich. Es sieht aus wie ein sehr alter Röhrenmonitor, bei dem die Tastatur hochgeklappt wird, um den Bildschirm zu verdecken.

Daniel Keller:
Minitel klingt sehr nach Michel Gondry ...

Kevin Driscoll:
Schon, und das Design war wirklich wichtig, weil die Leute das Minitel-Terminal in ihren Wohnungen installierten. Es gibt sogar ein paar gute Legenden, wie die Geschichte von Steve Jobs, der nach Frankreich kam, das Minitel sah und dann den Mac mit dem Griff auf der Oberseite entwarf, der dem Griff des Minitel sehr ähnlich ist. Wer weiß. Das Besondere am Minitel war jedenfalls, dass die Schnittstellen zum Netz offen waren. Technisch gesehen konnte jeder einen Minitel-Dienst anbieten. Dazu musste man nur einen Antrag auf Genehmigung bei einer Regierungsbehörde stellen. So eröffneten auch alle großen Zeitschriften und Zeitungen, von *Marie Claire* bis *Le Monde*, einen Minitel-Dienst.

LIL INTERNET:
Waren nicht Millionen von Minitel-Terminals im Umlauf? Jetzt kann man sie bei eBay für um die 20 Euro kaufen.

Kevin Driscoll:
Ja, absolute Massenproduktion. Jeder, der einen Telefonvertrag hatte, konnte zum Postamt gehen und das Terminal kostenlos erhalten. In den späten 1980er-Jahren hatte fast jeder in Frankreich Erfahrung mit einem solchen Gerät. Teil des Versprechens, das die Anschubfinanzierung durch den Staat rechtfertigte, war auch die Digitalisierung

47 Minitel-Computer, 1982

öffentlicher Dienste wie Telefonbüchern und Landkarten. In den späten 80er-Jahren wurde bereits alles, was man mit der Dotcom-Zeit in Verbindung bringt, über das Minitel abgewickelt: der Kauf von Zugfahrkarten oder Kinokarten, Kleinanzeigen, Online-Dating, sogar Hauslieferdienste. Obwohl France Télécom als Staatsunternehmen die Plattform bereitstellte, die Abrechnungen abwickelte und die Zahlungen an die Anbieter verteilte, schrieb es den Nutzern nicht wirklich vor, was sie zu tun hatten. Das erlaubt es vielen jungen Menschen, ihre Dienstleistungen anzubieten, ohne sich um die finanzielle Seite ihres Geschäfts kümmern zu müssen. Außerdem bot Minitel ein gewisses Maß an Anonymität, da das Netz keine sensiblen personenbezogenen Daten und Zahlungsinformationen weitergab. Die Dienstleistungsanbieter konnten nur einen begrenzten Teil der Daten ihrer Nutzer einsehen.

Caroline Busta:
Was haben wohl die amerikanischen Tech-Anwärter in den 80er- und 90er-Jahren über das Minitel gedacht? Hat irgendjemand im Silicon Valley versucht, etwas Ähnliches zu bauen – in welchem Umfang auch immer das möglich gewesen wäre?

Kevin Driscoll:
In den Vereinigten Staaten bewegten sich die großen Kommunikationsnetze in die völlig entgegengesetzte Richtung: Auflösung des Bell-Systems, wirtschaftliche Liberalisierung und Privatisierung unterschiedlicher Komponenten zur Förderung des Wettbewerbs. Es herrschte die Auffassung, dass das Minitel zwar cool ist, aber letztlich begrenzt, weil staatlich kontrolliert, was dem vorherrschenden amerikanischen Glauben widersprach, dass unregulierte Märkte immer bessere Ergebnisse hervorbringen würden. Die meisten Amerikaner hatten keine eigenen Erfahrungen mit dem Minitel und konnten sich daher nicht vorstellen, wie viele unabhängige Innovationen und Möglichkeiten zur Entwicklung eigener Dienste es tatsächlich ermöglichte. Die Menschen im Silicon Valley neigten dazu, es als ein rückständiges, geschlossenes System zu sehen. Tatsächlich wurden in den USA viele Minitel-ähnliche Dienste gegründet, aber sie waren nicht in der Lage zu wachsen. Dazu hat sicher die mangelnde Bereitschaft der US-Regierung beigetragen, so eine Initiative anzustoßen, zum Beispiel durch das Verschenken von Millionen von Endgeräten, wie Frankreich es getan hatte. Außerdem sind die USA geografisch so weitläufig, dass Ferngespräche sehr teuer waren. Aber all diese Investitionen in Videotext erfolgten zeitgleich mit der BBS-Amateurkultur, die erst 1983 richtig in Schwung kam. 1983 kam *WarGames* heraus, der erste Film, der zeigte, wie junge Leute Computer benutzen, um lustige schlimme Sachen anzustellen. Daraufhin haben sich viele junge Leute Modems besorgt.

Caroline Busta:
In Deinem Buch gibt es einen großartigen Satz: Du schreibst in etwa, dass das „Internet eine Erfindung unserer sozialen Vorstellungskraft" ist – eine Idee oder ein Gefühl, und nicht nur eine Technologie. Wenn Du Dir anschaust, was gerade entsteht, nachdem der Gipfel der Monopolisierung von Social Media überschritten ist: Gibt es da Entwicklungen, die Dich besonders faszinieren oder beunruhigen?

Kevin Driscoll:
Mit meinem Buch wollte ich eine umfassende Geschichte des Internets anbieten, als Inspiration für unterschiedliche Erwartungen an mögliche Entwicklungen des Internets. Web3 interessiert mich unter anderem deshalb, weil es Leuten erlaubt, alternative Visionen künftiger Netzwerke und alternative Modelle zu entwickeln, die zum Erhalt solcher Infrastrukturen beitragen könnten. Es wäre interessant, BBS-Administratoren mit ihrer reichen Erfahrung in Community-orientierten Netzwerken mit Leuten ins Gespräch zu bringen, die versuchen, Web3-Projekte aufzubauen, und sie darüber diskutieren zu lassen, wovon wir wirklich reden, wenn wir über „Eigentum" und „Unabhängigkeit" sprechen. Was wären Standards, die erlauben würden, diese mit Bedeutung zu füllen?

Caroline Busta:
Ich denke, ein Teil der Arbeit in digitalen Netzen besteht in der ständigen Neukalibrierung und -konfigurierung nicht nur von Code, sondern auch der sozialen Protokolle, was Geld, Zeit, Arbeit und Nutzen angeht. Es ist total lehrreich zu hören, wie viele Experimente es dazu schon in den 1980er-Jahren gab! Ich danke Dir, Kevin. Diese Geschichte verdient definitiv mehr Aufmerksamkeit.

Hören Sie dieses Gespräch in voller Länge in NM 44 „Depeche Modem" (Mai 2022) auf https://newmodels.io.

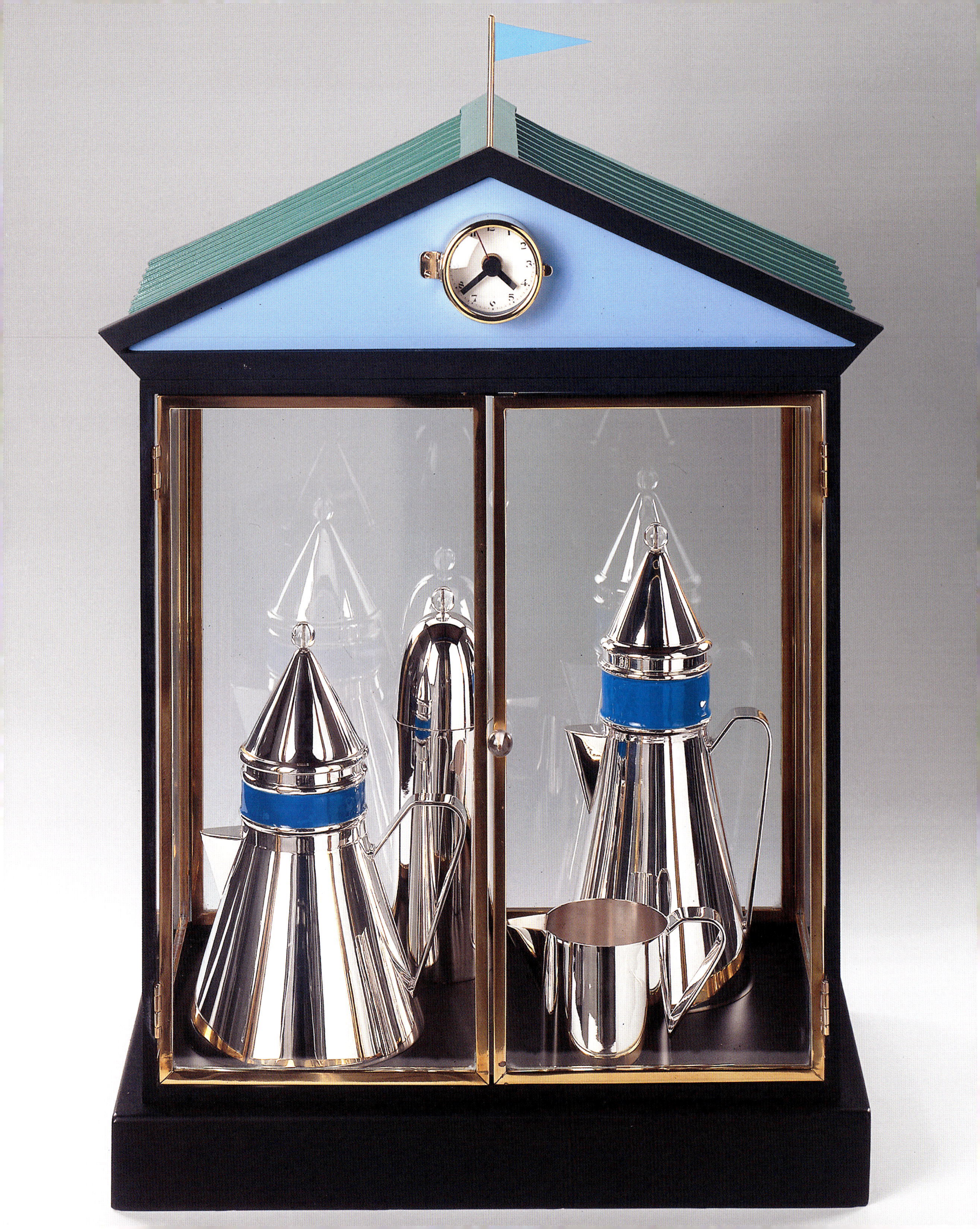

KULTUR VI & KAPITAL

23

1 (S. 212) Aldo Rossi, *Tea & Coffee Piazza*, 1983

VI

Am 31. Januar 1977 eröffnet in Paris das Centre Pompidou: ein neuartiges Kulturzentrum, das zugleich Bibliothek, Theater, Kino, Musikinstitut und Museum für die Kunst des 20. Jahrhunderts ist. Vor allem aber ein neuer Entwurf von Gesellschaft und der Rolle, die Kultur in ihr spielt.

In den 1970er-Jahren herrscht in westlichen Staaten eine regelrechte Euphorie für Bildung und Kultur. Während der Rückbau des Sozialstaates vorbereitet wird, verspricht sich die Politik in Frankreich wie in Deutschland von Schlagworten wie „Bildung für alle" und „Kultur für alle" die Auflösung von Klassenunterschieden. Kulturelle Bildung ersetzt ökonomische Umverteilung.

Für diesen Optimismus ist das Centre Pompidou das Gründungsmonument. Wie eine Ölraffinerie ragt der Bau aus den alten Gassen des 4. Arrondissements, eingewickelt von seiner nach außen gestülpten Gebäudetechnik. Hier ist es die Kultur, die raffiniert wird – und mit ihr das Publikum, das durch einen außen verlaufenden Glasschlauch per Rolltreppe in die Geschosse geleitet wird. Jean Baudrillard erinnert an die Massen, die in den 1960er-Jahren protestierend die Straßen füllten, und sieht sie durch diese Kulturmaschine in beflissenes Publikum verwandelt, das sich lenkbar und berechenbar in die Ströme der Informationsgesellschaft einfügt.[1]

Die Wettbewerbszeichnung der Architekten Renzo Piano und Richard Rogers imaginiert die 165 Meter lange Fassade als riesige, halb transparente Medienwand, hinter der höhenverstellbare Geschossmodule hängen. Der Entwurf ist nicht finanzierbar, und so macht das Gebäude sich selbst zu Botschaft und Medium: Treppen und Rolltreppen sind rot, Elektrik gelb, Wasserrohre grün, die Rohre der Klimaanlage blau. Piano/Rogers treiben den Funktionalismus der Moderne zum Äußersten und stellen sich gegen den neuen Trend der postmodernen Architektur.

Das Centre Pompidou läutet einen Museumsboom ein. 1984 wird in Stuttgart der Erweiterungsbau der Staatsgalerie von James Stirling eingeweiht, eine postmoderne Collage poppiger Farben und historischer Formen. In Frankfurt am Main eröffnet im selben Jahr das Deutsche Architekturmuseum, dessen Gründungsdirektor Heinrich Klotz eine der bedeutendsten Sammlungen postmoderner Zeichnungen und Modelle zusammengetragen hat. In die Schale einer entkernten Villa aus dem Jahr 1912 setzt Oswald Mathias Ungers ein Haus im Haus im Haus. Im nächsten Jahr folgen das Museum für Angewandte Kunst von Richard Meier und die Schirn Kunsthalle.

Seit 1977 laufen unter dem Kulturdezernenten Hilmar Hoffmann, dessen Buch *Kultur für alle* die deutsche Kulturpolitik bis heute prägt, die Planungen für das Frankfurter Museumsufer. Mit Um- und Neubauten verwandelt Frankfurt die Innenstadt der Nachkriegszeit in einen lebendigen öffentlichen Raum. Im selben Zug wird die Stadt zum Zentrum postmoderner Architektur. Den Wettbewerb für das neue Museum für Moderne Kunst gewinnt Hans Hollein mit seiner dem Detail- und Materialfetischismus der Wiener Moderne verpflichteten Spielart der Postmoderne. Wir zeigen das berühmte „Tortenstück" im Riesenmodell und stellen ihm seine Wettbewerber*innen gegenüber – darunter den Beitrag von James Wines' Firma SITE, der den hier einst zerstörten Altbau als Ruine wiederauferstehen lässt.

Der Streit über den Umgang mit Geschichte entzündet sich in Westdeutschland in den 1980er-Jahren neu. 1986 bricht sich in einem Artikel des Historikers Ernst Nolte der Wunsch nach Entlastung von der Schuld des Holocaust Bahn, abgewehrt von Jürgen Habermas und anderen. Zum Höhepunkt dieses Historikerstreits präsentiert Aldo Rossi seinen Entwurf für ein Deutsches Historisches Museum am Westberliner Spreebogen. Der Wunsch von Kanzler Helmut Kohl, die Deutungshoheit über die deutsche Geschichte auf die Bundesregierung zu konzentrieren, wird heftig kritisiert. Nun kommt auch noch der Schreck über Rossis fragmentarische Collage historischer deutscher Bauformen dazu – Karl Friedrich Schinkels Klassizismus erinnert noch zu viele an dessen Vereinnahmung im Nationalsozialismus.

Auch in Frankfurt prägen Kulturkämpfe den Städtebau: Die postmoderne Architektur der Schirn und der angrenzenden Townhouses würde wohl kaum akzeptiert, würde nicht zugleich die davor liegende zerstörte Ostzeile am Römerberg durch Ernst Schirmacher (später Hildegard Schirmacher) historisch rekonstruiert. Den populären Erfolg konservativer Stadterneuerung besiegelt das kommerzielle Modell zum Nachbauen, das Oberbürgermeister Walter Wallmann der Presse präsentiert. Dabei geht der Hersteller Faller historisch exakter vor als die Stadt: Weil die Quellenlage ungesichert ist, besteht das Modell aus zwei Varianten.

Der grenzenlosen kreativen Entfaltung von Gestaltern der Nordhalbkugel stellen wir eine Skulptur des Bildhauers Bodys Isek Kingelez gegenüber, der in Kinshasa fantastische Stadtporträts aus Pappe und Stanniol fertigt. *La Mitterannéenne Republique Francaise* ist 1989 Teil der Ausstellung *Le Magiciens de la Terre* im Centre Pompidou, deren Kurator Jean-Hubert Martin nichtwestliche Künstler*innen auf Augenhöhe mit westlichen zeigt. Sie trägt zur Öffnung westlicher Selbstbeschau bei und wird zugleich für die blinden Flecken kritisiert, die entstehen, wenn ein europäischer Kurator nach eigenen ästhetischen Vorstellungen intuitiv die Auswahl trifft.

Die Forderungen der Gegenkultur nach einem Ende der Grenzen zwischen High und Low ist Kulturpolitik geworden. In Frankreich öffnet Jack Lang die steigenden Kulturetats für Alternativ- und Alltagskultur, gründet die Fête de la musique und den Tag des offenen Denkmals. Mit staatlicher Förderung richten Erben ihre Baudenkmäler für Touristen her. Kultur wird zum Medium der Teilhabe und zugleich zum Kapital: als Besitz wie als Bildung. Luxusfirmen statten ihre Produkte mit theoretischen Pamphleten aus: Die Silberservices, die postmoderne Architekten für Alessi gestalten, werden in der beiliegenden Broschüre als „mögliche anthropologische Objekte" vor dem Horizont der nahenden Jahrtausendwende beschrieben. Kaffeeservices werden zu Ziersäulen (Charles Jencks), zum Haus (Aldo Rossi), zum Flugzeugträger (Hans Hollein).

Auch Museen treten jetzt wie Kunstwerke auf und verleihen ihrer Stadt Attraktivität. Zur vollen Entfaltung wird diese Ökonomie später im „Bilbao-Effekt" kommen. Wir zeigen erste Zeichnungen Frank Gehrys für das dortige Guggenheim-Museum aus dem Jahr 1991.

Aber auch Menschen stehen im Wettbewerb um kulturellen Vorsprung. Kreativität und Selbstorganisation, die gegen die normierte Unternehmenskultur der Moderne gerichtet waren, werden zu Anforderungen des Arbeitsmarktes.[2] Die gestiegene Zahl der Hochschulabschlüsse vergrößert nicht nur die Teilhabe, sie verschärft auch den Konkurrenzdruck. Und wer sich den Zugang zu Bildung und Kultur nicht leisten kann, neigt unter Umständen dazu, die eigene Herkunft und Identität gegen die sogenannte Elite und Migrant*innen in Stellung zu bringen. So ist parallel zum Aufstieg des Kulturkapitalismus um 1980 auch der des Rechtspopulismus zu beobachten.[3] „Kultur für alle" hat Gesellschaften lebendiger, offener und vielfältiger gemacht. Aber auch ungleicher.

1 Jean Baudrillard, *L'effet Beaubourg: implosion et dissuasion*, Paris: Éditions Galilée 1977.
2 Ève Chiapello/Luc Boltanski, *Der neue Geist des Kapitalismus*, Köln: Herbert von Halem Verlag 2006.
3 Vgl. Andreas Reckwitz, *Gesellschaft der Singularitäten*, Berlin: Suhrkamp 2017.

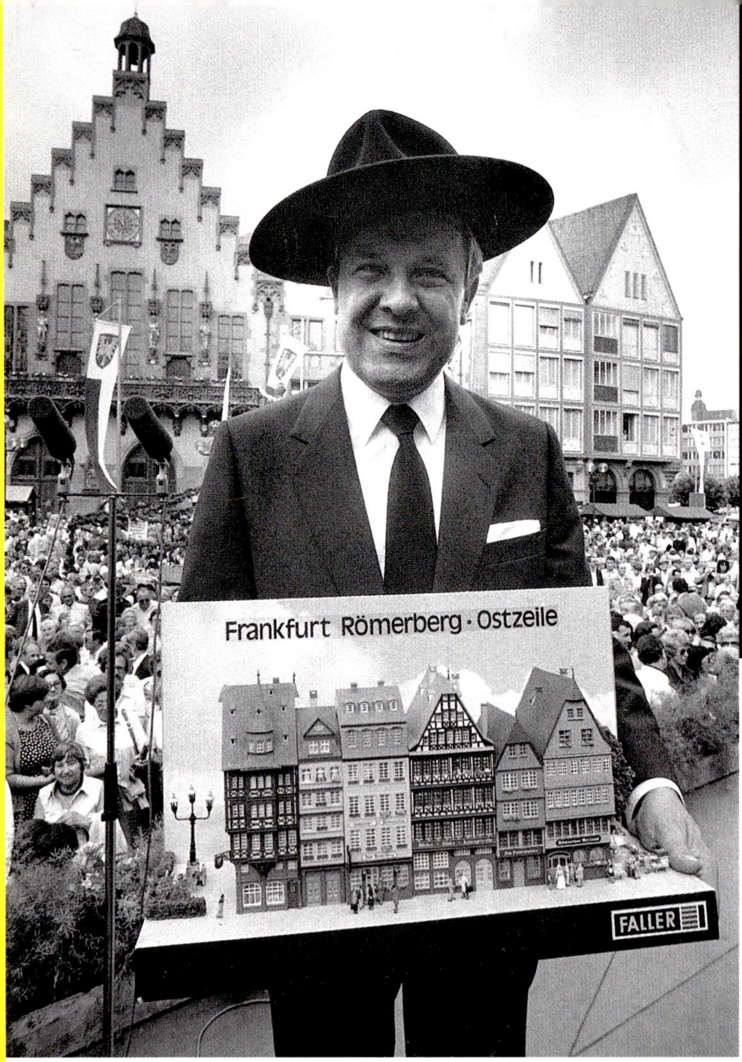
Frankfurt Römerberg · Ostzeile
FALLER

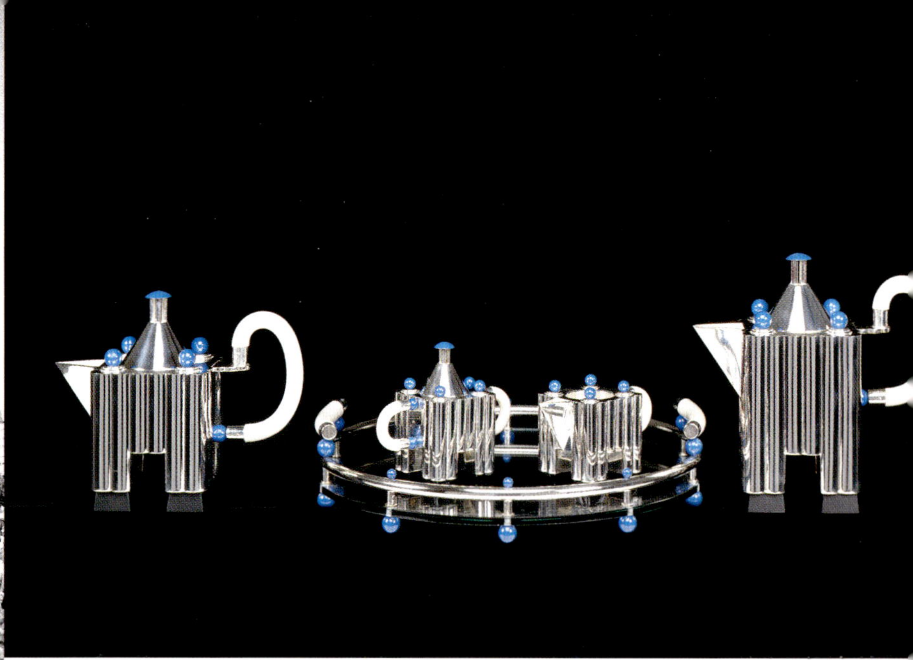

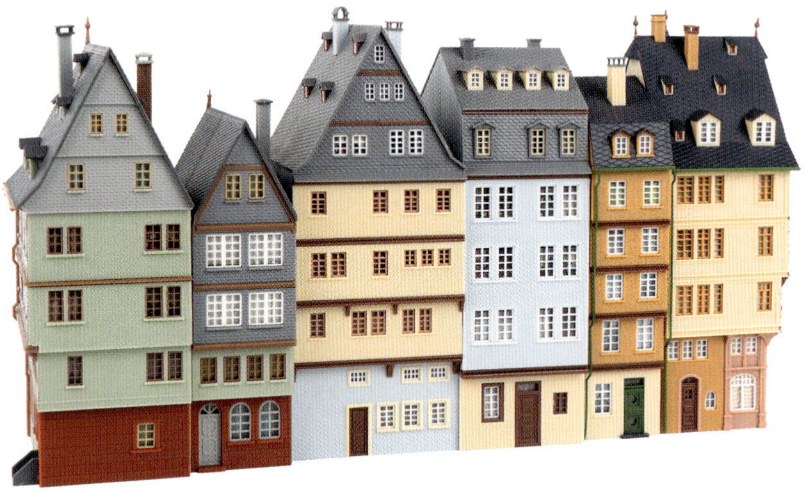

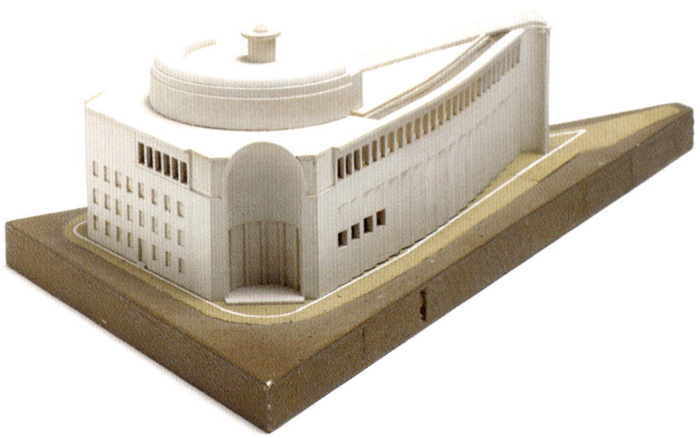

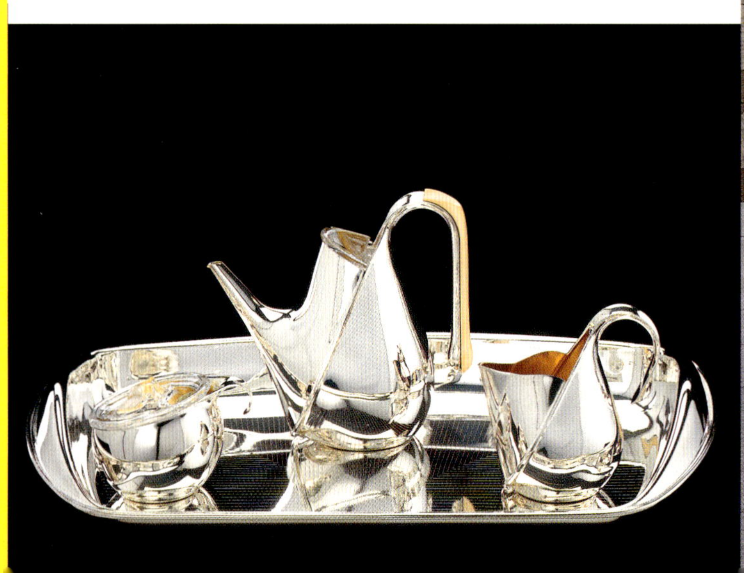

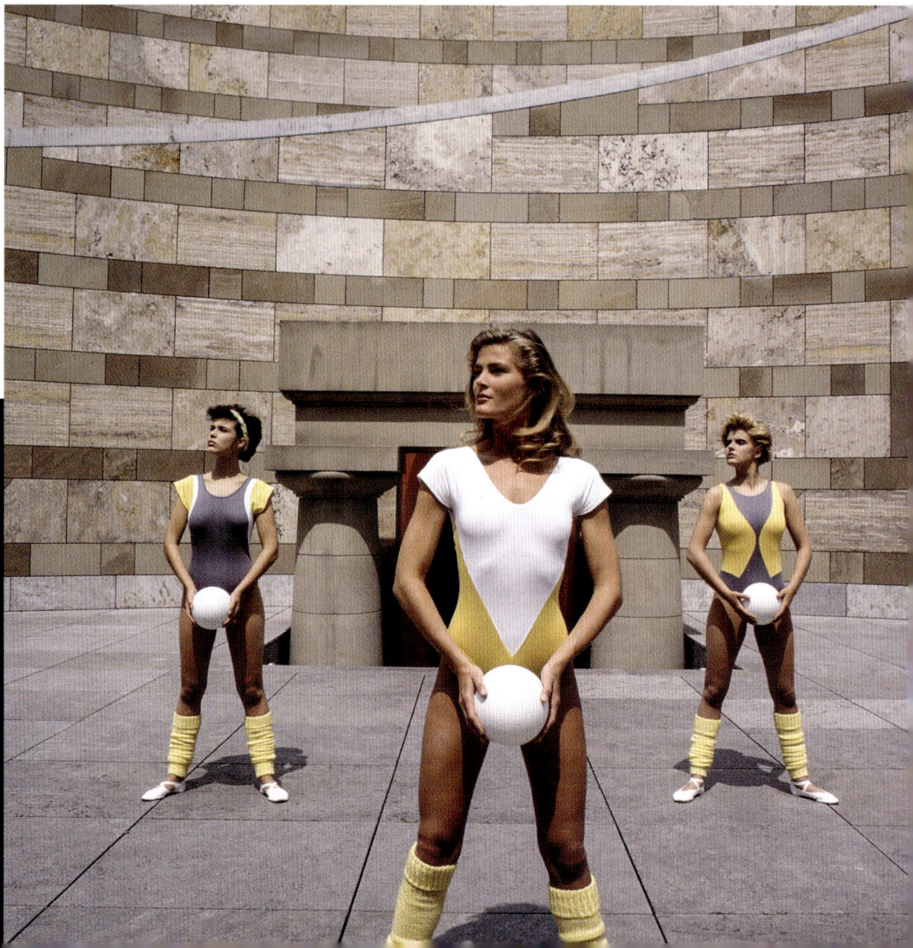

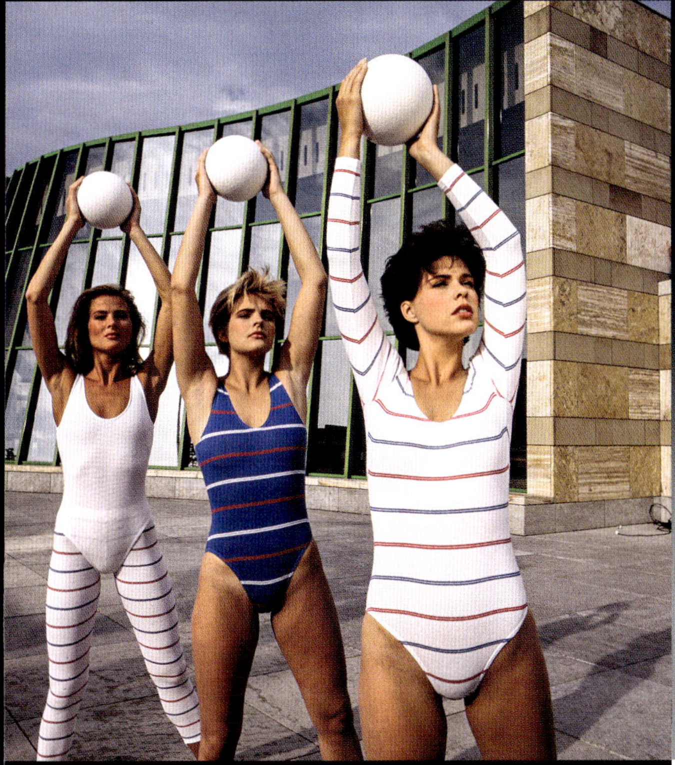
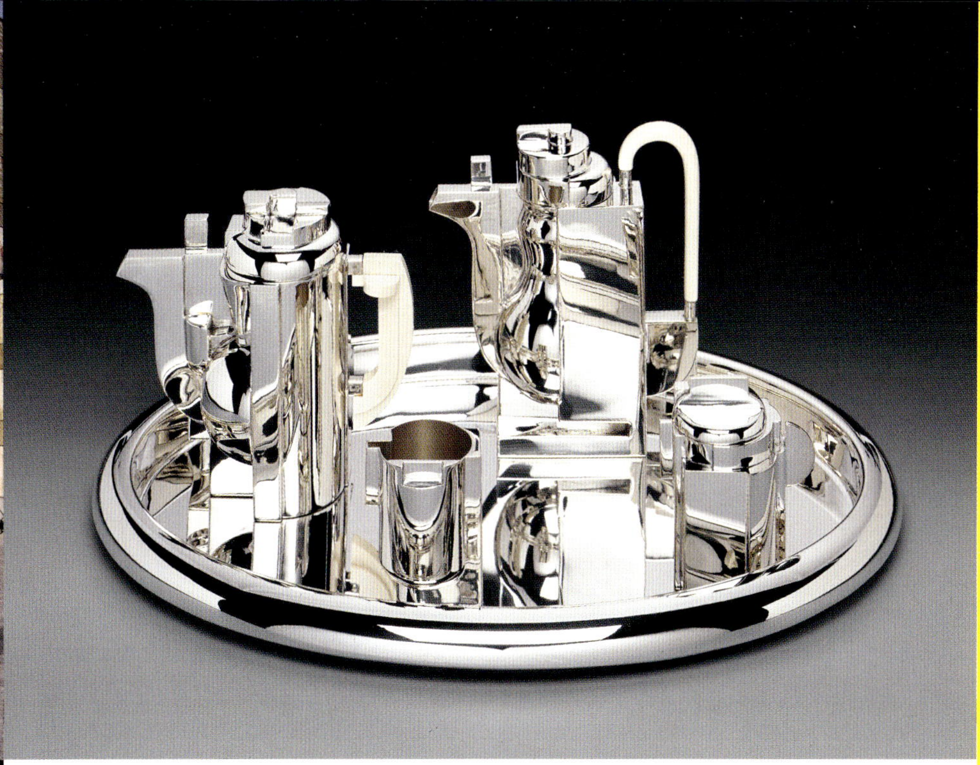
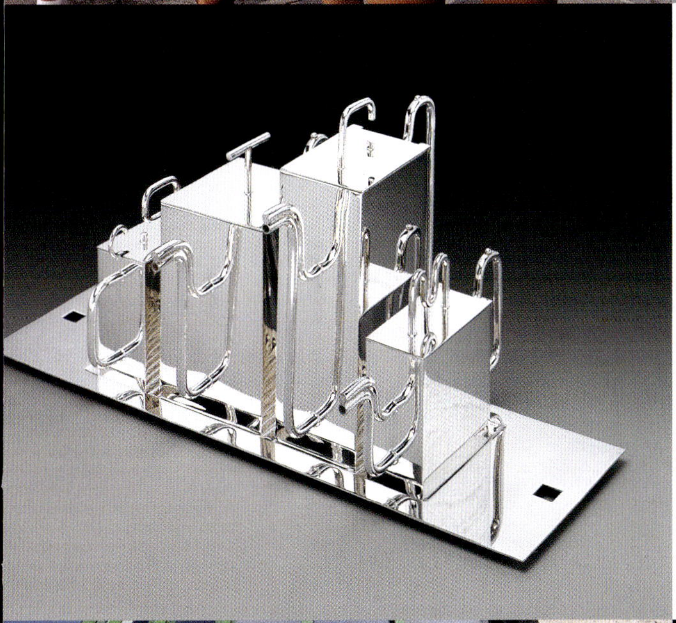
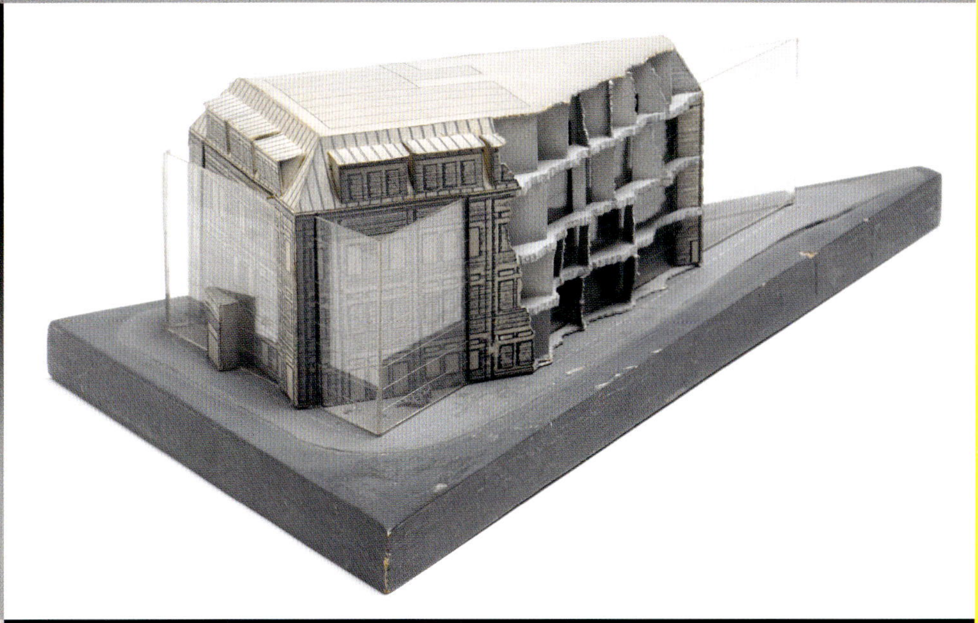
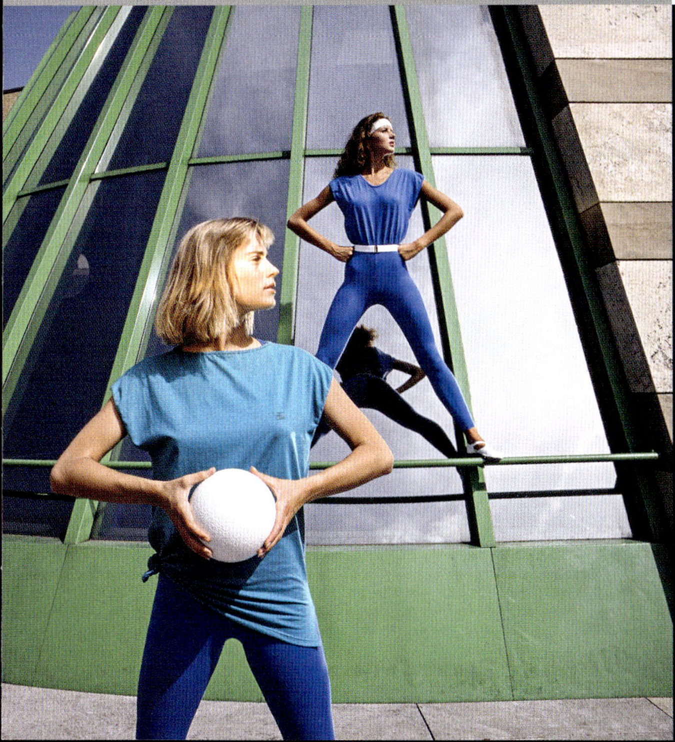
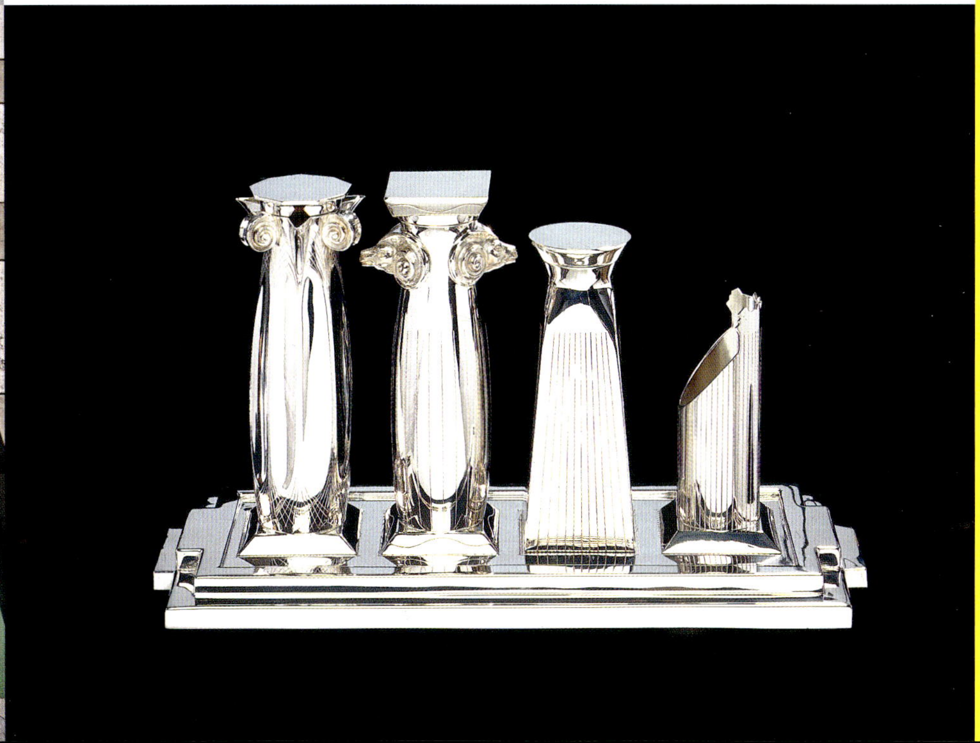

2 Oberbürgermeister Walter Wallmann mit dem Faller-Modell der Frankfurter Ostzeile, (Foto: Lutz Kleinhans), 1986

3 Heinz Tesar, Wettbewerbsmodell des Museums für Moderne Kunst, Frankfurt a.M., 1983

4 Óscar Tusquets, *Tea & Coffee Piazza*, 1983

5 Michael Graves, *Tea & Coffee Piazza*, 1983

6 Faller-Modell der Frankfurter Ostzeile, 1986

7 Modestrecke in der Stuttgarter Staatsgalerie von James Stirling, Michael Wilford, and Associates, 1980er-Jahre

8

Modestrecke in der Stuttgarter Staatsgalerie von James Stirling, Michael Wilford, and Associates, 1980er-Jahre

9

Kazumasa Yamashita, *Tea & Coffee Piazza*, 1983

10

Modestrecke in der Stuttgarter Staatsgalerie von James Stirling, Michael Wilford, and Associates, 1980er-Jahr

11

Richard Meier, *Tea & Coffee Piazza*, 1983

12

SITE (James Wines), Modell des Museums für Moderne Kunst, Frankfurt a.M., 1983

13

Charles Jencks, *Tea & Coffee Piazza*, 1983

14 SITE (James Wines), *Wettbewerbsmodell für das Museum für Moderne Kunst, Frankfurt a.M.,* 1983

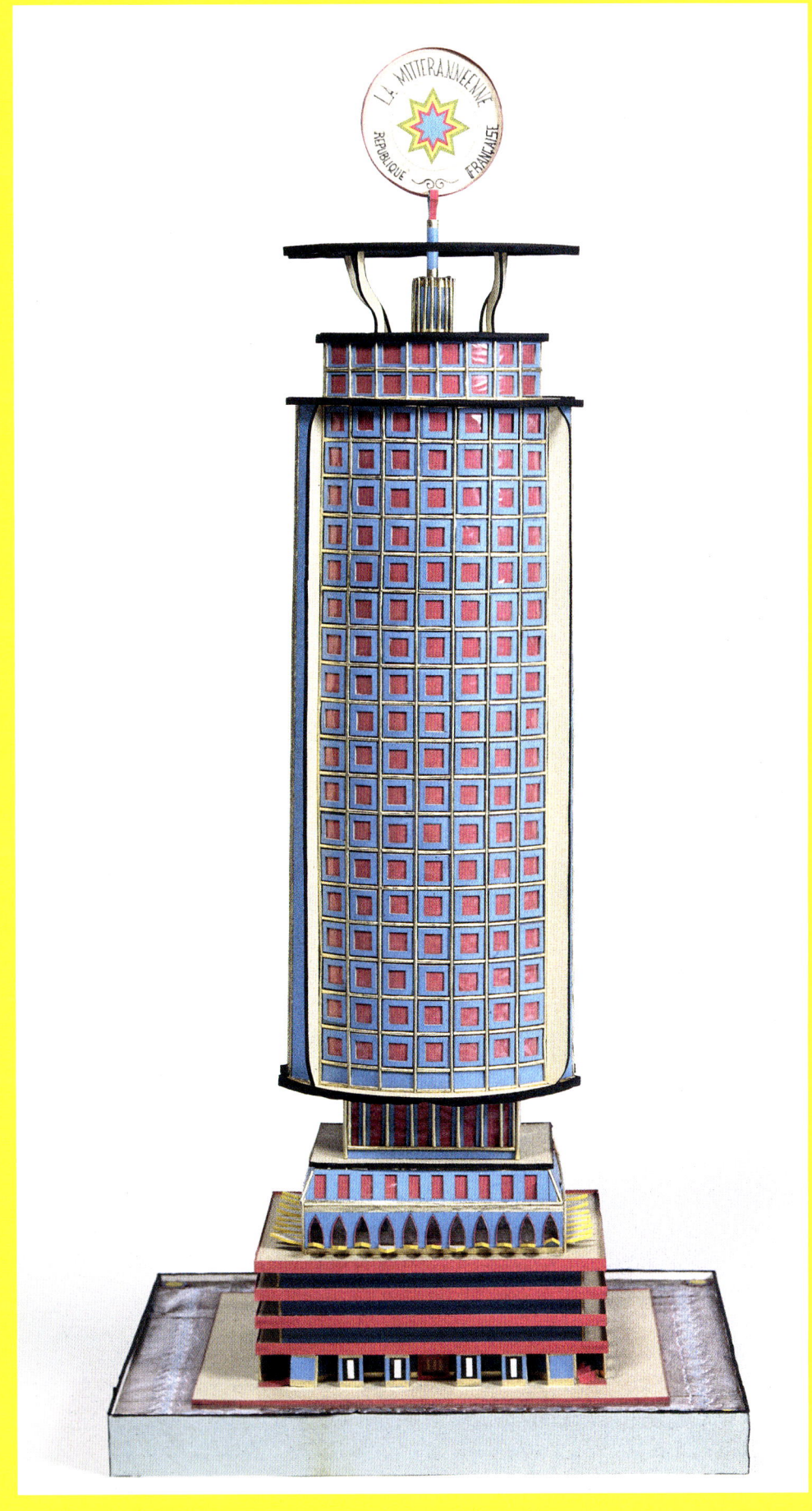

15 Bodys Isek Kingelez, *La Mitteranéenne Republique Française*, 1989

16 Hans Hollein, Wettbewerbsmodell für das Museum für Moderne Kunst, Frankfurt a.M., 1983

17 Alessandro Mendini, *Tea & Coffee Piazza*, 1983

18 Aldo Rossi, Modell des Deutschen Historischen Museums Berlin, 1987

19 Alessandro Mendini, *Das neue Gebäude des Groninger Museums* (Vorstudie), 1988

20 Frank O. Gehry, Skizze für das Guggenheim-Museum in Bilbao, 1991

21 Hans Hollein, *Tea & Coffee Piazza*, 1983

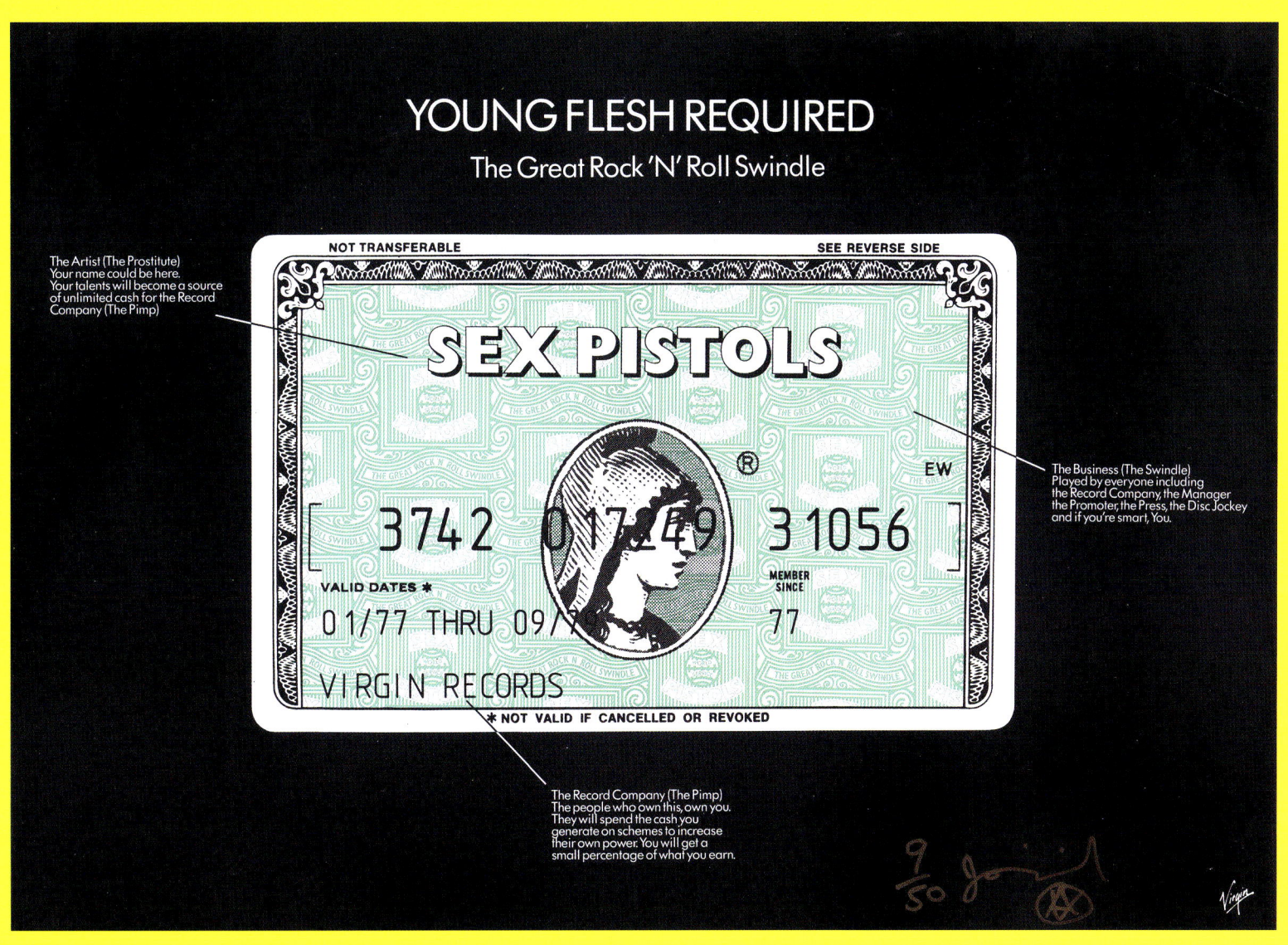

22 Jamie Reid, *Sex Pistols, Young Flesh Required*, 1979

RE-MAKE/RE-MODEL

ANEIGNUNG, DEKONSTRUKTION, REKONSTRUKTION: WIE POPMUSIK POSTMODERN WURDE

Diedrich Diederichsen

EINE EPOCHE ODER ZWEI?

„Do you believe in Rock 'n' Roll? Can music save your mortal soul? And can you teach me how to dance real slow?" *American Pie* von Don McLean war 1971 einer der ersten intertextuellen und selbstreflexiven Songs der Popmusik-Geschichte. Arthur Conleys *Sweet Soul Music* und Wilson Picketts *Land of Thousand Dances* waren vielleicht die allerersten. McLean hatte aber anders als die beiden Soulstars nicht nur zur Gegenwart der Popmusik Ideen, sondern machte vor allem zu ihrer Geschichtsschreibung einen paradoxen Vorschlag: Die Geschichte beginnt mit ihrem Ende. Die Popmusik gibt in einem unwiederbringlichen historischen Moment (um 1956/57) ein Versprechen. Dann sterben drei ihrer „Heiligen" (The Big Bopper, Ritchie Valens und Buddy Holly) 1959 bei einem Flugzeugabsturz und mit ihnen „die Musik", die aber nun eigentlich erst losgeht: nach ihrem Ende, nach der Vertreibung aus dem Paradies – aber auf ewig gezeichnet, verletzt, vergeblich oder tragisch.

Als Madonna, die gern mit dem heute üblichen unschönen Gebrauch des Wortes „Ikone" als „Ikone der Postmoderne" bezeichnet wird[1], zur Jahrtausendwende *American Pie* coverte, überprüfte sie diese Geschichtsphilosophie. War McLeans achteinhalb Minuten lange, in anspielungsreicher und sakralisierender Sprache gehaltene Chronik der Popmusik und ihrer Subkulturen – vom frühen Rock'n'Roll über die Regentschaft des Hofnarren Bob Dylan, über acht Meilen hohes Abheben mit den Byrds bis zum Lesen von Marx'schen Schriften in einem Park mit Lenin und einem Streichquartett – die Geschichte der *ganzen* Popmusik? Würde die sich für immer an der Vertreibung aus dem Paradies des frühen, unschuldigen Rock'n'Roll abarbeiten? Oder war dies nur eine erste Etappe – und nach ihr würde entweder „nichts Nennenswertes" (Brecht) kommen oder eben die Postmoderne, die sich Don McLean noch nicht vorstellen konnte, aber Madonna? Die Geschichte der Popmusik wäre dann mehr als nur das ewige Echo eines kurzen goldenen Moments, der an dem Tag beginnt und endet, an dem „die Musik stirbt". Und Madonna könnte sich noch zur Jahrtausendwende mit einer House-Version dieses melancholischen Folkpop in diese Geschichte einschreiben: Es gäbe ein Nachher, das vom Vorher etwas wusste und per Coverversion Kontakt aufnimmt. War also diese ganze Popmusik schon immer postmodern, eine ewige Nachgeschichte à la MacLean, oder entsteht die Postmoderne erst durch die sekundäre Bezugnahme auf diesen parabiblischen Rock'n'Roll-Mythos?

EINE!

Im *Postmodernen Wissen* von Jean Francois Lyotard beginnt die Postmoderne ungefähr zur selben Zeit wie die Popmusik, die um 1955/56 mit den ersten großen Erfolgen des Rock 'n' Roll einsetzt, den Karrieren von Bill Haley, Elvis Presley, Bo Diddley, Carl Perkins und Chuck Berry. Die breite Erhöhung des allgemeinen Lebensstandards in den westlichen Ländern im Zuge des sogenannten fordistischen Kompromisses, einer Einfrierung der Klassenkämpfe, Konformismus und Wohlstand um den Preis des Verzichts auf gewerkschaftliches Handeln, vollzieht sich parallel. Kühlschränke und Waschmaschinen stehen in den nun oft eigenen Heimen, und ein Fernsehgerät wird den Kindern und Jugendlichen, die schon angefangen haben, sich in der Vorstadt zu langweilen, bald genau die Stars in wöchentlicher Frequenz vorführen. Auch für Historiker der Popmusik ist relativ unbestritten, dass da etwas anfing: die tendenziell allgegenwärtige Übertragung einer neuen oder bisher unterdrückten Körperlichkeit qua direkter, technischer Medien in Haushalte und Alltagsleben, die sich genau der Disziplin fordistischer Arbeit und der mit ihr verbundenen Ethik des Langwierigen widersetzen.

Ein suburbanes Leben mit individuellem Komfort können sich bald auch in Europa immer mehr Menschen leisten, doch die Werte, auf denen es basiert, werden von der nachwachsenden Generation, den um 1945 geborenen „War Children"[2], zunehmend abgelehnt. Gegen Disziplin, Gehorsam, Arbeitsethik setzt die auch erstmals ökonomisch besser ausgestattete Jugend

---

[1] Etwa Volker Wehdeking, *Generationenwechsel: Intermedialität in der deutschen* Gegenwartsliteratur, Bamberg: Erich Schmidt 2007, S. 187

[2] Eine Kategorie, die Van Morrison in seinem gleichnamigen Song von 1974 erfand. Die Liebesbedürftigkeit der aus dem Krieg heimkehrenden Väter und die krisenhaft und theatral männlichen Vorbilder Rod Steiger und Marlon Brando haben sie geprägt.

3 Erving Goffman, *The Presentation of Self in Everyday Life*, New York: Doubleday 1959 (dt.: *Wir spielen alle Theater*, München: Piper 1959).
4 Jean-François Lyotard, *Das postmoderne Wissen*, Wien: Edition Passagen 1986, S. 19.
5 Fredric Jameson, *Postmodernism, or, The Cultural Logic of Late Capitalism*, Durham: Duke 1991.
6 Alain Touraine, *La société post-industrielle*, Paris: Denoël 1969 (dt.: *Die post-industrielle Gesellschaft*, Frankfurt/M.: Suhrkamp 1972).
7 Daniel Bell, *The Coming of the Post-Industrial Society* (dt.: *Die nach-industrielle Gesellschaft*, Frankfurt/M.: Campus 1975)

auf Selbstverwirklichung, Authentizität und stellt gegen den Konformismus der Männer im grauen Flanellanzug ganz in Übereinstimmung mit einem berühmten Buch des Soziologen Irving Goffman fest: „Wir spielen alle nur Theater."[3] Die verschiedenen, vermeintlich einheitlich gegen diesen Umstand gerichteten und von Popmusik getragenen Rebellionen von Halbstarken über Hippies und Punks bis zu Ravern stellen für die Don McLean-Fraktion einen einheitlichen historischen Rahmen dar. „Dieser Übergang beginnt spätestens mit dem Ende der 50er-Jahre, das für Europa das Ende seiner Wiederaufbauphase bezeichnet"[4], meint also Lyotard, der neben dem Literaturwissenschaftler Fredric Jameson[5] meistzitierte Deuter der Postmoderne. Sein einschlägiges Buch von 1979 handelt zwar nicht von der Geschichte des Rock 'n' Roll, aber deren (vermeintlichen) Vorbedingungen: die Umwandlung der westlichen Gesellschaften in postindustrielle Gesellschaften. Der umstrittene, weil oft nur affirmativ verstandene Begriff „post-industriell", geprägt von dem eher linken Soziologen Alain Touraine[6] und erweitert und popularisiert vom mit einem eher konservativ-posthistorisch argumentierenden Buch (*The End of Ideology*, 1960) bekannt gewordenen Daniel Bell[7], konstatiert nicht das Ende jedweder industriellen Produktion, aber den Aufstieg einer Wissens- und Dienstleistungsgesellschaft, in der Wissen nunmehr nicht nur in gesteigerter Weise warenhaft wird (was vor allem bei Lyotard wichtig wird), sondern vor allem in anderer Weise produziert, distribuiert und kontrolliert wird. Popmusik mit ihren Kämpfen um und Theatralisierungen von Identität, Hedonismus, Flucht und Revolte wäre, würde man dieser These einer langen postmodernen Nachkriegsgesellschaft folgen, nur vor diesem Hintergrund einer langen Umwandlung zu denken und darin aber ebenso wie die ganze Entwicklung als ein einheitliches Phänomen, das im Verhältnis zu dessen Widersprüchen kompensatorische oder auch kritische Funktionen übernehmen kann: vom Einklagen männlich-traditioneller Körperlichkeit (Rock) oder einheitlicher Gefühlsidentitäten (Folk, Singer/Songwriter) bis zur politischen Kritik oder sarkastischen Einübung in den Umgang mit der neuen gesellschaftlichen Abstraktheit der Wissensgesellschaft (Steely Dan, Frank Zappa).

Eine dieser Deutung entgegengesetzte Beschreibung des Verhältnisses von Popmusik und Postmoderne teilt beide in je zwei Hälften. In der ersten ist trotz technokratischer Tendenzen die vom Fordismus hervorgebrachte konformistische Disziplinargesellschaft noch tonangebend und kulturell intakt. Die überwiegende Mehrheit gerade der oben beschriebenen neuen kleinbürgerlichen Mittelschicht lebt mit fixen Ansichten und Arbeitszeiten, Lebensplänen und Identifikationen und unter den Imperativen des Konformismus. Vor dem Nachrichtenprogramm im Fernsehen rücken die Familienväter ihre Krawatte zurecht, und die Mütter stellen dampfende Gerichte auf den Tisch. Popmusik identifiziert sich – wie oben beschrieben – authentizistisch mit einer selbstverwirklichenden Befreiung von diesen Normen, ist dabei aber zunächst von einer traditionell rebellischen, mal kühl-mürrischen, dann wieder aufbrausenden heterosexuellen Männlichkeit geprägt: Norman Mailer, Jack Kerouac, HC Westerman wären cases in point. Van Morrison bezeichnet Marlon Brando und Rod Steiger als die Erzieher der Generation der „War Children".

Mit dem Stärkerwerden der postdisziplinären Tendenzen und Züge postindustrieller Gesellschaften wird erkennbar, wie dieses noch lange vorhaltende Ideal von Treue zu sich selbst und Authentizität selbst zu einem Tool der Unterwerfung geworden ist, das sich nicht zuletzt gegen Frauen, Queere und Nichtweiße richtet, denen durch vielfältige kulturelle Konventionen die Teilnahme an der kulturellen Konformität wie an den gegen sie gerichteten Befreiungsversuchen verwehrt wird. Die aggressiven Styles und Befreiungsidentitäten der Rock 'n' Roll-Generation sind nicht das Problem, weil jeder Style notwendig eine exkludierende, Teilnahmebedingungen setzende und verhandelnde Seite hat. Nein, andere Styles, die nicht auf der männlichen Working Class-Moral eines Marlon Brando in *On The Waterfront* basieren, sondern auf schillernden, in sich bewegten, etwa queeren oder auch Schwarzen Sprachen von Mode und Musik, erreichen – trotz Little Richard – bei weitem nicht dieselbe euphorische Teenage-Resonanz wie die „Authentischen". Die Befreiung bleibt bis weit in die 1970er im heterosexuellen Paradigma stecken und gewinnt dabei auf lange Sicht Brisanz nur noch dort, wo industrielle Kultur weiterbesteht, oder dort, wohin diese ausgelagert wird – überall sonst, vor allem im globalen Nordwesten, stellt der authentisch selbstverwirklichte ganze Kerl die neue konformistische Norm dar, nicht mehr wie 1955 eine heroische Abweichung.

Wo immer aber die emergente postindustrielle, postmoderne Situation Fahrt aufnimmt, hegemonial wird und auch spezifische Krisen (Arbeitslosigkeit) und Unterwerfungsmodi (persönliche Identifikation mit dem Job) generiert, entsteht jedoch eine neue Popmusik mit einer neuen anderen Grundidee von Dissens, die zu den leichter in traditionelle politische Konfrontation übersetzbaren Rebellenposen der ersten mehr

23 *Brian Cooke, Roxy Music im Royal College of Art*, London, 5. Juli 1972

24 Plattencover Roxy Music, *Roxy Music*, 1972

8 Vgl. Jameson (wie Anm. 5), S. 287.
9 Vgl. Jameson (wie Anm. 5), S. 287.

oder weniger 20 bis 25 Jahre Popmusik quer steht. Statt um Verwirklichung und Selbstidentität des Subjekts, statt um Authentizität sollte es um das Zitierte und Zusammengesetzte, Konstruierte an allen kulturellen, insbesondere popmusikalischen Formaten gehen. Statt den Akt der Befreiung in den selbst hervorgebrachten Äußerungen eines Subjektes zu suchen, wird das Subjekt nunmehr als eine Art Schauplatz verstanden, auf dem die Elemente der sozialen Welt einander begegnen und Funken schlagen. Ein Verfahren, mit dem sich diese Stücke und Bruchstücke mobilisieren und in die Arena der Subjektivität hineinführen lassen, ist das Zitieren; aber auch die Intertextualität, Verweise auf Künstlichkeit und Konstruiertheit, Ablehnung aller Naturwüchsigkeit bis hin zu einer quasi-Nietzscheanischen Affirmation des Scheins: von Bowies narzisstischen „Young Americans" bis zu den als männliche Prostituierte auftretenden New York Dolls, von den Masochismus und Passivität glorifizierenden Velvet Underground bis zur lakonischen Tristesse und Gleichgültigkeit der frühen Modern Lovers: In den 1970ern fällt immer wieder das Licht auf Figuren, die sich eher anbieten, als dass sie etwas ausdrücken wollen; die oft auch musikalisch repetitive Szenen der Erwartung, des Potenziellen inszenieren, anstatt sich zu beschweren oder Liebe zu gestehen.

ZITAT, PASTICHE, FUNKENSCHLAG

Diese zweite Periodisierung, die ich zunächst wesentlich plausibler finde, hätte unterschiedliche Ausgangspunkte. Als Andeutung eines Manifestes lässt sich das erste Album von Roxy Music (1972) lesen, das mit dem Stück *Re-Make, Re-Model* beginnt.[8] [Abb. 23, 24] Es handelt sich um ein für damalige Prog-Rock-Verhältnisse extrem schnelles, aufgeregtes Lied, das nach Art der rituellen Vorstellung einzelner Bandmitglieder durch kurze Soli, wie man das bei Live-Shows macht, stilistisch sehr wenig zusammenpassende Auftritte mit brandneuen Synthesizern und im Stile der 50er gespielten Saxophonen und Gitarren nebeneinanderstellt. Der deutungsstarke NDR-Moderator Klaus Wellershaus kommentierte, als er den Song eine Woche nach dem Erscheinen der LP in seiner Sendung *Beat in Stereo* vorstellte: „Das klingt wie eine Mischung aus King Crimson und Chuck Berry." Ein Jahr später wird das Abkommen von Bretton Woods aufgekündigt, sind die Wechselkurse freigegeben und die Epoche des finanzialisierten Kapitalismus eingeläutet, das Zeitalter des Neoliberalismus.

Wellershaus hatte wie immer recht. Nicht unbedingt mit der Klassifizierung der Ingredienzien; auch die bedächtigeren und nachdenklichen Prog- und damit King Crimson näherstehenden Passagen auf diesem Album sind glänzender, geleckter und von einem – postmodernen? – Bekenntnis zu den Oberflächen, auch denen der Innerlichkeit, geprägt als die sehr ernst und tief gemeinten Greg Lake-Lieder bei King Crimson. Aber er hatte recht, dass es um eine Mischung von Ingredienzien geht, um das Zusammenstellen von etwas Vorgeprägtem.

Der andere Stichwortgeber der Postmoderne-Debatten, Fredric Jameson, wirft der Kultur der Postmoderne von einer aus der Kritischen Theorie der Frankfurter Schule und der Neuen Linken kommenden Position grundsätzlich vor, dass ihr bevorzugtes Genre das Pastiche sei: von Kino über Architektur bis zur Popmusik. Zentrales Kriterium seines Begriffs von Pastiche ist eine zusammengesetzte, zusammenzitierte Mischung, in der die einzelnen Teile nicht in einem Gegensatz zueinander stehen, sondern spannungslos in ihrem Gemeinsamen baden: der Warenhaftigkeit und Konsumierbarkeit. Anders als bei anderen Formen des Zitierens: Vor allem von der Parodie grenzt Jameson das postmoderne Pastiche ab, weil dort Kritik und Antagonismus stattfinden. Im Gegensatz zum Pastiche aber werden die Bestandteile durch Roxy Musics zitierende Popmusik nicht entschärft, und im Gegensatz zur Parodie nicht (kritisch) herabgesetzt, sondern sie werden mobilisiert, davon ausgehend, dass das (brisante) kulturelle und soziale oder besser, das den Künsten zur Verfügung stehende Material im besten Falle etwas anderes tun kann als eine Person, einen Autor, zu illustrieren oder zu erklären oder ihm ein Ventil zu verschaffen; dass nämlich das Material in der Interaktion Funken schlägt. Die Bestandteile „Chuck Berry" und „King Crimson" sind zunächst nicht versöhnbar, denn beide werden von sich über diese kulturellen Entitäten mit bestimmten Semantiken identifizierenden (Sub-)Kulturen getragen, die wenig miteinander teilen. Die Brisanz des Zitierten entsteht in *diesem* Song durch die arrangierte, gewollte Konfrontation der konstitutiven Elemente. In *anderen* postmodernen Popmusik-Praktiken stehen die Zitate in einem Gegensatz zum Kontext: Soul in einem Punk-Umfeld zum Beispiel.

An anderer Stelle hat Jameson darauf hingewiesen, dass das Material zunächst einmal zitierbar, bezugnahmefähig gemacht werden muss[9] – nicht individuell-künstlerisch, sondern durch Präparierung durch Kulturgeschichte, Kollektivphänomene, Moden, Parallelaktionen. Für das, was Wellershaus „Chuck Berry" nennt, geschah diese Präparierung durch das Rock 'n' Roll-Revival um 1970. So wurde das Chuck Berry-Riff, also die aus dem Zusammenhang seiner Songs gerissenen, auf der Gitarre zu spielenden Erkennungsfiguren (etwa das Intro zu *Johnny B. Goode*), in der unmittelbar dem Roxy Music-Album vorangehenden Phase der Rockmusik auf zwei Weisen sehr prominent gemacht. Zum einen von dem neuen Typus des virtuosen Gitarrenhelden: Sowohl Johnny Winter wie Jimi Hendrix bezogen sich oft auf Chuck Berry, zwar noch nicht postmodern zitierend, sondern auf dem klassischen Weg der Coverversion, dabei aber sein Gitarrenspiel und seine Riffs auf eine Weise exponierend, die sie verfügbarer, wiedererkennbarer und damit zitierbar machte. [Abb. 25] Zum anderen begann um 1970, was in deutschen Medien bald „Nostalgie-Welle" heißen sollte, die erste Retro-Kultur der Nachkriegszeit, die sich zu gleichen Teilen auf die 1950er- wie auf die 20er- und 30er-Jahre bezog. Im Zuge dessen gab es reine Rock 'n' Roll-Festivals mit den alten Helden und neuen Fans und Förderern wie John („I always liked simple rock") Lennon, die „Chuck Berry" und Chuck Berry auf die gleiche Bühne brachten und so qua Präsenz die Konturen des herausgearbeiteten kulturellen Items noch zuspitzten.

Im Zuge dessen entwickelte „Chuck Berry" eine bestimmte, aber komplexe kulturelle Semantik: Anti-prätentiös, scharf, altmaskulinistisch, Schwarz, Bikern näher als Hippies. „King Crimson" hingegen, der damalige State of the Art von Art Rock und Progressive Pop, war poetisch-kleinbürgerlich, angstlüstern verknallt in psychische Grenzzustände (*21st Century Schizoid Man*), aber auch kontemplativ, zuweilen schlaff, die eigene Passivität genießend (*Moonchild*), Anfangsstadien von Queerness umspielend. O-Ton: „Said the straight man to the late man: ,Where have you been?'/,I have been here and I've been there: I've been in between.'" Man könnte sagen, dass diese Semantik über den Weg einer Verdinglichung von Musik zum Zeichen generiert wurde, im günstigen Falle, bei gelungenem Zitatpop, aber eben gerade nicht entschärft, sondern in der Konfrontation „entdinglicht" und wiederbelebt. Dem Riff wurde ein Körper zurückgegeben, aber eben kein heterosexueller Männerkörper mehr, sondern ein Ensemble von Spannungen, ein Magnetfeld, eine Konfrontation aus den Energien der Identifikationen mit den Energien des Abhauens und des Sich-Entziehens. Im selben Jahr entwickelt David Bowie seine Ziggy Stardust-Figur: eine Formel, ein Genre für den nicht mehr seine Ketten sprengenden Popmusiker, sondern für eine Subjektivität als Arena. Todd Haynes hat im Nachhinein mit seinem Film *I'm Not There* (2007) vorgeschlagen, schon Bob Dylan so zu verstehen, den er von sechs Personen darstellen lässt, darunter zwei Frauen.

Zehn Jahre nach *Re-Make, Re-Model* in den 1980ern war ostentativ zitierende und intertextuelle Gesten zelebrierende Popmusik keine Seltenheit mehr, auch wenn Punk Ende der 70er

25 Michael Ochs, *Chuck Berry im Civic Auditorium, Santa Monica CA, 29. Dezember 1964*

10 „The bit that goes ‚Listening to Marvin all night long' was a reference to me and Steve Norman […]. We were massive soul boys: […] so this was us taking an anti-rock stance. The inky press (gemeint ist der eher kritische, nicht-glossy Musikjournalismus – Anm.d. Verf.) loves blues and reggae because they were about suffering. They didn't like soul because it was aspirational, all about dancing, wearing great clothes and having sex. They saw it as vacuous. So namechecking Marvin Gaye was a defiant statement aligning us with the London soul boy culture […]. And I'd loved Mott the Hoople singing about T. Rex in ‚All the Young Dudes' so was pleased to reference another artist in a song" Gary Kemp von Spandau Ballet im Gespräch mit Dave Simpson, *The Guardian*, 14.5.2012, „How we made 'True'".

11 Man denke an den von zahllosen weißen Blues-Rock-Bands gespielten Klassiker *I Know Your Rider*. Topoi aus der Flucht aus den Südstaaten – „I wish I was a headlight on a northbound train" – werden musikalisch euphorisch zu Versprechungen befreiter Teenagerferien.

zuweilen wie ein letzter Reformversuch eines subjektgestützten Rock auftrat: Dieser scheiterte zwar, hatte dabei aber die Festung des Authentizismus für den Zitatpop sturmreif geschossen. Diese Feier des Unechten oder besser des immer schon Zitierten am Eigenen in der von der Dekonstruktion und anderen Antiauthentizismen beflügelten Zeit lässt sich klar als eine zweite von der Rock-dominierten Popmusik unterschiedene Periode beschreiben und postmodern nennen: als ein Green Garthside und seine Band Scritti Politti sangen: „I am in love with Jacques Derrida" (*Jacques Derrida*, 1982) oder ABC davon schwärmten, wie es ist *When Smokey Sings* (1987), Orange Juice die Four Tops feierten (*I Can't Help Myself*, 1982) oder Spandau Ballet *Listening to Marvin all night long* knödelten (*True*, 1983)¹⁰ und Dexy's Midnight Runners durch eine Hommage an Geno Washington & The Ram Jam Band berühmt wurden (*Geno*, 1980); als es also eine Befreiungsgeste und eine befreiende Erkenntnis war, sich als zusammengesetzt aus den Stimmen von Soulgrößen und anderen prägenden, die Emotionalität codierenden Vorgängen zu empfinden, zu präsentieren und zu stilisieren – und dafür auch auf die Dekonstruktion zurückzugreifen. Nicht original sein zu wollen, richtete sich einerseits gegen Rock, männlichen Authentizismus und ein unterkomplexes und gewaltsames Denken in verfügenden Subjektivitäten, andererseits delegierte es den emotionalen Gehalt dieser Musik an einen anderen Ursprung als das elende und elend langweilige kleinbürgerliche Selbst, das man mit sich herumschleppte, an etwas anderes, an andere Quellen – und auffällig oft ist in den eben erwähnten Songs von Soul-Sängern, Schwarzen Soul-Sängern, die Rede.

DIE QUELLE DER ZITATE

Britische, ebenso wie der überwiegend von Weißen bestimmte Teil der US-Popmusik hatte sich von Anfang an ausgiebig bei afroamerikanischen und anderen afrikanischen und afrodiasporischen Traditionen bedient; aber zunächst in der ersten Phase der Popmusik, in der vom Kampf gegen Disziplinargesellschaft und fordistischen Konformismus bestimmten Zeit nicht ostentativ zitierend, sondern indem sich die Musiker in ihren Performances, Gesten und Images „Schwarz" gaben und/oder etwas, das sie dafür hielten, in ihren Habitus aufnahmen. Zitathaftes kam in den 70er-Jahren in gewissermaßen ersten postmodernen Spurenelementen außer bei Roxy Music und Bowie und anderen Glam-Rockern bei denjenigen Bands

vor, die sich an Images aus der Kulturgeschichte bedienten, wie den in dieser Hinsicht vielseitigen Sparks, den sich schon während der Hippie-Zeit am Dandyismus des 19. Jahrhunderts orientierenden Charlatans aus San Francisco oder den 30er-Jahre-Mode kultivierenden Dan Hicks & His Hot Licks. Diese ostentativen Zitate kamen aber selten aus der afroamerikanischen Geschichte, eher vom Mainstream-Hollywood, der Revue- und Music-Hall-Kultur (The Kursaal Flyers etc.). Die vormals in den eigenen Habitus verlegte oder ganz verdrängte Legitimation zur privilegierten Appropriation afroamerikanischer Kultur taucht nun in ostentativen Bekenntnissen und zentralen Aussagen in den Songtexten selbst auf. Die nicht mehr expressiv-produktiven Konstruktionen des künstlerischen Selbst lassen also nicht nur die zitierten Elemente aneinander Funken schlagen, sondern nehmen auch eine zentrale Aporie der (weißen) Popmusik in Angriff, wenn auch zunächst oft etwas plump: die unabgegoltene Schuld aus mindestens ca. zwei Jahrzehnten emotionalen Vampirismus.

Rock 'n' Roll und Blues-Rock: Geliehene Gefühle als Mittel gegen eine Welt, die nicht mehr zu verstehen und nicht mehr zu erfahren war, und in einem kulturellen Genre, dem es so wichtig war, dass alles echt ist: Die Diagnose der Situationisten und der linken Kritik anderer Kritiker*innen der Konsumkultur, dass die Welt hinter dem Spektakel, das Leben hinter dem großen Screen des Tauschwertes nicht mehr erfahrbar sei, hatte in den Blues- und Rock-Jahren weißer männlicher Jugendlicher zu einer bizarren, aber erkennbar erfolgreichen Adaption von Metaphern, musikalischen Formaten, rhythmischen Logiken aus der ganz anderen Erfahrungswelt der afrikanischen Diaspora geführt. Lieder, die im Original von Flucht oder Verlassenheit handelten, wurden zur Feier von Freiheit und Abenteuer.¹¹ Daran wurde kaum Anstoß genommen; außer an der offensichtlich obszönen ökonomischen Asymmetrie, die mit dieser Verkennung auch noch verbunden war.

1970 konnte es passieren, dass sich weiße Blues-Rock-Fans nächtelang an zeitgenössischen weißen und alten Schwarzen Blues-Interpretationen begeisterten, aber die Nase rümpften, wenn sie zeitgenössischen Soul hörten. Die luxuriösen Streicherarrangements fanden sie verdächtig und kommerziell, choreografierte Bühnenauftritte waren unauthentisch; die Musik war ihnen nicht „schmutzig" genug. Es gab also in dieser scheinbar naturwüchsigen weißen, cis-hetero Rock-Blues-Befreiung eine extrem artifizielle und offensichtlich hochwillkürliche Entscheidung für eine archaische, „natürliche", als quasi-schwarz empfundene

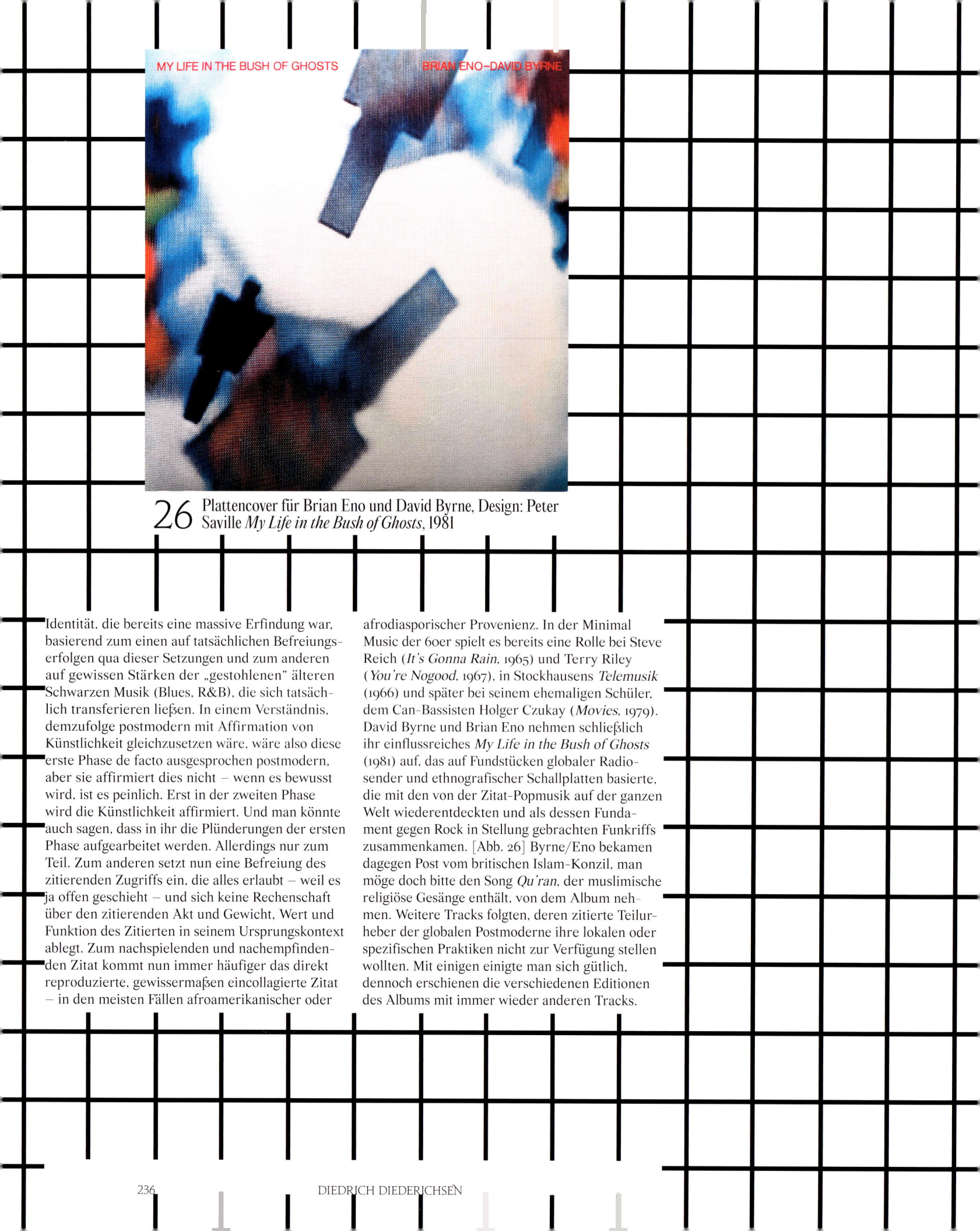

26 Plattencover für Brian Eno und David Byrne, Design: Peter Saville *My Life in the Bush of Ghosts*, 1981

Identität, die bereits eine massive Erfindung war, basierend zum einen auf tatsächlichen Befreiungserfolgen qua dieser Setzungen und zum anderen auf gewissen Stärken der „gestohlenen" älteren Schwarzen Musik (Blues, R&B), die sich tatsächlich transferieren ließen. In einem Verständnis, demzufolge postmodern mit Affirmation von Künstlichkeit gleichzusetzen wäre, wäre also diese erste Phase de facto ausgesprochen postmodern, aber sie affirmiert dies nicht – wenn es bewusst wird, ist es peinlich. Erst in der zweiten Phase wird die Künstlichkeit affirmiert. Und man könnte auch sagen, dass in ihr die Plünderungen der ersten Phase aufgearbeitet werden. Allerdings nur zum Teil. Zum anderen setzt nun eine Befreiung des zitierenden Zugriffs ein, die alles erlaubt – weil es ja offen geschieht – und sich keine Rechenschaft über den zitierenden Akt und Gewicht, Wert und Funktion des Zitierten in seinem Ursprungskontext ablegt. Zum nachspielenden und nachempfindenden Zitat kommt nun immer häufiger das direkt reproduzierte, gewissermaßen eincollagierte Zitat – in den meisten Fällen afroamerikanischer oder afrodiasporischer Provenienz. In der Minimal Music der 60er spielt es bereits eine Rolle bei Steve Reich (*It's Gonna Rain*, 1965) und Terry Riley (*You're Nogood*, 1967), in Stockhausens *Telemusik* (1966) und später bei seinem ehemaligen Schüler, dem Can-Bassisten Holger Czukay (*Movies*, 1979). David Byrne und Brian Eno nehmen schließlich ihr einflussreiches *My Life in the Bush of Ghosts* (1981) auf, das auf Fundstücken globaler Radiosender und ethnografischer Schallplatten basierte, die mit den von der Zitat-Popmusik auf der ganzen Welt wiederentdeckten und als dessen Fundament gegen Rock in Stellung gebrachten Funkriffs zusammenkamen. [Abb. 26] Byrne/Eno bekamen dagegen Post vom britischen Islam-Konzil, man möge doch bitte den Song *Qu'ran*, der muslimische religiöse Gesänge enthält, von dem Album nehmen. Weitere Tracks folgten, deren zitierte Teilurheber der globalen Postmoderne ihre lokalen oder spezifischen Praktiken nicht zur Verfügung stellen wollten. Mit einigen einigte man sich gütlich, dennoch erschienen die verschiedenen Editionen des Albums mit immer wieder anderen Tracks.

REKONSTRUKTION STATT DEKONSTRUKTION

Dieser Postmoderne eines globalen Zugriffs stand freilich eine andere Praxis des Zitierens gegenüber, die zur selben Zeit aufkam und eine dritte Phase der Popmusikgeschichte einläutete: Hip-Hop war von Anfang an durch erst analoge, dann digitale Maschinen definiert, die nur für Eines gut waren: Zitieren. Hier wurde nicht *auch* zitiert, sondern das zentrale, definierende Element der Musik war – natürlich neben dem vokalen Rap und seinen Texten – eine Zitiermaschine. Doch hatte diese Zitiermusik ein ganz anderes Verhältnis zum Zitat, gerade auch zu seiner Differenz zum vorangegangenen Authentizismus, den es in der von überwiegend weißen Europäern und Nordamerikanern geprägten Popmusik garantieren sollte. Die analoge Maschine, der Schallplattenspieler in den Händen des Hip-Hop-DJs und Turntableist, war nicht dazu da, etwas Externes oder Fernes herbeizuholen wie das künstlerische Zitieren oder Aufgreifen kuratierter oder begehrter oder als prägend erinnerter Musik, sondern das Naheliegende zu verbessern und zu intensivieren. Funk-Stücke, die aufgrund der Song-Fixiertheit der (weißen) Schallplattenindustrie die prinzipielle Neigung des Funk-Genres zu Endlosigkeit und nichtteleologischer Musikästhetik nicht zur Geltung bringen konnten und in das dreieinhalbminütige Songschema gezwängt wurden, wurden vom DJ verlängert, indem er die Instrumentalpassagen von zwei gleichen Platten immer wieder aneinanderhängte. Die Rekonstruktion des Repetitiven, der Homonymie als dem ästhetischen Prinzip des Funk (wie später von House und Techno), war also der Ausgangspunkt der DJ-Virtuosität im Hip-Hop, nicht die Erweiterung und Abschaffung des Selbst, sondern die Intensivierung einer kulturellen und ästhetischen Form, die ohnehin nicht so stark um das individuelle Selbst gebaut war.

Das zweite Gerät, der digitale Sampler, wird im Hip-Hop, nun ab der zweiten Hälfte der 80er- und dann vor allem in den 1990er-Jahren, zum stildefinierenden Apparat. Aber auch diese elektronischen Zitate folgen nicht einer postmodern-dekonstruktiven Logik des Unmake/Remake, sondern einer Logik eher der Reparatur und der Rekonstruktion. Auch mit dem Sampler wird gerade nicht das Selbst als zusammengesetzt gefeiert, sondern dem Verhindern von Traditionsbildung, Prägung und historischen Linien durch Kolonialismus und weiße Herrschaft widersprochen und entgegengetreten. Dies geschah, indem man, wie es um 1990 oft programmatisch von Hip-Hop-Künstler*innen formuliert wurde, die Plattensammlung der Eltern, Onkel und Tanten sampelte, um solche Linien überhaupt erst zu konstruieren und die Affekte zu codieren, mit historischem Sinn zu verbinden, die in der Postmoderne und ihrem Kampf gegen Authentizismen endlos zerstreut oder in endlose, nirgendwohin führende Verweisketten à la *The Simpsons* eingesponnen worden waren. In Teilen der postmodernen Soul-Begeisterung mancher zitierender Brit-Popmusiker um 1982 kann man *avant la lettre* etwas Ähnliches feststellen wie in der Rekonstruktionsarbeit des Hip-Hop um 1990.

Grundsätzlich unterscheidet sich aber das Projekt des Zitatpop und auch das der gesteigert zitierenden Versuche von Byrne/Eno vom Hip-Hop dadurch, dass die Welt bei Zitatpop und Byrne/Eno von Subjekten durchstreift wird, die ihr (historisches) Selbst loswerden wollen, sich zum Schauplatz machen wollen und nur teilweise dafür wieder die eigenen Prägungen mit in das Theater inkludieren, aber ohne sich diesem zu unterwerfen. Während im Hip-Hop das Gesampelte durchaus zu einem zu konstruierenden Selbst gehören, zentriert werden soll und am Ende handlungsfähig und nicht kontemplativ werden will. Es hat keine andere Wahl, denn wenn es das nicht tut, greifen die üblichen – rassistischen – Zuschreibungen, während das weiße Pop-Subjekt sich seine Zuschreibungen einstweilen selbst aussuchen kann. Nach einer Phase, in der afroamerikanische Popmusik zu einer emotionalen Quelle von quasi jeder Popmusik wurde, ohne dass man dies problematisierte, und einer zweiten Phase, in der dies problematisiert wurde, sich der nun vermeintlich legitime Zugriff aber noch weiter ausdehnte (zu anderen Rhythmen, Musikkulturen etc.), hätte mit Hip-Hop eine dritte Phase begonnen, in der Schwarze (Pop-)Musik sich selbst definiert – und dies weder authentizistisch als pure Expression noch postmodern als dekonstruktiv-subjektkritisch, sondern als rekonstruktiv. Das wäre zwar einerseits genauso sekundär und teils auch sekundaristisch wie Zitatpop, aber mit dem Ziel einer Subjektivität, die nicht nur Schauplatz bleiben will (oder sich dies leisten kann), sondern die zu Akten finden muss. Explizit wurde dieses Programm von Hip-Hop als Rekonstruktion von Gang Starr (*Jazz Music*, 1989), A Tribe Called Quest (*The Low End Theory*, 1991) oder Stetsasonic (*Talkin All That Jazz*, 1988) schon in den späten 80ern formuliert.

FEMINISIERUNG UND POSTHUMANISMUS

Dies führt zu einem zweiten Gegensatz, den man anhand dieser beiden Pole beschreiben kann – auch wenn es nicht zielführend und zu vereinfachend ist, alle Eigenschaften der globalen Hip-Hop-Kultur bis heute allein einer afroamerikanischen Perspektive zuzuschreiben oder zu ignorieren, dass es einen sehr ausgeprägten afroamerikanischen Zitatpop im Sinne der zweiten Phase ja durchaus auch gab: siehe Prince, Me'Shell Ndgocello, Erykah Badu und viele andere. Die Kategorien Schwarz und Weiß sind also Hilfslinien, die man aber nicht unterschlagen darf, weil genau das Nichterwähnen des rassismusgeschichtlichen Hintergrunds von Popmusik diese ja entscheidend geprägt und in Aporien getrieben hat. Dieser zweite Gegensatz ist aber das Bestreben eines großen Teils der – vor allem britisch geprägten – Zitatpop-Phase, das als spezifisch cis- und heteromännlich auftretende Gepräge der ersten, der Rockphase, loszuwerden; während vor allem früher Hip-Hop und auch der Hip-Hop, der außerhalb der afrodiasporischen Kultur auf maskulinistisch vorgeprägte Kulturen traf, der (postmodernen) Feminisierung und Queerness zunächst äußerst skeptisch bis feindlich gegenübertrat.

Schon 1965 konstatiert Leslie A. Fiedler, der wegen eines anderen Aufsatzes[12] ebenfalls als einer der großen Taufpaten der Postmoderne geführt wird, in *The New Mutants*[13] eine Form von passiver Desinteressiertheit unter jungen Dichtern und Drop Outs, die er in Venice Beach beobachtet hat, ein Schwelgen in Posen und abwartenden Haltungen, die er einer „Feminisierung" zuschreibt. Diese Kultur eines feminisierten Abhängens und Abwartens löst nicht nur ein Problem von jeder *recorded music*: dass die Hauptattraktion einer aufgezeichneten Musik oder eines Fotos nicht in den Absichten, sondern in den unwillkürlichen und zufälligen Akten der aufgezeichneten Körper besteht, Bilder und Töne, die entstehen, wenn man von etwas Anderem absorbiert ist. Daher gibt es eine Tradition der feminisierten Pose in allen Popmusik-Fällen, die nicht expressiv-rockig konstruiert waren, nicht nur in den oben erwähnten, also etwa bei Velvet Underground oder Jonathan Richman. Phasenweise ist sie auch bei Bob Dylan zu erkennen oder in den feminisierten Männerstimmen von Neil Young oder Al Wilson, in anderer Weise in den Falsett-Stimmungen bei Curtis Mayfield und Al Green. Doch so wie ein weltmusikalisch globales Zitat weniger dessen Herkunft würdigt als den Effekt, den es in seinem neuen Kontext erzielt, so war auch dieser neben der eigentlichen Rockphase verlaufende und im Zitatpop nach 1980 zentral gewordene Moment der feminisierten Pose nicht besonders stark mit der Ermächtigung von Frauen und Queers in der Popmusik verbunden. Die setzte erst stark verzögert ein.

Wenn Männer sich feminisieren wollen, ist das selten feministisch. Oft ist dies nur eine Inkorporation weiblich codierter Habitusmomente in eine etablierte männliche Ausdruckswelt – dies war in manchen Glam-Rock-Acts und späteren Big-Hair-Metalbands zu besichtigen. Ebensowenig hilft es Transpersonen, wenn Cis-Männer wie Mick Jagger mit Transness spielen, nur um sie als austauschbare Requisite zu verhöhnen – wie in dem Foto/Clip von Jerry Schatzberg [Abb. 27], das auch als Video von *Have You Seen Your Mother, Baby?* oder *Stupid Girl* (sic!) im Einsatz war. So wenig wie es gegen Rassismus geholfen hat, wenn postmoderne Weiße ihre jeweilige Phantasmenprojektion von Blackness leben wollten – was in all den so genannten Blue-Eyed-Soul-Projekten postmoderner Popmusik ja zeitweilig epidemisch war. Was über diese Probleme aber gern vergessen wird, ist, dass es sich bei den Streckungen und Dehnungen des zum Schauplatz werdenden Subjekts des postmodernen Pops auch nicht nur um ein von Projektionen lebendes, spätkoloniales Projekt gehandelt hat, sondern dass es Befreiungspotenzial über die Grenzen der vorhin gezogenen Hilfslinien hinweg gegeben hat: Eine vieles und viele verbindende Sehnsucht jenseits von Feminisierung, De- und Rekonstruktion des Subjekts und Aufhebung rassistischer Zuschreibungen war (und ist) der Versuch oder Wunsch, Maschine zu sein, sich mit der Maschine zu verbinden oder auch nur sich selbst als quasi-maschinelles, kybernetisches Systemchen zu empfinden, in dem emotionale Quellcodes Programme bestimmen, mit denen ich per Feedback verbunden bin oder mir dergleichen ausmale.

Es ist hier naheliegend, Kraftwerk eine Vorreiterrolle zuzubilligen. Anders als bei den „kosmischen" und an mystischen und religiösen Gefühlswelten interessierten und dabei eher hilflos vielleicht Ähnliches meinenden Protagonisten des Krautrock kann man Kraftwerks Futurismen tatsächlich vom Wunsch nach Cyborgisierung ableiten, und sie haben dafür eine Form gefunden, die das retrospektive Element ihres Futurismus nicht leugnet. Der Reflex, mit elektronischer Klangerzeugung nur in einem altavantgardistischen Sinne „neue Klangwelten" zu verbinden (wie bei

---

12 „Cross The Border, Close The Gap", zuerst 1968 im *Playboy* erschienen, beschreibt die Postmoderne als Überwindung der High-Culture/Low-Culture-Unterscheidung und von Genre-Grenzen wie Song und Gedicht.

13 Leslie A. Fiedler, „The New Mutants", in: ders., *The New Fiedler Reader*, New York, Amherst: Prometheus 1999, S. 189–210.

den „kosmischen" Krautrockbands), ist aber schon früher und auch anderswo überwunden worden: bei Heldon in Frankreich, den Silver Apples und vor allem Suicide oder Herbie Hancock in den USA. Noch davor aber bei den Ahnen des Afrofuturismus wie Sun Ra.

Die Roboter-Nähe und das Cyborg-Potenzial aber vor allem in einer neuen Organisation der rhythmischen Seite zu erkennen, wäre neben anderen ein Verdienst frühen Hip-Hops (Afrika Bambaataa) oder etwas später der Begründer von Detroit-Techno (Underground-Resistance, X-101, X-102 etc.). Man kann diese Linie vielleicht als einen Endpunkt der postmodernen Popmusik ansprechen: Die Subjektkritik öffnet nun nicht mehr eine Welt der Zitate, sondern – eher futuristisch als postmodern historistisch – eine Welt des Unbekannten; zugleich ist das Subjekt nun aber wieder klarer umrissen und beschrieben: Es verbindet sich mit seinesgleichen Anderen: Maschinen. Es ist nicht mehr endlos offen. In dieser Welt wird afrodiasporische Musik nicht mehr verwendet, sondern treibt von sich aus die Entwicklung voran – mit der dialektischen Pointe des Afrofuturismus, dass man diasporische Musik eben von einem gedachten Punkt der Wiedervereinigung der Verstreuten aus denken muss. Der aber liegt in der Zukunft, nicht bei einem Nullpunkt der Geschichte.

Die andauernde Gegenwart als Nachklang eines zu Beginn gebrochenen Versprechens wie bei Don McLean wäre damit vorbei. Vielleicht ist aber das, was McLean in der Tragödie eines Flugzeugabsturzes allegorisiert hat, in Wirklichkeit das Urproblem von Popmusik als Genre technisch aufgezeichneter Kunst: Man hört das objektiv reale aufgezeichnete Signal eines Körpers, verknallt sich und muss sich alles andere – Von wem kommt es? Was will diese Person damit? Was ist das für eine Person? – durch musikalische Einbettung, zirkulierende Narrationen, Film- und TV-Bilder und andere konventionell erzählerische Materialien erst rekonstruieren. Die von dem rauen eindeutigen Signal versprochene Nachricht aus dem Realen wird nie erreicht. Dieser Mangel hat auch keine Geschichte. Seine Verarbeitungen aber haben eine, und die mittlere Phase (1972 bis 1989 oder von Roxy Music bis House/Techno) hat starke Ähnlichkeiten mit dem, was man auch für andere Genres und Medien als Postmoderne beschrieben hat.

27 Jerry Schatzberg, *Die Rolling Stones als Frauen verkleidet, New York, 10. September 1966*

„MARSHALL MCLUHAN WAR FÜR MICH SO WICHTIG WIE DIE BEATLES"

AA Bronson im Gespräch
mit Kolja Reichert

Kolja Reichert:
In Deinem Vorwort im gerade erschienenen Buch zur General-Idea-Retrospektive in Ottawa, Amsterdam und Berlin bedankst Du Dich bei Deinem kanadischen Landsmann Marshall McLuhan. Wie hast Du McLuhans Arbeit seinerzeit wahrgenommen?

AA Bronson:
In den 60er- und 70er-Jahren war ich von Marshall McLuhan besessen. Er war damals eine Art Rockstar. Er hat etwas sehr Schlaues gemacht, und zwar hatte er einen amerikanischen PR-Agenten. Das wirkte in Kanada recht bizarr, vor allem für einen Universitätsprofessor. Aber so konnte McLuhan sehr viel Geld mit seinen Vorträgen vor Unternehmensleitungen verdienen, in denen er ihnen einen Eindruck von der Zukunft vermittelte und davon, wie sie die Zukunft am besten angehen. Er war wirklich großartig. Ich habe dann angefangen, alles von ihm zu lesen, was ich finden konnte: in Zeitschriften, Architekturmagazinen und anderen Publikationen. Und seine Bücher natürlich. Ich war unersättlich. Ich habe alles gelesen, was ich in die Finger bekommen konnte. Das war am Anfang meiner Zeit an der Highschool, in den frühen 60ern, als auch die Beatles aufkamen. Für mich war er genauso bedeutend wie die Beatles. 1964 habe ich mein Studium an der University of Manitoba in Winnipeg begonnen, wo mich eine Philosophieprofessorin als Babysitter eingestellt hat. Sie war eng mit ihm befreundet und hat mir erzählt, sein Arzt habe gesagt, er dürfe nicht so viel arbeiten und müsse sich ausruhen ... Ich war sehr stolz, dass ich diesen Einblick in das Privatleben von Marshall McLuhan bekommen habe. Zu der Zeit war er für mich unerreichbar. Ich war ja nur einer von tausenden von Studenten und Studentinnen in Kanada. Ich habe ihn nie getroffen, was eigentlich merkwürdig ist.

Kolja Reichert:
Wie hat er Deine Arbeit beeinflusst?

AA Bronson:
Das entscheidende an seinen Texten ist, dass jede Idee von jemand anderem kam. Seine Texte sind Pastiches von Ideen anderer. Heute ist das keine ungewöhnliche Strategie, aber damals war es recht gewagt. In seinen Texten gibt es absolut nichts, was von ihm selbst ist. Es ist also purer Postmodernismus auf Ideenebene. Ich habe angefangen, die gleichen Autorinnen und Autoren zu lesen wie er, und das hat mich vielleicht noch stärker beeinflusst. Das kann man auch an der Gestaltung meiner einleitenden Worte im Katalog zur Retrospektive erkennen: Ich verwende ein Layout und eine Typografie, die ich von seiner Veröffentlichung aus dem Jahr 1954 übernommen habe, von der Originalfassung von *Counterblast*. Er hat die Art, die Schrift zu setzen, von dem britischen Künstler und Autor Wyndham Lewis übernommen, der ihn in den 20er-Jahren in seiner Zeitschrift *Blast* verwendet hat. Wyndham Lewis war eine seiner wichtigsten Quellen, er hat viele, viele Aufsätze über moderne Kultur geschrieben. Er war Futurist. Sie wissen wahrscheinlich nicht besonders viel über Wyndham Lewis.

Kolja Reichert:
Nein.

AA Bronson:
Das tut niemand, der nicht aus Großbritannien kommt. Dort ist er sehr bekannt, aber sonst nirgends. Es ist interessant, dass so viele der in Nordamerika verbreiteten Zukunftsvorstellungen in den 50ern und frühen 60ern in Großbritannien entstanden sind. In Amerika werden die Ideen dann aufgegriffen und zu Produkten gemacht: Dinge, die man verkaufen oder vorführen kann. In England ist man da immer etwas vage, aber so viele dieser Ideen entstehen in England und werden dann in New York aufgegriffen und vermarktet. Wyndham Lewis war aber viel früher aktiv. Ich glaube, er war wirklich der einzige britische Futurist.

28 Marshall McLuhan (Anonymes Bootleg), *Counterblast*, Cover und Doppelseite, 1969

29 General Idea, *Looking Ahead*, 1971

Kolja Reichert:
Du bedankst Dich auch bei William Burroughs für die Idee des Bildvirus.

AA Bronson:
Die stammt aus einem seiner ersten Bücher. Ich glaube, sie wird an verschiedenen Stellen wiederholt, die Idee, dass die Menschen, die die Kontrolle haben, Bilder in die Mainstream-Kultur einschleusen können, die in Wirklichkeit Viren sind und dass sie so ein ganzes Kommunikationssystem – die gesamte Kultur – infizieren können.

Kolja Reichert:
Ich wusste nicht, dass die Idee schon so alt ist.

AA Bronson:
Ja, ich glaube er hat in den späten 50ern darüber geschrieben, '58 oder so. Er spricht auch von Farbe als Virus. Ich habe ihn danach gefragt und er hat gesagt, das Beispiel, das er immer verwendet, sei das Gelb, das Kodak so lange Zeit verwendet hat, dieser bestimmte Gelbton. Jedes Mal, wenn man diese Farbe sieht, denkt man an Kodak, auch wenn es gar nicht um Kodak geht. Die Farbe selbst ist zu einem Virus geworden, der die Kultur im weiteren Sinne infiltriert hat. Sie sind aber zu jung, um das Kodakgelb zu kennen (lacht).

Kolja Reichert:
Ich würde gerne über „Looking Ahead" sprechen. Wie ist das entstanden?

AA Bronson:
Das ist eine ziemlich banale Geschichte. Es gab da einen Verlag, der bis heute aktiv ist, Coach House Press (heute Coach House Books). Er wurde Mitte der 60er von ein paar Kunststudentinnen und -studenten gegründet, die eine ganze Reihe alter Druckerpressen entdeckt hatten, die bei der Modernisierung eines Unternehmens ausgemustert worden waren, mit Handsatz und allem. Die haben dann eine alte Garage gemietet, die Geräte dorthin gebracht und angefangen, damit zu drucken. Sie haben viele berühmte Autorinnen und Autoren veröffentlicht, vor allem kanadische, auch Allen Ginsberg, viel Lyrik. Als ich 1967 nach Toronto zog, hatten sie gerade erst angefangen. Sie gehörten zum Rochdale College, der größten Kooperative der Welt: ein 16-stöckiger Neubau mit Gemeinschaftswohnungen und Hochschulräumen. Ich habe dort zusammen mit Mimi Paige von General Idea gelebt, man kann sagen, dass General Idea als Gruppe in dieser Kooperative ihre Anfänge hatte. Coach House Press befand sich in einer

Garage direkt hinter dem Gebäude. Ich habe ehrenamtlich in der Druckerei gearbeitet, einfach um etwas zu lernen. Die Art und Weise, wie sie über das Drucken nachdachten, war bereits sehr postmodern. Der Ort war toll, sehr verdrogt. Zusammen mit den Druckerpressen hatten sie auch eine Menge Metallplatten übernommen, mit denen Werbung und ähnliches gedruckt wurde. Eine davon war dieses Bild. Wir haben das also gar nicht selbst gemacht. Es ist ein Relikt aus der Drucktechnik, das ich gefunden und dann auf der Presse verwendet habe. Als wir dann mit General Idea angefangen haben, bin ich wieder hin und habe diese Karten gedruckt. Ich dachte, das könnte unser Motto für General Idea sein.

Kolja Reichert:
„Looking Ahead"?

AA Bronson:
Ja.

Kolja Reichert:
Du hast also nur den Text hinzugefügt?

AA Bronson:
Nein, ich habe gar nichts gemacht. Ich habe das nur ausgedruckt [Abb. 29].

Kolja Reichert:
Du hast auch nichts von der Karte gelöscht, die die Figur betrachtet?

AA Bronson:
Nichts.

Kolja Reichert:
Da tut sich eine tolle Verbindung auf mit der Serie The Prisoner von Patrick McGoohan aus dem Jahr 1967, die wir nebenan zeigen: Als Number 6 in das Dorf entführt wird, kauft er als erstes eine Karte, um einen Fluchtweg zu finden. Aber auf der Karte sieht man nur das Dorf und nicht die Umgebung. Das passt so gut zu Fredric Jamesons Klage, dass die Logik des Spätkapitalismus es nicht erlaubt, eine Karte für die Verhältnisse zu finden.

AA Bronson:
[lacht] Sehr gut!

Kolja Reichert:
Mir gefällt, wie „Looking Ahead" da steht mit dem modernistischen Architekten, der die Zukunft entwirft, aber die Karte ist leer.

AA Bronson:
Ach so. Vielleicht habe ich die Karte doch gelöscht. Habe ich die Karte gelöscht? Nein, habe ich nicht. Denn die Idee hinter dem Stück ist, dass man seinen eigenen Text einfügen kann. Man druckt also das Bild in einer Farbe und dann den Text in einer anderen Farbe. Dann bekommt man das Komposit. Das ist die Idee, deshalb ist die Karte leer.

Kolja Reichert:
Ist das der erste Druck, den Du für General Idea gemacht hast?

AA Bronson:
[überlegt] Er gehört zu den ersten.

Kolja Reichert:
Einfach den Kontext von kleinen Sachen zu verschieben, ohne sie selbst zu verändern und ohne sich dazu große Konzepte auszudenken, wirkt von heute aus gesehen so visionär.

AA Bronson:
Ja, es war zu der Zeit recht radikal.

Kolja Reichert:
War Euch damals bewusst, was Ihr machtet?

AA Bronson:
Ja, ich glaube schon, dass uns bewusst war, was wir machten. Aber vielleicht war uns die Bedeutung nicht bewusst. Ich kann Dir Sachen aus der Zeit vor General Idea zeigen. Das ist ein Nachdruck von einer Illustration aus einem Kunstmagazin. Den hat Felix von General Idea gemacht. Er hat das Bild aus dem Kunstmagazin ausgeschnitten, es auf ein Stück Papier geklebt und kopiert, und dann hat er das Ganze signiert und nummeriert.

Kolja Reichert:
Sturtevant hat im gleichen Jahr eine Zeichnung von einem Lichtenstein und einem Warhol auf demselben Blatt gemacht. Das sieht ähnlich aus.

AA Bronson:
Es gibt auch eine General-Idea-Version von einem Lichtenstein-Sonnenuntergang, wenn Du umblätterst [Abb. 30]. General Idea und Elaine Sturtevant hätten sich gut verstanden!

30 Felix Partz: Rob Roy, 1967

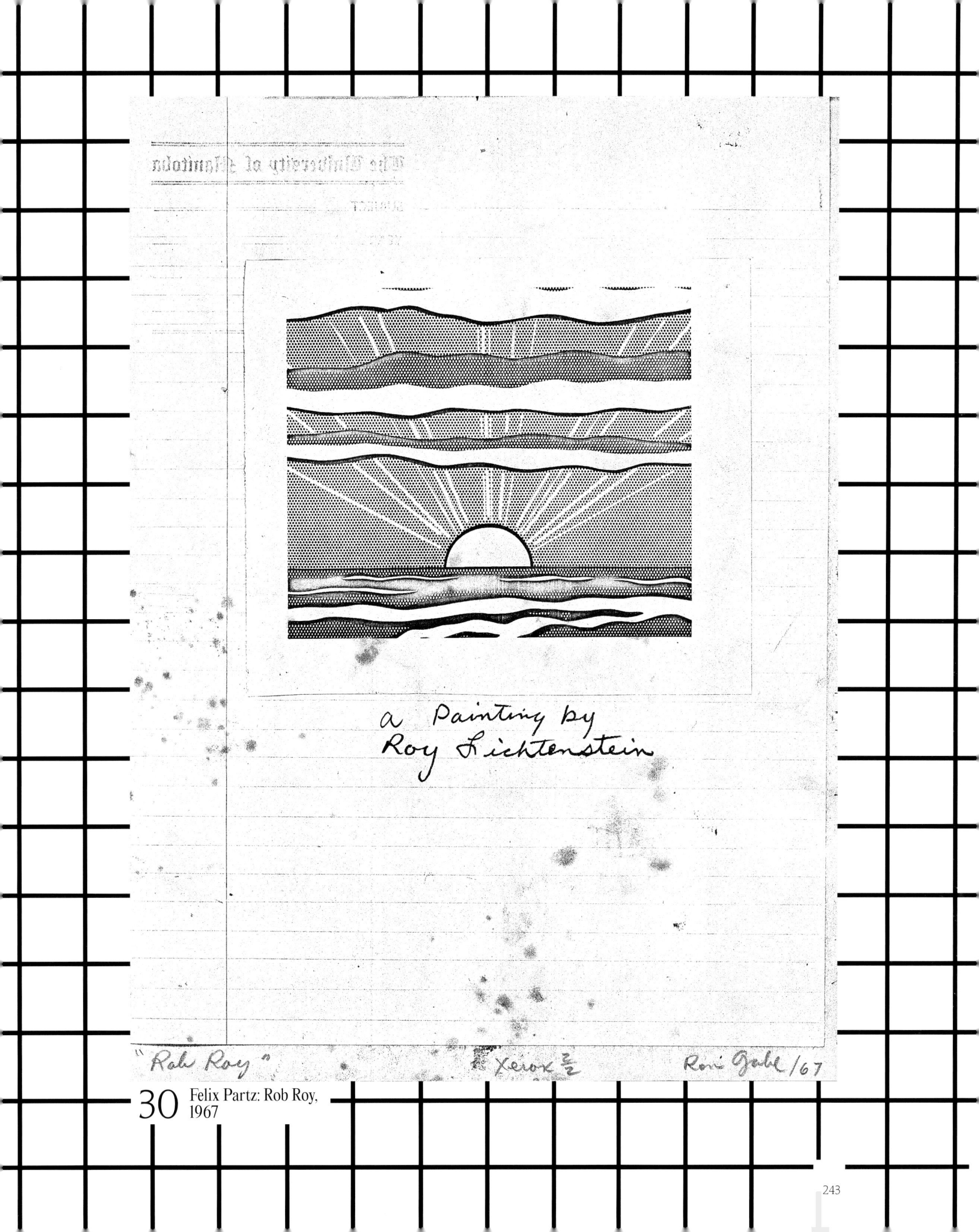

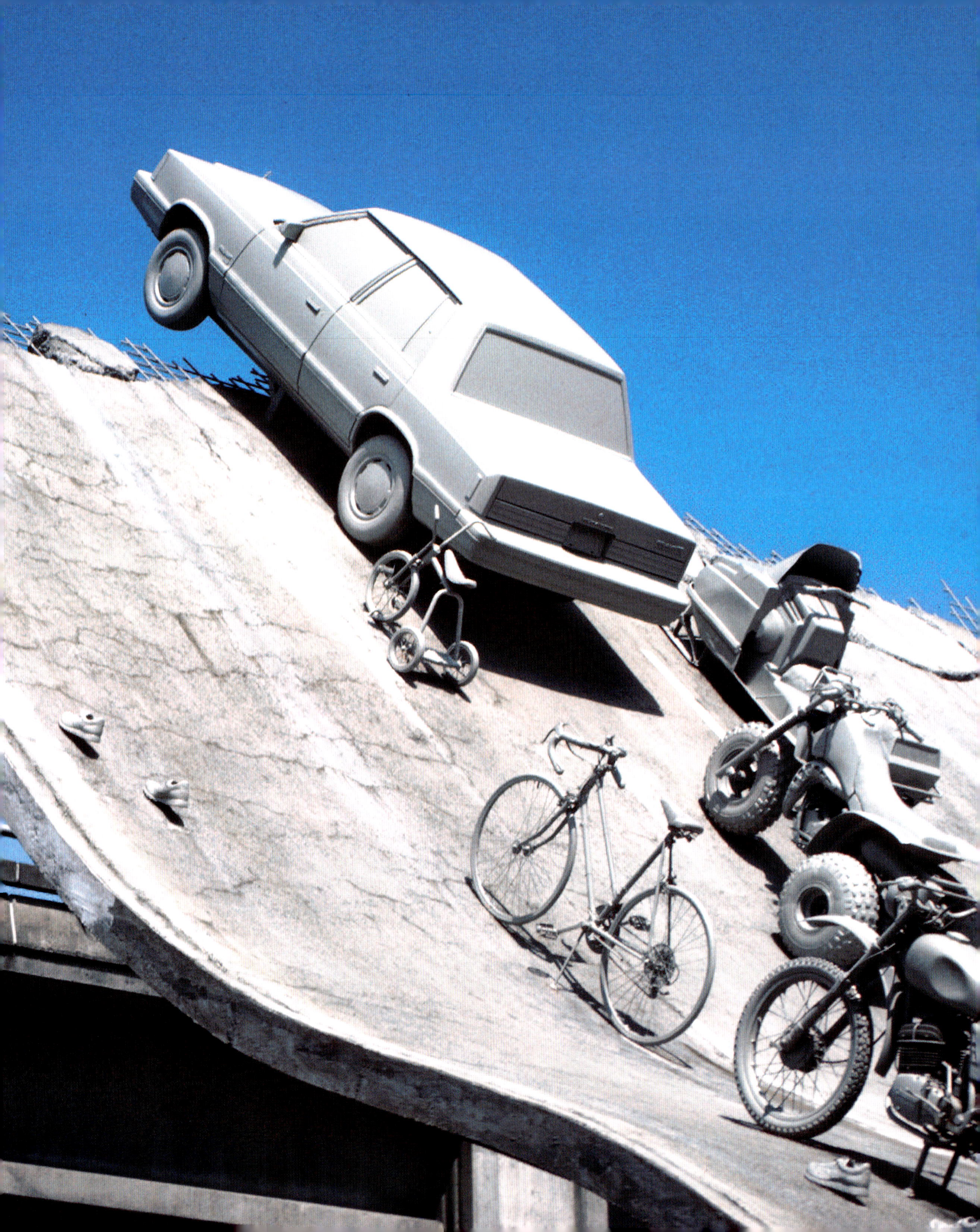

DAS ENDE DER GESCHICHTE VIII

245

(S. 244) SITE (James Wines), *Highway 86, Processional* auf der Verkehrs- und Kommunikationsmesse 1986 in Vancouver, Kanada

1992 ist die Geschichte natürlich nicht wirklich zu Ende, und vielleicht auch nicht die Postmoderne. Aber etwas ist vorbei. Eine Stilrichtung verblasst. Als hätte ihr spekulativer Überschuss an Theorie und widersprüchlichen Signalen zum Kalten Krieg gehört, und mit dem Fall der Mauer sei die Oberflächenspannung weg.

Nehmen wir die Architektur: 1990 eröffnet in Orlando, Florida, das gigantische Disney Swan Hotel von Michael Graves. Im Moment ihres Triumphs erstarrt die Postmoderne zum Fassadenraster. Rem Koolhaas hat im Vergnügungspark das Vorbild New Yorks erkannt. Venturi/Brown und Jencks feierten eine fröhliche, mitteilsame, volksnahe Architektur. Was passiert mit diesen Programmen, wenn der Bauherr Disney heißt? Dann endet der Ausbruch ins dezentrale Planen als Dekor für standardisierte Vergnügungsangebote eines Megakonzerns. Die Bubble aus *The Prisoner* hat die Avantgarde eingeholt.

Auch in Berlin erfährt die Postmoderne auf der Internationalen Bauausstellung (IBA) ihren Durchbruch in zahlreichen Neubauprojekten zur Sanierung der zerstörten Stadt. Zu den Höhepunkten zählen John Hejduks Wohnanlage mit Atelierturm, deren Fassaden mit venezianischen Masken spielen, und die rote Eckbebauung von Aldo Rossi an der Wilhelmstraße. Die meisten Beiträge sind modernistische Strukturen in postmodernem Kleid. Die IBA hinterlässt ein Formenvokabular entleerter geometrischer Spiele, dessen Ableitungen fortan in zahllosen Neubausiedlungen ausgerollt werden.

Innovationsfreudige Bauherren wenden sich künftig dem Dekonstruktivismus von Zaha Hadid oder Coop Himmelb(l)au zu, der von der wachsenden Rechenleistung der Computer profitiert. Coop Himmelb(l)aus Zerlegung des modernistischen Sesselklassikers *Fauteuil grand confort* von Le Corbusier, Pierre Jeanneret und Charlotte Perriand schließt unsere Erzählung postmodernen Designs ab – zusammen mit dem Mickey-Mouse-Stuhl von Javier Mariscal. Als leitender Gestalter macht dieser die olympischen Spiele 1992 in Barcelona zum Triumph der katalanischen Postmoderne. Deren Beitrag zum Abschütteln der Franco-Jahre mündet mit dem Maskottchen Cobi ebenfalls in massenkompatible Nettigkeit.

Im selben Jahr findet im spanischen Sevilla die Expo 1992 statt und feiert das 500. Jubiläum von Christopher Kolumbus' Fahrt nach Amerika mit dem Motto „Das Zeitalter der Entdeckungen", was antikoloniale Proteste hervorruft. Zum ersten Mal hat die DDR einen eigenen Weltausstellungspavillon geplant. Dieter Bankert, mit dem Friedrichstadtpalast Vertreter der DDR-Postmoderne, schlägt eine Pyramide vor, die eine formale Verwandtschaft mit den Lichtkegeln der Bundeskunsthalle aufweist. Die Wahl fällt auf eine begehbare Erdkugel, wie sie zu Beginn der Ausstellung so eine große Rolle spielte. Während der Planungen fällt die Mauer. Die Geschichte des realsozialistischen Experiments ist zu Ende.

      Mit dem anscheinenden Sieg von Demokratie und freier Marktwirtschaft sieht der Politologe Francis Fukuyama den ewigen Frieden in Sicht, den laut Kant und Hegel der Fortschritt der menschlichen Vernunft mit sich brächte. 1989 veröffentlicht Fukuyama unter dem Eindruck des Falls der Mauer den Essay „Das Ende der Geschichte", 1992 sein gleichnamiges Buch. Die Vorstellung einer „Posthistorie" geistert schon einige Jahrzehnte durch den Diskurs. Fukuyamas Buch ist eine letzte große Wette auf die Erfüllung der universalistischen Versprechen der Moderne.

      1992 werden die Maastricht-Verträge über die Gründung der EU unterzeichnet. Zur Feier gestaltet Gaetano Pesce Tische in den Formen jedes Mitgliedsstaats. Den neuen Umriss des wiedervereinten Deutschland gibt es nun auch als Luxusprodukt für die eigenen vier Wände.

      Auch die Bundeskunsthalle wird vom Mauerfall überrascht. 1991 beschließt der Bundestag den Umzug von Parlament und Regierung nach Berlin. Wäre die Bundeskunsthalle nicht schon zur Hälfte fertig, sie würde nie eröffnet. Ein nationales Kulturzentrum wurde seit den 1940er-Jahren gefordert, auch von Künstlern wie Joseph Beuys. Nun wird es Teil von Helmut Kohls konservativer „geistig-moralischer Wende", die eigentlich gegen postmoderne Tendenzen gerichtet ist. Schon zur Regierungserklärung 1982 spricht Kanzler Kohl sich neben einem Deutschen Historischen Museum für eine Kunsthalle aus. Sie eröffnet 1992 als international beachtetes Zentrum für die Künste und Wissenschaften.

      Ihr Architekt Gustav Peichl ist auch politischer Karikaturist. Unter dem Pseudonym Ironimus macht er sich über seine postmodernen Kollegen lustig. Er selbst will sich nicht als postmodern verstanden wissen. Tatsächlich mutet die quadratische Grundform, in der das Haus sich wie eine Trutzburg verschließt, auf den ersten Blick modern an. Aber ist sie nicht selbst Teil eines ironischen postmodernen Spiels? Wie ist die in Wellen sich schlängelnde Glasfront des im Innenhof versteckten Foyers zu verstehen? Wie das kecke Spiel mit Grundformen in Fenstern, Durchblicken und Lampen, mit dem das Haus sich in ein Selbstgespräch verwickelt? Wie die aztekisch auskragende Freitreppe, die zum Dachgarten und den zauberhutförmigen Lichtkegeln führt, deren orientalistische Mosaike in der Sonne glitzern?

Sie erinnern sich an Hans Holleins rot-blaue Pille zu Beginn der Ausstellung? Hier taucht sie in riesig wieder auf, mit zwei Schwestern und 81 kleinen Wiedergängerinnen an der Wand. Mit *Red (Cadmium) PLA©EBO* erinnern General Idea 1991 an die Opfer der AIDS-Krise. 1987 ersetzen sie die Buchstaben L O V E in Robert Indianas Ikone der Hippie-Bewegung (1965) durch „AIDS". Auf Postern, Plakaten und als Tapetenmuster, wie auch wir es am Ende der Ausstellung ausrollen, geht der Hinweis auf das Virus selbst viral. Sieben Jahre nach Jenny Holzers *Truisms* wandert *Imagevirus* 1989 über den großen Werbemonitor am Times Square. Auf unserem Nachbau zeigen wir beide Arbeiten im Wechsel. Die Todesangst, die weite Teile der Gesellschaften während der 1980er-Jahre befällt, setzt der postmodernen Ironie ein Ende. In General Ideas *Imagevirus* verbündet sie sich mit dem Ernst der Einsicht in die Beschränktheit menschlicher Kontrolle. Kurz vor der Etablierung des Internets verknüpft das Künstlertrio Virus und virales Bild.

  1992 erfindet Neal Stephenson im Cyberpunk-Roman *Snow Crash* das Metaverse. Dessen Hauptfigur Hiro Protagonist kämpft in einem zersplitterten, von Privatarmeen beherrschten Amerika zugleich auf der Straße und hinter der VR-Brille gegen mythische Feinde.

  1992 ist die blaue LED bereit für die Massenproduktion und ermöglicht erstmals vollfarbige LED-Displays, wie sie in unseren Laptops und Smartphones zum Einsatz kommen.

  1992 lässt Sally Potter in ihrem Film *Orlando* Tilda Swinton vier Jahrhunderte patriarchaler Unterdrückung durchleben, bis sie in der Gegenwart als freier Mensch auf ihr Motorrad steigt. Während ihre Tochter mit einer Videokamera durchs Gras rennt, singt am Himmel ein Engel: „Ich bin auf der Erde / und ich bin im Weltraum / Ich werde geboren, ich sterbe […] Hier bin ich! Weder Frau noch Mann."

  Durch einen drei Meter hohen Nachbau von Fukuyamas *The End of History and the Last Man* verlassen wir die Ausstellung.

TEMPO

APRIL 4/1988 / PREIS: 5 DM, 5 SFR, 35 ÖS / C 9825 E

- **PRINCE**
  Dunkle Geschäfte mit dem „Black Album"
- **MARILYN PRIVAT**
  Unveröffentlichte Fotos aus dem Leben der Monroe
- **WIR UND '68**
  Die Nachgeborenen rechnen ab
- **US-WAHL**
  Hunter S. Thompson über George Bush und Jesse Jackson
- **SADE**
  Comeback mit Fehlzündung

DER COUP

TEMPO fälscht „Neues Deutschland" / 6000 Stück in der DDR verteilt / Ihr Exemplar in diesem Heft

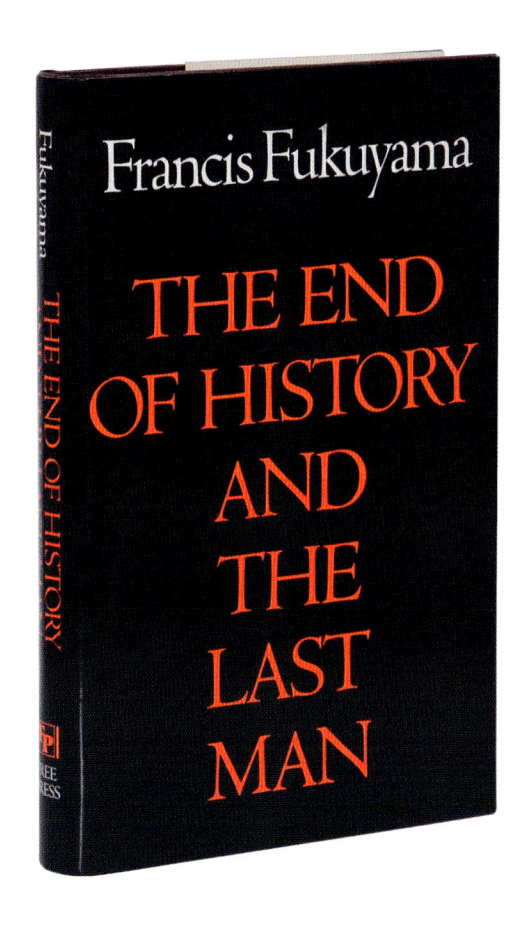

Francis Fukuyama

THE END OF HISTORY AND THE LAST MAN

THE FREE PRESS

Westend

TEMPO ember 12/1987/PREIS: 5 DM, 5 SFR, 35 ÖS/C 9825 E

ICH
Europas klügste Jungunternehmer raten ihr folgsgeheimnis

AMOURÖS
Zwei Mega-Stars im Vergleichstest: r ist besser – y George oder orge Michael?

STERBLICH
Menschen auf Eis Wie Gentechniker n Tod besiegen llen

KNALL HART
St.-Pauli-Killer schicken TEMPO eine Maschinenpistole. Seite 28.

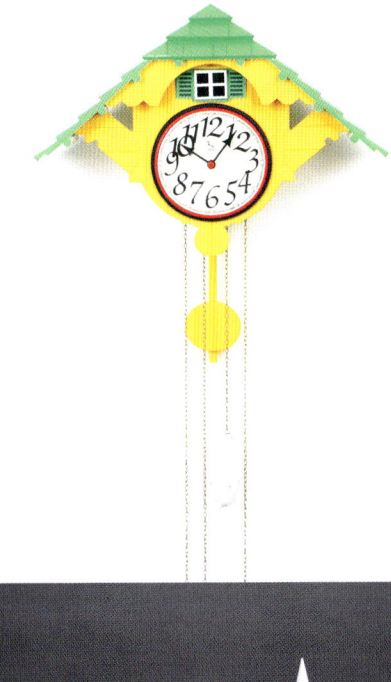

Tempo,
April 1988

SITE (James Wines), *Highway 86, Processional* auf der Verkehrs- und Kommunikationsmesse 1986 in Vancouver, Kanada

Gaetano Pesce, *Deutschland-Tisch*, 1996

General Idea, *AIDS* (Project for the Spectacolor Board, Times Square), 1989

Gustav Peichl, *Quo Vadis?*, 1984

7

Francis Fukuyama, *The End of History and The Last Man*, 1992

8

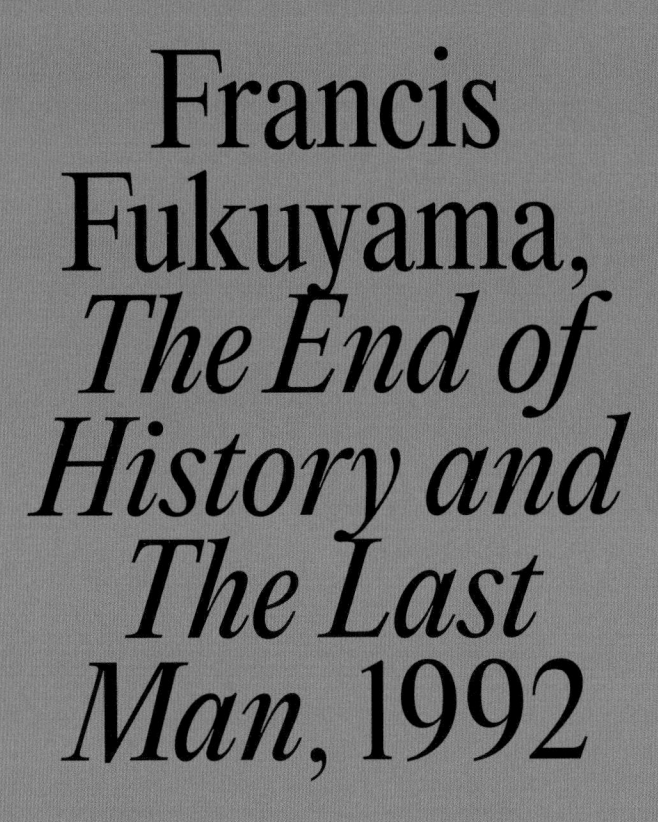

General Idea, *AIDS Street intervention (Berlin)*, 1988. Intervention mit AIDS, 1987, in der damals unbenutzten S-Bahn-Station Westend als Teil der Ausstellung *Vollbild AIDS. Eine Kunstausstellung über Leben und Sterben*, 1988, kuratiert von Frank Wagner

9

Tempo, Dezember 1988

10

Robert Venturi, *Kuckucksuhr*, 1989

11

Gustav Peichl, Modell der Bundeskunsthalle, 1990

18 Gustav Peichl, *Hommage an Robert Venturi*, 1983

18 Gustav Peichl, *REM KOOLHAAS TRIFFT OMA*, 1990

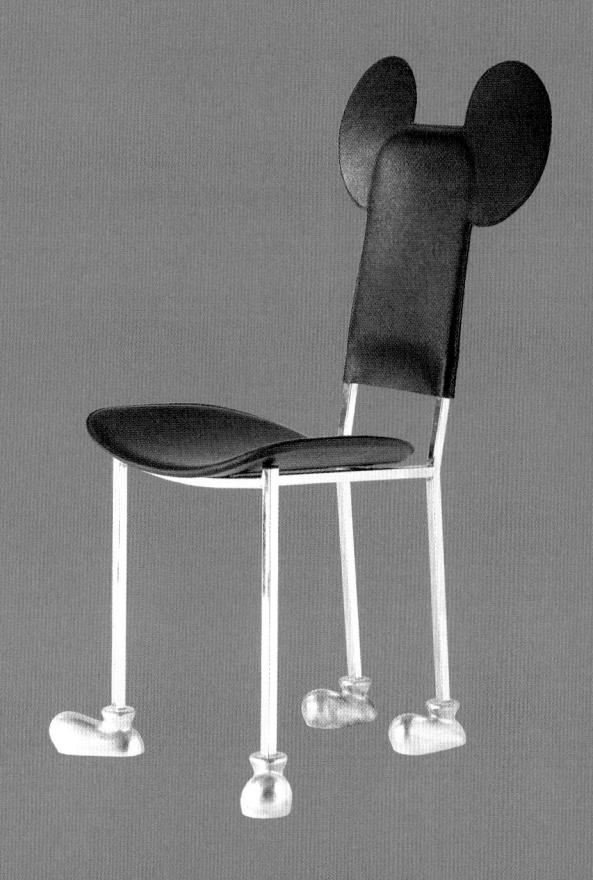

14 Javier Mariscal, Stuhl *Garriris*, 1987

18 Coop Himmelb(l)au (Helmut Swiczinsky, Wolf D. Prix), Sessel *Vodöl*, 1988

🔞 Achim Felz, Syntheseentwurf für die Weltausstellung in Sevilla 1992, undatiert

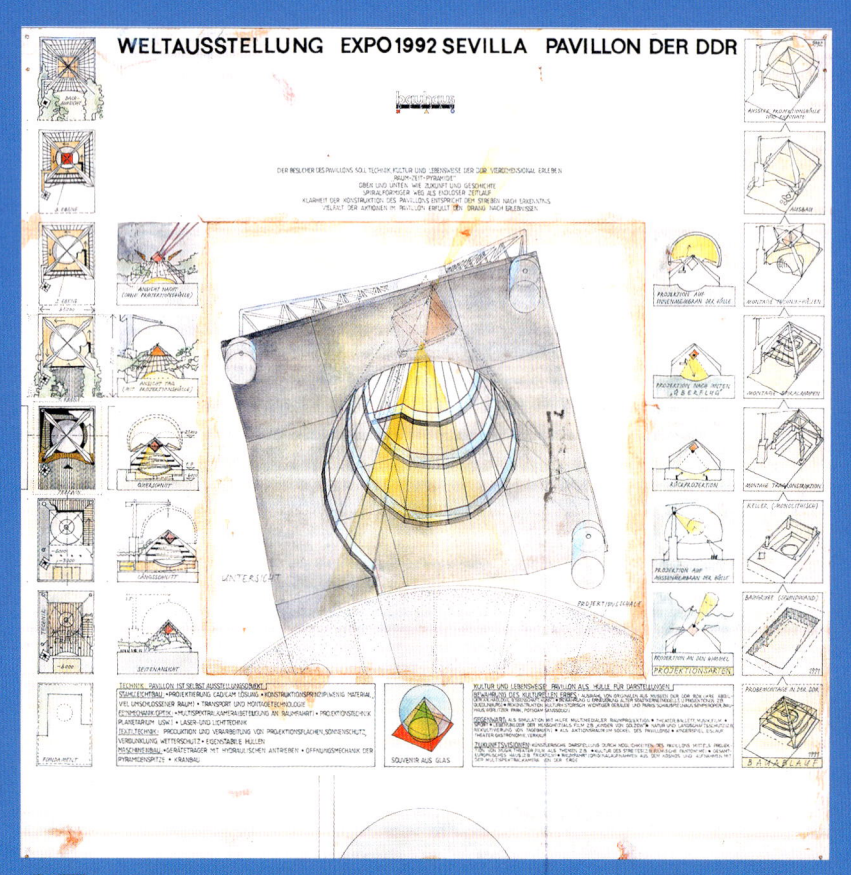

19 Dieter Bankert, Wettbewerbsbeitrag des Zentrums für Gestaltung Bauhaus Dessau für den Pavillon der DDR auf der Weltausstellung Expo 1992 in Sevilla, 1988/89

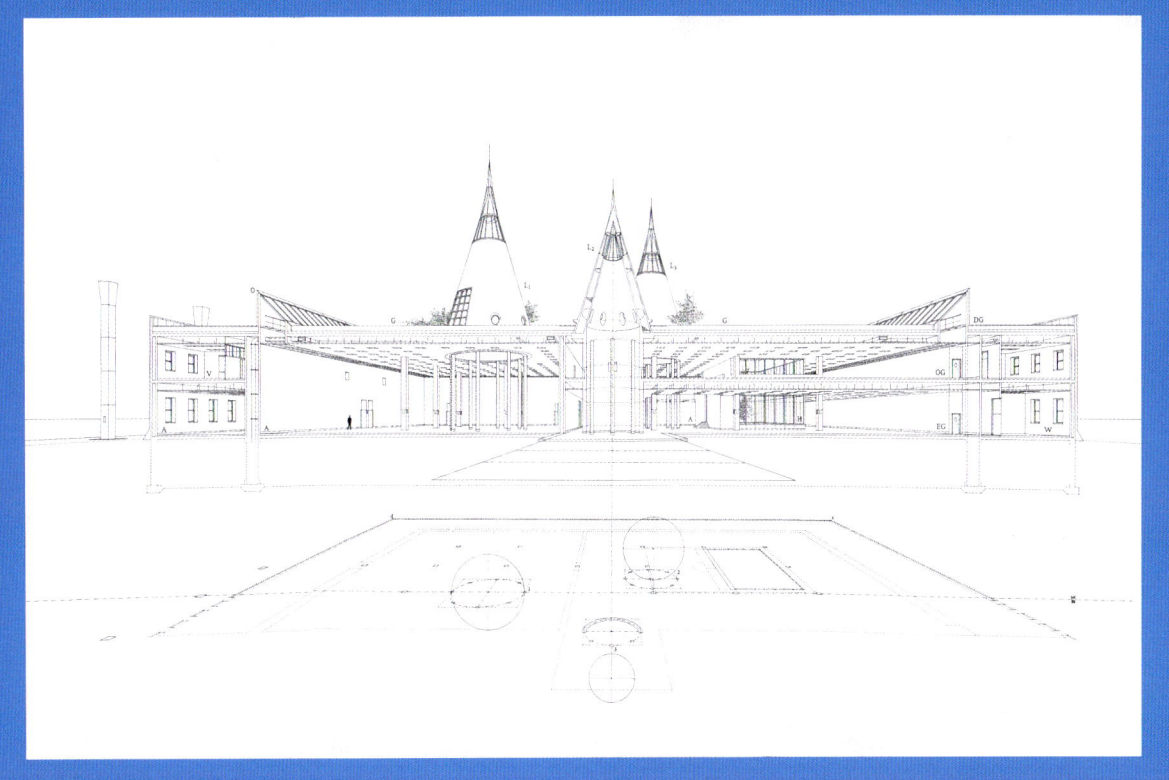

Gustav Peichl (Martin Kohlbauer), Perspektivische Zeichnung des Skelettbaus der Bundeskunsthalle, 1988

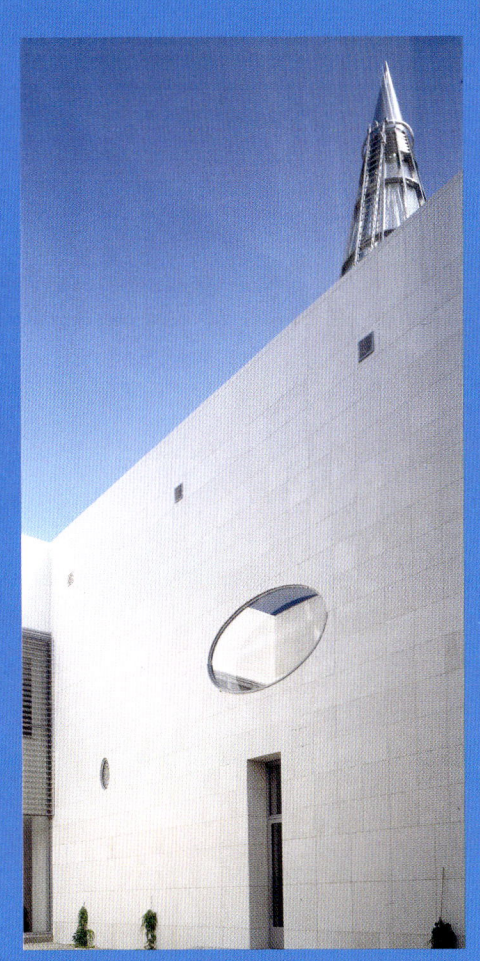

Gustav Peichl, Innenhof mit Sinuswelle und Atriumhof der Bundeskunsthalle, 1992

30 Sally Potter, Filmstill aus *Orlando*, 1992

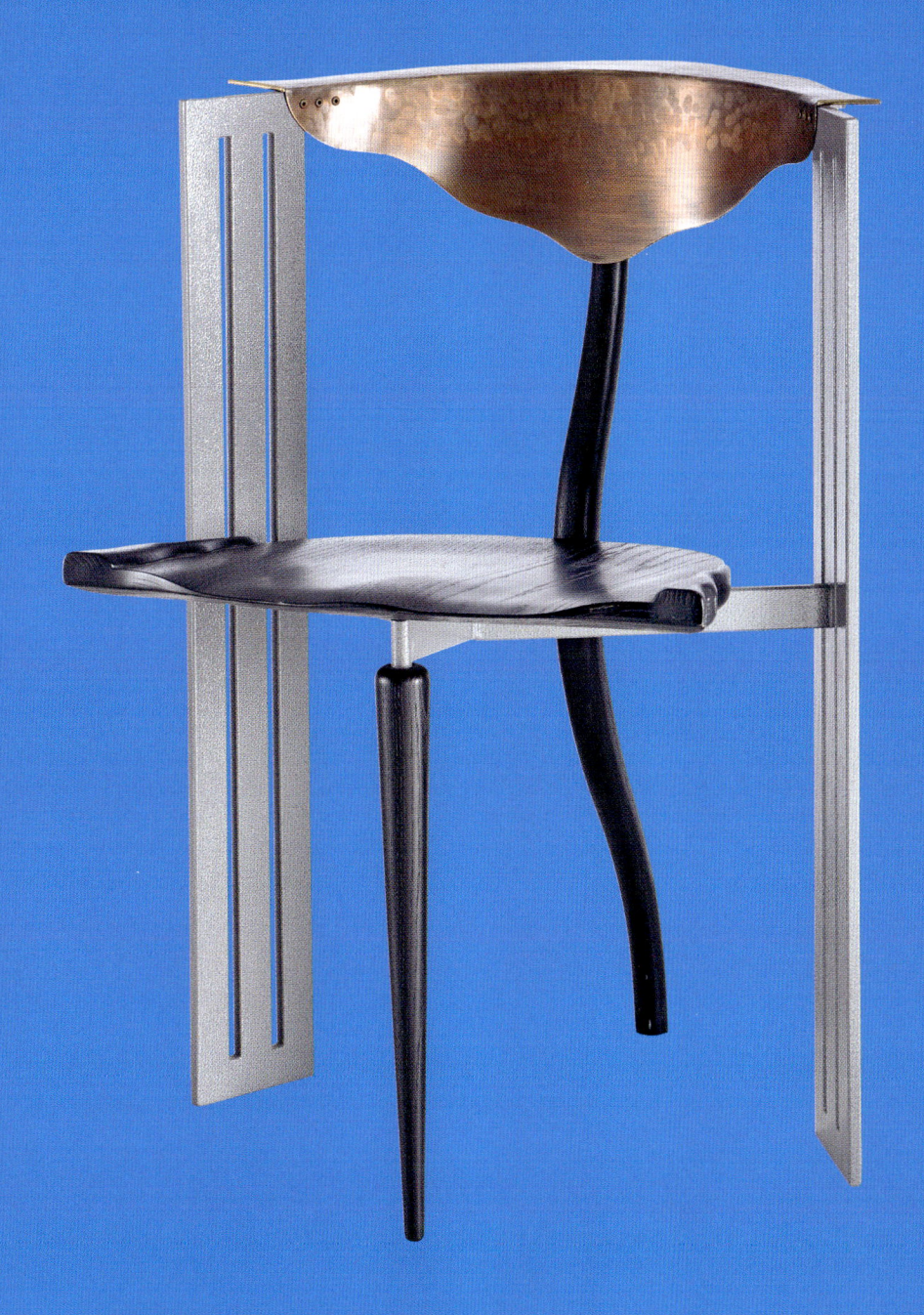

Bořek Šípek, Stuhl *Ota Otanek*, 1988

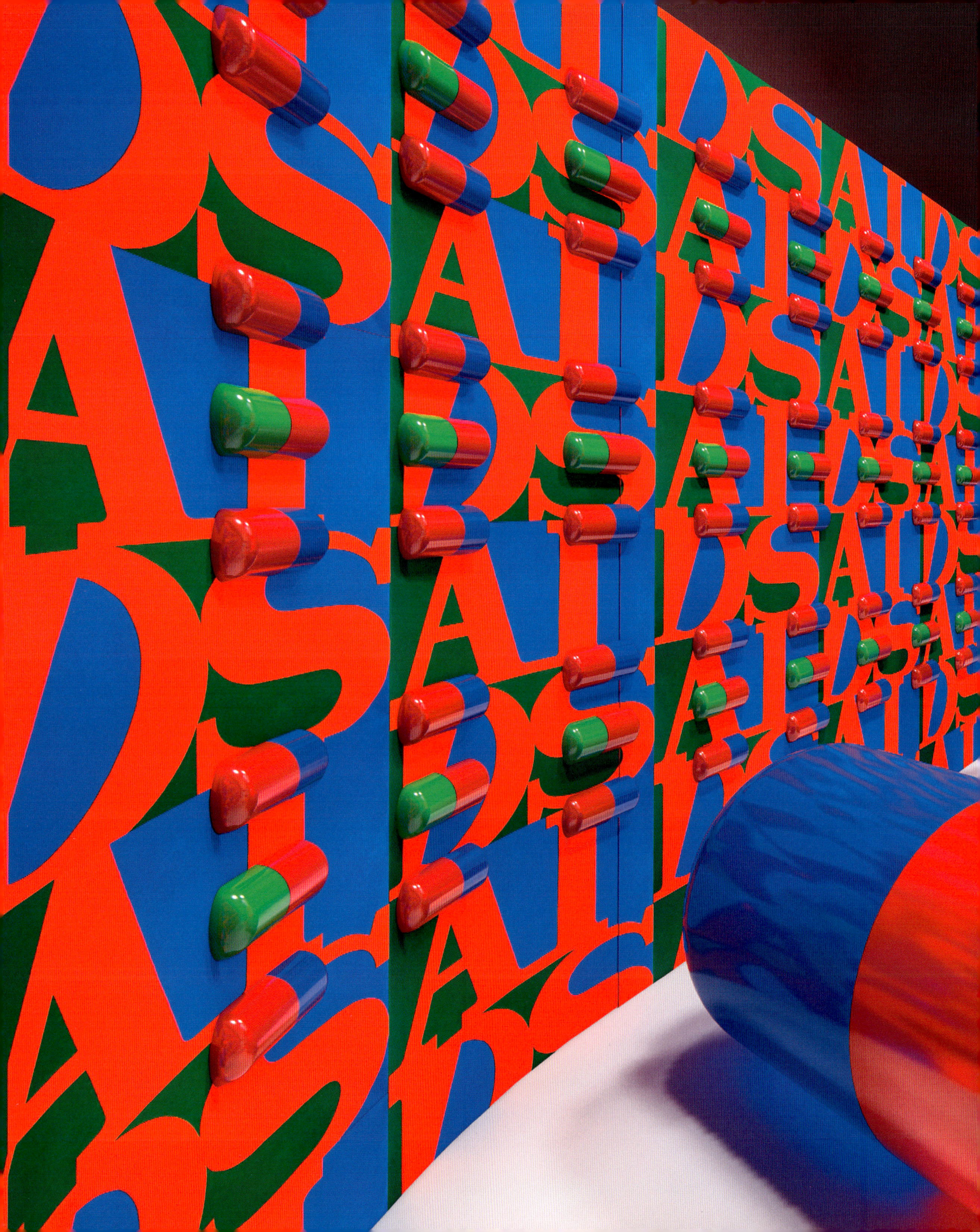

END OF HISTORY AND THE LAST MAN

Francis Fukuyama

NEW YORK TIMES BESTSELLER

THE LANGUAGE OF
POST-MODERN ARCHITECTU
CHARLES JENCKS
Rizzoli

RUINS OF MODERNISM / RUINEN DER MODERNE

cui si sa in partenza chi possa vince...
...dicarsi il podio è sempre chi è più veloce...
... una gestualità complice con l'obbiettivo...
prova è nelle foto dei personaggi che vi...
...ta al confine tra i due mondi. Ad esem...
...ga: nella foto di apertura di questo servi...
... con reggiseno, mutande e calze a rete...
...ale la scalinata del Metropolitan Museu...
...ork per partecipare al Met Gala del 20...
...scena una «perfomance improvisata» c...
...iente delle coreografie dei suoi spettac...
...olto a che fare con le pose dei servizi...
...questo perché, come tutti i personaggi...
world, la diva pop usa gli abiti come st...
...lla propria rappresentazione.

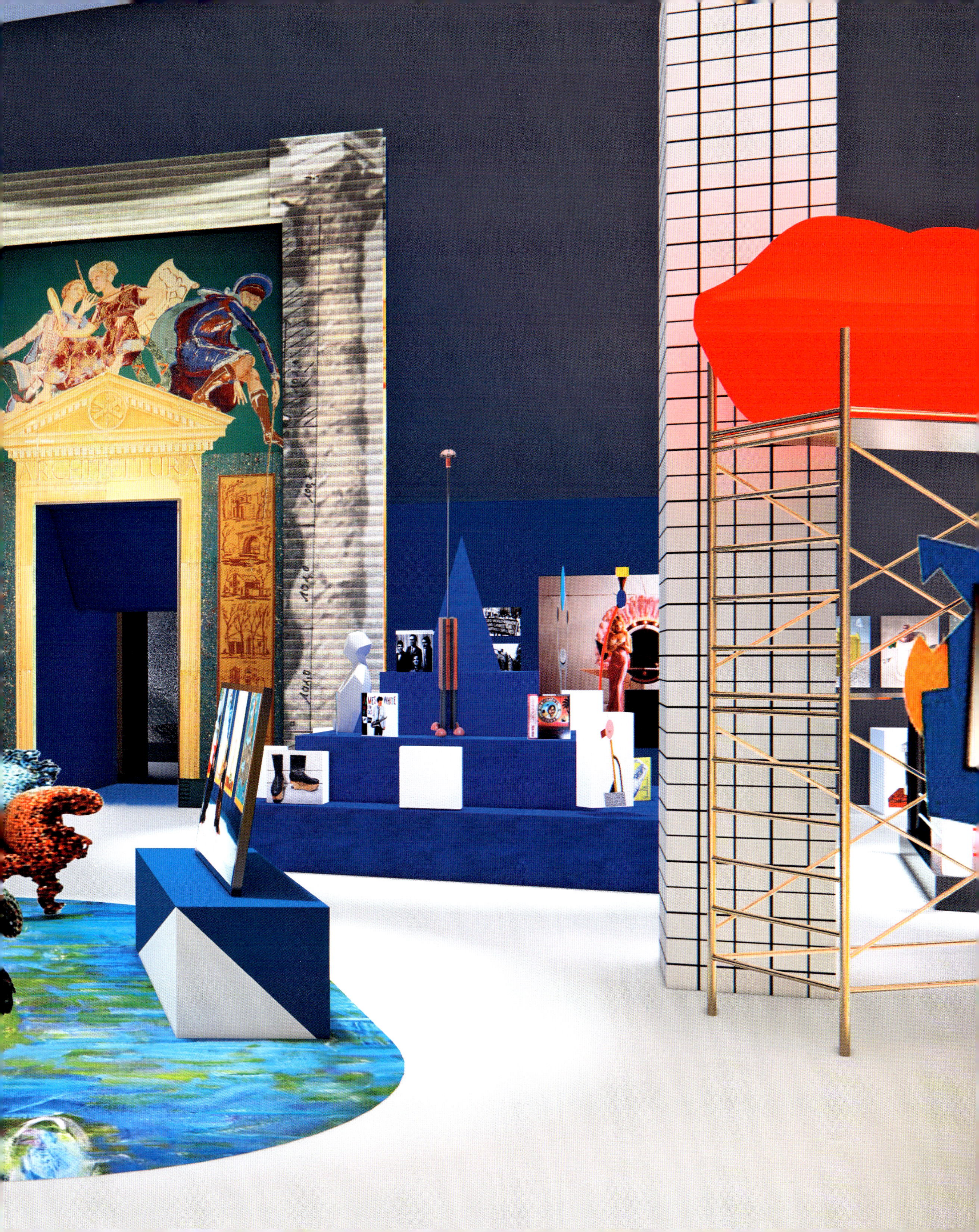
ARCHITETTURA

WERKLISTE

Gianbattista Nolli
Stadtplan Roms, 1748
Faksimile
MAXXI Museo nazionale delle arti del XXI secolo, Roma, Collezione MAXXI Architettura
Abb. S. 127

Robert Venturi
Konstruktionszeichnung der Antenne des Guild House, 1960–1963 (1963)
Faksimile
Architectural Archives of the University of Pennsylvania, Weitzman School of Design
Abb. S. 22

Robert Venturi
Guild House, 1960–1963
Außenperspektive Straßenseite, Blick von Südwesten
61 × 91 cm
Bleistift und Tusche auf Transparentpapier
Deutsches Architekturmuseum, Frankfurt a. M.
Abb. S. 24

Robert Venturi
Guild House, 1963
Guild House, 1961–1964, the firm of Robert Venturi staffed by Gerod Clark and Frank Kawasaki, the firm eventually became Venturi, Scott Brown, Associates, plus the Associate Firm: Cope and Lipincott, Architects
Foto: William Watkins
Abb. S. 23, 32

Aldo Rossi
Rathausplatz und Partisanen-Denkmal in Segrate. Präsentationszeichnung: Perspektive mit Ansicht, 1965
36,5 × 78,6 cm
Tusche und Spritztechnik auf Transparentpapier mit collagierten Naturelementen
Deutsches Architekturmuseum, Frankfurt a. M.
Abb. S. 23

Elaine Sturtevant
Warhol Flowers, Lichtenstein's Pointed Hand, 1965
54,9 × 34,6 cm
Siebdruck, Tusche und Bleistift auf Papier
Collection Thaddaeus Ropac, London, Paris, Salzburg, Seoul
Abb. S. 29

1967

ASPEN
ASPEN. The Multimedia Magazine in a Box. No 5 + 6. The Minimalism Issue, 1967
21 × 21 × 5,6 cm
Verschiedene Medien
Galerie Thomas Fischer
Abb. S. 27

Donald Barthelme
Snow White, 1967
18,3 × 11,5 cm
Buch
Atheneum, New York
Abb. S. 23

Jacques Derrida
L'écriture et la différence, 1967
10,9 × 2 × 17,9 cm
Buch
Editions du Seuil

Jacques Derrida
De la Grammatologie, 1967
13,5 × 3 × 21,9 cm
Buch
Editions de Minuit
Abb. S. 22

Jacques Derrida
La Voix et le phénomène, 1967
12,5 × 1,1 × 19 cm
Buch
Presses Universitaires de France, Paris
Abb. S. 22

Hans Hollein
Architekturpille mit Bleistiftschrift, Non-physical environment, 1967
21 × 16 cm
Pille auf Papier
Privatarchiv Hollein
Abb. S. 26

Patrick Joseph McGoohan
The Prisoner, 1967
Filmausschnitte
Episode 1, 0:59 min/0:52 min
Episode 2, 0:33 min
© ITV

Marshall McLuhan/Quentin Fiore
The Medium is the Massage. An Inventory of Effects, 1967
17 × 10,5 × 1 cm
Buch
Bantam Books, New York, London, Toronto
Privatbesitz Eva Kraus
Abb. S. 23, 35

Walter Pichler
TV-Helm (Tragbares Wohnzimmer), 1967
59 × 120 × 43 cm
Skulptur Polyester, weiß lackiert, integrierter Fernsehmonitor mit TV-Anschluss
Sammlung Generali Foundation – Dauerleihgabe am Museum der Moderne Salzburg
Abb. S. 34

The Prisoner
Logo, 1967
Faksimile
© imago images/Everett Collection
Abb. S. 28

Ed Ruscha
Thirty-Four Parking Lots in L.A., 1967
25,4 × 20,3 cm
Buch, Offsetdruck auf Papier, 48 Seiten, 34 Fotografien
© Ed Ruscha, Courtesy the artist and Sprüth Magers
Abb. S. 22

Ed Ruscha
Parking Lots, 1967/1999
38 × 38 cm
Silbergelatine Abzüge
Deichtorhallen Hamburg/Sammlung Falckenberg
Abb. S. 39, 102

1968

Archizoom Associati
Sanremo, 1968
255 × 38 × 38 cm
Stahlblech, perlglanzlackiert, Perspex®Base, lasergeschnitten
Centro Studi Poltronova

James Graham Ballard
Why I Want To Fuck Ronald Reagan, 1968
40 × 25 cm
Buch
Unicorn Bookshop (Brighton)
Privatbesitz Fay Ballard
Abb. S. 23

Heinz Bienefeld
Haus Wilhelm Nagel, Wesseling-Keldenich, 1968
Foto
© Deutsches Architektur Museum, Frankfurt a. M.
Abb. S. 83

Cesare Casati/Emanuele Ponzio
Pillola, 1968
54 cm, Ø 13,2 cm,
Kunststoff, transparent weiß, rot, farblos
Ponteur
Die Neue Sammlung – The Design Museum
Abb. S. 30

Cesare Casati/Emanuele Ponzio
Pillola, 1968
H 54 cm, Ø 13,2 cm
Kunststoff (ABS, PMMA), weiß und farblos
Nai Ponteur
Die Neue Sammlung – The Design Museum

Richard Copley
Memphis Sanitation Workers' Strike, 1968
Foto
© Richard Copley
Abb. S. 41

Jean-Luc Godard/D. A. Pennebaker
One A.M./One P.M., 1968
Filmausschnitt, 2:52 min
Courtesy Pennebaker Hedegus Films

Monsanto MV1, 1968
4,5 cm, Ø 0,5 cm
LED, rot
Monsanto
Abb. S. 22

Siegerehrung für den 200-m-Lauf der Männer bei der Olympiade
1968
Foto
© picture alliance/dpa/UPI

Roger Vadim: Regie, Claude Brulé, Jean-Claude Forest: Drehbuch
Barbarella. Queen of the Galaxy, 1968
Filmausschnitt, 1:34 min
Paramount
Abb. S. 36, 170

1969

Archizoom
Non-Stop City, 1969
Faksimile
Centro Studi e Archivio delle
Communicazione, Università
di Parma

Archizoom Associati
Mies, 1969
80 × 131 × 74 cm (Sessel),
36 × 105 × 20 cm (Fußstütze)
Stahl, verchromt, Latexfolie,
Ponyfell
Poltronova Studio
Centro Studi Poltronova

Neil Armstrong, der erste Mensch
auf dem Mond/Neil Armstrong,
the first man on the moon,
21. Juli 1969
© NASA

Heinz Bienefeld
*Haus Wilhelm Nagel,
Wesseling-Keldenich*, 1966–1969
Modell des Gebäudes mit
Umgebung
3,5 × 38 × 36 cm, Maßstab 1:500
Wachs auf Holz
Deutsches Architekturmuseum,
Frankfurt a. M.
Abb. S. 22

Heinz Bienefeld
*Haus Wilhelm Nagel,
Wesseling-Keldenich*, 1966–1969
73,07 × 108,9 cm
Tusche und Bleistift auf
Transparentpapier
Deutsches Architekturmuseum,
Frankfurt a. M.

Heinz Bienefeld
*Haus Wilhelm Nagel,
Wesseling-Keldenich*, 1966–1969
73,07 × 108,9 cm
Tusche und Bleistift auf
Transparentpapier
Deutsches Architekturmuseum,
Frankfurt a. M.

Hans Hollein
Mobiles Büro, 1969
H 225 cm, Ø 120 cm
PVC-Folie, pneumatisch,
elektrisches Gebläse (oder Staubsauger), Schreibmaschine
(Hermes Baby), Telefon,
Zeichenbrett, Bleistift,
Radiergummi, Reißnägel,
Boden Kunstrasen
Sammlung Generali Foundation
– Dauerleihgabe am Museum der
Moderne Salzburg
Abb. S. 31

NASA
Die Mondlandung am 21. Juli 1969
Foto
© NASA

Gaetano Pesce
UP5_6, 1969
92 × 117 × 137 cm, Kugel Ø 60 cm
Polyurethanschaum, Bezug:
Viskosejersey
B&B Italia
Vitra Design Museum
Abb. S. 37

Playboy, Dezember 1969
28,2 × 21,5 × 1,9 cm
Zeitschrift
Privatbesitz Oliver Elser
Abb. S. 23

Paco Rabanne
Top, 1969
Metall
A.N.G.E.L.O. Vintage Archive

Paco Rabanne
Tasche, 1969
Metall
A.N.G.E.L.O. Vintage Archive

Elaine Sturtevant
Warhol Flowers, 1969
28 × 28 × 2 cm
Siebdruck auf Leinwand,
synthetischer Polymer
Collection Thaddaeus Ropac,
London, Paris, Salzburg, Seoul
Abb. S. 22

Peter Eisenman
Falk House (House II), 1969/70
Entwurfszeichnung
64,7 × 50,5 cm
Photographische Plankopie von
Zeichnungen, auf Transparentfolie
Deutsches Architekturmuseum,
Frankfurt a. M.
Abb. S. 177

Peter Eisenman
Falk House (House II), 1969/70
Grundriss und Ansichtsskizzen
(modularer Aufbau)
27,5 × 21,3 cm
Tusche, roter Farbstift auf Papier
Deutsches Architekturmuseum,
Frankfurt a. M.

1970

Aussicht vom Furukawa-Turm
auf das Astrorama (vorn), den
Rundpavillon der Hotachi-Gruppe
und den Pavillon der Fuji-Gruppe,
Osaka, Japan, 1970
Faksimile/Facsimile
picture-alliance/dpa | Rauchwetter

Jean Baudrillard
The Environmental Witch-Hunt:
Statement by the French Group
1970
in: Reyner Banham (Hg.)/(ed.),
*The Aspen Papers. Twenty Years of
Design Theory*, Praeger Publishers,
New York 1974

Fassade und Vorplatz des
Pepsi-Pavillons, Entwurf und
Konstruktion organisiert
von Experiments in Art and
Technology. Wasserdampf-Wolken-
Skulptur von Fujiko Nakaya, Osaka
1970
Faksimile
Photograph by Shunk-Kender,
1970/Courtesy Experiments in
Art and Technology
Abb. S. 22, 33

Danny Lynn
Zabriskie Point, 1970
Foto
© Danny Lyon/Magnum Photos

Eli Noyes/Claudia Weill
*Documentary at the Aspen Design
Conference/Dokumentarfilm über
die Aspen Design Conference*,
IDCA, 1970
Film, 22:21 min
© 1970, Eli Noyes and Claudia
Weill

Ettore Sottsass
Ultrafragola, 1970
195 × 100 × 13 cm
Spiegelglas, Plexiglasrahmen aus
opakem Acryl, beleuchtet
Poltronova
Museum Angewandte Kunst,
Frankfurt a. M.

Studio 65
BOCCA®, 1970
85 × 212 × 80 cm
Polyurethanschaum, abnehmbarer
Stoffbezug
GUFRAM
Abb. S. 113

Time, Man and Woman of the
Year: The Middle Americans,
5. Januar 1970
21 × 27 cm
Zeitschrift
Time Magazine

1971

Coop Himmelb(l)au
Restless Sphere, 1971
Foto
© Peter Schnetz
Abb. S. 30

General Idea
Looking Ahead, 1971
7,2 × 5,4 cm
Letterpress
Faksimile
Art Gallery of Ontario
Abb. S. 241

*Rede an die Nation von Präsident
Nixon mit Ankündigung
einer neuen Wirtschaftspolitik*,
15 August 1971
Video, 0:28 min
U.S. Federal Government/Richard
Nixon Presidential Library
Abb. S. 141

Sprengung der Siedlung
Pruitt-Igoe, St. Louis MO, 1971
Faksimile
U.S. Department of Housing and
Urban Development Office of
Policy Development and Research
Abb. S. 66

Studio 65
CAPITELLO, 1971
120 × 110 × 82 cm
Polyurethanschaum mit
Guflac-Beschichtung
GUFRAM
Abb. S. 78/79

Hans Hollein
Architekturmodell Media Linien,
1971/72
25 × 25 cm
Kunststoff, Metall
Privatarchiv Hollein

WERKLISTE

SITE (James Wines)
Peeling Projekt, Richmond VA, Ansicht, Schnitt und Konstruktionsdetails, 1971/72
60,8 × 91 cm
Druck auf Fotopapier
Deutsches Architekturmuseum, Frankfurt a. M.
Abb. S. 174

1972

Emilio Ambasz (Hg.)
Italy: the new domestic landscape achievements and problems of Italian design, 1972
25 × 20 × 3 cm
Buch
MoMA/New York, Centro Di/Florence
THE HOUSE OF ARCHITECTURE & DESIGN
Abb. S. 63

Guido Drocco/Franco Mello
CACTUS®, 1972
170 × 70 × 70 cm
Polyurethanschaum mit Guflac-Beschichtung
GUFRAM

Haus-Rucker-Co
Oase No. 7, 1972
Foto
© Zamp Kelp
Abb. S. 30, 139

Roxy Music
Re-Make/Re-Model at the Royal College of Art, London, July 5th 1972
Regisseur: Doug Smith
Musikvideo
4:53 min
Universal

SITE (James Wines)
BEST Anti Sign Building, 1972
Foto
SITE – James Wines, LLC

SITE (James Wines)
BEST Forest Building, 1972
Foto
SITE – James Wines, LLC

SITE (James Wines)
Peeling Building, Richmond, VA, 1972
Foto
SITE – James Wines, LLC
Abb. S. 75

Denise Scott Brown/Robert Venturi
Learning from Las Vegas, 1972
36,2 × 27,4 × 2,5 cm
Buch
MIT Press, Cambridge MA
Deutsches Architekturmuseum, Frankfurt a. M.

Ettore Sottsass
Basilico, 1972
21 × 23 × 20 cm
Steingut, glasiert
Alessio Sarri
Museum Angewandte Kunst, Frankfurt a. M.

Ettore Sottsass
Cinnamon, 1972
26 × 25 × 9 cm
Steingut, glasiert
Alessio Sarri
Museum Angewandte Kunst, Frankfurt a. M.

Ettore Sottsass
Sugar, 1972
H 9,5 cm, Ø 31 cm
Steingut, glasiert
Museum Angewandte Kunst, Frankfurt a. M.

Van Dyke Parks
Discover America, 1972
31,5 × 31,5 cm
Schallplattenhülle
Design: Maru
Backcover Design Ed Trasher
Warner Bros. Records

Ettore Sottsass
The Planet as Festival: Design of a Roof to Discuss Under, project (Perspective), 1972/73
29,2 × 27,6 cm
Graphit auf Papier
The Museum of Modern Art, New York
Gift of the Howard Gilman Foundation, Purchased from the artist in 1977 by the Howard Gilman Foundation
Abb. S. 67

Ettore Sottsass
The Planet as Festival: Gigantic Work, Panoramic Road with View on the Irrawaddy River and the Jungle, project (Aerial perspective), 1972/73
40,6 × 31,1 cm
Graphit auf Papier
The Museum of Modern Art, New York
Gift of the Howard Gilman Foundation, Purchased from the artist in 1977 by the Howard Gilman Foundation
Abb. S. 63

Ettore Sottsass
The Planet as Festival: Study for a Dispenser of Incense, LSD, Marijuana, Opium, Laughing Gas, project (Perspective), 1972/73
38,4 × 34 cm
Graphit auf Papier
The Museum of Modern Art, New York
Gift of the Howard Gilman Foundation, Purchased from the artist in 1977 by the Howard Gilman Foundation

Ettore Sottsass
The Planet as Festival: Study for Rafts for Listening to Chamber Music, project (Perspective), 1972/73
36,8 × 31,4 cm
Graphit auf Papier
The Museum of Modern Art, New York
Gift of the Howard Gilman Foundation, Purchased from the artist in 1977 by the Howard Gilman Foundation
Abb. S. 63

Ettore Sottsass
The Planet as Festival: Study for Temple for Erotic Dances, project (Aerial perspective and plan), 1972/73
35,4 × 32,1 cm
Graphit, geschnittener und geklebter Silbergelatinedruck auf Papier
The Museum of Modern Art, New York
Gift of the Howard Gilman Foundation, Purchased from the artist in 1977 by the Howard Gilman Foundation
Abb. S. 63

Ettore Sottsass
The Planet as Festival: Study for Design of a Stadium for Rock Concerts, project (Aerial perspective), 1972/73
37,5 × 29,2 cm
Graphit und weiße Tinte auf Papier
The Museum of Modern Art, New York
Gift of the Howard Gilman Foundation, Purchased from the artist in 1977 by the Howard Gilman Foundation
Abb. S. 63

Ettore Sottsass
The Planet as Festival: Study for Design of a Stadium to Watch the Stars, project (Aerial perspective), 1972/73
48,3 × 34,3 cm
Graphit auf Papier
The Museum of Modern Art, New York
Gift of the Howard Gilman Foundation, Purchased from the artist in 1977 by the Howard Gilman Foundation
Abb. S. 62

Ettore Sottsass
The Planet as Festival: Study for a Large Dispenser of Waltzes, Tangos, Rock, and Cha-Cha, project (Perspective), 1972/73
41,9 × 34 cm
Graphit auf Papier
The Museum of Modern Art, New York
Gift of the Howard Gilman Foundation, Purchased from the artist in 1977 by the Howard Gilman Foundation

Hans Hollein
Fassadenmodell Schullin I, 1972–1974
42 × 26 × 16 cm
Schaumstoff, Karton, Holz
Privatarchiv Hollein
Abb. S. 62

OMA (Office for Metropolitan Architecture)
Grafik: Zoe Zenghelis
The City of the Captive Globe (Die Stadt des gefesselten Erdballs), 1972–1976
32,9 × 46 cm
Gouache über Lichtpause, auf Karton aufgezogen
Deutsches Architekturmuseum, Frankfurt a. M.
Abb. S. 71

1973

James Graham Ballard
Crash, 1973
Buch
Jonathan Cape

Lucinda Childs
Calico Mingling, 1973
Direktion: Babette Mangolte
Choreografie: Lucinda Childs
Interpretation: Susan Brody,
Nancy Fuller, Lucinda Childs,
Judy Padow
Médiathèque du Centre national
de la danse, Funds Cinémathèque
de la Danse

The Holy Mountain, 1973
Directed by Alejandro Jodorowsky
Filmausschnitt, 4:00 min
Courtesy Alejandro Jodorowsky &
ABKCO Films
@ ABKCO FILMS, 1973
Abb. S. 118/119

The Holy Mountain, 1973
Regie: Alejandro Jodorowsky
Film still
Courtesy Alejandro Jodorowsky &
ABKCO Films
@ABKCO FILMS, 1973

Nam June Paik
Global Groove, 1973
Film, 28:30 min
Farbe, Ton
Electronic Arts Intermix
Abb. S. 34

Ettore Sottsass
Indian Memory, Tea Pot Basilico,
1973
70 × 50 cm
Lithografie auf Zebriano-Papier
Galerie Maurer, München

Ettore Sottsass
*Indian Memory, Fruit Bowl
Camomilla*, 1973
70 × 50 cm
Lithografie auf Zebriano-Papier
Galerie Maurer, München

Ettore Sottsass
*Indian Memory, Tea Pot
Cardamon*, 1973
70 × 50 cm
Lithografie auf Zebriano-Papier
Galerie Maurer, München

Ettore Sottsass
Indian Memory, Tea Pot Cherries,
1973
70 × 50 cm
Lithografie auf Zebriano-Papier
Galerie Maurer, München

Ettore Sottsass
*Indian Memory, Tea Pot
Lapislazuli*, 1973
70 × 50 cm
Lithografie auf Zebriano-Papier
Galerie Maurer, München

Ettore Sottsass
*Study for Fruit Bowl (with Grapes),
project (Aerial perspective)*, 1973
48,3 × 34,3 cm
Graphit und selbstklebende
Buchstaben auf Papier
The Museum of Modern Art,
New York
Gift of the Howard Gilman
Foundation, Purchased from
the artist in 1977 by the Howard
Gilman Foundation
Abb. S. 62

1974

Gordon Matta-Clark
Splitting, 1974
50,8 × 137,2 cm
Collagierte Silbergelatinedrucke
ⓒThe Estate of Gordon Matta-
Clark/Artists Rights Society (ARS),
New York, Courtesy Galerie
Thomas Schulte

Alessandro Mendini
Lassù, 1974
136 × 85 × 85 cm
Holz, lackiert, teilweise verbrannt
Studio Mendini
Vitra Design Museum

Alessandro Mendini
Destruction of the Lassù Chair,
1974
Foto
Courtesy Archivio Alessandro
Mendini
Abb. S. 63

OMA (Office for Metropolitan
Architecture)
Dream of Liberty, 1974
Grafik: Madelon Vriesendorp
48,2 × 63,5 cm
Silberbronze, Bleistift,
Aquarellfarben auf Karton
Deutsches Architekturmuseum,
Frankfurt a. M.
Abb. S. 70

SITE (James Wines)
*Indeterminate Façade, Houston
TX*, 1974
Foto
SITE – James Wines, LLC
Abb. S. 56, 63, 173

Charles Moore
Piazza d'Italia, 1974/75
Modell der Gesamtanlage mit
Umgebung
53 × 186 × 165 cm, Maßstab 1:100
Pappe, Papier, Holz, koloriert,
Gießharz, Silberfolie auf Holz
Deutsches Architekturmuseum,
Frankfurt a. M.
Abb. S. 117

1975

Ant Farm
Media Burn, 1975
Film, 23:02 min
Farbe, Ton
Electronic Arts Intermix
Abb. S. 62

Paul Feyerabend
*Against Method: Outline of an
Anarchistic Theory of Knowledge*,
1975
14 × 2,2 × 21 cm
Buch
New Left Books

Michel Foucault
*Surveiller et punir: Naissance de
la prison*, 1975
23,5 × 14 × 2,4 cm
Buch
Gallimard

General Idea
FILE Megazine vol. 3 no. 1
(„The Glamour Issue"), Herbst 1975
Web-Offset-Zeitschrift, 80
Seiten plus Cover, Schwarzweiß-
Reproduktionen; ca. 200 Ausgaben
mit Siebdrucklogo von General
Ideas „High Profile" (ausgeführt
1978)
35,5 × 28 cm
Zeitschrift
Published by Art Official Inc.

David Hockney
*Kerby (After Hogarth) Useful
Knowledge*, 1975
182,9 × 152,7 cm
Öl auf Leinwand
The Museum of Modern Art,
New York, Gift of the artist 1977,
J. Kasmin, and the Advisory
Committee Fund

Haroumi Hosono
Tropical Dandy, 1975
31,5 × 31,5 cm
Schallplattenhülle
Design: Yasuo Yagi
PANAM/CROWN

Simeon Wade
*Michel Foucault und Michael
Stoneman im Death Valley*,
Mai 1975
Foto
David Wade
Abb. S. 158

Simeon Wade
*Michel Foucault und Michael
Stoneman im Death Valley*,
Mai 1975
Faksimile
David Wade
Abb. S. 155

Vivienne Westwood/Malcolm
McLaren
Tits Shirts, 1975
T-Shirt
Privatsammlung

1976

Arnold Schwarzenegger poses.
From: *Articulate Muscle: The Male
Body in Art*, Whitney Museum,
New York, 1976
Foto
Elliott Erwitt/Magnum
Abb. S. 155

Stewart Brand
Whole Earth Catalog, 1976
37 × 27 cm
Buch
Penguin Books
Abb. S. 31

Michel Foucault
Brief an Simeon Wade, 28.1.1976
29,7 × 21 cm
Faksimile
Courtesy of ONE Archives at
the USC Libraries
Abb. S. 158

Feuer im US-Pavillon der Expo 1976
in Montreal mit der geodätischen
Kuppel von Buckminster Fuller,
20. Mai 1976
Foto
Courtesy The Estate of R.
Buckminster Fuller
Abb. S. 16, 23

Leonard Koren (Verleger)
WET: The Magazine of Gourmet Bathing, Issue 3, Oktober/November 1976
27,9 × 21,5 cm
Zeitschrift
Cover: Foto und Entwurf Leonard Koren
Privatbesitz Margherita Hohenlohe
Abb. S. 112, 113

John Calvin Portman/Jonathan Barnett
The Architect as Developer, 1976
22,4 × 28,5 × 2 cm
Buch
McGraw-Hill, New York

SITE (James Wines)
Tilt Building, Towson MD, 1976
Foto
SITE – James Wines, LLC
Abb. S. 75

Vivienne Westwood
Bondage-Hose, 1976–1980
90 × 44 cm
Metall, Baumwolle
THE HOUSE OF ARCHITECTURE & DESIGN

1977

Peter Eisenman
Falk House (House II), 1977
Modell des Gesamtgebäudes
33 × 46,4 × 46,5 cm, Maßstab 1:50
Acrylglas, Kunststoff, teilweise farbig gespritzt auf Holz
Modellbau: David Buege, 1977
Deutsches Architekturmuseum, Frankfurt a. M.
Abb. S. 177

Frank O. Gehry
Santa Monica Residence, 1977
Modell
41 × 183 122 cm
Holz, Metall, Plexiglas
MAK – Museum für angewandte Kunst, Wien

General Idea
FILE Megazine vol. 3 no. 3 („Special People Issue"), Frühjahr 1977
35,5 × 28 cm
Web-Offset-Zeitschrift,
64 Seiten plus Cover,
Schwarzweiß-Reproduktionen
Published by Art Official Inc.
Abb. S. 112

General Idea
FILE Megazine vol. 3 no. 4 („Punk 'Til You Puke Issue"), Herbst 1977
Web-Offset-Zeitschrift, 80 Seiten plus Cover, Schwarzweiß-Reproduktionen und Schmuckfarbe
35,5 × 28 cm
Published by Art Official Inc.
Abb. S. 113

Charles Jencks
The Language of Post-Modern Architecture, 1977
29 × 21,7 cm
Buch
Rizzoli
Leihgeber: Oliver Elser
Abb. S. 73

Charles Jencks
Die Sprache der Postmodernen Architektur, 1977–1991
Faksimile
Courtesy of The Jencks Foundation at the Cosmic House

Leonard Koren (Verleger)
WET: The Magazine of Gourmet Bathing, Issue 4, Dezember 1976/Januar 1977
27,9 × 21,5 cm
Zeitschrift
Cover: Foto und Design Leonard Koren
Privatbesitz: Margherita Hohenlohe

Leonard Koren (Verleger)
WET: The Magazine of Gourmet Bathing, Issue 6, April/Mai 1977
27,9 × 21,5 cm
Zeitschrift
Cover: Foto: Brian Leatart, Design: Thomas Ingalls
Privatbesitz: Margherita Hohenlohe

Kraftwerk
Trans Europa Express, 1977
Design: Ralf Hütter
31,5 × 31,5 cm
Schallplattenhülle
Kling Klang
Abb. S. 113

Linder
Buzzcocks: Orgasm Addict, 1977
31,5 × 31,5 cm
Schallplattenhülle
United Artists Records
Abb. S. 113

David Lynch
Eraserhead, 1977
Filmausschnitt, 2:28 min
AFI/David Lynch
Abb. S. 161

Mietvertrag der UDC/Commodore Redevelopment Corporation für Wembley Realty, Inc.,
19. Dezember 1977
40 × 35 × 5 cm
Faksimile
Empire State Development Corp.
New York
Abb. S. 123

Adam Scull
Lillian Carter and Andy Warhol at Studio 54, 5. Dezember 1977
Foto
Adam Scull/Alamy Stock Photo
Abb. S. 163

Adam Scull
Michael Jackson at Studio 54, 1977
Foto
Adam Scull/Alamy Stock Photo

SITE (James Wines)
Kaufhaus BEST (Notch Project), 1977
40 × 98,2 × 98,2 cm, Maßstab 1:150
Karton, Kunststoff, Holz auf Holz
Deutsches Architekturmuseum, Frankfurt a. M.
Abb. S. 139, 175

SITE (James Wines)
Notch Building, 1977
Foto
SITE – James Wines, LLC
Abb. S. 74

Harumi Yamaguchi
Parco, 1977
103 × 146 cm
Offset-Lithografie
The Museum of Modern Art, New York, Gift of Leonard A. Lauder
Abb. S. 155

Vivienne Westwood
Hemd, 1977
Baumwolle, handbemalt, Aufnäher
ARCHIVI MAZZINI – MASSA LOMBARDA, ITALY

1978

John Barrett
Crowd at the Entrance of Studio 54, 1978
Foto
PHOTOlink/John Barrett/Alamy Stock Photo
Abb. S. 162

John Barrett
Party life in the crowded Studio 54, 1978
Foto
PHOTOlink/John Barrett/Alamy Stock Photo
Abb. S. 163

Ron Gallela
Birthday Celebration for Grace Jones, 12. Juni 1978
Faksimile
Ron Galella Collection via Getty Images

Ron Galella
Grace Jones and Andy Warhol at the Premiere Party for „Grease", 1978
Ron Galella Collection via Getty Images
Abb. S. 163

Ron Galella
Grace Jones sings at the Steve Rubell Party at Studio 54, 1. Januar 1978
Ron Galella Collection via Getty Images

Jean-Paul Goude
Grace Revised and Updated, New York 1978
Faksimile
Transparentfolie, zerschnitten
© Jean-Paul Goude

Matt Groening
Forbidden Words, in: Leonard Koren (Verleger):
WET: The Magazine of Gourmet Bathing, Issue 14, September/Oktober 1978
34,9 × 26,7 cm
Zeitschrift
Cover: Foto: Herb Ritts, Logo: Jim Deesing, Design: WET Drones (Leonard Koren)

Hans Hollein
Österreichisches Verkehrsbüro, 1978
Foto: Jerzy Survillo
Privatarchiv Hollein
Abb. S. 116

Charles Jencks
Die Sprache der postmodernen Architektur, 1978
29 × 21,7 cm
Buch
DVA
Leihgeber: Oliver Elser

Charles Jencks
The Garden Façade of the Cosmic House with a representation on the family of four through the repeated „Jencksiana' motif around the windows and terraces, 1978
Faksimile
Foto: Sue Barr
Courtesy of The Jencks Foundation at the Cosmic House

Philip Johnson
Studio of Johnson and Burgee Associates, New York
Architectural drawing of the AT&T Building, Manhattan, 1978
Faksimile
© Victoria and Albert Museum, London
Abb. S. 187

Rem Koolhaas/Madelon Vriesendorp
Delirious New York, 1978
29 × 23 cm
Buch
Thames and Hudson, London
Abb. S. 70

Roxanne Lowit
Victor Hugo, Studio 54, 12. September 1978
Faksimile
© Roxanne Lowit
Abb. S. 163

Alessandro Mendini
Kandissa, 1978
102 × 104 × 4 cm
Holz, lackiert, Spiegel
Studio Alchimia, Mailand
Galerie Maurer, München

Alessandro Mendini
Kandissi, 1978
125,5 × 197 × 90 cm
Holz, lackiert, Bruyèreholz, Gobelinstoffbezug
Studio Alchimia, Mailand
Vitra Design Museum

Alessandro Mendini
Poltrona di Proust, 1978
29,7 × 21,1 cm
Kopierpapier, Tinte (Collage)
Groninger Museum

Alessandro Mendini
Poltrona di Proust, 1978
104 × 104 × 84 cm
Holz, Textil, Baumwolle, handbemalt
Studio Alchimia, Mailand
Die Neue Sammlung – The Design Museum
Abb. S. 112, 125

Makoto Nakamura
The Drama of A Woman Begins at the Fingertips, Shiseido Nail Enamel, 1978
102,8 × 72,5 cm
Lithografie
The Museum of Modern Art, New York, Gift of the artist

Yvonne Rainer
Trio A, 1978
Schwarzweiß, Ton
Video, 10:21 min
© Yvonne Rainer
Abb. S. 38

Derek Ridgers
Bowie Night at Billys, December 1978
Foto
© Derek Ridgers

Sheila Rock
Visage (Rusty Egan, John McGeogh, Barry Adamson, Billy Currie, Dave Formula, Steve Strange and Midge Ure), 1978
Faksimile
Courtesy Sheila Rock
Abb. S. 154

Piero Sartogo/Costantino Dardi/Antoine Grumbach/James Stirling/Paolo Portoghesi/Romaldo Giurgola/Robert Venturi/Colin Rowe
Roma Interrotta, 1978
Faksimile
MAXXI Museo nazionale delle arti del XXI secolo, Roma, Collezione MAXXI Architettura
Abb. S. 127

Adam Scull
Stirling St. Jacques Carries Elton John at Studio 54, 1978
Foto
PHOTOlink/Adam Scull/Alamy Stock Photo

Cindy Sherman
Untitled Film Still #25, 1978
20,3 × 25,4 cm
Schwarzweißfotografie
Edition 6/10
Private Collection, Courtesy Sprüth Magers
Abb. S. 192

Stanley Tigerman
Architoons, ohne Titel, 1978
30,5 × 21,5 cm
Filzstift auf Papier
Deutsches Architekturmuseum, Frankfurt a. M.
Abb. S. 76

Stanley Tigerman
The Titanic, 1978
Faksimile
The Art Institute of Chicago/Art Resource, NY
Abb. S. 63

Unbekannter Designer
Sex Pistols, Never Mind The Bollocks, 1978
90,2 × 62,9 cm
Lithografie
The Museum of Modern Art, New York
Steven Kasher Gallery, Collection of Andrew Krivine
Abb. S. 112

Madelon Vriesendorp
Flagrant délit, 1978
Zeichentrickfilm zu *Delirious New York*
Video

Yellow Magic Orchestra
Yellow Magic Orchestra, 1978
Design: Aijiro Wakita
31,5 × 31,5 cm
Schallplattenhülle
Alfa Records

1979

General Idea
Test Tube, 1979
Film, 28:15 min
Farbe, Ton
Electronic Arts Intermix
Abb. S. 112

General Idea
FILE Megazine vol. 4 no. 2 („Special Transgressions Issue"), Herbst 1979
Web-Offset-Zeitschrift, 64 Seiten plus Cover, Schwarzweiß-Reproduktionen und Schmuckfarbe
35,5 × 28 cm
Zeitschrift
Published by Art Official Inc.

Jean-Paul Goude in Kooperation mit Antonio Lopez
Constructivist maternity dress, New York, 1979
Größe Variable
Faksimile
© Jean-Paul Goude
Abb. S. 160

Leonard Koren (Verleger)
WET: The Magazine of Gourmet Bathing, Issue 18, Mai/Juni 1979
34,9 × 26,7 cm
Zeitschrift
Cover: Foto: Guy Webster, Design und Art-Direktion: Leonard Koren
Privatbesitz: Margherita Hohenlohe

Leonard Koren (Verleger)
WET: The Magazine of Gourmet Bathing, Issue 20, September/Oktober 1979
34,9 × 26,7 cm
Zeitschrift
Cover: Foto: Guy Webster, Design April Greiman und Jayme Odgers, Art-Direktion: Leonard Koren
Privatbesitz: Margherita Hohenlohe

Leonard Koren (Verleger)
WET: The Magazine of Gourmet Bathing, Issue 21, November/Dezember 1979
27,6 × 21,3 cm
Zeitschrift
Cover: Foto und Illustration Lisa Powers und Taki Ono, Design und Art-Direktion Roy Gyong
Privatbesitz: Margherita Hohenlohe

OMA (Office for Metropolitan Architecture)
Umbau des Gefängnisses in Arnheim, 1979
Isometrie der Gesamtanlage mit abgehobener Kuppel
76,2 × 106,5 cm
Spritztechnik, Tusche, Kreide auf Tiefdruckkarton
Deutsches Architekturmuseum, Frankfurt a. M.

Jamie Reid
Sex Pistols, Young Flesh Required,
1979
69,9 × 100,3 cm
Lithografie
The Museum of Modern Art, New York
Steven Kasher Gallery, Collection
of Andrew Krivine
Abb. S. 229

Derek Ridgers
Melissa at Blitz, 1979
Foto
© Derek Ridgers

Edward W. Said
Orientalism, 1979
20,3 × 13,7 × 2,06 cm
Buch
Vintage
Abb. S. 113

SITE (James Wines)
Cutler Ridge Building, Miami FL,
1979
Foto
SITE – James Wines, LLC
Abb. S. 62

SITE (James Wines)
Doorway Project, Richmond VA,
1979
Ansicht
51,3 × 76,2 cm
Druck auf Fotopapier
Deutsches Architekturmuseum,
Frankfurt a. M.

SITE (James Wines)
Rainforest Building, Hilaleah FL,
1979
Foto
SITE – James Wines, LLC
Abb. S. 63

Sony
Sony-Walkman TPS-L2, 1979
13,7 × 9 × 3 cm
Kunststoff, Metall
Heinz Nixdorf MuseumsForum,
Paderborn

Stanley Tigerman
Architoons, Barcalounger II, 1979
22 × 30,4 cm
Filzstift auf Papier
Deutsches Architekturmuseum,
Frankfurt a. M.

Stanley Tigerman
Architoons, ohne Titel, 1979
22,1 × 30,5 cm
Filzstift und Permanent-Marker
auf Papier
Deutsches Architekturmuseum,
Frankfurt a. M.
Abb. S. 63

Stanley Tigerman
Architoons, ohne Titel, 1979
22,1 × 30,5 cm
Filzstift auf Papier
Deutsches Architekturmuseum,
Frankfurt a. M.
Abb. S. 76

Time, U.S. Architects – Doing
Their Own Thing, 8. Januar 1979
20,5 × 27,5 cm
Zeitschrift
Time Magazine

James White and The Blacks
Off White, 1979
31,5 × 31,5 cm
Schallplattenhülle
Design: Anya Phillips
ZE Records

1980

Azzedine Alaïa
Zweiteiliger Anzug, 1980er-Jahre
Leder, Seide, Polyester
A.N.G.E.L.O. Vintage Archive

Issey Miyake
Zweiteiliger Anzug, 1980er-Jahre
Gestreifter Baumwoll-Jacquard
ARCHIVI MAZZINI – MASSA
LOMBARDA, ITALY

James Stirling/Michael Wilford,
and Associates
Modestrecke in der Staatsgalerie
Stuttgart, 1980er-Jahre
Foto: James Stirling/Michael
Wilford Fonds
Canadian Centre for Architecture
Abb. S. 43, 218, 219

Vivienne Westwood
Schuhe, 1980er-Jahre
Leder mit Holzplattform
ARCHIVI MAZZINI – MASSA
LOMBARDA, ITALY

David Bowie
Ashes to Ashes, 1980
Regisseur: David Bowie,
David Mallet
Musikvideo
3:35 min
Sony Music

Gilles Deleuze/Felix Guattari
Mille Plateaux, 1980
21,5 × 13,7 × 3,7 cm
Buch
Les Éditions de Minuit

Devo
Freedom of Choice, 1980
Musikvideo
3:25 min
Warner Music

Ian Hamilton Finlay
Architecture of Our Time, 1980
57,2 × 40,8 cm
Druck auf Papier
Jencks Foundation at The Cosmic
House
Abb. S. 72

Susan Fleischmann
*Members of Combahee River
Collective at the March and Rally
for Bellana Borde against Police
Brutality Boston,* January 15, 1980
Foto
© Susan Fleischmann
Abb. S. 121

Trevor Flore
Citroën, Modell Karin, 1980
107 × 190 × 370 cm
Auto
L'Aventure Citroën
Abb. S. 187, 196

Ironimus alias Gustav Peichl
Hommage an Charles Moore, 1980
30 × 40 cm
Tusche auf Papier
Ironimus-Archiv, Nachlass Gustav
Peichl, Courtesy Galerie Crone,
Berlin Wien

Leonard Koren (Verleger)
*WET: The Magazine of Gourmet
Bathing,* Issue 28, Dezember 1980
27,6 × 21,3 cm
Zeitschrift
Cover: Foto und Illustration Lisa
Powers und Taki Ono, Design
und Art-Direktion Leonard Koren
Privatbesitz: Margherita
Hohenlohe

Karl Lagerfeld
Kleid mit Puffärmeln, 1980
Seide, Polyester
A.N.G.E.L.O. Vintage Archive

Carlos Martorell
*Andy Warhol und Carlos Martorell
in Warhols Factory,* 1980
Foto
Carlos Martorell Consulting

*Minitel La Radiotechnique 9
NFZ 300,* 1980
22 × 27 × 39 cm
Computer
La Radiotechnique
Abb. S. 210

Issey Miyake
Visier, 1980
Leder, Polyester
A.N.G.E.L.O. Vintage Archive

Issey Miyake
Bodice, 1980
Kunststoff (Polyesterharz,
Cellulosenitrat), Acryl
Kerry Taylor Auctions Ltd.

Gaetano Pesce
Tramonto a New York, 1980
120 × 225 × 105 cm
Multiplexplatte,
Polyurethanschaum,
Polyesterpolsterung,
Baumwollbezug, bedruckt
Cassina
Vitra Design Museum
Abb. S. 112

Derek Ridgers
At The Venue Victoria, 1980
Foto
© Derek Ridgers

Derek Ridgers
*George, Kim, Julia & Lee at
St. Moritz Club,* 1980
Foto
© Derek Ridgers

Derek Ridgers
Leigh Bowery at the Hippodrome,
1980
Foto
© Derek Ridgers

Derek Ridgers
Leslie Chilks at Blitz, 1980
Foto
© Derek Ridgers

Derek Ridgers
Marilyn & Wendy at Blitz, 1980
Foto
© Derek Ridgers

Derek Ridgers
Spandau Ballet Debut at Blitz, 1980
Foto
© Derek Ridgers

Derek Ridgers
Stephen Linard at Blitz, 1980
Foto
© Derek Ridgers

Derek Ridgers
Steve Garratt at Blitz, 1980
Foto
© Derek Ridgers

Derek Ridgers
Steve Strange Outside Hell, 1980
Foto
© Derek Ridgers

Akademie der Künste am Platz der Akademie (Berlin), 1980
240 × 75 cm
Transparentpapier mit Wachskreide
IRS (Erkner)/Wissenschaftliche Sammlung

Cindy Sherman
Untitled Film Still #67, 1980
50,8 × 60,9 cm
Farbfotografie
Edition 3/5
Private Collection, Courtesy Sprüth Magers
Abb. S. 187

Cindy Sherman
Untitled Film Still #58, 1980
20,3 × 25,4 cm
Schwarzweißfotografie
Edition 6/10
Private Collection, Courtesy Sprüth Magers
Abb. S. 192

Ettore Sottsass
Seggiolina da Pranzo, 1980
14 × 7,5 × 8,5 cm
Modell
Memphis Mailand
Museum Angewandte Kunst, Frankfurt a. M.

Ettore Sottsass
Factotum, 1980
230 × 56 × 48 cm
Holz, verschiedenfarbig, mit Abet Print-Laminat beschichtet
Belux A
Die Neue Sammlung – The Design Museum
Abb. S. 124

Thomas Gordon Smith
Facade dedicated to Architettura Biennale Venedig, 1980
Gemalte Fassade
492 × 402 cm
Temperafarben auf 31 Kartonteilen
Deutsches Architekturmuseum, Frankfurt a. M.
Abb. S. 126

Gianni Versace
Jacke, 1980
Leder, anilinbehandelt
ARCHIVI MAZZINI – MASSA LOMBARDA, ITALY

Andy Warhol
Diamond Dust Shoes, 1980
178 × 229 cm
Acryl, Siebdruckfarbe und Diamantstaub auf Papier
Private Collection
Abb. S. 193

Weiter Wohnen wie gewohnt?
Plakat der Ausstellung *Deutscher Werkbund*, 30.10.–30.11.1980
62 × 43 cm
Offsetdruck
Foto: Herlinde Koelbl, 1980
MAK – Museum für angewandte Kunst, Wien

Kansai Yamamoto
Pullover, 1980
Wolle, bestickte Stoffaufnäher
ARCHIVI MAZZINI – MASSA LOMBARDA, ITALY

1981

Martine Bedin
Terminus, 1981
200 × 40 × 40 cm
Metallrohr, Metallblech, rosa und grau lackiert
Memphis Mailand
Privatsammlung

Grace Jones
Nightclubbing, 1981
Motiv/Artwork: Jean-Paul Goude, *Blue-Black in Black on Brown*, übermaltes Foto, 1981
31,5 × 31,5 cm
Schallplattenhülle
Island Records

Leonard Koren (Verleger)
WET: The Magazine of Gourmet Bathing, Issue 30, März/April 1981
27,6 × 21,3 cm
Zeitschrift
Cover: Collage und Design: Bob Zoell, Art-Direktion: Leonard Koren
Privatbesitz: Margherita Hohenlohe

Leonard Koren (Verleger)
WET: The Magazine of Gourmet Bathing, Issue 34, November/Dezember 1981
27,6 × 21,3 cm
Zeitschrift
Cover: Foto von Priscilla Presley: Guy Webster, Design Leonard Koren
Privatbesitz: Margherita Hohenlohe

Michele De Lucchi
Kristall, 1981
65 × 63 × 50 cm
Kunststofflaminat, Holz, lackiert, Metall
Memphis Mailand
Galerie Maurer, München

Ludus
The Seduction, 1981
31,5 × 31,5 cm
Schallplattenhülle
Design: Linder Sterling
New Hormones
Abb. S. 113

Derek Ridgers
At The People's Palace, 1981
Foto
© Derek Ridgers

Derek Ridgers
Boy George at Le Beat Route, 1981
Foto
© Derek Ridgers

Derek Ridgers
New Romantic Group in Chelsea, 1981
Foto
© Derek Ridgers

Derek Ridgers
Scarlett & Jeffrey at Alternative Miss World, 1981
Foto
© Derek Ridgers

Aldo Rossi
Wohn- und Geschäftshäuser an der Wilhelmstraße 36–38/Kochstraße 1–4: IBA 1981, 1981
Modell eines Gebäudeteils
50 × 77 × 77 cm
Holz, Furnier, Metall, Kunststoff, koloriert, auf metallbezogener Holzplatte
Deutsches Architekturmuseum, Frankfurt a. M.

Peter Shire
Bel Air, 1981
127 × 120 × 112 cm
Holz, Textil, Lackfarbe
Memphis Mailand
Museum Angewandte Kunst, Frankfurt
Abb. S. 124

SITE (James Wines)
Highrise of Homes, 1981
Faksimile
The Art Institute of Chicago/Art Resource, NY
Abb. S. 112

Ettore Sottsass
Carlton, 1981
198 × 191 × 40 cm
Holz, laminatbeschichtet
Memphis Mailand
Museum Angewandte Kunst, Frankfurt a. M.
Abb. S. 125

Ettore Sottsass
Tahiti, 1981
70 × 10 × 35 cm
Kunststofflaminat, polychrom emailliertes Metall
Memphis Mailand
Galerie Maurer, München

Ettore Sottsass
Treetops, 1981
192,5 × 74,9 × 24,1 cm
Metall, farbig lackiert
Memphis Mailand
Die Neue Sammlung – The Design Museum
Abb. S. 112

Shin Takamatsu
ARK KYOTO. Gesamtmodell des Gebäudes (Zahnarztlabor), 1981–1983
46,5 × 95 × 55 cm
Kunststoff, Pappe, Papier, silberfarben gespritzt, auf leistenverstärkter Holzplatte
Deutsches Architekturmuseum, Frankfurt a. M.
Abb. S. 187

Talking Heads
Once in a Lifetime, 1981
Regisseure: Toni Basil, David Byrne
Musikvideo
3:44 min
Warner Music

The Face, No. 13, May 1981
32 × 23 cm
Zeitschrift
Wagadon

The Specials
Ghost Town, 1981
Regisseur: Barny Bubbles
Musikvideo
3:42 min
Warner Music

Masanori Umeda
Tawaraya Boxing Ring, 1981
160 × 280 × 280 cm
Verschiedene Medien
Memphis Mailand
Groninger Museum
Abb. S. 106, 112, 169

1982

Afrika Bambaataa & The Soul Sonic Force
Planet Rock, 1982
Regisseure: Danny Cornyetz und Jessica Jason
Musikvideo
3:59 min
Tommy Boy Music, LLC

Ricardo Bofill
Espaces d'Abraxas, 1982
Modell
70 × 98,3 × 169,9 cm
Verschiedene Medien
Ricardo Bofill Taller de Arquitectura
Abb. S. 187

Culture Club
Do You Really Want to Hurt Me, 1982
Regisseur: John Temple
Musikvideo
4:29 min
Universal Music

Rainer Werner Fassbinder
Querelle. Ein Pakt mit dem Teufel, 1982
Filmausschnitt, 2:21 min
© Filmverwertung Drs. Göring/Eisbach Studios, München
Abb. S. 154

Jean-Paul Goude
„cry now, laugh later", New York 1982
Übermalte Fotografie, Klebeband und Karton
© Jean-Paul Goude

Hans Hollein
Skizze Spitze. Elefant für moderne Kunst Frankfurt, 1982
44 × 35 cm
Tusche auf Papier
Privatarchiv Hollein

Hans Hollein
Vanity (Schminktisch mit Hocker), 1982
164 × 240 × 46 cm
Verschiedene Medien
Privatbesitz
Abb. S. 171

Ironimus alias Gustav Peichl
Hommage an Ettore Sottsass, 1982
42 × 30 cm
Tusche auf Papier
Ironimus-Archiv, Nachlass Gustav Peichl, Courtesy Galerie Crone, Berlin Wien

Godfrey Reggio
Koyaanisqatsi, 1982
Film, 86 min
© parkcircus
Abb. S. 154

Kevin Roche
Zentrale von Union Carbide, 1982
Eingangshalle
Foto
Courtesy of Kevin Roche, John Dinkeloo and Associates
Abb. S. 197

Kevin Roche
Zentrale von Union Carbide, 1982
Luftbild, Foto
Courtesy of Kevin Roche, John Dinkeloo and Associates
Abb. S. 197

Kevin Roche
Zentrale von Union Carbide, 1982
Cafeteria
Foto
Courtesy of Kevin Roche, John Dinkeloo and Associates

Peter Schilling
Major Tom (Völlig losgelöst), 1982
Musikvideo
4:50 min
Warner Music

Ridley Scott
Blade Runner, 1982
Filmausschnitt, 1:08 min
© MPLC

Ridley Scott
Blade Runner, 1982
Film still
Foto: Imago/Alltar

SITE (James Wines)
Frankfurt Museum of Modern Art, Sculpture Garden View, 1982
28 × 27,3 cm
Feder und Tinte, laviert
SITE – James Wines, LLC
Abb. S. 178

The Face, No. 28, August 1982
32 × 23 cm
Zeitschrift/Magazine
Wagadon

Stanley Tigerman
Architoons. „Aristotle, Aquinas, Kirkegaard, Buber" et al., 1982
22,1 × 30,4 cm
Filzstift und Buntstift auf Papier
Deutsches Architekturmuseum, Frankfurt a. M.
Abb. S. 62

Stanley Tigerman
Architoons. Colorcore III, 1982
22,1 × 30,4 cm
Filzstift und Buntstift auf Papier
Deutsches Architekturmuseum, Frankfurt a. M.

Unbekannter Designer/Richard Seireeni, Devo
Devo, oh no! it's DEVO, 1982
58,4 × 88,9 cm
Lithografie
The Museum of Modern Art, New York, Steven Kasher Gallery, Collection of Andrew Krivine
Abb. S. 112

1983

Helge Bofinger
Museum für Moderne Kunst, 1983
Wettbewerbsmodell, Gesamtgebäude
5 × 28 × 14 cm
Holz, Kunststoff, Metall auf Spanplatte
Deutsches Architekturmuseum, Frankfurt a. M.

Trisha Brown Company
Set and Reset, 1983
Aufführung beim Next Wave Festival, Brooklyn Academy of Music, Brooklyn, 19. Oktober 1983
Performers: Trisha Brown, Iréne Hultman, Eva Karczag, Diane Madden, Stephen Petronio, Vicky Shick, Randy Warshaw
Set Design: Robert Rauschenberg
Musik: Laurie Anderson
Film, 26:05 min
Courtesy Trisha Brown Dance Company
Abb. S. 194

Lluís Clotet/Óscar Tusquets Blanca (Studio PER)
Museum für Moderne Kunst, 1983
Wettbewerbsmodell, Gesamtgebäude
8 × 28 × 14 cm
Holz auf Tischlerplatte
Deutsches Architekturmuseum, Frankfurt a. M.

Klaus Ethner
Museum für Moderne Kunst, 1983
Wettbewerbsmodell, Gesamtgebäude
6,5 × 28 × 14 cm
Holz, Karton, Metall auf Spanplatte
Deutsches Architekturmuseum, Frankfurt a. M.

Michael Graves
Tea & Coffee Piazza, 1983
H 26 cm, Ø 41 cm
Silber, Aluminium, Bakelit, Elfenbein, Glas
Alessi
Abb. S. 218

Hans Hollein
Tea & Coffee Piazza, 1983
22,5 × 31 × 92,4 cm
Silber, Methakrylat, Kupfer
Alessi
Abb. S. 228

Ironimus alias Gustav Peichl
Hommage an Robert Venturi, 1983
30 × 40 cm
Tusche auf Papier
Ironimus-Archiv, Nachlass Gustav Peichl, Courtesy Galerie Crone, Berlin Wien
Abb. S. 254

Michael Jackson
Thriller, 1983
Regisseur: John Landis
Musikvideo
13:41 min
Sony Music

Charles Jencks
Tea & Coffee Piazza, 1983
23,5 × 18,5 × 45 cm
Silber
Alessi
Abb. S. 219

Kramm & Strigl
Museum für Moderne Kunst, 1983
Wettbewerbsmodell, Gesamtgebäude
6 × 28 × 14 cm
Karton, Metall auf Spanplatte
Deutsches Architekturmuseum, Frankfurt a. M.

Uwe Laske
Museum für Moderne Kunst, 1983
Wettbewerbsmodell, Gesamtgebäude
5 × 28 × 14 cm
Holz, Kunststoff auf Spanplatte
Deutsches Architekturmuseum, Frankfurt a. M.

Richard Meier
Tea & Coffee Piazza, 1983
22,7 × 36 × 66,5 cm
Silber, Elfenbein
Alessi
Abb. S. 219

Alessandro Mendini
Tea & Coffee Piazza, 1983
H 24,3 cm, Ø 45 cm
Silber
Alessi
Abb. S. 225

Claude Montana
Credo, 1983/84
Segeltuch, Leder
Paris, Musée des Arts Décoratifs

Nathalie Du Pasquier/George Sowden
Courtoise Manière (Objects for the electronic age), 1983
13,4 × 26,1 × 13,4 cm
Kunststoff, Holz, Lackfarbe, Stahl
Arc 74
Groninger Museum
Abb. S. 125

Paolo Portoghesi
Tea & Coffee Piazza, 1983
17,5 × 20,5 × 42,5 cm
Silber, Ebenholz
Alessi

Aldo Rossi
Tea & Coffee Piazza, 1983
64 × 29 × 43,5 cm
Silber, Quarz, Stahl, Kristallglas, Kupfer
Alessi
Abb. S. 212

Schultze & Schulze
Museum für Moderne Kunst, 1983
Wettbewerbsmodell, Gesamtgebäude
7 × 28 × 14 cm
Holz, Farbe auf Tischlerplatte
Deutsches Architekturmuseum, Frankfurt a. M.

SITE (James Wines)
Museum für Moderne Kunst, 1983
Wettbewerbsmodell, Gesamtgebäude
7 × 28 × 14 cm
Karton, Plexiglas auf Tischlerplatte
Deutsches Architekturmuseum, Frankfurt a. M.
Abb. S. 219

SITE (James Wines)
Frankfurt Museum of Modern Art, 1983
31,1 × 59,7 × 75 cm
Modell, Acryl, Holz, Farbe
SITE – James Wines, LLC
Abb. S. 222

SITE (James Wines)
Frankfurt Museum of Modern Art, View East, 1983
24,5 × 20,3 cm
Feder und Tinte, laviert
SITE – James Wines, LLC
Abb. S. 178

Heinz Tesar
Museum für Moderne Kunst, 1983
Wettbewerbsmodell, Gesamtgebäude
5 × 28 × 14 cm
Holz, Tischlerplatte auf Tischlerplatte
Deutsches Architekturmuseum, Frankfurt a. M.
Abb. S. 218

The Face, No. 48, October 1983
32 × 23 cm
Zeitschrift
Wagadon

Stanley Tigerman
Architoons, „Cistercian Monastry" et al., 1983
22 × 30,4 cm
Filzstift auf Papier
Deutsches Architekturmuseum, Frankfurt a. M.
Abb. S. 76

Stanley Tigerman
Architoons, Career Collage, 1983
77 × 111,7 cm
Siebdruck
Deutsches Architekturmuseum, Frankfurt a. M.
Abb. S. 77

Stanley Tigerman
Architoons, ohne Titel, 1983
22,1 × 30,4 cm
Filzstift und Buntstift auf Papier
Deutsches Architekturmuseum, Frankfurt a. M.
Abb. S. 62

Stanley Tigerman
Architoons, „The Seidlung [sic] and the Hof", 1983
22 × 30,4 cm
Schwarzer Filzstift auf Papier
Deutsches Architekturmuseum, Frankfurt a. M.
Abb. S. 76

Stanley Tigerman
Tea & Coffee Piazza, 1983
21,5 × 34 × 47,5 cm
Silber
Alessi

Stanley Tigerman
Tête à Tête, 1983
120,7 × 122,7 × 126,5 cm
Holz, laminatbeschichtet
Formica
Museum Angewandte Kunst, Frankfurt a. M.
Abb. S. 187

Óscar Tusquets
Tea & Coffee Piazza, 1983
19,3 × 31 × 52,5 cm
Silber, Kristallglas, Ebenholz
Alessi
Abb. S. 218

Oswald Mathias Ungers
Museum für Moderne Kunst, 1983
Wettbewerbsmodell, Gesamtgebäude
5 × 27 × 13 cm
Holz, Plexiglas, Pappe
Deutsches Architekturmuseum, Frankfurt a. M.

Robert Venturi
Tea & Coffee Piazza, 1983
21,8 × 35,5 × 42,5 cm
Silber, Gold, Elfenbein
Alessi

Gianni Versace
Kleid mit Fledermausärmeln aus bedrucktem Oroton-Strick, 1983
Metall
A.N.G.E.L.O. Vintage Archive
Abb. S. 195

Kazumasa Yamashita
Tea & Coffee Piazza, 1983
22,8 × 16 × 51 cm
Silber
Alessi
Abb. S. 219

1984

Apple Macintosh 128k, 1984
35 × 24 × 28 cm
Computer
Macintosh

DAM
Revision der Moderne, 1984
Video
Deutsches Architekturmuseum, Frankfurt a. M.

Deutsches Architekturmuseum
Revision der Moderne
Plakat der Eröffnungsausstellung des Deutschen Architekturmuseums, 1984
118,5 × 83,5 cm
Flachdruck
Deutsches Architekturmuseum, Frankfurt a. M.

FILE Megazine vol. 6, nos. 1 and 2 („General Idea's 1984 and the 1968-1994 FILE Retrospective Issue")
Web-Offset-Zeitschrift, 140 Seiten plus Cover, Schwarzweiß-Reproduktionen und Schmuckfarbe
35,5 × 28 cm
Zeitschrift
Published by Art Official Inc. and the Vancouver Art Gallery

Hipgnosis
Cover für XTC – Go 2, 1984
31,5 × 31,5 cm
Schallplattenhüllen
Design: © Hipgnosis Ltd
Virgin Music Ltd.
Abb. S. 122

Ironimus alias Gustav Peichl
Hommage an Alessandro Mendini, 1984
30 × 42 cm
Tusche auf Papier
Ironimus-Archiv, Nachlass Gustav Peichl, Courtesy Galerie Crone, Berlin Wien

Ironimus alias Gustav Peichl
Quo Vadis?, 1984
30 × 42 cm
Lithografie auf Papier
Ironimus-Archiv, Nachlass Gustav Peichl, Courtesy Galerie Crone, Berlin Wien
Abb. S. 250

Louise Lawler
Arranged by Donald Marron, Susan Brundage, Cheryl Biship at Paine Webber, Inc., 1984
43,8 × 59,1 cm
Gelatinesilberdruck mit Text auf Passepartout
Courtesy the artist and Sprüth Magers
Abb. S. 191

Louise Lawler
Livingroom Corner, Arranged by Mr. and Mrs. Burton Tremaine Sr., New York City, 1984
71,1 × 99,1 cm
Chromogener Farbdruck
Courtesy the artist and Sprüth Magers
Abb. S. 190

Les Rita Mitsouko
Marcia Baïla, 1984
Musikvideo
Regisseur: Philippe Gautier
5:19 min
Because Music

Michael Mann
Miami Vice, In The Air Tonight, 1984
Filmausschnitt, 0:30 min
Courtesy of Universal Studios Licensing LLC
Abb. S. 186

Rai Raghu
Abundant Union Carbide Plant, 1984
Foto
Magnum/Raghu Rai
Abb. S. 197

SITE (James Wines)
Inside/Outside Building, Milwaukee WI, 1984
Foto
SITE – James Wines, LLC
Abb. S. 75

Ettore Sottsass jr.
Olivetti M24 XP1050, 1984
Zentraleinheit: 16,4 × 38,2 × 42,5 cm
Monitor: 30,5 × 33,5 × 31 cm
Tastatur: 4,1 × 44,2 × 19,6 cm
Metall, Kunststoff, Glas, Gummi und Polymere
Heinz Nixdorf MuseumsForum, Paderborn
Abb. S. 186

James Stirling
Neue Staatsgalerie, Modell des Gesamtgebäudes mit Umgebung, 1984
38 × 96 × 76 cm
Kunststoff, Papier, Metall auf Holzsockel, Spanplatte, beschichtet
Deutsches Architekturmuseum, Frankfurt a. M.

The Face, No. 49, Mai 1984
32 × 23 cm
Zeitschrift
Wagadon

Oswald Mathias Ungers
Deutsches Architekturmuseum, Frankfurt a. M., 1984
Modell des Gesamtgebäudes (Schnittmodell, Modell III)
62 × 61 × 61 cm
Holz, Karton, Papier, farbig gefasst auf Holzsockel
Deutsches Architekturmuseum, Frankfurt a. M.

Robert Venturi
Art Deco, 1984
80,5 × 60 × 62 cm
Schichtholz, laminiert
Knoll Associates, Inc., New York, USA
Museum Angewandte Kunst, Frankfurt a. M.

Robert Venturi
Chippendale, 1984
95 × 64,5 × 61 cm
Schichtholz, laminiert
Knoll Associates, Inc., New York, USA
Museum Angewandte Kunst, Frankfurt a. M.

Robert Venturi
Sheraton, 1984
85,5 × 59 × 60 cm
Schichtholz, laminiert
Knoll Associates, Inc., New York, USA
Museum Angewandte Kunst, Frankfurt a. M.

Vivienne Westwood
Zweiteiliger Anzug, 1984/85
Wollstoff mit Glanzdruck
ARCHIVI MAZZINI – MASSA LOMBARDA, ITALY

1985

Jean-Paul Goude
Musikvideo für Grace Jones, *I've Seen That Face Before (Libertango)*, 1985/2023
4:38 min
Video

Michael Graves
Wasserkessel mit Flöte, 1985
H 22,5 cm, Ø 22 cm
Edelstahl 18/10, Polyamid
Alessi
Museum Angewandte Kunst, Frankfurt a. M.

Timothy Hursley
Palladium, 1985
Faksimile
© Timothy Hursley
Abb. S. 148, 155

Arata Isozaki
Civic Center of Tsukuba Academic New Town, 1985
Zerstörtes Stadtzentrum, Vogelperspektive
110 × 180 cm
Gouache auf Karton
Deutsches Architekturmuseum, Frankfurt a. M.

Charles Jencks
Sun Chair, 1985
96 × 56 × 46,5 cm
Holz, Ahornfurnier, Holz, ebonisiert
Sawaya & Moroni
Jencks Foundation at The Cosmic House
Abb. S. 186

Modern Talking
The 1st Album, 1985
31 × 31 cm
Design Ariola-Studios
Балкантон

Philips
WH200, 1985
6 × 17,5 × 19,2 cm
Kabelloser Kopfhörer
Privatbesitz Kolja Reichert

Derek Ridgers
Trojan & Mark at Taboo, 1985
Foto
© Derek Ridgers

Ettore Sottsass
Ivory, 1985
H 100 cm, Ø 60 cm
Laminiertes Holz, Glas
Memphis Mailand
Galerie Maurer, München

Ettore Sottsass
Tartar, Entwurf 1985
78 × 195 × 85 cm
Spanplatte, Kunststofflaminat
Memphis Mailand
Vitra Design Museum
Abb. S. 124

The Face, No. 57, Januar 1985
32 × 23 cm
Zeitschrift
Wagadon

Matteo Thun
Maddalena (Serie Stilllight), 1985
64 × 25 × 25 cm
Metall
Bieffeplast, Italien
Museum Angewandte Kunst, Frankfurt a. M.

USA for Africa
We Are the World, 1985
Regisseur: Tom Trbovich
Musikvideo
7:11 min
Sony Music

Robert Wyatt/The Grimethorpe
Colliery Brass Band* & G.C.H.Q.
Trade Unions With 7:84 Theatre
Co. England
*The Age of Sel/Raise Your Banners
High*, 1985
31,5 × 31,5 cm
Schallplatte
© Domino Recording &
Publishing Companies Ltd.

1986

David Byrne
True Stories, 1986
Film
85 min
© MPLC
Abb. S. 187

Nigel Coates
Caffè Bongo, 1986
30 × 40 cm
Bleistift auf Papier
THE HOUSE OF ARCHITECTURE
& DESIGN

Faller
*Faller-Modell der Frankfurter
Ostzeile*, 1986
6 Häusermodelle, 728 Einzelteile,
Plastik
Faller, Gütenbach
Abb. S. 218

General Idea
*Pasta Painting:Untitled
(Mastercard)*, 1986/87
101,9 × 152,4 cm × 3,8 cm
Acryl und Nudeln auf Leinwand
Collection Mudam Luxembourg,
Musée d'Art Moderne
Grand-Duc-Jean
Abb. S. 159

Hans Hollein
Präsentationsmodell MMK, 1986/87
55 × 205 × 140 cm
45-teiliges Modell, Aluminium,
Kunststoff, Holz, Lacke,
Plexiglashaube
MUSEUM MMK FÜR MODERNE
KUNST, Frankfurt a. M.
Abb. S. 224

Fredric Jameson
*The Cultural Logic of Late
Capitalism*, 1986
23,5 × 16 cm
Buch
Duke University Press
Abb. S. 187

Lutz Kleinhans
Oberbürgermeister Walter
Wallmann mit dem Faller-Modell
der rekonstruierten Ostzeile des
Frankfurter Römerbergs, 1986
Foto
Abb. S. 218

New Order
Bizzare Love Triangle, 1986
Regisseur/Director: Robert Longo
Musikvideo
3:51 min
Warner Music

SITE (James Wines)
Highway 86 Processional
auf der Verkehrs- und
Kommunikationsmesse in
Vancouver, Kanada, 1986
Faksimile
Foto: Joshua Weinstein
© SITE – James Wines, LLC

Ettore Sottsass
Teodora, 1986
81,6 × 55,7 × 53 cm
Holz, Laminat, farbloses Acrylglas
Vitra
Die Neue Sammlung – The Design
Museum
Abb. S. 113

Tempo, Neue Heimat. Heavy
Dresses. Kleider für Hochhäuser,
November 1986
Zeitschrift/Magazine
Chefredakteur: Markus Peichl,
Art-Direktor: Lo Breier
Tempo-Archiv Markus Peichl

The Face, No. 69, Januar 1986
32 × 23 cm
Zeitschrift
Wagadon

The Face, No. 70, Februar 1986
32 × 23 cm
Zeitschrift
Wagadon

The Face, No. 75, Juli 1986
32 × 23 cm
Zeitschrift
Wagadon

Stanley Tigerman
Architoons, „Faith vs. Reason",
1986
22,1 × 30,4 cm
Eisengallustinte auf Papier
Deutsches Architekturmuseum,
Frankfurt a. M.
Abb. S. 76

Stanley Tigerman
Teaside, 1986
14 × 8,5 × 10 cm
Porzellan
Museum Angewandte Kunst,
Frankfurt a. M.

Stanley Tigerman
Teaside, 1986
26,5 × 16,2 × 16,2 cm
Porzellan
Museum Angewandte Kunst,
Frankfurt a. M.
Abb. S. 186

Gianni Versace
Kleid, 1986
Strick, hergestellt von Miss Deanna
Modateca Deanna Archive

Gianni Versace
Originalzeichnung von Gianni
Versace, 1986
30 × 21 cm
Zeichnung
Modateca Deanna Archive
Abb. S. 186

1987

Jenny Holzer
Laments: I am a man...., 1987
285,8 × 25,4 × 11,4 cm
Vertikales LED-Schild: rote und
grüne Dioden
Courtesy Sprüth Magers
© Jenny Holzer, member artists
rights society (ARS), New York
Abb. S. 40

Ironimus alias Gustav Peichl
Hommage an Aldo Rossi, 1987
30 × 42 cm
Tusche auf Papier
Ironimus-Archiv, Nachlass Gustav
Peichl, Courtesy Galerie Crone,
Berlin Wien

Javier Mariscal
Garriris, 1987
97,5 × 49 × 51,5 cm
Vierkantstahlrohr verchromt,
Sitzfläche: Sperrholz,
Schaumstoffkissen mit Lederbezug,
Rückenlehne: Stahlblech, Füße:
Aluminium, eloxiert
Akaba, S.A., Lasarte, Spanien
Vitra Design Museum
Abb. S. 255

Ettore Sottsass
Enorme, 1987
6 × 20 × 10 cm
Roter, gelber und grauer Kunststoff
Enorme
Galerie Maurer, München
Abb. S. 186

Tempo, Tempos Rasende Russen
Revue, April 1987
Zeitschrift
Chefredakteur: Markus Peichl,
Art-Direktor: Lo Brei
Tempo-Archiv Markus Peichl

Tempo, So fanden wir acht
Bauplätze für ein Aids-Lager,
August 1987
Zeitschrift
Chefredakteur: Markus Peichl,
Art-Direktor: Lo Breier
Tempo-Archiv Markus Peichl

Tempo, Reich, Glamourös,
Unsterblich, Dezember 1987
Zeitschrift
Chefredakteur: Markus Peichl,
Art-Direktor: Lo Breier
Fotograf Richard Croft
Tempo-Archiv Markus Peichl
Abb. S. 251

Aldo Rossi
Modell des Deutschen Historischen
Museums nach dem Entwurf von
Aldo Rossi, 1987
41 × 135 × 136 cm
Holz, Glas, Kupfer, Kunststoff,
Textilfaser, Metall
Bundesamt für Bauwesen und
Raumforschung, Berlin
Abb. S. 226

Ettore Sottsass
Lapislazuli, 1987
20 × 19,5 × 18 cm
Steingut, glasiert
Alessi
Museum Angewandte Kunst,
Frankfurt a. M.

1988

Pedro Almodóvar
High Heels – Die Waffen einer Frau, 1988
Film,112 min
© MPLC
Abb. S. 186

Dieter Bankert
Beitrag des Zentrums für Gestaltung Bauhaus Dessau, Weltausstellung Expo 1992, Beitrag der DDR, 1988/89
Faksimile
Sammlung Dieter Bankert, Dessau
Abb. S. 256

Neville Brody
The Graphic Language of Neville Brody, 1988
50,5 × 76 cm
Plakat
Neville Brody

Neneh Cherry
Buffalo Stance, 1988
Musikvideo
Regisseur: John Maybury
4:10 min
Universal Music

Nigel Coates
He-Man, 1988
170 × 45 × 40 cm
Stahl, Aluminium
THE HOUSE OF ARCHITECTURE & DESIGN

Nigel Coates
She-Woman, 1988
159 × 37 × 23 cm
Stahl, Aluminium
THE HOUSE OF ARCHITECTURE & DESIGN

Coop Himmel(b)lau
Vodöl, 1988
82 × 197 × 90 cm
Doppel-T-Stahlträger lackiert, Edelstahl-Rohr und -Keil gebürstet, Schaumstoffpolster, Lederbezug
Vitra Birsfelden, Schweiz
Vitra Design Museum
Abb. S. 255

Jane Fonda
Werbung für Workout-Videos, 1988
5:35 min
© Jane Fonda

General Idea
AIDS, 1988
300 × 1617 cm
Tapete
Courtesy of General Idea
Abb. S. 251

Michael Graves
Pfeffermühle, 1988
14 × 7,5 cm, Ø 6,5 cm
Edelstahl 18/10, Polyamid
Alessi
Museum Angewandte Kunst, Frankfurt a. M.
Abb. S. 186

Information Society
What's on Your Mind (Pure Energy), 1988
Regisseur: Mark Pellington
Musikvideo
4:34 min
Tommy Boy Records

Alessandro Mendini
The new Groninger Museum architecture (study), 1988
30 × 21 cm
Tinte, Bleistift, Papier
Groninger Museum

Cary Nelson/Lawrence Grossberg (Hg.)
Marxism and the Interpretation of Culture, 1988
22,9 × 15 × 4 cm
Buch
University of Illinois Press

Gustav Peichl
Perspektivische Zeichnung der Konstruktion der Kunst- und Ausstellungshalle, 1988
Entwurf: Gustav Peichl,
Zeichnung: Martin Kohlbauer
90 × 155 cm
Tinte auf Papier
Bundeskunsthalle
Abb. S. 257

Bořek Šípek
Ota Otanek, 1988
76 × 52 × 60 cm
Metall, Kupfer, Eiche, schwarz lackiert
Vitra
Galerie Maurer, München
Abb. S. 259

Tempo, Der Coup. Tempo fälscht Neues Deutschland, April 1988
Zeitschrift
Chefredakteur: Markus Peichl,
Art-Direktor: Lo Breier
Tempo-Archiv Markus Peichl
Abb. S. 250

Weltausstellung Expo/Sevilla 1992, Beitrag der HAB Weimar (1988), 1988
Faksimile/Facsimile
IRS (Erkner)/Wissenschaftliche Sammlung Bestand E5, Architekturmodelle (DDR-Pavillon, EXPO 1992, Nr. 9716)

1989

Judith Butler
Gender Trouble, 1989
12,9 × 1,5 × 19,8 cm
Buch
Routledge

Comme des Garçons
Jacke, Ende 1980er-Jahre
Cannettato-Azetat
ARCHIVI MAZZINI – MASSA LOMBARDA, ITALY

Achim Felz (Leitung)
Expo 92/Sevilla: DDR-Pavillon, 1992
89,5 × 89,5 × 0,5 cm,
Sockel 83,5 × 83,5 × 3 cm
Holztafel, Zeichnung
IRS (Erkner)/Wissenschaftliche Sammlung, Bestand E5, Architekturmodelle (DDR-Pavillon, EXPO 1992)
Abb. S. 256

Jean Paul Gaultier
Jacke, 1989
Woll-Jacquard-Mikropinstreifen
ARCHIVI MAZZINI – MASSA LOMBARDA, ITALY

General Idea
AIDS (Project for the Spectacolor Board, Times Square), 1989
Video
© Public Art Fund
Abb. S. 250

Michael Graves
Mantelclock, 1989
23 × 16 × 9,3 cm
Ebenholz, ABS Ahorn, furniert, Quarzlaufwerk
Museum Angewandte Kunst, Frankfurt a. M.

Matt Groening
Simpsons Roasting on an Open Fire
Aus: Staffel 1, Folge 1, 1989 (Fox), 1989
Filmstill
imago images/Everett Collection
Abb. S. 112

David Harvey
The Condition of Postmodernity, 1989
22,9 × 15,3 × 2,3 cm
Buch
Blackwell
Abb. S. 62

Bodys Isek Kingelez
La Mitterannéenne République Française, 1989
85 × 45 × 45 cm
Karton
Groninger Museum
Abb. S. 223

Martin Margiela
Tabi, 1989
Leder
Paris, Musée des Arts décoratifs
Abb. S. 186

MOSCHINO
Ärmelloses Kleid mit gedrucktem Selbstporträt, 1989
Viskose
A.N.G.E.L.O. Vintage Archive

Ettore Sottsass
Chiara di Luna, 1989
194,3 × 51 × 51 cm
Keramik, glasiert, Schichtholz
Mirabelli
Galerie Maurer, München
Abb. S. 170

Tempo, Style Wars, November 1989
Zeitschrift
Chefredakteur: Markus Peichl,
Art-Direktor: Walter Schönauer
Tempo-Archiv Markus Peichl

Tempo, Das Wendeheft. So waren die 80er. So werden die 90er, Dezember 1988/Januar 1989
Zeitschrift
Chefredakteur: Markus Peichl,
Art-Direktor: Neville Brody
Tempo-Archiv Markus Peichl

Tempo, Dr. Schein und Mr. Sein.
Zum Sechzigsten von Jean
Baudrillard, Mai 1989
Chefredakteur: Markus Peichl,
Art-Direktor: Lo Breier
Tempo-Archiv Markus Peichl

Tempo, Glaube, Liebe, Hoffnung,
September 1989
Zeitschrift
Chefredakteur: Markus Peichl,
Art-Direktoren: Lo Breier/Walter
Schönauer
Tempo-Archiv Markus Peichl

Tempo, Jetzt mit großem
Männerteil, November 1989
Zeitschrift
Chefredakteur: Markus Peichl,
Art-Direktor: Walter Schönauer
Tempo-Archiv Markus Peichl

Robert Venturi
Cuckoo Clock, 1989
28 × 40,5 × 12,5 cm
Kunststoff, Metall
Alessi
Museum Angewandte Kunst,
Frankfurt a. M.
Abb. S. 251

1990

Comme des Garçons
Dreiteiliger Anzug, 1990/91
Nylon
A.N.G.E.L.O. Vintage Archive

Ironimus alias Gustav Peichl
REM KOOLHAAS TRIFFT OMA,
1990
30 × 42 cm
Tusche auf Papier
Ironimus-Archiv, Nachlass Gustav
Peichl, Courtesy Galerie Crone,
Berlin Wien
Abb. S. 254

Madonna
Vogue, 1990
Regisseur: David Fincher
Musikvideo
4:53 min
Warner Music

Alessandro Mendini
Interno di un interno, 1990
110 × 275 × 91 cm
Holz, Textil
Dilmos Mailand
Groninger Museum
Abb. S. 113

Issey Miyake
Kleid, 1990
Polyester, plissiert
ARCHIVI MAZZINI – MASSA
LOMBARDA, ITALY

Gustav Peichl
Bundeskunsthalle, 1990
Modell
20 × 74 × 153,5 cm
Verschiedene Medien
Bundeskunsthalle

1991

Neville Brody
Schrift Bonn, 1991
60 × 30 cm
Typografie
Neville Brody

Bret Easton Ellis
American Psycho, 1991
19,7 × 13 × 2,4 cm
Buch
MacMillan
Abb. S. 155

Francis Fukuyama
The End of History and The Last Man, 1992
21,1 × 13,9 × 3,2 cm
Buch
Harper Perennial
Abb. S. 251

Frank O. Gehry
Skizze für das Guggenheim Bilbao,
1991
Faksimile
© Frank O. Gehry
Abb. S. 227

General Idea
Red (Cadmium). PLA©EBO, 1991
81 Teile, montiert an der Wand
je 12,7 × 31,7 × 6,3 cm
3 Teile auf dem Fußboden
je 85 × 213,3 × 85 cm
Fiberglas, Emaille
Deichtorhallen Hamburg/
Sammlung Falckenberg

Kengo Kuma
M2, 1991/2023
Modell/Model
60 × 140 × 70 cm
Acrylkörper, Gips
Kengo Kuma & Associates

Kengo Kuma
M2, 1991
Foto
Foto: Mitsumasa Fujisuka
© Kengo Kuma & Associates

Alessandro Mendini
Modell des Groninger Museum,
1991
47 × 201 × 122 cm
Karton, Papier, Kunststoff, Metall,
Farbe, Plexiglas
Groninger Museum
Abb. S. 227

1992

Francis Fukuyama
The End of History and The Last Man, 1992
21,1 × 13,9 × 3,2 cm
Buch
Harper Perennial
Abb. S. 251

Nichia
NSPB310BS
LED
L 7 cm, Ø 3 mm

Sally Potter
Orlando, 1992
Filmausschnitt, 2:08 min
Adventure
Abb. S. 258

Neal Stephenson
Snow Crash, 1992
18,3 × 11,5 cm
Buch
Bantam Books, New York

—

Gaetano Pesce
Deutschland-Tisch, 1996
1300 × 170 cm
Kunststoff, mehrfarbig, Metall
The Gallery Moormann
Die Neue Sammlung – The Design
Museum
Abb. S. 250

Jenny Holzer
TRUISMS (again), 1982–2023
Video, 0:48 min
Jenny Holzer Studio

ABBILDUNGS-NACHWEIS

FOTONACH-WEIS

© für die Werke von Archizoom Associati, J. G. Ballard, Donald Barthelme, Heinz Bienefeld, Ricardo Bofill, Stewart Brand, Neville Brody, Buzzcocks, Cesare Casati, Coop Himmelb(l)au, Nigel Coates, Gilles Deleuze, Jacques Derrida, Bret Easton Ellis, Peter Eisenman, Achim Felz, Ian Hamilton Finlay, Trevor Fiore, Francis Fukuyama, Frank O. Gehry, General Idea, Jean-Paul Goude, Michael Graves, David Harvey, Hipgnosis, David Hockney, Hans Hollein, Nick Holonyak, Arata Isozaki, Frederic Jameson, Charles Jencks, Bodys Isek Kingelez, Martin Kohlbauer, Kraftwerk, Kengo Kuma, Andrea Lera, Ludus, Martin Margiela, Margaret McCurry, Marshall McLuhan, Richard Meier, Alessandro Mendini, Charles Moore, Makoto Nakamura, Nathalie Du Pasquier, Gustav Peichl, Gaetano Pesce, Walter Pichler, Emanuele Ponzio, John Portman, Paolo Portoghesi, Paco Rabanne, Yvonne Rainer, Aldo Rossi, Ed Ruscha, Edward Said, Denise Scott Brown, Richard Seireeni, Cindy Sherman, Peter Shire, Bořek Šipek, Thomas Gordon Smith, Studio 65, Neal Stephenson, Estate Sturtevant, Shin Takamatsu, Heinz Tesar, Matteo Thun, Stanley Tigerman, Masanori Umeda, Robert Charles Venturi, Gianni Versace, Madelon Vriesendorp, Andy Warhol, James Wines, Harumi Yamaguchi, Kazumasa Yamashita: die Architekt*innen, Designer*innen, Künstler*innen, Musiker*innen und Schriftsteller*innen

© für das Werk von Brian O'Doherty: Courtesy Brian O'Doherty und Galerie Thomas Fischer

© für das Werk „Mobiles Büro" von Hans Hollein: Courtesy Privatarchiv Hollein und Sammlung Generali Foundation

© für das Filmstill von „The Holy Mountain": Courtesy of Alejandro Jodorowsky & ABKCO Films

© für das Werk von James Stirling und Michael Wilford: James Stirling/Michael Wilford fonds

© für die Werke von Jenny Holzer, Werner Kaligofsky, Rem Koolhaas, Javier Mariscal, Gordon Matta-Clark, Jamie Reid, Ettore Sottsass, Óscar Tusquets Blanca: VG Bild-Kunst, Bonn 2023

© ABKCO FILMS, 1973 S. 118/119

© Adventure Pictures Ltd. S. 258

A.N.G.E.L.O. Vintage Archive, Manuel Costa S. 37 oben

Architectural Archives of the University of Pennsylvania Weitzman School of Design S. 22 links oben

Art Gallery of Ontario S. 241

Courtesy the artist and Sprüth Magers S. 190, 191

Les Arts Décoratifs S. 186 rechts 2.v.o.

Atheneum, New York, Donald Barthelme, *Snow White*, First Edition 1967 S. 23 rechts 2.v.o.

Sammlung Dieter Bankert, Dessau S. 256 unten

A Bantam Book R3348, Marshall McLuhan/Quentin Fiore, *The Medium is the Massage. An Inventory of Effects*, 1967 S. 23 links 2.v.o., 23 Mitte unten, 35

Bazooka, *Un Regard Moderne # 1*, Libération, 1978 S. 50

Blackwell Publishers, Cambridge MA & Oxford UK, David Harvey, *The Condition of Postmodernity*, First Edition 1990 S. 62 rechts unten

Heinz Bienefeld-Archiv, Deutsches Architekturmuseum, Frankfurt am Main S. 83 / Foto: Simon Keckeisen, Berlin S. 22 links 2.v.o.

bpk/The Art Institute of Chicago/Art Resource, NY S. 63 links oben, 112 rechts unten

Stewart Brand, *The (updated) Last Whole Earth Catalog*, 16th edition, 1975 S. 31 unten

© Brody Associates S. 49, 54

Emma Brown S. 92 links Mitte, 97 links Mitte

Thrisha Brown Archives, Foto: John Waite S. 194

Canadian Centre for Architecture S. 43, 218 rechts unten, 219 links oben, 219 links unten

Gregori Civera S. 187 rechts unten

Courtesy Nigel Coates Studio, London S. 260-265

Brian Cooke/Redferns S. 232 oben

© Richard Copley S. 41

Prudence Cuming Associates, Collection Museum of Modern Art (MOMA), New York S. 120

Daily Mirror / Bill Kennedy/Mirrorpix/Mirrorpix via Getty Images S. 166 links oben

DaynerHall Inc., Winter Hall FL S. 207

Deichtorhallen Hamburg / Sammlung Falckenberg, Foto: Egbert Haneke S. 39, 102 (Detail)

Deutsches Architekturmuseum, Frankfurt am Main S. 22 rechts unten, 23 rechts oben, 62 Mitte 2.v.o., 62 Mitte unten, 63 links 2.v.o., 70 oben, 71, 76, 77, 177 oben / Foto: Moritz Bernoully, Frankfurt am Main S. 174 / Foto: Uwe Dettmar, Frankfurt am Main S. 126, 175, 187 rechts 2.v.u., 218 links Mitte, 219 rechts Mitte / Foto: Hagen Stier, hagenstier.com S. 117, 177 unten

Deutsches Historisches Museum/S. Ahlers S. 226

Nigel Dickinson / Alamy Stock Photo S. 28 oben rechts

© Domino Recording & Publishing Companies Ltd. / Cover: Gemälde von Alfreda Benge S. 154 links oben

Dorotheum Wien (Auktionskatalog 3.11.2016) S. 170 rechts oben

Duke University Press, Durham, Fredric James, *Postmodernism or The Cultural Logic of Late Capitalism*, First edition 1986 S. 187 oben Mitte

Charles Duprat, Courtesy of Galerie Thaddaeus Ropac, London · Paris · Salzburg · Seoul S. 22 Mitte oben, 29

Les Éditions de Minuit, Collection „Critique", Jacques Derrida, *De la Grammatologie*, Édition originale 1967 S. 22 rechts 2.v.u.

CC BY-SA 3.0 es Enfo/Wikimedia S. 135

Courtesy Electronic Arts Intermix (EAI), New York S. 34 unten, 62 Mitte 2.v.o., 112 rechts oben

francis elzingre / Alamy Stock Photo S. 211

© Elliott Erwitt / Magnum photos S. 155 rechts Mitte

Everett Collection S. 141

Gebr. FALLER GmbH S. 218 rechts Mitte

Farrells/Richard Bryant S. 202, 203 unten rechts, 204 /Alberto Piovano S. 203 unten links

© Susan Fleischmann S. 121

Free Press, Francis Fukuyama, *The End of History and the Last Man*, First Edition 1992 S. 251 links oben

Courtesy The Estate of R. Buckminster Fuller S. 16, 23 links oben

© Adam Nathaniel Furman S. 84

Ron Galella/Ron Galella Collection via Getty Images S. 163 links unten
Ron Galella, Ltd./WireImage S. 163 links oben

Image courtesy of and copyright General Idea S. 243, 251 rechts oben

General Idea (AA Bronson, Felix Partz and Jorge Zontal), *FILE Megazine*, Vol. 5, No. 4, *Special General Idea Issue*, 1983 S. 113 links unten / *FILE Megazine*, Vol. 3, No. 4, *Punk 'til You Puke Issue*, Fall 1977 S. 113 Mitte oben / *FILE Megazine*, Vol. 3, No. 3, *Special People Issue*, Spring 1977 S. 112 links unten

Generali Foundation, Foto: Werner Kaligofsky S. 34 oben

Collection Groninger Museum, Foto: Heinz Aebi S. 113 rechts 2.v.u., 125 oben / Foto: Erik & Petra Hesmerg S. 219 links Mitte / Foto: Marten de Leeuw S. 227 oben / Foto: John Stoel S. 212, 218 links unten, 218 rechts oben, 219 oben rechts, 219 rechts unten, 223, 225, 228

GUFRAM S. 78/79, 113 Mitte unten

Edward Valentine Hames S. 87

Torben Hoeke S. 27

Privatarchiv Hans Hollein S. 26, 31 oben, 62 Mitte oben / Foto: Jerzy Survillo S. 116

Ralf Hütter S. 113 Mitte 2.v.o.

©Timothy Hursley S. 148, 155 links oben

imago images/Mary Evans S. 154 rechts oben, 170 links unten, 186 links unten /Everett Collection S. 28 oben links, links 2.v.o., oben Mitte, 112 links 2.v.u., 161 /Ronald Grant S. 187 links Mitte
imago stock&people S. 186 rechts oben

Institute for Regional Education/Ronald Grant Archive/Mary Evans / Alamy Stock Photo S. 154 links Mitte

Ironimus Archiv, Nachlass Gustav Peichl, Courtesy Galerie Crone, Berlin Wien S. 250 rechts unten, 254

IRS (Erkner)/Wiss.Samml., Bestand E5, Architekturmodelle (DDR-Pavillon, EXPO 1992, Nr. 9696) S. 256 oben

ITV Shutterstock S. 28 unten

Courtesy of Jencks Foundation at The Cosmic House, Foto: Giulio Sheaves S. 72, 186 rechts 2.v.u.

Mit freundlicher Genehmigung von Tom Jennings S. 209

Lutz Kleinhans S. 218 links oben

Bob King/Redferns S. 166 rechts

© Archiv Prof. Hans Kollhoff S. 85

© Kengo Kuma & Associates S. 180, 186 Mitte oben

Kunst- und Ausstellungshalle der Bundesrepublik Deutschland S. 22 links 3.v.o., 187 links unten, 257 / Design: Pierluigi Cerri S. 55 / Foto: Peter Oszvald S. 2/3, 4/5, 251 rechts unten, 257 unten, 281

LANDMARK MEDIA / Alamy Stock Photo S. 99

Harry Langdon/Getty Images S. 154 links unten

© Linder S. 113 links oben, 113 rechts 2.v.o.

© Roxanne Lowit S. 163 rechts unten

© Danny Lyon / Magnum photos S. 68/69

Sergei Magel, Heinz Nixdorf MuseumsForum S. 186 Mitte unten

Carlos Martorell Consulting S. 186 Mitte 2.v.u.

Iain Masterton / Alamy Stock Photo S. 136 oben

The Estate of Gordon Matta-Clark / Artists Rights Society (ARS), New York. Courtesy Galerie Thomas Schulte, Berlin, and David Zwirner, New York S. 173 unten

MAXXI Museo nazionale delle arti del XXI secolo, Roma. Collezione MAXXI Architettura. Foto: Sebastiano Luciano S. 127

Marshall McLuhan, *Counterblast*, 1969, *Anonymes Bootleg* S. 240

Courtesy of Memphis Milano S. 106, 112 rechts 2.v.u. / Foto: Studio Azzurro S. 169 oben

Courtesy Archivio Alessandro Mendini S. 63 links unten

Frank Micelotta/Getty Images S. 201 unten

Modateca Deanna S. 186 Mitte 2.v.o., 195

Museum Angewandte Kunst, Frankfurt am Main S. 124 unten, 125 rechts, 186 links oben, 186 links 2.v.u., 187 links oben, 187 Mitte unten, 251 rechts Mitte

Fotoarchiv Museum MMK für moderne Kunst S. 125 rechts, 224

The Museum of Modern Art, New York, Italy: *The New Domestic Landscape. Achievements and Problems of Italian Design*, First Edition 1972 S. 63 rechts oben

2023, The Museum of Modern Art, New York/ Scala, Florence S. 62 links oben, 62 links 2.v.u., 62 rechts oben, 63 Mitte oben, 63 Mitte 2. v.u., 63 rechts Mitte und unten, 67, 98 (Digital Image), 112 oben links, 112 Mitte unten, 186 rechts unten, 229

© NASA S. 22 rechts 2.v.o.

Martin Nelson, Courtesy Sprüth Magers S. 40

Die Neue Sammlung (Alexander Lorenzo) S. 30 unten, 112 Mitte oben, 113 links Mitte, 124 links / (Kai Mewes) S. 112 links 2.v.o., 125 unten, 250 rechts Mitte

New York City Department of Citywide Administrative Services S. 123

Michael Ochs Archives/Getty Images S. 234

© The Estate of Claes Oldenburg and Coosje van Bruggen, Foto: 1996 Douglas M. Parker Studio S. 136 links

Courtesy of ONE Archives at the USC Libraries S. 158 rechts unten

Oxford University Press, Rem Koolhaas, *Delirious New York: A Retroactive Manifesto for Manhattan*, First Edition 1978 S. 70 unten

Pan Am Museum Foundation, Druckanzeige, Mitte 1980er S. 104

Pantheon Books, Edward W. Said, *Orientalism*, First Edition 1978 S. 113 rechts oben

Fonds de Dotation Peugeot pour la memoire de l'histoire industrielle, S. 187 rechts oben, 267, 269, 271, 273, 275, 277, 279, 281 rechts unten, 283, 285

PHOTOlink / Alamy Stock Photo S. 162

Matteo Piazza S. 169 unten

Picador, Bret Easton Ellis, *American Psycho*, First Edition 1991 S. 155 links unten

1969 Playboy Enterprises S. 23 Mitte oben

Presses Universitaire de France, Jacques Derrida, *La Voix et le phénomène*, Édition originale 1967 S. 22 rechts oben

Private collection, Courtesy Sprüth Magers S. 187 rechts 2.v.o., 192

psychology today S. 23 links unten

Qube-TV.com S. 199, 201 oben

© Raghu Rai / Magnum photos S. 197 unten

Rizzoli International Publications, Inc., 1977 S. 73

Courtesy of Kevin Roche John Dinkeloo and Associates S. 197 oben und Mitte

© Sheila Rock S. 154 rechts unten

Pietro Savorelli S. 62 links Mitte

Jerry Schatzberg/Getty Images S. 239

Peter Schnetz S. 30 oben rechts

Mit freundlicher Genehmigung von Jason Scott S. 206

Courtesy of Denise Scott Brown S. 93 oben rechts

Adam Scull / Alamy Stock Photo S. 163 rechts oben

CC BY 2.5, David Shakebone/Wikipedia S. 187 Mitte 2.v.o.

Photograph by Shunk-Kender, 1970 © J. Paul Getty Trust. Getty Research Institute, Los Angeles/Courtesy Experiments in Art and Technology S. 22 Mitte unten, 33

SITE – James Wines, LLC S. 56, 62 links unten, 63 Mitte 2.v.o., 63 Mitte unten, 74, 75, 139 unten links, 173 oben, 178, 179, 222 / Foto: Joshua Weinstein S. 244, 250 rechts oben

Oren Slor, 1989, courtesy Public Art Fund, NY S. 250 links unten

Mit freundlicher Genehmigung von Gayatri Chakravorty Spivak S. 129

Stadtarchiv Kassel, Bestand Carl Eberth, Foto: documenta archiv/Carl Eberth junior S. 30 oben links

Stadtarchiv und Landesgeschichtliche Bibliothek Bielefeld, Fotosammlung S. 80

Sunday People/Mirrorpix/Mirrorpix via Getty Images S. 166 links unten

Kate Taylor/Courtesy Pennebaker Hegedus Films S. 22 Mitte 2.v.o., S. 22 rechts 3.v.o.

Tempo-Archiv, Markus Peichl S. 250 links oben, 251 links unten

© Archives Terre Blanche/Photononstop S. 196

teutopress GmbH S. 186 links 2.v.o.

Cristiano Toraldo di Francia S. 100

François Truffaut, *Mr. Hitchcock, wie haben Sie das gemacht?*, München 1973. S. 136 unten

Unicorn Bookshop (Brighton, UK), J. G. Ballard, *Why I want to fuck Ronald Reagan*, 1968, 1. Ausgabe S. 23 rechts 2.v.u. und unten

Universal Images Group North America LLC / Alamy Stock Foto S. 36

Mit freundlicher Genehmigung der Universal Music GmbH S. 232 unten, 236 / Cover-Design: © Hipgnosis Ltd S. 122

U.S. Department of Housing and Urban Development Office of Policy Development and Research, Public domain, via Wikimedia Commons S. 66

Courtesy of Venturi, Scott Brown, and Associates S. 6/7, 92 oben links und rechts, Mitte und unten rechts, 93 oben links, Mitte und unten, 97 rechts oben und unten 101

Rémi Villaggi / Mudam Luxembourg S. 159

Vitra Design Museum, Foto: Thomas Dix S. 37 unten, 255 unten / Foto: Jürgen Hans S. 112 rechts 2.v.u., 124 oben, 255 oben, 259

© Simeon Wade S. 155 rechts oben, 158 links oben

The Andy Warhol Foundation for the Visual Arts, Inc. / Licensed by Artists Rights Society (ARS), 2023 New York S. 193

William Watkins S. 23 links 2.v.u., 32

WET: The Magazine of Gourmet Bathing, Issue 22, January/February 1980, Publisher: Leonard Koren (Venice, CA), Cover design: Photography by Larry Williams, design by Paula Greif, art direction by Elizabeth Freeman and Leonard Koren S. 113 rechts unten / Issue 14, September/ October 1978, Publisher: Leonard Koren (Venice, CA) S. 112 rechts 2. v.o.

Zamp Kelp S. 139 unten rechts

Die Geltendmachung der Ansprüche gem. § 60h UrhG für die Wiedergabe von Abbildungen der Exponate/Bestandswerke erfolgt durch die VG Bild-Kunst.

Trotz intensiver Recherche war es nicht in allen Fällen möglich, die Rechteinhaber der Abbildungen ausfindig zu machen. Berechtigte Ansprüche werden selbstverständlich im Rahmen der üblichen Vereinbarungen abgegolten.

S. 2/3
Peter Oszvald, Sinuswelle und 2 Bullaugen, Eingangswand zum Foyer der Bundeskunsthalle

S. 4/5
Peter Oszvald, Dachgarten mit 3 Türmchen und der Sinuswelle der Bundeskunsthalle

S. 6/7
Denise Scott Brown, *Las Vegas Style*, 1966 / „Ich bin König von allem, was ich überblicke" / Denise Scott Brown parodiert Robert Moses auf dem Las Vegas Strip, 1966

S. 260-265
Nigel Coates, Ausstellungsansichten, 2023

S. 267, 269, 271, 273, 275, 277, 279, 281, 283, 285
Trevor Fiore, Modell *Karin* von Citroën, 1980

S. 281
Peter Oszvald, Sinuswelle und Bullauge, Bundeskunsthalle, Bonn

ABBILDUNGSNACHWEIS

KÜNSTLER*INNEN LEIHGEBER*INNEN DANK

Pedro Almodóvar, Archizoom, Azzedine Alaïa, Ant Farm, J. G. Ballard, Dieter Bankert, Donald Barthelme, Roland Barthes, Martine Bedin, Heinz Bienefeld, Ricardo Bofill, Neville Brody, Trisha Brown, Judith Butler, David Byrne, Cesare Casati, Citroën, Lucinda Childs, Nigel Coates, Combahee River Collective, Comme des Garçons, Coop Himmelb(l)au, Michele De Lucchi, Gilles Deleuze, Jacques Derrida, Devo, Peter Eisenman, Bret Easton Ellis, Rainer Werner Fassbinder, Achim Felz, Paul Feyerabend, Michel Foucault, Francis Fukuyama, Jean Paul Gaultier, Frank O. Gehry, General Idea, Jean-Paul Goude, Michael Graves, Félix Guattari, Donna Haraway, David Harvey, Hipgnosis, David Hockney, Hans Hollein, Jenny Holzer, Haruomi Hosono, Haus-Rucker-Co, Arata Isozaki, Fredric Jameson, Charles Jencks, Alejandro Jodorowsky, Philip Johnson, Grace Jones, Bodys Isek Kingelez, Rem Koolhaas, Leonard Koren, Kraftwerk, Kengo Kuma, Karl Lagerfeld, Louise Lawler, David Lynch, Michael Mann, Martin Margiela, Javier Mariscal, Gordon Matta-Clark, Marshall McLuhan, Richard Meier, Alessandro Mendini, Memphis, Issey Miyake, Claude Montana, Charles Moore, Franco Moschino, Makoto Nakamura, Brian O'Doherty, Nam June Paik, Van Dyke Parks, Nathalie Du Pasquier, Gustav Peichl, D. A. Pennebaker, Gaetano Pesce, Renzo Piano, Walter Pichler, Emanuele Ponzio, Paolo Portoghesi, Sally Potter, Paco Rabanne, Yvonne Rainer, Godfrey Reggio, Kevin Roche, Werner Rösler, Aldo Rossi, Ed Ruscha, Edward Said, Ridley Scott, Denise Scott Brown, Cindy Sherman, Peter Shire, Bořek Šípek, SITE, Thomas Gordon Smith, Ettore Sottsass, Gayatri Spivak, Linder Sterling, James Stirling, Studio 65, Sturtevant, Shin Takamatsu, Matteo Thun, Stanley Tigerman, Masanori Umeda, Oswald Mathias Ungers, Roger Vadim, Robert Venturi, Gianni Versace, Madelon Vriesendorp, Andy Warhol, Vivienne Westwood, James Wines, Robert Wyatt, Kansai Yamamoto, Harumi Yamaguchi, Yellow Magic Orchestra

Alessi, Crusinallo di Omegna
A.N.G.E.L.O. Vintage Archive, Lugo
Fay Ballard, London
Dieter Bankert, Dessau
AA Bronson, Berlin
Neville Brody, London
Büro Ricardo Bofill, Barcelona
Bundesamt für Bauwesen und Raumforschung, Berlin
Canadian Centre for Architecture, Montreal
Centre national de la danse, Pantin
Centro Studi Poltronova per il Design, Florenz
Chicago Art Institute
Richard Copley
DEICHTORHALLEN HAMBURG GMBH, Hamburg
DEUTSCHES ARCHITEKTURMUSEUM im DAM OSTEND, Frankfurt a. M.
Deutsches Historisches Museum, Berlin
Deichtorhallen Hamburg/Sammlung Falckenberg
Die Neue Sammlung – The Design Museum, München
Diedrich Diederichsen, Berlin
Oliver Elser, Frankfurt a. M.
Galerie Maurer, München
Galerie Thomas Fischer, Berlin
GALERIE THOMAS SCHULTE, Berlin
Galerie Sprüth Magers, Berlin, London
Frank O. Gehry/Gehry Partners LLP, Los Angeles
Generali Foundation (Verein zur Förderung von Kunst und Kultur), Wien
Jean-Paul Goude, Paris
Groninger Museum, Groningen
GUFRAM, La Morra
Eric Guichard, London
Heinz Nixdorf MuseumsForum, Paderborn
Timothy Hursley
Ironimus-Archiv, Nachlass Gustav Peichl, Galerie Crone, Berlin, Wien
Jencks Foundation at The Cosmic House, London
KENGO KUMA & ASSOCIATES, Tokyo
L'Aventure Peugeot Citroën DS, Poissy
Leibniz-Institut für Raumbezogene Sozialforschung e.V. (IRS), Erkner
Roxanne Lowitt
Danny Lynn
MUSEUM FÜR MODERNE KUNST – MMK, Frankfurt a. M.
MAK – Museum für angewandte Kunst, Wien
Margherita Hohenlohe
MAZZINI, Massa Lombarda
Modateca Deanna, San Martino in Rio
MUDAM Louxembourg – Musée d'Art Moderne Grand-Duc-Jean, Luxembourg
Musée des Arts Décoratifs, Paris
Museum Angewandte Kunst, Frankfurt a. M.
MAXXI – Museo nazionale delle arti del XXI secolo, Rom
ONE Archives at the University of Southern California
Privatarchiv Hollein, Wien
Derek Ridgers
Thaddaeus Ropac, London, Paris, Salzburg, Seoul
SITE, James Wines, New York
Tempo-Archiv, Markus Peichl, Berlin
THE HOUSE OF ARCHITECTURE & DESIGN (Nigel Coates), London
The Museum of Modern Art, New York
Trisha Brown Dance Company
Yvonne Rainer
Kevin Roche John Dinkeloo and Associates
Sheila Rock
Vitra Design Museum, Weil am Rhein
Madelon Vriesendorp
David Wade
Günter Zamp Kelp

Belén Arizaga
Hester Bennett Carter
Monika Bergmann
Andreas Blühm
Emma Brown
Paolo Cicatiello
Maria Cicirello
Pippo Ciorra
Diedrich Diederichsen
Nikita Dhawan
Kevin Driscoll
Susan Ebert
Florian Ebner
Oliver Elser
Alanna Gedgaudas
Liam Gillick
Karen Park Goude
Lilli Hollein
Axel Iberti
Gertrud Koch
Anne Kockelkorn
Leonard Koren
Sholem Krishtalka
Andres Lepik
Tom McCarthy
Roberta Meloni
Markus Peichl
Gregor Quack
Philip Rodgers
Marco Sammicheli
Monika Sprüth
Eszter Steierhoffer
Erik Sumption
Reuben Torres
Sonia Veroni
Joseph Vogl
Wolfgang Welker
Suzan Wines
Matthias Wagner K
Marco Zami

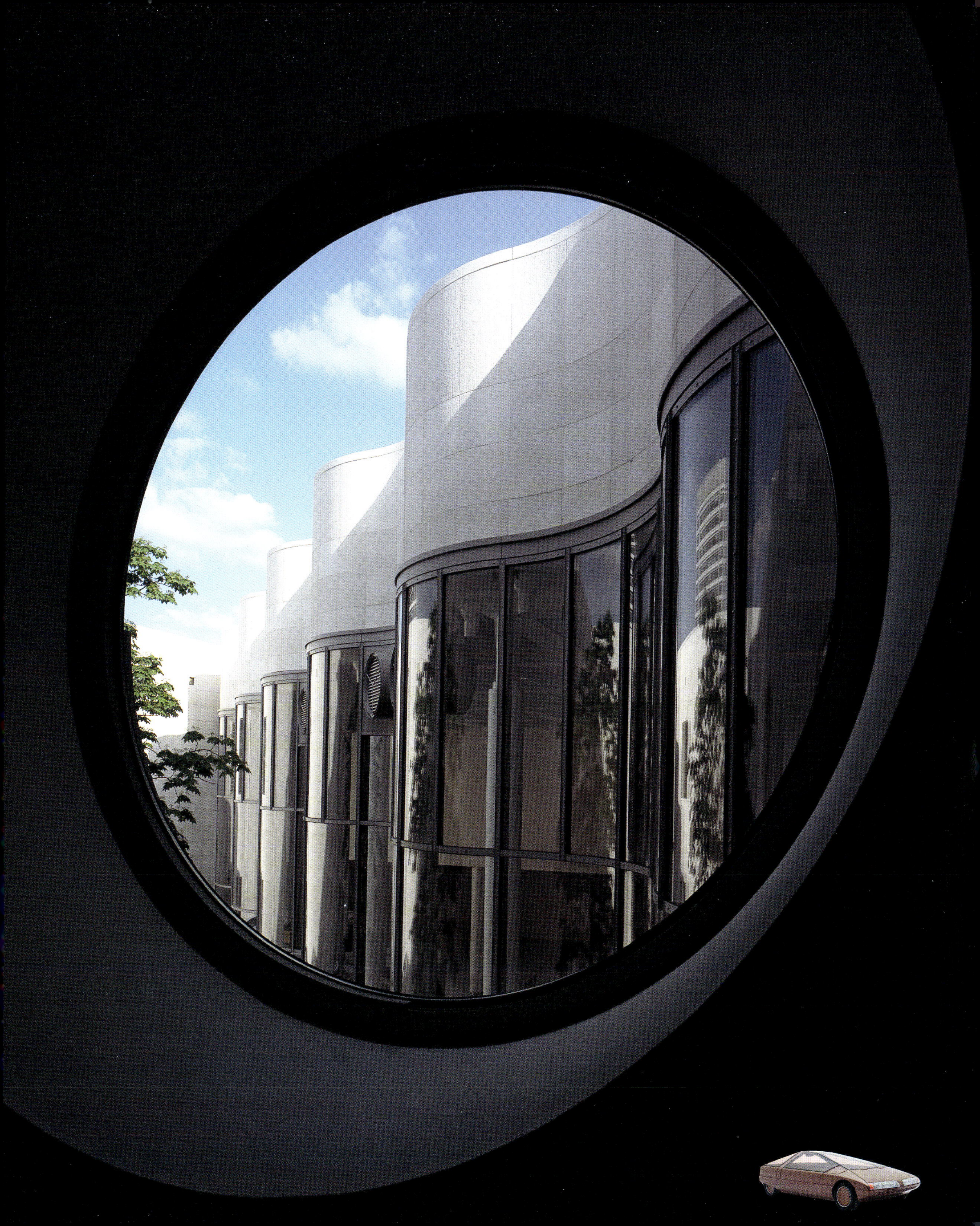

AUTOR*INNEN

NEVILLE BRODY
Neville Brody ist Grafikdesigner, Typograph und Art Director. Er schuf ikonische Designs unter anderem für *The Face*, Arena, Depeche Mode und Cabaret Voltaire. Zuletzt arbeitete er unter anderem für The Coca-Cola Company, Nike, Supreme, Christian Dior und Samsung. 1991 gestaltete er das visuelle Leitsystem der Bundeskunsthalle und die Schrift „Bonn". 2021 entwickelte er mit seinem Team von Brody Associates die neue Corporate Identity der Bundeskunsthalle und die Ausstellungsgrafik für *Alles auf einmal*.

AA BRONSON
AA Bronson gründete 1969 zusammen mit Jorge Zontal, Felix Partz, Mimi Paige, Granada Gazelle und weiteren die Künstlergruppe General Idea. Ab 1973 umfasste General Idea das Trio Bronson, Zontal und Partz. Von 1972 bis 1989 gab General Idea das *FILE Megazine* heraus. Seit Zontals und Partz' Tod durch AIDS im Jahr 1994 pflegt Bronson das Erbe von General Idea und arbeitet als Solokünstler.

NIKITA DHAWAN
Nikita Dhawan ist Professorin für Politische Theorie und Ideengeschichte an der TU Dresden. Zuletzt erschien von ihr *Postkoloniale Theorie: Eine kritische Einführung* (zusammen mit María do Mar Castro Varela, UTB 2020). Ihr neues Buch, *Die Aufklärung vor den Europäer:innen retten. Kritische Theorien der Dekolonisierung*, erscheint im Sommer 2024 im Campus Verlag.

DIEDRICH DIEDERICHSEN
Diedrich Diederichsen ist Kritiker, Kurator und Professor am Institut für Kunst- und Kulturwissenschaften an der Akademie der bildenden Künste Wien. Zu seinen Veröffentlichungen zählen *Sexbeat* (Kiepenheuer & Witsch 1985) und *Über Pop-Musik* (Kiepenheuer & Witsch 2014).

KEVIN DRISCOLL
Kevin Driscoll ist Privatdozent am Institut für Medienwissenschaften an der Universität Virginia. Zuletzt erschien von ihm *The Modem World. A Prehistory of Social Media* (Yale University Press 2002).

OLIVER ELSER
Oliver Elser ist Kurator am Deutschen Architekturmuseum in Frankfurt a. M. Zu seinen Ausstellungen zählen *Protest/Architektur. Barrikaden, Camps, Sekundenkleber* (2023) und *Mission: Postmodern. Heinrich Klotz und die Wunderkammer DAM* (2014). Er ist Gründungsmitglied des Center for Critical Studies in Architecture (CCSA, seit 2017).

GERTRUD KOCH
Gertrud Koch ist Filmwissenschaftlerin und lehrte an der Freien Universität Berlin und der Brown University. Zuletzt erschien von ihr *Die Wiederkehr der Illusion* (Suhrkamp 2016).

EVA KRAUS
Eva Kraus ist gelernte Designerin, promovierte Kunstvermittlerin, Kuratorin und Intendantin der Bundeskunsthalle. Sie kuratierte gemeinsam mit Kolja Reichert *Alles auf einmal*.

SYLVIA LAVIN
Sylvia Lavin ist Professorin für Geschichte und Theorie der Architektur an der Princeton University. Zu ihren Büchern zählen *Quatremère de Quincy and the Invention of a Modern Language of Architecture* (MIT Press 1992) und *Form Follows Libido: Architecture and Richard Neutra in a Psychoanalytic Culture* (MIT Press 2004) Sie kuratierte u.a. die Ausstellung *Architecture Itself and Other Postmodernization Effects* am Canada Centre for Architecture in Montreal, 2018. Zurzeit arbeitet sie an ihrem neuen Buch *Building Sylvan Media*.

NEW MODELS
New Models, 2018 in Berlin gegründet, ist eine Medienplattform und Community, die sich mit neuesten Auswirkungen vernetzter Technologie auf die Kultur beschäftigt.

KOLJA REICHERT
Kolja Reichert ist Kunstkritiker und Programmkurator Schwerpunkt Diskurs an der Bundeskunsthalle. Er kuratierte gemeinsam mit Eva Kraus *Alles auf einmal*.

MORITZ SCHULARICK
Moritz Schularick ist Präsident des Kiel Instituts für Weltwirtschaft.

DENISE SCOTT BROWN
Denise Scott Brown ist Architektin, Stadtplanerin und Theoretikerin. Ihre Bauten und Schriften, darunter *Learning from Las Vegas* (mit Robert Venturi und Steven Izenour), haben den Diskurs über postmoderne Architektur maßgeblich geprägt. Zu ihren Bauten zählen der Sainsbury Wing der National Gallery London, das Verwaltungszentrum in Toulouse, das Mielparque Nikko Kirifuri Hotel und Spa im Nikko Nationalpark, Japan, und verschiedene Universitätscampusse, unter anderem in Ann Arbour und Peking.

LÉA-CATHERINE SZACKA
Léa-Catherine Szacka ist außergewöhnliche Professorin für Architekturwissenschaft an der Universität Manchester und Mitglied der Manchester Architecture Research Group (MARG). Zu ihren Büchern zählen *Exhibiting the Postmodern: the 1980 Venice Architecture Biennale* (Marsilio, 2016) und *Paolo Portoghesi: Architecture between History, Politics and Media* (mit Silvia Miceli, Bloomsbury 2023)

JOSEPH VOGL
Joseph Vogl ist Literaturwissenschaftler und lehrt an der Universität Princeton. Er ist emeritierter Professor an der Humboldt Universität Berlin. Zuletzt erschien von ihm *Kapital und Ressentiment* (C. H. Beck 2021). Zu seinen zahlreichen Übersetzungen zählen Gilles Deleuzes *Differenz und Wiederholung* (Wilhelm Fink 1992) und Jean-François Lyotard *Der Widerstreit* (Fink 1987).

JAMES WINES
James Wines ist Künstler, Architekt und Gestalter von Landschaften und öffentlichen Räumen. Er gründete 1970 gemeinsam mit Alison Sky die Gruppe SITE. Das Büro wurde in den 1970er- und 80er-Jahren mit einer Serie von Einkaufszentren für die BEST Products Company berühmt, bei denen sie den amerikanische Typus des Flachbaus als öffentliche Skulpturen behandelten.

Diese Publikation erscheint anlässlich der Ausstellung

ALLES AUF EINMAL
DIE POSTMODERNE, 1967–1992

29. September 2023 bis 28. Januar 2024
Kunst- und Ausstellungshalle der Bundesrepublik Deutschland, Bonn

AUSSTELLUNG

INTENDANTIN
Eva Kraus

KAUFMÄNNISCHER GESCHÄFTSFÜHRER
Oliver Hölken

KURATOR*INNENTEAM
Eva Kraus, Kolja Reichert

KAPITELEINFÜHRUNGEN
Kolja Reichert

AUSSTELLUNGSLEITUNG
Susanne Annen

AUSSTELLUNGSREALISATION
Hossein Maghsoudi, Martin Leetz, Marion Korb

PROJEKTASSISTENZ
Elizabeth Namwanje

AUSSTELLUNGSINSZENIERUNG
Nigel Coates Studio, London
(Nigel Coates, Paolo Cicatiello, Maria Cicirello)

AUSSTELLUNGSGRAFIK
Brody Associates, London: Neville Brody, Tommaso Calderini, Haruka Hochin, Joe Garrett

www.bundeskunsthalle.de

BUNDESKUNSTHALLE

Gefördert durch

Die Beauftragte der Bundesregierung für Kultur und Medien

PUBLIKATION

HERAUSGEBERIN
Kunst- und Ausstellungshalle der Bundesrepublik Deutschland GmbH

KONZEPT UND REDAKTION
Kolja Reichert, Eva Kraus

KATALOGMANAGEMENT
Jutta Frings

PROJEKTLEITUNG HIRMER VERLAG
Kerstin Ludolph

LEKTORAT
Helga Willinghöfer

ÜBERSETZUNGEN AUS DEM ENGLISCHEN
Birgit Lamerz-Beckschäfer, Proverb, Stuttgart

BILDBESCHAFFUNG UND RECHTEKLÄRUNG
Eva Assenmacher

BILDRECHERCHE/ RECHTEKLÄRUNG
picture worX – Monika Bergmann

GESTALTUNG
Studio Yukiko

HERSTELLUNG UND PROJEKTMANAGEMENT
Katja Durchholz

SCHRIFTEN
Impact Niuew von Jung-Lee
Jupiter Pro von Mans Greback
Pickle Standard von Benoît Bodhuin
Purple Haze von Font Spectrum
Wremena von Roman Gornitsky
und Academy Engraved, Bricks Construction & Romantiques

PAPIER
GardaMatt Art, 150 g/qm

LITHOGRAFIE
Reproline mediateam GmbH & Co. KG, München

DRUCK UND BINDUNG:
Printer Trento Srl, Trento

Printed in Italy

UMSCHLAGMOTIV
Studio Yukiko

Bibliografische Information der Deutschen Nationalbibliothek
Die Deutsche Nationalbibliothek verzeichnet diese Publikation in der Deutschen Nationalbiografie: detaillierte Informationen sind im Internet über http://www.dnb.de abrufbar.

© 2023 Kunst- und Ausstellungshalle der Bundesrepublik Deutschland GmbH, Bonn, Hirmer Verlag GmbH, München, und die Autoren und Autorinnen

ISBN 978-3-7774-4274-7

www.hirmerverlag.de

Alle Rechte vorbehalten/
All rights reserved

IMPRESSUM

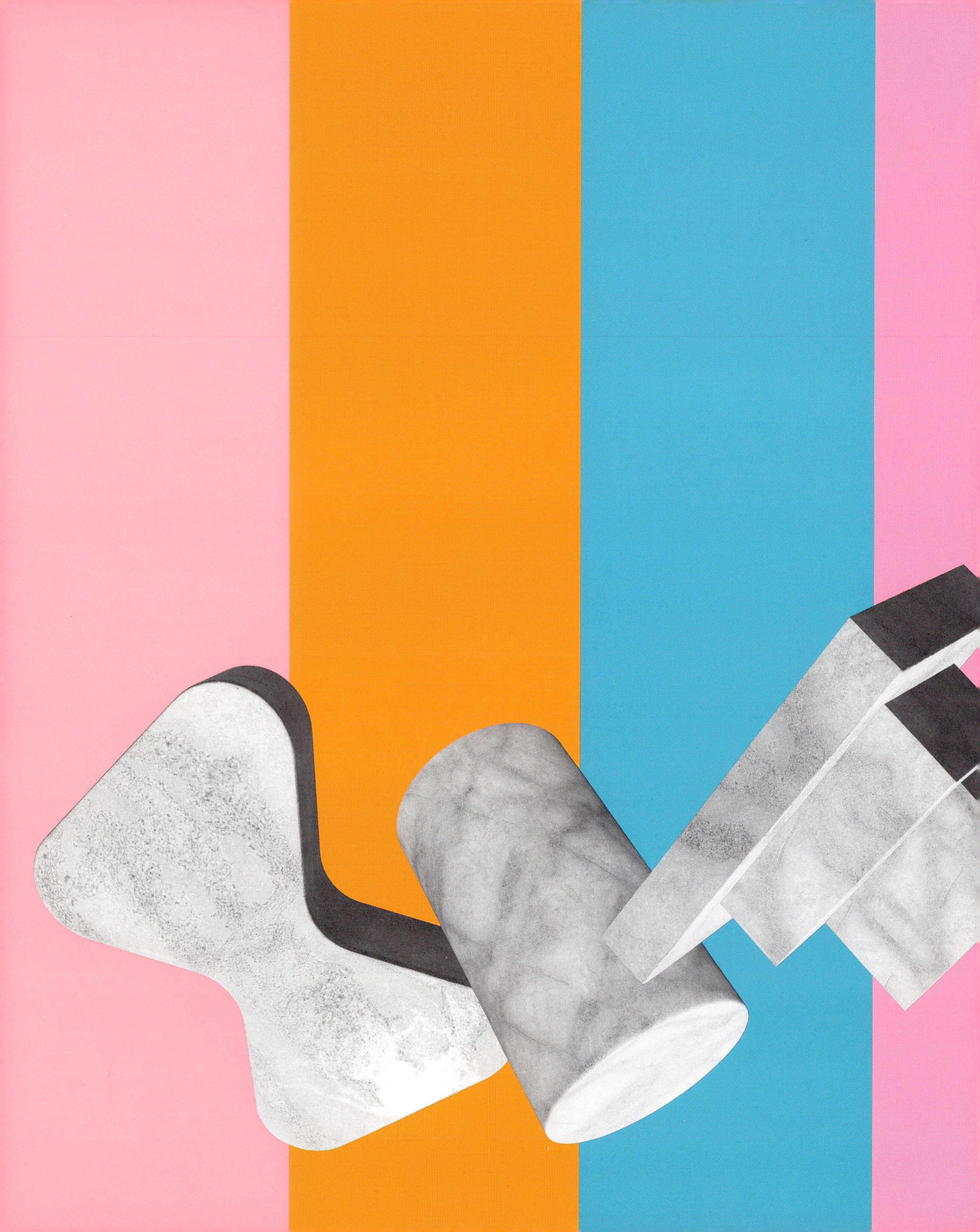

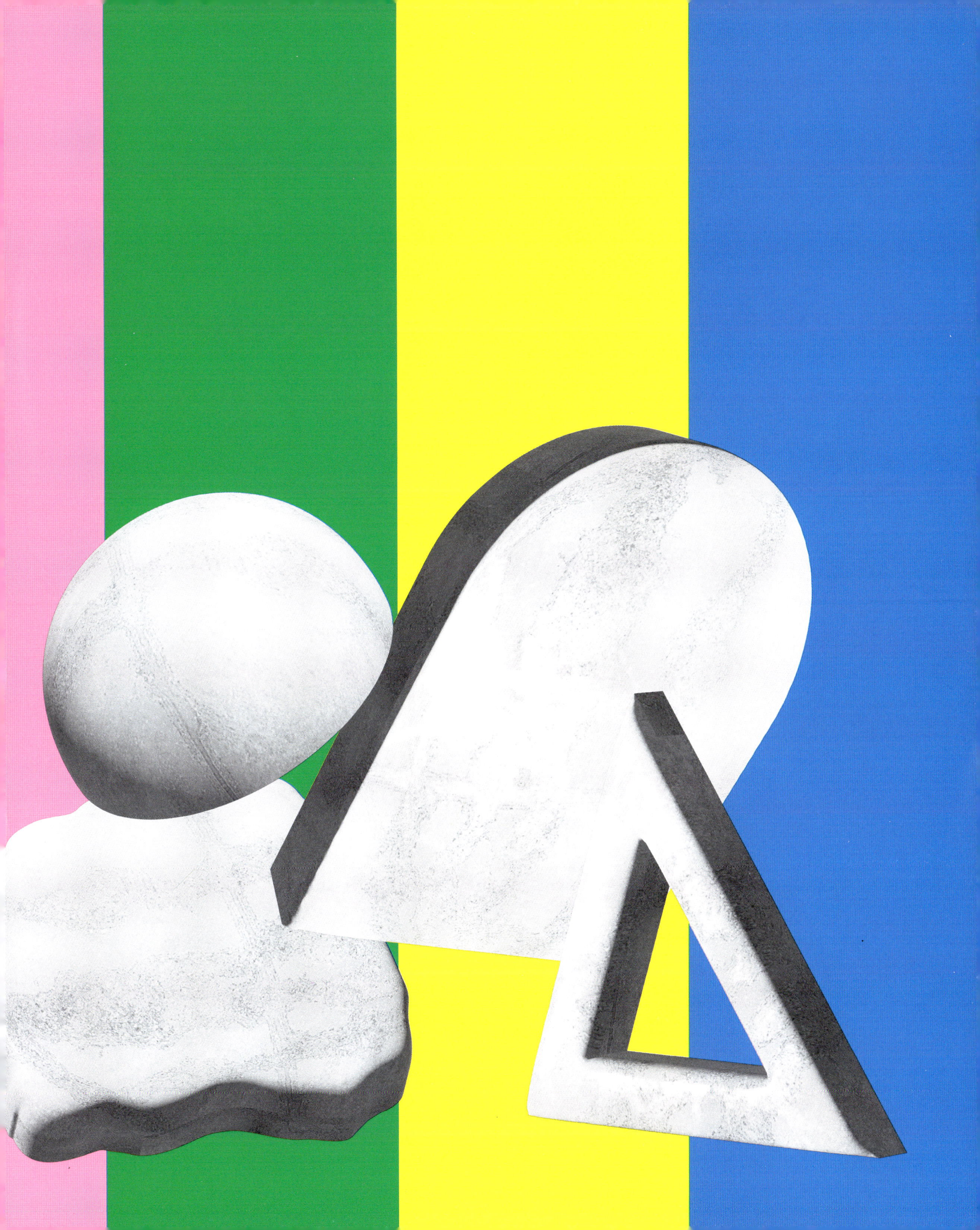

1967–1992

D1702318

Organisationsplanung

Planung
durch Kooperation

Organisationsplanung

Planung
durch Kooperation

3. Auflage, 1977

SIEMENS AKTIENGESELLSCHAFT

CIP-Kurztitelaufnahme der Deutschen Bibliothek

Organisationsplanung: Planung durch Kooperation.
— 3. Aufl. — Berlin, München:
Siemens-Aktiengesellschaft, [Abt. Verl.], 1977.

ISBN 3-8009-1201-5

NE: Siemens-Aktiengesellschaft ⟨Berlin, West, München⟩

ISBN 3-8009-1201-5

Herausgeber und Verlag:
Siemens Aktiengesellschaft, Berlin und München
© 1974 by Siemens Aktiengesellschaft, Berlin und München
Alle Rechte vorbehalten, auch die des auszugsweisen Nachdruckes, der fotomechanischen
Wiedergabe und der Übersetzung sowie der Bearbeitung für Ton- und Bildträger,
für Film, Hörfunk und Fernsehen, für den Gebrauch in Lerngeräten jeder Art.
Printed in West Germany

Verfasser

Alexander von Deym
Michael Duttenhofer
Werner Faßnacht
Hanfried Fischer
Gerhard von Forster
Hubertus Fulczyk
Rüdiger Hanslik
Manfred Höfle
Udo Kiechle
Werner Knafla
Erika Ledermaier
Gerd Lenz
Richard Lienert
Horst Lumbeck
Klaus Metzger
Achim Musiol
Horst Peters
Johannes Rauter
Karl-Christian Schoderer
Joachim Schultz-Naumann
Inge Spieldiener
Josef Stadler
Walter Straub
Eckart-Alfred von Unger
Karl-Heinz Wenzel

Vorwort

Der Gedanke, Wissen und Erfahrungen einer zentralen Organisationsplanungsabteilung in einem Buch niederzulegen, entstand aus der Erkenntnis des „Nichtwissens" über Organisationsplanungen bei Betroffenen und Beteiligten.

Hinzu kam, daß das Interesse der Unternehmen an vorausschauenden Organisationsplanungen gestiegen ist, weil Wirtschaft und Technik einem immer schnelleren Wandel unterliegen. Kein Unternehmen kann heute bestehen, wenn es nur noch auf Veränderungen reagieren wollte. Andererseits ist – vielleicht durch die Häufigkeit der Änderungen bedingt – mitunter ein wachsender Widerstand gegenüber Neuerungen bei den Betroffenen festzustellen.

Das vorliegende Buch stellt nun kein Rezeptbuch im Umgang mit Systemen und Mitarbeitern dar; vielmehr soll es Erfahrungen zur Diskussion stellen, Hinweise geben und neue Wege aufzeigen für wirkungsvolle Organisationsarbeit. Es enthält nichts wissenschaftlich Neues, sondern zeigt, wie eine Planungsabteilung theoretisches Wissen – das zum Teil bestenfalls in Schulungsveranstaltungen vermittelt wird – für die Praxis umsetzt.

Der Inhalt des Buches spiegelt den heutigen Stand der Organisationsplanung vornehmlich in einem großen Industrieunternehmen wider. Dabei sind die Erfahrungen aus gemeinsamer Arbeit mit erfolgreichen Unternehmensberatungsgesellschaften eingeflossen. Dennoch kann das Buch keinen Anspruch auf Vollständigkeit erheben. Auch wird die Arbeit an Organisationen mit Sicherheit nicht auf dem hier festgehaltenen Stand stehenbleiben können, sondern sich dauernd weiterentwickeln.

München, im Januar 1974

SIEMENS AKTIENGESELLSCHAFT

Inhalt

Vorfeld der Organisationsplanung 13

Planung in und Planung an Organisationen 14
      Regelkreis des Unternehmens · Kommunikationsprobleme

Der Weg zur Planung 18
      Entscheidertraining · Informationsmarkt

Voruntersuchung 28

Problemanalyse 30
      Problemstruktur · Informationsbedarf · Zeitbedarf

Analyse des Systems 36
      Planungsverträglichkeit des Systems ·
      Änderungsbereitschaft des Managements

Planung der Planung 39
      Organisationsform · Teamwork-Management ·
      Planungsteam · Beratungsausschuß ·
      Entscheidungsausschuß · Informationsgruppen ·
      Organisatorisch-technische Voraussetzungen ·
      Informationelle Voraussetzungen · Planungsauftrag ·
      Einführungsschreiben

Planungsprozeß 67

Planungsprinzip 67
    Team · Informationsoffenheit · Politische und sachliche Arbeit · Moderation · Planungskomponenten · Planungsphasen

Problemdefinition und Zielformulierung 77
    Vorgehensweise induktiv-deduktiv · Hypothesenbildung · EA-Sitzung

Grobkonzeption 90
    Vorgehensweise induktiv-deduktiv · Untersuchungen · Informelle Organisation · Ist-Analyse · Soll-Vorschlag · Maximen · Grobkonzept · EA-Sitzung

Feinmodell 107
    Sonderfälle · Konzeptverfeinerung · EA-Sitzung

Realisierung 114

Realisierungsplanung 116
    Realisierungsinstanzen · Realisierungsauftrag

Aufgabenrealisierung 122
    Stellenbeschreibung · Arbeitsplatzbeschreibung · Arbeitsanweisung · Ressortverteilungsplan · Verfahrensbeschreibung · Sachmittel · Systemeinführung

Konsolidierung 132

Kontrolle und Abweichungsanalyse 132

Systemübergabe 134

Inhalt

Grundinstrumentarium 135

Planungsseminar 136

Team 139
> Teambildung · Arbeitstechnische Voraussetzungen · Verhältnis zur Umwelt · Vorgehensweise · Schwierigkeiten, Konflikte, Rollen

Visualisierung 161
> von Text · von Bild · Regeln · Hilfsmittel · Beispiele

Präsentation 180

Planungsbericht 184

Kommunikationstechniken 198

Diskussionstechniken 199
> Wechsel Großgruppe/Kleingruppen · Abfragetechnik · Aussagen sichtbar machen

Bewertungstechniken 210
> Punkteverfahren · Schiedsrichterverfahren · Situationsabfrage · Präferenzmatrix

Darstellung von Gruppenergebnissen 216
> Problemplakat · Scenario (Problemlandkarte) · Tätigkeitskatalog

Moderation 225

Entscheidertraining 232
> Vorbereitung · Ablauf · Beispiel eines ET · Ergebnis und Konsequenzen

Informationsmarkt 261
> Kommunikationsmedien · Durchführung · Planung und Erstellung · Vorbereitung

Problemlösungstechniken 279

Rollenspiel 284
Utopiespiel 286
Pro-und-Kontra-Spiel 288
Brainstorming 288
Methode 635 292
CNB-Methode 295
Synektik 296
Morphologische Analyse 302

Ist-Aufnahme- und Analysetechniken 307

Auswertung vorhandener Unterlagen 310
Interview 311
Fragebogen 316
Dauerbeobachtung 318
Selbstaufschreibung 319
Kommunikationsanalyse 320
ABC-Analyse 324
Multimoment-Verfahren 328
Netzplantechnik 333

Wirtschaftlichkeitsprüfung 351

Kostenvergleichsrechnung 352
Marginal-Rendite 356
Multifaktoren-Technik 361

Vorfeld der Organisationsplanung

VORFELD	Die Entscheidung für die Planung und die Planung der Planung	PLANUNGS-PROZESS	Die Verwirklichung der Planungsergebnisse
• Planung **in** und Planung **an** Organisationen • Der Weg zur Planung		Das Planungsprinzip und die Phasen der Planung	
	VOR-UNTERSUCHUNG		REALISIERUNG

Organisationen müssen sich ständig – im Rahmen der geltenden Unternehmensziele – ändernden Umweltbedingungen anpassen. Dieser Anpassungsprozeß ist von der Einsicht geprägt, daß heute von starrer Kompetenzabgrenzung und Spezialisierung abgegangen und mehr Wert auf Systemverantwortung und ganzheitlich orientiertes Handeln gelegt werden muß.

Wie sich die Anforderungen an ein Unternehmen wandeln, verdeutlicht folgendes
Beispiel:

gestern

Aufgabe	
Betrieb I	Bau von Telefonanlagen
Betrieb II	Dv-Hardware Systemsoftware
Betrieb III	Fernmeldekabel

Kennzeichen der Organisation
▷ Organisationsstrukturen aufgrund von Aufgabenpaketen
▷ Strukturorientiertes Management stellt Aufgaben in den Vordergrund
▷ Starre Kompetenzabgrenzung
▷ Trennung zwischen Zielsetzung und Verwirklichung (oben→unten)

Relativ starre Rolle der Organisation

morgen

Aufgabe
Erstellung eines Kommunikationsnetzes mit elektronischer Vermittlung

Kennzeichen der Organisation
▷ Organisationsstrukturen aufgrund sich ständig wandelnder Prozesse
▷ Systemorientiertes Management rückt Prozesse in den Vordergrund
▷ Kooperative Führungskreise
▷ Rückkopplung zwischen Zielsetzung und Verwirklichung (oben↔unten)

Dynamische Prinzipien in der Organisation

Planung in und Planung an Organisationen

Planung **in** Organisationen ist im allgemeinen anerkannt als

▷ notwendig,
    ▷ selbstverständlich,
        ▷ hoch entwickelt,
            ▷ relativ flexibel und
                ▷ wirkungsvoll.

Begriffe wie Produktplanung, Absatzplanung, Fertigungsplanung und Investitionsplanung sind Allgemeingut und stellen hochspezialisierte Instrumentarien der Unternehmensführung dar, die ständig weiterentwickelt und als Entscheidungshilfen herangezogen werden. Reine Verwaltungsapparate, z. B. Behörden, besitzen ausgefeilte Formen ihrer internen Planerstellung: Etatpläne, Stellenpläne, Personalpläne usw.

Planung **an** Organisationen erscheint dagegen

▷ zähflüssig,
    ▷ fragwürdig,
        ▷ riskant,
            ▷ mangelhaft entwickelt,
                ▷ starr, unflexibel,
                    ▷ wenig wirkungsvoll und
                        ▷ aufwendig.

Kennzeichen dafür sind Jahrzehnte überdauernde Strukturorganisationen in Behörden, bei öffentlichen Dienstleistungsträgern sowie bei Großfirmen und Mittelbetrieben.

In der Regel wird die Diskrepanz zwischen Planung **in** und Planung **an** der Organisation um so deutlicher, je größer eine Organisation ist. Diese Aussage wird verdeutlicht durch eine Gegenüberstellung von Feststellungen und Thesen.

Feststellungen	Thesen
Je größer eine Organisation wird, desto spezialisierter werden die Funktionen und desto komplizierter die Funktionszusammenhänge.	Planung **in** der Organisation ist der **instrumentale** Ansatz zur Lösung von Kooperationsproblemen und **verstärkt** Rollen, indem er sie funktional perfektioniert (Rollenbestätigung).
Beispiel: **Dienststellen der Buchhaltung** Betriebsbuchhaltung Anlagenbuchhaltung Finanzbuchhaltung Zahlungsverkehr Betriebsabrechnung Gemeinkosten-Planung Ergebnisplanung Berichtswesen	
Je größer eine Organisation wird, desto differenzierter werden die Strukturen, desto prägnanter die Rollen und desto stärker die Rollenkonkurrenz und -verteidigung.	Planung **an** der Organisation ist der **strukturelle** Ansatz zur Lösung von Kooperationsproblemen und **verändert** Rollen (Infragestellung von Rollen).

Es scheint ein Widerspruch in der Behauptung zu liegen, große Organisationen leiden unter einem Mangel von Planungen **an** der Organisation, obwohl sie oft seit Jahrzehnten erfolgreich sind. Die Frage ist nur, ob ein häufig mittelmäßiges Ergebnis nicht durch verstärkte Planung **an** der Organisation wesentlich verbessert werden kann. Der starke Schwerpunkt der Planung **in** Organisationen ist ein Versuch, die Planung **an** der Organisation zu umgehen. Beispiele hierfür sind die häufigen Aufträge an Organisationsplaner, z. B. Datenbanken, Telekommunikationsnetze oder Managementinformationssysteme zu entwickeln, mit dem Wunsch, Hierarchen und damit Strukturen unangetastet zu lassen.

Sinn einer Organisationsplanung kann es jedoch nicht sein, bisherige Strukturen unter allen Umständen festzuschreiben, sondern die Veränderungen innerhalb und außerhalb des Systems mit zu berücksichtigen und zukünftige Einflüsse vorwegzunehmen.

Um die Dynamik eines Unternehmens für den Normalfall zu kennzeichnen, sei hier die vereinfachende Darstellung des Regelkreises gewählt.

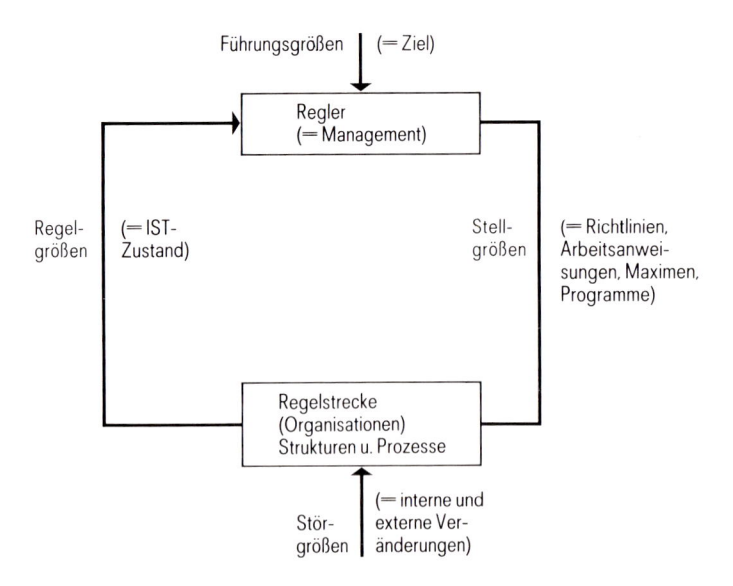

```
                    Führungsgrößen  │ (= Ziel)
                                    ↓
                          ┌──────────────────┐
               ┌─────────→│     Regler       │─────────┐
               │          │  (= Management)  │         │
               │          └──────────────────┘         │
               │                                        │
    Regel-  (= IST-                          Stell-  (= Richtlinien,
    größen   Zustand)                        größen   Arbeitsanwei-
                                                      sungen, Maximen,
                                                      Programme)
               │                                        │
               │          ┌──────────────────┐         │
               │          │   Regelstrecke   │         │
               └──────────│  (Organisationen)│←────────┘
                          │Strukturen u. Prozesse│
                          └──────────────────┘
                                    ↑
                              (= interne und
                     Stör-     externe Ver-
                    größen     änderungen)
```

Die Funktion des Reglers übt das Management aus. Durch Richtlinien, Maximen und Programme (=Stellgrößen) bestimmt das Management die Aktionen in der Organisation (Strukturen und Prozesse im Unternehmen=Regelstrecke).

Die Ergebnisse dieser Aktionen (=Ist-Zustände, -Größen) werden mit den Soll-Zuständen und -Größen verglichen, die sich aus den Zielen (=Führungsgrößen) ergeben. Bei relevanten Abweichungen wird das Management durch Änderung der Richtlinien, in besonders gravierenden Fällen durch Änderung der Ziele reagieren. Hierbei wird die Dynamik eines Unternehmens deutlich, die in der Anpassung an sich wandelnde Zustände (=Störgrößen) besteht. Die meisten dieser Anpassungsprozesse können durch vorhandene Regeln (Richtlinien) bewirkt werden. Sobald für die Anpassung keine oder ungenügende Regeln zur Verfügung stehen, ist ein **Ausbrechen aus dem Regelkreis** nötig. Hierbei wird die Organisation in ihren Prozessen und Strukturen in Frage gestellt. Dies gilt z. B. bei der zu Beginn beschriebenen Einsicht, daß Systemverantwortung und ganzheitliches Denken eine wesentlich stärkere Betonung als bisher erfahren müssen.

Die Erfahrung zeigt jedoch, daß das Management häufig zu diesem Ausbrechen aus dem Regelkreis nicht bereit ist: Entweder es erkennt die Notwendigkeit des Ausbrechens nicht und meint, der vorhandene Regelkreis bewältige die anstehenden Änderungen (sachbezogene Widerstände), oder es erkennt zwar den Bedarf einer Planung **an** Organisationen, ist aber aus den verschiedensten

Gründen nicht bereit, diesen Änderungen zuzustimmen, und sucht nach Ausweichmöglichkeiten (persönliche Widerstände).

Sachbezogene Widerstände (Management **erkennt nicht** die Notwendigkeit einer Planung an der Organisation)	Persönliche Widerstände (Management erkennt die Notwendigkeit einer Organisationsplanung, **sträubt sich** aber dagegen)
▷ Störungen sind noch nicht ersichtlich – Zufriedenheit mit dem Erreichten ▷ Hierarchische Ebenen sind (vertikal und horizontal) Informationsverzerrer ▷ Manager haben nur bereichsspezifisch Erfahrungen und Überblick; ein einzelner kann daher nicht alles wissen und keine komplexen Probleme lösen ▷ Störungen an der Organisation werden in verschiedenen Bereichen und hierarchischen Ebenen nicht als zusammenhängendes Störungsgeschehen wahrgenommen ▷ Die Frage institutioneller Zuständigkeit für Planung an der Organisation ist nicht eindeutig geregelt ▷ Manager reagieren wegen fehlender Instrumentarien zum Erkennen von Problemen auf bestimmte Informationen nicht	▷ Menschen – also auch Entscheider über Planung an der Organisation – sind eher fähig, Unzulänglichkeiten zu ertragen, als diese abzustellen ▷ Menschen suchen eher nach Informationen, die einmal getroffene Entscheidungen als richtig bestätigen ▷ Manager beschaffen sich Informationen, die zur Leitung ihres Bereiches notwendig sind, und lassen andere außer acht ▷ Insbesondere in stark gegliederten Hierarchien beschäftigt sich das Management mit sich selbst, um Macht zu behalten oder den Machtbereich auszudehnen ▷ Störungsursachen werden im Nachbarbereich gesucht ▷ Änderungen an Organisationen könnten bisherige Erfahrungsidylle zerstören ▷ Es besteht auf allen Managementebenen eine latente Angst vor Veränderung als Gefährdung der eigenen Sicherheit ▷ Fragen des Status- und Prestigeverlustes werden höher bewertet als sachliche Ziele ▷ Rivalitäten und Machtkämpfe verhindern problemorientierte Änderung an Organisationen
Kommunikationsprobleme	Verhaltensprobleme

> Methoden zur Veränderung von Organisationen haben dann die beste Realisierungschance und den höchsten Wirkungsgrad, wenn organisatorische Veränderungen mit Verhaltensänderungen verbunden werden, wenn also Ziele unter Einbeziehung der Wünsche und Hoffnungen der Beteiligten und Betroffenen gefunden werden.
>
> (nach E. Schnelle)

Bei allen Organisationsplanungen ist die Berücksichtigung dieser Erkenntnis die Basis für jeglichen Erfolg. Mit dieser Aussage ist auch der erste Hinweis auf die Rolle des Organisationsplaners verbunden. Er darf also nicht aufgrund von Analysen gemeinsam mit Experten ein Modell entwerfen und dann erwarten, daß die Mitarbeiter eines Systems dieses Modell übernehmen.

Der Vorwurf von Organisatoren, ein System sei unwillig, uneinsichtig, es übernehme das Modell falsch, ist unberechtigt. Man muß davon ausgehen, daß Systeme nicht nach einem Reglement funktionieren, das von Außenstehenden vorgegeben wurde. Diese Erkenntnis sollten insbesondere zentrale Organisationsabteilungen mehr als bisher berücksichtigen.

Der Weg zur Planung

Die Aufgaben eines Organisationsplaners liegen u. a. darin, dem Management die Notwendigkeit einer Entscheidung zur Planung **an** Organisationen bewußt zu machen.

Dazu einige Bemerkungen über unternehmerische Entscheidungen und Entscheidungsverhalten.

Ausgangspunkt jeder Entscheidung ist die Erkenntnis des Entscheidungsträgers, daß der tatsächliche Zustand vom gewünschten abweicht oder wahrscheinlich in Zukunft abweichen wird. Interne und externe Veränderungen führen dazu, daß z. B.

▷ der Mitteleinsatz ungenügend ist,

▷ die Verfolgung der gegebenen Ziele unangemessen oder

▷ die Zielerreichung sogar unmöglich wird.

Damit verbunden ist u. U. die Suche nach neuen und interessanten Zielen bzw. nach Möglichkeiten zur Zielerreichung.

Bei der Reaktion auf interne und externe Veränderungen wird es sich zumeist um Anpassungsentscheidungen, bei der Suche adäquater Ziele häufig um Innovationsentscheidungen handeln.

Der Entscheidungsträger reagiert in dieser Situation unterschiedlich.

▷ Er kann Entscheidungen aus früheren, ähnlichen Problemsituationen übernehmen oder vorschnell Ziele den Tatsachen anpassen.

▷ Er versucht Störungsursachen in der Nähe des Symptoms zu finden und zu beseitigen (z. B. bei sinkenden Umsätzen in der Vertriebsabteilung statt in der Entwicklung).

▷ Er weitet die Ursachensuche auf alle evtl. betroffenen Bereiche aus und bemüht sich so um die Beschaffung möglichst umfangreicher Informationen, um die beste Lösung zu finden.

Das weitverbreitete Routineverhalten, bewährte Lösungen von ähnlichen Problemen zu übernehmen, ist an sich nicht nachteilig; es kann bei unveränderten Zielen und nur wenig veränderten Störgrößen sogar nützlich sein („automatische" Regelung im Regler). Größere Abweichungen (gegenwärtige oder erwartete) erfordern jedoch vom Entscheidungsträger Bereitschaft zu umfangreicher Ursachenforschung und unkonventionellen Lösungen.

Die folgende *Problemlandkarte* zeigt einige Symptome, die die Organisationsabteilung und das Management aktiv werden lassen müssen, um gemeinsam die Frage „Planung **an** Organisationen – ja oder nein" zu beantworten.

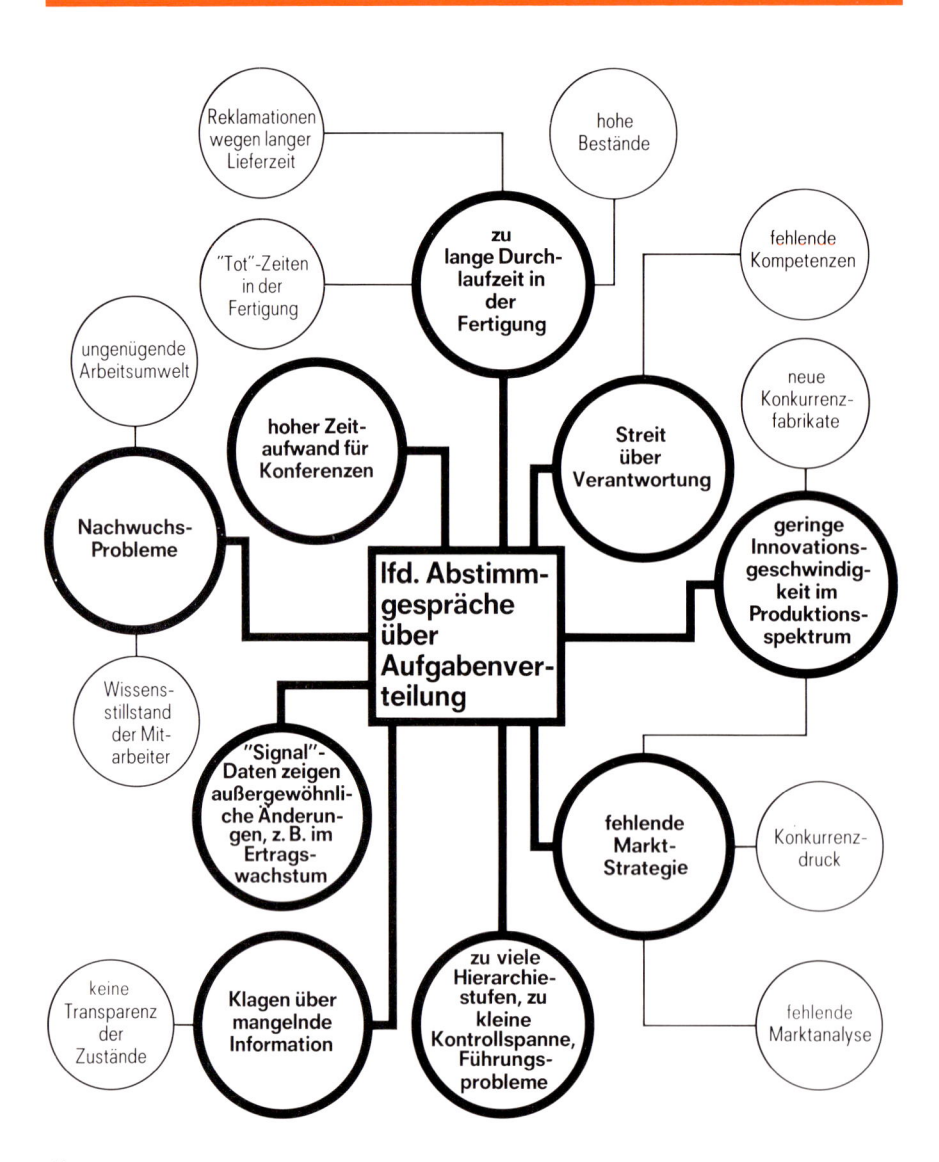

Vorfeld der Organisationsplanung — Der Weg zur Planung

Zentrum: lfd. Abstimmgespräche über Aufgabenverteilung

Hauptsymptome (innerer Kreis):
- zu lange Durchlaufzeit in der Fertigung
- hoher Zeitaufwand für Konferenzen
- Streit über Verantwortung
- Nachwuchs-Probleme
- geringe Innovationsgeschwindigkeit im Produktionsspektrum
- "Signal"-Daten zeigen außergewöhnliche Änderungen, z. B. im Ertragswachstum
- fehlende Markt-Strategie
- Klagen über mangelnde Information
- zu viele Hierarchiestufen, zu kleine Kontrollspanne, Führungsprobleme

Randsymptome (äußerer Kreis):
- Reklamationen wegen langer Lieferzeit
- hohe Bestände
- "Tot"-Zeiten in der Fertigung
- fehlende Kompetenzen
- neue Konkurrenzfabrikate
- ungenügende Arbeitsumwelt
- Wissensstillstand der Mitarbeiter
- Konkurrenzdruck
- fehlende Marktanalyse
- keine Transparenz der Zustände

Über die **Symptome** spricht man zwar im Kreise der Entscheidungsträger, kann sich aber oft nicht dazu durchringen, die notwendigen Informationen zur **Ursachen**findung zu beschaffen und Handlungen zu initiieren.

Der Organisationsplaner muß deshalb Methoden anwenden, die

▷   eine gemeinsame Informationssuche enthalten,
▷   die Problemsituation transparent machen,
▷   einen Zwang zum gemeinsamen Handeln empfinden lassen,

▷ Konflikte offenlegen,

▷ die Bereitschaft fördern, mit Änderungen verbundene Konflikte auszutragen,

▷ neue Verfahren kooperativer Kommunikation selbstverständlich werden lassen.

Erfolgversprechende Methoden, die sich in dieser Situation dem Organisationsplaner anbieten, sind Entwicklungen, wie sie insbesondere von den Beratungsgesellschaften METAPLAN GmbH und Quickborner Team (QT) angewandt werden. In gemeinsamer Arbeit mit diesen Beratungsfirmen werden diese Methoden modifiziert und erfolgreich durch einige Planergruppen der Zentralabteilung Betriebswirtschaft des Hauses Siemens eingesetzt.

Das Entscheidertraining (ET)

ist eine Zielfindungsklausur von 3 bis 5 Tagen, in der das Wissen und Wollen einer Gruppe zu handlungsorientierten Strategien führt.

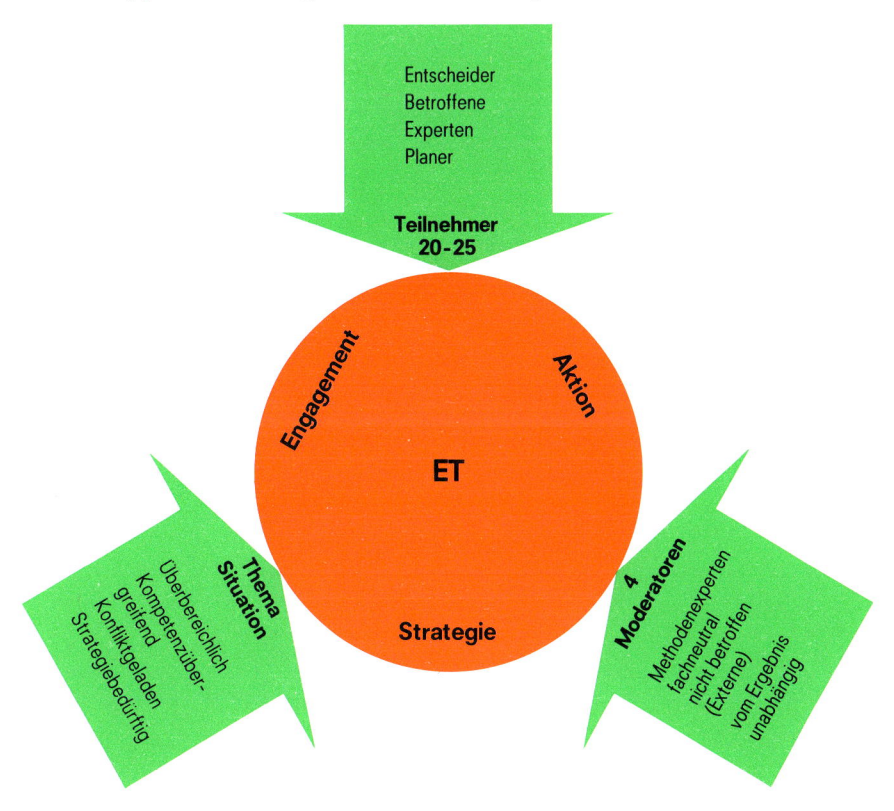

Als Kooperationsverfahren basiert das *Entscheidertraining* auf den Erkenntnissen der Gruppendynamik und stellt eine Kombination von Problemfindungs-, Problemstrukturierungs- und Lernmethoden dar. Es erhebt jedoch nicht den Anspruch, bereits fertige Problemlösungen zu liefern.

Die Funktion der *Moderatoren* besteht darin, den Willensbildungsprozeß nicht fachlich, sondern im Ablauf – unter Berücksichtigung der jeweils in der Gruppe vorhandenen Tendenzen – zu steuern.

Durch formale Spielregeln und ein situationsgerechtes Angebot an Techniken helfen sie der Gruppe, kooperativ wirksam zu werden.

Probleme erkennen	Unbehagen artikulieren, Symptome untersuchen
Probleme aktualisieren	latente Spannungen und Schwierigkeiten aufdecken
Probleme generalisieren	Gemeinsamkeiten erkennen und darstellen, Problemübersichten herstellen
Handlungsbewußtsein erzeugen	Änderungsbereitschaft feststellen, gegenseitig motivieren und gemeinsames Engagement wecken, sich auf Schwerpunkte (Aktionsfelder) einigen
Gemeinsame Ziele formulieren	Ideen und Wünsche sammeln, diskutieren und bewerten; Aktionsziele definieren
Handlungsstrategie entwerfen	Tätigkeiten festlegen, Prioritäten setzen, Lernbedarf formulieren, Aktionspartner benennen

Durch *Moderation* erhält jeder Teilnehmer die gleiche Chance, aber auch die gleiche Verpflichtung zur aktiven Beteiligung, damit sich alle mit dem Ergebnis identifizieren können.

Ablaufprinzip:

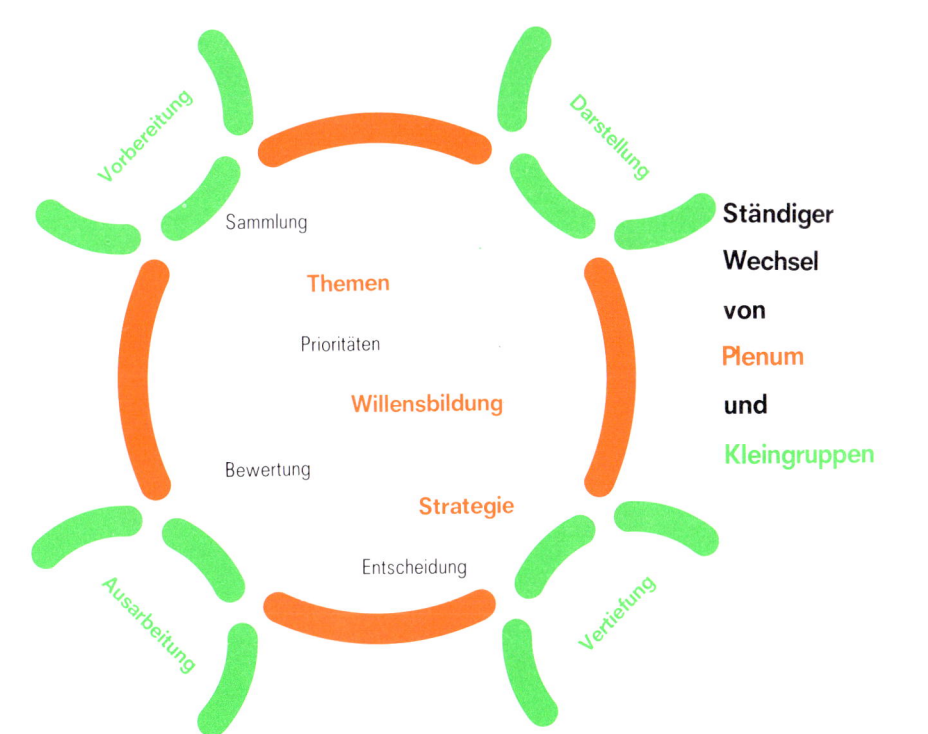

Diagramm: Kreisförmige Anordnung mit Plenum-Elementen (orange) und Kleingruppen-Elementen (grün) im ständigen Wechsel.

Plenum (orange): Themen – Willensbildung – Strategie
Weitere Begriffe im Kreis: Sammlung, Prioritäten, Bewertung, Entscheidung
Kleingruppen (grün): Vorbereitung, Darstellung, Vertiefung, Ausarbeitung

Ständiger Wechsel von Plenum und Kleingruppen

Mit dem ET steht eine wirkungsvolle Methode zur Verfügung, um Problembewußtsein und gemeinsame Handlungsbereitschaft als notwendige Voraussetzungen auf dem Weg zur erfolgreichen Planung zu erzeugen. Darüber hinaus bietet es – ohne akuten Anlaß in bestimmten Zeitabständen durchgeführt – die Möglichkeit, gemeinsam zukunftsorientierte Zielvorstellungen zu entwikkeln, die auf den Weg zur innovativen Planung führen können.

Im Interesse der Durchsetzungsfähigkeit der Strategie sollten die zugrunde liegenden Fakten und Ideen auf einem *Informationsmarkt* weiteren Bereichen unmittelbar zur Diskussion gestellt werden. Umgekehrt können sich auf einem Informationsmarkt Themen und Probleme herauskristallisieren, die ihrerseits in einem ET intensiv bearbeitet werden müssen.

Der Informationsmarkt

ist eine Methode der kooperativen Kommunikation für Gruppen von 20 bis 1000 Personen, die sich auf einem Markt intensiv über mehrere Themenbereiche informieren und durch eigene Ideen und Intentionen zu deren weiterer Erarbeitung beitragen.

Bei dieser Form der Kommunikation

▷   wird dem Teilnehmer eine Vielzahl von Informationen angeboten, z. B. Meinungen, Lösungen, Ideen, Wünsche, Probleme,

▷   erfolgt ein Informationsaustausch zwischen allen Beteiligten, um
  • den gleichen Informationsstand zu bekommen,
  • Problemlösungen und Ideen einzelner Fachgebiete vorzustellen,
  • Anregungen, Wünsche und Meinungen der Teilnehmer offenzulegen,

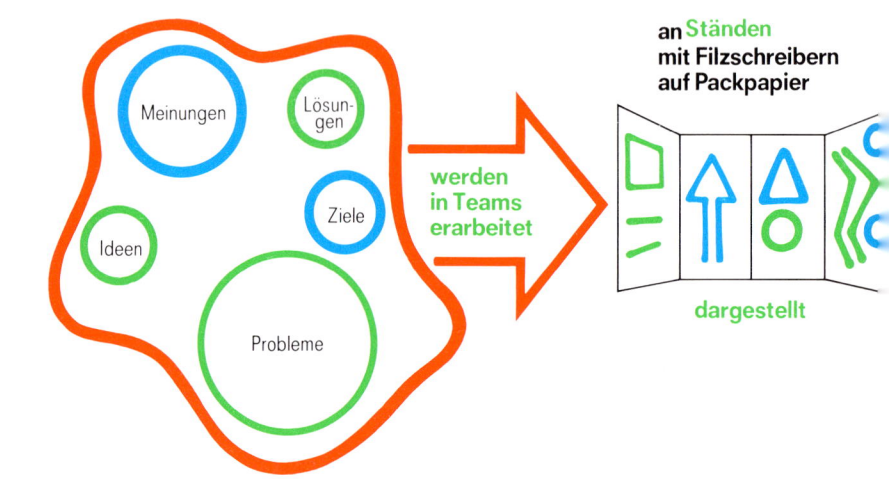

▷   werden Lösungen, Ideen und Meinungen zwischen den Beteiligten diskutiert, um Prioritäten und Standpunkte zu erkennen und abzustimmen.

Auf dem Weg zur Planung kann der Info-Markt damit folgenden Zielen gerecht werden:

▷ Rückkoppelungsprozesse in Gang setzen,
▷ Ideensammlung auf breiter Basis,
▷ Motivation durch Einbeziehung in einen Meinungsbildungsprozeß,
▷ Problembewußtsein wecken, Lösungsansätze sichtbar machen und
▷ informelle Kontakte erleichtern.

Während eines Informationsmarktes werden an Themen- und Spontanständen problemorientierte Diskussionen geführt. Hierzu ist es erforderlich, daß sich die Teilnehmer spontan in kommunikationsfähige kleine Gruppen (max. 25 Personen je Stand) aufteilen. Zugleich muß aber das vielfältige Themenangebot das spezifische Informationsbedürfnis der Teilnehmer abdecken und ein mehrmaliges Wiederholen der Standpräsentation den Teilnehmern Dispositionsfreiheit über Zeit und Themen lassen.

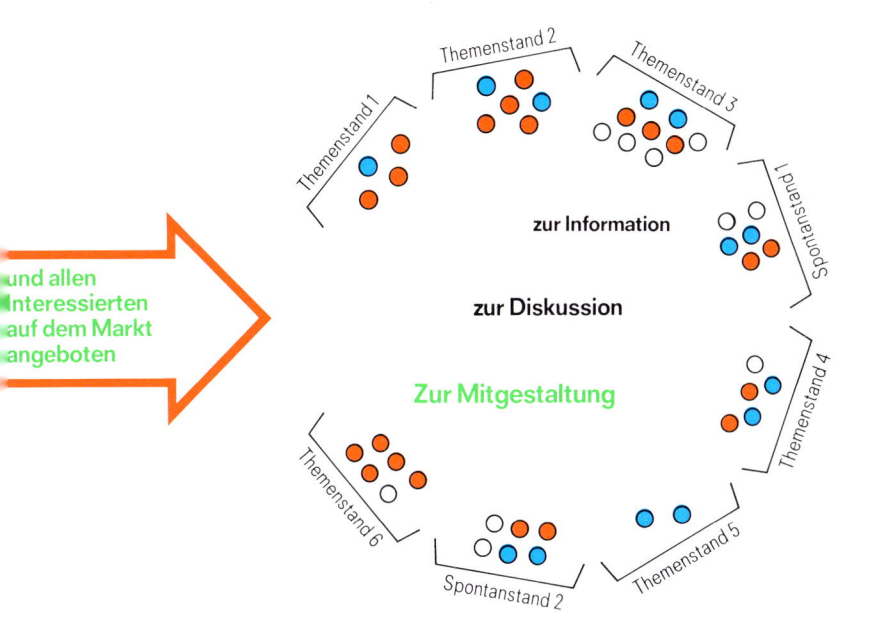

Neben diesen in visualisierter Form (*Visualisierung*) dargebotenen Informationen hat der Teilnehmer aber auch die Möglichkeit, Themen mitzugestalten bzw. an Spontanständen eigene Themen anzubieten.

Der Informationsmarkt ist also geprägt durch eine mehrfache Wiederholung der Standrunden und das Wechselspiel von Präsentation und Interaktion.

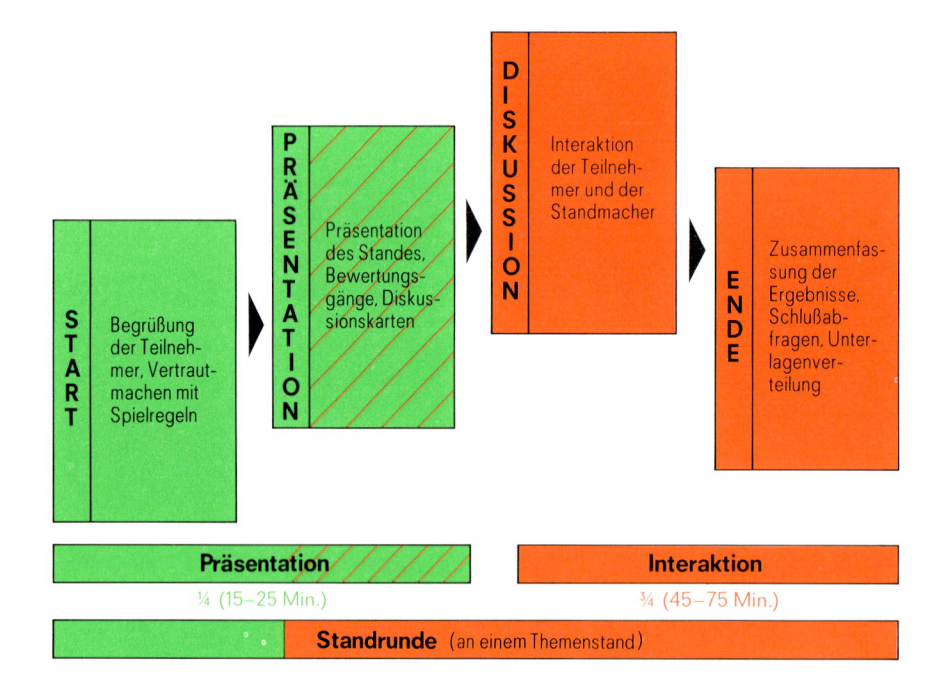

START	PRÄSENTATION	DISKUSSION	ENDE
Begrüßung der Teilnehmer, Vertrautmachen mit Spielregeln	Präsentation des Standes, Bewertungsgänge, Diskussionskarten	Interaktion der Teilnehmer und der Standmacher	Zusammenfassung der Ergebnisse, Schlußabfragen, Unterlagenverteilung

Präsentation ¼ (15–25 Min.)   **Interaktion** ¾ (45–75 Min.)

Standrunde (an einem Themenstand)

Dabei werden den Teilnehmern im Gegensatz zu bisherigen Veranstaltungen nur noch in $^1/_4$ der Zeit Informationen angeboten, jedoch stehen $^3/_4$ der Zeit zum Meinungsaustausch zur Verfügung. Diese schon erfolgreich praktizierte Methode der Kommunikation in Gruppen (z.B. Siemens-Forum '73) bringt sowohl dem Teilnehmer als auch dem Veranstalter ein Höchstmaß an Nutzen und ist zudem in der Teilnehmerzahl flexibel.

Durch diese beiden Methoden sollen von Anfang an **alle** Betroffenen und Beteiligten an Ideenfindung, Zielsuche und Wegsuche beteiligt werden und gleichzeitig Techniken der Zusammenarbeit in Gruppen kennenlernen.

Zusammenfassend sei festgestellt, daß die Aufgaben eines Organisationsplaners nicht erst beginnen, wenn das Auftreten bestimmter Störungen die Entscheidungsträger zur Organisationsplanung zwingt (Reaktion). Der Organisationsplaner sollte im Gegenteil helfen, durch vorausschauende Planung solche Situationen zu vermeiden, d.h. künftige Veränderungen frühzeitig zu erkennen (Aktion). Dabei muß er Methoden anwenden, die sicherstellen, daß alle Beteiligten und Betroffenen miteinander ins Gespräch kommen und sich gemeinsam bei der Lösung der anstehenden Probleme engagieren.

Voruntersuchung

VORFELD	Die Entscheidung für die Planung und die Planung der Planung	PLANUNGS-PROZESS	Die Verwirklichung der Planungsergebnisse
• Planung **in** und Planung **an** Organisationen • Der Weg zur Planung		Das Planungsprinzip und die Phasen der Planung	
	VOR-UNTERSUCHUNG		REALISIERUNG

Störungen liegen offen, Unbehagen ist formuliert und die Probleme sind erkennbar und bereits eingekreist. Auch besteht beim Management – oder zumindest einem Teil davon – das Bewußtsein, daß „gehandelt werden muß". Damit beginnen jedoch die Schwierigkeiten des Handelns, genauer gesagt: des **richtigen** Handelns.

„Problem erkannt – Problem gebannt." Dieser Spruch bewährter Praktiker und resoluter Manager besitzt für den Bereich der Unternehmungsführung sicher nicht die Allgemeingültigkeit wie möglicherweise für die Psychotherapie und wird sich in der bestehenden Situation kaum bewähren. Die Betroffenheit bei Verantwortungs- und Funktionsträgern entsteht ja gerade dann, wenn Routineverhalten und bewährte Lösungen offensichtlich nicht mehr weiterhelfen (Defensive) oder dem Bemühen nach neuen Zielen nicht genügen (Offensive).

Wie soll richtig gehandelt werden? Um diese Frage zu beantworten, lohnt sich fast immer eine Voruntersuchung. Selbst bei Problemen, für die die wirtschaftlichsten Lösungen schon bekannt zu sein scheinen, kann es gefährlich sein, diese einfach zu übernehmen; denn die Problemsicht ist abhängig vom Standpunkt desjenigen bzw. derer, die es erkannt zu haben glauben. Häufig erfaßt die Problembeschreibung dabei nur Symptome und nicht die Ursachen.

Ein Problem taucht für den einzelnen immer nur dann auf, wenn zwischen dem (scheinbaren) Ist-Zustand und einem gewünschten Soll-Zustand eine Abweichung subjektiv erkennbar ist.

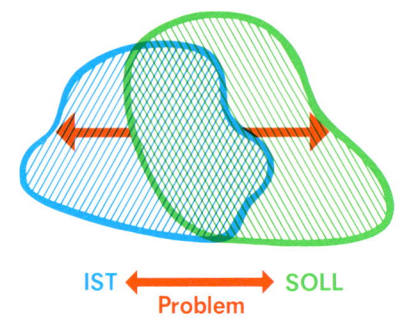

Nun ist leicht ableitbar, warum Problembeschreibungen – je nach Problemsicht der Beteiligten – divergieren; nämlich aufgrund von:

▷ unterschiedlichen Kenntnissen über den Ist-Zustand,

▷ verschiedenen Vorstellungen über den gewünschten Soll-Zustand,

▷ verschiedenen Ansichten über den notwendigen Einsatz von Methoden und Techniken beim Problemlösungsprozeß,

▷ verschiedenen Vorstellungen darüber, welche Personen betroffen und kompetent sind,

▷ unterschiedlichen Auffassungen über den einzuschlagenden Lösungsweg.

Wenn hier Klarheit geschaffen werden soll – und bevor man plant, muß diese Klärung vorliegen –, so ist dies nur durch einen vom Problem nicht unmittelbar Betroffenen zu leisten. Das heißt: mit einer Voruntersuchung sollten nur Externe betraut werden (z.B. Organisationsfachleute – entweder aus vorhandenen zentralen Stabsabteilungen oder externe Organisationsberater); denn nur in diesem Personenkreis sind gleichzeitig die notwendige Unbefangenheit gegenüber dem System und der Problemsituation, das Fachwissen über die wesentlichen Faktoren derartiger Situationen und das Methodenpotential vorhanden, um innerhalb von 2–4 Wochen folgende Komplexe zu erfassen und zu klären:

Problemanalyse: Muß ein Planungsprozeß eingeleitet werden?

▶ Bestimmungsfaktoren der Planungssituation und des Planungsprozesses

Analyse des Systems: Kann ein Planungsprozeß eingeleitet werden?

▶ Klärung, ob das System eine Planung „ertragen" kann

▶ Erkennen der Änderungsbereitschaft des verantwortlichen Managements

Planung der Planung: Wie läßt sich eine Organisation planen?

- ▶ Wahl der Organisationsform für den Planungsprozeß
- ▶ Schaffung der organisatorisch-technischen Voraussetzungen
- ▶ Schaffung der informationellen Voraussetzungen

Problemanalyse: Muß ein Planungsprozeß eingeleitet werden?

Um sich einen Überblick über die möglichen Handlungsalternativen zu verschaffen und sich für diejenige zu entscheiden, welche dem Problem adäquat ist, bedarf es einer Analyse der Problemsituation. Erst hieraus kann sich die Klärung der Faktoren ergeben, von denen die Planungssituation und der Planungsprozeß bestimmt werden.

Die **Bestimmungsfaktoren der Planungssituation** und des Planungsprozesses sind:

- ▶ Problemstruktur
- ▶ Informationsbedarf
- ▶ Zeitbedarf

▶ Problemstruktur

Unter dem Grad der Bestimmtheit einer Problemsituation bzw. Planungssituation sei verstanden, in welchem Ausmaß der Inhalt der Problemlösung bzw. des Planungsergebnisses bereits bekannt ist. Die möglichen Problemsituationen lassen sich entlang einer gedachten Skala anordnen, bei der die häufig wiederkehrenden, gleichen oder ähnlichen Situationen am Anfang stehen. Hierfür sind meist standardisierte Lösungen bereits gefunden oder können ohne besondere Schwierigkeiten gefunden werden. Am Ende der Skala stehen Probleme, deren genaue Ursachen bereits schwer zu definieren sind und für deren Lösung keine brauchbaren und bewährten Konzepte zur Verfügung stehen.

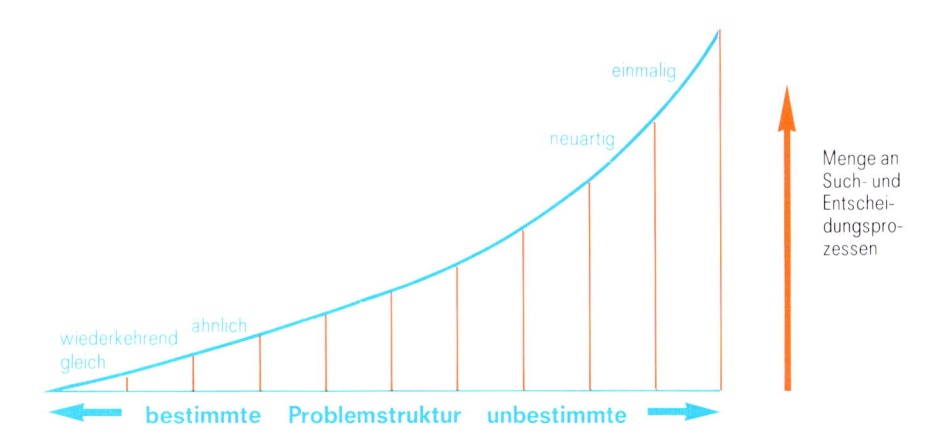

Je unbestimmter das Problem ist, desto eher muß von programmierten Lösungsmodellen auf individuelle, speziell erarbeitete Lösungen übergegangen werden. Hierfür sind die meisten Organisationsprobleme Musterbeispiele. Sie sind gekennzeichnet durch

▷ eine unbestimmte Anzahl von Lösungen,

▷ ungenügende Beschreibung von Lösungsalternativen,

▷ nicht eindeutig zu bestimmende Konsequenzen,

▷ nicht quantifizierbare Ziele und

▷ mangelnde Bewertungskriterien (oft läßt sich nicht einmal nachträglich sagen, ob z. B. der Gewinn durch eine andere organisatorische Struktur des Unternehmens anders ausgefallen wäre).

Auf derartige Kennzeichen achten die Organisationsplaner bei einer Voruntersuchung, indem sie an den Schlüsselstellen der Kompetenz- und Funktionsausübung eine umfassende Bestandsaufnahme über Problemformulierungen, Zielvorstellungen und Lösungskonzepte anstellen. Nach kritischem Vergleich der Problemdarstellungen und der angebotenen Lösungskonzepte wird sich erst sagen lassen, welcher Aufwand an Such- und Entscheidungsprozessen tatsächlich notwendig ist, um die Ursachen und nicht nur die Symptome des Problems zu beseitigen.

▶   Informationsbedarf

Mit zunehmender Komplexität steigt meistens auch der Informationsbedarf. Unter Komplexität einer Problemsituation bzw. Planungsaufgabe sei verstanden, in welchem Umfang ihre Lösung unterschiedliche Funktionsbereiche und Führungspositionen innerhalb der Unternehmensstruktur berührt.

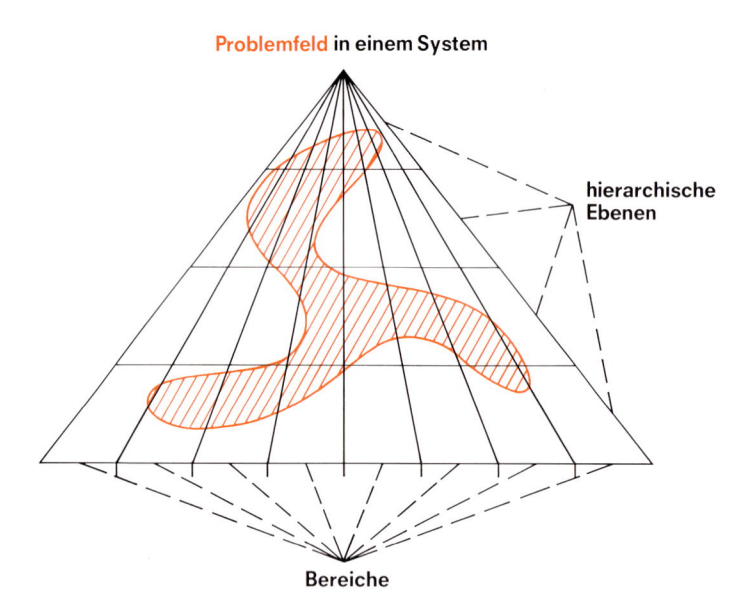

Problemfeld in einem System

hierarchische Ebenen

Bereiche

Eine komplexe Problemsituation ist dadurch gekennzeichnet, daß gleichzeitig verschiedene Bereiche auf verschiedenen hierarchischen Ebenen in gegenseitiger Abhängigkeit betroffen sind. Die Komplexität läßt sich daher auch definieren als Maß der Schwierigkeiten, die bei der Analyse einer Problemsituation zu meistern sind.

Für die Voruntersuchung, die das Problemfeld und damit möglicherweise ein zukünftiges Planungsfeld abstecken und beschreiben muß, heißt das:

▷   Zuerst problem-unabhängig den Überblick über die Funktionszusammenhänge des untersuchten Systems gewinnen!

▷   Durch das Wissen um die Funktionszusammenhänge Hypothesen über die mögliche Ausdehnung des Problemfeldes bilden!

▷   Diese Hypothesen durch punktuelle Befragungen überprüfen!

▷   Eventuell neu auftauchenden Problemkreisen nachgehen!

▷   Zum Problem geäußerte Meinungen registrieren und nachprüfen!

Problemanalyse — Voruntersuchung

Die Schwierigkeit für die Untersuchenden liegt sicher darin, daß sich kein Befragter gern mit einem Problem identifiziert. Deshalb ist es bei *Interviews* sinnvoll, den Befragten zunächst als Erfahrungsträger anzusprechen und darauf aufbauend auf seine Funktion und Rolle hinzulenken.

Eindruck einer Revision vermeiden!

Von der annähernd richtigen Abgrenzung des Problemfeldes hängt es entscheidend ab, ob die sachlichen, organisatorischen und personellen Bedingungen einer späteren Planung zum Erfolg verhelfen oder nicht.

▶ Zeitbedarf

Die Abschätzung des Zeitbedarfs für den Problemlösungsprozeß stellt ein wesentliches Kriterium für die Entscheidung dar, wie gehandelt werden soll.

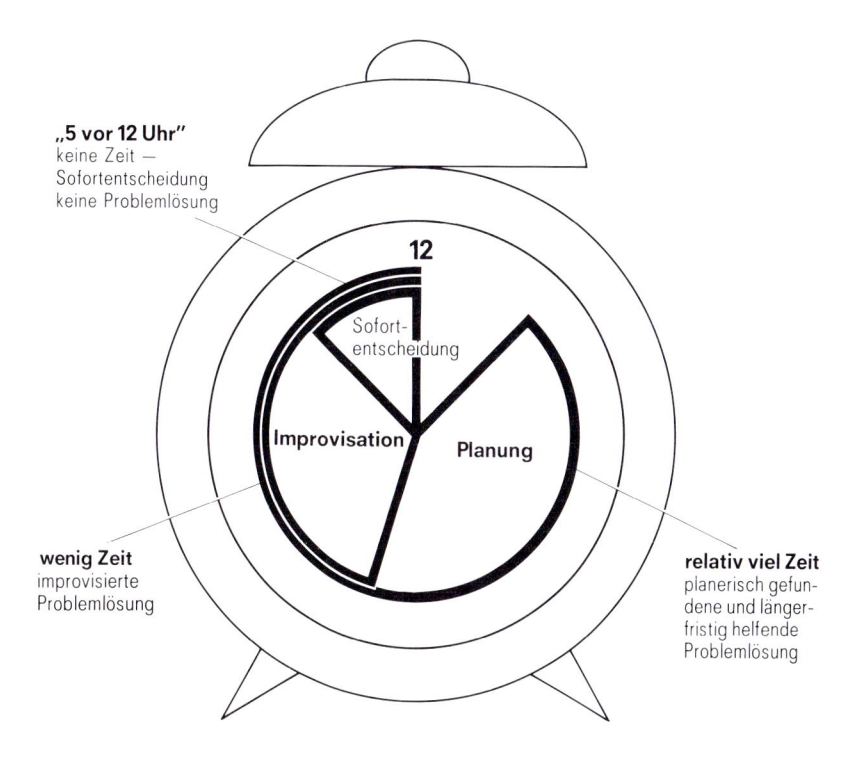

„5 vor 12 Uhr"
keine Zeit —
Sofortentscheidung
keine Problemlösung

Sofortentscheidung

Improvisation   Planung

wenig Zeit
improvisierte
Problemlösung

relativ viel Zeit
planerisch gefundene und längerfristig helfende Problemlösung

Je umfassender die erwarteten organisatorischen Änderungen sind und je weiter der Planungshorizont gesteckt ist, desto mehr wird die Planung zu einem wesentlichen Faktor für den Erfolg. Man muß sich durch eine frühzeitige Problemerkennung auf größere Zeiträume einstellen, wenn eine sorgfältige und systematische Planung die häufig übliche Improvisation ersetzen soll.

Ein zu kurz angesetzter Planungsprozeß geht zu Lasten

▷   einer ausreichenden Situationsanalyse und Problemdefinition,
▷   einer methodischen Suche nach möglichen Handlungsalternativen sowie
▷   einer überlegten Bewertung und Auswahl der effizientesten Alternative.

Meistens werden in relativ kurzer Zeit nur Handlungsalternativen mit vergleichsweise geringerer Effizienz in Betracht gezogen. Diese lösen zwar für den Augenblick die jeweiligen Probleme, sind aber nur eine Art Notbehelf und werfen damit ständig neue Probleme auf.

Ergebnis der Problemanalyse

Aufgabe der Voruntersuchung ist es, die Bestimmungsfaktoren der bestehenden Situation ausreichend zu beschreiben, um

▷   zu entscheiden, ob ein Planungsprozeß eingeleitet werden muß,
▷   Hinweise auf die Hauptbeteiligten am Problem zu bekommen,
▷   aufgrund der Kenntnis des Planungsfeldes die vorläufigen Planungsschwerpunkte und Zielvorstellungen zu formulieren,
▷   den Planungshorizont abzustecken und damit Anhaltspunkte über Planungszeit und -aufwand sowie Beginn der Realisierung zu gewinnen.

Die folgende Darstellung läßt erkennen, daß diese Informationen durch die Problemanalyse der Voruntersuchung nur annähernd und vorläufig geliefert werden können.

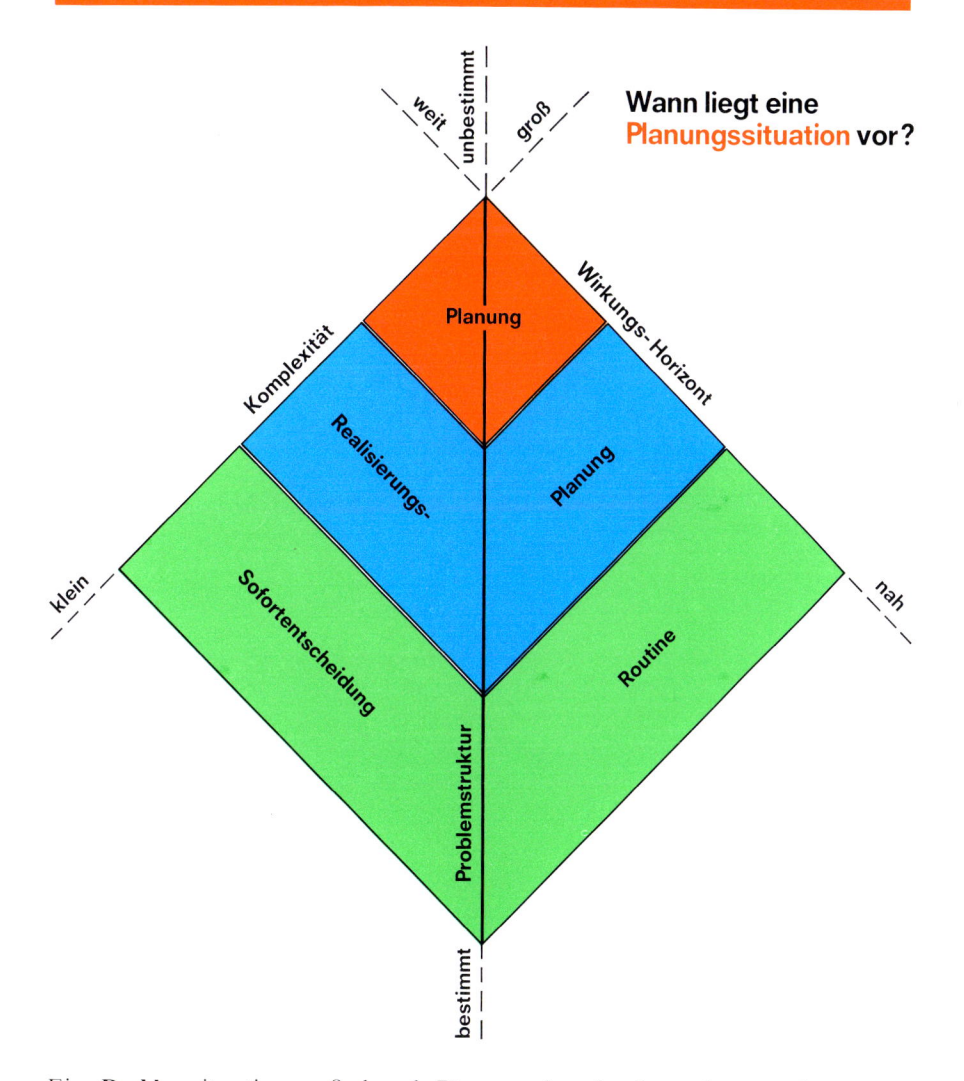

Wann liegt eine **Planungssituation** vor?

Eine **Problem**situation muß also als **Planungs**situation betrachtet werden, wenn gleichzeitig

▷ die Problemstruktur ungenügend bekannt ist und das Finden von Lösungen eine große Menge an Such- und Entscheidungsprozessen nötig macht,

▷ das Problemfeld mehrere verschiedene Bereiche und Ebenen umfaßt und sich durch einen hohen Informationsbedarf auszeichnet,

▷ für die Problemlösung ein relativ hoher Zeitaufwand notwendig sowie ein weiter Wirkungshorizont zu erwarten ist.

■ Eine Voruntersuchung kann und darf nicht als vorgezogene Planung benutzt werden und damit den eigentlichen Planungsprozeß determinieren.

Analyse des Systems:
Kann ein Planungsprozeß eingeleitet werden?

Es genügt nicht festzustellen, die bestehende Situation erfordere eine Planung und sei sozusagen „planungsreif". Möglicherweise gibt es dennoch Gründe, von der sofortigen Einleitung eines Planungsprozesses Abstand zu nehmen.

Klärung, ob das System eine Planung „ertragen" kann

Es ist durchaus kein Planerwitz, daß man ein System „totplanen" kann. Wenn eine Organisation nicht die Möglichkeit hat, sich zu konsolidieren, sondern von einer Planung in die andere gejagt wird, bricht sie in ihrer Funktionsfähigkeit zusammen.

Beispiel:

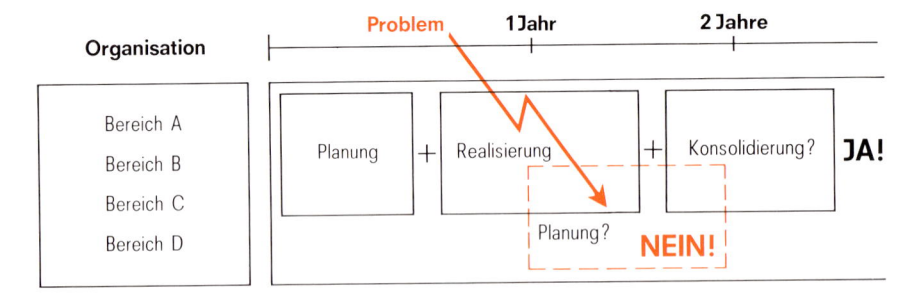

Daß Realisierungsphasen ein System besonders schwer belasten, liegt auf der Hand, denn sie greifen unmittelbar verändernd ein, während die Ausübung der Funktionen aufrechterhalten werden muß. Weniger ersichtlich ist, daß bereits Planungsprozesse starke Einwirkungen auf die Abläufe haben, indem sie das System zur Auseinandersetzung zwingen und ihm dafür auch Zeit abverlangen. (Nicht selten resultieren daraus sogar positive improvisatorische Sofortmaßnahmen – ein schlechter Trost bei insgesamt erfolglosen Planungen.)

> Jede Organisation braucht neben beplanten auch noch ungestörte Bereiche.
>
> Planung, Realisierung und Konsolidierung sind als Phasen des organisatorischen (Um-)Gestaltungsprozesses unverzichtbar.

Bei Verstoß gegen diese Maximen treten neben augenscheinlichen Funktionsstörungen auch noch psychologische Schwierigkeiten auf.

Sich überlappende Planungsprozesse (bei denen sich die Planer in den Bereichen gegenseitig die Türklinken in die Hand geben) verhindern zwangsläufig konsequente Realisierungen bzw. werfen bereits Realisiertes kurzfristig wieder um. Damit verlieren nicht nur die Planer das notwendige Engagement, auch die Systemmitglieder verlieren den Glauben an die Wirksamkeit einer Planung. Es bedarf keiner weiteren Erklärung, daß unter solchen Umständen in absehbarer Zukunft keine Kooperation zwischen Planern und Beplanten mehr zustande kommen wird.

Falls sich also die Voruntersuchung um die Frage der Planungsverträglichkeit des betreffenden Systems herumdrückt, kann das einmal mehr zu einer „Schubladenplanung" führen, die nur mit einem schönen Bericht endet.

Erkennen der Änderungsbereitschaft des verantwortlichen Managements

Die Bedeutung der Änderungsbereitschaft im beplanten System wird bei der *Planung der Planung* häufig unterschätzt. So wird ein formalisiertes Vorgehen empfohlen, das die Widerstände gegen Änderungen unberücksichtigt läßt.

Gründe für diese Widerstände (s. a. S. 17) können sein:

▷ Änderungen führen zur Verunsicherung bei den betroffenen Managern.

▷ Keiner läßt sich gerne sagen, daß das, was er bisher gemacht hat, nicht richtig war.

▷ Realisierung kostet Geld.

Mangelnde Änderungsbereitschaft kann dazu führen, daß

▷ aufgrund der Problemstellung zum Planungsfeld gehörende Teile völlig ausgeklammert und tabuisiert werden,

▷ besonders bei zukunftsgerichteten offensiven Planungen durch die ständige Forderung nach neuen Analysen und Lösungsvorschlägen die Entscheidungen immer wieder hinausgezögert werden,

▷ Planungen initiiert werden, um einmal gefällte Entscheidungen zu bestätigen,

▷ kostspielige Planungen begonnen werden, ohne daß die Bereitschaft des Managements geklärt ist, für die Realisierung Geld bereitzustellen.

■ Auf jeden Fall gilt, daß sich der Aufwand für eine Planung nur bei einem hohen Wahrscheinlichkeitsgrad für die Realisierung rechtfertigt.

Der Organisationsplaner muß bei der Voruntersuchung in der Lage sein, derartige Widerstände zu erkennen, um methodisch richtig agieren zu können.

Es ist daher angebracht, schon während der *Problemanalyse* genügend relevante Fakten zu erheben, um dem Management über den Weg verstärkter Verunsicherung die Situation des Zugzwangs bewußt zu machen.

Als Methoden bieten sich hierbei *Entscheidertraining*, *Informationsmarkt* und *Moderation* an.

Planung der Planung: Wie läßt sich eine Organisation planen?

Erst auf der Basis von Problemanalyse und Analyse des Systems, also nachdem feststeht, daß eine Planung eingeleitet werden muß und kann, setzt die Planung der Planung ein.

Wie läßt sich Organisation planen? – Diese Frage muß in zweifacher Hinsicht beantwortet werden, nämlich

    auf die Organisation selbst bezogen …

Der Beplante

ist ~~Zielobjekt~~ [Ideenquelle] innovativer Planung. Er ist den Planungsmaßnahmen ~~wehrlos~~ [nicht] ausgesetzt und hat sich [an] den neuen Gegebenheiten ~~wortlos unterzuordnen~~ [aktiv mitzubeteiligen]. Er ~~soll~~ [kann] vielmehr ~~dankbar sein,~~ [erwarten,] daß sich aufgrund des erzielten Rationalisierungserfolgs seine ~~Anwesenheit nicht erübrigt~~ [Aufgaben verantwortlicher gestalten]. Jede Kritik des Planungsergebnisses ist ~~un~~erwünscht, da sie ~~nur~~ die geistige ~~Beschränktheit~~ [Anteilnahme] des Beplanten zum Ausdruck bringt.

…sicherlich nicht nach obigem Motto, das inzwischen kräftige Korrekturen erfahren mußte

▷ Planung kann keine Organisation verändern, aber die Organisation kann sich selbst mit Hilfe der Planung verändern!

Also: keine Planung am grünen Tisch!

...und auf die Planung bezogen...

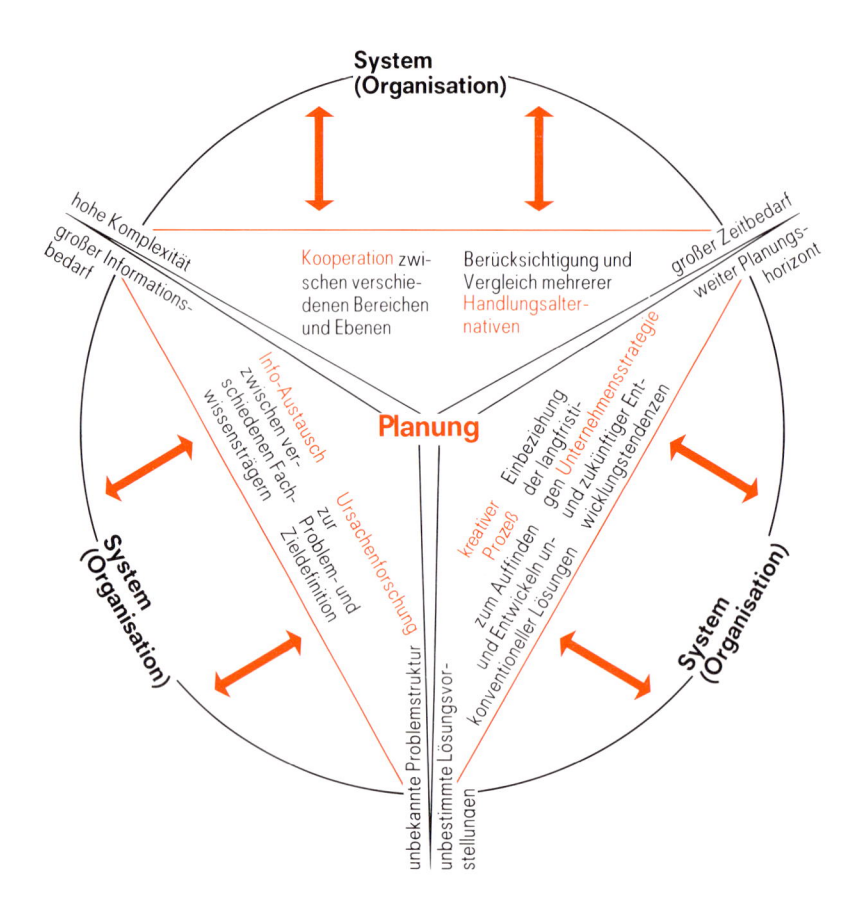

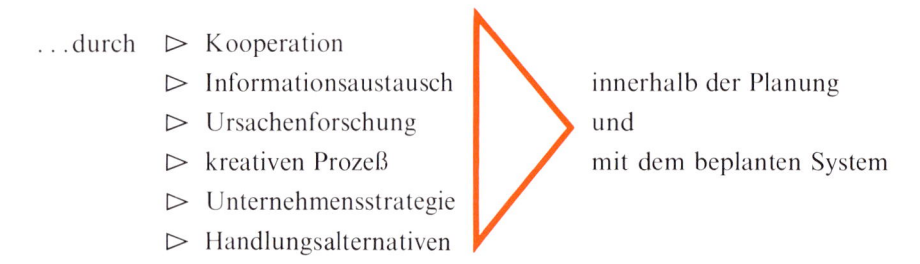

System (Organisation)

- Kooperation zwischen verschiedenen Bereichen und Ebenen
- Berücksichtigung und Vergleich mehrerer Handlungsalternativen
- Info-Austausch zwischen verschiedenen Fachwissensträgern
- Ursachenforschung zur Problem- und Zieldefinition
- kreativer Prozeß zum Auffinden und Entwickeln unkonventioneller Lösungen
- Einbeziehung der langfristigen Unternehmensstrategie und zukünftiger Entwicklungstendenzen

Planung

Umgebungsbedingungen: hohe Komplexität, großer Informationsbedarf, großer Zeitbedarf, weiter Planungshorizont, unbekannte Problemstruktur, unbestimmte Lösungsvorstellungen

...durch
- ▷ Kooperation
- ▷ Informationsaustausch
- ▷ Ursachenforschung
- ▷ kreativen Prozeß
- ▷ Unternehmensstrategie
- ▷ Handlungsalternativen

innerhalb der Planung
und
mit dem beplanten System

Planung der Planung umfaßt

▷ die Wahl der Organisationsform für den Planungsprozeß sowie
▷ die Schaffung der organisatorisch-technischen Voraussetzungen

und findet ihren Abschluß in

▷ dem Planungsauftrag und
▷ der Information des beplanten Systems.

Wahl der Organisationsform für den Planungsprozeß

Daß die Art der Aufgabenabwicklung von den Bestimmungsfaktoren der jeweiligen Situation abhängt, ist einleuchtend. Trotzdem wird bei der Organisationsplanung häufig eine falsche Abwicklungsform gewählt – entweder in Verkennung der bestehenden Aufgabenstruktur oder wegen Unkenntnis des Leistungsprofils der Durchführungsformen Experten-Einsatz, Projekt-Management und Teamwork-Management. Unterschiedlich ist hierbei die Form der Zusammenarbeit zwischen den beteiligten Personen und die Art der Überwachung und Verantwortung für die Planung.

▶ Der Einsatz von Experten

setzt klar abgrenzbare Teilaufgaben voraus, die an einzelne vergeben werden können mit der Absicht, eindeutig formulierte Leistungsziele (Ergebnisse) innerhalb kürzester oder zumindest möglichst kurzer Zeit optimal zu verwirklichen.

Es handelt sich dabei meist um Aufgaben, wie sie in größerem Zusammenhang in *Netzplänen* erscheinen, also um termingebundene Aufträge, die Spezialwissen voraussetzen. Während der Nicht-Fachmann darin erhebliche Schwierigkeiten erblicken wird, denen er mit seiner Improvisationsfähigkeit kaum gewachsen ist, stellen sie für den Fachmann lediglich Anforderungen an dessen Routine.

Je mehr Abhängigkeiten jedoch zwischen Teilproblemen bestehen und je weniger genau die entsprechenden Schnittstellen definiert werden können, desto stärker muß vom Einsatz einzelner Experten abgesehen werden, weil sich die Abstimmung von Teilergebnissen äußerst schwierig gestaltet. Dabei kommt es – weitab vom gewünschten Gesamteffekt – eher zu bewußten oder unbewußten Prestigekämpfen, in denen jeder sein optimales Ergebnis zu verteidigen sucht. Abgesehen von suboptimalen Gesamtergebnissen leidet die Wirtschaftlichkeit eines solchen Verfahrens darunter, daß sich Abstimmungen meist nur an zeitlich unterschiedlich vorliegenden Teilergebnissen vornehmen lassen und als Korrekturmaßnahmen Teilwiederholungen zur Folge haben.

Bei Planungsaufgaben kommt häufig noch hinzu, daß die betroffene Hierarchie nicht vollständig und nicht rechtzeitig einbezogen wird. Das würde bei Organisationsplanungen, die meist eine Umstrukturierung der Hierarchie nach sich ziehen, zur Ablehnung der erarbeiteten Lösungen führen.

▶ Das Projekt-Management

berücksichtigt die entscheidende Rolle der Koordination bei der Durchführung umfangreicher Projekte durch die Person eines Projektleiters.

Der Projektleiter erhält vom Management den Auftrag und die Verantwortung für die Problemlösung und bildet nach fachlichen Gesichtspunkten eine Gruppe von Experten, die ihm fachlich und – soweit es sich um systeminterne Mitglieder handelt – meist auch disziplinarisch für die Dauer der Projektausführung unterstellt sind. Die Arbeit erfolgt unter räumlicher und zeitlicher Zusammenfassung der Projektgruppe, um eine laufende inhaltliche Abstimmung und den Informationsaustausch zu gewährleisten.

Das Prinzip der alleinigen Entscheidungsbefugnis des Projektleiters sowie dessen ausschließliche Kontrolle durch den Auftraggeber setzt voraus, daß der Projektauftrag genügend deutliche Aussagen über Umfang und Schwerpunkte des Aufgabenfeldes, über die Kriterien und Inhalte des Aufgabenzieles und über den Zeitraum der Aufgabendurchführung treffen kann.

Die Form des Projekt-Managements hat sich deswegen bereits vielfach bei *Realisierungen* bewährt. Dabei sollen bestehende Konzepte durch Planung und Abstimmung der Detailaspekte im Rahmen bestimmter Zeitvorstellungen realisierungsreif gemacht und eingeführt werden (Musterbeispiel: Einführung von Dv-Verfahren). Die typische Anfangstätigkeit einer solchen Projektarbeit ist die Erstellung eines *Netzplanes* zur Präzisierung der Aufgabenelemente, der funktionalen Abhängigkeit und der Terminplanung. Der Netzplan stellt in der Regel die zweckmäßigste und zuverlässigste Basis für den Projektleiter dar, um die Durchführung der Projektarbeiten zu koordinieren und zu kontrollieren.

Zwei Gründe haben das Projekt-Management zum beliebtesten und fast ausschließlichen Instrument für alle planerischen Aufgaben gemacht:

▷ Umfangreiche Aufgabenpakete lassen sich effizient bewältigen.
▷ Die Organisationsform stimmt in Kompetenz- und Verantwortungsstruktur mit den Prinzipien der Unternehmenshierarchie überein.

Dabei wurde übersehen, daß sehr viele planerische Aufgaben – nämlich sämtliche Situationen strategischer Planung, darunter speziell Organisationsplanungen – in keiner Beziehung die relativ stark determinierten Voraussetzungen für den Einsatz des Projekt-Managements aufweisen. Strategische Planungen verlangen bei der Problem- und Zielformulierung eine erhebliche Anzahl an Such- und Entscheidungsprozessen. Hier ist jeder Projektleiter überfordert, denn ihm fehlen als einzelnem die Maßstäbe der Begutachtung, Selektion und Kontrolle. Außerdem kommt das Management in der Regel zu keinem echten Meinungsbildungsprozeß, denn es werden ihm nur Lösungsvorschläge vorgesetzt, die es entweder annehmen oder ablehnen kann. Damit fehlt häufig die Basis für tragfähige Entscheidungen.

Die negativen Folgen allzu unreflektierter Erteilung von Projektverantwortung an einzelne Personen – seien diese auch noch so qualifiziert – lassen sich unschwer diagnostizieren: Mangel an Problemtransparenz, Bekämpfung von Symptomen statt von Ursachen, Zielformulierungen für gestern statt für heute und morgen, Reaktion statt Aktion, Praktizierung eingefahrener Denkmuster statt Produktion vielfältiger problemadäquater Ideen, Lösungen für heute bereits Probleme von morgen, mehr Unzufriedene als Zufriedene und schließlich meist erfolgloser Krieg gegen den Widerstand der vorher nicht Befragten. Das illustrieren viele „Planungen" im kommunalen Bereich, die auf dem Dienstweg beginnen, zum Projekt eines Ressortreferenten ernannt werden (der natürlich „seine" Leute dafür hat und sogar noch ein paar Experten dafür holt) – und ausgehen wie das „Hornberger Schießen".

Teamwork-Management

Organisationsplanung ist ein kooperativer Problemlösungsprozeß, bei dem alle betroffenen Wissens-, Kompetenz- und Verantwortungsträger des beplanten Systems gemeinsam mit Planungsexperten organisationsgestaltend wirksam werden.

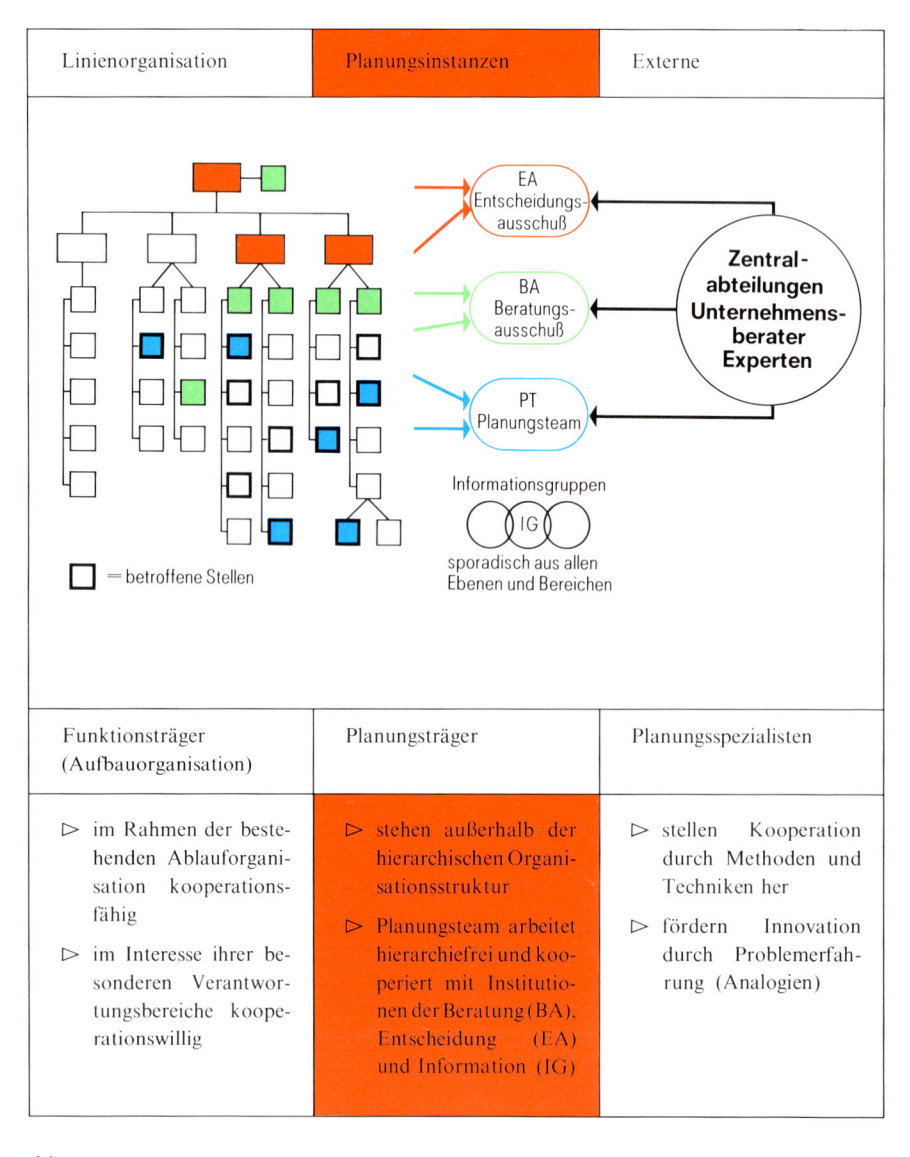

Linienorganisation	Planungsinstanzen	Externe
(Organigramm mit betroffenen Stellen) □ = betroffene Stellen	EA Entscheidungsausschuß BA Beratungsausschuß PT Planungsteam Informationsgruppen (IG) sporadisch aus allen Ebenen und Bereichen	Zentralabteilungen Unternehmensberater Experten
Funktionsträger (Aufbauorganisation)	Planungsträger	Planungsspezialisten
▷ im Rahmen der bestehenden Ablauforganisation kooperationsfähig ▷ im Interesse ihrer besonderen Verantwortungsbereiche kooperationswillig	▷ stehen außerhalb der hierarchischen Organisationsstruktur ▷ Planungsteam arbeitet hierarchiefrei und kooperiert mit Institutionen der Beratung (BA), Entscheidung (EA) und Information (IG)	▷ stellen Kooperation durch Methoden und Techniken her ▷ fördern Innovation durch Problemerfahrung (Analogien)

Die Planungsinstanzen

sind die aktiven Träger der Planung und spiegeln insgesamt das im Planungsfeld vorhandene Wissen und Wollen wider. Aufgabe der Voruntersuchung ist es, diesen Personenkreis bereits während der Problem- und Systemanalyse zu erkennen, um ihn – ergänzt durch das Top-Management als Entscheidungsträger – für die Dauer der Planung zu institutionalisieren. Obwohl sich die Zusammensetzung der Instanzen während des Planungsprozesses mit der Modifikation von Planungsfeld oder Problemschwerpunkten verändern kann, soll die Funktionszuordnung schon von Anfang an das Verantwortungsbewußtsein und Engagement der Beteiligten aktivieren.

Die Planungsinstanzen werden allein zum Zweck der Planung gebildet und lösen sich daher mit dem Ende der Planung wieder auf.

Die Vorteile von aufgabenorientiert zusammengesetzten Instanzen gegenüber dauerhaft installierten Stäben sind vor allem:

▷ Hohe Flexibilität und Anpassung an die jeweilige Aufgabensituation

▷ Mobilisierung neuer Ideen

▷ Von den üblichen Kompetenzstrukturen ungehinderte Kooperation und Entfaltung von Meinungen und Ideen

▷ Ausnutzen und erweitern des praktischen Erfahrungsschatzes durch wechselnde Aufgabenstellung und direkten zwischenbetrieblichen Erfahrungsaustausch

▷ Vermeiden einer Planungs-Bürokratisierung

▷ Aktivierung und Einbeziehung des gesamten betroffenen Systems

Das Einfrieren von Planungsinstanzen über Jahre hinweg führt zu einem abgewandelten Projekt-Management und damit zu einer zweiten formalisierten Organisationsstruktur.

▶ Das Planungsteam (PT)
(Team)

erhält den Planungsauftrag und die Verantwortung für die Durchführung des Problemlösungsprozesses. Damit stellt es das permanente Funktionszentrum der Planung dar. Es handelt intern kooperativ und für das System als kooperationsvermittelnde Zentrale.

Das Team erarbeitet	Im PT ist das für die Lösung des komplexen Problems notwendige Fach- und Methodenwissen vertreten.
eigenverantwortlich und hierarchiefrei	Das PT besitzt keinen von außen legitimierten Leiter und bestimmt das Planungsvorgehen selbst. **Alle Teammitglieder sind gleichberechtigt!** Die Aufhebung der üblichen Kompetenzgrenzen ermöglicht erst unbehinderte und offene Kooperation. Das Team kann aber koordinative Funktionen an einzelne oder mehrere Teammitglieder zeitlich begrenzt übertragen. Grundsätzlich sollten Funktionen nicht an eine Person gebunden, sondern austauschbar sein. Diese Form der Zusammenarbeit ist geeignet, eine verstärkte Aufgabenidentifikation und damit größere Effizienz zu erreichen.
im full-time-job	Planen ist keine Freizeitbeschäftigung! Das Planungsteam als Dreh- und Angelpunkt des Planungsprozesses muß vollzeitlich und in räumlicher Einheit zusammenarbeiten, um zielgerichtete Kontinuität zu gewährleisten. Unbedingt erforderlich ist also die Freistellung aller Planer von ihren Aufgaben und Unterstellungsverhältnissen. Bewährt hat sich eine 4:1-Regelung, also ein für alle planungsfreier Tag je Woche (z. B. jeder Freitag), um den Systemmitgliedern die Fortführung der dringlichsten Abwicklungsgeschäfte innerhalb ihrer Dienststellen zu ermöglichen, ohne daß der Planungsprozeß während der übrigen Zeit in irgendeiner Form gestört wird. Den „Berufsplanern" hingegen dient der planungsfreie Tag zum Erfahrungsaustausch und dazu, methodisch und fachlich „up to date" zu bleiben.
durch Informationsverarbeitung und Ideenentwicklung	Im Team sollen Kenntnisse, Fähigkeiten und Initiativen aller Mitglieder voll zur Entfaltung kommen. Dabei ist auf Urheberrechte zu verzichten und der Mut zu unkonventionellen Lösungen zu fördern. Informationsvorenthaltung (private „Schreibtischunterlagen") und Ansätze zur Ideen- und Meinungszensur im Team verhindern Ursachenforschung, Entwicklung von Handlungsalternativen und tragfähige Entscheidungen.
optimale Problemlösungen.	Mit fortschreitender Ursachenforschung und Maximenentwicklung können sich Änderungen von Planungsfeld, Planungszielen und Planungszeit ergeben. Ob die problemadäquaten Lösungskonzepte auch den soziotechnischen Möglichkeiten des beplanten Systems entsprechen, hängt nicht nur von der permanenten Einbeziehung der systemimmanenten Intentionen und Fähigkeiten in den Planungsprozeß ab, sondern in entscheidendem Maß auch von der Meinungsbildung und Schulungsfunktion der Planung für das System. Die Rolle externer Planungsteammitglieder ist besonders darin zu sehen, allzu bequeme Anpassung der Planungsinhalte an bestehende System-Konventionen zu verhindern und statt dessen Lernprozesse des Systems zu aktivieren.

Zusammensetzung

Die falsche Auswahl der Teammitglieder stellt den Erfolg von Anfang an in Frage.

Ob ein Team, das **nur** aus Mitgliedern des beplanten Systems besteht, eine komplexe Planung durchführen kann, ist abhängig von

▷ dem Potential an spezifischem Fachwissen,
▷ dem Vorhandensein planungsmethodischen und problemlösungstechnischen Wissens,
▷ den Erfahrungen bei der Durchführung von Teamarbeit.

Für den zusätzlichen Einsatz externer Berater sprechen in der Regel folgende Punkte:

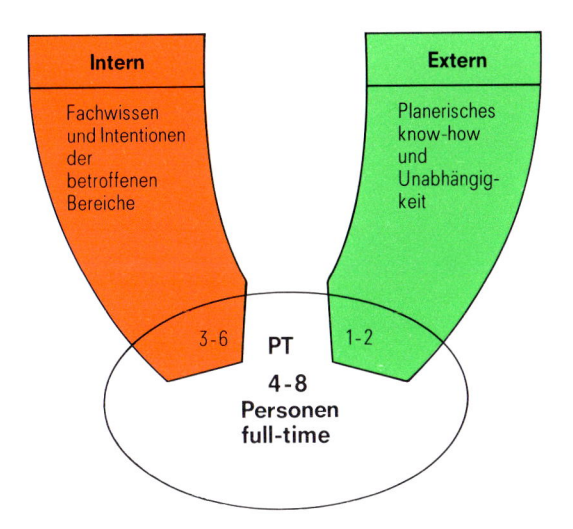

▷ größere Erfahrung aufgrund früherer Tätigkeiten in ähnlichen Problemsituationen,
▷ größere Unbefangenheit und Objektivität gegenüber Organisationsmitgliedern (kein Systemzwang),
▷ größere Unabhängigkeit und damit stärkere Kritikfähigkeit und -bereitschaft (keine Betriebsblindheit).

Intern	Extern
Fachwissen und Intentionen der betroffenen Bereiche	Planerisches know-how und Unabhängigkeit
3-6	1-2

PT
4-8
Personen
full-time

Die **Größe des Teams** sollte 8 Mitglieder nicht überschreiten, weil sonst die Menge an Informations- und Abstimmungsprozessen die Effizienz gefährdet.

Systemexterne Planungsteammitglieder
können Mitarbeiter anderer Unternehmensteile und von Zentralabteilungen sowie externe Unternehmensberater sein. Bei der Auswahl externer Unternehmensberater ist jeweils zu beachten, ob nicht die gewünschte Unabhängigkeit aus Akquisitionsgründen eingeschränkt und im Falle bereits häufig engagierter „Hausberater" die ursprüngliche Objektivität verlorengegangen ist.

Systeminterne Planungsteammitglieder
Die Freistellung der Systemmitglieder muß das Top-Management notfalls gegen den Widerstand der mittleren Führung treffen, die in der Regel auf ihre fähigsten Mitarbeiter nicht verzichten will, obwohl dies auch im Interesse des eigenen Bereiches liegt. Die Auswahl soll sich nicht allein auf Fachkenntnisse stützen, sondern daneben auch Fähigkeiten und Eigenschaften berücksichtigen, die für die Durchführung des Planungsprozesses notwendig sind:

▷ Bereitschaft zu kooperativer Arbeit
▷ Geistige Beweglichkeit (Flexibilität)
▷ Kreativität (selbständig und gemeinsam Ideen produzieren)
▷ Standvermögen (Konformitätsdruck nicht zu leicht erliegen)
▷ Kritikfähigkeit und Bereitschaft, Kritik zu ertragen
▷ Risikobereitschaft (Unsicherheiten und Unwissenheit ertragen können)
▷ Lern- und Lehrfähigkeit

Egozentrische Führernaturen sind für Teamarbeit auf jeden Fall ungeeignet!

Ein Patentrezept, um die Qualifikation von Mitarbeitern für die Teamarbeit festzustellen, gibt es nicht.

Man muß sich während der Voruntersuchung meist auf den Eindruck aus Einzelgesprächen und Gruppendiskussionen verlassen. Zusätzlich kann man vor Beginn der Planung erweiterte *Planungsseminare* (Kooperations- und Methodentrainings) veranstalten, die das System über die Planungsinstanzen hinaus „planungsfähig" machen und Aufschluß über geeignete Mitarbeiter geben können.

So notwendig die Abstimmung mit den jeweiligen Vorgesetzten auch ist, besteht dabei doch die Gefahr, daß unqualifizierte, entbehrliche Mitarbeiter „weggelobt" werden. Überhaupt muß sichergestellt sein, daß die Betroffenen durch die Entsendung in das Team nicht in ihrem Fortkommen gehemmt werden und aufs Nebengleis geraten. Tatsächlich erweitert sich normalerweise der Horizont der Teammitglieder während der Planung, so daß ein anschließender Einsatz bei schwierigeren Aufgaben innerhalb der Linie möglich wird.

Darüber hinaus muß stets die Möglichkeit offenstehen, neue Mitglieder einzubeziehen, falls das Team dies im Verlauf der Planung für nötig hält. Erstreckt sich eine Planung im Ausnahmefall über mehr als 9 Monate, sind solche Regenerationen sogar empfehlenswert, um Planungsmüdigkeit zu verhindern.

▶   Der Beratungsausschuß (BA)

soll die Einbeziehung der verantwortlichen Funktionsträger in den Planungsprozeß garantieren. Nur wenn die Intentionen dieses Personenkreises von Anfang an in die Planung eingehen und durch die Planung geformt werden, wird das Planungsergebnis unverfälscht realisiert werden können.

Funktion

Im Verlauf einer Planung kann ein Team mit verschiedenartigen Schwierigkeiten konfrontiert werden:

▷   Mißtrauen des beplanten Systems gegenüber dem Team,
▷   (Verhaltens-)Probleme innerhalb des Teams,
▷   thematische Schwierigkeiten (verlieren in Details und Nebenprobleme, inhaltliche Sackgassen).

Eine der Hauptfunktionen des Beratungsausschusses ist die Beseitigung derartiger Schwierigkeiten.

Der Beratungsausschuß hat die Aufgabe,

▷ das politisch-soziale Geschehen um die Planung zu steuern,
▷ dialektischer Gegenpol zum Team zu sein,
▷ sein Fachwissen und seine Absichten in die Planung einzubringen,
▷ Anregungen und neue Planungsansätze mit dem Team zu diskutieren,
▷ Planungsergebnisse auf ihre Realisierbarkeit zu prüfen und
▷ etwaige Veränderungen des Planungsfeldes mit dem Team abzustimmen.

Darüber hinaus steht der BA dem Team bei der Vorbereitung von *Entscheidungsausschußsitzungen* zur Verfügung.

Durch regelmäßige, alle 3 bis 5 Wochen stattfindende Zusammenarbeit zwischen Planungsteam und Beratungsausschuß werden

▷ die vertretenen Bereichsinteressen auf überbereichliche Ziele (Unternehmensziele) ausgerichtet,

▷ Mitverantwortung für Planungsprozeß und -ergebnisse erzeugt,

▷ das Engagement gefördert und

▷ psychologische Widerstände abgebaut.

Zusammenfassend heißt das: Der BA steht als Mittler zwischen dem Planungsteam einerseits und dem übrigen System sowie dem Entscheidungsausschuß andererseits.

Zusammensetzung

Entsprechend seiner fachlichen und politischen Funktionen setzt sich der BA aus Mitgliedern der mittleren (und oberen) Führungsebene der betroffenen Bereiche zusammen. Im BA sollten

▷ die Repräsentanten aller von der Planung betroffenen Organisationsbereiche vertreten sein und

▷ keine „politisch" wichtigen Personen (opinion-leader) übersehen werden.

Außerdem kann die Aufnahme eines externen Experten in den BA ein eingleisiges und uneffizientes Vorgehen vermeiden und angestrebte Änderungen und Neuerungen durchsetzen helfen.

Im Verlauf des Planungsprozesses kann sich eine Einengung oder Ausdehnung des Planungsfeldes, d.h. des Kreises der betroffenen Organisationsbereiche, ergeben. Selbstverständlich muß dem möglichst rasch mit einer entsprechenden Verkleinerung bzw. Vergrößerung des BA Rechnung getragen werden.

Das heißt:

Größe und Zusammensetzung des BA sind von vornherein nicht als starr aufzufassen, sondern abhängig von den Erfordernissen des Planungsverlaufes flexibel zu halten.

Arbeitsweise

Der Beratungsausschuß oder – falls die sachlich-politische Streuung des Planungsfeldes einen großen Personenkreis (mehr als 7 bis 8) umfaßt – Teile des BA werden problemabhängig vom Planungsteam zu Arbeitssitzungen eingeladen. Einerseits hat sich dafür ein fester Turnus nicht bewährt, weil jeder zusätzliche Aufwand für die notwendige Informationsaufbereitung die Planungsarbeit des Teams stört, andererseits sollte das Team den BA möglichst häufig einbeziehen. Trotz der Schwierigkeiten für das mittlere Management, sich häufiger aus den Tagesgeschäften herauszuziehen, muß der BA für seine umfassenden Funktionen im Planungsprozeß angemessene Zeit reservieren. Die Praxis hat gezeigt, daß der Informations- und Meinungs**austausch** in vielen Fällen einen vollen Tag beansprucht, um die erforderliche gemeinsame Arbeitsbasis herzustellen. Eine weitere Forderung ist die vollständige Anwesenheit der jeweils zur Mitarbeit gebetenen BA-Mitglieder, weil die Zusammenkunft sonst ihre Funktion, Kooperation im System herzustellen und sachlich-politische Abstimmungen zu erzielen, nicht erfüllt.

Die BA-Sitzungen laufen in Form der *Präsentation* und der Gruppenarbeit ab, wobei durch den Einsatz von Moderatoren (*Moderation*) eine erhebliche Effizienzsteigerung erreicht wird.

> BA-Sitzungen sind kein Anhörungs- und Billigungsvorgang durch den BA, sondern aktiver Bestandteil des Planungsprozesses!

▶ Der Entscheidungsausschuß (EA)

muß in den entscheidenden Phasen der Planung im Sinne der Unternehmenspolitik richtunggebend Einfluß nehmen.

Als Garant für die unternehmenspolitischen und finanziellen Voraussetzungen der Realisierung fällt er Entscheidungen zu normativen Fragen während der Planung, um dem Team die Weiterarbeit zu ermöglichen, aber auch Realisierungsentscheidungen.

Funktionen des EA

▷ Auswahl und Beauftragung des Planungsteams und des BA (evtl. im Anschluß an ein ET)
▷ Formulierung des Planungsauftrages und der Planungsdeterminanten
▷ Schaffung der Voraussetzungen (Raum, Zeit, finanzielle Mittel)
▷ Laufende Planungsrichtungsvorgabe bzw. -korrektur anhand der Unternehmensziele
▷ Entscheidungen, wenn zwischen PT und BA bezüglich wesentlicher Verfahrensfragen und Detailprobleme keine Einigung erzielt werden kann
▷ Sanktionierung der erarbeiteten Planungsgrundsätze (Maximen) und einzelner Lösungsbausteine
▷ Bestätigung einschneidender Veränderungen des Planungsfeldes und der Planungszeit
▷ Entscheidung über das Gesamtergebnis der Planung
▷ Freigabe der Ergebnisse zur *Realisierung*
▷ Bestimmung der Verantwortlichen und Freigabe der Mittel für die Realisierung

Zusammensetzung

Aus den genannten Funktionen und aus der Tatsache, daß bei komplexen Problemen meist bereichsüberschreitende Entscheidungen zu fällen sind, ergibt sich, daß im EA die hierarchischen Spitzen der Organisation vertreten sein müssen. Er sollte maximal 6 Personen umfassen und sich in jedem Fall auf das verantwortliche, entscheidungskompetente Management beschränken.

Änderungen des Planungsfeldes werden sich auf die Zusammensetzung des EA weniger unmittelbar auswirken als auf die des BA, weil von Anfang an gesichert sein muß, daß die Gesamtverantwortung der beplanten Organisation vertreten ist.

Arbeitsweise

Die Einbeziehung des EA durch das Planungsteam ist bestimmt durch die Funktionen des Entscheidungsausschusses.

Der EA soll zwar nicht mit den Tagesproblemen der Planung beschäftigt werden, andererseits dem Planungsprozeß in der Regel auch nicht länger als 8–10 Wochen fernbleiben, weil die Planung sonst im luftleeren Raum steht.

Maxime für EA-Sitzungen ist, die erarbeiteten Planungsgrundsätze und Handlungsalternativen unter besonderer Herausstellung der damit verbundenen Konsequenzen prägnant zu präsentieren (*Präsentation*), um in eine zielgerichtete Entscheidungsdiskussion gehen zu können. Erst jetzt sollten vom Team die jeweils benötigten Hintergrundinformationen und Detailaspekte eingebracht werden. Ob die Beteiligung des BA notwendig und zweckmäßig ist, muß sich im Einzelfall jeweils nach den sachlichen oder politischen Schwerpunkten der anstehenden Entscheidungsthemen richten.

▶   Die Informationsgruppen (IG)

sind im eigentlichen Sinn keine festen Instanzen. Sie werden bedarfsweise gebildet, um Kontakte zwischen dem Planungsteam und den Systemmitgliedern sowie zwischen den Systemmitgliedern selbst herzustellen und aufrechtzuerhalten. Dies ist notwendig, weil eine Organisationsplanung bei Mitgliedern der Organisation häufig auf Mißtrauen und Ablehnung stößt, das Team aber auf die Mitwirkung und Mithilfe des Systems angewiesen ist.

Funktion

▷   Bekanntmachung der Systemmitglieder mit Inhalt, Zielen und Ergebnissen der Planung (Verhinderung von Gerüchten und Spekulationen)

▷   Information des Teams über Vorstellungen, Ideen, Wünsche und spezielle Kenntnisse der von der Planung betroffenen Personen

▷   Motivation und Aktivierung der Betroffenen für Planungs- und Realisierungsmaßnahmen

▷   Ergänzung und Vertiefung des benötigten Fachwissens

Zusammensetzung

Für Informationsgruppen sind besonders solche Personen von Bedeutung, die

▷ positiven Einfluß auf Mitarbeiter haben,
▷ im Verlauf der Planung Widerstände aufbauen oder aufbauen könnten,
▷ ausreichende bereichs- oder fachbezogene Kenntnisse und Erfahrungen haben, um den Planungsprozeß unterstützen zu können (auch externe Fachberater),
▷ erwartungsgemäß unmittelbar von den Planungsergebnissen betroffen sein werden.

Größe und Zusammensetzung der Informationsgruppen richten sich jeweils nach der Form, in der sie einbezogen werden.

Formen

Je nach der Absicht und den Zielen, die durch die Einbeziehung von Informationsgruppen im Sinn der systemoffenen Planung verfolgt werden, stehen verschiedene Formen zur Verfügung.

Präsentationen und Diskussionen	(*Diskussionstechniken*) mit Informationsgruppen bis maximal 15 Personen ermöglichen die intensivste Zusammenarbeit zwischen PT und dem System.
Hearings	mit bis zu 6 Fachspezialisten eignen sich besonders dazu, internes und externes Fachwissen verfügbar zu machen.
Informationsmärkte	können weite Systemteile und Personenkreise besonders mit den Planungsergebnissen vertraut machen oder schon zu Beginn der Planung mit Problemen und Zielen konfrontieren und dafür aktivieren.
Informationsstände	in den Bereichen sollen hauptsächlich Interesse erzeugen, sich direkt mit der Planung in Verbindung zu setzen. Zielgruppen und Reaktionen sind dabei nicht zu kontrollieren.

Einen Sonderfall der Planungsinformation stellt der *Teambrief* dar, der als Motivationsblatt sporadisch eingesetzt werden kann, um dem Team die Arbeit mit dem System (und auch umgekehrt) zu erleichtern. Er enthält zu diesem Zweck Informationen über die Ziele der Planung, die Art der Planungsarbeit und die bevorstehenden Arbeitsfelder und wirbt um Verständnis für die Belastungen, die den Mitarbeitern des beplanten Systems während einer Planung oft nicht zu ersparen sind (z. B. bei Erhebungen).

Zusammenfassung

> Die aufgrund komplexer Problemstellungen gewählte Organisationsform der Planung läßt sich jetzt folgendermaßen kennzeichnen:
>
> ▷ Der Planungsprozeß ist nicht nur ein fachlich-methodischer, sondern auch ein vielschichtiger psychologischer und soziologischer Vorgang. Er kann daher nur unter Beteiligung der Wissensträger und Einbeziehung aller betroffenen hierarchischen Ebenen erfolgreich durchgeführt werden.
> ▷ Die an der Durchführung Beteiligten sind institutionell und funktional eindeutig definiert und in den Planungsprozeß integriert.
> ▷ Die Planungsinstanzen stehen außerhalb der normalen Organisationsstruktur und sind auf die Dauer der Planung begrenzt. Sie sind arbeits- und informationsmäßig stark verknüpft und bilden ein integriertes Ganzes. Ort der Zusammenarbeit der Instanzen ist der Planungsraum.

Schaffung der organisatorisch-technischen Voraussetzungen

Planungsarbeit erfordert räumliche Bedingungen und Arbeitsmittel, die sich von den üblichen stark unterscheiden. Diese Voraussetzungen sind bereits vor Beginn des Planungsprozesses zu schaffen, damit das Planungsteam keine Zeit verliert.

Die Art und Weise, wie sich der Beginn der Planungsarbeit häufig verzögert, ist nicht nur unwirtschaftlich, sondern auch ärgerlich für das Planungsteam. Meist resultieren ungenügende materielle Voraussetzungen aus mangelnder Einsicht in deren Notwendigkeit und dem Versuch, an falscher Stelle zu sparen. Gegen beides anzugehen, kostet die Planer einen Großteil ihrer Anfangsenergie.

Der Planungsraum

ist örtliches Zentrum der Planung und hat damit verschiedene Funktionen zu erfüllen:

▷ Aktions- und Planungsraum für das Team
▷ Informations- und Besprechungszentrum für die Planungsinstanzen
▷ Ort für Informationsveranstaltungen und Interviews
▷ Sozial- und Pausenraum für Planungsteam und Besucher

Unabdingbare Voraussetzung für effiziente Planungsarbeit ist also **ein** großer Arbeitsraum, um die notwendige Kooperation und Kommunikation zu gewährleisten. Dazu muß eine möglichst ungegliederte und quadratische Fläche von etwa 100 m^2 zur Verfügung stehen. Die Lage des Planungsraumes im geographischen Zentrum des Planungsfeldes spart Wege und Zeit und dokumentiert außerdem die enge Verbindung mit dem beplanten Bereich.

Weniger günstig wäre es, die Planung irgendwo am Rande anzusiedeln, wo gerade Platz ist. Allzuleicht verbindet sich damit auch das Bewußtsein einer Randerscheinung oder Geheimsache, wozu der Zugang erschwert, wenn nicht verhindert ist. Die räumliche Präsenz der Planung und die personelle Präsenz der Planer innerhalb des beplanten Bereichs erfüllen dagegen die Voraussetzungen für die notwendige Systemoffenheit ideal. Der Aufwand, dort – beispielsweise durch Abbruch von Zwischenwänden – die erforderlichen räumlichen Dimensionen herzustellen, wird sich in jedem Falle auszahlen und ermöglicht über die Planung hinaus eine Nutzung als Informationszentrum, Seminarraum usw.

Sanitäre Einrichtungen sollten in der Nähe liegen.

Organisatorisch-technische
Voraussetzungen

Voruntersuchung

Gestaltung und Ausstattung

Beispiel:

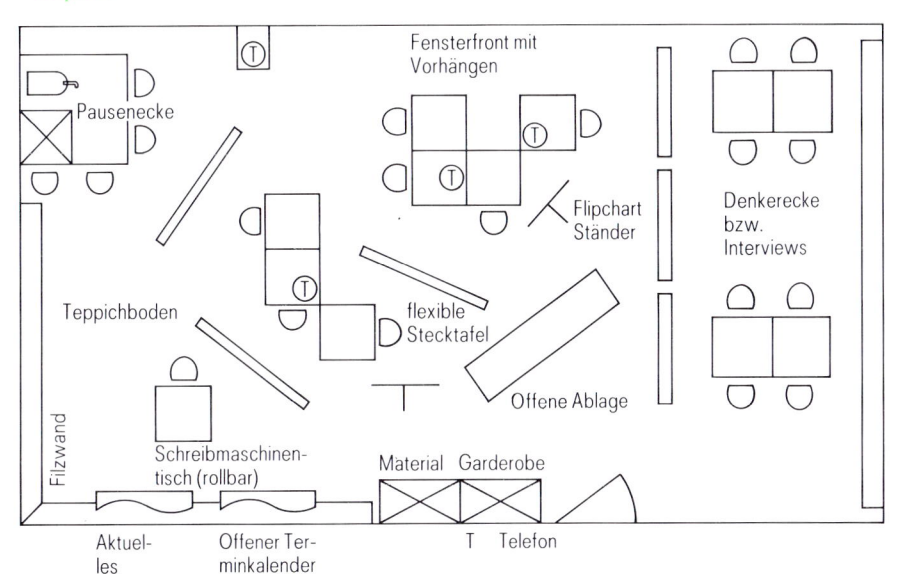

```
Fensterfront mit Vorhängen
Pausenecke
Teppichboden
Flipchart Ständer
flexible Stecktafel
Denkerecke bzw. Interviews
Offene Ablage
Filzwand
Schreibmaschinentisch (rollbar)
Material  Garderobe
Aktuelles   Offener Terminkalender   T  Telefon
```

Der Planungsraum ist funktionsgerecht einzurichten, d. h., er muß Informationsoffenheit zulassen und wechselnden Teamsituationen (Team-, Einzel-, Kleingruppenarbeit, Präsentationen usw.) angepaßt werden können. Daraus lassen sich folgende Forderungen ableiten:

▷ Lärmdämpfung durch Teppichboden, Gardinen und Schallschluckplatten, um ungestörtes Arbeiten zu garantieren und die akustischen Bedingungen für Sitzungen in größerem Rahmen zu sichern

▷ Ausreichende und blendfreie Beleuchtung sowie gute Be- und Entlüftung

▷ Flexible raumtrennende Elemente, die als Visualisierungsflächen dienen und eine situationsgerechte Raumaufteilung zulassen (Stellwände, Steck- und Schreibtafeln)

▷ Leicht transportables Mobiliar (Drehrollenstühle, stapelbare Besucherstühle, Arbeitstische – 80 cm × 80 cm – ohne Schubladen)

▷ Belegung aller Wandflächen mit Weichfaserplatten als Demonstrationsfläche vom Boden bis zur Decke

▷ Fahrbare Hängeregistraturen als offene Ablage und rollbarer Schreibmaschinentisch mit Schreibmaschine und Schallschluckhaube

▷ Offenes Regal für Arbeitsmaterial und Garderobe

▷ Mindestens 2 Telefonanschlüsse (Haus- und Postapparat), damit alle Ansprechpartner im und außer Haus erreichbar sind und das Team erreichen können

▷ Einrichten einer kleinen Sozialecke mit Kühlschrank, Warmwasserbereiter und Kaffeemaschine (möglicherweise auch einige bequeme Sitzelemente), die nicht nur dem Team, sondern auch den Besuchern dient. Kleinigkeiten, wie Trinkbecher, Pappteller usw., sollten nicht vergessen werden.

Arbeitsmittel und Arbeitsmaterial

Der Bedarf an Arbeitsmitteln und Arbeitsmaterial für eine Planung erregt häufig starke Verwunderung. Prinzipiell muß davon ausgegangen werden, daß bei einer Planung nicht mit den üblichen – für Einzelbearbeitung und Weiterreichung konzipierten – Unterlagen gearbeitet werden kann, sondern in erster Linie großflächige und für Gruppen präsentationsfähige Darstellungsformen nach den Regeln der *Visualisierung* gewählt werden müssen.

Die angegebenen Mengen der nachfolgenden Checkliste sind als durchschnittliche Grundausstattung einer Planung zu verstehen und werden teilweise für die gesamte Planung, mindestens aber für mehrere Wochen oder Monate ausreichen.

Daneben genügt es, wenn als größere Geräte Kopiergerät, Tischrechenmaschine, Tageslichtprojektor und Zeichenmaschine zur Mitbenutzung vorhanden sind. Eine der vorhandenen Schreibdamen sollte für die Dauer der Planung so weit entlastet werden, daß sie als Teamassistentin für Schreib- und Visualisierungsarbeiten, Besorgungen und Betreuung der Gäste bei Veranstaltungen zur Verfügung steht.

Organisatorisch-technische
Voraussetzungen   Voruntersuchung

Was braucht eine Planung?

1	Polaroid-Kamera mit Farb- u. Schwarzweißfilm
1	Handdiktiergerät
1	Packpapierabroller 150 cm, stehend
1	Rolle Packpapier 150 cm Breite
2	Flipchart-Ständer
200	Flipchart-Bogen weiß 70 cm × 100 cm
je 500	Karteikarten 10 cm × 21 cm, weiß, gelb, blau, rot
je 100	Kreiskarten ⌀ 10 cm u. 20 cm, weiß, gelb, blau, rot
10	Bogen farbiger Karton A2, 4 Farben
je 20	Filzstifte edding Nr. 1 schwarz, rot, blau, grün
je 10	Filzstifte edding 500 schwarz, rot, blau, grün
je 10	Filzstifte edding 800 schwarz, rot, blau, grün
20	große Klebestifte
20	Päckchen Markierungsnadeln „Eisbär"
je 5	Rollen Tesaband 38 mm breit, gelb, blau, rot, grün
2	Rollen Tesakrepp 20 mm breit
5	Rollen Tesafilm mit Abroller
6	Satz Markierungspunkte selbstklebend (Avery 19 mm ⌀), rot, grün, gelb
4	Knäuel Wolle, 4 Farben
1	Teewagen für Kleinmaterial
je 1	Plastikeimer, Tafelschwamm, Tafellappen
je 1	Paket Tafelkreide weiß, farbig
50	3 M Folien für Tageslichtprojektor, A4
1	Satz Folienschreiber mehrfarbig
20	Schreibblöcke A4 kariert, holzfrei
1000	Blatt Schreibmaschinenpapier A4
200	Blatt dto. A3
1	Block Transparentpapier A3
3	Sätze Kohlepapier
200	Taschen für Hängeregistratur
je 20	Briefumschläge A6, A5, A4 – C6, C5, C4
1	Tippex
100	Gummiringe
20	Bleistifte weich
5	Bleistiftspitzer
20	Radiergummi
5	Papierscheren groß
2	Heftmaschinen mit Heftklammern
5	Lineale, davon eines 1 m lang
5	Papierkörbe
5	Aschenbecher

Informationelle Voraussetzungen

Nach der Besetzung der Planungsinstanzen, der Einrichtung des Planungsraumes und der Bereitstellung der Arbeitsmittel sind alle Voraussetzungen für den Beginn der Planung gegeben. Es fehlen nur noch die Formulierung des Planungsauftrages und die Information des beplanten Systems.

Der Planungsauftrag

setzt die Planungsorganisation (Instanzen) und damit den Planungsprozeß in Kraft und garantiert die unternehmenspolitische Zielrichtung der Planung sowie ihre Durchführung.

Der Planungsauftrag ist somit charakterisiert durch den Spielraum, der bei der Festlegung der Planungsaufgabe, der Planungszeit, der Planungsinstanzen und des Planungsetats gelassen wird.
Er erfolgt durch das Top-Management, also durch den Entscheidungsausschuß.

Planungsaufgabe

Da komplexe Probleme meist nur vorläufige Aufgabendefinitionen zulassen, wird sich die Aufgabenformulierung auf die Nennung von erkannten Störungen und Schwachstellen sowie die Angabe globaler Leitlinien über die Planungsrichtung beschränken müssen. Eine genauere Definition kann erst im Laufe der Problemstrukturierungs- und Zielfindungsphase während der Planung erfolgen.

Planungszeit

Da der Zeitbedarf für die Planung von der Komplexität des Problems und der Planungsaufgabe abhängt, diese aber erst im Verlauf der Planung deutlich erkennbar werden, ist eine exakte Festlegung der Planungsdauer nicht möglich. Allerdings sollte ein gewünschter Endtermin bekanntgegeben werden, um einen „heilsamen" Druck auszuüben.

Planungsinstanzen

Mit der Benennung der Planungsinstanzen und deren vorläufiger Zusammensetzung werden alle unmittelbar an der Planung Beteiligten in ihrer Funktion bestätigt und tragen dementsprechend Mitverantwortung am Planungsprozeß.

Planungsetat

Der Planungsetat enthält die geschätzten Kosten für Personal-, Raum- und Sachmitteleinsatz während der Planung. Dabei sollten mögliche Reisekosten der Planungsteam-Mitglieder – die bei fast allen Planungen plötzlich zum Problem werden – von vornherein einkalkuliert werden.

Der Planungsetat kann zunächst nur unter Hinweis auf die notwendige Änderung unzulänglicher Organisationsstrukturen und -prozesse bzw. durch die Entschlossenheit des Managements gerechtfertigt werden, neue unternehmenspolitische Ziele zu setzen und zu verwirklichen. Mit der Freigabe des Planungsetats ist die Durchführung des Planungsprozesses finanziell gesichert.

Das folgende Beispiel zeigt den Entwurf eines Planungsauftrages, den eine Unternehmensberatungsgesellschaft dem Management aufgrund einer Voruntersuchung unterbreitet hat.

Anmerkung:

In diesen Planungsauftrag sind von seiten des Systems die zu benennenden Personen (Instanzen), zusätzliche eigene Anforderungen an den Etat sowie evtl. noch weitere Angaben zur Zielrichtung der Planung hinzuzufügen. Danach kann dieser Planungsauftrag an alle Planungsinstanzen verteilt werden.

[Unternehmensberatungsgesellschaft]

Siemens AG
UB ....
z. H. Herrn ....
    ....
    ....

....September 1973

Sehr geehrter Herr ....

Wie am .... mit Herrn .... in Berlin vereinbart, schlagen wir Ihnen vor, die Planung auf der Basis der folgenden Auftragsformulierung durchzuführen:

1. **Planungsaufgaben**

1.1. **Zu untersuchen sind der Arbeits- und Belegfluß von im Werk eingehenden Bestellzetteln bis zur Expedition. Eingeschlossen sind die Vertriebsdisposition und die Fertigungsdisposition insoweit, als sie die terminliche Fabrikate-Steuerung und die Steuerung der Vorfertigung beinhalten.**

1.2. Die Untersuchung erstreckt sich auf die Methodik der Auftragsabwicklung sowie alle damit zusammenhängenden organisatorischen Fragen im Vertriebs-, Fertigungs- und kaufmännischen Bereich. Dabei soll auch der Einsatz von geeigneten Organisationsmitteln geprüft werden.

1.3. Die Ergebnisse vergangener Organisationsuntersuchungen zum genannten Planungsthema sollen berücksichtigt werden.

1.4. **Eine genauere inhaltliche Aufgabenabgrenzung wird in der ersten Planungsphase im Einvernehmen mit Beratungsausschuß und Entscheidungsgremium vorgenommen.**

Sollte sich während der Planungsarbeit die Notwendigkeit zu einer Änderung oder Erweiterung der Planungsaufgaben ergeben, so kann dies zwischen den Planungsinstanzen abgestimmt werden.

2. **Planungszeit und Planungsinstanzen**

2.1. Die Planung beginnt am ...9. 1973.
Die Planungszeit wird voraussichtlich mindestens 6 Monate betragen. Eine erste genaue Schätzung kann erst nach etwa 3 Wochen zusammen mit Beratungsausschuß und Entscheidungsgremium vorgenommen werden.

2.2. Es wird ein Planungsteam gebildet, das aus 5 bis 7 Mitgliedern bestehen soll. Von Seiten der [Unternehmensberatungsgesellschaft] wird Herr .... zur Verfügung stehen. Der Auftraggeber stellt 4 bis 6 Mitarbeiter. Dabei sollen folgende Abteilungen vertreten sein: Organisationsabteilung, Vertrieb (Vertriebsdisposition), kaufmännische Abteilung (Auftragsabwicklung) und Fertigung (Fertigungsdisposition).

Das Planungsteam ist der Träger der Planungsaufgabe und arbeitet ständig während einer festgelegten Kernarbeitszeit von 4 Tagen je Woche (Montag bis Donnerstag). Während der Planungszeit werden die Mitarbeiter des Teams vollständig von ihren Linienfunktionen freigestellt. Es verbleibt jedoch ein Tag je Woche, an dem die Mitarbeiter nicht übertragbare Aufgaben in ihren Dienststellen erledigen können.

Neben Herrn ...., der während der genannten Kernarbeitszeit in Ihrem Hause tätig ist, sehen wir im Bedarfsfalle vor, Spezialisten zur Unterstützung der Planungsteams einzusetzen.

2.3. Es wird ein **Beratungsausschuß** gebildet, der das Planungsteam fachlich beraten soll und gemeinsam mit dem Planungsteam Entscheidungen vorbereitet, die dem Entscheidungsgremium vorgelegt werden.

Dem Beratungsausschuß gehören Vertreter der obengenannten Abteilungen sowie als Mitglied der [Unternehmensberatungsgesellschaft] Herr .... an. Herr ...... steht darüber hinaus dem Planungsteam zur fachlichen Mitarbeit zur Verfügung.

2.4. **Das Entscheidungsgremium** wird sich aus Herren der UB .... Führung zusammensetzen.

3. **Honorar**

Das Honorar für unsere Leistungen beträgt monatlich DM 32.000,– zuzüglich 11% Mehrwertsteuer.

In diesem Honorar sind alle Reise- und Aufenthaltskosten unserer Mitarbeiter sowie die anteiligen Bürokosten unserer Gesellschaft enthalten.

Außerhalb unseres Honorars liegen Reise- und Aufenthaltskosten für nicht zum Arbeitsort führende Reisen, die auf Verlangen des Auftraggebers notwendig werden, sowie Bürokosten, die im Hause des Auftraggebers entstehen. Die Kosten für die Erstellung des Planungsberichtes gehen zu Lasten des Auftraggebers.

Unser Honorar wird zum 15. eines jeden Monats fällig.
Unser Vertragsverhältnis kann monatlich gekündigt werden. Die Honorarverpflichtung endet dann zum Ende des Monats, der der Kündigung folgt.

Wir würden uns freuen, wenn dieses Angebot Ihren Vorstellungen entspricht.

Mit freundlichen Grüßen

[Unternehmensberatungsgesellschaft]

Information des Systems (Einführungsschreiben)

Um dem Planungsteam die Unterstützung des beplanten Systems zu sichern, ist es bereits **vor** Aufnahme der Planungsarbeit wichtig, daß das obere Management alle betroffenen Systemmitglieder, aber auch den Betriebsrat, **offiziell** informiert über

- ▷ Zweck,
- ▷ Art und Methodik,
- ▷ voraussichtliche Dauer der Planung,
- ▷ Planungsinstanzen.

Auf diese Weise ist es von vornherein möglich, den Aufbau von Informationsbarrieren zu vermeiden und Verunsicherung abzubauen, weil „mit offenen Karten" gespielt wird.

Die weiterhin permanent notwendige Gestaltung des Informationsaustausches liegt dann vor allem in den Händen des Planungsteams.

Das folgende Beispiel eines Einführungsschreibens ist nicht identisch mit der Situation des Beispiels für den Planungsauftrag.

......, ..Juni 1973

Nr. ...

Verteiler

alle Dienststellen...
alle Mitglieder der Planungsinstanzen
Kreis......
....
....
Betriebsrat

...-Rundschreiben

Organisationsplanung auf den Gebieten Auftragsabwicklung und Fertigungssteuerung

In Zusammenarbeit mit der zentralen Organisationsabteilung (ZBO) soll im Geschäftsbereich .... eine Planung der gesamten Auftragsabwicklung vorgenommen werden mit dem Ziel, den notwendigen Aufwand zu reduzieren und den Arbeitsablauf zu straffen und zu beschleunigen. Im speziellen soll untersucht werden, ob eine organisatorische Zusammenfassung aller Auftragsabwicklungsaktivitäten in einem sogenannten Auftragsabwicklungszentrum sinnvoll ist.

Nur mit einer Beschleunigung und Rationalisierung der innerbetrieblichen Auftragsabwicklung und einer kurzfristigen und flexiblen Fertigungssteuerung können wir den immer kürzer werdenden Dispositionsgewohnheiten unserer Kunden gerecht werden. Die Planung, die am ... 6. 1973 beginnt und etwa 4 Monate dauern soll, wird von folgenden Planungsinstanzen durchgeführt:

1. Entscheidungsausschuß		2. Beratungsausschuß	
Herr	(Bereich)	Herr	(Bereich)
Herr	(......)	Herr	(......)
Herr	(......)	Herr	(......)
Herr	(......)	Frau	(......)
Herr	(ZBO)	Herr	(...Org/Dv)
		Herr	(ZBO)
		Herr	(......)

3. **Planungsteam**

Herr	(Bereich)
Herr	(......)
Herr	(......)
Herr	(......)
Herr	(...Org/Dv)
Herr	(ZBO)
Herr	(ZBO)

Die Mitglieder des Planungsteams werden absprachegemäß für den Zeitraum der Planung von ihren jetzigen Funktionen vollständig freigestellt mit Ausnahme jeweils eines Tages pro Woche (Freitag). An diesem Tag können generelle Aufgaben in der eigenen Dienststelle weiterverfolgt werden; im übrigen sind jedoch die Planungsteammitglieder keinesfalls – auch nicht telefonisch (außer an dem erwähnten Tag pro Woche) – in Angelegenheiten ihrer Dienststelle anzusprechen. Für den Erfolg der Arbeit ist es wesentlich, daß das Planungsteam alle erforderlichen Informationen erhält. Im Rahmen ihrer Aufgabenstellung sind die Mitglieder des Planungsteams deshalb zu jeglichen, dem Untersuchungszweck dienenden Fragestellungen an alle Mitarbeiter und Vorgesetzten aller Dienstränge autorisiert. Die Mitglieder des Planungsteams sind verpflichtet, die Informationen nur für diese Aufgabe zu verwenden.

Das Team arbeitet im Raum Nr. ... und ist telefonisch unter der Nummer .... zu erreichen. Es wird darum gebeten, dem Team jede gewünschte Unterstützung bei seiner Arbeit zu geben.

Der Entscheidungsausschuß wird voraussichtlich alle 6 bis 8 Wochen einen halben Tag zusammentreten; der Beratungsausschuß alle 3 bis 4 Wochen einen Tag.

........Leitung

gez.

  ....

Planungsprozeß

VORFELD	Die Entscheidung für die Planung und die Planung der Planung	**PLANUNGS-PROZESS**	Die Verwirklichung der Planungs-ergebnisse
• Planung **in** und Planung **an** Organisationen • Der Weg zur Planung		Das Planungs-prinzip und die Phasen der Planung	
	VOR-UNTERSUCHUNG		REALISIERUNG

Nach der Information des beplanten Systems treten die Planungsinstanzen im Rahmen eines *Planungsseminars* zu einer konstituierenden Sitzung zusammen. Während des Seminars erfolgt zum einen die gegenseitige Bekanntmachung, zum anderen ein Vertrautmachen des *Teams* (teilweise auch EA und BA) mit Methoden und Techniken der Planungsarbeit. Dieses Seminar hat außerdem das Ziel, im Team bereits den Ansatz zu einem „Wir-Gefühl" zu entwickeln. Im Anschluß an diese meist 3tägige Veranstaltung beginnt für das Team der Planungsprozeß.

Das Planungsprinzip

Um die gestellte Aufgabe lösen zu können, muß das Team eine Reihe von Aktivitäten entfalten. Im Gegensatz zu hierarchisch eingegliederten Gruppen kann das Planungsteam frei wählen,

> ▷ welche Tätigkeiten es durchführen will,
> ▷ welche Reihenfolge dabei eingehalten wird,
> ▷ welche Einzelziele angesteuert werden.

Dennoch gibt es bestimmte Gesetzmäßigkeiten im Planungsablauf und Verhaltensweisen in der Teamarbeit, die — in der Praxis mehrfach erprobt — bei der Planungsarbeit beachtet werden müssen. Das Team hat sich als erstes die Gesetzmäßigkeiten bewußt zu machen und sie zu akzeptieren. Als Ganzes ergeben sie das Planungsprinzip.

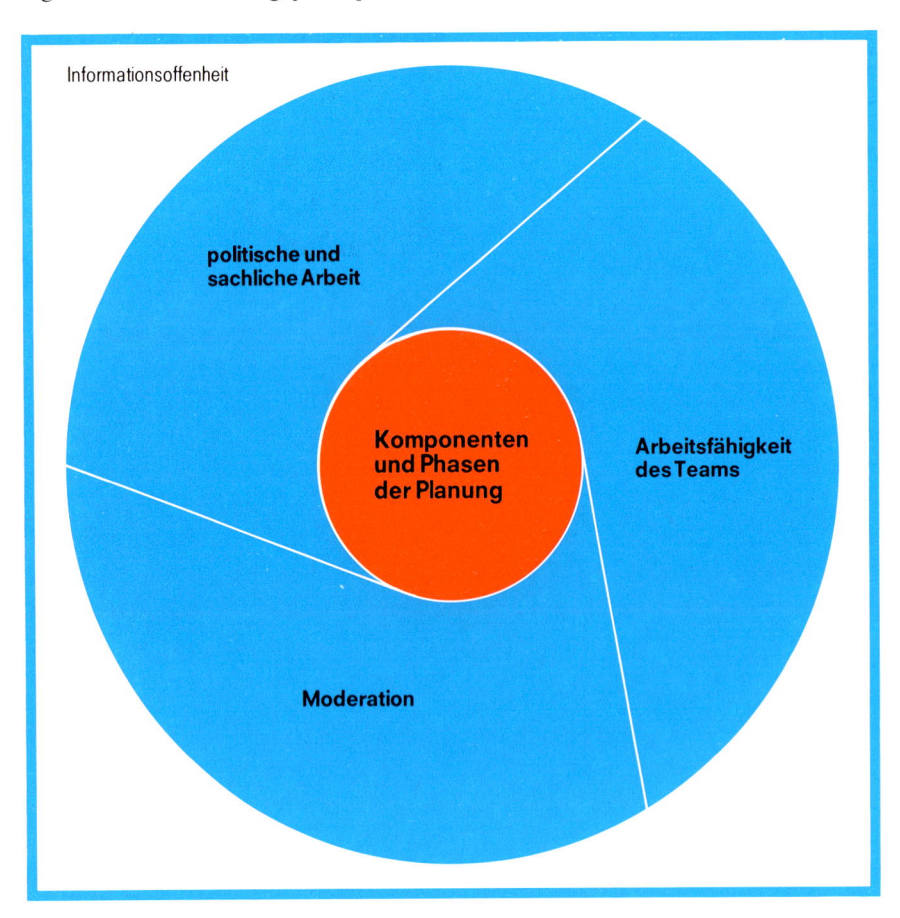

Informationsoffenheit
- politische und sachliche Arbeit
- Komponenten und Phasen der Planung
- Arbeitsfähigkeit des Teams
- Moderation

Arbeitsfähigkeit eines Planungsteams

Da von einem Team während der gesamten Planungszeit

▷ hierarchiefreies Denken und Arbeiten,
▷ starkes Engagement und
▷ große Kreativität

verlangt werden, muß es bestimmte Regeln für die Zusammenarbeit berücksichtigen, die diesen Forderungen entsprechen.

Planungsprinzip   Planungsprozeß

---

1 Ständiger Rollenwechsel für
▷ Moderation ▷ Ist-Aufnahmen, Analysen, Modellentwicklung ▷ Verwaltungs- und Schreibarbeiten (protokollieren, dokumentieren) ▷ Kritik („Advocatus Diaboli") ▷ politisch-diplomatische Arbeit

2 Informationen müssen für alle Teammitglieder leicht zugänglich sein. Deshalb
▷ laufend Daten, Meinungen und Resultate visualisieren ▷ Beschlüsse über Vorgehensweise groß anschreiben („Papierhierarch") ▷ offene Ablage bzw. Planungsjournal anlegen und führen ▷ Terminkalender (Sitzungen, Interviews, Urlaubstermine usw.) für alle sichtbar im Planungsraum führen

3 Einhaltung der bei der Teamarbeit notwendigen Arbeitsformen, insbesondere
▷ zeitweilige Bildung von Kleingruppen für determinierte Aufgaben ▷ „Strategische Sitzungen" über Vorgehensweise und ▷ Ausarbeitung von Modellvorstellungen nur im Plenum durchführen

4 Aufbau eines Informations- und Kommunikationsnetzes und Schaffung eines Vertrauensklimas im beplanten Bereich durch:
▷ regelmäßige Publikationen (Rundschreiben oder Teamzeitung) ▷ Tag der offenen (Planungsraum-)Tür ▷ Einladungen zu Informations- oder Diskussionsrunden ▷ Aufbau eines *Informationsmarktes* ▷ Beachtung der Interview-Regeln *(Interview)*

Informationsoffenheit

Ein Baustein jeder erfolgreichen Planung ist die Informationsoffenheit sowohl im Team als auch speziell gegenüber dem System, um Unbehagen und Gerüchte dort gar nicht erst aufkommen zu lassen. (Gegenüber dem Betriebsrat besteht sogar Informationspflicht.)

Einige Informationen jedoch dürfen nicht weitergegeben werden:

Informationen	Grund
Nicht kontrollierte Ist-Daten und Analysen	Bei Fehlern bzw. Fehlinterpretationen leidet die Glaubwürdigkeit des Teams
Noch nicht vom EA gebilligte Modelle	Der Auftraggeber sollte Resultate als erster kennen
Spezielles Firmen-Know-how	Dem Wunsch nach vertraulicher Behandlung muß entsprochen werden
Personenbewertungen und Vorschläge zu Stellenbesetzungen	Vermeidung von Unruhe und Schutz der Mitarbeiter
Informationsgeber	Vermeidung der Bloßstellung eines Informationsgebers
Mißstände, die einer Revision bedürfen	Vom Team darf kein Anstoß für eine Revision ausgehen

Die Qualität einer Planungsarbeit steht im direkten Zusammenhang mit der Menge und der Zuverlässigkeit der Informationen, die an das Team herangetragen werden oder die es sich beschafft. Je nach Stand der Planung sind die benötigten Informationen und die Informationsgeber ganz verschieden. Aus der Funktion bestimmter Informationsgeber resultiert meist die Art der Information, die das Team von ihnen zu erwarten hat.

Informationsgeber	Art der Information
Sachbearbeiter	Ist-Daten, Schwachstellen im Ablauf, punktuelle Verbesserungsvorschläge
Systeminterne im Team	Politische und sachliche Verhältnisse im beplanten Bereich
Organisatoren im Team	Methoden und Techniken der Planungsarbeit
BA-Mitglieder	Hinweise für die Vorgehensweise und die Plausibilität der gefundenen Resultate
Opinion-leader	Größere Zusammenhänge, Verbesserungsmöglichkeiten, informelle Organisationen, allgemeines Stimmungsbild
EA-Mitglieder	Wünsche des Auftraggebers bezüglich der zu leistenden Planungsarbeit und der Resultate; Unternehmensziele
Betriebsrat	Betriebsverfassung, Wahrung der Interessen der Arbeitnehmer

Verhältnis politischer zu sachlicher Arbeit

Bei der Organisationsplanung garantiert sachlich richtige Arbeit noch lange nicht den Erfolg, wenn die politisch-psychologische Arbeit zu kurz kommt. Das Verhältnis von sachlicher zu politischer Arbeit ist von der Aufgabenstellung abhängig.

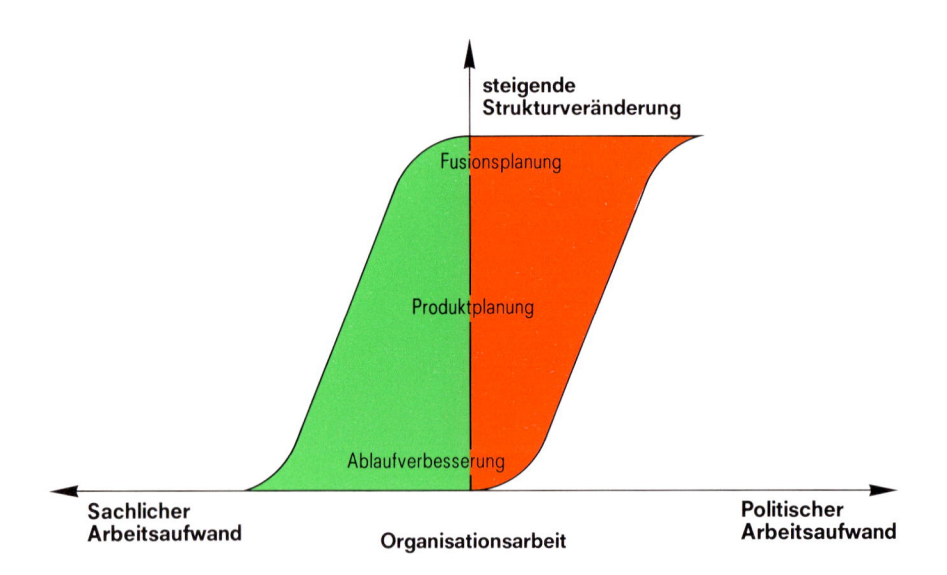

▷ Planungsfeld abgrenzen
▷ Bildung von Hypothesen und Maximen
▷ Ziele formulieren

▷ Analysen durchführen

▷ Schwachstellen suchen
▷ Modelle entwickeln

▷ Wirtschaftlichkeitsberechnungen anstellen

▷ Historie eruieren
▷ Sympathien und Antipathien feststellen
▷ Langfristige Ziele der Geschäftsleitung einbeziehen
▷ Spezielle persönliche Faktoren einkalkulieren
 (z. B. Dauer bis zur Pensionierung, verwandtschaftliche Beziehungen usw.)
▷ Kräfte- und Einflußfelder ermitteln
▷ Einzel- und Gruppeninteressen aufdecken
▷ Machtpositionen berücksichtigen
▷ Statussymbole, Nebeneinkünfte u. ä. Randerscheinungen berücksichtigen

Je mehr strukturelle Veränderungen durch die Planung bewirkt werden sollen, desto größer ist der Anteil an politischer Arbeit. Bei der Lösung politischer Probleme muß das Team in starkem Maße die Hilfe des BA und des EA beanspruchen.

Anwendung der Moderation während der Planungsarbeit

Während der Planung lassen sich zwei Formen von Tätigkeiten unterscheiden:
▷ Planungsaktivitäten mit *Moderation* (z.B. Meinungsbildung, kreative Prozesse, Strategieentwicklung, Anstoß zu Routinearbeiten)
▷ Einzel- und Kleingruppenarbeiten unter Anwendung der *Ist-Aufnahme- und Analysetechniken* (für Routinearbeiten, wie Daten sammeln, auswerten, analysieren)

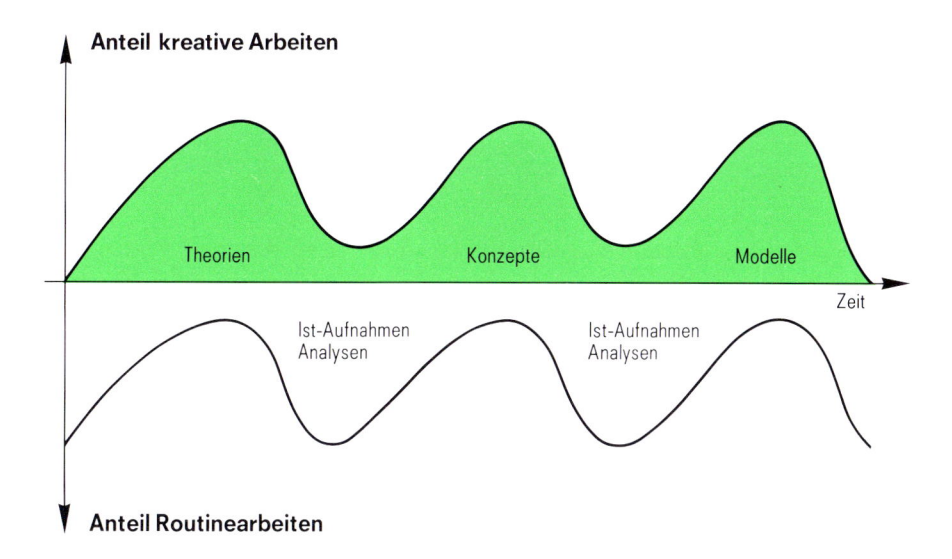

Alle Teamtätigkeiten, die Kreativität erfordern, sollten durch Moderation angeregt, begleitet und gesteuert werden und müssen im Plenum durchgeführt werden, damit die Gedanken aller Teammitglieder verwertet werden können.

Die routinemäßigen Tätigkeiten bedürfen keiner Moderation. Die dabei angewendeten Techniken sollten jedoch vorher von den Organisatoren erläutert werden, falls die Notwendigkeit dazu besteht.

Planungsprozeß   Planungsprinzip

Die beiden Komponenten der Planungsarbeit

Aufgabe der Organisationsplanung ist es, neue realisierbare Wege und Lösungen zu finden. Dazu gehört die Bildung abstrakter Modelle ebenso wie die Berücksichtigung der Gegebenheiten des Systems.

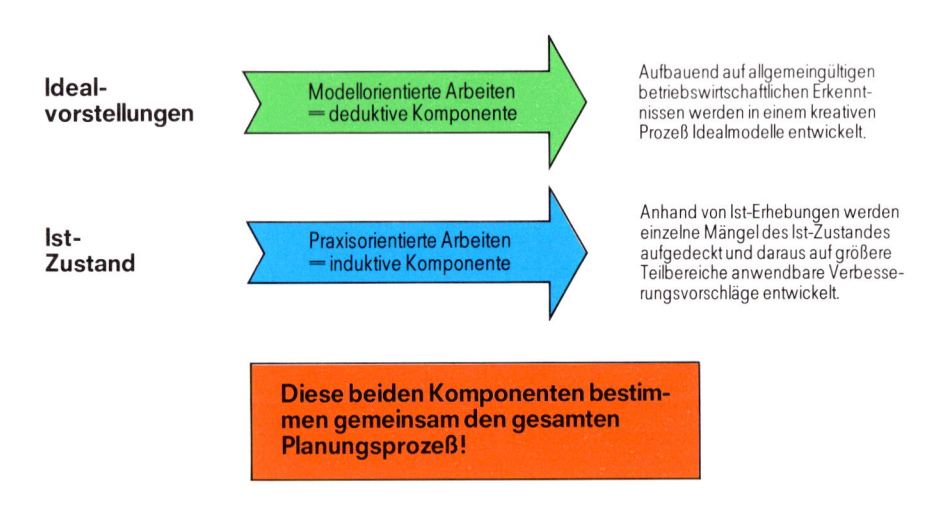

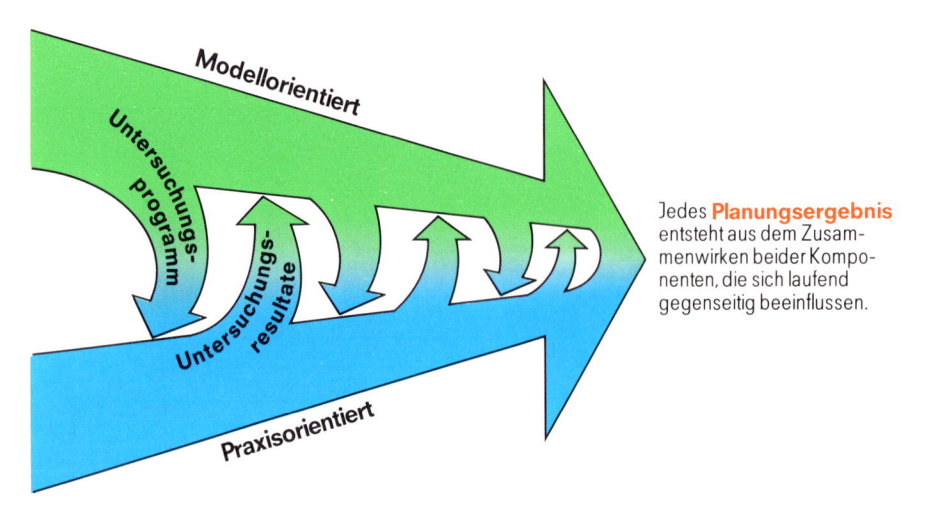

Idealvorstellungen — Modellorientierte Arbeiten = deduktive Komponente

Aufbauend auf allgemeingültigen betriebswirtschaftlichen Erkenntnissen werden in einem kreativen Prozeß Idealmodelle entwickelt.

Ist-Zustand — Praxisorientierte Arbeiten = induktive Komponente

Anhand von Ist-Erhebungen werden einzelne Mängel des Ist-Zustandes aufgedeckt und daraus auf größere Teilbereiche anwendbare Verbesserungsvorschläge entwickelt.

> **Diese beiden Komponenten bestimmen gemeinsam den gesamten Planungsprozeß!**

Modellorientiert / Praxisorientiert / Untersuchungsprogramm / Untersuchungsresultate

Jedes **Planungsergebnis** entsteht aus dem Zusammenwirken beider Komponenten, die sich laufend gegenseitig beeinflussen.

Planung ist also ein laufendes Wechselspiel zwischen modell- und praxisorientierter Arbeit, wobei die Modelle ständig verfeinert und die Untersuchungen vertieft werden. Arbeitet ein Team vorwiegend im modellorientierten Bereich, so spricht man von einer Planung mit deduktivem Charakter, arbeitet es überwiegend im praxisorientierten Bereich, so bezeichnet man die Planung als induktiv.

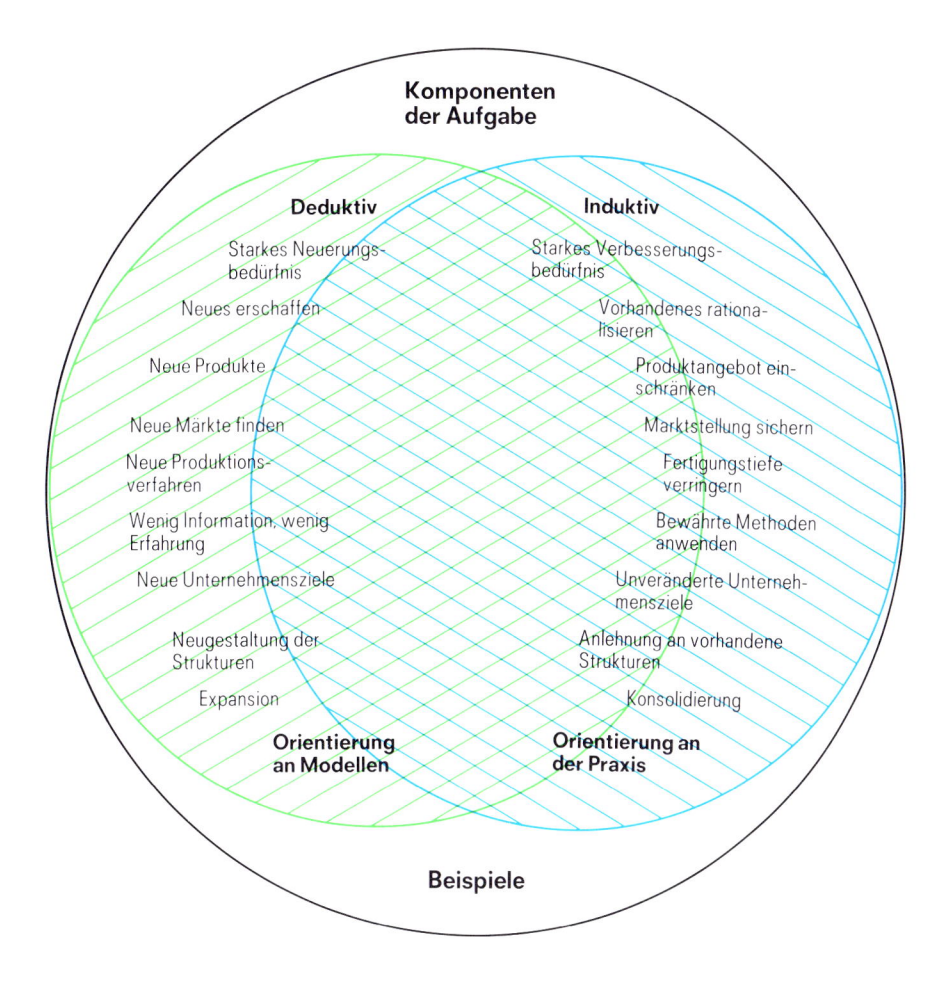

Komponenten der Aufgabe

Deduktiv
- Starkes Neuerungsbedürfnis
- Neues erschaffen
- Neue Produkte
- Neue Märkte finden
- Neue Produktionsverfahren
- Wenig Information, wenig Erfahrung
- Neue Unternehmensziele
- Neugestaltung der Strukturen
- Expansion

Orientierung an Modellen

Induktiv
- Starkes Verbesserungsbedürfnis
- Vorhandenes rationalisieren
- Produktangebot einschränken
- Marktstellung sichern
- Fertigungstiefe verringern
- Bewährte Methoden anwenden
- Unveränderte Unternehmensziele
- Anlehnung an vorhandene Strukturen
- Konsolidierung

Orientierung an der Praxis

Beispiele

Neben der Aufgabenstellung bestimmen oft auch persönliche Neigungen der Teammitglieder (Praktiker, Theoretiker), wo der Schwerpunkt der Arbeit liegt. Natürlich ist der beste Erfolg zu erwarten bei einer Übereinstimmung von persönlichen Neigungen und Aufgabenstellung.

Die Planungsphasen

Da jede komplexe Planung von ihrer Problemstellung und den Beteiligten abhängig ist und deshalb die Einzelschritte bezüglich der Dauer, des Aufwandes, der Auswahl, der u. U. nötigen Wiederholungen und der Reihenfolge verschieden sind, ist keine allgemeingültige Einteilung des Planungsprozesses möglich. Als Meilensteine können jedoch die EA-Sitzungen und die dabei zur Entscheidung stehenden Planungsergebnisse angesehen werden.

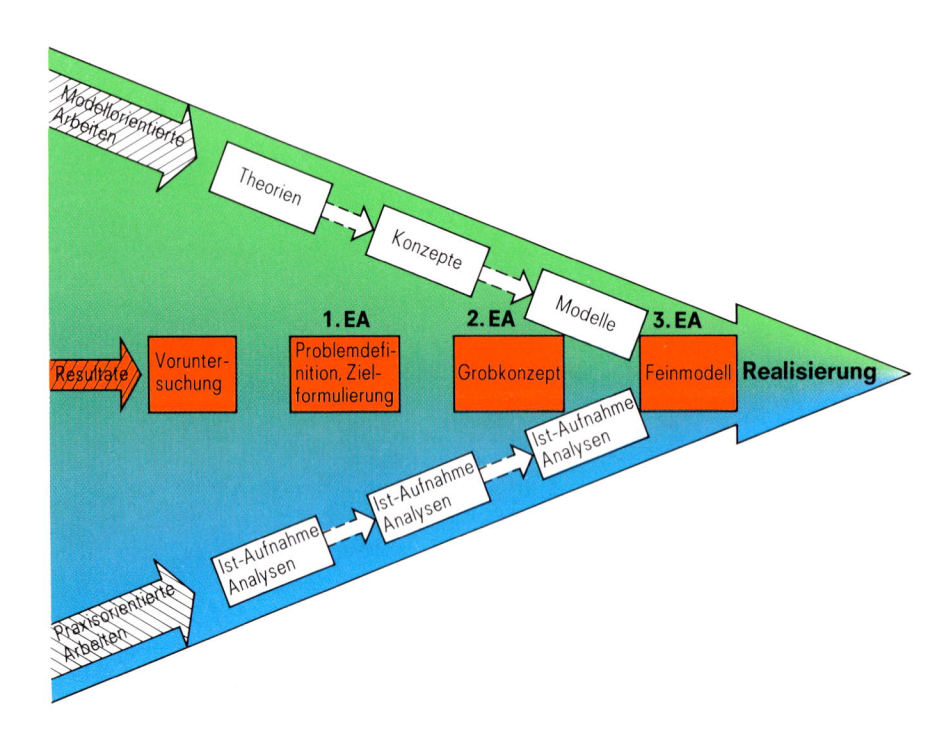

Durch fortlaufende Annäherung der beiden Komponenten wird ein Planungsergebnis angestrebt, in dem die theoretischen Erkenntnisse und die praktischen Gegebenheiten in Einklang gebracht sind.

Akzeptiert der EA Resultate nicht oder fordert er wesentliche Änderungen oder Ergänzungen, so muß die entsprechende Phase wiederholt werden.

Stellt sich bei der Problemdefinition und Zielformulierung das Problem als zu vielschichtig heraus, wird man Problemkreise bilden und diese nach ihrer Priorität zeitversetzt abhandeln.

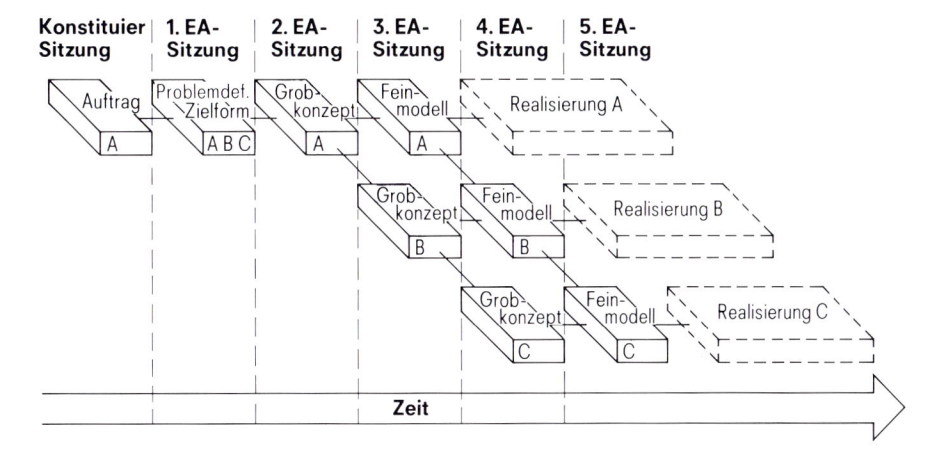

Problemdefinition und Zielformulierung

Diese erste Phase des eigentlichen Planungsprozesses ist charakterisiert durch einen hohen Grad der Unsicherheit und der Suche nach den Ursachen des Problems sowie einer gemeinsamen Zielformulierung. Dabei treten häufig folgende Schwierigkeiten auf:

▷ Voruntersuchung und Aufgabenstellung sind nicht hinreichend genau oder überhaupt nicht erfolgt. Die Folge ist, daß das Team dies zunächst nachholen muß.

▷ Aus der Unsicherheit oder dem Tatendrang des Teams („Wir müssen erst mal was tun") entschließt man sich zu einem **voreiligen** Einstieg in die Ist-Aufnahmen.

▷ Das im Team vertretene Fachwissen wird vom Team selbst und den anderen Planungsinstanzen überschätzt, so daß **ohne** ausreichende Ist-Aufnahme sofort mit der Ist-Analyse begonnen wird.

▷ Die Phase der Problemdefinition und Zielformulierung wird in ihrer Bedeutung unterschätzt oder sogar für überflüssig gehalten.

Als Ausgangsinformation wird das Team die Voruntersuchung, die Aufgabenstellung und das vertretene Wissen analysieren. Je nachdem, ob man in der Planung vorwiegend induktiv oder deduktiv vorgehen möchte, sind der Einstieg und die zu behandelnden Arbeitsschritte verschieden:

Planungsprozeß   Problemdefinition und Zielformulierung

Wissen
Voruntersuchung
Planungsauftrag

Deduktiv　　　**Induktiv**

Modellvorstellungen

Ist-Aufnahmen
Analysen im Team

Probleme
Schwachstellen

Ist-Aufnahmen
Analysen

Ist-Aufnahmen
Analysen vor
Ort

Orientierung　　　**Orientierung**
an Modellen　　　**an der Praxis**

Problemdefinition
Zielformulierung

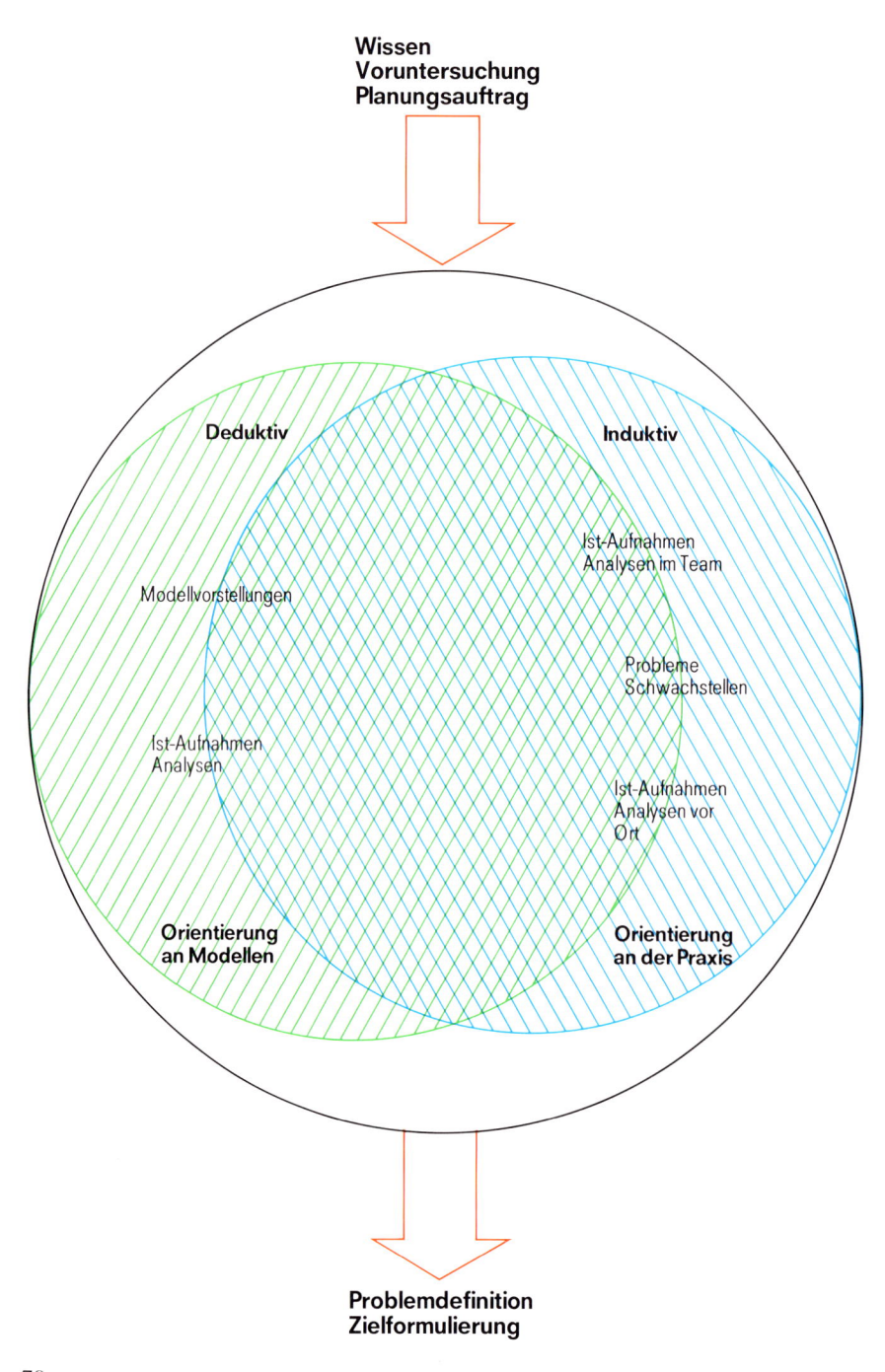

**Beschreibung der ersten Planungsphase bei vorwiegend
modellorientierter Arbeitsweise**

Die Erfahrung hat gezeigt, daß jede organisatorische Arbeit mehr oder weniger bewußt von Modellvorstellungen geleitet wird. Es hat sich als günstig erwiesen, diese **Modellvorstellungen** jedes einzelnen Teammitglieds von Anfang an in die Bewußtseinsebene zu bringen und nach entsprechender Offenlegung und Diskussion einen Abgleich im Sinne einer Teammeinung zu erwirken.

Dieser erste Schritt erfordert einen sehr hohen Zeit- und Moderationsaufwand, ohne daß gleich Erfolge sichtbar werden. Der Aufwand lohnt sich jedoch, da eine Abstraktion von Anfang an originelle Ansätze bringt und Lösungen bewirken kann, die althergebrachte und erstarrte Formen unberücksichtigt lassen. Um ein Abgleiten in absurde Theorien zu verhindern, ist es ratsam, themenorientiert vorzugehen:

▷　Systemabgrenzung
▷　Struktur des Planungsproblems
▷　Zukünftig wirksame Einflußgrößen
▷　Bildung von Hypothesen

Diese Themen können einzeln oder kombiniert behandelt werden, wobei sich auch eine Folge ergeben kann. Anhand praktischer Beispiele soll die Bearbeitung dieser Themen erläutert werden.

Planungsprozeß   Problemdefinition und
                                                        Zielformulierung

▶   Systemabgrenzung

Als erstes wird das Team klären, wo das Problem beginnt, wo es endet und wodurch es beeinflußt wird (hier Betrachtung nach dem Prinzip des „schwarzen Kastens")

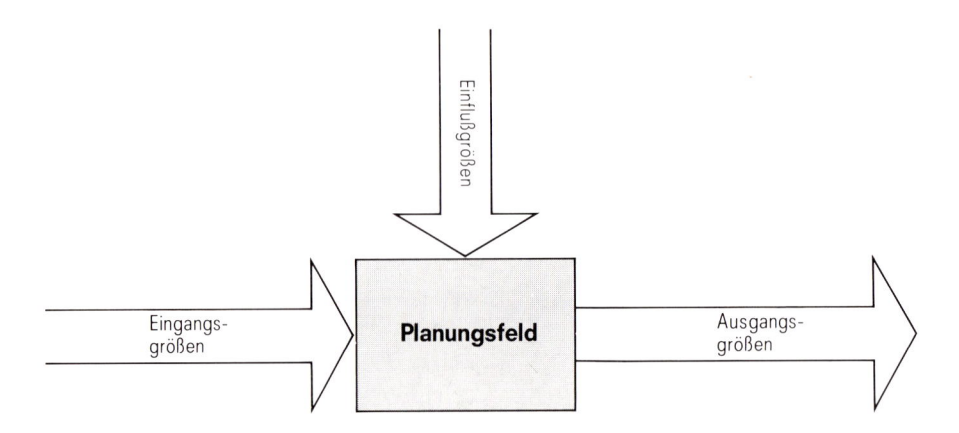

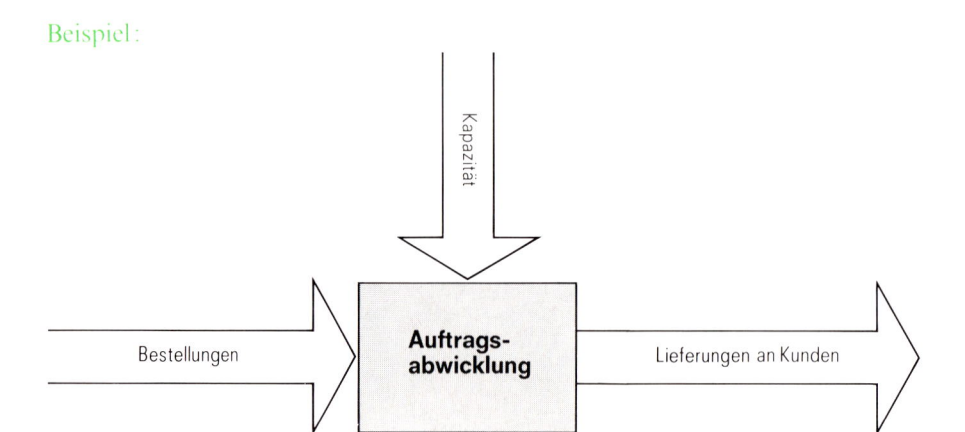

```
          Einflußgrößen
                ↓
Eingangs-  →  [ Planungsfeld ]  →  Ausgangs-
größen                              größen
```

Beispiel:

```
          Kapazität
             ↓
Bestellungen → [ Auftrags-      ] → Lieferungen an Kunden
                 abwicklung
```

Anschließend wird sich das Team überlegen, welche Funktionen im Planungsfeld unbedingt ausgeführt werden müssen.

▶ Struktur des Planungsproblems

Hierbei werden die im Planungsfeld liegenden Probleme nach übergeordneten Gesichtspunkten definiert.

Beispiel:

Aufgabenstellung
In einem expandierenden Unternehmen werden für die neu herausgebrachten Produkte die technischen Unterlagen für den Außendienst nicht rechtzeitig fertig.

Zuordnung (zu möglichen Kriterien)					
Betrifft	**Gebiet**	**Lösung erwünscht**	**Natur**		
Kosten Zeiten Leistung Qualität Wachstum	Kaufm. Techn. DV	kurzfristig mittelfristig langfristig	Aufbau Ablauf	Einzel Massen	punktuell komplex

Arbeitsprogramm
Abläufe mit Zeiten erfassen Zuwachsraten erfassen, extrapolieren Ist-Aufnahmen in Labor, Fertigung, Montage, Prüffeld Rechtzeitig die wichtigsten Schwerpunkte herausfinden und auf kurzfristige Lösungen prüfen Handhabbare Problempakete schaffen

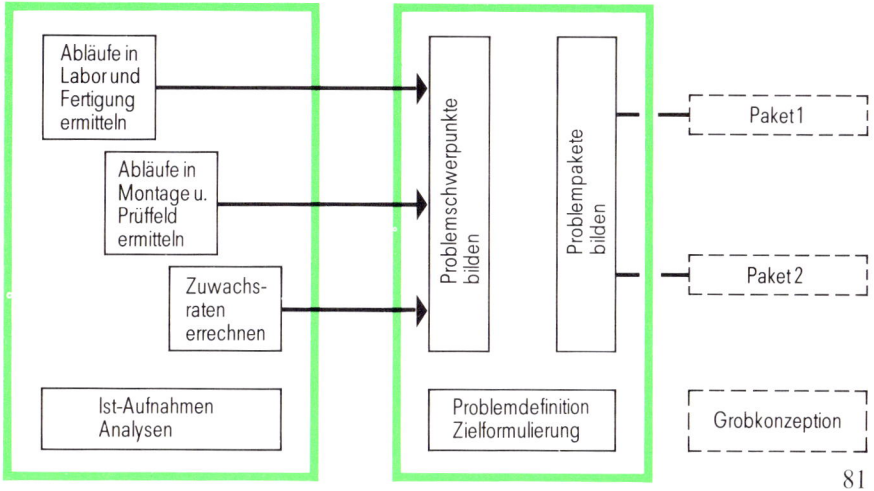

Vorgehensweise

- Abläufe in Labor und Fertigung ermitteln
- Abläufe in Montage u. Prüffeld ermitteln
- Zuwachsraten errechnen
- Ist-Aufnahmen Analysen

→ Problemschwerpunkte bilden → Problempakete bilden → Paket 1, Paket 2, Grobkonzeption

Problemdefinition Zielformulierung

▶ Zukünftig wirksame Einflußgrößen

Alle Modelle und Vorschläge, die von einem Team erarbeitet werden, müssen zukunftsorientiert sein, d.h. zukünftig wirksame Einflußgrößen berücksichtigen.

Solche Einflußgrößen können sein:

▷ zu erwartende gesetzliche Regelungen,
▷ neue Zielsetzungen des Managements,
▷ Veränderungen des Arbeitsmarktes,
▷ neue Tarifabkommen,
▷ Verteuerung der Energie, Rohstoffe, Transporte,
▷ neue Computer-Generation, angekündigte Anwenderprogramme.

Beispiel:

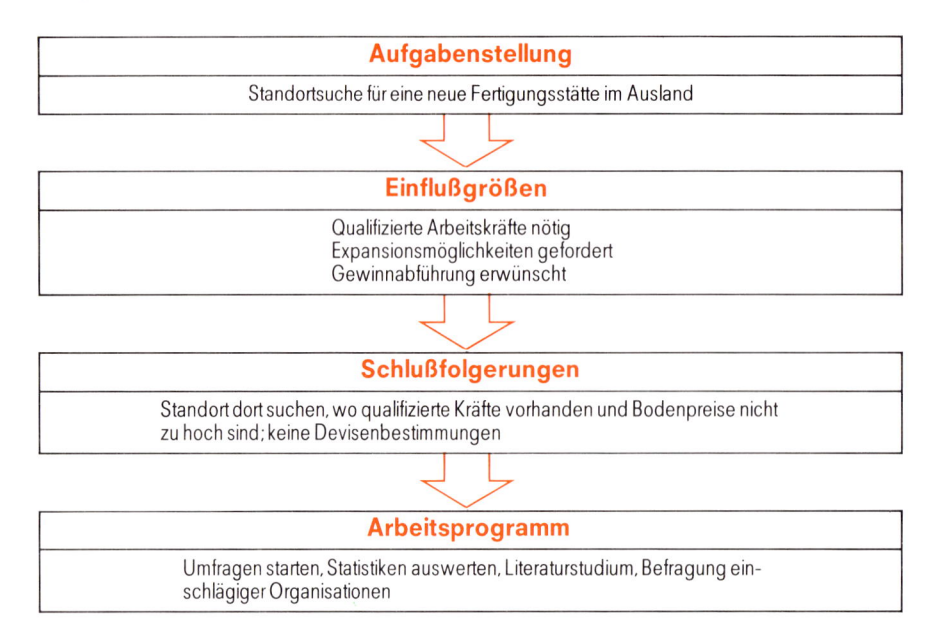

Aufgabenstellung
Standortsuche für eine neue Fertigungsstätte im Ausland

⬇

Einflußgrößen
Qualifizierte Arbeitskräfte nötig Expansionsmöglichkeiten gefordert Gewinnabführung erwünscht

⬇

Schlußfolgerungen
Standort dort suchen, wo qualifizierte Kräfte vorhanden und Bodenpreise nicht zu hoch sind; keine Devisenbestimmungen

⬇

Arbeitsprogramm
Umfragen starten, Statistiken auswerten, Literaturstudium, Befragung einschlägiger Organisationen

▶ Bildung von Hypothesen

Zunächst sind Hypothesen (Behauptungen bzw. Vermutungen) über Einflußgrößen in der Aufbau- und Ablauforganisation zu formulieren. Damit sind die notwendigen Voraussetzungen gegeben für

▷ zielgerichtete Steuerung der Erhebungen,
▷ Beschränkung der Informationen auf ein vertretbares Minimum.

Aufgrund dieser Daten werden die Hypothesen

    entweder bewiesen→verfeinert
    oder widerlegt→verworfen.

Werden neue Hypothesen gebildet, so sind diese wieder durch Aufnahme von Fakten zu überprüfen, zu verfeinern usw. Dieser Vorgang wird so lange wiederholt, bis das Team über die Symptome zu den wirklichen Ursachen des Problems vorgedrungen ist. Daraus können dann konkrete Zielformulierungen abgeleitet werden.

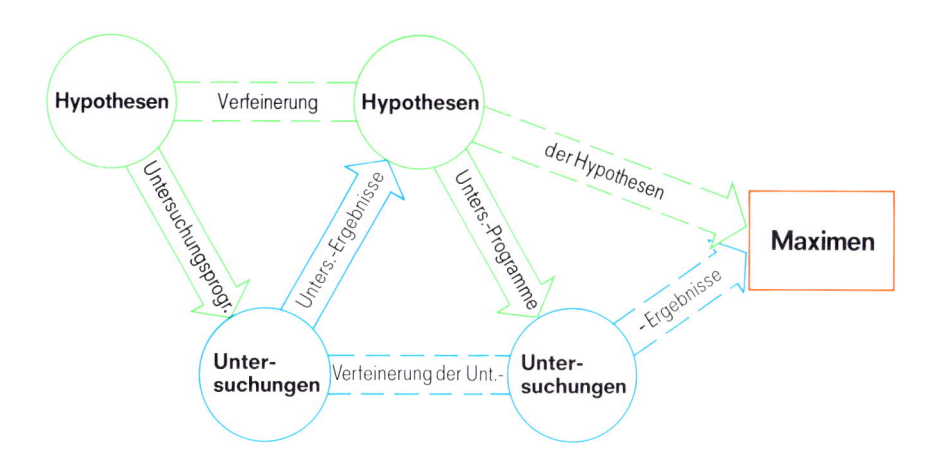

Planungsprozeß Problemdefinition und Zielformulierung

Beispiel:

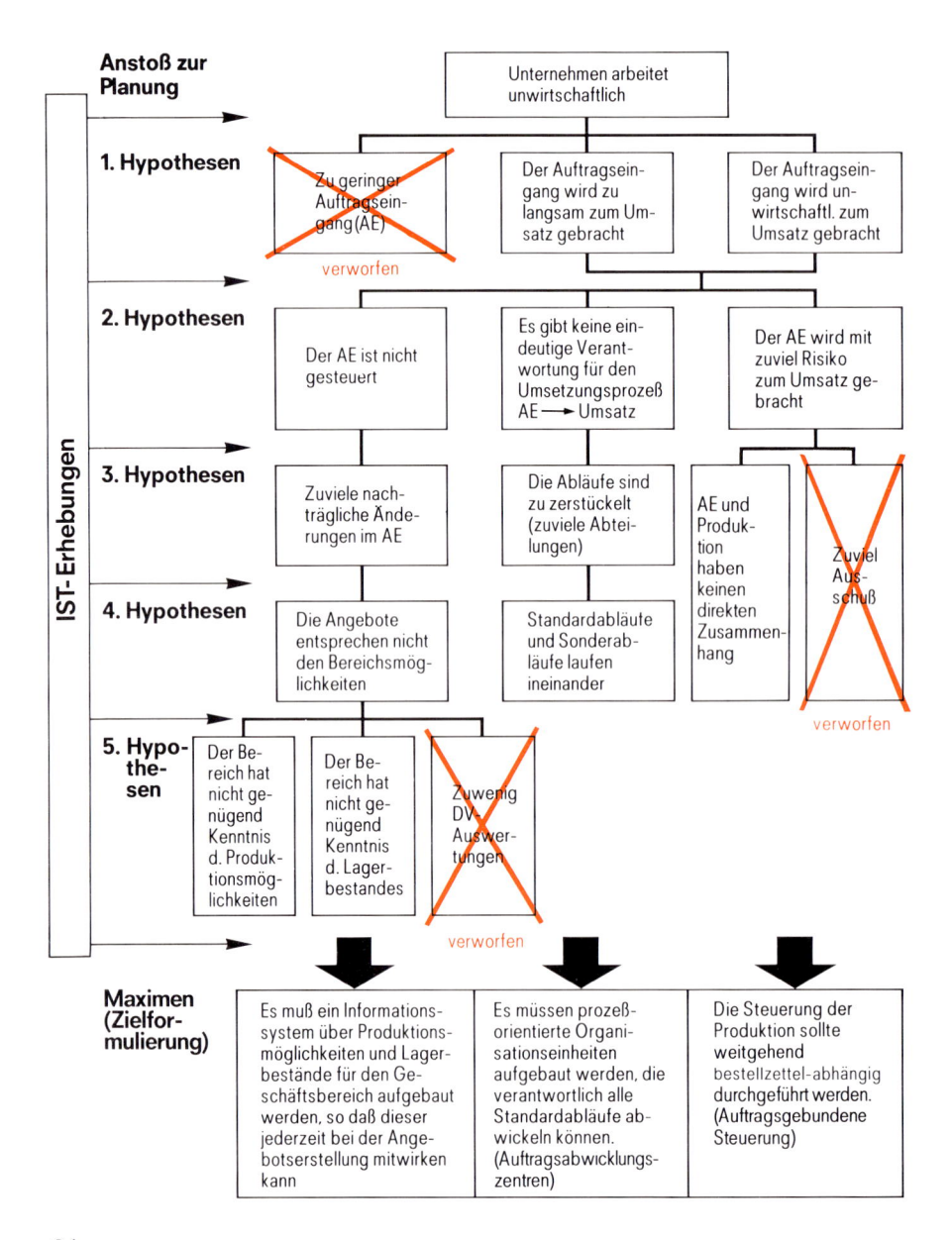

Anstoß zur Planung: Unternehmen arbeitet unwirtschaftlich

1. Hypothesen:
- Zu geringer Auftragseingang (AE) — *verworfen*
- Der Auftragseingang wird zu langsam zum Umsatz gebracht
- Der Auftragseingang wird unwirtschaftl. zum Umsatz gebracht

2. Hypothesen:
- Der AE ist nicht gesteuert
- Es gibt keine eindeutige Verantwortung für den Umsetzungsprozeß AE ⟶ Umsatz
- Der AE wird mit zuviel Risiko zum Umsatz gebracht

3. Hypothesen:
- Zuviele nachträgliche Änderungen im AE
- Die Abläufe sind zu zerstückelt (zuviele Abteilungen)
- AE und Produktion haben keinen direkten Zusammenhang
- Zuviel Ausschuß — *verworfen*

4. Hypothesen:
- Die Angebote entsprechen nicht den Bereichsmöglichkeiten
- Standardabläute und Sonderabläufe laufen ineinander

5. Hypothesen:
- Der Bereich hat nicht genügend Kenntnis d. Produktionsmöglichkeiten
- Der Bereich hat nicht genügend Kenntnis d. Lagerbestandes
- Zuwenig DV Auswertungen — *verworfen*

(IST-Erhebungen)

Maximen (Zielformulierung):
- Es muß ein Informationssystem über Produktionsmöglichkeiten und Lagerbestände für den Geschäftsbereich aufgebaut werden, so daß dieser jederzeit bei der Angebotserstellung mitwirken kann.
- Es müssen prozeßorientierte Organisationseinheiten aufgebaut werden, die verantwortlich alle Standardabläufe abwickeln können. (Auftragsabwicklungszentren)
- Die Steuerung der Produktion sollte weitgehend bestellzettel-abhängig durchgeführt werden. (Auftragsgebundene Steuerung)

84

Dieser erste Arbeitsschritt bei der vorwiegend modellorientierten Arbeitsweise dient der Bildung einer Teammeinung und Übersicht über

▷ Grobabgrenzung des Problems,
▷ Grobdefinition des Problems,
▷ Aufstellung eines vorläufigen Arbeitsprogrammes,
▷ Beschluß über eine vorläufige Vorgehensweise,
▷ Hypothesen über Einflußgrößen und Zusammenhänge.

Der nachfolgende Schritt – Durchführung des Arbeitsprogrammes – (Ist-Aufnahmen und Analysen) dient im wesentlichen dazu, Material zu sammeln, mit dem das Team seine Ansichten vertiefen und verfeinern kann. Bei dieser Arbeit vor Ort wird das Team insbesondere versuchen, mit dem BA und anderen Mitgliedern des Systems seine derzeitige Problemsicht auf ihre Plausibilität zu prüfen und wertvolle Hinweise auf

▷ Randbedingungen der Planung (Determinanten) sowie
▷ Schnittstellen zwischen beplantem und nicht beplantem Bereich

zu erhalten. Nach Abschluß dieses Schrittes kann das Team das erarbeitete Material entscheidungsreif aufbereiten.

Beschreibung der ersten Planungsphase bei vorwiegend praxisorientierter Arbeitsweise

Es wurde eingangs gesagt, daß bei vorwiegend induktiven Planungen eine starke Orientierung am Ist-Zustand erfolgt. Bei einer guten Besetzung des Planungsteams wird viel individuelles **Wissen über den Ist-Zustand** eingebracht. Man kann also ohne weiteres eine Ist-Aufnahme **im** Team beginnen, bei der das individuelle Wissen zu einem Team-Wissen verschmolzen wird.

Auch hier empfiehlt es sich, durch Moderation eine themenzentrierte Abarbeitung vorzunehmen.

Planungsprozeß | Problemdefinition und Zielformulierung

Hier einige Beispiele:

Thema	Erste Zielrichtung
Definition	Die Teammitglieder müssen die gleiche Sprache sprechen (Abkürzungen!)
Ist-Zustand	Das vorhandene Wissen im Team muß festgehalten und abgeglichen werden
Probleme, Schwachstellen	Welche Probleme und Schwachstellen sind bekannt und müssen gelöst werden?
Randbedingungen	Vorhandene Richtlinien sowie gesetzliche Bestimmungen müssen berücksichtigt werden
Politik	Nicht sachbezogene Probleme frühzeitig erkennen

Nach dieser Vorphase, die eine Stoffsammlung darstellt, wird das Material gesichtet, nach neuen Themen geordnet und analysiert.

Thema	Ziel
Ursachen der Probleme und Schwachstellen	Für jedes Problem und jede Schwachstelle wird die Ursache gesucht, denn man will nicht „Symptome", sondern die „Krankheit" heilen. Hier entstehen die ersten Hypothesen
Schwerpunktprobleme bilden	Die Einzelprobleme werden zu wenigen Schwerpunktproblemen zusammengefaßt, die evtl. die gleichen Ursachen haben, um einen ersten Überblick zu gewinnen
Abgrenzung des Planungsfeldes	Es muß entschieden werden, welche Probleme zur Planung gehören und welche nicht. (Die vorläufige Grenze ist in der Praxis dort zu sehen, wo der Einfluß des Auftraggebers endet.)
Weiteres Vorgehen	Zielrichtung der Ist-Aufnahmen bestimmen, geeignete Techniken (*Ist-Aufnahme-Techniken*) wählen, Zeitvorstellungen entwickeln

Besteht im Team Einigkeit über diese Themen, wird es – evtl. in Kleingruppen – Ist-Aufnahmen vor Ort durchführen, um

▷ neue Daten und Fakten,
▷ Beweismittel für die aufgestellten Vermutungen und
▷ neue Schwachstellen zu ermitteln.

Abschluß der ersten Planungsphase

Es wurden bislang zwei mögliche Wege aufgezeigt, wie ein Planungsteam zu Problemdefinitionen und Zielformulierungen und dabei zu folgenden Aussagen kommen kann.

Beispiel:

Systemabgrenzung:	„Die Funktionen... müssen neu hinzukommen/rationalisiert werden/entfallen, wobei die Abteilungen/Dienststellen... betroffen werden."
Strukturen des Problems:	„Die wesentlichen Gesichtspunkte dieser Planung sind (z. B.) Wachstum sichern und Durchlaufzeiten verkürzen."
Zukünftig wirksame Einflußgrößen:	„Die zu erarbeitende Problemlösung muß (z. B.) den zukünftigen Sicherheitsbestimmungen Rechnung tragen."
Bildung von Maximen:	„Das Team beabsichtigt, mit der Planung folgende Ziele zu erreichen: ......, (z. B.) die Lieferbereitschaft muß erhöht werden."
Abgrenzung des Planungsfeldes:	„Die folgenden Probleme und Schwachstellen fallen in den Bereich der Planung......."
Ursachen des Problems:	„Folgende Ursachen wurden erkannt: ..., (z. B.) Engpaß in Abt....., wegen Personalmangel."
Problemschwerpunkte:	„Folgende Schwerpunkte konnten festgestellt werden: ..., (z. B.) die Weiterbildungsmöglichkeiten für das Personal sind nicht ausreichend."
Weiteres Vorgehen:	„Die folgenden Schritte sind vorgesehen: .... Ein Grobkonzept soll bis Dez. 19.. vorgelegt werden. Voraussichtlicher Abschluß der Planung ist März 19.."

Es ist durchaus möglich, daß manche der genannten Punkte die Ergebnisse der Voruntersuchung bestätigen. Das Gegenteil ist aber auch möglich, z. B.:

Aussage	Grund
Die Aufgabenstellung muß neu formuliert werden	Sie entspricht nicht den wirklichen Problemen und ihren Ursachen
Die Instanzen müssen ergänzt bzw. neu besetzt werden	Die wichtigsten Ursachen liegen nicht im Einflußbereich der Instanzen
Die Zeitvorstellungen des Auftraggebers sind nicht realistisch	Die Probleme sind viel komplexer, als ursprünglich angenommen

Das nun zur Entscheidungsreife gebrachte Material wird in einer Beratungsausschußsitzung erläutert und diskutiert.

Ziele dieser Sitzung sind:

▷ Interpretationsfehler zu finden und zu korrigieren
▷ Prüfung auf Vollständigkeit
▷ Prüfung auf Plausibilität
▷ Verständlichkeit der Visualisierungen verbessern
▷ Voraussichtliche Verhaltensweisen der EA-Mitglieder erfragen
▷ BA-Mitglieder überzeugen und als „Mitstreiter" gewinnen

Nach dieser Zusammenkunft erfolgen die notwendigen Korrekturen, die im Extremfall zu neuen Ist-Aufnahmen und Analysen führen.

Bei der **1. EA-Sitzung**, bei der alle Planungsinstanzen anwesend sind, verfolgt das Team folgende Ziele:

▷ Abstimmung mit dem EA über die Problemdefinition
▷ Bestätigung der Zielformulierung durch den EA
▷ Genehmigung der weiteren Vorgehensweise und Termine

Ziele einer EA-Sitzung sind **nicht**:

▷ Präsentation aller erhobenen Daten
▷ Präsentation aller Analysen
▷ Darlegung der angewandten Techniken
▷ Jammern über Schwierigkeiten
▷ Allgemeine Leistungsschau

Daher soll diese Präsentation kurz gehalten werden (30–40 min.) und nur das beinhalten, worüber eine Übereinstimmung oder Entscheidung erzielt werden soll. Beweismaterial sollte erst auf Anfrage vorgezeigt werden. Ein Protokoll wird angefertigt und allen EA- und BA-Mitgliedern zugesandt. Eine EA-Sitzung kann folgende Resultate und Auswirkungen haben:

Resultat	Auswirkungen für das Team
Ablehnung wesentlicher Punkte	Entweder Planung einstellen oder erste Phase der Planung von vorne beginnen
Ablehnung unwesentlicher Punkte	Beginn der zweiten Planungsphase mit gleichzeitiger Neubearbeitung bzw. Anpassung der abgelehnten Punkte
Annahme aller Punkte	Beginn der zweiten Phase und gleichzeitige Absicherung durch ein ausführliches Protokoll, daß der EA wirklich alle Punkte befürwortet

Grobkonzeption

Für diese zweite Phase der Planung besteht jetzt eine solide Ausgangsbasis:

Zielrichtung der Planung Einzelziele, die verwirklicht werden sollen Planungsfeld	und einige wichtige	Daten Fakten Zusammenhänge

Bei der Durchführung des ersten Planungsabschnittes hat ein erster Annäherungsprozeß zwischen theoretischen Überlegungen und praktischen Bedingungen stattgefunden. Dieser Weg wird in dieser Phase konsequent weitergeführt, so lange, bis ein Konzept erarbeitet ist, das in groben Zügen die Lösung der Planungsaufgabe schildert. Die Prinzipien dieser Lösung müssen so präzise dargestellt sein und deren Konsequenzen so deutlich sichtbar werden, daß eine Grundsatzentscheidung getroffen werden kann. Diese soll in der Regel über alle weiteren Phasen hinweg bis hin zur Realisierung ihre Gültigkeit behalten.

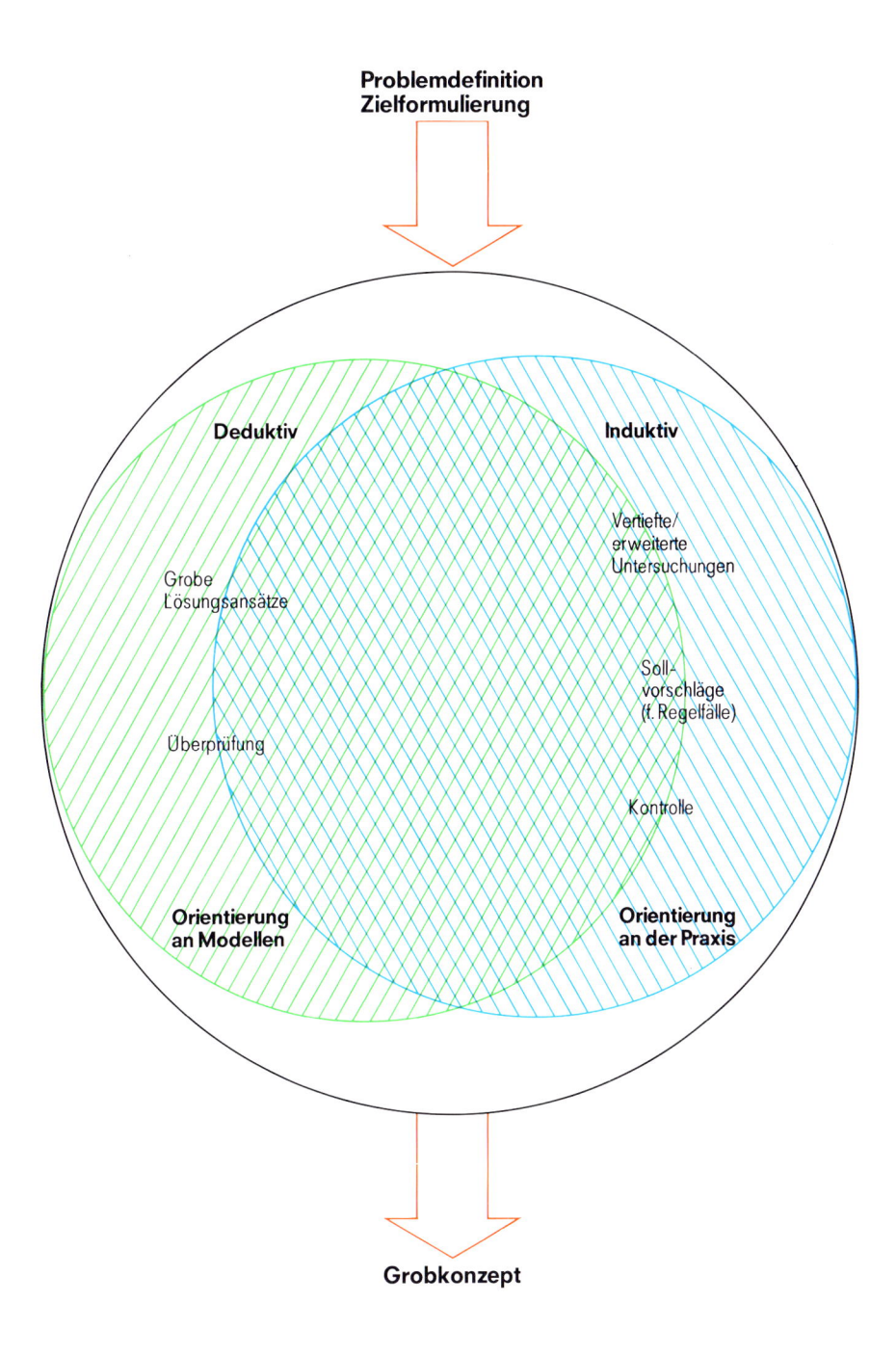

Grobkonzeption   Planungsprozeß

**Problemdefinition
Zielformulierung**

Deduktiv   **Induktiv**

Vertiefte/
erweiterte
Untersuchungen

Grobe
Lösungsansätze

Soll-
vorschläge
(f. Regelfälle)

Überprüfung

Kontrolle

**Orientierung
an Modellen**   **Orientierung
an der Praxis**

Grobkonzept

| Planungsprozeß | Grobkonzeption |

Beschreibung der zweiten Planungsphase bei vorwiegend modellorientierter Arbeitsweise

▶ Grobe Lösungsansätze

Es gilt jetzt, die Einzelziele, die verwirklicht werden sollen, umzustrukturieren und operational zu gestalten, um zu einem hypothetischen Lösungsansatz zu kommen.

Beispiel aus der Disposition:

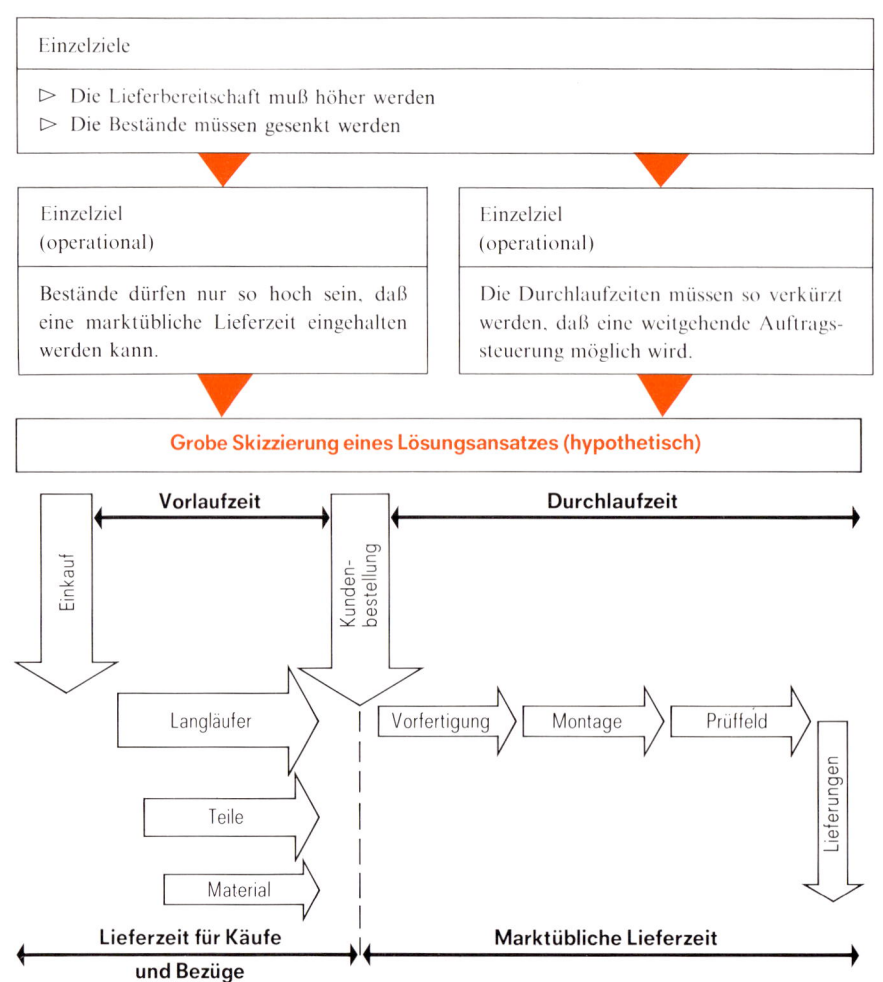

Einzelziele
- ▷ Die Lieferbereitschaft muß höher werden
- ▷ Die Bestände müssen gesenkt werden

Einzelziel (operational)

Bestände dürfen nur so hoch sein, daß eine marktübliche Lieferzeit eingehalten werden kann.

Einzelziel (operational)

Die Durchlaufzeiten müssen so verkürzt werden, daß eine weitgehende Auftragssteuerung möglich wird.

Grobe Skizzierung eines Lösungsansatzes (hypothetisch)

Vorlaufzeit — Durchlaufzeit

Einkauf → Langläufer, Teile, Material
Kundenbestellung → Vorfertigung → Montage → Prüffeld → Lieferungen

Lieferzeit für Käufe und Bezüge — Marktübliche Lieferzeit

Das Team nimmt vorläufig an, daß es genügt, ausgesprochene Langläufer, einige Teile und Verbrauchsmaterial auf Lager zu halten, um die marktübliche Lieferzeit zu erreichen. Durch gezielte Ist-Aufnahmen wird das Team dieses Grobkonzept auf Realisierbarkeit prüfen, z.B. durch

- Untersuchung der Laufzeitkette,
- Untersuchung über die marktüblichen Lieferzeiten,
- *ABC-Analyse*,
- Untersuchung der Langläufer (Lieferzeit und Wert),
- Anzahl Kundenbestellungen und wirtschaftliche Losgrößen.

Komplexe Planungen ergeben meistens eine ganze Reihe von Konzeptionen, die sich auf einzelne oder mehrere System-Teile beziehen. Diese Konzeptionen (z.B. von Ablauf- und Aufbauorganisation) müssen wiederum einander angepaßt werden, wenn gegenseitige Abhängigkeiten bestehen.

Man verwendet dazu die Grundgedanken des *System-Engineering*. Ein Gesamt-System wird in Haupt- und Untersysteme aufgeteilt (Hierarchisierung), und diese Einzelsysteme werden auf Input und Output untersucht.

Die Konzeption des Hauptsystems wird, nach entsprechender Kontrolle, beibehalten, die Konzeptionen der Untersysteme werden der Reihe nach an die Konzeption des Hauptsystems angepaßt. Je niedriger die Hierarchiestufe ist, desto größer ist in der Regel die Anpassung.

Hat man nun ein Grobkonzept, das alle relevanten Systemteile erfaßt, so wird man diese auf politische und sachliche Realisierbarkeit überprüfen.

▶ Überprüfung

Das Team wird die durch die Konzeptionen betroffenen Führungskräfte und Opinion-leaders ansprechen und deren Meinung über die Problemlösung erfragen. Aus dem Unterschied zwischen der Teammeinung und der Meinung der Befragten kann der erwartete Widerstand gegen eine Realisierung eruiert werden. Sind die Meinungen allzu konträr, so ist erforderlich,

sachlich:

daß das Team versucht,
die Konzeption auf ihre Plausibilität
und Qualität zu überprüfen, durch

- Betriebsvergleiche,
- Kennzahlenvergleiche und
- gezielte Ist-Aufnahmen
  (*Ist-Aufnahme-Techniken*).

politisch:

- die Ursachen für die Meinungsunterschiede zu finden,
- zusätzliche Überzeugungsarbeit zu leisten,
- evtl. die Lösungen zu überarbeiten.

Beschreibung der zweiten Planungsphase bei vorwiegend praxisorientierter Arbeitsweise

▶ Vertiefende Untersuchungen

Nach der Problemdefinition und Zielformulierung wird das Team tiefergehende Untersuchungen vor Ort durchführen, bestehend aus Detail-Ist-Aufnahmen und Analysen.

Diese Arbeit wird im Prinzip während der gesamten Planung durchgeführt (bei stark induktiven Planungen kann sie bis zu 80% des Gesamtaufwandes betragen); sie konzentriert sich jedoch ganz wesentlich in dieser Planungsphase:

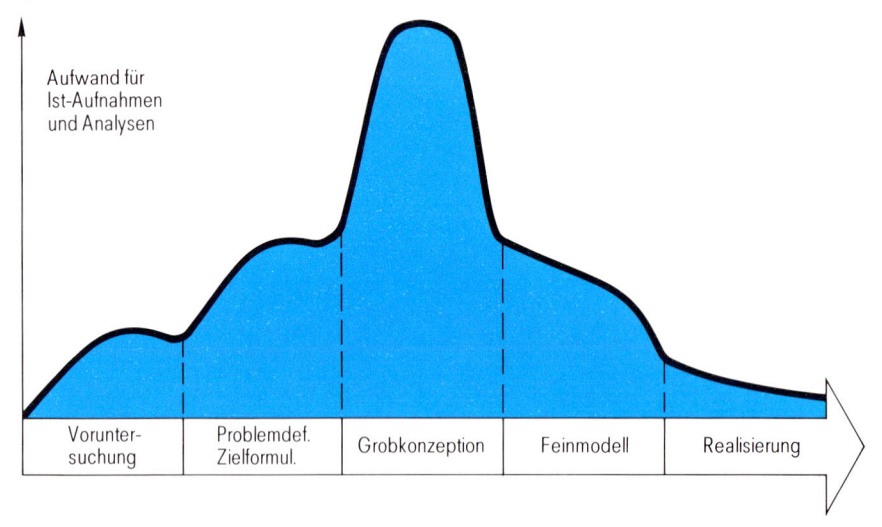

Aufwand für Ist-Aufnahmen und Analysen

| Voruntersuchung | Problemdef. Zielformul. | Grobkonzeption | Feinmodell | Realisierung |

Es ist daher besonders wichtig, angesichts dieses „Arbeitsberges" die notwendige Energie und Zeit möglichst rationell einzusetzen. Hierfür wird das Team ein **Untersuchungsprogramm** entwickeln, während der Durchführung laufend überwachen und ggf. modifizieren.

Der Inhalt dieses Programmes kann wie folgt gegliedert sein:
▷ Ziele der Untersuchungen
▷ Detaillierungsgrad und Kontrolle
▷ Wahl der Ist-Aufnahme-Techniken (Datenerfassung)
▷ Wahl der Darstellungstechniken (Datenaufbereitung)
▷ Terminplan
▷ Personaleinsatz
▷ Wahl der Analysetechniken (Datenauswertung)

Ziele der Untersuchungen

Das Ziel jeder Untersuchung ist vorerst die Einsammlung von Informationen über den Ist-Zustand im Planungsfeld, um anschließend nach einer geeigneten Aufbereitung (Umformung, Verdichtung, Visualisierung usw.), eine aussagekräftige Analyse durchführen zu können. Die Schwachstellen-Analyse, die einen Vergleich zwischen Ist-Zustand und Soll-Vorstellungen darstellt, gibt Aufschluß über Verbesserungsmöglichkeiten und erwirkt somit die eigentlichen Soll-Vorschläge. Die hier gebildeten Schritte

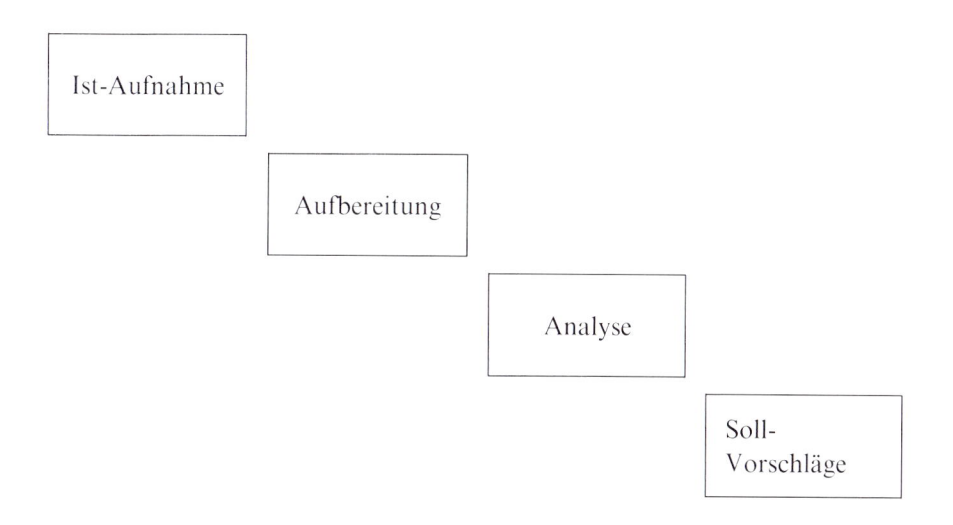

```
┌──────────────┐
│ Ist-Aufnahme │
└──────────────┘
        ┌──────────────┐
        │ Aufbereitung │
        └──────────────┘
                ┌──────────┐
                │ Analyse  │
                └──────────┘
                        ┌──────────────┐
                        │ Soll-        │
                        │ Vorschläge   │
                        └──────────────┘
```

laufen zwar in jedem Einzelfall nacheinander ab, es ist jedoch unmöglich, einen dieser Schritte zum Abschluß zu bringen, ohne jeweils die ganze Kette stets vor Augen zu haben, da jeder Schritt die nachfolgenden wesentlich beeinflußt.

Jedenfalls wird das Team eine Themenauswahl treffen und festlegen, welche Detailinformationen zu diesen Themen eingeholt werden sollen. Für die Wahl und Reihenfolge der Themen und die Tiefe der Erhebungen kann kein Rezept gegeben werden. Instinkt und Erfahrung sind hier maßgebend. Erfahrungsgemäß sind oft nur 60–70% der erhobenen Daten für die Erstellung der Soll-Vorschläge unmittelbar verwertbar. Dennoch ist dieser Aufwand gerechtfertigt, um gegenüber kritischen Systemmitgliedern kritikfähig und glaubwürdig zu werden.

Beispiel für die Themenauswahl einer Ist-Aufnahme bei Planung einer Auftragsabwicklung:

Thema	Erwünschte Detailinformationen
Bestell- und Lieferverkehr (Grunddaten teilweise aus Voruntersuchung)	• Anzahl und Wert der Bestellungen, aufgeteilt nach Inland und Ausland • Durchschnittliche Anzahl Bestellpositionen pro Bestellung, Inland und Ausland • Durchschnittliche Anzahl Lieferungen, aufgeteilt nach verschiedenen Fertigwarenlagern
Personal	Anzahl, Qualifikation und Altersstruktur des Personals, nach Abteilungen und Arbeitsplätzen; Fluktuationsraten
Arbeitsablauf	• Arbeitsplatzbeschreibungen • Belegfluß für einige repräsentative Geschäftsvorfälle • Verwendete Vordrucke • Arbeitsschritte
Kommunikation	• Schriftverkehr • Besuche • Telefongespräche Anzahl nach beteiligten Abteilungen und Schlüsselpositionen
Zeiten	Durchlaufzeiten einiger repräsentativer Aufträge (z. B. nach Dispositionsart) mit Angaben der Bearbeitungs- und Liegezeiten
Kosten	Ermittlung der Bearbeitungskosten für einige repräsentative Aufträge
DV-Einsatz	• Auftragseingangserfassung und -bewertung • Disposition • Statistik • Lagerbestandsfortschreibung • Fakturierung Experten befragen und vorhandene Verfahrensbeschreibungen lesen

Ungeachtet der speziellen Planungsaufgabe empfiehlt es sich immer, zwei Ist-Aufnahme-Themen zu bearbeiten:

▷ Normalfälle – Sonderfälle
▷ Informelle Organisation

Normalfälle – Sonderfälle

In der Phase der Grobkonzeption sucht das Team Lösungen für den Bereich der Normalfälle. Durch Bildung einiger Kriterien in Form von Polpaaren, wie

>häufig – selten
>wertvoll – wertlos
>wichtig – unwichtig

und anschließender Zuordnung von Ist-Daten versucht das Team, in einem möglichst frühen Stadium der Ist-Aufnahme Sonderfälle von den weiteren Ist-Aufnahmen vorerst auszuschließen.

Informelle Organisation

Jede festgelegte Organisation wird durch eine informelle Organisation überlagert. In den meisten Fällen ist durch diese die Funktionsfähigkeit eines Systems erst gegeben. Geführt wird die informelle Organisation durch Opinion-leaders, die z. B. in Ausschüssen und Arbeitskreisen zusammenkommen. Diese „alten Hasen" kennen die Möglichkeiten und Schwächen sowie die Lücken der Organisation bestens. Sie nützen ihr Wissen, um Probleme zu lösen, die sonst in den installierten Organisationen unlösbar würden; meistens umgehen sie sinnlos gewordene Abläufe und erstarrte Strukturen. Eine Ist-Aufnahme und Analyse darüber, wie die informelle Organisation funktioniert, bringt oft sehr wertvolle Hinweise für die Bildung von Problemlösungskonzepten.

Detaillierungsgrad und Kontrolle

Vor Beginn der Untersuchungen sollten die Fragen nach dem notwendigen Detaillierungsgrad und der Kontrolle der zu erhebenden Daten beantwortet werden.

Bei der vorherigen Festlegung des Detaillierungsgrades der Ist-Aufnahme kommt es darauf an, das richtige Maß zwischen genügendem Erkenntniswert und minimalem Aufwand zu finden.

Die vertretbare Bandbreite läßt sich wie folgt darstellen:

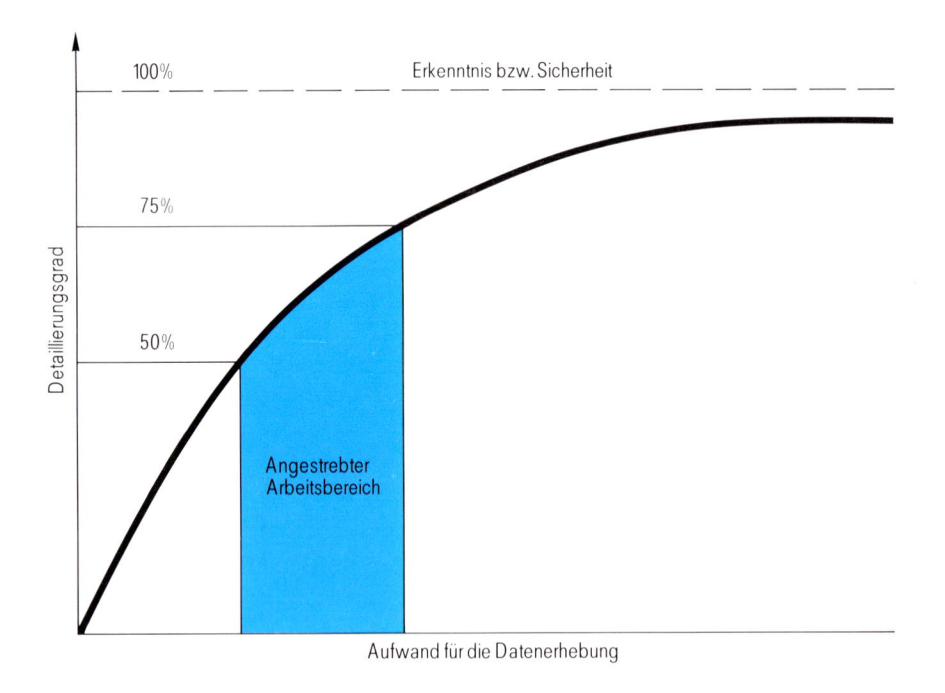

Detaillierungsgrad vs. Aufwand für die Datenerhebung; Erkenntnis bzw. Sicherheit bei 100%, 75%, 50%; Angestrebter Arbeitsbereich zwischen 50% und 75%.

Das Team muß die Bereitschaft haben, ein gewisses Maß an Unsicherheit zu ertragen, deshalb Mut zur Lücke!

Die Behauptung: eine nicht kontrollierte Zahl (oder Aussage) ist eine falsche Zahl, hat sich schon in vielen Fällen als richtig erwiesen. Die Fehlerursachen liegen nicht unbedingt in der Unkenntnis oder dem schlechten Willen des Befragten, sondern meistens in der falschen Auslegung. Ein Planungsteam sollte deshalb alle Zahlen und Aussagen, die es verwerten will, durch Befragung mehrerer Personen kontrollieren.

Grobkonzeption · Planungsprozeß

Beispiel:

Die Ist-Aufnahme des Auftragsbestandes für ein Produkt ergab 1 Mill. DM.

Mögliche Auslegungen:

▷ Der Auftragsbestand gilt für das laufende Geschäftsjahr.
▷ Der Auftragsbestand ist nicht zeitlich limitiert.
▷ Der Auftragsbestand bezieht sich nur auf bestätigte Aufträge.
▷ Der Auftragsbestand bezieht sich auch auf Reservierungen.

Allgemein ist zu sagen, daß ein Team lieber mit weniger, aber kontrollierten Zahlen operieren sollte als mit einer Vielzahl von nicht eindeutig auslegbaren Daten.

Wahl der Ist-Aufnahme-Techniken

Vor Beginn der Ist-Aufnahme vor Ort muß entschieden werden, welche Ist-Aufnahme-Techniken auch im Hinblick auf die darauffolgende Auswertung angewendet werden sollen. Über die Variations- und Kombinationsmöglichkeiten der Techniken kann mit Hilfe einer Matrix schnell ein Überblick gewonnen und eine Mehrfachbefragung einzelner Mitarbeiter vermieden werden.

▷ Fast alle angeführten Planungstechniken (z.B. Schnittstellenuntersuchungen, Bildung von Hypothesen usw.) können in allen Abschnitten der Planung eingesetzt werden.

Planungsprozeß   Grobkonzeption

Beispiel (Fortführung von S. 96)

Thema	Form der Darstellung und Aufbereitung				
	Interview	Selbst-aufschrei-bung	Beobach-tung vor Ort	Frage-bogen	Unter-lagen-studium
Bestell- und Lieferverkehr	×				×
Personal	×			×	
Arbeitsablauf	×	×	×		
Kommunikation		×	×		×
Durchlaufzeiten	×	×			×

Der Planer wird z. B. in einer Interviewsitzung mit dem Befragten mindestens zwei Fragenkomplexe abhandeln.

Wahl der Darstellungstechniken

Da bei den Ist-Aufnahmen eine Vielzahl von Daten und Informationen erhoben wird, muß rechtzeitig die Aufbereitungsform festgelegt werden.
Damit wird sichergestellt, daß

▷   die Arbeit zügig vorangetrieben wird,

▷   die Übersicht stets bewahrt bleibt,

▷   analytische Überlegungen frühzeitig angestellt werden,

▷   Zwischenresultate gewonnen werden, um die Vorgehensweise über-prüfen zu können.

Anhand des bisherigen Beispiels – Auftragsabwicklung – sollen einige Möglichkeiten angeführt werden.

Thema	Form der Darstellung und Aufbereitung			
	Verdichtung und Auflistung	Auflistung nach Ordnungssystem	Matrix	Ablaufplan
Bestell- und Lieferverkehr		×		
Personal	×			
Arbeitsablauf				×
Kommunikation			×	
Durchlaufzeiten	×			

Terminplan

Bei größeren Planungen ist es von vornherein ausgeschlossen, alle Ist-Aufnahmen gleichzeitig auszuführen oder zu beenden. Es muß daher unter Berücksichtigung der Möglichkeiten des beplanten Bereichs und des Teams eine eindeutige Arbeitsfolge festgelegt werden. Auf Termine und Urlaubszeiten sowie besondere Belastungszeiten (z. B. Abschlüsse, Inventur) aller Betroffenen ist dabei einzugehen.

Als Steuerungsmittel bietet sich das *Balkendiagramm*, bei starken gegenseitigen Abhängigkeiten der *Netzplan* an.

Der Aufbau des Terminplans richtet sich also nach

▷   Prioritäten der Themen,
▷   Belastung der Beplanten und des Teams,
▷   vorgesehener Zeit,
▷   Randbedingungen (z. B. feste Termine).

Personaleinsatz

Nun muß entschieden werden, wer welches Thema bearbeitet. Es ist fast zur Regel geworden, für jede Arbeit vor Ort mindestens 2 Personen einzusetzen, da einerseits eine Absicherung (habe ich richtig gesehen? habe ich richtig gehört?), andererseits eine Arbeitsteilung möglich wird (einer fragt – anderer notiert, einer liest – anderer schreibt usw.). Bei Teams mit 6 bis 8 Mitgliedern wird man 3 bis 4 Kleingruppen bilden, die je ein Thema bearbeiten. Man versucht, diese Kleingruppen mit je einem Fachkenner und einem Organisator zu besetzen, damit die Arbeit fachlich und methodisch richtig durchgeführt wird.

Wahl der Analysetechniken

Die Ist-Aufnahmen erfolgen aufgrund der Problemdefinition, um die vermuteten Schwachstellen zunächst zu bestätigen und endlich zu beseitigen. Da die verschiedenen Verfahren der Analyse Auswirkungen auf die zu erhebende Datenmenge und ihre Genauigkeit haben, sollte bereits vor Beginn der Erhebung eine vorläufige Entscheidung über die zu verwendende Technik fallen. Eine Verlagerung der Themenschwerpunkte kann natürlich dazu führen, daß eine andere Analysetechnik eingesetzt werden muß.

Die folgende Matrix zeigt, welche Analysetechniken bei dem bisherigen Beispiel eingesetzt werden.

Thema	Analysetechnik			
	Kommunikations-Analyse	*Netzplan*	*ABC-Analyse*	*Multimoment-Auswertung*
Bestell- und Lieferverkehr			×	
Personen und Funktionen				×
Kommunikation	×			
Arbeitsschritte und Arbeitszeiten		×		

▶ Von der Ist-Analyse zum Soll-Vorschlag

Dieser Abschnitt der induktiven Vorgehensweise läßt sich folgendermaßen darstellen:

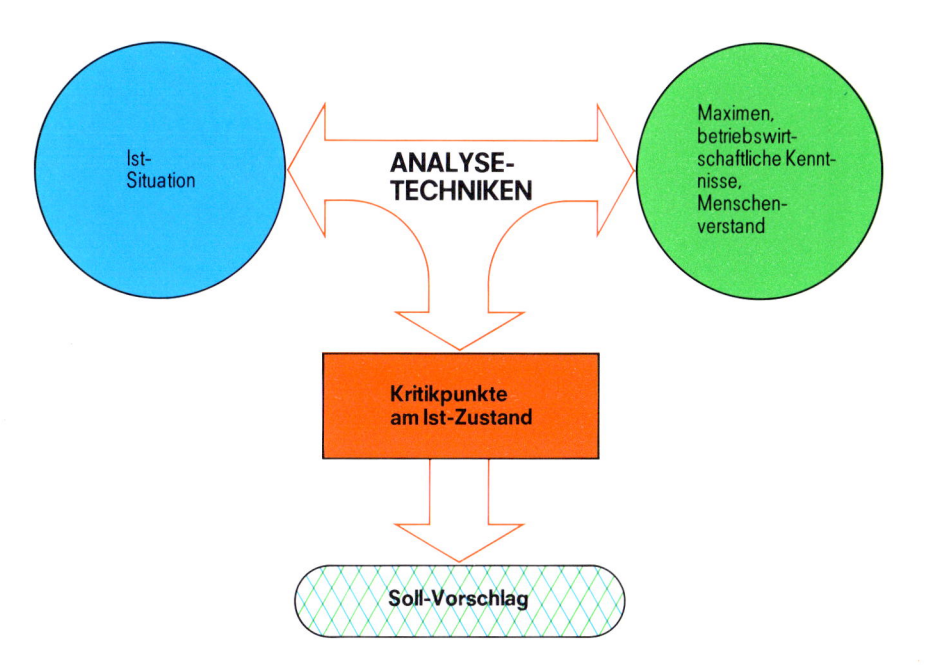

```
    Ist-            ANALYSE-         Maximen,
  Situation  ⇔     TECHNIKEN    ⇔   betriebswirt-
                                     schaftliche Kennt-
                       ⇩             nisse,
                                     Menschen-
              Kritikpunkte           verstand
              am Ist-Zustand
                   ⇩
              Soll-Vorschlag
```

Der im Verlauf der Untersuchungen aufgenommene Ist-Zustand wird kritisch – Punkt für Punkt – unter die Lupe genommen. Dabei stützt sich das Team, das diese Analyse als Gesamtheit vollziehen sollte, auf die während der Voruntersuchung und der Zielformulierung gefundenen Maximen, auf seine (betriebswirtschaftlichen) Kenntnisse, auf Analysetechniken und auf den gesunden Menschenverstand.

Das Ergebnis der Analyse – die einzelnen Kritikpunkte – wird dazu benutzt, um in einem weiteren Schritt, der neben Erfahrungen und Beispielen aus anderen Bereichen einen erheblichen Anteil an Kreativität erfordert, einen Soll-Vorschlag zu entwickeln.

Diese beiden Schritte, die Analyse und die Umsetzung in einen Soll-Vorschlag, erfolgen für die verschiedenen untersuchten Themen. In einem dritten Schritt werden die einzelnen Soll-Vorschläge aufeinander abgestimmt und zu einem Grobkonzept vereinigt.

Sowohl für die Kritik am Ist-Zustand als auch zur Überprüfung von Soll-Vorschlägen läßt sich eine Reihe von Maximen formulieren:

Maximen z. B. für die Ablauforganisation

▷ Die Organisation sollte nach Regelfällen ausgerichtet sein
▷ Die richtige Information gehört zur rechten Zeit an die richtige Stelle
▷ Die Zahl der Arbeitsstationen ist zu minimieren
▷ Ablaufmäßig zusammengehörende Tätigkeiten sollten von einer Person wahrgenommen werden
▷ Die Organisation muß unabhängig von einzelnen Personen sein
▷ Rechtfertigungsarbeiten sollten ausgeschlossen werden
▷ Doppelarbeit ist zu vermeiden
▷ Arbeitsmittel müssen optimal eingesetzt sein
▷ Die Arbeit ist qualitativ (Fähigkeit) und quantitativ (Belastbarkeit) richtig zu verteilen
▷ Leistungs- und Aufwandskontrolle ist notwendig

Maximen z. B. für die Aufbauorganisation

▷ Möglichst einfache Organisation
▷ Möglichst flexible Organisation
▷ Grundsatz des kürzesten Befehlsweges
▷ Arbeitsgerechte Kontrollspanne
▷ Förderung von Delegation und Kommunikation
▷ Organisatorische Trennung von Linien- und Stabsfunktionen
▷ Eindeutige fachliche und disziplinarische Weisungsbefugnisse

Grobkonzeption — Planungsprozeß

Beispiel: Ablaufanalyse und Soll-Konzept bei der Eingangsphase einer Auftragsabwicklung

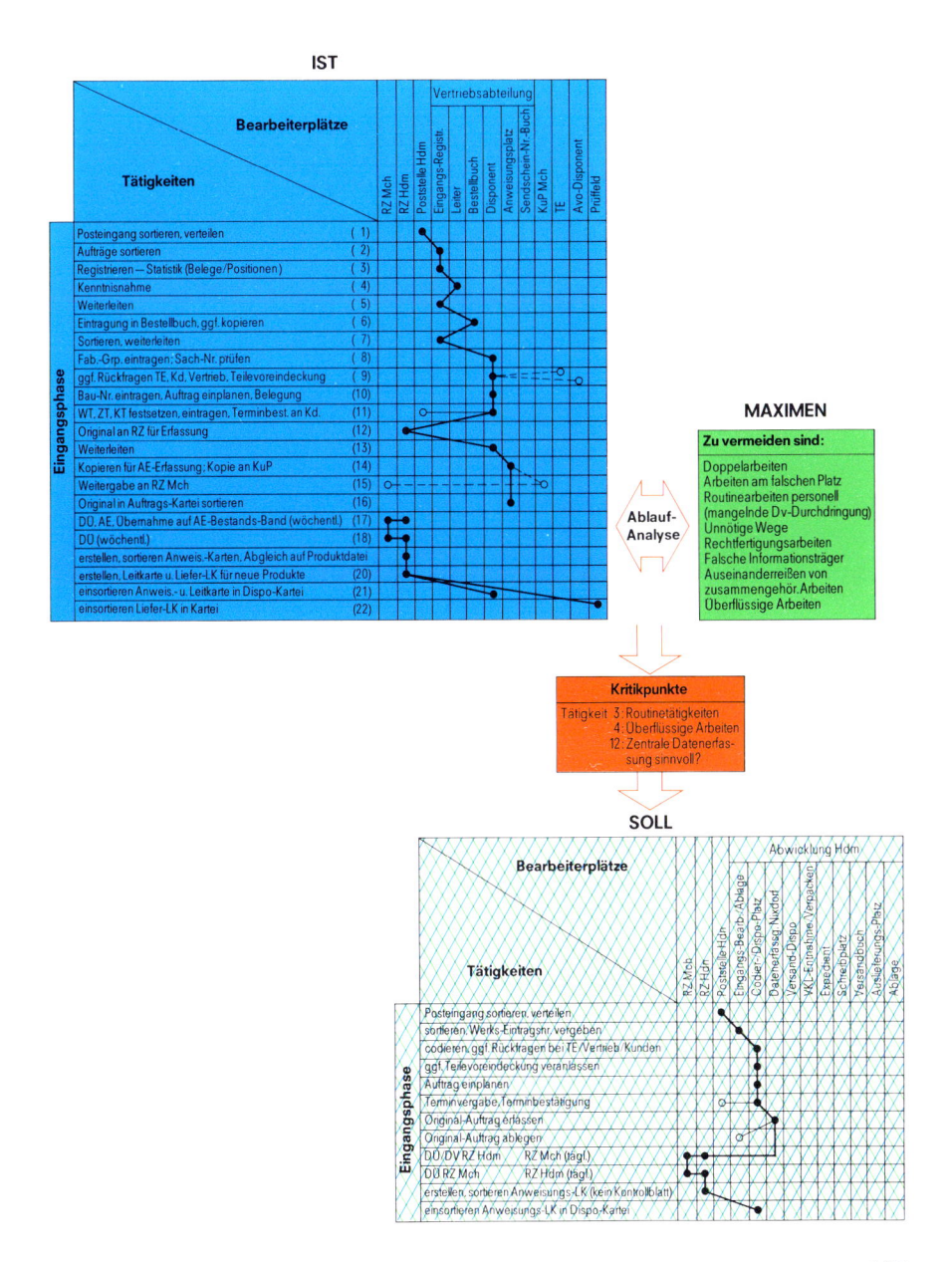

IST

Bearbeiterplätze / Tätigkeiten	RZ Mch	RZ Hdm	Poststelle Hdm	Eingangs-Registr.	Leiter	Bestellbuch	Disponent	Anweisungsplatz	Sendeschein-Nr.-Buch	KuP Mch	TE	Avo-Disponent	Prüffeld
Posteingang sortieren, verteilen (1)			●										
Aufträge sortieren (2)				●									
Registrieren — Statistik (Belege/Positionen) (3)				●									
Kenntnisnahme (4)					●								
Weiterleiten (5)				●									
Eintragung in Bestellbuch, ggf. kopieren (6)						●							
Sortieren, weiterleiten (7)						●							
Fab.-Grp. eintragen; Sach-Nr. prüfen (8)							●						
ggf. Rückfragen TE, Kd, Vertrieb, Teilevoreindeckung (9)							●			○	●		
Bau-Nr. eintragen, Auftrag einplanen, Belegung (10)							●						
WT, ZT, KT festsetzen, eintragen, Terminbest. an Kd. (11)	○						●						
Original an RZ für Erfassung (12)	●												
Weiterleiten (13)								●					
Kopieren für AE-Erfassung; Kopie an KuP (14)								●					
Weitergabe an RZ Mch (15)	○									○			
Original in Auftrags-Kartei sortieren (16)								●					
DÜ, AE, Übernahme auf AE-Bestands-Band (wöchentl.) (17)	●	●											
DÜ (wöchentl.) (18)	●	●											
erstellen, sortieren Anweis.-Karten, Abgleich auf Produktdatei (19)												●	
erstellen, Leitkarte u. Liefer-LK für neue Produkte (20)												●	
einsortieren Anweis.- u. Leitkarte in Dispo-Kartei (21)							●						
einsortieren Liefer-LK in Kartei (22)													●

MAXIMEN

Zu vermeiden sind:
Doppelarbeiten
Arbeiten am falschen Platz
Routinearbeiten personell (mangelnde Dv-Durchdringung)
Unnötige Wege
Rechtfertigungsarbeiten
Falsche Informationsträger
Auseinanderreißen von zusammengehör. Arbeiten
Überflüssige Arbeiten

⇔ Ablauf-Analyse

Kritikpunkte
Tätigkeit 3: Routinetätigkeiten
4: Überflüssige Arbeiten
12: Zentrale Datenerfassung sinnvoll?

SOLL

Bearbeiterplätze / Tätigkeiten	RZ Mch	RZ Hdm	Poststelle Hdm	Eingangs-Bearb.-Ablage	Codier-/Dispo-Platz	Datenerfassg. Nucdod	Versand-Dispo	VK-Erfassnahme/Vergaben	Expedient	Schreibplatz	Versandbuch	Auslieferungs-Platz	Ablage
Posteingang sortieren, verteilen			●										
sortieren, Werks-Eingangsnr. vergeben				●									
codieren, ggf. Rückfragen bei TE/Vertrieb/Kunden				●									
ggf. Teilevoreindeckung veranlassen				●									
Auftrag einplanen					●								
Terminvergabe, Terminbestätigung					●								
Original-Auftrag erfassen						●							
Original-Auftrag ablegen						●							
DÜ/DV RZ Hdm RZ Mch (tägl.)	●	●											
DÜ RZ Mch RZ Hdm (tägl.)	●	●											
erstellen, sortieren Anweisungs-LK (kein Kontrollblatt)													●
einsortieren Anweisungs-LK in Dispo-Kartei													●

105

Grobkonzept

Das Ergebnis beider Vorgehensweisen (modellorientiert – praxisorientiert) stellt das Grobkonzept dar, das folgende Punkte beinhaltet:

▷ Welche Probleme sollen wie gelöst werden? (Einzelkonzepte)
▷ Wie hängen die Einzelkonzepte zusammen? (Gesamtkonzept)
▷ Aussagen über die Realisierbarkeit der Einzelkonzepte und des Gesamtkonzeptes
▷ Wirtschaftlichkeitsbetrachtungen
▷ Was wurde in der Grobkonzeption noch nicht berücksichtigt?
▷ Weitere Vorgehensweise mit Terminangaben

Wie im ersten Abschnitt (Seite 88) wird das Team nun den BA einladen, um das gesamte Grobkonzept abschließend zu diskutieren. Da während der Phase der Grobkonzeption mehrfache Kontakte mit den Mitgliedern des BA notwendig sind, wird es zu diesem Zeitpunkt in der Regel nur noch zu geringfügigen Korrekturen des Grobkonzeptes kommen.

In der nachfolgenden **EA-Sitzung** strebt das Team folgende Ziele an:

▷ Zustimmung zu den Einzelkonzepten
▷ Zustimmung zum Gesamtkonzept
▷ Genehmigung der weiteren Vorgehensweise

Da die EA-Mitglieder erstmalig die möglichen Auswirkungen der Planung auf ihre eigene Stellung sehen, muß auch mit heftigen politischen Reaktionen einzelner gerechnet werden.

Je mehr die eigene Sphäre eines EA-Mitgliedes verändert werden soll, desto größer ist erfahrungsgemäß sein Widerstand. Bei der EA-Sitzung ist es dann hauptsächlich Aufgabe des BA, auf der Basis einer gemeinsam mit dem Team entwickelten Überzeugungsstrategie in politisch bedingte Diskussionen einzugreifen.

Ursache		Wirkung
Der Machtbereich wird	erweitert	++
	umgelagert	+/−
	eingeschränkt	−−
Die Verantwortung wird	erweitert	+
	umgelagert	−/+
	eingeschränkt	−
Die Anzahl der Mitarbeiter wird	erweitert	+/++
	eingeschränkt	−/+
Die Funktionen werden	vermehrt	+/−
	umgelagert	+/−
	vermindert	−

++ sehr positiv, + positiv, +/− häufiger positiv,
−− sehr negativ, − negativ, −/+ häufiger negativ.

Resultate und Auswirkungen dieser EA-Sitzung können sein:

Resultate	Auswirkungen für das Team
Die meisten Einzelkonzepte werden verworfen	entweder Ende der Planung oder Wiederholung der 2. Planungsphase
Die meisten Einzelkonzepte werden akzeptiert	Nicht akzeptierte Konzepte werden neu erarbeitet und das Gesamtkonzept entsprechend angepaßt. (Eine EA-Sitzung muß nochmals stattfinden, bevor das Feinmodell erstellt werden kann.)
Das Grobkonzept wird vollständig akzeptiert	Beginn der 3. Planungsphase zur Erstellung des Feinmodells

Erstellung des Feinmodells

Wurden bis zu Beginn dieses Abschnittes alle Zwischenresultate vom EA akzeptiert, so besteht der Übergang vom Grobkonzept zum realisierungsreifen Feinmodell überwiegend aus detaillierten Fleißaufgaben, deren Qualität allerdings entscheidenden Einfluß auf den Erfolg der Planung hat.

Um zu einem Feinmodell zu kommen, das den Anforderungen der Realität standhält, muß eine nahezu vollständige Verflechtung der induktiven und deduktiven Komponente erreicht werden.

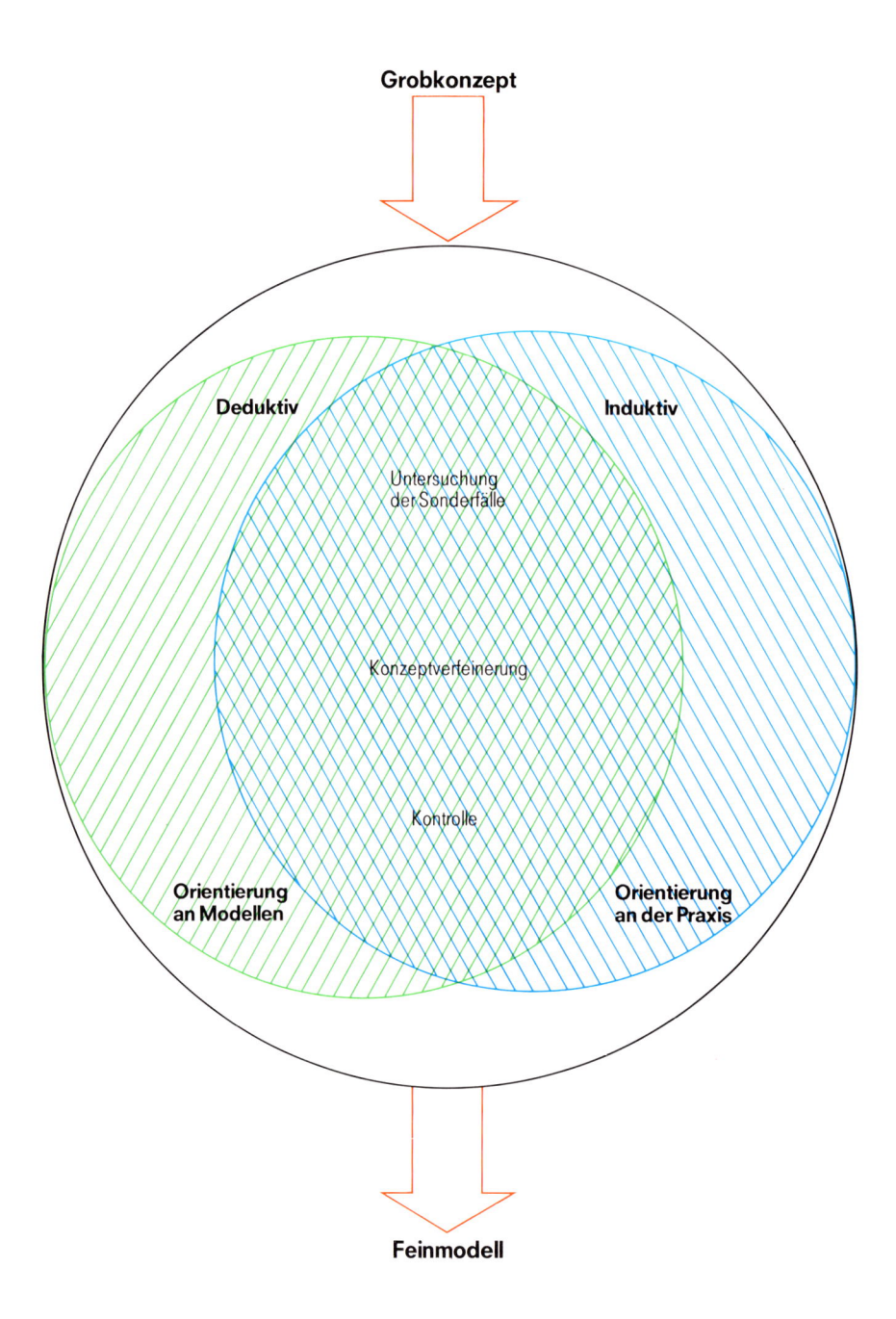

Grobkonzept

Deduktiv — **Induktiv**

Untersuchung der Sonderfälle

Konzeptverfeinerung

Kontrolle

Orientierung an Modellen — **Orientierung an der Praxis**

Feinmodell

Untersuchung der Sonderfälle

Das bislang aufgestellte Grobkonzept basiert auf Regelfällen. Im realisierungsreifen Feinmodell muß jedoch auch beschrieben werden, wie Sonderfälle abgewickelt werden können.

Hierzu einige am gegenwärtigen Ist-Zustand orientierte Ansätze:

▷ Aufbau von Checklisten

Alle vom Team durchgeführten Ist-Aufnahmen und Interviews werden zu Checklisten verarbeitet (z.B. Liste aller Funktionen, aller Kundengruppen usw.). Die im Konzept nicht berücksichtigten Sonderfälle werden besonders ausgewiesen und auf ihre sachliche und politische Wichtigkeit geprüft.

▷ Normen und Richtlinien

Alle bestehenden Normierungen und Richtlinien werden gesammelt und auf ihre Kompatibilität mit dem Konzept geprüft.

▷ Kalkulationen

Sämtliche gegenüber dem Ist-Zustand veränderten relevanten Werte werden kalkuliert, z.B. Durchlaufzeiten, Losgrößen, Personalkosten, Stückkosten, Gemeinkosten usw.

▷ Neue Schnittstellen

Alle durch das neue Modell entstehenden Schnittstellen werden beschrieben und in ihren Auswirkungen berücksichtigt.

Daneben müssen vorausschauend auch einige zukunftsorientierte Ansätze gewählt werden:

▷ Fehleranalyse

Im Rahmen des Grobkonzeptes werden alle möglichen Fehler, die auftreten können, einschließlich Pannen (z.B. menschliches Versagen) simuliert und ihre Auswirkungen abgeschätzt. Wo es aus Risikogründen richtig erscheint, werden im Modell Kontrollen und zusätzliche Sicherheiten eingebaut (z.B. Erstellung von Duplikaten wichtiger Unterlagen).

▷ Neue Randbedingungen
Jedes Konzept bewirkt die Entstehung neuer Randbedingungen, die frühzeitig erkannt und berücksichtigt werden müssen (höheres Anforderungsniveau an die zukünftigen Führungskräfte, bessere Qualifikation der Mitarbeiter usw.).

▷ Lebensdauer
Welche wirtschaftliche Nutzungsdauer sollen die auf Sonderfällen basierenden Lösungen haben? Sind die Einzellösungen bezüglich ihrer Lebensdauer in etwa abgeglichen? Wieviel soll in wahrscheinlich kurzlebige Detaillösungen investiert werden?

▷ Einpassung
Welche Auswirkungen hat das Gesamtkonzept im Detail auf die Struktur der Firma, Personal, Finanzen und allgemeine Hilfsmittel? Wie sollen z. B. die Anforderungsprofile für Stellenbesetzungen aussehen?

Konzeptverfeinerung

Das durch die vorangegangenen Untersuchungen zutage geförderte Material wird nun zur Verfeinerung und Anpassung des Modells an die Praxis verarbeitet. Hier einige zu lösende Aufgaben:

▷ Ausarbeitung von neuen Normierungen und Richtlinien sowie Annulierung der überholten
▷ Erstellung detaillierter Ablaufpläne für die Regelfälle
▷ Einbau von Zusätzen für wichtige Sonderfälle
▷ Gestaltung von Details (z. B. Raum, Hilfsmittel)
▷ Festlegung von Einführungsstufen und Einführungszeiten
▷ Aufbau eines Informations- und Schulungsprogrammes

Häufig ist hier nicht mehr genau festzulegen, was **noch** in den Planungsprozeß oder **schon** zur Realisierung gehört. Generell kann man jedoch sagen, daß Arbeiten, die eine Weisungsbefugnis voraussetzen, auf alle Fälle Bestandteil der Realisierung sein müssen.

Kontrolle

Die abschließende Kontrolle soll im wesentlichen über zwei Punkte Aufschluß geben:

▷ Nachweis der Wirtschaftlichkeit des zur Realisierung vorzuschlagenden Feinmodells

▷ Nachweis der Erfüllung der gestellten Aufgabe im Sinne des Planungszieles

Um in den abschließenden BA- und EA-Sitzungen zu einer positiven Entscheidung über das nun erstellte Feinmodell zu kommen, ist besonders zu belegen, daß

▷ die langfristigen Ziele der Geschäftsleitung berücksichtigt sind,
▷ die Finanzsituation berücksichtigt ist (für Einführungskosten),
▷ das Modell wirtschaftlich ist und im System operational angewandt werden kann,
▷ die organisatorische Eingliederung bei neuen Organisationseinheiten optimal gelöst ist,
▷ der Aufwand (Kosten, Zeit, Personen) für die Realisierung möglichst genau geschätzt und vertretbar ist.

Wieder sollte der BA zunächst in einer getrennten Sitzung von der Richtigkeit des Feinkonzeptes überzeugt werden, bevor der EA die Entscheidung über die Realisierung trifft.

Von der Planung zur Realisierung

Die Präsentation des Feinkonzeptes (Soll-Vorschlag) vor dem Entscheidungsausschuß stellt das Ende des Planungsprozesses dar. Dabei entscheidet der EA, ob

▷ das Feinkonzept in der vorgestellten Form oder mit verändertem Inhalt verabschiedet wird und
▷ die Planungsergebnisse realisiert werden.

Während der abschließenden Sitzung hat der EA folgende Entscheidungsalternativen:

Planungsprozeß

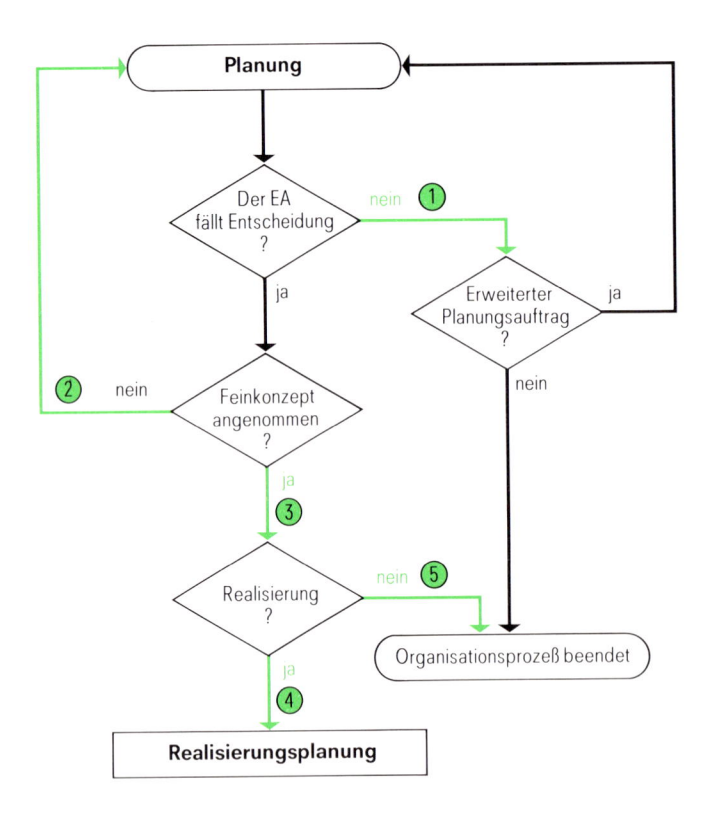

```
                    ┌─────────┐
              ┌────▶│ Planung │◀────┐
              │     └────┬────┘     │
              │          ▼          │
              │        ╱   ╲        │
              │      ╱ Der EA╲ nein ①     
              │     ╱  fällt   ╲──────┐
              │     ╲Entscheidung╱    │
              │      ╲   ?   ╱       ▼
              │        ╲ja╱        ╱   ╲  ja
              │         ▼       ╱Erweiterter╲──┘
         ② nein        ╱   ╲    ╲Planungs-  ╱
              ┌───────╱Fein-╲    ╲auftrag ╱
              │      ╱konzept╲    ╲ ? ╱
              │      ╲angenom-╱    nein
              │       ╲men? ╱       │
              │        ╲ja╱         │
              │         ▼ ③         │
              │        ╱   ╲  nein ⑤│
              │       ╱Reali-╲──────┤
              │       ╲sierung?╱    ▼
              │        ╲   ╱   ┌──────────────────────────┐
              │         ja    │ Organisationsprozeß beendet│
              │         ▼ ④   └──────────────────────────┘
              │  ┌─────────────────┐
              │  │ Realisierungsplanung │
              │  └─────────────────┘
```

①   Der Entscheidungsausschuß kann sich nicht einigen (über das Feinkonzept bzw. die Realisierung) und fällt deshalb keine Entscheidung. Dies sollte im Protokoll festgehalten und allen an der Planung Beteiligten mitgeteilt werden. Gelegentlich erweitert der EA auch die Planungsaufgabe, um weitere Informationen zu sammeln oder auch nur, um die Entscheidung zu verzögern.

②   Der Entscheidungsausschuß lehnt das vorgeschlagene Feinkonzept ab. Der Planungsprozeß wird dann fortgesetzt, um die Änderungswünsche des Entscheidungsausschusses einzuarbeiten. Danach wird eine neue Präsentation vor dem Entscheidungsausschuß anberaumt.

③   Der Entscheidungsausschuß nimmt das Feinkonzept in der vom Planungsteam erarbeiteten Form oder mit geringfügigen Änderungswünschen an. Der Planungsprozeß endet mit der Einarbeitung von Änderungen und der Erstellung des *Planungsberichtes*.

(4) Beschließt der EA auch die Realisierung der Planungsergebnisse, so folgt als nächster Schritt die Realisierungsplanung.

(5) Der Entscheidungsausschuß lehnt die Realisierung ab oder verschiebt sie auf einen unbestimmten Zeitpunkt. Eine Vertagung ist in den meisten Fällen eine verdeckte Ablehnung und führt dazu, daß die Planungsergebnisse schließlich als Papierstapel in Aktenschränken deponiert werden.

Häufig wird auch eine Ablehnung der Realisierung durch besonders heftige und gezielte sachliche Kritik am Feinkonzept verdeckt (meist persönliche Gründe).

Realisierung

VORFELD	Die Entscheidung für die Planung und die Planung der Planung	PLANUNGS-PROZESS	Die Verwirklichung der Planungs-ergebnisse
• Planung **in** und Planung **an** Organisationen • Der Weg zur Planung		Das Planungs-prinzip und die Phasen der Planung	
	VOR-UNTERSUCHUNG		REALISIERUNG

In der Realisierungsphase sind neue Aufbau- und Ablauforganisationen, aber auch betriebswirtschaftliche bzw. DV-Verfahren zu realisieren und die vorgesehenen Sachmittel im Unternehmen einzuführen.

Im Gegensatz zum Planungsprozeß handelt es sich bei der Realisierung um verhältnismäßig determinierte Aktivitäten. Während des Planungsprozesses entfernt sich das Team methodisch und sachlich relativ weit vom Ist-Zustand und bildet Modelle. Im Rahmen des Feinkonzeptes erfolgt dann wieder die Rückkehr zur Realität. Da im Verlauf des Realisierungsprozesses eine Vielzahl von arbeits- und damit zeitaufwendigen Detailaufgaben zu lösen sind, beansprucht dieser häufig das Dreifache der Planungszeit.

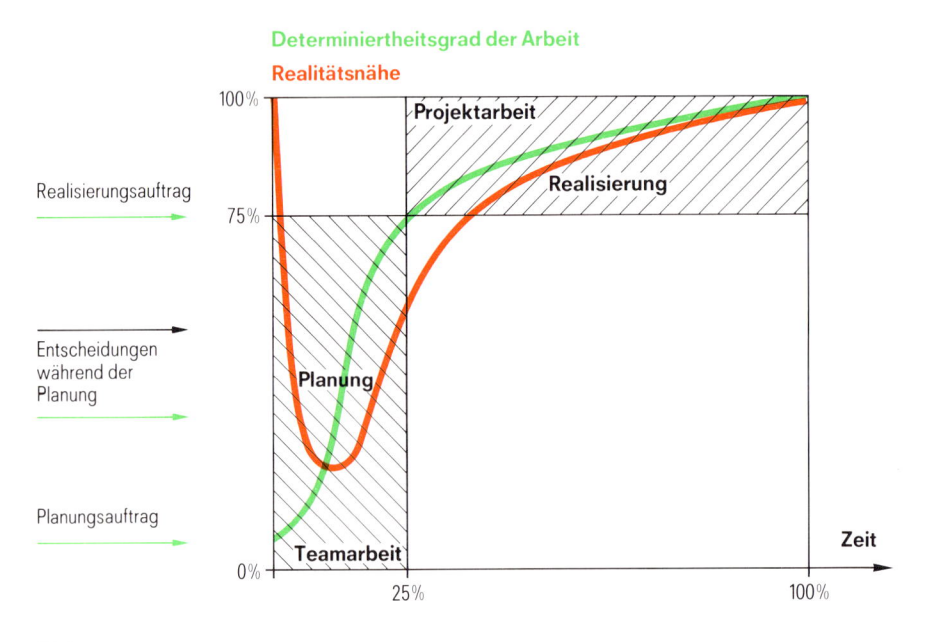

Planungs- und Realisierungsprozesse unterscheiden sich aber auch in Aufgaben und Methodik. Deshalb ist es sinnvoll, innerhalb eines Organisationsprozesses bei Planung und Realisierung unterschiedliche Organisationsformen (Teamwork-/Projektmanagement) anzuwenden und dabei teilweise auch personell – bei den Aufgabenträgern – eine Schnittstelle zu markieren.

Der Realisierungsprozeß läßt sich ähnlich wie der Planungsprozeß in einzelne Phasen unterteilen:

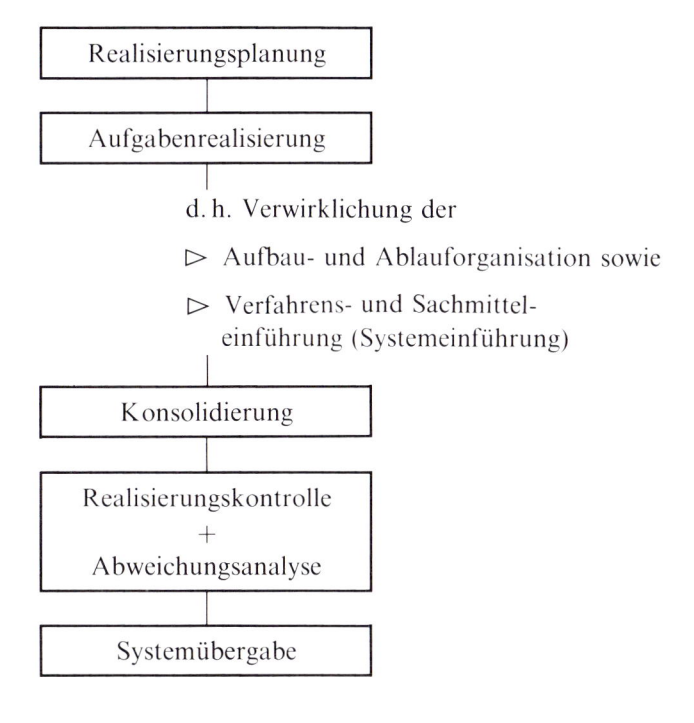

```
┌─────────────────────────┐
│  Realisierungsplanung   │
└─────────────────────────┘
             │
┌─────────────────────────┐
│   Aufgabenrealisierung  │
└─────────────────────────┘
             │
       d. h. Verwirklichung der
         ▷ Aufbau- und Ablauforganisation sowie
         ▷ Verfahrens- und Sachmittel-
           einführung (Systemeinführung)
             │
┌─────────────────────────┐
│     Konsolidierung      │
└─────────────────────────┘
             │
┌─────────────────────────┐
│  Realisierungskontrolle │
│            +            │
│   Abweichungsanalyse    │
└─────────────────────────┘
             │
┌─────────────────────────┐
│     Systemübergabe      │
└─────────────────────────┘
```

Wie beim Planungsprozeß sind auch hier innerhalb dieser Phasen die einzelnen Aktivitäten keinesfalls zwingend. So können z. B. Arbeitsgänge übersprungen werden oder andere auszuführen sein.

Realisierung · Realisierungsplanung

Realisierungsplanung

Sie wird teilweise noch von den Planungsinstanzen (Team, EA), aber überwiegend von den Realisierungsinstanzen bzw. den betroffenen Leitungsebenen wahrgenommen. Die Realisierungsplanung umfaßt im einzelnen

▷ Realisierungszeit- und -vorgehensplan
▷ Realisierungsinstanzen
▷ Realisierungsauftrag
▷ Termin- und Personalaufwandplan
▷ Informationswege und -flüsse
▷ Planung organisatorisch-technischer Voraussetzungen

Realisierungszeit- und -vorgehensplan

Das Planungsteam muß – u.U. schon im Rahmen des Feinkonzeptes – auch Realisierungsabschnitte definieren, die Reihenfolge der einzelnen Abschnitte und ihre gegenseitige Abhängigkeit aufzeigen sowie Realisierungszeit und Personalbedarf abschätzen. Dies läßt sich am besten in einem *Netzplan* darstellen.

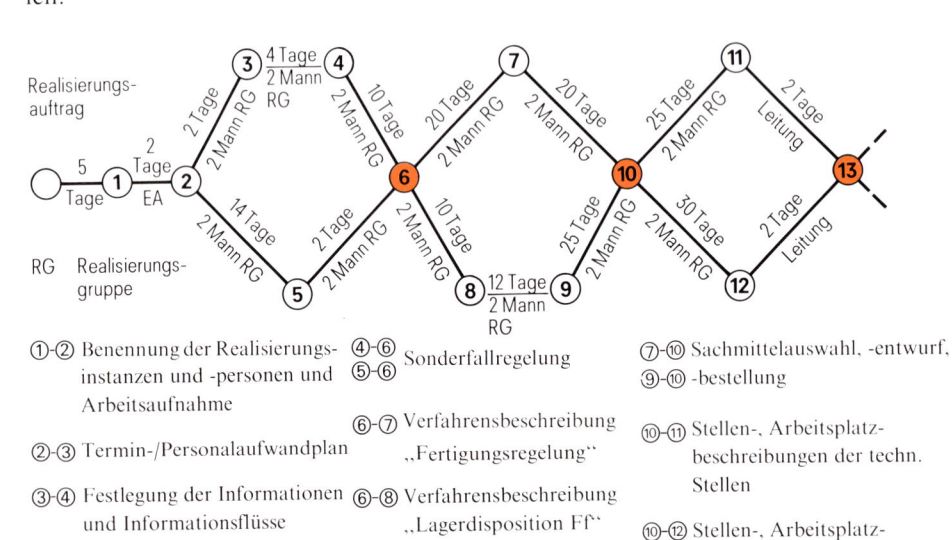

①-② Benennung der Realisierungsinstanzen und -personen und Arbeitsaufnahme
②-③ Termin-/Personalaufwandplan
③-④ Festlegung der Informationen und Informationsflüsse
②-⑤ Steuerung und Überwachung organisat.-techn. Veränderungen
④-⑥ Sonderfallregelung
⑤-⑥ Sonderfallregelung
⑥-⑦ Verfahrensbeschreibung „Fertigungsregelung"
⑥-⑧ Verfahrensbeschreibung „Lagerdisposition Ff"
⑧-⑨ Verfahrensbeschreibung „Lagerdisposition RHB"
⑦-⑩ Sachmittelauswahl, -entwurf,
⑨-⑩ -bestellung
⑩-⑪ Stellen-, Arbeitsplatzbeschreibungen der techn. Stellen
⑩-⑫ Stellen-, Arbeitsplatzbeschreibungen der kaufm. Stellen
⑪-⑬ Personalplanung
⑫-⑬ Personalplanung

⑥ ⑩ ⑬ Ecktermine für wichtige Abschnitte

RG Realisierungsgruppe

116

Die Realisierungsinstanzen

sowie die Personen, mit denen sie besetzt werden, sind durch den EA im *Realisierungsauftrag* zu benennen. Diese Personen werden entweder vom Realisierungsleiter oder von den EA-Mitgliedern über ihre Funktionen und Aufgaben informiert.

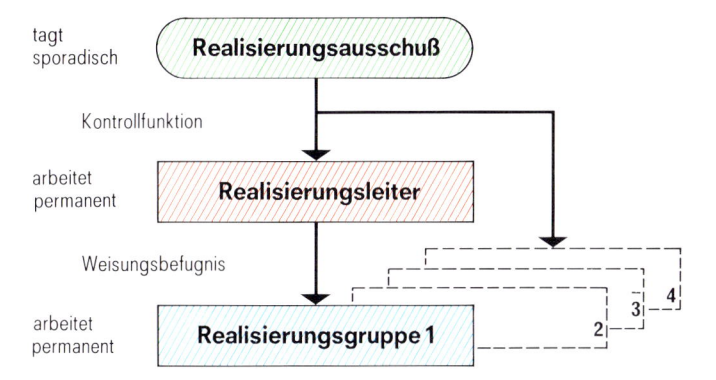

```
tagt
sporadisch          Realisierungsausschuß

              Kontrollfunktion

arbeitet
permanent           Realisierungsleiter

              Weisungsbefugnis
                                                3   4
arbeitet
permanent          Realisierungsgruppe 1      2
```

Die Realisierungsgruppe (RG) setzt die Planungsergebnisse in detaillierte Beschreibungen und Sachmittel um und führt diese im Unternehmen ein. Je nach Umfang der Realisierungsaufgabe besteht die RG aus zwei oder mehr Mitgliedern. Dabei ist besonders darauf zu achten, daß auch Planungsteammitglieder in die RG einbezogen werden, um die Identifikation mit den Planungsergebnissen zu gewährleisten. Diese Identifikation ist unbedingte Voraussetzung für die Lösung von Detailproblemen, ebenso wie Motivations- und Überzeugungsfähigkeit für den Abbau von möglichen Widerständen.

Häufig ist es vorteilhaft, eine „rollierende" RG einzusetzen, in der Planungsteammitglieder die Kerngruppe bilden. Diese wird entsprechend der Problemstellung durch Bereichsspezialisten ergänzt, die nach Lösung der Einzelprobleme wieder ausscheiden.

Mögliche RG-Zusammensetzung	Vorteile	Nachteile
das Planungsteam (PT) realisiert allein	• Exakte Interpretation der Planungsergebnisse • Identifikation mit den Planungsergebnissen • Informationsvorteil • Flexibilität bei Realisierungschwierigkeiten	• Widerstände aus dem Bereich • Mangelnde Detailkenntnisse bei Sonderfällen • Planungsmüdigkeit • Hohe Kosten (falls mit Unternehmensberatern geplant wird)
RG besteht aus PT-Mitarbeitern und Bereichsfachleuten	• Praxisnähe und Planungsideen sind vertreten und ermöglichen optimale Realisierungsbedingungen	
RG ohne PT-Mitarbeiter	• Praxisnähe	• Das Gedankengut der Planung muß teilweise noch einmal erarbeitet werden • Mangelnde Identifikation mit den Planungsergebnissen • Mangelndes Engagement

Die optimale Zusammensetzung der RG liegt demnach vor, wenn Erfahrungsträger des beplanten Bereiches mit PT-Mitgliedern zusammenarbeiten.

Bei umfangreichen Realisierungsarbeiten empfiehlt es sich, mehrere RG einzusetzen.

Eine reibungslose Realisierung ist nur möglich, wenn auftretende Probleme schnell und gründlich beseitigt werden. Die RG ist bei der Lösung dieser Probleme häufig überfordert und benötigt die Unterstützung durch den Realisierungsleiter bzw. den Realisierungsausschuß.

Der Realisierungsleiter (RL) ist verantwortlich für den Realisierungserfolg und sollte deshalb mindestens der mittleren Management-Ebene angehören. Die Aufgaben des RL liegen in der Vorbereitung, Durchsetzung und Überwachung der Realisierung. Bei Problemen ist der RL Verbindungsmann zwischen der RG und den Bereichen.

Der RL hat gegenüber der RG Weisungsbefugnisse; im Gegensatz zur Planung ist eine Hierarchisierung (d.h. Projektmanagement) zweckmäßig.

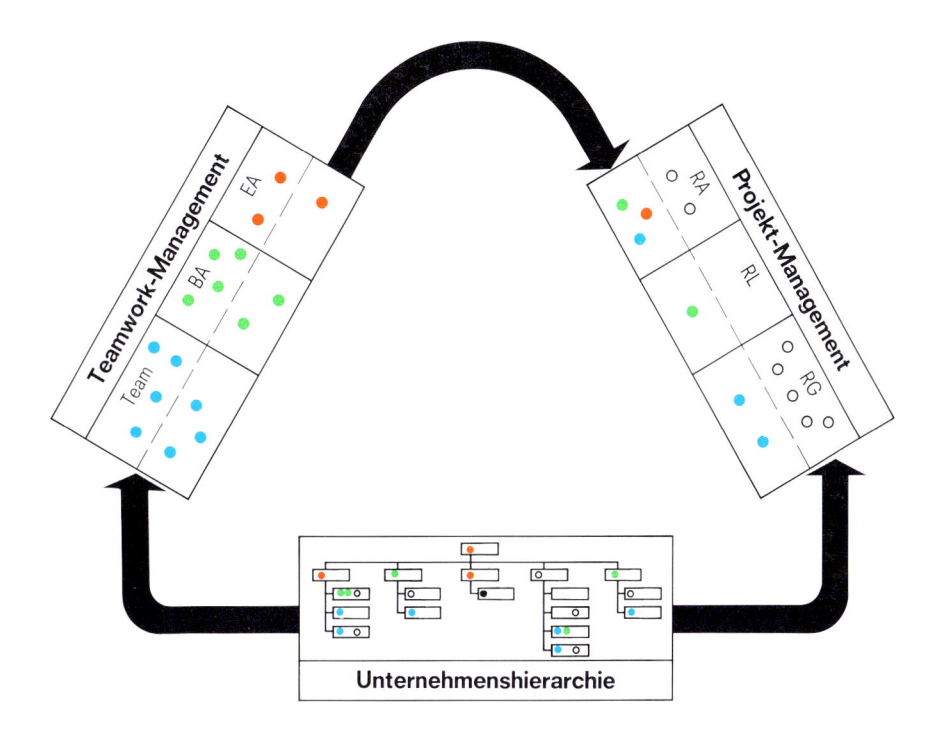

Der Realisierungsausschuß (RA) hat primär Kontrollfunktionen:

▷ sporadische Überwachung der Realisierungsschritte
▷ Einhaltung der Planungsgedanken

Im RA sollten Vertreter des Entscheidungsausschusses, Beratungsausschusses und des Planungsteams vertreten sein, um die Verantwortung der ehemaligen Planungsinstanzen bis zur Beendigung der Realisierung aufrechtzuerhalten. Der RA tritt fallweise auf Veranlassung des RL, der RG oder aber aus eigenem Wunsch zusammen.

Realisierungsauftrag

Wesentliche Komponenten des Realisierungsauftrages sind die Inhalte der Realisierungsentscheidung, die Besetzung der Realisierungsinstanzen und die Festlegung des Realisierungsbeginns. Dies wird dem Team in schriftlicher Form und von allen Entscheidungsausschußmitgliedern unterschrieben mitgeteilt.

> Der Realisierungsprozeß sollte zeitlich lückenlos an die Planung anschließen. Eine Verzögerung führt entweder dazu, daß aus der Planung keine Erfahrungsträger mehr zur Verfügung stehen oder daß die Ergebnisse und Probleme der Planung selbst den Teammitgliedern nicht mehr so geläufig sind.

Termin- und Personalaufwandplan

Zur Festlegung des Zeit- und Personalbedarfes und zur Überwachung der Realisierung ist es zweckmäßig, einen Termin- und Personalaufwandplan aufzustellen. Dieser zeigt die einzelnen Tätigkeiten in ihrer zeitlichen Reihenfolge und voraussichtlichen Dauer sowie den Personalbedarf (manpower) und die berufstypologische Bezeichnung des erforderlichen Realisierungspersonals.

Beispiel:

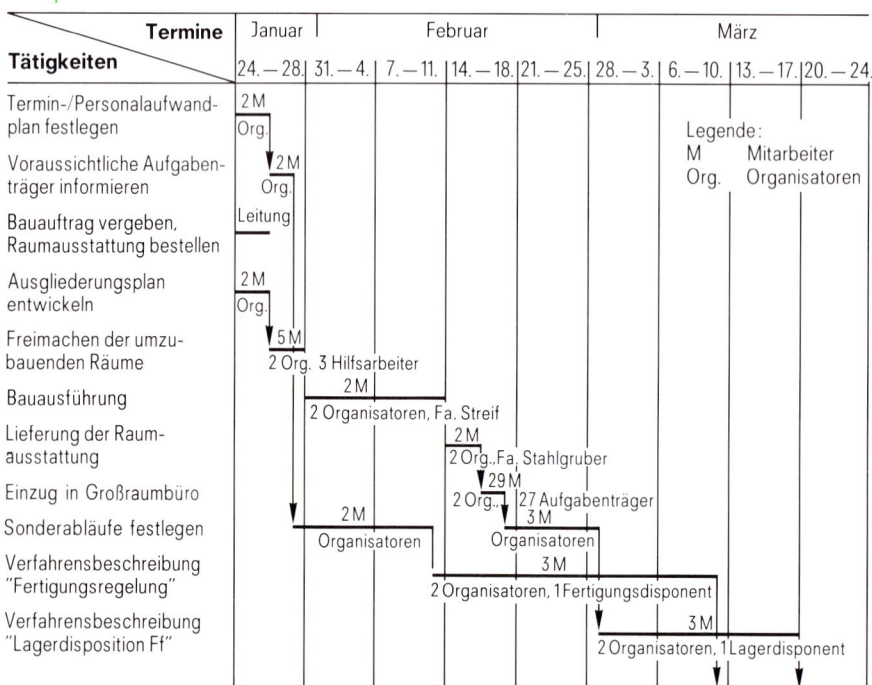

Tätigkeiten / Termine	Januar 24.–28.	31.–4.	7.–11.	14.–18.	21.–25.	Februar 28.–3.	6.–10.	13.–17.	März 20.–24.
Termin-/Personalaufwandplan festlegen	2 M Org.						Legende: M Mitarbeiter Org. Organisatoren		
Voraussichtliche Aufgabenträger informieren		2 M Org.							
Bauauftrag vergeben, Raumausstattung bestellen	Leitung								
Ausgliederungsplan entwickeln	2 M Org.								
Freimachen der umzubauenden Räume		5 M 2 Org. 3 Hilfsarbeiter							
Bauausführung			2 M 2 Organisatoren, Fa. Streif						
Lieferung der Raumausstattung				2 M 2 Org., Fa. Stahlgruber					
Einzug in Großraumbüro					29 M 2 Org., 27 Aufgabenträger				
Sonderabläufe festlegen		2 M Organisatoren			3 M Organisatoren				
Verfahrensbeschreibung "Fertigungsregelung"					3 M 2 Organisatoren, 1 Fertigungsdisponent				
Verfahrensbeschreibung "Lagerdisposition Ff"						3 M 2 Organisatoren, 1 Lagerdisponent			

- Personalanforderung in Urlaubsperioden niedrig halten.
- Außerordentliche Vorkommnisse berücksichtigen (z. B. Fußball-Weltmeisterschaft).

Informationelle Voraussetzungen

Eine der ersten Aufgaben der RG ist, den über die Realisierung zu informierenden Personenkreis zu ermitteln. Zielgruppen sind dabei insbesondere

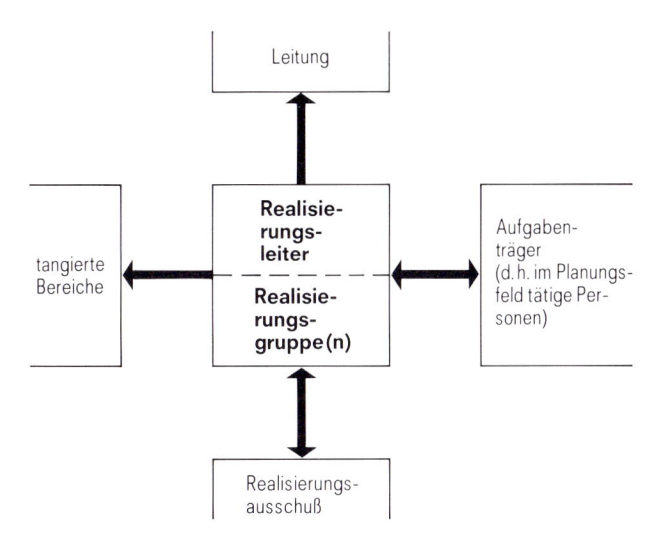

Die Informationen für die **Aufgabenträger** können sich von der einmaligen Präsentation von Arbeitsergebnissen bis zu mehrtägigen Diskussionen und Motivationsgesprächen erstrecken. Dabei können fachliche Anregungen der Aufgabenträger zu Ergänzungen des Feinkonzeptes führen.

Tangierte Bereiche sind Abteilungen oder Personen, die von der Realisierung nur am Rande betroffen sind, da sich z. B. Kommunikationswege oder Sachmittel ändern. Diese Bereiche erhalten laufend von RL oder RG die für ihre Arbeit erforderlichen Informationen (Arbeitsanweisungen, Organigramme, Verfahrensbeschreibungen).

Die Werk-, Geschäftsbereichs- oder Unternehmens**leitung** wird fallweise über die Realisierungsfortschritte vom Realisierungsleiter und von der Realisierungsgruppe informiert und um Unterstützung gebeten.

Der **Realisierungsausschuß** wird in festen Intervallen (z. B. monatlich) über den Realisierungsstand unterrichtet, aber auch über Schwierigkeiten, die vom RL oder der RG nicht beseitigt werden können.

Planung organisatorisch-technischer Voraussetzungen

Die Realisierung der Planungsergebnisse beinhaltet meist auch organisatorisch-technische Veränderungen, z. B.

▷ bauliche Umgestaltungen, Umzüge (z. B. Großraumbüros, Rechenzentrum),
▷ Änderung maschineller Ausstattungen (DV-Anlagen, Maschinen, Transportmittel).

Diese Veränderungen müssen qualitativ, quantitativ und zeitlich bereits durch das Planungsteam geplant und eingeleitet werden (Wirtschaftlichkeitsrechnungen, Einholen von Angeboten, Gegenüberstellen von Alternativen, Einführungsplan usw.). Die Vergabe von Bauaufträgen oder Bestellung von Maschinen erfolgt durch die im RA eingegliederten zuständigen Entscheidungsträger der Linie. Die Bauausführung, Installation von Maschinen und Anlagen sowie die Einführung steuert und überwacht die Realisierungsgruppe.

Aufgabenrealisierung

Sachliche Ergebnisse einer Organisationsplanung können sein:

▷ eine neue oder geänderte Ablauf- und/oder Aufbauorganisation,
▷ neue oder geänderte betriebswirtschaftliche und/oder DV-Verfahren,
▷ neue oder verbesserte Sachmittel.

Die Ablauforganisation (Soll-Ablauf) wird im Feinkonzept für die Standardabläufe folgendermaßen beschrieben:

> in Arbeitsschritten, d.h. zeitliche und räumliche Verrichtungen an einem Objekt

> in Gruppierungen, d.h. Zuordnung von Arbeitsschritten auf Stellen

> in Abläufen, d.h. zeitliche und räumliche Reihenfolge von Arbeitsschritten bei allen Stellen des Planungsfeldes

Das Feinkonzept trifft in bezug auf die Aufbauorganisation (Soll-Struktur) Aussagen über notwendige Stellen (Abschätzung der Arbeitsleistung pro Aufgabenträger), deren weisungsgebundene und wichtigste Kommunikationsbeziehungen sowie ihre organisatorische und räumliche Stellengruppierung. Außerdem werden berufstypologische Anforderungsprofile für die Aufgabenträger (Stelleninhaber) angegeben.

Die Beschreibung erfolgt für Ablauf- und Aufbauorganisation in Form von Arbeitsabläufen, Formular-Durchlaufplänen, Organigrammen, Kommunikationsdiagrammen, Büro-Layouts usw.

Während des Realisierungsprozesses wird die geplante Ablauf- und Aufbauorganisation um die Beschreibung der Sonderabläufe ergänzt und in Stellenbeschreibungen, Arbeitsplatzbeschreibungen und Arbeitsanweisungen detailliert. Diese

- ▷ zeigen dem Inhaber seinen Aufgabenbereich,
- ▷ erschweren die Weiter- und Rückdelegation von unbequemen Aufgaben,
- ▷ erleichtern die Dienstaufsicht und Erfolgskontrolle,
- ▷ liefern Kriterien zur Aufgaben- und Leistungsanalyse,
- ▷ dienen als Unterlage bei Einstellgesprächen,
- ▷ sind ausgezeichnete Einarbeitungshilfen für neue Mitarbeiter.

Alle genannten Unterlagen sollten während der gesamten Realisierungsphase dokumentiert, vervielfältigt und in eine Ringmappe (=*Organisationsmappe*) einsortiert werden.

Die Stellenbeschreibung

▷ zählt die Zielsetzung und Aufgaben einer Stelle auf und erläutert, wodurch der Aufgabenumfang bestimmt wird und wie die Ergebnisse weiterverwendet werden,

▷ zeigt die Eingliederung des Stelleninhabers in die formale Aufbauorganisation, beschreibt dessen Kompetenz- und Verantwortungsbereich, umreißt das Anforderungsprofil an den Stelleninhaber, dokumentiert dessen rechtliche und innerbetriebliche Befugnisse und regelt die Stellvertretung,

▷ muß von der obersten Leitung des beplanten Bereichs und dem zuständigen Personalleiter verabschiedet und unterzeichnet sein, bevor sie dem Stelleninhaber ausgehändigt wird.

---

01 Bezeichnung der Stelle

02 Rang des Stelleninhabers

03 Vorgesetzte(r) des Stelleninhabers
    (Stellenbezeichnung, nicht Name)

04 Unmittelbar unterstellte Mitarbeiter

05 Stellvertretung
    Stelleninhaber wird vertreten durch ...
    Stelleninhaber vertritt ...

06 Zielsetzung der Stelle (Hauptaufgabe)
    Fachaufgaben: Planungsaufgaben
                     Entscheidungsaufgaben
                     Ausführungsaufgaben
                     Kontroll- und Überwachungsaufgaben

    Sonderaufgaben: Organisationsaufgaben
                     Personalaufgaben
                     Sonstige Aufgaben

07 Befugnisse des Stelleninhabers
    Vertretungsbefugnisse (rechtliche Befugnisse)
    Verfügungsbefugnisse (Berechtigungen)
    Unterschriftsbefugnisse

08 Schriftliche Informationen der Stelle
   Eingehende Informationen
   Ausgehende Informationen

09 Zusammenarbeit mit anderen Stellen

10 Mitarbeit in Ausschüssen, Konferenzen, Arbeitskreisen
   Innerbetriebliche
   Außerbetriebliche

11 Einzelaufträge außerhalb des Aufgabengebietes

12 Bewertungsmaßstab für die Stelle

13 Anforderungen an den Stelleninhaber

14 Bemerkungen zur Änderung der Stellenaufgabe
   Änderungsdienst für Stellenbeschreibungen

Die Arbeitsplatzbeschreibung

▷ zählt die Einzelaufgaben eines Arbeitsplatzes auf, erläutert ihren Sinn, beschreibt zu verwendende Verfahren und Sachmittel sowie die zeitliche und örtliche Ablauforganisation des Arbeitsplatzes,

▷ gibt die an- und abgehenden Informationen an, enthält Hinweise auf Gestaltung, Lagerung und Nutzung von Sachmitteln und umreißt die Gestaltung des Arbeitsplatzes,

▷ beschreibt die durchschnittliche Belastung des Arbeitsplatzinhabers und den Schwierigkeitsgrad der Aufgaben, regelt die disziplinarische Einordnung und Vertretung,

▷ muß vom zuständigen Abteilungsleiter des beplanten Bereiches, vom zuständigen Personalleiter sowie vom Betriebsrat verabschiedet und unterzeichnet werden, bevor sie dem Arbeitsplatzinhaber übergeben wird.

| Realisierung | Aufgabenrealisierung |

01 Bezeichnung des Arbeitsplatzes

02 Name des Arbeitsplatzinhabers

03 Anforderungen an den Arbeitsplatzinhaber (Berufsbezeichnung)

04 Vorgesetzter des Arbeitsplatzinhabers (Stellenbezeichnung, nicht Name)

05 Stellvertretung
Arbeitsplatzinhaber wird vertreten durch . . . .
Arbeitsplatzinhaber vertritt . . . .

06 Befugnisse des Arbeitsplatzinhabers
Verfügungsbefugnisse (Berechtigungen)
Unterschriftsbefugnisse

07 Zusammenarbeit mit anderen Stellen/Arbeitsplätzen
intern: schriftlich, mündlich
extern: schriftlich, mündlich

08 Entscheidungsaufgaben

09 Ausführungsaufgaben (Katalog der Arbeitsanweisungen), gegliedert nach Aufgabenpaketen und unter Berücksichtigung des zeitlichen Ablaufs

10 Zu verwendende Sachmittel (Arbeitsmittel) in alphabetischer Reihenfolge
Bezeichnung und Aufgabe der Sachmittel
Einsatz und Handhabung der Sachmittel
Verweis auf technische Beschreibung der Sachmittel

11 Arbeitsplatzgestaltung

12 Schwierigkeitsgrad der Aufgaben am Arbeitsplatz

13 Belastung des Arbeitsplatzinhabers
Physische Belastung
Psychische Belastung

14 Änderungsdienst für Arbeitsplatzbeschreibungen

Stelle und Arbeitsplatz müssen nicht identisch sein – mehrere Arbeitsplätze können einer Stelle zugeordnet sein.

Die Arbeitsanweisung

▷ ist eine Form der Mitteilung über veränderte bzw. neue Abläufe oder Sachmittel für bestimmte Arbeitsplätze,

▷ schreibt dem Adressaten vor, was zu tun ist, aber nur pauschal, wie es zu tun ist. Sie bezieht sich in der Regel nur auf einen Teil der Aufgaben und Tätigkeiten und wendet sich an den Arbeitsplatzinhaber sowie dessen Vorgesetzten und tangierte Bereiche,

▷ muß die genaue Bezeichnung der geänderten bzw. neuen Tätigkeiten enthalten, bei Änderungen auch den Hinweis, welche Tätigkeit ersetzt wird.

Der Ressortverteilungsplan

tritt für die oberste Ebene eines Unternehmens an die Stelle der Stellenbeschreibung. Der Ressortverteilungsplan kann verrichtungsorientiert (Forschung und Entwicklung, Fertigung, Vertrieb usw.), objektorientiert (Werk A, Werk B; Produkt A, Produkt B), bei Kleinbetrieben häufig berufstypologisch (Technische und Kaufmännische Leitung) gegliedert sein.

Er sollte die Zuständigkeiten klar gegeneinander abgrenzen, die rechtlichen und innerbetrieblichen Befugnisse und die Stellvertretung der einzelnen Ressortleiter klarstellen und möglichst vollständige und eindeutige Organigramme für jedes Ressort enthalten.

Verfahren

Die im Verlauf der Planung formulierten Verfahren bzw. Formeln müssen im Verlauf der Realisierung in ablaufbezogene Arbeitsanweisungen umgesetzt werden (je Arbeitsplatztyp). Dabei sollten Verfahren, Abläufe sowie mathematische Formeln, soweit möglich, durch Darstellungen verdeutlicht werden (*Visualisierung*).

Oft lautet eine Teilaufgabe der Realisierung: Ein betriebswirtschaftliches Verfahren X ist auf die Datenverarbeitungsanlage zu übernehmen und abzuwickeln. Bei Dv-Verfahren beginnt die Realisierung mit dem Durcharbeiten und Ergänzen des Dv-Pflichtenheftes. Danach folgt die Programmierung mit der Erstellung detaillierter Datenfluß- und Programmablaufpläne und anschließender Codierung.

Programme müssen vor ihrem endgültigen Einsatz getestet werden. Bei Programmen mit bis zu 5000 Befehlen kann mit 4 bis 6 Testläufen, bei Programmen um die 10000 Befehle kann mit 20 bis 25 Testläufen durchschnittlich gerechnet werden.

01 Zweck und Aufgaben des Verfahrens
   Zusammenfassende Darstellung der Ziele und der Aufgaben,
   die das Verfahren/Programm löst

02 Beschreibung der Eingabedaten (Stammdaten) und Datenträger
   Herkunft, Erfassung (Datenträger), Aufbau (Schlüssel, Kennziffern, Datenformat
   usw.) und Bedeutung der Eingabedaten

03 Bei Dv-Verfahren: Beschreibung der Datenstruktur
   Datenfelder, Datensätze, Dateien der Eingabe und Ausgabe, Daten-/Dateivolumen

04 Beschreibung der Lösungsoperationen in ihrem zeitlichen Ablauf
   Herkunft, Aufbau, Leistung und Verwendungsspielraum der mathematischen Formeln,
   Vorgabe von unabhängigen Variablen und Faktoren in den mathematischen
   Gleichungen und Angabe des Gültigkeitsbereichs
   Bei Dv-Verfahren: Angabe der zeitlichen Reihenfolge der Bearbeitungsschritte
   und Art der Bearbeitung, Programmablaufpläne

05 Bei Dv-Verfahren: Abgrenzung der einzelnen Verfahrens-/Programmbausteine gegeneinander mit Schnittstellenangaben, Verknüpfungsart und erforderlicher Arbeitsspeicherplatz

06 Beschreibung der Ausgabedaten und Datenträger
   Aufbau (Sätze, Tabellen usw.), Ausgabeform (Datenträger und Listenbild), Bedeutung
   und Verwendung der Ausgabedaten

07 Beschreibung der Kontrollen und Sicherungen
   bei der Eingabe, während der Verarbeitung, bei der Ausgabe, mit Angabe der Fehlerbehandlung, Vorschriften für treuhänderische und organisatorische Sicherheit
   (Aufbewahrungs-, Sperrfristen, Datenschutz)

08 Beschreibung der Anschlußstellen an benachbarte Verfahren/Programme
   Verträglichkeit mit anderen Verfahren/Programmen

09 Hinweise auf ähnliche Verfahren mit Angabe wesentlicher Unterscheidungsmerkmale

10 Bei Dv-Verfahren: Angaben über den Einsatz des Verfahrens/Programmes
   DVA-Konfiguration, Mindestarbeitsspeichergröße, Betriebssystem, Programmiersprache, Programmbearbeitungszeit, Ablaufturnus, Normen- und Einsatzvorschriften

11 Beurteilung des Verfahrens
   Unmittelbar meßbare Vorteile: Kosten, Zeit, Personal, Raum
   Mittelbar erfaßbare Vorteile: aktuelle Berichterstattung,
                                  bessere Beständedisposition usw.

12 Verwaltung, Wartung und Pflege des Verfahrens
   Angabe der Wartungs- und Verwaltungsstelle und der Stelle für den Änderungsdienst, Hinweis auf Wartungs- und Verwaltungsvorschriften

Sachmittel

Die eingesetzten Sachmittel bestimmen wesentlich die Art und die Reihenfolge der Verrichtungen während des Arbeitsablaufes. Schon während des Planungsprozesses muß überlegt werden, welche Sachmittel an welcher Stelle eingesetzt werden können. Die endgültige Auswahl (Prospekte, Kataloge, Angebote) bzw. der Entwurf des geeignetsten Sachmittels wird während des Realisierungsprozesses vollzogen.

Für jedes Sachmittel müssen bei der Realisierung

▷   Aufgabe,
▷   Einsatz und Handhabung,
▷   technische Details,

angegeben werden. Die Aufgaben, der Einsatz und die Handhabung der Sachmittel werden in den Arbeitsplatzbeschreibungen und den Arbeitsanweisungen beschrieben.

Sachmittel im Büro dienen der

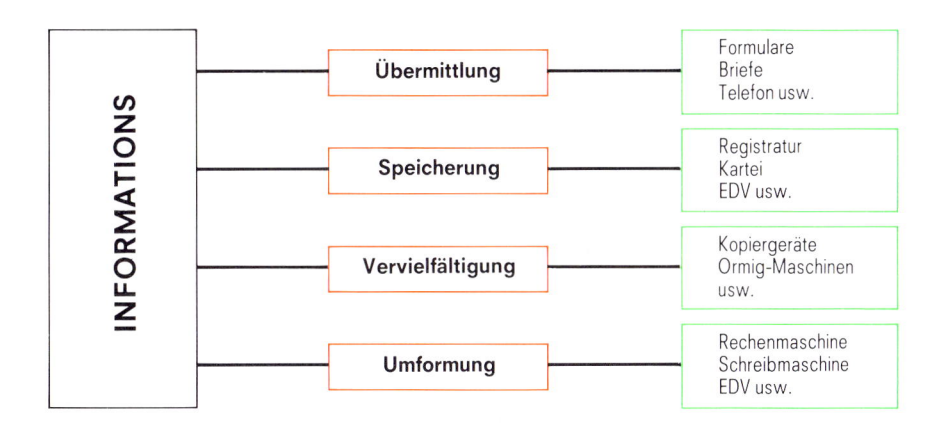

INFORMATIONS		
Übermittlung	→	Formulare, Briefe, Telefon usw.
Speicherung	→	Registratur, Kartei, EDV usw.
Vervielfältigung	→	Kopiergeräte, Ormig-Maschinen usw.
Umformung	→	Rechenmaschine, Schreibmaschine, EDV usw.

Wichtigstes Sachmittel im Büro ist nach wie vor insbesondere das Formular (Vordruck). Durch generelle Richtlinien zur Erstellung von Vordrucken und durch eine zentrale Vordrucksammlung lassen sich zusätzliche Rationalisierungseffekte erzielen.

Die Beschaffung von Sachmitteln ist Angelegenheit des Einkaufes. Die Gestaltung des Sachmittels und die Beschreibung der technischen Details bei Neu-Entwurf ist Aufgabe der Realisierungsgruppe. Sachmittel sollten sorgfältig und unter Ausnutzung kreativer Arbeitstechniken entwickelt und aufgrund umfassender Vergleiche am Markt ausgewählt werden. Mit der Zeit zu geizen wäre hier fehl am Platz, denn Sachmittel sind häufig kostenintensiv und – einmal eingeführt – schwer wieder abzulösen.

Systemeinführung

Jedes Planungsergebnis kann als System mit den Subsystemen Aufbauorganisation, Ablauforganisation, Verfahren und Sachmittel aufgefaßt werden. Sind alle notwendigen Strukturen und alle Arbeitsabläufe fixiert, alle erforderlichen Stellen- und Arbeitsplatzbeschreibungen sowie Arbeitsanweisungen für die neuen Verfahren und Sachmittel erstellt, so kann mit der Systemeinführung begonnen werden.

Für die Systemeinführung gibt es drei Strategien:

Die schlagartige vollständige Einführung

ist wegen möglicher Schwachstellen in der Planung gefährlich und bringt die größte Unruhe in das Unternehmen. Sie kommt hauptsächlich bei aufbauorganisatorischen Änderungen in Frage.

Bei der Einführung einiger Verfahren, z. B. eines neuen Fertigungssteuerungsverfahrens, müssen große Menschengruppen schlagartig vom Stichtag ab anders arbeiten. Hier wird es sinnvoll sein, die Mitarbeiter vor dem Stichtag auf einer **Betriebsversammlung** zu informieren und ihnen Sinn und Zweck des neuen Verfahrens zu erläutern.

Die zeitlich stufenweise Einführung

Bei einem größeren Personenkreis bzw. bei Neu- oder Reorganisation von Abläufen und ggf. Strukturen ist die stufenweise Einführung vorzuziehen. Dabei werden jeweils 5 bis 10 Personen zu einer Gruppe zusammengefaßt, die ab einem bestimmten Termin nach dem neuen System arbeiten soll. Auf diese Weise kann sich die Realisierungsgruppe auf einen überschaubaren Realisierungsabschnitt konzentrieren und evtl. auftretende Planungsfehler ausfindig machen und korrigieren. Bei einer größeren Gruppe von Personen und größeren Abschnitten wird die Fehlersuche bedeutend schwieriger.

Die zeitlich parallele Einführung zum bisherigen System

Dv-Verfahren werden zweckmäßigerweise zeitlich parallel zum bestehenden System eingeführt. In den seltensten Fällen arbeiten neue Dv-Verfahren fehlerfrei und noch seltener können Menschen auf dem neuen Instrument Datenverarbeitung ohne Umlernschwierigkeiten „spielen". Die Dauer des Parallellaufes hängt von der Güte des Dv-Verfahrens, der Umstellungsfähigkeit und der Motivation der Betroffenen ab, überschreitet jedoch selten ein halbes Jahr.

> Der zeitlich parallele Lauf eines alten und eines neuen Systems verursacht Kosten, die aber bei weitem niedriger sind als diejenigen, die entstehen, wenn ein neues Verfahren nicht zufriedenstellend arbeitet und das alte System bereits abgeschafft ist.

In jedem Fall beginnt die Einführung mit der **Schulung der betroffenen Mitarbeiter**. Einige Zeit vor dem Einführungsstichtag sollten die Betroffenen ihre Stellen- und Arbeitsplatzbeschreibungen zugeschickt bekommen. Die Mitarbeiter werden zugleich zu einem Informations- und Diskussionsgespräch eingeladen. Die Realisierungsgruppe kann nicht davon ausgehen, daß alle Mitarbeiter ihre Beschreibungen oder Anweisungen durchlesen oder vollständig verstehen. An Informations- und Schulungstagen besteht dann Gelegenheit, den einzelnen Mitarbeiter mit dem neuen System oder Subsystem vertraut zu machen, Zweifel und Unbehagen zu beseitigen und ihn für seine neuen Aufgaben zu motivieren.

Die Schulung erfolgt in den Schritten

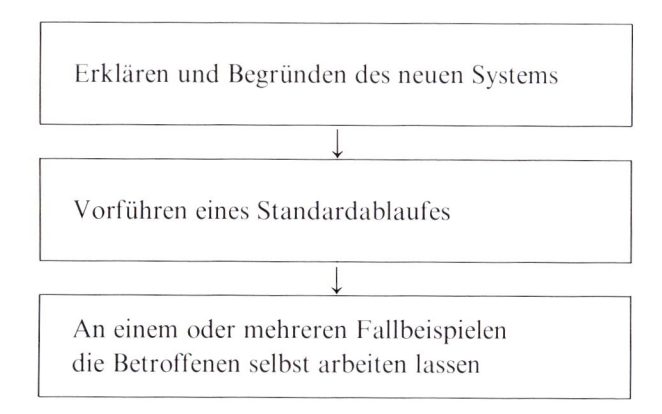

```
┌─────────────────────────────────────────┐
│ Erklären und Begründen des neuen Systems │
└─────────────────────────────────────────┘
                    ↓
┌─────────────────────────────────────────┐
│ Vorführen eines Standardablaufes         │
└─────────────────────────────────────────┘
                    ↓
┌─────────────────────────────────────────┐
│ An einem oder mehreren Fallbeispielen    │
│ die Betroffenen selbst arbeiten lassen   │
└─────────────────────────────────────────┘
```

Bei der Schulung sollte der Personenkreis 10 Mitarbeiter nicht überschreiten (u. U. stufenweise Einführungsgespräche). Am Einführungsstichtag sollten alle Realisierungsgruppenmitglieder und Spezialisten für diesen Einführungsschritt anwesend sein, um die Mitarbeiter zu beraten.

Konsolidierung

Die Konsolidierungsphase beginnt mit dem Einführungsstichtag. Während dieser Phase sollten in dem betroffenen Bereich keine weiteren Planungen und Realisierungen in Angriff genommen werden.

Das Arbeiten nach und in einem neuen System mit anderen Vorgesetztenverhältnissen, Kompetenzen und Verantwortungen, mit geänderten Abläufen, Verfahren und Sachmitteln, in einer noch nicht gewohnten Arbeitsumgebung bringt für die Betroffenen auch eine hohe psychische Belastung. Jede Veränderung organisatorischer Art hat neben der sachlichen Änderung auch Folgewirkungen auf Machtbefugnis, Aufstiegschancen und informelle Beziehungen. Die betroffenen Personen reagieren unsicher und mit Vorbehalten, manchmal sogar bewußt mit massivem Widerstand.

Erst nach 5 bis 10 Tagen werden die Mitarbeiter mit den neuen Tätigkeiten vertrauter sein und sich neue informelle Beziehungen abzeichnen. Treten Konflikte auf, so müssen diese rasch erkannt und beseitigt werden, um das neue System nicht in Frage zu stellen. Als Instrument dazu empfehlen sich Gruppensitzungen (feedback-sessions), an denen alle diejenigen teilnehmen, zwischen denen Spannungen bestehen. Der Moderator (ein Mitglied der Realisierungsgruppe) macht die Konflikte allen Beteiligten transparent, fordert sie zur Abgabe von möglichen Lösungen auf und verweist auf Konsequenzen der gemachten Vorschläge. Eventuelle Änderungen müssen in die *Organisationsmappe* übernommen werden.

Kontrolle und Abweichungsanalyse

Die Realisierung wird während des gesamten Prozesses durch den RL und sporadisch durch den RA überwacht. Die Kontrolle erfolgt durch Vergleich der realisierten Ergebnisse mit den Planungsergebnissen. Ergeben sich wesentliche Differenzen, so schließt sich eine Abweichungsanalyse durch RG und RL an.

Kontrolle und Abweichungsanalyse — Realisierung

```
                    Planungs-
                    ergeb-
                    nisse
                       ↓
  Realisierung  →  Kontrolle    →  Realisierungs-
                   +Abweichungs-     revision
                   analyse           Routine
                       ↑
                   Änderungen

        Realisierungsinstanzen | Linienorganisation
                    System-
                    übergabe
```

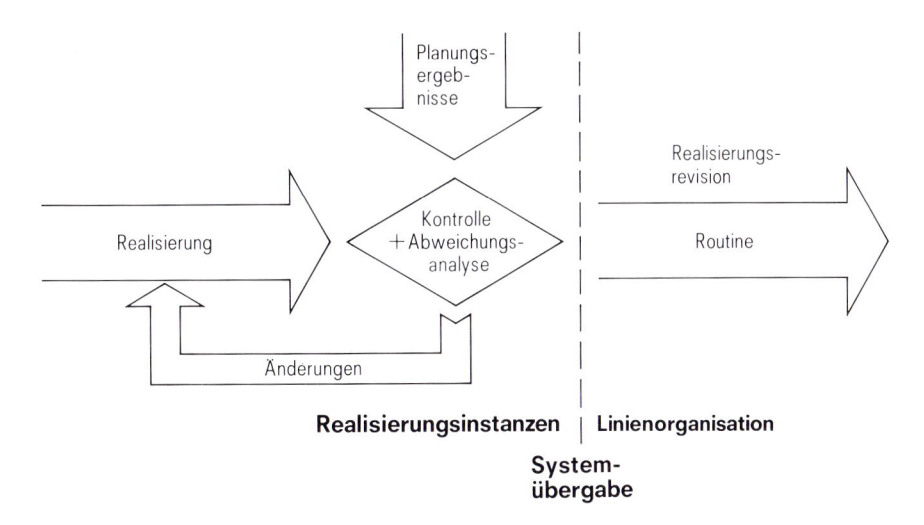

Die Abweichungsanalyse soll die Ursachen der Abweichung klarstellen. Diese lassen sich in vier Gruppen einteilen:

① Objektive Abweichungen aufgrund unterschiedlicher Planungs- und Realisierungssituationen

② Erforderliche Abweichungen aufgrund unzureichender oder fehlerhafter Planung des Planungsteams

③ Abweichungen aufgrund fehlerhafter Auslegung von Planungsergebnissen durch die Realisierungsgruppe

④ Abweichungen aufgrund von Unzulänglichkeiten der Aufgabenträger im Planungsfeld

Ein, spätestens zwei Monate nach dem Einführungsstichtag kann der Realisierungsleiter die Realisierungsinstanzen auflösen. Dies sollte in schriftlicher Form erfolgen mit Hinweisen auf evtl. zukünftige Kontrollmaßnahmen (mit Termin- und Zeitspannenangabe) sowie der Benennung der Linien-/ Stabsinstanzen, an die das neue System übergeben wird.

Systemübergabe

Sie erfolgt ein bis zwei Tage vor der Auflösung der Realisierungsinstanzen in einem abschließenden Round-table-Gespräch zwischen dem Realisierungsleiter, der Realisierungsgruppe und den systemübernehmenden leitenden Linien- und Stabsstellen. Dabei erhält das System – in der Regel die zuständige Organisationsabteilung – die vollständigen Realisierungsunterlagen in Form der **Organisationsmappe**.

Teil I Richtlinien
— Änderungsanw.
— Büro - Layout
— Lage- u. Wegeplan
— Organigramme
— Abkürzungsverz.

Teil II Beschreibung
— Stellenbeschr.
— Arbeitsplatzbeschr.
— Verfahrensbeschr.
— Arbeitsanw.

Teil III Sachmittel
— Formulare
— Handhabung
— Vordruckverz.
— Einsatzbeschr.

Mit der Übergabe der vollen Verantwortung endet der Realisierungsprozeß. Kompetenz, Verantwortung, Pflege und Verwaltung der eingeführten Organisation, Verfahren und Sachmittel obliegen nun ausschließlich den Linieninstanzen (Linien- und Stabsstellen).

Nach einem halben bis dreiviertel Jahr sollten ein oder zwei Mitglieder des Planungsteams und der Realisierungsgruppe eine ein- bis dreitägige **Realisierungsrevision** im beplanten Bereich durchführen. Sinn dieser Revision ist

▷ festzustellen, ob die Planungsziele vollzählig und vollständig verwirklicht werden konnten (Erfolgskontrolle für Planungen),

▷ evtl. Vorgaben über Arbeitsvolumen und Zeitabläufe, die nicht wirklichkeitsnah genug angesetzt waren, zu revidieren (Arbeits- und Leistungsanpassung),

▷ den Linieninstanzen gezielte Verbesserungs- und/oder Anpassungsvorschläge bezüglich des neu eingeführten Systems machen zu können.

Grundinstrumentarium der Organisationsplanung

Bei jeder Organisationsplanung gibt es bestimmte Grundinstrumente, die das Team arbeitsfähig machen und der Planung mit zum Erfolg verhelfen können. Sie alle betreffen zunächst die Arbeit des Planungsteams selbst, erhalten aber durch ihre Strahlung nach außen erst ihre eigentliche Bedeutung.

Zur Vorbereitung der Beteiligten (PT, BA, EA) auf die Planung dient das **Planungsseminar.** In seinem Verlauf lernen sich die Personen kennen, die zu den einzelnen Instanzen gehören, werden Planungsmethoden und Techniken vermittelt und die Funktionen der Instanzen dargestellt.

Der nächste Abschnitt beschäftigt sich mit dem **Team.** Hier werden Arbeits- und Verhaltensweisen und damit die Ansprüche an die Teammitglieder erläutert. Hinzu kommt die Einbeziehung der Umwelt in die Planung durch das Team.

Mit dem kurzen Abriß über **Visualisierung** wird versucht, dem Team einen Leitfaden an die Hand zu geben, wie es während der gesamten Planungszeit gemeinsame Arbeitsunterlagen, präsentable Darstellungen und damit gleichzeitig eine Basis für den späteren Planungsbericht schaffen kann.

Der Abschnitt über **Präsentation** gibt Hinweise darüber, wie Probleme und Lösungen den verantwortlichen Gruppen und den an der Planung Interessierten dargestellt und wie dabei Zuhörer und Zuschauer zu aktiven Sitzungsteilnehmern gemacht werden können.

Der abschließende Hinweis auf den **Planungsbericht** stellt u.a. dar, wie ein solcher Bericht aussehen sollte und welche Bedeutung er besonders für die Phase der Realisierung hat.

Planungsseminar

Dieses Seminar zu Beginn einer Planung ist eine Informationsveranstaltung, die die Teilnehmer durch gemeinsame Aktivitäten motivieren und zum Erfolg führen soll. Das 2- bis 4tägige Seminar wird bei einem maximalen Teilnehmerkreis von 25 Personen (EA, BA, Team) von 2 bis 3 planungsneutralen Moderatoren gemeinsam durchgeführt (team-teaching).

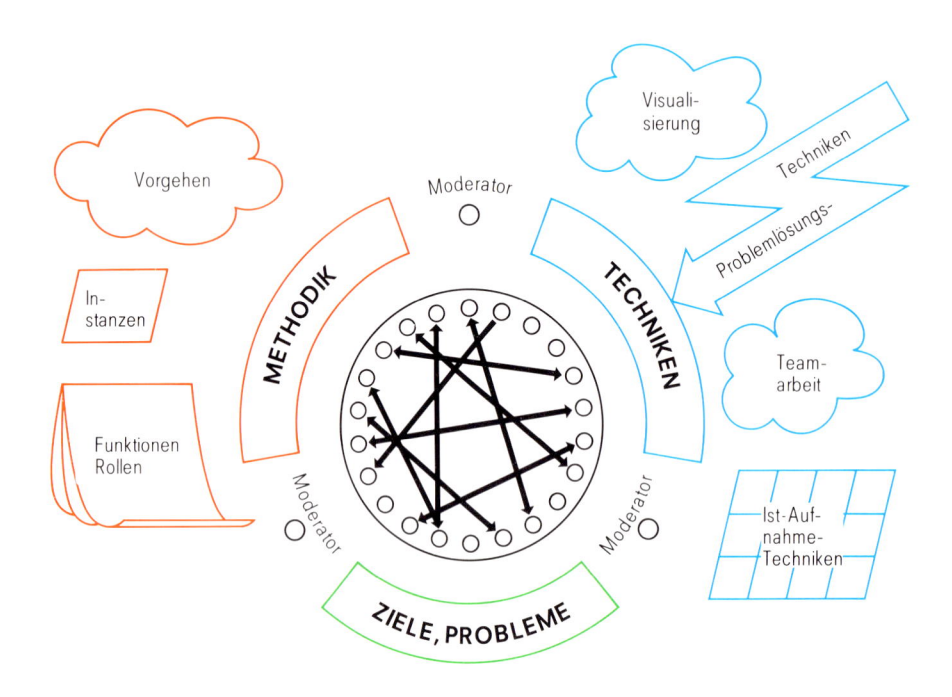

Ein solches Planungsseminar verfolgt im wesentlichen drei Ziele:

▷ Alle an der Planung beteiligten Systemmitglieder sollen mit dem Vorgehen (der Methodik) vertraut gemacht werden. Speziell den Mitgliedern von EA und BA sollen ihre Funktionen und Rollen (siehe Seite 49ff) als Bindeglied zwischen beplantem System und Team erläutert werden.

▷ Es dient dazu, die Form der Einbeziehung des beplanten Systems in die gesamte Planung anzusprechen (Informationsveranstaltungen, Rundschreiben, Teambriefe usw.). Auch sollte jeder Teilnehmer seine individuellen Zielvorstellungen bekanntmachen.

▷ Speziell den Teammitgliedern sollen Techniken verdeutlicht werden, die während der Planungsarbeit zum Einsatz kommen. Von wesentlicher Bedeutung ist auch das Aufzeigen von Verhaltensweisen, die für eine Kooperation und Kommunikation in der Gruppe Voraussetzung sind. Dem Team müssen dabei die psychologischen Aspekte der Gruppenarbeit bewußt gemacht werden, um die Teambildung zu erleichtern.

Daraus lassen sich zwei Abschnitte des Planungsseminars ableiten: zum einen der mehr arbeitstechnisch orientierte Teil (Techniken, Teamarbeit, Visualisierung), zum anderen der mehr informationelle Teil (Methodik, Ziele, Probleme).

Beispiel einer Veranstaltung

Planungsseminar UB..
in Nürnberg vom 16.–18.7.1973

Programm

16. Teamarbeit
    Gruppenarbeitsregeln
    Problemlösungstechniken

    Teilnehmer: Team (EA-/BA-Mitglieder sind willkommen)

17. Visualisierung
    Ist-Aufnahme-Techniken

    Teilnehmer: Team (EA-/BA-Mitglieder sind willkommen)

18. Planungsphasen
    Planungsinstanzen
    Funktionen, Rollen
    Ziele, Probleme

    Teilnehmer: EA, BA, Team

Es hat sich als vorteilhaft für den nachfolgenden Planungsprozeß erwiesen, wenn während dieses Seminars zeitweise eine Spielsituation hervorgerufen wird. Sie trägt wesentlich zu der für kreative Arbeit erforderlichen gelockerten Atmosphäre bei. Während des Seminars sollten sich weder Teilnehmer noch Moderatoren einem starken Zeitzwang oder Vollständigkeitsanspruch unterwerfen; sondern vielmehr ist Wert darauf zu legen, daß die Teilnehmer das vermittelte Wissen in der Planung anwenden können.

Für die Durchführung ist ein eingerichteter *Planungsraum* mit allen erforderlichen Hilfsmitteln nötig. Zur Abwicklung sei noch auf einige Punkte hingewiesen, die zu einem guten Gelingen beitragen können:

▷ gute Kontaktmöglichkeiten (etwas längere Pausen, gemeinsames Essen usw.)
▷ Vereinbaren von Abwicklungsregeln (z.B. gibt es auch Nichtraucher)
▷ Freizügigkeit und Freizeitangebot (Belastbarkeit der Teilnehmer beachten)
▷ Angebot von Erfrischungen

In gleicher oder abgewandelter Form (z.B. *Informationsmarkt, Präsentation*) können für die Mitglieder des beplanten Systems ebenfalls Seminare durchgeführt werden. Sie dienen dazu, den Planungsprozeß und die Arbeitsweise eines Teams, aber auch Ergebnisse, Gedanken und Modelle den Betroffenen transparent zu machen. Neben einem erweiterten Wissensstand führt dies in vielen Fällen auch zu einer positiven Einstellung gegenüber der gesamten Planung.

„Teamwork" ... und ..."Team"

wird seit einigen Jahren in den verschiedensten Formen im privatwirtschaftlichen Bereich – weniger noch im öffentlichen Verwaltungsbereich – praktiziert. Manchmal wird sogar damit renommiert:
„.... das geschieht bei uns alles im Team!"

ist heute noch umstritten: Einerseits gibt es leidenschaftliche Verfechter, die ein Allheilmittel darin sehen („.... da muß ein Team ran!"), und andererseits leidenschaftliche Gegner. („Zum Teufel mit dem Team!" wünscht sich der Verfasser eines amüsanten Artikels in PLUS 2/73).

Der oben angedeutete Streit (pro und kontra Team) scheint uns weltanschaulicher und führungspolitischer Natur zu sein. Fest steht jedenfalls:

Team ist kein Glaubensbekenntnis und Teamarbeit keine Spielerei (deren Spielwiese „Team", deren Mitspieler „Teamster" und deren Spielweise „teamen" heißen), sondern, um es gleich vorweg zu sagen:

    Teamwork ist Team**arbeit**!

Teamwork heißt lernen – es genügt nicht, sofort loszumarschieren, „weil man's weiß". Man weiß **es** in der Regel nicht, und die anderen wissen auch nur **etwas davon**. Es gilt, zusammenzufügen und oft auch zu revidieren, was jeder einzelne weiß, und es gilt, das in Erfahrung zu bringen, was alle zusammen nicht genügend wissen.

Teamwork stellt Ansprüche – es ist anstrengend und nichts für Leute, die, wenn sie mit ihrem Teil fertig sind, glauben, danach auf der faulen Haut liegen zu können.

Teamwork provoziert – nicht nur in der Sache, sondern auch persönlich; Meinungen und Erfahrungen stehen hier nicht unter Denkmalschutz.

Teamwork kostet Zeit – denn jahrelang unter Druck getroffene Entscheidungen haben oft erst das bestehende Problem aufgehäuft; und derjenige, der mitten in einer Auseinandersetzung oder in einem Einigungsprozeß pünktlich um 16.30 Uhr den Filzschreiber aus der Hand legt, nimmt dem Team eine Chance.

Teamwork muß „gekonnt" sein – denn vom selbstzufriedenen Quasselverein über den von permanent zugespitzten Meinungsverschiedenheiten aufgeriebenen Haufen bis zur Unterwerfung unter eine innen oder außen stehende Führernatur reichen die Beispiele sachlich und personell gescheiterter Teams.

Wie ist ein Planungsteam in der Lage, schwierige und komplexe planerische Probleme in gemeinsamer Verantwortung erfolgreich zu lösen? Wie soll ein Team funktionieren?

Wir wollen versuchen, die Technik der Teamarbeit aus unserer – übrigens auch nicht immer ungetrübten – Praxis so darzustellen, daß das Team als die problemlösende Funktionseinheit des Teamwork-Managements verstanden wird.

Die Anwendung mehr oder weniger kooperativer Arbeits- und Führungsstile hat mit Teamarbeit noch sehr wenig zu tun. Verwaltungs- und fertigungstechnische Abwicklungstätigkeiten eignen sich schon von der Entscheidungsstruktur her nicht als „teamgemäße" Aufgaben. Allerdings bleibt festzustellen, daß sich die zukünftig vermehrten dispositiven Aufgaben im Hinblick auf gemeinsame Verantwortlichkeit nur noch durch Kooperationsformen bewältigen lassen werden, wie sie bei der Teamarbeit Anwendung finden. Leider erlebt man aber gerade bei strategischen Gremien oder Leitungskreisen heute noch gegenteiliges Entscheidungsverhalten.

Die Effektivität eines Planungsteams hängt im wesentlichen von folgenden Aspekten ab:

- ▶ Gruppenpsychologischer Prozeß der Teambildung
- ▶ Arbeitstechnische Voraussetzungen
- ▶ Verhältnis des Teams zur Umwelt (Instanzen und System)
- ▶ Vorgehensweise und Arbeitsweise
- ▶ Schwierigkeiten, Konflikte und Rollen im Team

Unter diesen Gesichtspunkten wollen wir das Team nun näher betrachten, um zu zeigen, daß Teamarbeit zu einem hohen Grad erlernbar – oder besser gesagt: trainierbar – ist.

Deshalb sollte jeder Planung ein mehrtägiges *Planungsseminar* vorausgehen, in dem sich alle beteiligten Instanzen über ihre Funktionen und ihre Arbeitsweise im Rahmen des Planungsprozesses verständigen. Mindestens zwei volle Tage davon sind allein dem Kooperations- und Methodentraining des Teams vorbehalten („Teamtraining"), um exemplarisch einige der für die planerische Arbeit notwendigen Techniken aktiv einzuüben und verstehen zu lernen. Als vorteilhaft erweist sich, diese Veranstaltung von Planungsfachleuten moderieren zu lassen, die an der Planung nicht beteiligt sein werden, und nicht durch die im Team selbst vertretenen Methodenkenner, damit sich diese ungestört ins Team integrieren können.

Beim Verzicht auf ein solches Training treten häufig Probleme auf, die eine Teamschulung unter erschwerten Bedingungen im nachhinein trotzdem notwendig machen.

Dieser auf Teamarbeit gerichtete Lernprozeß erstreckt sich über die gesamte Zeit der Planung und setzt sich bei jeder Planung fort. Teamtrainings und Darstellungen, wie auch die vorliegende, können und wollen nur Voraussetzungen dafür schaffen.

Gruppenpsychologischer Prozeß der Teambildung

Mehrere Personen aus verschiedenen Bereichen und möglicherweise aus verschiedenen Ebenen bringen nicht nur unterschiedliche Einstellungen zur Aufgabe mit, sondern auch unterschiedliche Verhaltensweisen. Wenn es nicht gelingt, gemeinsam Formen der Zusammenarbeit zu entwickeln, mit denen sich auf der Basis der Gleichberechtigung jeder identifizieren kann, wird jeder einzelne bewußt oder unbewußt versuchen, seine gewohnten Arbeitsbedingungen wieder herzustellen.

Der erste Tag im Team ist oft beherrscht von gegenseitiger Ratlosigkeit: „Worum geht's eigentlich? Was habe ich zu tun? Worüber kann ich mitreden? Was können die anderen?"

Hinzu kommt die Unsicherheit durch die Umgebung: ein weiter leerer *Planungsraum* mit Filzwänden statt Bildern, mit kleinen Planungstischen statt des gewohnten Schreibtisches, mit Hängeregistraturen statt Schreibtischschubladen, mit Filzschreibern statt Kugelschreibern, mit bunten Kärtchen statt Papier – ein Raum also, geschaffen für freie Zusammenarbeit. Und trotzdem wird versucht, alte Gewohnheiten beizubehalten: die Suche und Belegung eines festen Sitzplatzes am Fenster sowie das zeremonielle Fertigmachen zur Arbeit durch Suchen und Auflegen von Papier, Bleistift, Radiergummi, Lineal, Schere und Zettelkasten. Die gleichen Bemühungen können jedoch auch schon in der Beziehung zwischen den Personen sichtbar werden. Wer von Anfang an entschlossen auftritt, hat große Chancen, aus der Unsicherheit der anderen Kapital zu schlagen und zunächst bereitwillig als Bezugsperson akzeptiert zu werden. Während der ersten Stunden wird dadurch möglicherweise schon der Grundstein zu späteren Konflikten und manchmal sogar zum Scheitern des Teams gelegt.

Hier beginnt die Rolle des teamerfahrenen Planers – nicht, indem er die beherrschende Position einnimmt, sondern indem er Aktivitäten anregt, an denen sich alle gleichermaßen beteiligen können.

> Um zu einer gemeinsamen Form der Zusammenarbeit zu kommen, müssen sich alle Beteiligten ihrer mitgebrachten Meinungen bewußt werden und ihre Einstellungen und Erwartungen gegenseitig offenlegen: auf Unausgesprochenes kann nicht geantwortet, auf Unbekanntes nicht reagiert werden.

Nicht über das sachliche Problem, sondern nur über die persönlichen Beziehungen ist zu erreichen, daß sich im Team Kenntnisse, Fähigkeiten und Initiativen aller Mitglieder voll entfalten.

Daher am Anfang:

Erzählen: ... was die anderen von mir wissen sollten ...
 ... ein paar persönliche Daten ...
 ... was ich mir am besten zutraue ...
 ... wo ich am meisten lernen kann ...
 ... was meine Kollegen sagen ...

Fragen: Jeder hat eine Frage an die anderen frei:
 ... wie bist du ins Team gekommen ...
 ... was magst du am liebsten ...
 ... was ärgert dich am meisten ...
 ... womit beschäftigst du dich am Wochenende ...

Kärtchen schreiben und anpinnen, um darüber zu reden:
 (durch freie anonyme Äußerungen Ansatzpunkte für engagierte persönliche Diskussionen finden)
 ... welche Erwartungen knüpfen wir an unsere Arbeit ...
 ... mit welchen Schwierigkeiten werden wir es zu tun bekommen ...
 ... was störte uns während der ersten zwei Stunden und wie können wir das ändern ...
 ... was gefiel uns schon während der ersten zwei Stunden ...
 ... wozu müssen wir gemeinsam in der Lage sein ...

► Die für die Zusammenarbeit in Teams geltenden Regeln sind in erster Linie Verhaltensregeln.

Im Team müssen ganz bewußt Verhaltensregeln eingehalten werden, die auf der Grundlage der gemeinsamen Verantwortung, d.h. des gemeinsamen Erfolges oder Mißerfolges, internen Wettbewerb, persönliche Konkurrenz, Informationssperren und „einsame" Entscheidungen verhindern und den uneingeschränkten Einsatz aller Erfahrungen, Ideen und Kräfte ermöglichen.

Üblicherweise wird Leistungsverhalten als Einzelanstrengung in der Konkurrenzsituation anerzogen, verstanden und praktiziert. Dementsprechend ist unser Belohnungssystem so ausgerichtet, daß das Ziel der persönlichen Anerkennung fast schon zwangsläufig über das sachliche Ergebnis gestellt wird. Die Grenzen und Gefahren eines solchen Arbeitsstiles werden besonders in Problemsituationen deutlich, wie sie das Team zu lösen hat.

Es ist keineswegs übertrieben festzustellen, daß diese Umorientierung nicht nur für einige „autoritäre Typen", sondern zunächst für jeden persönliche Anstrengung und Kontrolle erfordert.

Spielregeln für ein Team

- Jeder erkennt den anderen als gleichwertigen Partner an
    - Rollen (z. B. Diskussionsleitung) werden ständig gewechselt
- Meinungen sollen ständig herausgefordert und geäußert werden – Schweigen bedeutet nicht Zustimmung
    - Zuhören ist genauso wichtig wie Reden
- Konflikte nicht verschleiern, sondern aufdecken und diskutieren
    - Meinungsverschiedenheiten sollen als Informationsquelle und nicht als Störfaktor betrachtet werden
- Innerhalb des Teams soll kritisiert, aber nicht getadelt werden
    - Es gibt keine Meinung oder Erfahrung, die nicht in Frage gestellt werden dürfte
- Lernbedarf muß jederzeit deutlich gemacht werden
    - Informationsgefälle ist abzubauen, Wissen ständig mitzuteilen (z. B. täglich $1/2$ Stunde Teamkonferenz)
- Alle Unterlagen stehen jedem jederzeit zur Verfügung (offene Ablage)
    - Entscheidungen sollen nicht durch Mehrheitsbeschluß, sondern mit weitestgehender Einstimmigkeit erzielt werden
- Keiner führt eine neue Aktivität aus, die nicht vorher gemeinsam beschlossen wurde (Vorgehensplan – Tätigkeitskatalog)
    - Die Aktivitäten jedes einzelnen müssen ständig allen bekannt sein (offener Terminkalender)
- Entscheidungen, Diskussions- und Arbeitsergebnisse sind laufend festzuhalten und durch Darstellungen sichtbar zu machen
    - Neue Aspekte und Zielabweichungen sind sofort mitzuteilen und zu klären
- Die Einhaltung der Spielregeln ist ständig zu beobachten – die Spielregeln sind, wenn nötig, neu zu diskutieren

Einige Bemerkungen zu den Spielregeln:

▷ Gleichwertigkeit meint Gleichgewichtigkeit der Argumente, egal wer sie ausspricht. Laien sind dazu da, um „Experten" zu verunsichern. Wenn sich der Fachmann darauf allerdings – wie meist üblich – mit einer Killerphrase wehrt („Wieviel Bügelmaschinen haben Sie denn schon gebaut?"), wird es weder zu einer Klärung noch zu weiteren positiven Einwänden mehr kommen.
Gerade verschiedenes Fachwissen ist eine Voraussetzung für die Gleichwertigkeit der Teammitglieder, die sich nicht übertrumpfen, sondern ergänzen sollen.

▷ Bereits die einfachste Schreibfunktion vor dem Flipchart-Ständer übt Macht aus. Systematischer Rollenwechsel ist eine erhöhte Lernchance und fördert das Engagement des gesamten Teams.

▷ Zuhören ist nicht nur genauso wichtig wie Reden, sondern sogar noch schwieriger. Üben Sie einmal bei einigen Diskussionen, vor Ihrer Erwiderung jeweils das, worauf Sie erwidern wollen, inhaltlich zu wiederholen. Sie werden erstaunt sein, wie häufig dabei Mißverständnisse offenbar werden (ganz abgesehen von den Fällen, in denen die manipulierte Wiederholung als dialektisches Mittel von Ihnen eingesetzt wird!). Zwei Tips, um zumindest nicht andere beim Reden zu unterbrechen bzw. nicht selbst unterbrochen zu werden:
● spontane Einfälle und Einwände auf Kärtchen schreiben und sichtbar anheften, um sie hinterher zu diskutieren (*Diskussionstechniken*).
● den Zuhörer (der vielleicht auch gerne mal zu Wort kommt) nicht überstrapazieren: Redezeitbeschränkung bei Diskussionen (30-s-Regel) einhalten und bei anderen kontrollieren.

▷ Wir reagieren fast regelmäßig und bei allen Anlässen beleidigt, wenn jemand eine andere Meinung hat. Gesprächspartner helfen bei Problemen jedoch weiter als das eigene Echo. Motto: Auf Gemeinsamkeiten aufbauen und von Meinungsverschiedenheiten profitieren.

▷ Das Team braucht jeden. Es muß sich auf die Einsatzbereitschaft jedes einzelnen verlassen können und kann es sich nicht leisten, mit Mauerblümchen zu leben, die dem allgemeinen Informationsstand und dem Stand der Meinungsbildung hinterherhinken. Deshalb dürfen sich die einzelnen auch nicht gegenseitig „abzuhängen" versuchen. Gemeinsames Lernen, gemeinsamer Informations- und Meinungsabgleich sichern die erarbeitete Basis und machen das Team stark.

▷ Das Ziel der Einstimmigkeit bei Entscheidungen sollte nicht dazu verleiten, eigene Standpunkte nur deshalb zu ändern, um das Verfahren abzukürzen. Es sollten tatsächlich nur solche Vorschläge unterstützt werden, zu denen wenigstens in den wichtigsten Punkten Übereinstimmung besteht. Wichtige Themen sollten ausdiskutiert und keinesfalls durch Abstimmung (Handaufheben) entschieden werden, um die Tragfähigkeit von Entscheidungen sicherzustellen.

▷ Die *Visualisierung* aller Aktivitäten und Ergebnisse gibt jedem (auch Nicht-Teammitgliedern) die Chance, sich zu informieren und informiert zu werden, kritische Ansatzpunkte zu finden und Ergänzungen anzubringen.

▷ Tätigkeitskataloge und offene Terminkalender hängen als großflächige „Papierhierarchen" des Teams an den Wänden und sichern die gemeinsame Zielrichtung, wenn auf getrennten Wegen marschiert wird, sowie die Zusammenrufung des Teams bei aktuellen Anlässen.

Grundinstrumentarium — Team

Ein häufig verwendetes Mittel, um sich nicht mit Argumenten auseinandersetzen zu müssen, sind Killerphrasen. Es handelt sich dabei um – in vielfachen Variationen auftauchende – „Gesprächstöter" in brenzligen Situationen und damit um Ausdrücke des persönlichen Abwehrverhaltens.

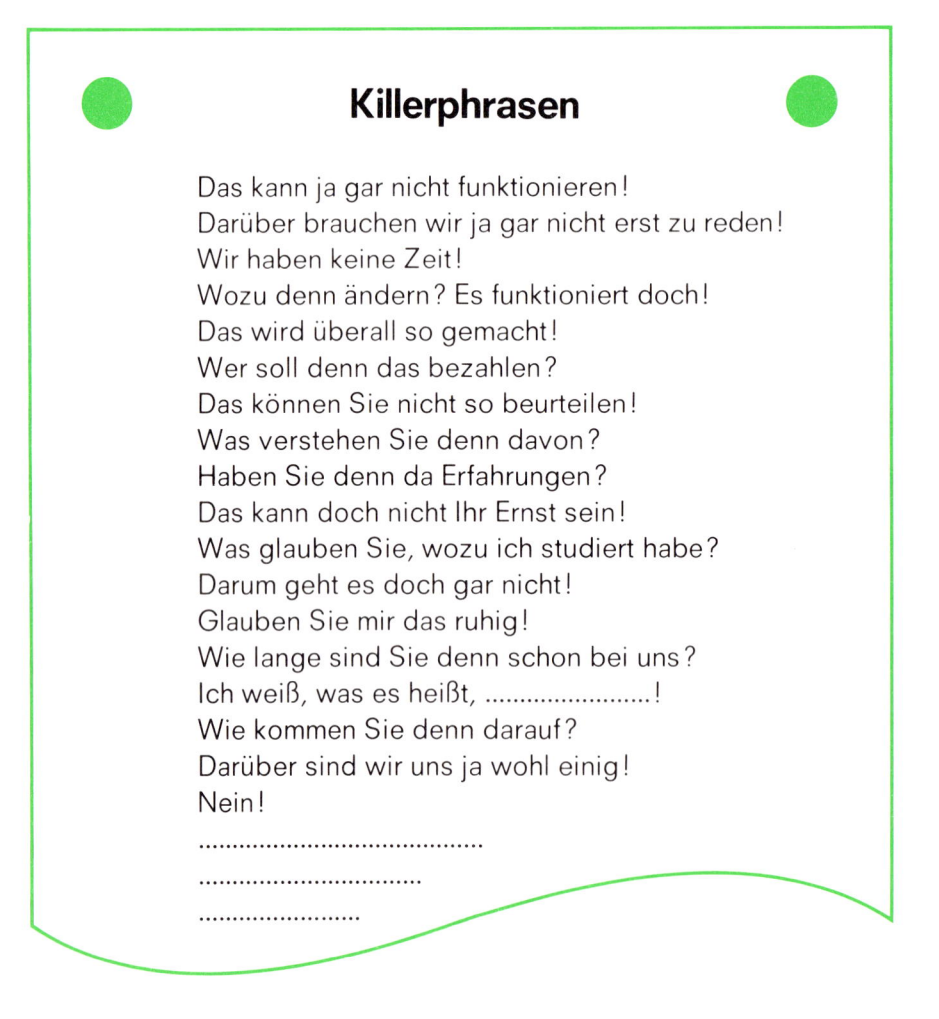

Killerphrasen

Das kann ja gar nicht funktionieren!
Darüber brauchen wir ja gar nicht erst zu reden!
Wir haben keine Zeit!
Wozu denn ändern? Es funktioniert doch!
Das wird überall so gemacht!
Wer soll denn das bezahlen?
Das können Sie nicht so beurteilen!
Was verstehen Sie denn davon?
Haben Sie denn da Erfahrungen?
Das kann doch nicht Ihr Ernst sein!
Was glauben Sie, wozu ich studiert habe?
Darum geht es doch gar nicht!
Glauben Sie mir das ruhig!
Wie lange sind Sie denn schon bei uns?
Ich weiß, was es heißt, ...!
Wie kommen Sie denn darauf?
Darüber sind wir uns ja wohl einig!
Nein!
....
....
....

Diese beliebig zu erweiternde Liste von Killerphrasen stammt durchaus nicht von ausgesprochenen „Schandmäulern", sondern gehört zum täglichen Vokabular jedes Gesprächsteilnehmers.

So eine Liste – im Planungsraum ausgehängt und bei entsprechender Gelegenheit als Demonstrationsobjekt herangezogen – wirkt Wunder!

▶ Die Teambildung muß durch das Team selbst erfolgen und ist ein permanenter Verständigungsprozeß.

Die Leistungsfähigkeit des Teams hängt entscheidend davon ab, ob ein Team richtig funktioniert oder nicht. Es gibt niemand, der dem Team Aufgaben und Probleme abnehmen könnte, schon gar nicht die der internen Zusammenarbeit. Deshalb wäre es nicht nur unsinnig, sondern auch gefährlich, Diskussionen über die Bedingungen der Zusammenarbeit als „vergeudete Zeit" zu betrachten und zu vernachlässigen. Das gilt genauso für das Bemühen, sich eine gemeinsame Arbeitsorganisation zu schaffen.

Arbeitstechnische Voraussetzungen für das Team

Zu Beginn der Planungsarbeit stellen sich den Teammitgliedern zunächst einige praktische Fragen, die auf Zuruf schriftlich festgehalten werden können.

Über diese Fragen sollte man sich gleich einigen, denn

▷ giftige Blicke von ausgesprochenen Frühaufstehern gegenüber denen, die eine Viertelstunde später kommen, sind nicht nötig, wenn man sich darüber im klaren ist, daß die Leistung nicht von der Uhr abhängt (d.h. man kann ruhig auch mal eine halbe Stunde später kommen, wenn der Abend zuvor wegen eines aktuellen Problems 2 Stunden länger gedauert hat).

▷ es fördert die (auch sachlichen) Beziehungen im Team mehr, beim gemeinsamen Essen Gelegenheit zu Gesprächen zu finden, als wenn sich einzelne zu ihrem gewohnten „Mittagsstammtisch" zurückziehen. Wichtig ist, daß es innerhalb des Teams auch bezüglich des Mittagessens keine Privilegien einzelner gibt!

▷ ein wechselnder Kümmerer erspart es dem Team, daß sich alle – oder auch keiner – mit Verwaltungskram und Organisationsfragen und dem Betreuen von (un-)angemeldeten Besuchern beschäftigt.

▷ eine Inspektion des Planungsraums und seiner Ausstattung läßt das Team dort schneller heimisch werden und verhindert möglicherweise, daß später im entscheidenden Moment z.B. Klebestifte fehlen.

▷ der Planungsraum ist (hoffentlich) groß genug, um zu vermeiden, daß notorische Nichtraucher von starken Rauchern den Qualm direkt in die Augen geblasen bekommen – und er ist sicher auch groß genug, daß die Raucher nicht mit zittrigen Händen und den Blick auf die Uhr gerichtet warten müssen, bis die Stunde endlich um ist, nach der sie sich draußen im Flur wieder eine Zigarette anzünden können.

▷ es bekommt der gemeinsamen Arbeit sicher besser, wenn die Urlaubstermine abgestimmt sind, als wenn jemand seinen Urlaub stillschweigend und zähneknirschend „abschreibt" oder ohne Rücksicht auf Verluste und möglicherweise auch noch ganz plötzlich für ein paar Wochen verschwindet.

▷ für Teammitglieder, die im Planungsbereich nicht zu Hause sind, können die Schwierigkeiten beim Pförtner beginnen und auf der Suche nach einem Gesprächspartner oder beim Telefonieren enden.

Unmittelbar auf die bevorstehende Arbeit bezogen, sollte das Team folgende Fragen klären:

Wie regeln wir unsere Unterlagenorganisation?

Da die Ausstattung des Planungsraumes keine Schreibtischablage zuläßt (und nachdem Klarheit darüber herrscht, daß auch Unterlagensammlungen in Aktenkoffern dem Team nicht dienen), geht es hauptsächlich darum, allen die Vorzüge der Hängeblatt-Ablage zu verdeutlichen (z.B. keine 10fach-Kopien!) und gemeinsam zweckmäßige Ordnungskriterien für die Beschilderung zu finden.

Wie stellen wir den Informationsaustausch sicher?

Hier bewährt es sich, eine Nachrichtenecke einzurichten. Dort können alle Termine (offener Terminkalender), Aktivitäten (*Tätigkeitskatalog*), Probleme und Kontakte visualisiert und alle aktuellen Unterlagen und Mitteilungen für alle sichtbar an Filzwänden und Stecktafeln angesteckt werden, bevor sie in die Ablage kommen. (Auch ein teaminterner Kummerkasten hat in dieser Ecke noch Platz.)

Außerdem muß auf jeden Fall die direkte Information und Kommunikation des Teams geregelt werden, z.B. in Form einer bestimmten Kernzeit pro Tag oder Woche. Darüber hinaus besteht auch die Möglichkeit, daß das Teamplenum von einzelnen in akuten Situationen spontan einberufen wird.

Wie sollen unsere Vorgehensplanungen und Entscheidungsprozesse ablaufen?

Als Maxime ist festzuhalten, daß alle Zielformulierungen, Vorgehenspläne (Aktivitäten), Zielkontrollen und Entscheidungsprozesse im Plenum erfolgen.

Das hat zur Folge, daß besonders während der Anfangsphase sowie vor und nach BA- und EA-Sitzungen das Team verstärkt kooperiert, während es beispielsweise während der Ist-Erhebung längere Zeit getrennt agiert. Diese Zeiten des getrennten Vorgehens enthalten am ehesten die Gefahr mangelnder gegenseitiger Abstimmung, von Alleingängen und sogar von Einzelabsprachen, die zu Doppelarbeiten und Konflikten führen und den Arbeitsfortschritt erheblich hemmen.

Um die Plenumsarbeit effizienter zu gestalten, bietet sich die Regelung wechselnder *Moderation* an, die sich pro Person immer nur auf einen thematischen Schritt beschränken soll, damit jedem die Möglichkeit verschafft wird, einerseits methodische Impulse zu geben und andererseits auch wieder problemorientiert aktiv zu werden.

Dieser Wechsel stärkt sowohl das Engagement für das Team wie auch die Motivation für die sachliche Aufgabe und verhindert, daß sich Machtpositionen herausbilden. In Ausnahmefällen kann allerdings die Anteilnahme einzelner an ganz spezifischen Fach- oder Bereichsproblemen geringer sein als bei den übrigen Teammitgliedern, wobei sich weniger Betroffene als Moderatoren besonders anbieten.
Sicher werden auch während der Anfangsphase nicht ausschließlich die teamerfahrenen Planer die Moderatorenrolle übernehmen, um es den übrigen Teamkollegen zu ermöglichen, sich in der Moderation zu üben.

Wie regeln wir unsere externen Kontakte?

Von den Beziehungen zu den Planungsinstanzen und zu den Bereichen hängt die Tragfähigkeit und Realisierbarkeit der Planungsergebnisse ab. Daher muß die Gestaltung der externen Kontakte unbedingt vom Team gemeinsam getragen werden. Also: keine Alleingänge!

Sicher konnten hier nur exemplarisch die wichtigsten Aspekte geschildert werden, die ein Team arbeitsfähig machen. Dabei kommt es nicht so sehr darauf an, zu welchen Vereinbarungen sich das Team im einzelnen entschließt als vielmehr, daß es sich so organisiert, daß es als Kooperationszentrum des Planungsprozesses wirksam werden kann. Erfahrungsgemäß nimmt dieser Vorgang mindestens 2 Wochen in Anspruch und erfolgt nicht im luftleeren Raum, sondern in der Phase der Problemstrukturierung und mit Hilfe aller zur Verfügung stehenden Arbeitsmittel, wie ein Blick in den Planungsraum zeigen soll.

Verhältnis des Teams zur Umwelt

■ Das Team muß sich nach außen als „Team" repräsentieren und von außen als „Team" ansprechen lassen.

Die Zusammenarbeit im Team kann durch die Beziehungen zum beplanten System und zu den Planungsinstanzen stark beeinflußt werden.

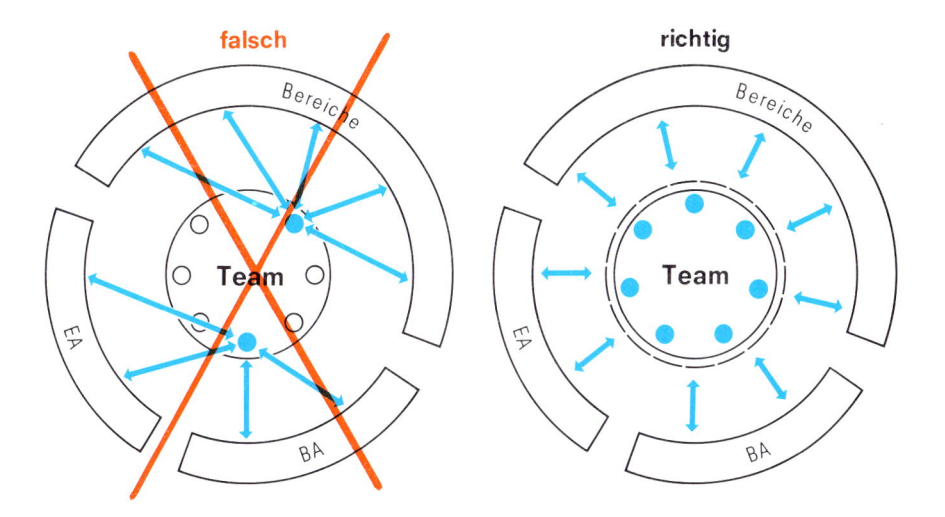

Im Team gibt es keine „Gewährsmänner" – es gibt kein „Dr.-Müller-Team"!

Häufig versuchen die formellen und informellen Partner aus dem Liniensystem, sich nach dem gewohnten Prinzip der Kompetenzabgrenzung feste Bezugspersonen im Team zu sichern. In der Regel erfolgt diese Auswahl nach dem Bekanntheitsgrad und dem bisherigen Status der Teammitglieder.

Auf diese Weise werden von außen Rollen in das Team hineingetragen, die die Zusammenarbeit im Team erheblich stören, wenn sie nicht abgebaut werden.

Besonders gefährlich sind ähnliche Vorgänge von seiten der Planungsinstanzen, wodurch sich die Verantwortlichkeit quasi auf einzelne Teammitglieder konzentriert. Das führt zu einer starken Belastung der Rollenträger, die nun „zwischen zwei Stühlen" sitzen, und zu Motivationsverlust bei den übrigen Teammitgliedern.

Da Teamarbeit und Linienarbeit sich in Funktion und Form in einigen wesentlichen Punkten unterscheiden, können sich im Verhältnis zwischen dem Team und seinen Bezugsgruppen Schwierigkeiten ergeben. Es liegt jedoch kein Anlaß vor, darin eine Gegnerschaft zu erblicken.

Aufgabe des Teams ist es, die Beziehungen so zu gestalten, daß der Planungsprozeß nicht beeinträchtigt wird, d.h. das Team selbst muß – z.B. durch sporadische Herausgabe eines Teambriefs – deutlich machen, in welcher Form es am besten unterstützt werden kann.

■ Die Verfahrensregeln eines Teams nach außen entsprechen den internen Spielregeln.

Am besten wird dem dadurch entsprochen, daß das Team seine internen Spielregeln konsequent auch nach außen anwendet. Andernfalls ist klar, daß beispielsweise auch vom EA personelle Schwerpunkte gesetzt werden, wenn die Präsentation der Planungsergebnisse immer nur durch ein Teammitglied erfolgt.

Rollen, die im Team selbst entstehen, werden von außen nur noch verstärkt.

Demgegenüber wird die positive Erfahrung, daß nicht nur einer, sondern alle aus dem Team in der Lage sind, Informationswünsche zu befriedigen, auch in den Bereichen die entsprechende Wirkung nicht verfehlen.

Kleine Tips aus der Praxis – für die Praxis

▷ Führen Sie ab und zu ein *Rollenspiel* durch, um sich auf wichtige Gespräche vorzubereiten.
▷ Gehen Sie bewußt abwechselnd ans Telefon und melden Sie sich nicht nur mit Ihrem Namen, sondern z.B. mit „Planungsteam-Auftragsabwicklung, Meier".
▷ Versuchen Sie, Anfragen stets selbst zu beantworten und geben Sie diese nur in notwendigen Ausnahmefällen weiter.
▷ Lassen Sie sich bei Terminen hin und wieder durch ein anderes Teammitglied vertreten und treten Sie überhaupt nur selten allein auf.
▷ Machen Sie in bestimmten Fällen ruhig deutlich, daß Sie nicht sofort allein entscheiden können.
▷ Machen Sie so häufig wie möglich den Planungsraum zum Ort von Interviews und Informationsveranstaltungen mit *Informationsgruppen*.
▷ Nehmen Sie sich gegenseitig die Arbeit mit Ihren Konfliktpartnern ab. Es ist nicht geschickt, jeden ausgerechnet immer gegen seinen eigenen Chef argumentieren zu lassen – es sei denn, er kommt tatsächlich am erfolgreichsten bei ihm an.

> Das Team soll sich nicht von außen steuern lassen, sondern die Zusammenarbeit mit dem System selbst steuern.

Die Klagen eines Teams über „Belästigungen" zum ungeeigneten Zeitpunkt, über Unverständnis und Widerstände und sogar über Beeinflussungs- und Repressionsversuche durch das System lassen sich fast immer auf unterlassene Öffentlichkeitsarbeit oder falsche Informationsweitergabe zurückführen.

Keine Passivität!

- Machen Sie sich über jemand, der im Schmollwinkel sitzt und inkompetent scheint, nicht lustig, sondern beschäftigen Sie sich auch mit ihm!

- Fragen Sie Ihre Teamkollegen, was sie am planungsfreien Tag in ihren Abteilungen über die Planung hören!

- Beschweren Sie sich nicht über einen renitenten Dienststellenleiter beim EA, sondern laden Sie ihn zur nächsten BA-Sitzung ein!

- Gehen Sie nicht über gut (oder schlecht) gemeinte Vorschläge von „draußen" hinweg, sondern bitten Sie um eine gemeinsame Diskussion im Planungsraum!

- Haben Sie Verständnis, daß die Bereiche nicht immer Zeit für Sie haben, aber machen Sie Terminvorschläge statt auf „grünes Licht" zu warten!

- Stellen Sie sich auch mal in die Schuhe der anderen und planen Sie Ihre Informationstermine nicht nur nach eigenen „sachlichen" Bedürfnissen (Informationsbedarf ist gerade bei Planungen nicht immer nur sachlich begründet)!

- Gehen Sie als Team nicht davon ab, EA und BA nach den Bedürfnissen des Planungsfortschritts selbst einzuberufen! Aber erwecken Sie durch Versäumnisse nicht den Eindruck, als wollten Sie sich davor drücken, sonst wird man Ihnen in Zukunft die Termine diktieren!

Gezielt informieren!

- Einigen Sie sich phasenweise über die von außen gewünschten und für Sie zweckmäßigen Informationsinhalte, damit Ihre Gesprächspartner nicht von einem Teamkollegen das erfahren, was Sie verschwiegen oder das Gegenteil von dem hören, was Sie erzählt haben!
- Tragen Sie keine unausgebrüteten Eier nach draußen – solche Informationen gehören zu denen, die Klarheit eher beseitigen als herstellen und nur Gerüchte in Umlauf setzen.
- Streuen Sie Ihre Informationen nicht wahllos, sondern geben Sie Informationen an Informationsgruppen in einem Rahmen, der Ihnen die Kontrolle der Reaktionen ermöglicht. Der Planungsraum ist der geeignete Ort dafür.

Noch ein Problem muß in diesem Zusammenhang erwähnt werden. Es geht um den Abteilungsleiter, der seinen im Team planenden Mitarbeiter abends zu sich kommen läßt, um Spezialinformationen zu erhalten und Spezialanweisungen zu geben. Der Mitarbeiter darf sich nicht scheuen, seine Informationen von den Planungsinhalten mehr auf die Planungsmethodik zu verlegen und auf die Vorzüge richtiger Teamarbeit hinzuweisen sowie darauf, daß sich das Team gern die Zeit nähme, im Planungsraum anhand der dort vorhandenen Unterlagen effizient zu informieren und gleichzeitig Anregungen zu diskutieren. In hartnäckigen Fällen wird das Team sicher gemeinsam eine Strategie finden, um das Problem aus der Welt zu schaffen.

Vorgehensweise und Arbeitsweise
(Problemlösung im Team)

Planerische Aufgaben, wie sie im Team zu lösen sind, zeichnen sich durch einen hohen Grad der Komplexität, durch einen großen Informationsbedarf und einen weiten Ergebnisspielraum aus. Um diesen Faktoren gerecht zu werden und um als Team effektiv arbeiten zu können, sollten folgende Maximen gelten.

▷ Die Vorgehensstrategie wird stets gemeinsam entwickelt und korrigiert.

Das Team muß sich bei allen Aktivitäten immer über die gemeinsame Zielrichtung klar sein. In die Entwicklung der Vorgehensstrategie fließen alle im Team vorhandenen und dem Team verfügbaren (z.B. BA-, EA-) Aspekte der Problembetrachtung und der Zielvorstellungen für die Problemlösung ein. Deshalb erfordert dieser Vorgang besonders während der Anfangsphase relativ viel Zeit. Mangelnde Abstimmung und ungenügende Formulierung des Vorgehens führen zu Doppelarbeiten, zu nachträglichen Widerständen innerhalb des Teams und zur Selbstbeschäftigung einzelner Teammitglieder.

▷ Das Team soll sich nicht unter Zeitdruck setzen lassen.

Mit der Entwicklung der Vorgehensstrategie ist auch ein vorläufiger Terminplan aufzustellen. Unabhängig davon sollte sich das Team bei seiner Entscheidungsfindung nicht unter Zeitdruck setzen lassen. Die vielfach praktizierte Abkürzung des Verfahrens ist oft ausschlaggebend dafür, daß entscheidende Faktoren unterschätzt und ausgeklammert sowie chancenreiche Lösungsansätze „abgewürgt" werden. Das gilt bereits auch bei der Entwicklung der gemeinsamen Vorgehensstrategie.

▷ Das Team muß manchmal Unsicherheiten bewußt bestehen lassen.

Die eindeutige Klarstellung von Details ist nur bei Maßnahmen notwendig, die sich unmittelbar auswirken. Bei Planungsaufgaben jedoch bedeutet es oft eine vorschnelle Einschränkung der Möglichkeiten, in Punkten Entscheidungen zu suchen und „das letzte Wort" zu sprechen, wo dies für den Ablauf der Problemlösung noch gar nicht notwendig ist.

▷ Das Schließen von Informations- und Wissenslücken und die Erarbeitung neuer Methoden hat prinzipiell gemeinsam während der Arbeitszeit zu erfolgen.

Ebenso wie der Lernbedarf gemeinsam aufgedeckt wird, soll auch der Lehr- und Lernprozeß gemeinsam erfolgen, um Wissenslücken nicht nur des einzelnen, sondern des Teams abzubauen. Mit einem Studium im stillen Kämmerlein ist der gemeinsamen Aufgabe nicht gedient. Es ist vielmehr gut, sich von vornherein über die Bedeutung des gemeinsamen und an der Aufgabe orientierten Lernprozesses klar zu werden und sich darauf einzustellen, daß dieser nicht „nebenbei" stattfinden kann.

▷ Die Arbeit des Teams benötigt einen formalen Rahmen und entsprechende Verfahrensweisen

Kein Team kommt mit spontanen zweiseitigen Gesprächen oder zufälliger gegenseitiger Information und Abstimmung aus. Die Möglichkeiten zur Klärung der Situation, zur Koordination und Informationssammlung jeweils einen festen terminlichen und verfahrensmäßigen Rahmen aufzustellen, wurden im vorigen Abschnitt bereits beschrieben.

▷ Arbeitsphasen und Arbeitstechniken im Team

Teams arbeiten häufig ineffizient. Kurz gesagt:
- weil sie unnötige Konflikte aufbauen und sich mehr mit diesen als mit dem sachlichen Problem auseinandersetzen müssen,
- weil sie verschiedene Phasen der Problemlösung vermischen,
- weil sie zuwenig die Techniken der Problemdefinition, Ideenfindung, Bewertung und Entscheidung und des „Verkaufens" beherrschen und anwenden.

Eine Gegenüberstellung soll die entscheidenden Faktoren für falsches und richtiges Problemlösungsverhalten in Teams aufzeigen.

Fehlverhalten ("Frustrations-Teams")	Bedingungen für Problemlösung ("Kreativ-Teams")
• Zu frühe Bewertung von Vorschlägen	• Kritikfreie Ideenproduktion, Anwendung von *Problemlösungstechniken*
	• Weiterverfolgung von Vorschlägen (Überlagerung von Bezugssystemen und Denkmustern)
• Aktionen gegen Personen statt gegen das Problem	• Aktionen gegen das Problem statt gegen Personen
• Verfestigung der Denkmuster (Abwehr-Verhalten)	• Zahlreiche neuartige Lösungsansätze
• Eigenprofilierung	• Sachliche Bewertung

Durch eine Vermischung von Ideensammlung und kritischer Analyse/Bewertung kommt es zu Verteidigungshaltungen und damit zur Stabilisierung der mitgebrachten Denkmuster. Die verschiedene Art des Problemverständnisses und der jeweiligen Zielvorstellung wird dabei häufig nicht mehr offen mitgeteilt und kann deshalb auch nicht abgestimmt werden.

Zu frühe Angriffe auf Argumente führen zu gleichartigen Reaktionen auf der Gegenseite. Die Aktivitäten richten sich nicht mehr auf das Problem, sondern gegen Personen, das Spannungsfeld zwischen Selbstwahrnehmung, Fremdbild und Wunschbild verstärkt sich, statt sich abzubauen und erzeugt Abwehrmechanismen.

Problemflucht und Problemverschiebung, Prestigediskussionen und Rechthaberei, Agressivität und Rückzug, Orientierung außerhalb des Teams und Clownerie innerhalb des Teams setzen dafür deutliche Zeichen.

Neue Bezugssysteme zum Problem können dabei nicht entwickelt werden. Der Ergebnisspielraum ist stark eingeengt, der Arbeitsfortschritt verzögert sich durch fruchtlose Debatten, die Ergebnisse besitzen keine Tragfähigkeit.

Demgegenüber erhöht in trainierten Teams die gezielte situationsgerechte Anwendung von Techniken zur systematischen Ideenfindung (*Problemlösungstechniken*) einerseits und zur Ideenbewertung (*Bewertungstechniken*) andererseits die Quantität und Qualität der Ideen, Lösungsansätze und Ergebnisse erheblich.

Rezepte für die Anwendung einzelner Techniken sollen an dieser Stelle nicht gegeben werden. Um Techniken situationsgerecht einsetzen zu können, müssen ihr Zweck insgesamt bekannt und ihre Durchführung geübt sein. Der Organisationsplaner wird dem Team bei der Anwendung zunächst helfen müssen.

Vorgehensweise und Techniken der Teamarbeit

- Durchführung
- Tätigkeitskataloge
- Vorgehensstrategie entwickeln, Prioritäten setzen
- Aktivitäten, Modell-Informationen, IST-Informationen
- Informationsaufbereitung
- Auswertung
- Wege Mittel
- Diskussions- und Konferenztechniken, Bewertungstechniken, Problemlösungstechniken, ET-Planungsseminar-Info-Markt
- **Visualisierung**
- Wechsel Plenum-Kleingruppen, Präsentation, Planungsbericht, Istaufnahme- und Analysetechniken
- Problemplakate
- Problemstrukturierung
  - Problemstrukturierung
  - • Schwerpunkte
  - • Zielformulierung
  - • Maximen
- Ergebnisse Lösungen erarbeiten
- Ergebnisdarstellung
- Planungsauftrag
- Konsequenzen
- Planungsergebnisse

Schwierigkeiten, Konflikte und Rollen im Team

Gerade im Team tauchen immer wieder Probleme auf, die nicht im Vorbeigehen gelöst werden können. Deswegen ist es notwendig, die Einhaltung der Spielregeln und die Arbeitsweise von Zeit zu Zeit zur Diskussion zu stellen.

Eine zu diesem Zweck veranstaltete „Team-Andacht" macht müde „Teamer" munter und läßt Fehlverhalten erkennen. Hierbei wird häufig deutlich, daß Störungen, für die bisher sachliche und externe Gründe verantwortlich gemacht wurden, ihre Ursachen im Team selbst haben.

Folgende Fragen müssen offen beantwortet und ausdiskutiert werden:

- Wie ging das Team an die gestellte Aufgabe heran?
  Gab es Schwierigkeiten und welche?
- Hatten alle Teammitglieder ausreichend Gelegenheit, ihre Beiträge vorzutragen?
  Wie wurden die Beiträge vom Team aufgenommen?
- Bildeten sich Untergruppen?
  Wie kam es dazu?
  Wie verhielten sich die Untergruppen?
- Nahm ein Mitglied die Rolle des „Teamleaders" an?
  Wodurch entstand diese Rolle, und welche Konsequenzen hatte sie im Team?
- Gab es Außenseiter oder isolierte Mitglieder?
  Bei welchem Anlaß?
  Hat sich das Team „Sündenböcke" ausgesucht?
  Was tat das Team, um die isolierten Mitglieder wieder aufzunehmen?
- Welche Spannungen und Konflikte gab es im Team, die eine gemeinsame Lösung der Aufgaben erschwert oder verhindert haben?
  Was sind die internen Ursachen?
- Bei welcher Gelegenheit kam das Team besonders gut zu einer gemeinsamen Lösung?
- Wie hat sich die Einstellung zur Teamarbeit bei jedem einzelnen verändert?
- Welche externen Schwierigkeiten waren zu beobachten?
  betrafen sie nur einzelne oder alle?
- Wie reagierte das Team auf externe und sachliche Schwierigkeiten?
- Auf welche Punkte sollte in Zukunft besonders geachtet werden?

Zu einer offenen Aussprache zu kommen ist gerade anfangs nicht immer ganz einfach. Hier bietet sich die Form von *Transparenzfragen* an, in besonders „knisternden" Situationen hilft auch ein *Rollenspiel* weiter, um besser verstehen zu können, wo der Schuh drückt.

Die Aufstellung eines Kummerkastens gibt die Möglichkeit, spontan „Dampf abzulassen", und verhindert, daß die „Team-Andacht" zu einer Stunde gegenseitiger Beschwichtigung ausartet, die keinen befriedigt und für die Zukunft nichts bessert.

Das heißt freilich nicht, daß Aggressivität die richtige Grundhaltung dafür ist. Im Gegenteil: der gute Wille, gemeinsam mit Schwierigkeiten fertig zu werden, gehört dazu.

▷ Spannungen vermeiden (auch durch einen Scherz)
   ist besser, als durch aggressives Verhalten Spannungen zu steigern.

▷ Zwischen verschiedenen Standpunkten vermitteln und Gemeinsamkeiten festhalten ist besser, als sich auf die Seite rivalisierender Standpunkte zu schlagen.

▷ Äußerungen ermutigen
   ist besser, als Äußerungen unter den Tisch zu fegen.

▷ Seinen eigenen Anteil beim Entstehen und beim Lösen von Schwierigkeiten suchen ist besser, als sich zu rechtfertigen und sich dann zurückzuziehen.

Vermeidung von Konfliktaustragung, d.h. Ausklammern und Verdrängen friert Konflikte ein. Die Folgen sind Unzufriedenheit und Passivität.

Konfliktaustragung durch Feststellung des Siegers (z.B. durch interne Koalitionsbildungen oder taktisches Operieren mit BA- und EA-Mitgliedern) verzerrt die Problemlage zu Schwarz-Weiß-Bildern und ist prestige-, aber nicht problemorientiert. Die Folgen beim Verlierer sind Ressentiments sowie passiver Widerstand, Mißtrauen, Feindseligkeit.

Konfliktbeilegung durch „Kuhhandel" schließlich führt zu unsachlichen Positionskämpfen mit den taktischen Mitteln des Bluffs und des Rückzugsgefechts. Die Folgen sind unfruchtbare Kompromisse und Machtkämpfe statt Auseinandersetzung durch Argumentation und einer Problemlösung, die verschiedenen Zielen wirklich gerecht zu werden versucht.

Wie soll ein Team für das beplante System als kooperationsvermittelnde Zentrale erfolgreich funktionieren, wenn es nicht einmal intern der Probleme seiner Zusammenarbeit einigermaßen Herr wird?

„Im Suff kommt's raus!", sagt ein römisches Sprichwort. Versäumen Sie es als Team nicht, sich ab und zu auch mal abends zusammenzusetzen und einen „zur Brust" zu nehmen! Sie können sich genausogut auch einmal auf dem Sportplatz treffen, um einem Fußball oder Tennisball hinterherzujagen. Das muß nicht in Kumpanei ausarten, aber wer sich persönlich besser kennt und zusammen Spaß hatte, der kann auch besser und offener miteinander reden und arbeiten und der wird auch darauf verzichten können, zur Teamarbeit im dunkelblauen Anzug und mit Krawatte zu erscheinen.

Zitate · Zitate · Zitate · Zitate · Zitate · Zitate · Zitate · Zitate

- So genau kann man es gar nicht verstehen, daß man es eindeutig verstanden hat ...

- Ein Grund zum Saufen, wenn man mal einen Gedanken von Herrn .... aus Ihrem Munde hört! ...

- Der Kaufmann hat die Pflicht, dem technischen Spielkameraden die Zahlen zu erläutern ...

- Es gibt manchmal Krach. Das wollen wir auch gar nicht vermeiden ...

- Und ich möchte Sie bitten, die mangelnde Unvollkommenheit an meinem Konzept herauszuarbeiten ...

- Ich bin manchmal unsachlich, aber dann ist das gewollt! ...

- Und ich habe den Fehler, daß ich immer in Klammern stehe ...

- Wir sind aus den Kinderschuhen der Scharlatanerie herausgewachsen! ...

- Na, ich seh' die Pleite schon auf uns hereinstürzen! ...

- Gestehen Sie mir doch zu, daß ich auch einmal von etwas nichts verstehe! ...

- Ich annulliere hiermit nachträglich Ihre Abstimmung! ...

- Das ist das Problem. Richtlinien schaffen: Du machst das, Du machst das! ...

- Ein Fortschritt kann auch einmal darin bestehen, daß man einen Schritt zurückgeht, wenn man einen Schritt zu weit gegangen war ...

- Hören Sie mir doch mit diesem Gerede von der Praxis auf. Ich kann das nicht mehr hören! ...

- Meiner Meinung nach müßte man die Menschen dazu bringen, daß sie vorher erklären, worüber sie reden ...

- Bis das realisiert ist, bin ich ja in Pension! ...

- Ich möchte mich gegen Ihre pauschale Aussage wenden, daß Sie sich pauschal gegen alles wenden ...

- Mit dem Team zusammen zu sein war schon immer ein Genuß! ...

im Team erlauscht · im Team erlauscht · im Team erlauscht · im Team

Visualisierung

ist

> ▷ die bildliche Darstellung von Informationen
> ▷ die optische Darstellung des Standes einer Gruppendiskussion

soll

> ▷ den Redeaufwand verkürzen und Wiederholungen vermeiden helfen
> ▷ Informationen schwerpunktmäßig und schnell erfaßbar darstellen
> ▷ roter Faden für ein freies Referat sein

heißt nicht, daß

> ▷ eine Darstellung für sich selbst sprechen muß
> ▷ eine Darstellung einen abgeschlossenen Gedankengang widerspiegeln muß

Grundinstrumentarium Visualisierung

Warum wird während der Planungsarbeit visualisiert?

▷ Das gleichzeitig Gehörte und Gesehene bleibt besser im Gedächtnis haften. Der Mensch behält durch:

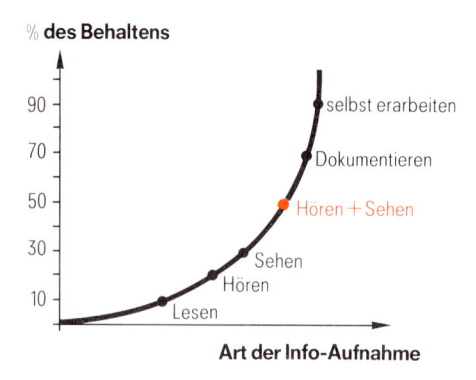

```
% des Behaltens
90  selbst erarbeiten
70  Dokumentieren
50  Hören + Sehen
30  Sehen
    Hören
10  Lesen
          Art der Info-Aufnahme
```

▷ Visualisierung erleichtert eine gleiche Interpretation bei allen Betrachtern.

▷ Sie zwingt den Darstellenden zu einer Selektion zwischen wesentlichen und unwesentlichen Aussagen.

▷ Visualisierung zeigt in einer Art Wandzeitung den jeweiligen Stand einer Planung und ermöglicht es dadurch, kurzfristig Externe umfassend zu informieren.

▷ Sie erweckt nicht den Eindruck des Unveränderbaren, Verabschiedeten, sondern regt spontane Stellungnahme an (Kritik, Änderungswünsche, Einverständnis, Erweiterungen usw.).

▷ Verbal schwierig zu erklärende Sachverhalte lassen sich visualisiert besser vermitteln. („Ein Bild sagt mehr als 1000 Worte".)

▷ Visualisierung ermöglicht es, Ergebnisse und Aussagen sofort darzustellen und festzuhalten, d.h. keine nachträglichen Schwierigkeiten bei Zusammenfassungen, Dokumentationen, Informationsweitergabe und Interpretationen.

Visualisierung　　　　　　　　　　　　　　　　　　　Grundinstrumentarium

Welche Regeln sind dabei zu beachten?

▷ Die Aussagen müssen eine Tendenz aufweisen (z. B. Motivation der Teilnehmer, Hinführung zu einer Entscheidung, positive oder negative Wertung).

▷ Die Aussagen sollten durch den Betrachter ergänzt werden können, also

- nicht zu viele Informationen
- freie Stellen lassen für Fragen, Ergänzungen
- Abfragen, Bewertungen einbauen
- Alternativen anbieten

▷ Einsatz von **unterschiedlichen Farben** (jedoch keine „Ostereier"!) und **Herausstellungsmöglichkeiten** (Seite 167)

Regeln bei der Visualisierung von Text

▷ Schrift muß der Größe des Raumes und dem Abstand der Teilnehmer zur Darstellung angepaßt werden (auch die „Hinterbänkler" sollten es lesen können).

Grundinstrumentarium　　　　　　　　　　　　　　Visualisierung

Wichtig:

schreiben Sie freihändig

mit Groß- und Klein-buchstaben

← Filzschreiber Edding 3000

und leserlich

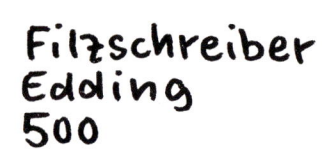

← Filzschreiber Edding 500

Entnommen aus: Metaplan-Reihe 2/1973

Visualisierung — Grundinstrumentarium

Beispiel für die mögliche Entwicklung einer textlichen Aussage

① Thema — Entwicklung von Löhnen und Gehältern

② Verkürzung — Personalkosten-Entwicklung

③ Erweiterung zur Aussage — Personalkosten 1973 35 Mio. DM

④ Einbringen einer Tendenz — Personalkosten-Steigerung auf 35 Mio. DM

⑤ Aussage erweitern

  ▷ zur Hypothese — sollten die Personalkosten weiter ansteigen, dann ...

  ▷ zur Prognose — Personalkosten gestern 20 Mio. DM
  Personalkosten heute   35 Mio. DM
  Personalkosten morgen?

⑥ Aussage formulieren

  ▷ als Frage — Wann endlich tritt wieder eine gewisse Beruhigung der Personalkosten ein?

  ▷ als Kritik   oder   Personalkosten-Explosion
  Personalkosten steigen zu schnell

  ▷ als Maxime — Die Personalkosten müssen in eine vernünftige Relation zu den anderen Kostenarten gebracht werden!

Grundinstrumentarium · Visualisierung

Regeln bei der Visualisierung mit Bild

▷ Zuviele Aussagen erschlagen den Betrachter und lenken vom eigentlichen Kern ab. Daher entweder weniger wichtige Aussagen verbal erläutern oder mehrere Schaubilder anfertigen.

Beispiel:

Umsatz nach Ländern

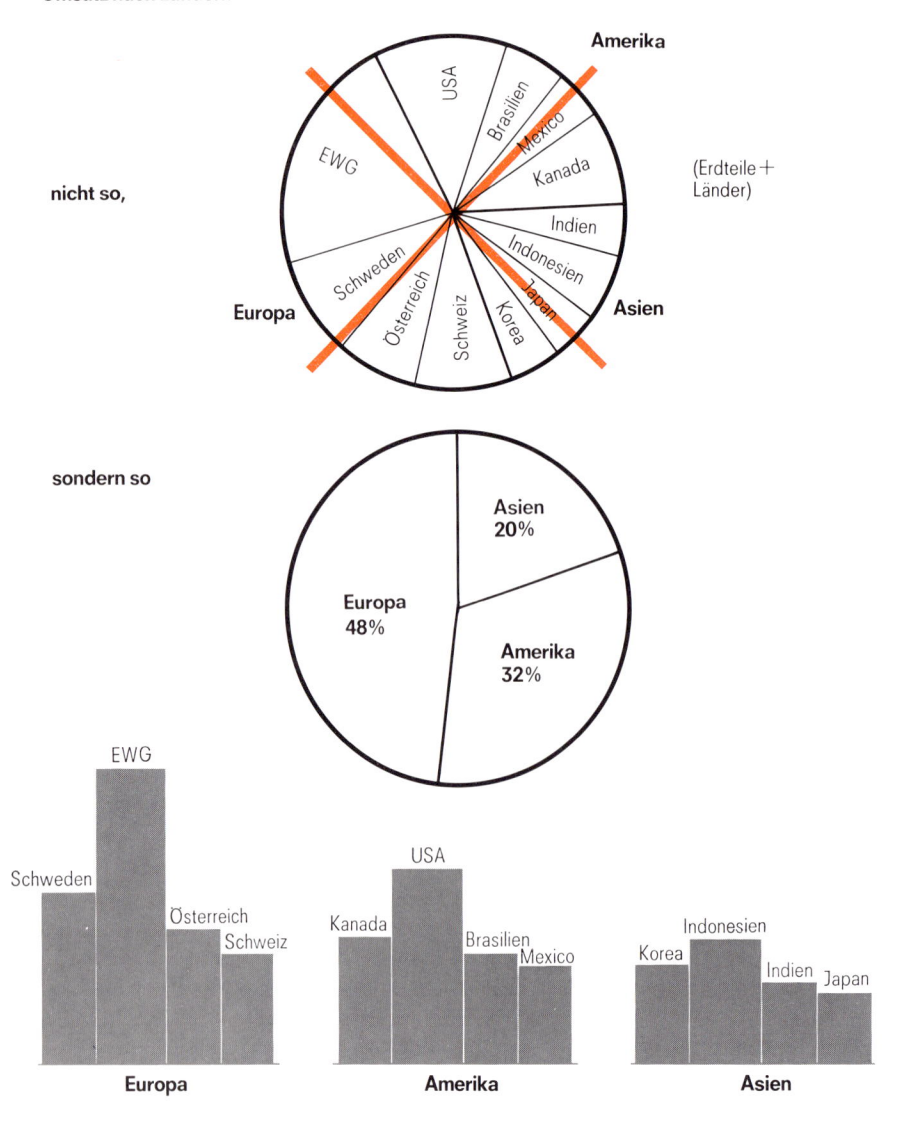

nicht so,

(Erdteile + Länder)

sondern so

- Europa 48%
- Amerika 32%
- Asien 20%

Europa: Schweden, EWG, Österreich, Schweiz
Amerika: Kanada, USA, Brasilien, Mexico
Asien: Korea, Indonesien, Indien, Japan

166

▷ Vergleichende Darstellungen sollten immer nebeneinander, nicht untereinander gebracht werden.

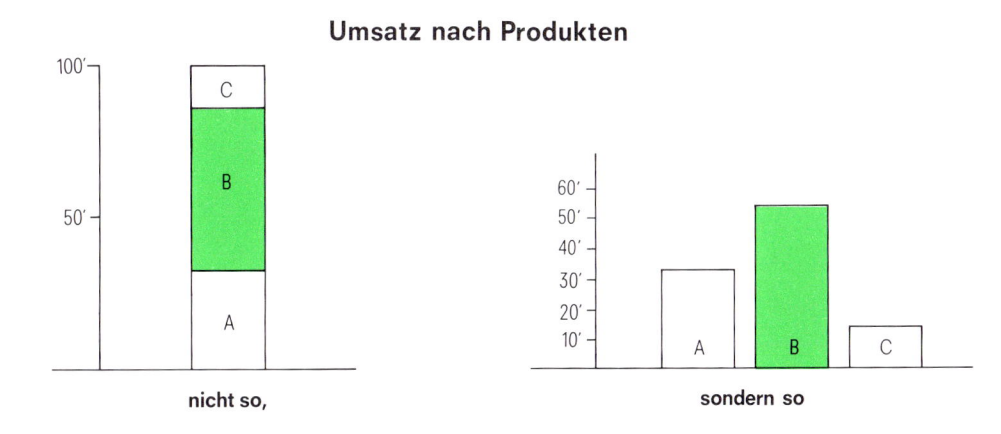

Umsatz nach Produkten

nicht so,   sondern so

▷ Es sollten nicht mehr als fünf Flächen miteinander verglichen werden (begrenzte Merkfähigkeit!). Unterschiede in der Flächengröße müssen deutlich erkennbar sein.

▷ Der wichtigsten Aussage/Tendenz sollte immer die auffälligste Farbe oder Schraffur zugeordnet werden.

▷ Weitere Möglichkeiten zur Herausstellung von Aussagen in Darstellungen:

① **Unterstreichung**   Personalkosten <u>nur</u> auf 35 Mio. DM gestiegen

② **Einrahmen**   Personalkosten 1973: 35 Mio. DM

③ **Unterlegen**   Personalkosten-Steigerung um 40% auf 35 Mio. DM

④ **Farbwechsel** Personalkosten-Steigerung um
                   40% auf 35 **Mio. DM**

⑤ **Schraffur, Punktur**

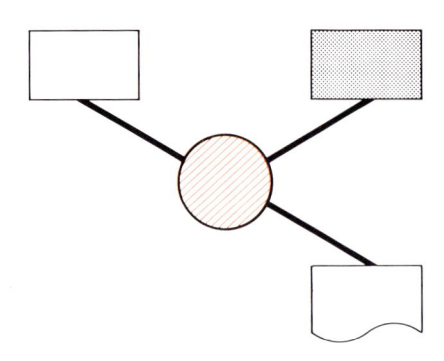

⑥ **Wechsel Kleinschreibung –** Personalkosten-EXPLOSION im
   Großschreibung   vergangenen Geschäftsjahr

⑦ **Gleiche Farbe, gleiche Symbole für gleiche Sachverhalte bei Bildfolge** (vgl. Seiten 74, 75, 76, 78, 83, 91, 103, 105, 108)

Bei der Visualisierung ist besonders zu beachten, daß

▷ Text und Bild eine harmonische Einheit bilden. Der Text sollte das Bild nicht erschlagen und umgekehrt,

▷ die Aufmerksamkeit durch geschickte Verknüpfung von Text und Bild schrittweise auf die einzelnen Themen übergeleitet wird,

▷ man nur solche Darstellungen und Begriffe wählt, die dem Betrachter bekannt sind oder ihm zumindest entgegenkommen,

▷ die wesentliche Aussage den Mittelpunkt darstellt.

Hilfsmittel bei der Visualisierung

▷ Stecktafeln, mit Weichfaserplatten verkleidete Wände

  Vorteile: Große Flächen, die kurzfristig mit visualisierten Informationen behängt werden können. Sie bieten die Möglichkeit, schnell freie Flächen zu schaffen.
  Stecktafeln haben den zusätzlichen Vorteil der Flexibilität, d.h., sie können kurzfristig umgestellt und an anderer Stelle weiterverwendet werden.

▷ Flip-charts

Vorteile: Bieten die Möglichkeit, sowohl vorbereitete Unterlagen zu verwenden, als auch neue zu entwickeln; Rückblick auf Behandeltes jederzeit möglich; Entwicklungen durch Nebeneinanderhängen von mehreren Blättern bzw. Hintereinanderhängen auf einem Flip-chart-Ständer; geringer Platzbedarf bei Aufbewahrung.

▷ Packpapier

Vorteile: Der Zwang „schön" zu schreiben entfällt und ermutigt zum Schmieren. Dieser Schritt ermöglicht am ehesten, sich spontan per Bild und Schrift mitzuteilen.

▷ DIN-A5-Kärtchen

Vorteile: Viele können gleichzeitig schreiben; schnelle Austauschbarkeit; Aussagen sind nach verschiedenen Oberbegriffen schnell sortierbar;
verschiedene Farben entsprechen unterschiedlichen Aussagen.

▷ Filzschreiber

Vorteile: Verschiedene Farben, verschiedene Linienbreiten, damit auch aus größeren Entfernungen lesbar (vgl. Seite 164).

▷ Tageslichtprojektor

Vorteile: Folien leicht und billig herzustellen sowie duplizierfähig; Unterrichtung mit Blick zur Gruppe; Vergrößerung von kleineren Unterlagen; Rückgriff auf schon Behandeltes jederzeit möglich.

Nachteile: Abhängig von Raumverhältnissen (Projektionsfläche) und Lichtverhältnissen.

▷ Hafttafel

Vorteile: Gut für Entwicklungen, übersichtliche und farbige Darstellung, Überraschungsmomente möglich.

Nachteile: Platzbedarf, großer Zeitaufwand zum Erstellen und Verwalten der Unterlagen (Archivierungsproblem; kurze Lebensdauer).

▷ Wandtafel

Vorteile: Am einfachsten zu verwenden, ständig verfügbar; Korrekturen leicht möglich.
Gut für die Entwicklung von Darstellungen, schnelle Erklärungen und einmalige Darbietungen.

Nachteile: Schlecht für Dinge, die wiederholt oder während eines längeren Zeitraumes benötigt werden.

Darstellungsmöglichkeiten

▷ Zusammenhänge darstellen

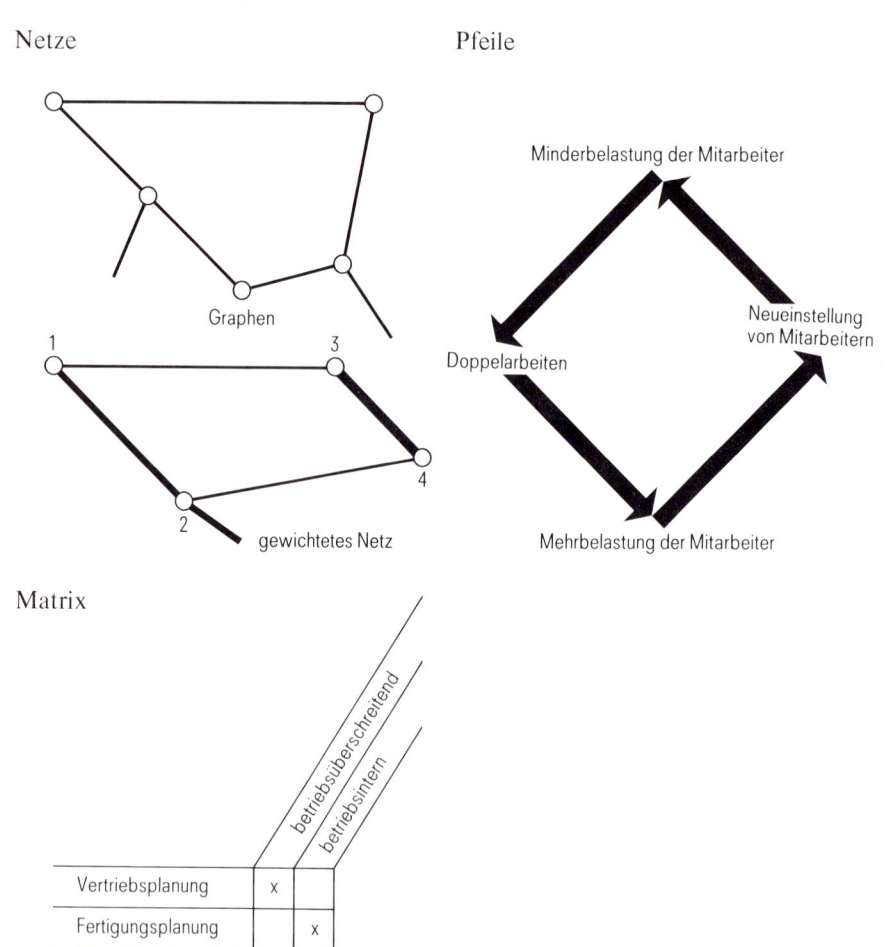

Netze   Pfeile

Graphen

gewichtetes Netz

Minderbelastung der Mitarbeiter

Doppelarbeiten

Neueinstellung von Mitarbeitern

Mehrbelastung der Mitarbeiter

Matrix

	betriebsüberschreitend	betriebsintern
Vertriebsplanung	x	
Fertigungsplanung		x

Visualisierung Grundinstrumentarium

Beispiele

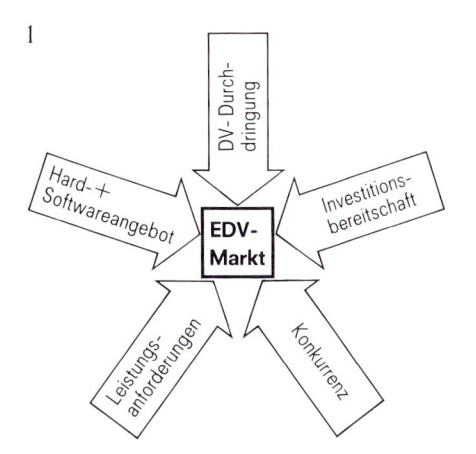

1

Darstellung von Einflußgrößen (Pfeile) auf eine Sache

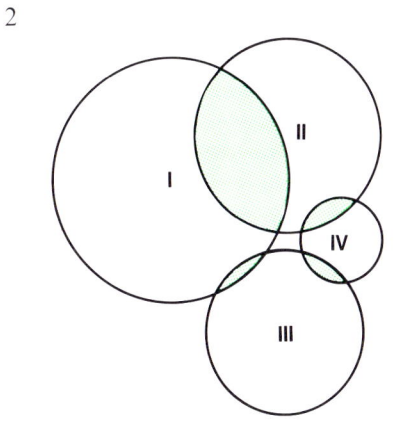

2

Darstellung von Überschneidungen (Kompetenzen, Funktionen, Aufgaben usw.)

3

Darstellung von Arbeitsabläufen (d.h. Aneinanderreihung von Arbeitsgängen)

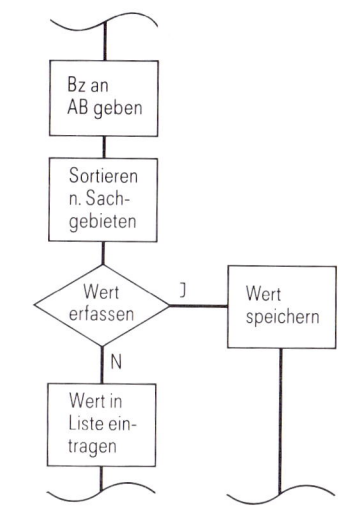

4

Darstellung von Arbeitsabläufen (hier Flußdiagramm)

Grundinstrumentarium Visualisierung

5

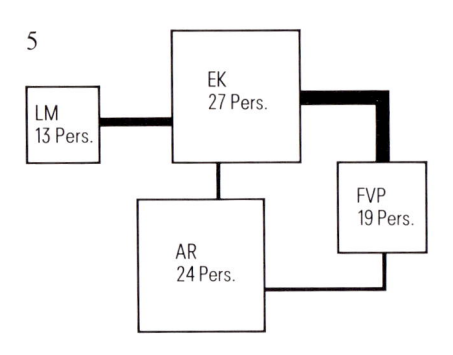

LM 13 Pers.
EK 27 Pers.
FVP 19 Pers.
AR 24 Pers.

Darstellung von Abhängigkeiten
(hier Kommunikationsbeziehungen;
die Breite der Linie zeigt die
Intensität der Beziehungen)

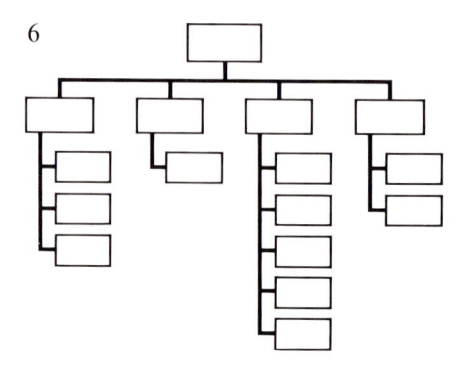

6

Darstellung von Zugehörigkeiten
(hier Organigramm)

7

1			14
Abt. A			
m	m	m	m
w	w	w	w	w
w	w	w	w	w

nach Geschlecht

Abt. B					
					üT
K7	K7	K6	K6	K6	K6
K5	K5	K4	K4	K4	K4

nach Gehalt

Abt. C			
64	60	55	43
42	40	28	26
21			

nach Alter

Darstellung von Strukturen
(hier nach Geschlecht, Gehalt
und Alter)

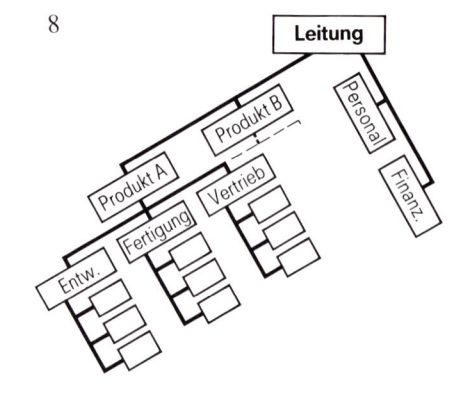

8

Darstellung einer Matrixorganisation
(hier sind produktunabhängige
Funktionen herausgelöst)

9

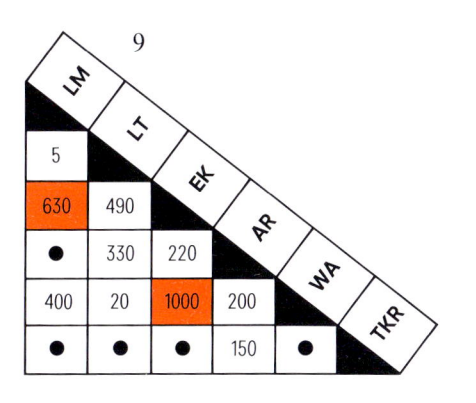

Darstellung einer Kommunikationsmatrix (hier Anzahl der wöchent-
lichen Telefonate zwischen
Fachabteilungen)

10

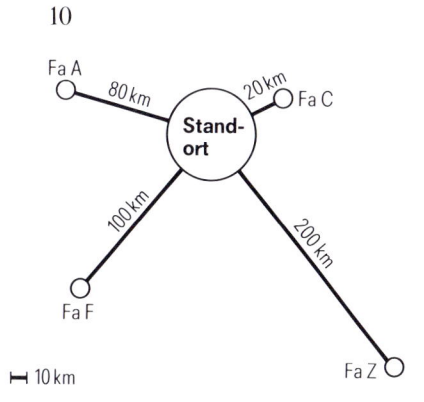

Darstellung von Entfernungen (hier
zwischen einer Zentralstelle und
ihren Außenstellen)

11

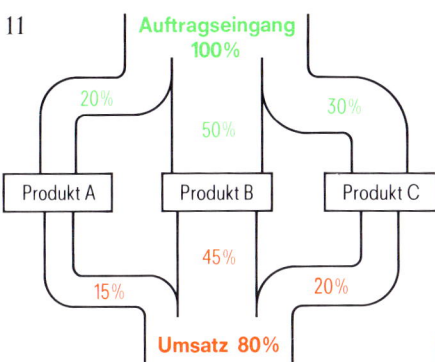

Darstellung von Anteilen
(hier am Beispiel eines Rohrsystems)

12

Darstellung einer Entscheidungsmatrix
(entweder mit echten Werten Alt. A
oder Symbolen Alt. C)

Grundinstrumentarium Visualisierung

▷ Zustände darstellen
(frei gestaltetes Schaubild, Symboldarstellungen)

Fotografie

Werkfoto: Osram GmbH

Modell

Werkfoto: VOKO-Büromöbelfabriken

Visualisierung   Grundinstrumentarium

Kartogramm

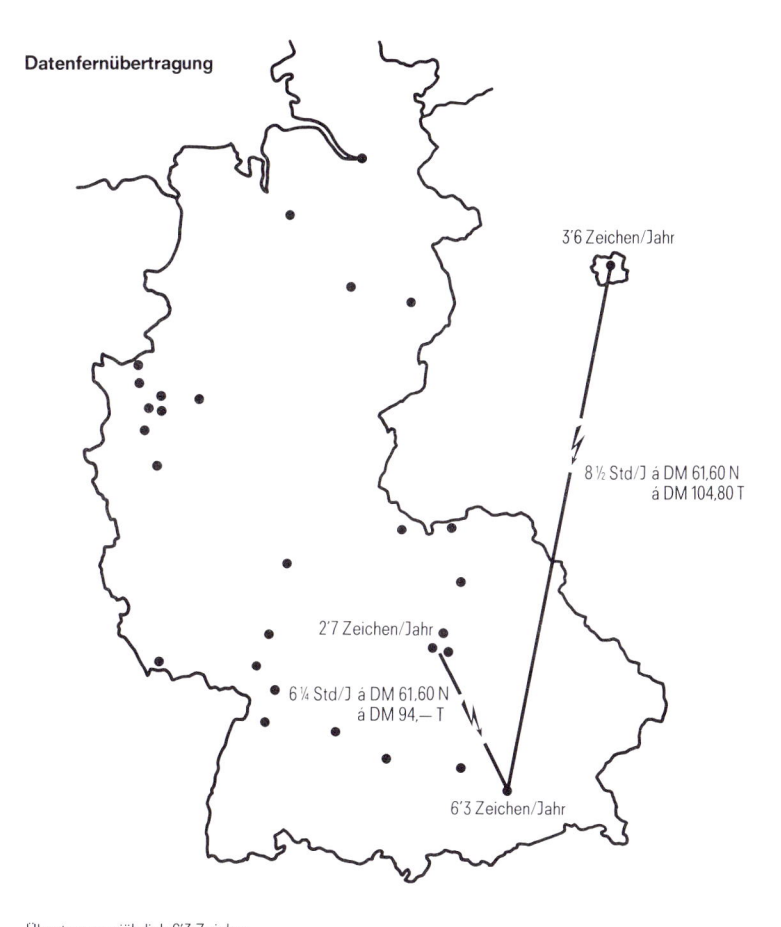

Datenfernübertragung

3'6 Zeichen/Jahr

8½ Std/J à DM 61,60 N
à DM 104,80 T

2'7 Zeichen/Jahr

6¼ Std/J à DM 61,60 N
à DM 94,— T

6'3 Zeichen/Jahr

Übertragung jährlich 6'3 Zeichen
Kosten: bei Tagübertragung DM 1.478.— jährlich
        bei Nachtübertragung DM 908.— jährlich

Frei gestaltetes Schaubild
Einsatz von Flächen, Körpern und Punktdarstellungen

Beispiele

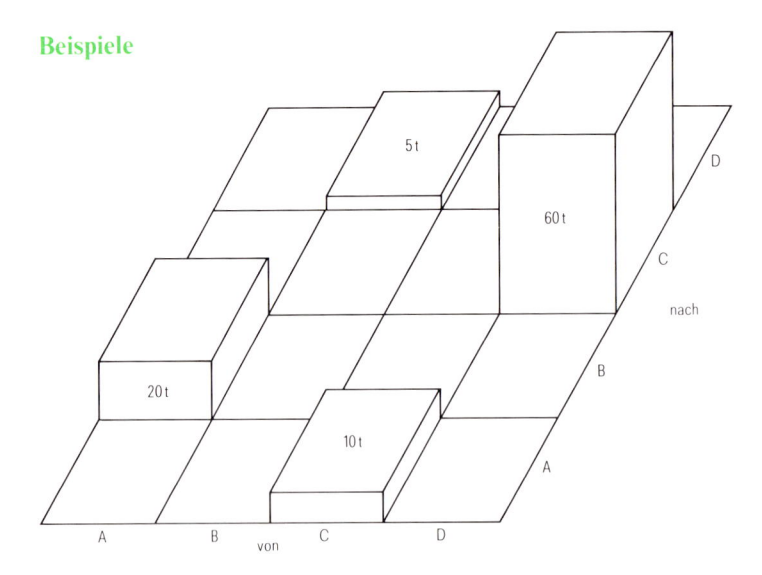

Darstellung von Körpern (hier Transportvolumen)

Wir sind räumliches Denken nicht gewöhnt!

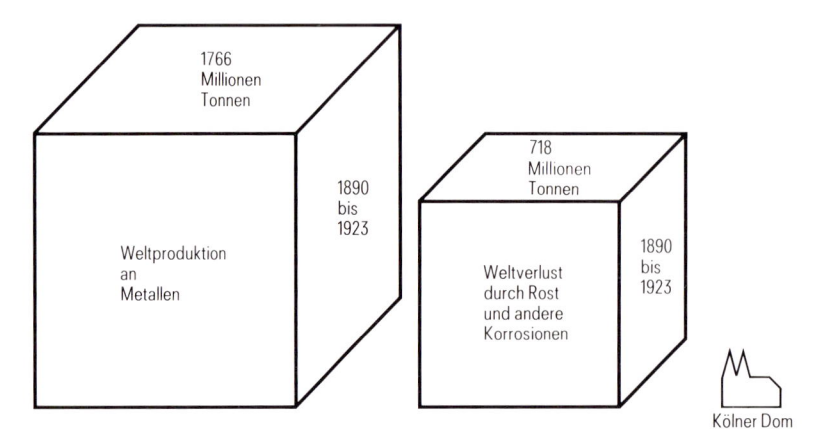

Darstellung von Körpern (wenn es sich um große Mengen handelt, die dem menschlichen Vorstellungsvermögen nur schwer zugänglich sind, sucht man durch einen bekannten Gegenstand einen neuen Maßstab zu gewinnen)

Visualisierung   Grundinstrumentarium

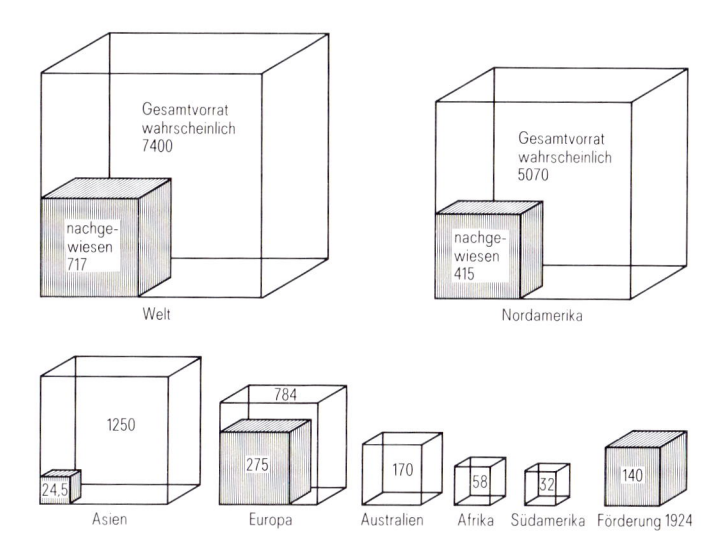

Darstellung von Körpern (sollte nur bei erheblichen Größenunterschieden verwendet werden)

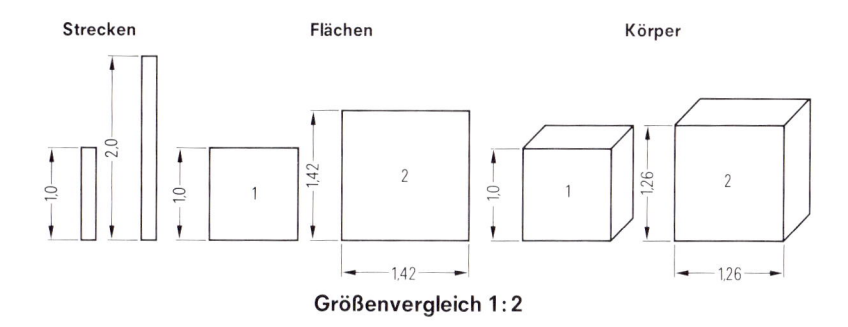

Größenvergleich 1:2

177

Grundinstrumentarium　　　　　　　　　　　　　　　　Visualisierung

Beschäftigte nach Wirtschaftsbereichen

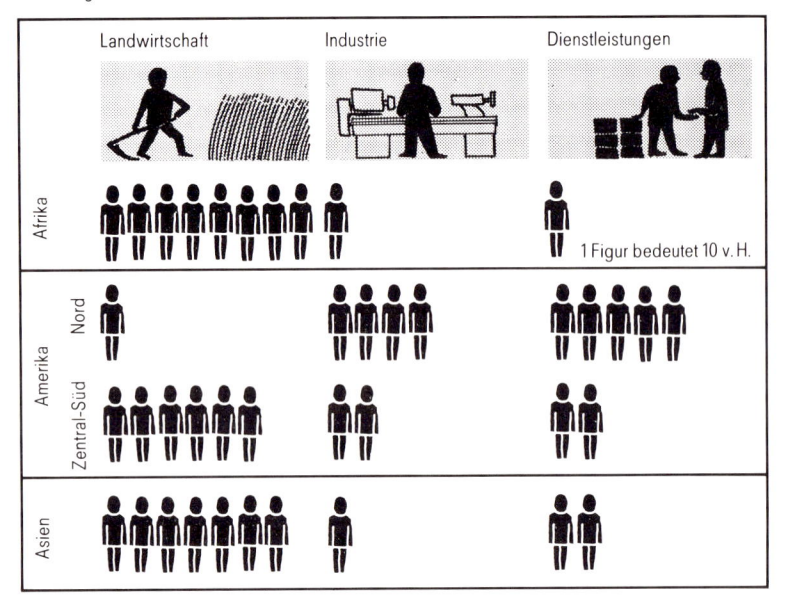

Darstellung von Punkten/Symbolen
(die Aussage liegt in der Anzahl und der Anordnung)

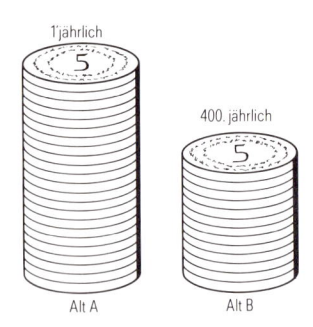

Darstellung von Symbolen
(hier Kosteneinsparungen
anhand von Münzsäulen)

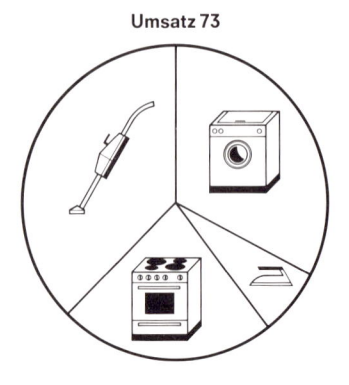

Darstellung von Symbolen
(hier anstelle eines Textes)

Visualisierung Grundinstrumentarium

Darstellung eines Kartogrammes
(hier Dichte der Kundendienst-
stützpunkte, Verteilung auf die
Bundesrepublik Deutschland)

Mit dieser Beispielsammlung ist nicht beabsichtigt, Rezepte für Visualisierung zu geben, d. h. die Frage „Was mache ich wann?" zu beantworten. Gerade die Visualisierung bietet eine Vielzahl von Möglichkeiten, die keineswegs durch Vorschriften eingeengt werden sollten.

Präsentation

Die Präsentation ist ein gegenseitiger Prozeß des Gebens und Nehmens von Informationen und Meinungen. Dabei können die Veranstalter, z. B. ein Planungsteam, eine Darstellung von Zuständen, Fakten und Ergebnissen bringen, um einen Meinungsbildungs- oder Entscheidungsfindungsprozeß bei den Teilnehmern, z. B. bei BA und EA, einzuleiten.

> Präsentation heißt nicht einseitiger Vortrag durch die Veranstalter, sondern **gemeinsames**
> ▷ Austauschen von Ideen – Informationen
>   (beplanter Bereich)
> ▷ Abgleichen und Diskutieren von Meinungen,
>   Ideen, Konzepten und Modellen (BA)
> ▷ Initiieren von Entscheidungen (EA)

Die Präsentation ist also ein Verkaufsinstrument, das ein wesentliches Hilfsmittel der Planungsarbeit darstellt. Präsentation wird in diesem Abschnitt hauptsächlich als **Präsentation von Planungsergebnissen** dargestellt, kann aber auch für jeden anderen Zweck eingesetzt werden, z. B. bei einem *Informationsmarkt*, bei *Entscheider-Trainings*, bei Konferenzen und allgemeinen Informationsveranstaltungen.

Wie bei allen Techniken gilt es auch hier, einige Regeln zu beachten.

Immer wieder kann man Planungen erleben, die zwar ausgezeichnete Ergebnisse vorweisen, aber wegen mangelnder Berücksichtigung dieser Regeln beim „Verkaufen" scheitern. Daraus ist leicht abzuleiten, daß der Vorbereitung der Präsentation eine nicht zu unterschätzende Bedeutung zukommt.

Zuerst gilt es für das Planungsteam, gemeinsam das Ziel zu vereinbaren (das Team muß sich einig sein!) und auf dieser Basis eine Überzeugungsstrategie bzw. -taktik zu entwickeln, die den Rahmen der weiteren Vorbereitung darstellt.

Präsentation   Grundinstrumentarium

Präsentations-Regeln

Wichtig! **Für alle!**

- Wechselnde Referenten
- Zeitplan festlegen
  (Präsentation ¼ : Diskussion ¾)
- Anwenden der *Visualisierung*
- Einsatz von *Diskussionstechniken*
- Auflockerung durch Abfragen Bewertungen, evtl. Mitarbeit
- nur zielgerichtete Informationen
  (Mut zur Lücke!)
- gemeinsames Ziel + Taktik anstreben

Mögliche Ziele können sein:

▷ Bestätigung suchen (sachlich, personell)   ▷ Zielrichtungen verändern
▷ Einigungsprozeß hervorrufen   ▷ nur informieren
▷ Schwierigkeiten beseitigen (intern, extern)   ▷ gemeinsame Ideensuche
▷ absichern – Luft bekommen   ▷ motivieren der Teilnehmer
▷ gemeinsame Modellentwicklung   ▷ Arbeitsveranstaltungen

Danach müssen die anzupackenden Themen strukturiert und das aufzubereitende Informationsmaterial festgelegt werden. Es sollte dabei nicht vergessen werden, Zusammenhänge aufzuzeigen und bestehende Probleme deutlich zu machen. Die Teammitglieder sollten sich an dieser Stelle auch Gedanken über die visuelle und didaktische Aufbereitung des Präsentationsinhaltes machen. Dabei sind die Zeiteinteilung sowie die Reihenfolge einzelner Abschnitte und die personelle Verteilung (wer trägt was vor?) bereits mit zu berücksichtigen.

Erfahrungsgemäß führen der Einbau von Spotlights oder Gags aus dem täglichen Planungsgeschehen ebenso wie Bewertungen oder Abfragen zu einer Auflockerung der Sitzungsatmosphäre. Neben diesen sachlich und personell orientierten Vorbereitungsfragen tauchen aber meist auch noch einige formale Fragen auf, z. B.

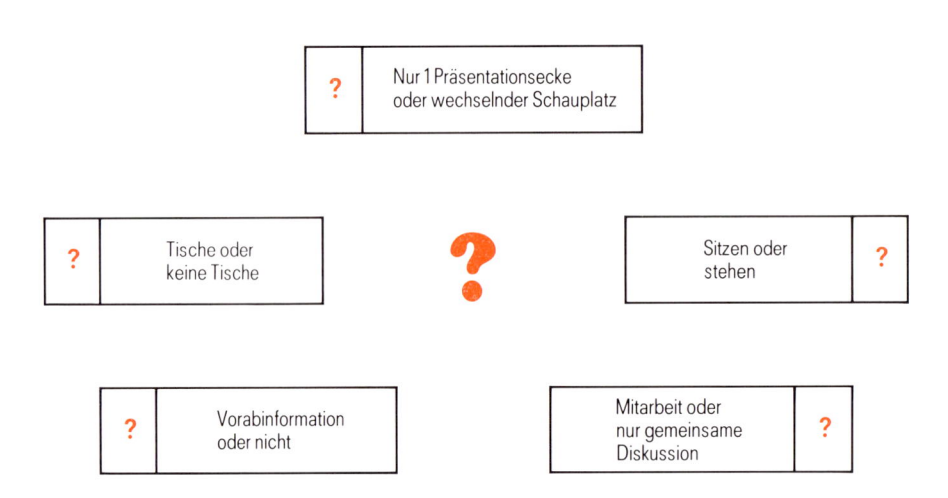

| ? | Nur 1 Präsentationsecke oder wechselnder Schauplatz |

| ? | Tische oder keine Tische | **?** | Sitzen oder stehen | ? |

| ? | Vorabinformation oder nicht | | Mitarbeit oder nur gemeinsame Diskussion | ? |

Ist man sich auch über diese Randprobleme einig, so kann die Präsentation vor EA, BA oder Informationsgruppen starten. Der Ort jeder Präsentation sollte selbstverständlich der Planungsraum sein, denn er bietet die materiellen Möglichkeiten, die zu einer erfolgreichen Durchführung Voraussetzung sind.

Wichtig ist, zu Beginn allen Teilnehmern das Tagesprogramm und einige Spielregeln (z. B. Verständnisfragen stellen, beachten der Diskussionsregeln) bekanntzumachen. Wie bereits mehrfach erwähnt, ist es von wesentlicher Bedeutung, nach der Informationsphase der Präsentation in den vorgesehenen Prozeß überzuleiten und die Teilnehmer aktiv mitgestalten zu lassen. Dies ist am leichtesten möglich, wenn ein neutraler Moderator oder ein als Moderator definiertes Planungsteammitglied die Steuerung der Sitzung übernimmt. Ihm obliegt es, unter Anwendung der entsprechenden Techniken *(Diskussionstechniken, Problemlösungstechniken, Visualisierung)* den Sitzungsverlauf zielorientiert zu gestalten. Auch sollte er wichtige Aussagen, Erkenntnisse und Entscheidungen in schriftlicher Form für alle sichtbar festhalten. Daraus leitet sich auch seine Aufgabe ab, eine abschließende Zusammenfassung zu geben.

Es empfiehlt sich, daß an der Formulierung und Verabschiedung des Protokolls zumindest mehrere, am besten alle Teammitglieder beteiligt sind, um evtl. Fehlinterpretationen oder falsche Aussagen zu vermeiden und somit ein relevantes weiterführendes Entscheidungspapier zu haben. Dieses wird an alle Teilnehmer sowie nicht anwesende Mitglieder der Instanzen verteilt.

Anschließend sollte das Team intern noch eine Analyse des Ablaufes und der Resultate durchführen, um evtl. Fehler bzw. Pannen in der Präsentation aber auch Abweichungen vom gestellten Ziel sowie deren Ursachen zu erkennen. Ebenso sollten auch das Verhalten bzw. die Reaktion der Teilnehmer im Hinblick auf künftige Sitzungen durchleuchtet und festgehalten werden.

An dieser Stelle wollen wir noch einige Tips aus unserer Praxis einfließen lassen.

Tips aus der Praxis – für die Praxis

- Möglichst auf Vorabinformationen verzichten (führt bereits vor Beginn der Präsentation zu starren Fronten)!
  - Durchführen einer Generalprobe (evtl. auch mehrfach einüben, speziell bei der 1. Sitzung)!
- Alle möglichen Gegenargumente vorher erfassen *(Rollenspiel)* und einarbeiten!
  - Eine Präsentation sollte nicht länger als 50–60 Minuten dauern, ein Vortragsabschnitt nicht länger als 10 Minuten!
- Bei Formulierungen und Visualisierungen nur positive Aussagen treffen!
  - Ausdrucksweise und Darstellung müssen der Vorstellungswelt der Teilnehmer angepaßt sein!
- Für jede Behauptung muß das Team entsprechendes Hintergrund-(Beweis-)Material haben!
  - Besonders gute, d. h. einfache und verständliche Darstellungen verwenden!

Das Team muß sich einig sein!

Planungsbericht

Gewöhnlich ist es das Schicksal schriftlicher Berichte, entweder in der Schublade zu landen oder aber zum Politikum zu werden. Auch ein Planungsbericht ist dagegen nicht ohne weiteres gefeit, obwohl es gerade ihm nicht so ergehen sollte.

In der Schublade darf er nicht landen, weil jede Planung eine Realisierung – zumindest von Teilergebnissen – zum Ziel hat und deshalb einen noch nicht abgeschlossenen Vorgang darstellt. Zum Politikum sollte er nicht werden, weil damit die im Laufe der Planung erfolgten Entscheidungsprozesse ihre Tragfähigkeit verlieren und die Realisierung ebenfalls verhindert wird.

Leider wird häufig an Planungsergebnissen vorbeirealisiert. Mangelnde Attraktivität oder mangelnde Plausibilität in der Darstellung von Planungsergebnissen und Realisierungszielen führen dazu, daß beabsichtigte Funktionszusammenhänge „unwesentlich" modifiziert, ungünstige Kompetenz- und Aufgabenabgrenzungen aus „Praktikabilitätsgründen" beibehalten und notwendige materielle Investitionen für Org-Mittel oder räumliche Bedingungen „zunächst" zurückgestellt werden, so daß der eigentliche Nutzen der Planung nicht zum Tragen kommt.

Unter Planern gibt es das geflügelte Wort, eine schlechte Planung brauche wenigstens einen guten Bericht. In solchen Fällen passiert es, daß der Ehrgeiz der Berichteschreiber Entscheidungen niederlegt, die mehr dem Wunschdenken als der Realität entsprechen, um den Planungserfolg über erreichte Teilergebnisse hinaus zu vervollständigen. Allerdings darf man sich dann nicht wundern, wenn die Beteiligten verunsichert oder verärgert reagieren und selbst die gemeinsam akzeptierten punktuellen Lösungen wieder zurückweisen.

Das Risiko des Mißerfolges ist bei der schriftlichen Form der Mitteilung groß, weil nach der Herausgabe keine Chance der Korrektur mehr besteht. Der Verfasser läuft Gefahr, nur zu schreiben, was er schreiben will, und kennt häufig den Leser nicht. Dieser wiederum ist geneigt, nur zu lesen, was er lesen will, und legt den Verfasser damit auf die eigene Interpretation fest.

Keine der beiden Seiten hat hinterher ausreichend Gelegenheit zu fragen oder zu antworten. Der Erfolg eines Berichtes steht und fällt daher damit, daß sich die Verfasser über Funktion („Was will der Bericht erreichen?") und Zielgruppe („Wen will der Bericht erreichen?") im klaren sind, bevor sie Ergebnisse und Zielvorstellungen schriftlich niederlegen.

Funktion und Zielgruppe

Der Planungsbericht ist eine ausgewählte Dokumentation aus dem Planungs- und Entscheidungsprozeß. Er dient als

▷ Nachweis der im Laufe eines Planungsprozesses durch den Entscheidungsausschuß getroffenen Entscheidungen,

▷ Zielvorgabe und Arbeitsunterlage für die Realisierungsgruppen,

▷ Informationsmittel für das beplante System,

▷ Unterlage für den Erfahrungsaustausch.

Als Adressatenkreis des Planungsberichts werden alle Personen angesprochen, die die Wirksamkeit des Planungsergebnisses beeinflussen können. Es sind

▷ die Verantwortungs- und Kompetenzträger für die Planungsergebnisse sowie für sofortige oder zukünftige Realisierungsmaßnahmen (oberes Management),

▷ die Hauptträger von Realisierungsauswirkungen (mittleres Management),

▷ alle wichtigen Personen, die für oder gegen die Planungsergebnisse meinungsbildend agieren können (politische oder fachliche Opinionleaders),

▷ die Vollzugsorgane der Realisierung (Realisierungsinstanzen),

▷ Stabsabteilungen, die fachlich oder methodisch von den Erkenntnissen der Planung profitieren können,

▷ diejenigen Mitarbeitergruppen, die am stärksten von den Auswirkungen der Planung betroffen sind.

Das bedeutet für ein Planungsteam als Verfasser und Herausgeber, daß vor und während der gesamten Arbeit am Planungsbericht zwei Probleme im Vordergrund stehen: **Was** und **wie** soll dokumentiert werden?

Es läßt sich nicht leugnen, daß Berichteschreiben eine mühsame und diffizile Angelegenheit und nicht jedermanns Geschmack ist. Nichts aber ist für das Planungsergebnis selbst abträglicher als die Distanzierung einzelner Planungsteammitglieder von der Darstellung eben dieses Ergebnisses. Wenn man sich also darüber einig ist, daß der Planungsbericht eine Funktion zu erfüllen hat, dann muß er auch in der Zusammenarbeit aller entstehen. Leider kommt es hin und wieder vor, daß einige dieses Geschäft den Planungskollegen überlassen, die das „besser können oder lieber tun", und hinterher kritisierend feststellen, daß sie sich doch getäuscht hätten. Wer sich davor drücken will, den Bericht mitzuschreiben, aber auch wer andere dabei ausschalten will, zeigt, daß er weder den gesamten Planungsprozeß noch die Bedeutung des Planungsergebnisses begriffen hat.

Grundinstrumentarium   Planungsbericht

Inhalt: Was soll dokumentiert werden?

Betrachtet man die Menge der im Verlauf der Planung verarbeiteten Informationen, durchdachten Möglichkeiten, Argumente, Meinungen und vorläufigen Lösungsentscheidungen, dann ist uns sofort klar, daß eine Auswahl getroffen werden muß: zwischen Elementen, die im aktuellen Planungsergebnis und in gefaßten Realisierungsplänen nachwirken, und Elementen, die keinen entscheidenden Erklärungswert mehr für das Planungsergebnis haben und aus denen sich keine Konsequenzen für die Realisierung ableiten lassen.

> Das Streben nach Vollständigkeit entspricht nur dem Bedürfnis nach Weitergabe von Rechtfertigungsinformationen, aber nicht dem Bedürfnis der Leser, aus dem Bericht einen praktischen Nutzen zu ziehen.

Was muß in den Bericht?	
zu welchem Zweck	welche Informationen
Nachweis der im Lauf des Planungsprozesses getroffenen Entscheidungen	• Was sind die Auswirkungen der Planungsergebnisse? • Welche Entscheidungen liegen diesen Auswirkungen zugrunde? • Welche wichtigen Aspekte des Planungsergebnisses bleiben (zunächst) unwirksam? • Aufgrund welcher Entscheidungen bleiben diese Aspekte unwirksam? • Aus welchen Gründen oder mit welchen Maximen sind die Entscheidungen getroffen worden? • Welche Informationen sind unbedingt notwendig, um diese Gründe zu verstehen oder beurteilen zu können? • Welche Entscheidungen und Probleme sind offengeblieben und müssen zukünftig noch gelöst werden?

Zielvorgabe und Arbeitsunterlage für Realisierungsgruppen	• Welche Maßnahmen sind kurz-, mittel- oder langfristig zu realisieren? • Welche Zielvorstellungen/Prioritäten müssen deutlich gemacht werden, damit in unvorhergesehenen Fällen richtig gehandelt wird? • Welche Realisierungselemente sind unverzichtbar? • Wie erfolgt die Kontrolle der Realisierung? • Wer soll die Realisierung durchführen?
Informationsmittel für das beplante System	• Wer ist von den Auswirkungen des Planungsergebnisses unmittelbar betroffen? • Welche Vor- oder Nachteile haben die Betroffenen zu erwarten? • Welche Informationen verdeutlichen den Betroffenen die Vorteile am besten? • Was muß der beplante Bereich wissen, um die Realisierung zu erleichtern und den Nutzen der Realisierung zu sichern? • Welche Punkte müssen besonders deutlich dargestellt werden, um Verunsicherungen zu verhindern?
Unterlage für Erfahrungsaustausch	• Welche behandelten Probleme sollten eingehender dargestellt werden, weil sie im gleichen Bereich oder in Nachbarbereichen in Zukunft wieder aufgegriffen werden müssen? • Welche Techniken, Erkenntnisse oder Lösungsansätze sind möglicherweise übertragbar? • Sind Schnittstellen erkannt worden, die über die Planung hinaus von Bedeutung sind?

Sicher werden sich aus jeder Planung andere inhaltliche Schwerpunkte ergeben, je nachdem, ob eine vollständige Realisierung entschieden oder ob die Realisierung wesentlicher Lösungselemente zurückgestellt wurde. Bei einer Teilrealisierung muß der Bericht als Grundlage für den noch notwendigen Überzeugungsprozeß funktionieren und zum Ziel haben, das Gedankengut der Planung populär zu machen und lebendig zu erhalten.

Der zweite Fall stellt erfahrungsgemäß die heiklere Aufgabe dar und ist tatsächlich nur selten von Erfolg gekrönt. Völlig aussichtslos ist es in der Regel, eindeutig abgelehnte Planungsergebnisse durch einen Bericht doch noch durchdrücken oder auch nur am Leben erhalten zu wollen. Abgesehen davon, daß der Bericht nicht zur Streitschrift ausarten soll (wodurch er auf jeden Fall Widerstände auslöst), ist es in jedem Fall zweckmäßig, den Schwerpunkt zunächst auf die sofort zu realisierenden Lösungen zu legen, denn primär **sie** sichern den positiven Nutzen aus der Planung. Trotzdem kommt es aber häufig auch darauf an, für die Zukunft aussichtsreiche Lösungsvorstellungen so darzustellen, daß sie nicht versanden, sondern verstärkt aktualisiert werden. Das geschieht am besten, indem bei Entscheidern und im System erkennbare positive Einstellungen und Beurteilungen bestärkt sowie praktikable und damit akzeptable Realisierungsmöglichkeiten angeboten werden. Daneben ist es allerdings auch nicht von Schaden, deutlich auf die negativen Konsequenzen einer zu langen Verzögerung hinzuweisen. Diese Kombination beider Überzeugungsansätze eignet sich am besten, das Bedürfnis nach aktiver Weiterverfolgung „auf Eis" gelegter Konzepte zu wecken.

> Wo immer auch die Akzente eines Berichtes liegen, der entscheidende Gesichtspunkt nicht nur für den Planer, sondern auch für die beplante Organisation muß stets die Frage sein: Welche Informationen sind notwendig und geeignet, damit die Planung und ihre Ergebnisse wirksam werden? Diese Frage muß nicht nur beim inhaltlichen Entwurf und bei der inhaltlichen Schwerpunktbildung, sondern auch bei der Formulierung jedes Satzes ausschlaggebend sein!

In diesem Zusammenhang sollte völlig klar sein, daß sich der Inhalt der Berichtslegung auf die tatsächlichen Inhalte der Planung beschränkt. Der Bericht darf keine Ergebnisse enthalten, die während des Planungsprozesses nicht erreicht wurden.

Nicht selten beobachtet man das Gegenteil besonders an Zwischenberichten. Ohne Zweifel wäre der Versuch, die Planung noch während der Berichtslegung fortzusetzen und möglicherweise zu „retten", sowohl Zeichen eines mangelhaften Planungsprozesses als auch einer krassen Fehleinschätzung der Wirkungsmöglichkeiten eines Planungsberichts. Dies wird meist vom Leser durchschaut und stellt damit den Planern ein peinliches Armutszeugnis aus. Kein Armutszeugnis, sondern eine positive Leistung ist es hingegen, die bei der Planung offengebliebenen Probleme darzustellen und die bereits erkannten Aspekte zu nennen, unter denen diese Fragen noch zu bearbeiten sind. Eine Planung hat auch die Funktion, relevante Probleme zu entdecken, aber keine Planung wird sämtliche Probleme lösen können!

Man kann nun davon ausgehen, daß die wesentlichen Informationen ausgewählt sind, die einerseits den Erwartungen des Adressatenkreises und andererseits den Absichten der Planer entsprechen. Um die Rolle der Planung innerhalb des funktionellen Gesamtzusammenhanges und des permanenten (Um-)Gestaltungsprozesses der betreffenden Organisation zu erkennen, bedarf es in jedem Fall noch entsprechender Rahmeninformationen über die Planung.

Planungsdaten	• Planungsinstanzen, Planungszeitraum
	• Aufgabenstellung, Planungsziele, Planungsmaximen
	• Planungsfeld, Basisdaten

In manchen Fällen ist es gut, diesen allgemeinen Informationen über die Rahmenbedingungen der Planung eine kurze Darstellung des Planungsvorgehens anzufügen. Ob dies erfolgt oder nicht, sollte davon abhängen, ob die praktizierte Behandlungsweise als richtungweisend auch für zukünftige Bearbeitungen ähnlicher Probleme empfehlenswert scheint.

Manche Unternehmensberatungsgesellschaften legen besonderen Wert darauf, die von ihnen angewandte Planungsmethodik auf jeden Fall auch in den Planungsberichten besonders zum Ausdruck zu bringen. Wo dies nicht mit unserer obengenannten Maxime übereinstimmt, geschieht es wohl aus Akquisitionsgründen, bringt für die beplante Organisation jedoch immerhin den Vorteil, daß ihre eigenen Fachabteilungen für Planung und Organisation einen Gewinn an Know-how erzielen. Dieser Gesichtspunkt könnte übrigens für große Organisationen mit eigenen Planungsabteilungen noch häufiger ausschlaggebend dafür sein, an der Lösung derartiger Aufgaben externe Berater zu beteiligen.

Das Bedürfnis, sich zu rechtfertigen, ist jedenfalls kein überzeugender Grund, die Technik der zurückliegenden Arbeit zu schildern.

Wie soll der beabsichtigte Inhalt aufbereitet werden? Neben der Frage des Inhalts ist das der zweite Aspekt, auf den es ankommt.

Von wesentlicher Bedeutung ist die **Gliederung des Planungsberichtes**: Einerseits wird sie bereits stark von der inhaltlichen Struktur bestimmt, andererseits beeinflußt sie auch die Aufnahmebereitschaft des Lesers.

▷ Der Leser muß den Eindruck bekommen, daß er den Bericht „schafft", da er sonst gar nicht zu lesen anfängt.

Diesen Eindruck holt er sich über die Inhaltsangabe. Inhaltsangaben, die sich über mehrere Seiten von Punkt 1.1.1.1. bis zu Punkt 9.9.9.9. erstrecken, mögen den Anforderungen einer logischen Systematik entsprechen, wirken aber sicher nicht sehr ermutigend und attraktiv. Man muß jedoch nicht mit der Tür ins Haus fallen und alles auf einmal bringen, sondern kann jedem inhaltlichen Schwerpunkt auch an der entsprechenden Stelle erst eine Detailgliederung voranstellen.

Die stofflichen Schwerpunkte müssen im Inhaltsverzeichnis auf einen Blick überschaubar sein.

▷ Der Leser muß den Eindruck bekommen, daß es sich lohnt, den Bericht überhaupt zu lesen.

> Diesen Eindruck erhält er durch eine Zusammenfassung der wichtigsten Planungsergebnisse und wird sich danach (im Gegensatz zu Kriminalromanen) Gewißheit verschaffen wollen, mit welchen Auswirkungen im einzelnen er selbst früher oder später zu rechnen hat.

Eine zusammenfassende Darstellung der Planungsergebnisse gehört an den Anfang des Berichtes und an den Anfang jedes Abschnittes.

Unabhängig von der inhaltlichen Struktur entspricht z. B. folgender Gliederungsaufbau diesen Ansprüchen.

Inhalt	Nicht mehr als eine Seite!

Planungsdaten
• Planungsinstanzen
  Planungszeitraum
• Planungsaufgabe
  Planungsziele
  Planungsmaximen
• Planungsfeld
  Basisdaten
	Ein Planungsbericht ist kein Planungsprotokoll: Keine romanhaften Schilderungen, wie sich Planungsaufgaben, -ziele, -maximen und -feld eventuell während der Planung verändert haben.
	Am besten ist es, das Planungsfeld visualisiert im Gesamtzusammenhang der Organisation zu kennzeichnen.
	Basisdaten sind charakteristische Kennzahlen zur Beschreibung des Planungsfeldes.

Planungsergebnis	Zuerst wirksame Konsequenzen und Maßnahmen – dann erst sonstige Ergebnisse!
Planungsvorgehen	Darstellung des eigenen Planungsvorgehens nicht um jeden Preis!
Funktionsbereich A • Inhalt • Spezifische Planungsdaten • Planungsergebnis • Ist-Analyse/Kritik Soll-Konzept/Prognosen • Entscheidungen/Maßnahmen	In jedem komplexen Planungsfeld werden sich mehrere Funktionsbereiche oder Themenschwerpunkte abgrenzen lassen. Schnittstellen zu anderen Funktionsbereichen. Ist und Soll nicht hintereinander beschreiben, sondern direkt gegenüberstellen!

Funktionsbereich B

Funktionsbereich C

Realisierungsplan
- Zusammenfassung
- Kurzfristige Maßnahmen
- Mittelfristige Maßnahmen
- Langfristige Maßnahmen

Die Beschreibung der Maßnahmen kann wiederum nach den behandelten Funktionsbereichen gegliedert sein und sollte, soweit dies seitens der Planung bereits möglich ist, folgende Aussagen enthalten:

- Ziele, Konsequenzen
- Inhalt, Schnittstellen, Ecktermine
- Durchführung (wer? wie?)
- Kontrollmaßnahmen

Der berühmte „Anhang" ist nicht vergessen worden. Wir sind der Meinung, daß wir keinen Anhang brauchen; denn alle wesentlichen Informationen werden **im** Bericht benötigt und erscheinen dort, wo sie sachlich relevant sind. (Die Detailunterlagen für die Realisierung, z. B. Dv-Auswertungen, Funktions- und Namenslisten, werden der RG direkt übergeben.)

Sehr zu empfehlen ist ein ausklappbares Abkürzungsverzeichnis als „Anhang" zu einem Bericht!

Darstellung und Gestaltung: Wie soll dokumentiert werden?

Es ist eine Binsenweisheit, daß auch die besten und ausgewähltesten Informationen nicht für den Erfolg bürgen, weil sie oft gar nicht die Chance haben, überhaupt anzukommen. Einem Planungsbericht – auch bei noch so vorteilhaften Lösungen – kann das gleiche passieren, wenn bei der Darstellung das vom Inhalt relativ unabhängige Leserverhalten nicht berücksichtigt wurde.

Man darf keineswegs als selbstverständlich voraussetzen, daß der Laborleiter oder der Chef einer Vertriebssparte den Planungsbericht liest, nur weil er auch ihn betrifft. Dies ist für ihn zwar sicher eine Voraussetzung, den Bericht aufzuschlagen und mit dem Lesen zu beginnen, aber er wird ihn auch ebenso schnell wieder zuschlagen oder bestenfalls noch durchblättern, sobald er nicht mehr genügend Attraktionspunkte darin findet. Das gleiche trifft zu, wenn für ihn die Mühe, dem gebotenen Inhalt zu folgen, größer wird als beispielsweise zum Tagesgeschäft überzugehen. Bei Anschlußgesprächen an eine Planung oder bei der Realisierung merken viele Planer erst, wieviel Unkenntnis über die Planungsergebnisse besteht und wie wenig ihre Berichte gelesen werden.

Maxime:

Ein Planungsbericht muß so geschrieben und dargestellt sein, daß ihn der Leser vor der letzten Seite nicht mehr aus der Hand legt.

Selbstverständlich kommt es nicht allein darauf an, daß der Bericht gelesen, sondern auch darauf, daß er verstanden wird. Es nützt der Realisierung von Planungsergebnissen oder der Fortentwicklung von Lösungsansätzen wenig, wenn das Verständnis der damit verbundenen Ziele oder der wesentlichen Grundelemente fehlt bzw. danebenliegt. Ohne dieses Wissen und meist auch ohne die Identifikation mit dem Planungsergebnis ist ein System aber nicht in der Lage, die Schwierigkeiten zu bewältigen, mit welchen es erst bei der Umsetzung dieser Ergebnisse in die Praxis konfrontiert wird.

Die Toleranzschwelle der Verständnisschwierigkeiten, bei der ein Leser aussteigt, liegt in der Regel nicht sehr hoch. Dies sollte aber auf keinen Fall dazu führen, daß auf die Darstellung komplizierter Sachverhalte aus Verständnisgründen einfach verzichtet wird.

Wie macht man es also, daß der Leser den Bericht vor der letzten Seite nicht mehr aus der Hand legt? Zu diesem Zweck muß das Leserverhalten genauer betrachtet (Identifikation mit dem Leser) und versucht werden, daraus Konsequenzen abzuleiten.

▷ Der Leser will unterhalten werden.

> Unterhalten? Als ob es dem ernsthaften Leser darauf ankäme! Sicher wird man deswegen keine Witze in den Planungsbericht einstreuen. Man sollte aber Rücksicht darauf nehmen, daß jeder Leser für Abwechslung ansprechbar ist und sich lieber etwas zeigen als nur erzählen läßt; denn schauen ist weniger anstrengend als lesen.

▷ Nicht nur Text, sondern auch Bilder!
▷ Nicht nur schwarz-weiß, sondern auch Farben!

Jedes Sachbuch lenkt heute die Aufmerksamkeit durch Bilder und Farben auf den Inhalt. Jeder Adressat sieht sich zunächst Bilder an, bevor er Text liest, d.h., von den Bildern hängt es oft ab, ob der Text überhaupt gelesen wird. Wer die Technik der *Visualisierung* einigermaßen beherrscht, vermag durch ein einziges Bild manchen Sachverhalt deutlicher klarzumachen als mit einer ganzen Textseite.

Planungsbericht   Grundinstrumentarium

Beispiel: Kennzahlen

Aus dem Datenvolumen, das für die Auftragsabwicklung zur Verfügung stand, war eine Auswahl an Informationsmaterial zu treffen, um daraus aussagefähige Kenngrößen zu ermitteln.

Ein Teil der Kennzahlen ermöglicht einen Kurzüberblick über verschiedene Sachgebiete. Andere Kennwerte dienen der Erläuterung der einzelnen Zustandsbeschreibungen.

Personalaufteilung

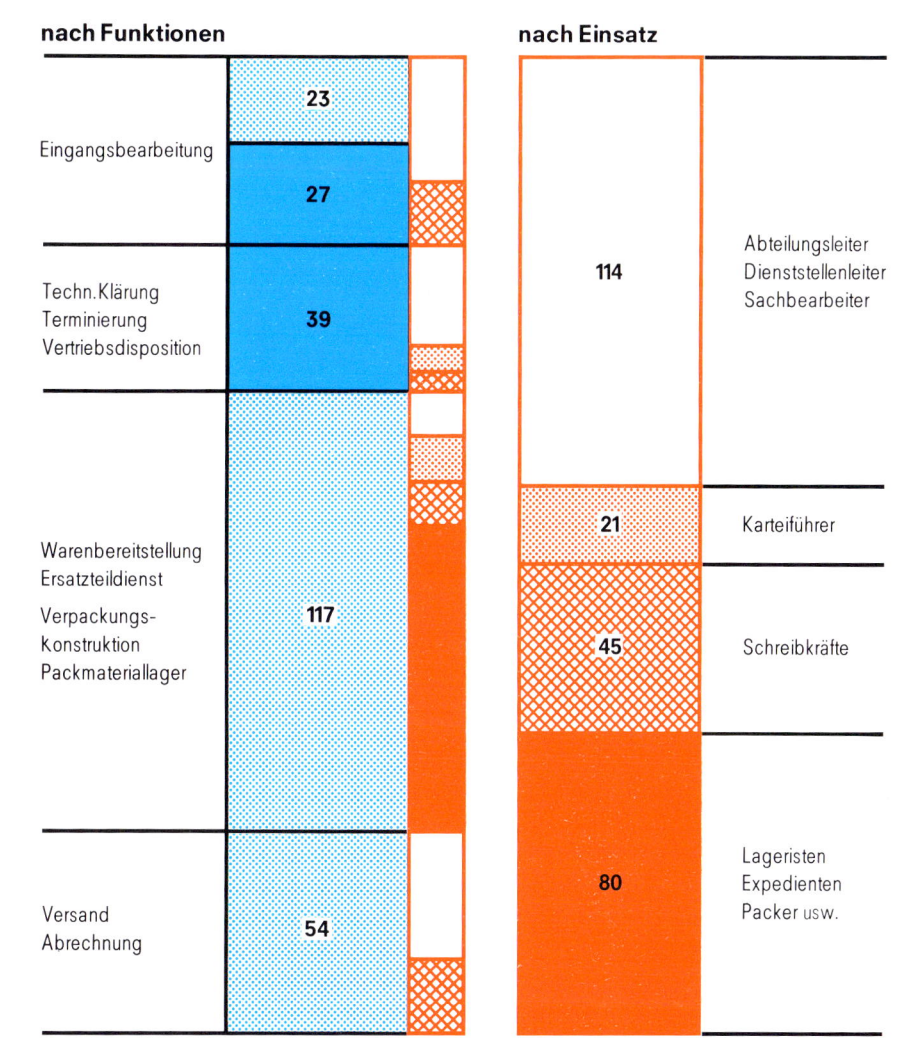

nach Funktionen

- Eingangsbearbeitung: 23
- 27
- Techn. Klärung / Terminierung / Vertriebsdisposition: 39
- Warenbereitstellung / Ersatzteildienst / Verpackungs-Konstruktion / Packmateriallager: 117
- Versand / Abrechnung: 54

nach Einsatz

- Abteilungsleiter / Dienststellenleiter / Sachbearbeiter: 114
- Karteiführer: 21
- Schreibkräfte: 45
- Lageristen / Expedienten / Packer usw.: 80

Gesamtzahl 260 Personen

| Grundinstrumentarium | Planungsbericht |

In der Personalaufteilung sind die Dienststellen des Untersuchungsfeldes mit dem Personalstand Dezember 1970 erfaßt.

Die stark blau ausgeführten Felder kennzeichnen Funktionen, die den Zentralvertrieb betreffen, die restlichen (blau gepunkteten) Funktionen sind standortbezogen.

▷ Der Leser möchte mitdenken und „mitentscheiden" können.

Dazu muß er sich orientieren, muß assoziieren, unterscheiden, vergleichen können. Bevor er selbst einen Bezug herstellen kann, muß er klar sehen und darf nicht verunsichert werden.

- Didaktische Bildfolgen lassen Zusammenhänge erkennen!
- Thematische Kennfarben erleichtern die Orientierung!
- Übersichtsinformationen ermöglichen Assoziationen!
- Nebeneinandergestellte Darstellungen und entsprechende Textaufbereitungen begünstigen den Vergleich!
- Nicht zuviel, aber auch nicht zu wenig Text!
- Text und Bild müssen sich gegenseitig ergänzen und erklären!
- Kurze prägnante Aussagen schaffen Klarheit!

Ein naheliegender Anwendungsfall für eine didaktische Bildfolge liegt vor, wenn ein komplexes Planungsfeld in mehreren Funktionsbereichen nacheinander abgehandelt wird.

Besonders bei der Darstellung von Ist-Analysen ist manchmal zu beobachten, daß sich über mehrere Seiten hinweg Grafiken und Tabellen kommentarlos ablösen, bevor endlich die dazugehörigen Analysen folgen. Unkommentierte Datensammlungen in einem Bericht tragen sicher nicht zum Verständnis und zur Freude der Leser bei und trennen Informationen, die zusammengehören, z.B. den Zustand und die Analyse des Zustands. Ideal ist in solchen Fällen die jeweils doppelseitige Kombination von Wort und Bild sowie eine zusammenfassende Stellungnahme (niemals verbale Wiederholungen des Bildinhalts!).

Ein Tip zu den Darstellungen: es kommt weniger darauf an, daß sie am Reißbrett entstanden sind, als vielmehr darauf, daß sie einen Sachverhalt verdeutlichen. Da die gleichen Anforderungen auch für die Planungsarbeit gelten, können häufig Planungsunterlagen auf fotografischem Weg in den Bericht eingehen.

▷ Der Leser braucht immer wieder neue Ansatzpunkte für sein Interesse und schaltet ab, sobald er ermüdet.

> - Komplizierte Sachverhalte durch die Erklärung nicht noch weiter komplizieren, sondern auflösen und vereinfachen!
> - Nicht zuviel Information in eine Seite packen!
> - Nur soviel Redundanz (Wiederholungen) wie nötig!
> - Durch Variation von Schrift und Farbe Unterscheidungsmerkmale schaffen!
> - Innerhalb eines Satzes zuerst die Folgen einer Maßnahme schildern, dann erst die Maßnahme!

Redundanz – d.h. überflüssige Informationen, da schon bekannt – ist eine Frage des persönlichen Schreib- und Redestils. Daneben ist der bewußte Einsatz von oder der bewußte Verzicht auf Redundanz auch ein didaktisches Mittel. Festzustellen ist, daß ein hoher Grad an Redundanz normalerweise unterfordert, langweilt und ermüdet, ein geringer Grad dagegen überfordert, anstrengt – und deswegen ebenfalls ermüdet. Wo zwischen Unter- und Überforderung auf der Skala der Redundanz eine dauernde Aktivierung erzeugt wird, läßt sich wegen der unterschiedlichen Auffassungs- und Merkfähigkeit der Adressaten eines Berichts nur schwer entscheiden. Als Maxime kann gelten, einerseits die Themen nicht breitzutreten, sondern zu straffen – andererseits bei Argumentationen und Vergleichen die notwendigen Informationen möglichst vollständig zur Verfügung zu stellen und dafür ausnahmsweise Wiederholungen in Kauf zu nehmen. Kein Leser blättert gern zurück! Z.B. ist es sehr ärgerlich, wenn bei der Betrachtung von Soll-Abläufen nicht auch der Ist-Ablauf vergleichend zur Verfügung steht, sondern 20 Seiten davor irgendwo schlummert. In Ausnahmefällen kann es sogar in einem Bericht taktisch günstig sein, einem bestimmten Gesichtspunkt durch geschickte Umformulierungen häufigere Präsenz zu verschaffen.

Das Bemühen, zuerst die Folgen einer Maßnahme und erst dann die Maßnahme selbst darzustellen, dient nicht nur der Wachhaltung des Interesses, sondern auch dem Überzeugungsvorgang. Im umgekehrten Fall besteht die Gefahr, daß sich der Adressat unbewußt bereits selbst Konsequenzen ausmalt und möglicherweise negative Einstellungen zu der Maßnahme entwickelt hat, noch bevor er die prognostizierten oder beabsichtigten Folgen zur Kenntnis nehmen kann.

▷   Der Leser möchte „fertig werden".

> Ein Bericht soll so knapp wie möglich sein –
> aber so lang wie nötig!

Die Zeit für das Schreiben des Berichts sollte nicht extrem ausgedehnt werden. Das Ergebnis gewinnt dabei in den seltensten Fällen.

Für die äußerliche Aufmachung des Berichtes, die allein schon durch Form und Farbe zum Lesen anreizen soll, sind der Phantasie keine Grenzen gesetzt.

Eine Frage des Geldes dürfte die Gestaltung des Berichtes in keinem Fall werden, denn seine Kosten werden stets nur einen minimalen Prozentsatz des Planungsetats ausmachen. Im übrigen wäre es ein großes Mißverständnis anzunehmen, ein Planungsbericht diene den Interessen der Planer. Von der sachlichen Nutzerwartung her dient er allein den Interessen des Systems, das von den Planungsergebnissen profitieren kann.

Zum Abschluß noch ein Thema am Rande: **Wann besteht Anlaß, einen Planungsbericht herauszugeben?** – Obwohl man weiß, wie mühsam es für Schreiber und Leser ist, mit häufiger schriftlicher Berichterstattung umzugehen, lassen es sich doch Planungsgruppen nicht verdrießen, entweder aus eigenem Darstellungsbedürfnis oder in Erfüllung externer Anforderungen Unterlagensammlungen zu bündeln und herauszugeben, sooft sich nur Gelegenheit dazu bietet. Davon halten wir aber aus folgenden Gründen nichts!

▷   Die Praxis häufiger schriftlicher Berichterstattung sieht so aus, daß der Dokumentationsaufwand den eigentlichen Planungsaufwand bald übersteigt und meist nur als Alibi- und Rechtfertigungsfunktion zu erkennen ist.

▷   Das Planungsteam hat in Form der Präsentation und sonstiger Informationsveranstaltungen viel wirksamere Mittel zur Verfügung, mit dem beplanten System in Kommunikation zu treten. Speziell die notwendige intensive Zusammenarbeit mit Entscheidern und Beratern aus dem System kann nur im unmittelbaren Kontakt und in der direkten Auseinandersetzung erfolgreich sein. Entscheider und Berater müssen gemeinsam mit den Planern für die Problemlösung wirksam werden, denn sie sollen ihre Funktionen bei Ausschußsitzungen und Arbeitsklausuren im Planungsraum wahrnehmen – und nicht hinter ihrem Schreibtisch, um Mitteilungen über das Problem abzuzeichnen oder zurückgehen zu lassen.

▷   Schriftliche Darstellungen während des Planungsprozesses können stets nur Ansätze, aber keine Lösungen enthalten. Erstere sind der ideale Nährboden für Mißverständnisse, Verunsicherung und Gerüchtebildung und können – selbst als „Geheimsache" schriftlich verteilt – in jedem Falle mehr schaden als nützen. Diese Schwierigkeiten können durch Informationsoffenheit umgangen werden, indem das Team im Planungsraum selbst zur Verfügung steht, um Informationswünsche sinnvoll zu befriedigen und dabei noch Anregungen zu erhalten!

Eine Ausnahme bildet der Teambrief, ein Motivationsblatt, das sporadisch und ohne viel Mühe eingesetzt wird, um dem Team die Arbeit mit dem System (und auch umgekehrt) zu erleichtern.

Also: Ein Planungsbericht genügt!

Kommunikationstechniken

Die folgenden Einzel- und Rahmentechniken sollen helfen, die Kommunikation in kleinen aber auch großen Gruppen effizienter zu gestalten. Sie werden zwar hier im Zusammenhang mit Organisationsplanung dargestellt, sind aber für **jede** Art der Kommunikation anwendbar.

Die **Diskussionstechniken** bieten auf der Grundlage einiger Regeln die Möglichkeit, alle Teilnehmer in einen Prozeß (z.B. Diskussion, Seminar, Sitzung) einzubeziehen und auch zu aktivieren. Sie dienen gleichzeitig aber auch der Motivation der Teilnehmer.

Die im zweiten Abschnitt behandelten **Bewertungstechniken** sollen es den Teilnehmern ermöglichen, anonym oder offen Situationen/Meinungen transparent zu machen. Sie wollen damit den Meinungsbildungsprozeß konzentrieren und tragfähige Entscheidungen herbeiführen.

Schließlich soll die **Darstellung von Gruppenergebnissen** eine nützliche Ergänzung zur *Visualisierung* sein und Hilfestellung leisten, wenn es speziell um Gruppenergebnisse, Zusammenhänge und Aktivitäten geht.

Die folgenden Techniken bieten im wesentlichen drei teilweise unterschiedliche Rahmen für die Kommunikation in Gruppen.

Moderation stellt die Steuerung eines Gruppenprozesses durch einen oder mehrere als neutral anerkannte Moderatoren dar. Diese setzen alle Einzeltechniken – entsprechend den Bedürfnissen der Teilnehmer – ein.

Sollen im Verlauf einer Veranstaltung eine Strategie entworfen oder Ziele gefunden werden, so bietet sich das **Entscheidertraining** an. Diese Form hat zum Ziel, Problembewußtsein zu schaffen, Engagement zu erzeugen und Aktionen herbeizuführen. Das Ergebnis ist in allen Fällen ein Katalog von Folgeaktivitäten.

Schließlich bietet der **Informationsmarkt** die Möglichkeit, auf einer breiten Basis Ideen, Meinungen, Lösungen usw. vorzustellen, auszutauschen und zu diskutieren.

Diskussionstechniken

Die Praxis zeigt, daß die im Zusammenhang mit der Teamarbeit entwickelten Diskussionstechniken auch in verstärktem Maße bei Konferenzen und Diskussionen anwendbar sind. Deshalb hier einige grundsätzliche Regeln für einen effizienten Diskussionsverlauf:

❶

30-s-Regel d.h., kein Teilnehmer sollte länger als etwa 30 s ununterbrochen reden	
Zweck:	▶ Verhinderung langatmiger und abschweifender Monologe ▶ Möglichkeit der Gesprächsbeteiligung aller Teilnehmer
Einhaltung:	▶ Karte mit Aufschrift „30 s" zeigen ▶ Selbstbeschränkung ▶ Regulierung durch die Gruppe

❷

Aussagen sichtbar machen d.h. bildhafte Darstellung verbaler Aussagen	
Zweck:	▶ Verdeutlichung schwieriger Zusammenhänge ▶ bessere Vergleichbarkeit von Aussagen ▶ Festhalten von Aussagen, ständiges „vor Augen haben"
Durchführung:	▶ Hilfsmittel: Stecktafeln, Flip-Charts, Packpapier, Kärtchen, Filzschreiber ▶ Aussagen müssen für jeden Teilnehmer deutlich erkennbar sein ▶ Visualisierung schon während des Gespräches
Siehe auch:	▶ *Visualisierung* ▶ *Aussagen sichtbar machen, ordnen und analysieren*

③

Transparenzfragen
d.h. Fragen, die auf eine Verdeutlichung der Gruppensituation
gerichtet sind

Zweck:	► Aufzeigen von Erwartungen der Teilnehmer und deren bisheriger Erfüllungsgrad
	► Sichtbarmachen von Meinungen, Stimmungen und Gefühlen in der Gruppe
Durchführung:	► Spontane Abfrage an alle Teilnehmer
	► Antwort auf Kärtchen (Anonymität erreicht Offenheit)
	► Sichtbarmachen der Aussagen für alle Teilnehmer auf den Stecktafeln
Siehe auch:	► *Abfragetechnik*

④

Tätigkeitskatalog
d.h. Katalog von personell zugeordneten Folgeaktivitäten als
Ergebnis der Konferenz

Zweck:	► Umsetzung von Gruppenideen/Lösungsansätzen in operationale Aktivitäten
	► Gewährleistung der Weiterbearbeitung von Einzelthemen
	► Darstellung der möglichen Handlungsrelevanz von Konferenzen
Aufbau:	► Auflistung der einzelnen Aktivitäten in einer Matrix
	► Feststellen der den Tätigkeiten zugeordneten Personen (auf freiwilliger Basis – kein Zwang!)
	► Festlegung von Form und Zeitpunkt weiterer Zusammenkünfte
Siehe auch:	► *Tätigkeitskatalog*

Diskussionstechniken Kommunikationstechniken

⑤

Themensammlung
d.h. Erstellen einer Übersicht über die in den Gruppenarbeiten/
der Konferenz zu behandelnden Themen

Zweck:	▶ Transparenz über Themen, Reihenfolge und Zeitdauer
	▶ Schaffen einer ziel- und aufgabengerichteten Verhaltensweise aller Teilnehmer (weg von überwiegendem Konsumverhalten)

Gestaltung:	▶ Bereits vorgeschlagene Themen für alle Teilnehmer sichtbar machen
	▶ Ergänzungsabfrage durchführen
	▶ gemeinsame Festlegung der Reihenfolge und Dauer der Behandlung der Themen durch die Gruppe

⑥

Plenum/Kleingruppen
d.h. mehrfacher Wechsel zwischen Aktivitäten im Plenum und in Kleingruppen

Zweck:	▶ Aktivierung der Teilnehmer
	▶ gleichzeitige intensive Behandlung mehrerer Themen in den Kleingruppen
	▶ Möglichkeit, Themen in konkurrierenden Gruppen zu bearbeiten

Durchführung:	▶ Themensammlung und -bewertung
	▶ freiwillige Kleingruppenbildung (3 bis 5 Personen)
	▶ Kleingruppenarbeit (30 bis 60 min)
	▶ Präsentation der visualisierten Kleingruppenergebnisse im Plenum (etwa 5 bis 10 min)
	▶ Diskussion und Ergänzung im Plenum

Siehe auch:	▶ *Wechsel Großgruppe/Kleingruppen*

Kommunikationstechniken — Diskussionstechniken

❼

Motivierendes Gruppenverhalten
d.h. auf Verbesserung der Beiträge gerichtetes Aktivieren der Gruppendiskussion

Zweck:	▶ Einbeziehung möglichst aller Teilnehmer während der Konferenz
	▶ Vermeidung von Frustration und Aggressionen bei den Teilnehmern
	▶ Steigerung der Kreativität und Aufnahmefähigkeit in den Gruppen/im Plenum
Verhalten:	▷ Vermeiden von *Killerphrasen*
	▷ Konferenzmoderation statt -leitung (*Moderation*)
	▷ Gruppenmeinungen und -wünsche berücksichtigen

❽

Bewertungen
d.h. Ermittlung einer gruppenspezifischen Rangreihe; Stimmungen/Situationen erkennbar machen

Zweck:	▷ Setzen von Prioritäten
	▷ Transparenz von Gruppenmeinungen
	▷ Erkennen von Schwerpunkten
Durchführung:	▷ Punkteverfahren
	▷ Präferenzmatrix
	▷ Schiedsrichterverfahren
Siehe auch:	▷ *Bewertungstechniken*

Wechsel Großgruppe/Kleingruppen

Die methodische Regel basiert auf der Erfahrung, daß die Kommunikation in Großgruppen (>10 Personen) nur schwerfällig zustande kommt. Zugleich spricht auch die teilweise Ineffizienz langer Plenumsveranstaltungen dagegen, diese Form unverändert beizuhalten.

Die Großgruppe wird nach Plenumsdiskussionen bzw. Themensammlungen, die max. 30 Minuten dauern sollten, in Kleingruppen (maximal 5 Personen) aufgeteilt. Damit das Plenum als das „Entscheidungs- und Strategieorgan" nicht zerfällt, werden die Kleingruppen nach 30 bis 60 Minuten im Plenum wieder zusammengeführt, um die Ergebnisse in gestraffter Form, d. h. in 5 bis 10 Minuten je Gruppe, vorzustellen. Dieser Wechsel kann beliebig häufig durchgeführt werden, wobei aber zu beachten ist, daß diese konzentrierte Art der Gruppenarbeit die Teilnehmer stark belastet. Sie sollte deshalb nicht mehr als fünf Stunden täglich durchgeführt werden.

Ziel der Kleingruppen

Vorschläge, Lösungen erfinden, spezielle Fragen vertiefen (Strukturierung von Teilproblemen) und im Rahmen des Gruppenprozesses lernen

Ziel einer Großgruppe

Probleme strukturieren und Maximen verabschieden,
Kritik der Ergebnisse

Kleingruppenarbeiten oder Einzelarbeit initiieren

Es gibt verschiedene Arten der Bildung von Kleingruppen; hier seien stellvertretend einige genannt:

▶ Die Kleingruppen werden unabhängig vom Thema durch die Moderatoren bestimmt.

▶ Die Kleingruppen werden in Abhängigkeit vom Thema durch die Moderatoren bestimmt.

▶ Die Großgruppe teilt sich mittels Zuruf auf die vorgegebenen Kleingruppenthemen auf, bzw. die Kleingruppen bilden sich simultan, indem jeder seinen Namen auf eine Themenkarte schreibt.

Bei der letztgenannten Alternative kommt es häufig vor, daß sich Kleingruppen unterschiedlicher Größe bilden. Entscheiden sich mehr als 5 Personen für ein Kleingruppenthema, wird diese Gruppe gesplittet, und beide Gruppen bearbeiten konkurrierend dasselbe Thema.

Bei der Bildung von Kleingruppen ist immer wieder zu beobachten, daß Sympathien und Antipathien eine entscheidende Rolle spielen. Kennzeichnend ist, daß erfahrene Gruppen leichter und schneller operationale Kleingruppen bilden als zufällig zusammentretende Gruppen.

Daraus läßt sich nun ein Maximenkatalog ableiten, der diese Technik charakterisiert:

- Konzentrierte, intensive Gesprächsbeteiligung
- Verdichtung des Interaktionsnetzes
- Abbau von Gesprächsbenachteiligungen
- Auflösung der Monomanie von Redelöwen
- Abwechslung, Bewegung
- Strukturierung und Kontrolle des Gesprächsverlaufes durch alle Beteiligten
- Aufbau von Sympathiebeziehungen
- Transparentmachen des Verhaltens aller Beteiligten
- Konfliktartikulierung, um die Konfliktbearbeitung im Plenum zu erleichtern

Aber:
Auch in Planungsgruppen und bei *Entscheidertrainings (ET)* gibt es immer Arbeiten, die weder für Groß- noch für Kleingruppen geeignet sind. Solche Aktivitäten, wie z.B. Ausarbeiten bestimmter vorliegender Unterlagen, Bewältigen determinierter Aufgaben, Nachdenken über bestimmte Probleme, Lernen durch Lesen oder nach der Form der programmierten Unterweisung können nur durch den einzelnen ausgeführt werden. Eine Vorstellung und Kritik der Ergebnisse sollte wieder im Plenum erfolgen.

Als Spezialfall kann die **Diskussion 66** gelten.

Diese Technik entstand aus dem Bedürfnis, Diskussionen mit großer Teilnehmerzahl ergiebiger zu machen. Der Name ist darauf zurückzuführen, daß der Teilnehmerkreis in Sechsergruppen eingeteilt wird, die jeweils etwa 6 Minuten lang über das vorgegebene Thema diskutieren.

Jede Einzelgruppe ernennt einen Diskussionsleiter und Protokollführer, der die wesentlichen Gedanken und Ideen der Diskussion notiert. Nach Beendigung der Einzelgruppen-Diskussion werden die Ergebnisse von den Diskussionsleitern im Plenum vorgestellt. Die Ergebnisse werden einer Gruppe zur Systematisierung und Bewertung übergeben.

Abfragetechnik (Transparenzfrage)

Dieser Technik liegt die Notwendigkeit zugrunde, in kürzester Zeit von einem Teilnehmerkreis

sachliche		**emotionale**
Tatbestände Daten Ideen Erfahrungen Informationen	+	Stimmungen Erwartungen Erfüllungen Haltungen Einstellungen

Antworten

auf eine Fragestellung zu bekommen.

Durch die anonyme und schriftliche Form der Befragung erhält man auch solche Aussagen, die sonst von schweigsamen oder passiven Teilnehmern im Gespräch nicht artikuliert oder durch „Redelöwen" unterdrückt werden. Zudem werden auch eher unkonventionelle Vorschläge dargelegt, die sonst bei Gefahr spontaner Ablehnung oder Belächelung nicht vorgebracht werden.

Die schriftlichen Aussagen sind
> **überlegter,**
>> **leichter auswertbar,**
>>> **strukturierbar,**
>>>> **werden nicht zerredet,**
>>>>> **gehen nicht verloren.**

Bei der Durchführung einer solchen Abfrage ist auf folgende vier Punkte zu achten:

▶ Themenstellung klar abgrenzen

▶ Frage verständlich und genau formulieren

▶ Antworten auf farbigen Kärtchen mit Filzschreiber groß und deutlich schreiben; je Kärtchen nur eine Aussage

▶ Aussagen sichtbar machen durch Anbringen der Kärtchen auf Stecktafeln oder an Wänden *(Aussagen sichtbar machen)*

Beispiele:

„Was erwarten Sie sich vom heutigen Tag (von diesem Gespräch, Seminar usw.)?" (einleitend)	Erwartungsabfrage: deckt Informationsstand, Stimmungen und Meinungen der Teilnehmer auf
„Welche Probleme sind in diesem Zusammenhang zu berücksichtigen?"	Problemstruktur: zeigt Problemfelder und ihre Schwerpunkte auf (Abfrage von Wissen, Erfahrungen und Meinungen schafft hier Problembewußtsein!)
„Wie könnte man diese Aussage (Idee, Ihren Vorschlag) in die Praxis umsetzen?"	Tätigkeitskatalog: dient der Aktivierung von Folgetätigkeiten; Senken des Abstraktionsgrades und Führen zu konkreten Handlungsalternativen Ideen→Meinungen→Aktivitäten
„Was stört Sie momentan am Inhalt/ Ablauf/ Teilnehmerkreis besonders?" (Oder: „Wie fühlen Sie sich jetzt?")	Stimmungsabfrage: will Gefühle, Stimmungen, insbesondere Situationen des Unbehagens in der Gruppe sichtbar machen (spontane Abfrage)

„Welche der aufgeführten Alternativen löst Ihrer Meinung nach das Problem am besten?"	Bewertungsabfrage: zwingt zur allgemeinen Meinungsabgabe (*Bewertungstechniken*)
„In welchen Punkten hat der heutige Tag (dieses Gespräch, Seminar) Ihre Erwartungen erfüllt?" („Was wurde erreicht?" Oder kurz: „Was war gut, was war schlecht?")	Erfüllungsabfrage: hält das subjektive Ergebnis der Teilnehmer fest (Meinungen, Stimmungen); zeigt Mängel auf und gibt Anregungen

Die Aussagen können dann entsprechend dem Zweck der Abfrage

▷ nach bestimmten Kriterien strukturiert,
▷ weiter analysiert,
▷ diskutiert,
▷ bewertet
▷ oder in Kleingruppen weiter bearbeitet werden.

Diese Technik hat den Vorteil, daß sie nicht nur jeden Teilnehmer zu Artikulation seiner Meinung zwingt, sondern auch die Tragfähigkeit einer Entscheidung – der sogenannten „Gruppenmeinung" – offenbart.

Aussagen sichtbar machen, ordnen und analysieren

Im Verlauf einer Diskussion werden innerhalb von 5 Minuten etwa 20 Aussagen unterschiedlichsten Inhalts gemacht. Die Erfahrung zeigt, daß

▷ viele Aussagen verlorengehen,

▷ die Teilnehmer Schwierigkeiten haben, an Aussagen anzuknüpfen, die vor einigen Minuten oder Stunden artikuliert wurden (Spontanantworten meist nicht möglich, da Gesprächsverlagerung zu anderen Themen),

▷ Gespräche meist einseitig werden, da das ausschließliche Sprechen miteinander dazu zwingt, einen „roten Faden" zu finden, um sich nicht zu verlieren,

▷ die Gruppenmeinung in ihrer Differenzierung und Gewichtung dem einzelnen kaum sichtbar wird.

Deshalb sollten während der Planungsarbeit sowie bei Konferenzen, Besprechungen und im Rahmen eines ET bei jeder Diskussion die Beteiligten ihre Aussagen sichtbar machen (*Visualisierung*) und anschließend ordnen.

Als zweckmäßigste Art, Aussagen sichtbar zu machen, erscheint die Visualisierung auf Kärtchen, Flip-Charts und Tafeln. Die sofortige Umsetzung von gesprochenem Text in schriftliche Aussagen oder Bilder im Rahmen einer Diskussionsrunde verlangt die Beherrschung der Visualisierungstechniken.

Kurze Aussagen (1 Schlagwort oder 1 bis 2 kurze Sätze)
    auf Karten (Größe z. B. 10 cm × 15 cm in Querformat)
        für alle deutlich lesbar (entsprechende Schriftgröße)
            mittels Filzschreiber
                sofort niederschreiben und
                    an Tafeln anheften oder ankleben.

Dieses Sichtbarmachen von Aussagen geschieht gleichzeitig mit den Diskussionsbeiträgen, ohne daß der Sprechende in seinem Redefluß unterbrochen wird. Bei Kurzreferaten kann der Vortragende sofort auf die während seiner Ausführungen angebrachten Karten eingehen.

Es empfiehlt sich, die schriftlich fixierten Aussagen sofort zu ordnen, um der Diskussionsrunde den Überblick zu erleichtern und Aussagen-Schwerpunkte sichtbar zu machen.

Neben fachspezifischen Ordnungskriterien bieten sich z. B. formale Gruppierungen an:

Fakten	primäre Fakten sekundäre Fakten
Methoden	Spielregeln Vorgehensweise
Probleme	Sachprobleme Gruppenprobleme Unbehagen
Hypothesen	Arbeitshypothesen prüfbare Hypothesen Fragenkomplexe
Normative Aussagen	Maximen Determinanten Richtlinien

Im Rahmen von komplexen Planungen geschieht es häufig, daß über mehrere Problemkreise gleichzeitig diskutiert wird. In diesem Fall kann eine Ordnung der Aussagen nach diesen Kriterien vereinbart werden.

Ordnet man jeder Gruppierung eine Kartenfarbe zu, können bereits beim Verfassen der Aussage durch Wahl entsprechender Karten diese Kriterien berücksichtigt werden. Die so optisch gekennzeichneten Aussagen lassen sich dann leichter gruppieren, d. h., der Kartenschreiber kann evtl. mögliche Gruppierungsfehlinterpretationen verhindern.
Die Analyse der Aussagen hängt entscheidend von der Fragestellung ab. Trotzdem sollen hier einige grundsätzliche Punkte angesprochen werden.

▶ Werden Fakten, Zahlen und Meßergebnisse genannt, so kann man daraus den derzeitigen Wissensstand der Gruppe ableiten. Gleichzeitig läßt das Ergebnis auch Rückschlüsse auf den Lernbedarf zu.

▶ Der Lernwille wird von den Teilnehmern in offener Form artikuliert, indem Fragen und Hypothesen zur weiteren Klärung und Erweiterung des Wissensstandes formuliert werden.

▶ Oft wird diese Form jedoch dazu mißbraucht, notwendige Entscheidungen hinauszuzögern oder persönlich unangenehme Punkte durch anonyme Kritik beiseite zu schieben.

▶ Mehrfach auftauchende ähnliche Aussagen sollten (unterschiedliche Schriftzüge → mehrere Interessenten) unbedingt behandelt werden, da hier zumindest ein Teil der Gruppe eine „Gruppenmeinung" gebildet hat.

▶ Wesentlich ist auch, daß man methodische Aussagen (Spielregeln, Vorgehensweise, Zusammensetzung der Gruppe usw.) – die oft auf Unbehagen hindeuten – erkennt und entsprechend auf sie reagiert.

Bewertungstechniken

Die Ergebnisse von Gruppendiskussionen, Problem- bzw. Aufgabenkatalogen und Problemlösungskonferenzen sind meist nur reine Auflistungen von Einzelmeinungen/-ideen, ohne aufzuzeigen, welche Prioritäten die Gruppe dahinter sieht. Zudem sind sie in vielen Fällen zu umfangreich, um eine Weiterarbeit anzuregen bzw. gemeinsame Interessen zu wecken.

Aus dieser Situation wurden Bewertungsverfahren entwickelt, die es jedem Gruppenmitglied ermöglichen, seine Schwerpunkte und Interessen in kürzester Zeit offenzulegen und dadurch eine Rangreihe der Gruppe zu finden, nach der Einzelthemen abgehandelt werden können.

Bewertungstechniken können auch sehr wesentlich zur Entscheidungsfindung beitragen, indem man anstelle stundenlanger Verteidigungs-, d.h. Rechtfertigungsreden einen Bewertungsgang einschiebt und die sich daraus ergebende Situation diskutiert. Gleichzeitig wird auch die Tragfähigkeit einer Entscheidung transparent gemacht, wenn z.B. nur 50% der Teilnehmer hinter einer Entscheidung stehen.

Derzeit sind 4 Techniken häufiger im Gebrauch und sollen nachfolgend kurz dargestellt werden.

Punkteverfahren

Dieses Verfahren eignet sich zur Ermittlung von Rangreihen und Gruppenstimmungen sowie zur Strukturierung von Kleingruppenarbeiten.

Technik:

Jeder Teilnehmer erhält die gleiche Anzahl (normalerweise 3 bis 5) Selbstklebepunkte. Diese kann das Gruppenmitglied nach eigenem Ermessen mehreren oder auch nur einer Aussage zuordnen (wenn „häufeln" erlaubt ist!). Besteht eine Gruppe aus Untergruppen, deren unterschiedliche Meinungen von Interesse sind, so kann man dies durch Vergabe verschiedenfarbiger Punkte erreichen. Die Auswertung und damit Festlegung der Rangreihe erfolgt durch Auszählen.

Beispiel:

Fragestellung: Welche Verhaltensweisen sind für einen Organisationsplaner von besonderer Bedeutung?
(15 Teilnehmer je 2 Punkte)

Verhaltensweisen	Bewertung	∑	Rangreihe
Überzeugungs- + Motivationsfähigkeit	●●●●●●●●●●●	11	1
Auftreten	●●●●●●	6	2
Selbständigkeit	●●●●●●	6	2
Meinungsbildung	●	1	6
method. + systematisches Denken	●●●●	4	4
Ausdauer i. d. Verfolgung von Ideen + Meinungen	●●	2	5

Besteht unter den Gruppenmitgliedern ein Hang zu Konformität, so wird durch das „Anschließen" beim Setzen von Punkten die Aussage bzw. Gewichtung verfälscht. Bei einer hierarchisch sehr weit gestaffelten Gruppe kann man dies besonders häufig erleben. Durch Häufeln können schon ein oder zwei Gruppenmitglieder einer Aussage sehr große Bedeutung auferlegen, obwohl dies in Wirklichkeit nicht der Gruppenmeinung entspricht (nicht zu viele Punkte je Teilnehmer!).

Schiedsrichterverfahren

Die Anwendung dieses Bewertungsverfahrens setzt eine eingehende Diskussion der zu bewertenden Aussagen voraus, um nachträgliche unterschiedliche Interpretationen – d. h. Infragestellen der stattgefundenen Bewertung – zu vermeiden. Gleichzeitig sollte aber auch die Bedeutung der Wertigkeit festgelegt und für jeden deutlich sichtbar dargestellt werden.

Dieses Verfahren eignet sich besonders für Gewichtungen und Beurteilungen. Durch das offene Aufzeigen der jeweiligen Karte – d. h. der eigenen Meinung – wird der gesamte Prozeß und damit auch das Für und Wider der einzelnen Punkte der gesamten Gruppe transparent.

Technik:
Jeder Teilnehmer erhält bis zu 6 Signalkarten mit den Ziffern 0 bis 5. Durch Aufzeigen der Karte mit dem entsprechenden Gewichtsfaktor zeigt der Teilnehmer die Bedeutung an, die er der jeweiligen Aussage beimißt. Der Moderator/ein Teilnehmer trägt die Ergebnisse in eine vorbereitete Liste ein (am besten auf Flip-Chart, da dann allen Teilnehmern sichtbar). Die Zahl der jeweiligen Karten multipliziert mit dem Kartenwert ergibt die Wertigkeit der Aussage und damit eine Rangreihe (z. B. 0 = keine Bedeutung, ..., 5 = unbedingt erforderlich).

Beispiel:

Der Vorstand benötigt wesentliche Abschlußzahlen (aus Quartals- und Jahresabschluß) in Zukunft 2 Wochen früher als bisher.

Der Teilnehmerkreis von 10 Personen (Vertreter der betroffenen Fach- und Stabsabteilungen) bewertet die gefundenen Lösungsalternativen.

Aussage	Signalkartenwert						$\sum$	Rang-reihe
	0	1	2	3	4	5		
1. EDV einsetzen		II 2	III 6	IIII 12	I 4		24	4
2. Vorverlegung der Abschlußtermine	IIII	III 3			II 8	I 5	16	6
3. Analyse der vorhandenen Unterl. auf Notwendigkeit bzw. Doppelaussagen		I 1	II 4	IIII 12	III 12		29	2
4. Vorrangige Behandl. dieser Zahlen — führt jedoch insges. zu einem späteren Abschlußtermin			IIIII I 12	IIII 12			24	4
5. Untersuchung des vorlieg. Problems				II 6	IIIII I 24	II 10	40	1
6. Vorstand muß sich mit Schätzzahlen begnügen	I	II 2	II 4	II 6	II 8	I 5	25	3

Die Aussage 4 läßt dabei eine sehr gute Übereinstimmung erkennen, die Aussage 2 zeigt extreme Meinungsunterschiede auf, während die Aussage 6 in der Gruppe noch nicht ausreichend diskutiert ist, d. h. noch keine Meinungsbildungsprozesse stattgefunden haben.

Modifikation

Bei der eben beschriebenen Methode treffen meist mehrere (u. U. viele) Teilnehmer keine Entscheidung über die Reihenfolge der zur Diskussion stehenden Themen, d. h., sie bewerten viele Themen mit dem gleichen Gewichtsfaktor.

Um nun eine eindeutige Entscheidung zu erhalten, bietet sich folgende Alternative an:

▷   Jeder Teilnehmer erhält entsprechend der Anzahl der Themen Karten mit den Zahlen 1 bis n.

▷   Danach wird jedes Thema genannt, und der Teilnehmer muß seine Punktzahlkarte abgeben (d. h., jede Karte kann nur einmal benutzt werden).

▷   Durchführung und Auswertung verlaufen wie beim normalen Schiedsrichterverfahren.

Situationsabfrage

Eine weitere Möglichkeit, um Situationen, Aussagen, aber auch Stimmungen bewerten zu können, bietet die Situationsabfrage. Durch die Abfrage der individuellen, momentanen Meinung/Stimmung kann man zwar keine objektive Entscheidung herbeiführen, aber zumindest die Gruppensituation aufzeigen. Es gibt verschiedene Möglichkeiten, diese Abfrage durchzuführen.

Zum Beispiel: Welche Durchsetzungschancen sehe ich für meine Arbeit?

	große	durch-schnittliche	kleine	gar keine
bei Einzelarbeit				
bei Gruppenarbeit				
bei einer Planung				
durch Einzelgespräche				
durch Konferenzen				
durch Präsentation Info-Veranstaltung				

Zum Beispiel: Nutzenabfrage

Jeder Teilnehmer schreibt auf eine Karte seine Meinung in Form von

+ +	+	0	–	– –
wesentlicher Vorteil	einige Vorteile	weder/noch	einige Nachteile	viele Nachteile

Zum Beispiel: Stimmungsabfrage

▶ Wie fühlen Sie sich in der derzeitigen Gruppensituation?
  euphorisch   gelockert/wohl   neutral   gehemmt   aggressiv/frustriert

▶ oder auch in Form eines Thermometers, auf dem man die Temperatur einträgt (von −30° bis +30°).

Präferenzmatrix

Diese Bewertungstechnik wird im Gegensatz zu den bisherigen Verfahren nicht gemeinsam in der Gruppe, sondern individuell durchgeführt. Die Auswertung besteht aus der Sammlung von Einzelmeinungen, die addiert eine Gruppenrangordnung ergeben. Der Vorteil liegt darin, daß jedes Gruppenmitglied unbeeinflußt von anderen Meinungen seine eigene kundtut. Bei der Gegenüberstellung sind meist gegensätzliche Meinungen abzulesen, die dann zu Diskussionsrunden, Kleingruppen oder auch Rollenspielen führen können.

Technik:

Jede Alternative/Aussage wird mit einem Buchstaben versehen und mit jeder anderen verglichen. Die jeweilige Priorität wird entschieden und der Buchstabe der „besseren" Alternative in der Matrix eingetragen.

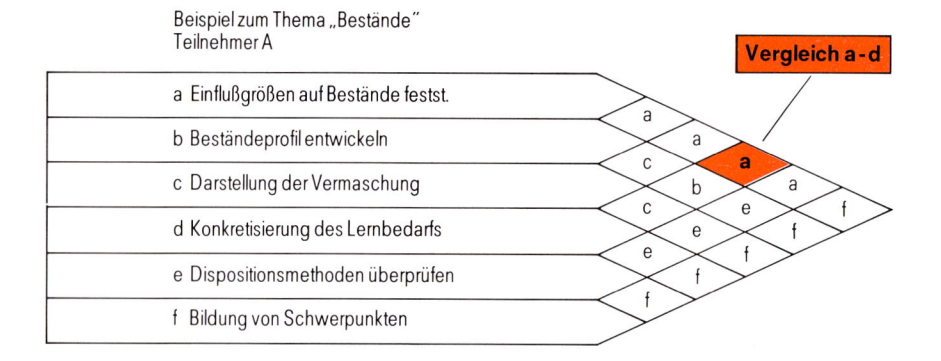

Beispiel zum Thema „Bestände"
Teilnehmer A

a Einflußgrößen auf Bestände festst.
b Beständeprofil entwickeln
c Darstellung der Vermaschung
d Konkretisierung des Lernbedarfs
e Dispositionsmethoden überprüfen
f Bildung von Schwerpunkten

Vergleich a-d

Danach addiert der einzelne die Häufigkeit der einzelnen Buchstaben (z. B. f – 5mal) und trägt diese in der folgenden Liste ein. Daraus wird dann auch die individuelle Rangreihe abgeleitet.

Teilnehmer A

Alternative/Aussage	a	b	c	d	e	f
Häufigkeit	4	1	2	–	3	5
Rangreihe	2	5	4	6	3	1

In diesem Beispiel wurde die „Bildung von Schwerpunkten" (f) vom Teilnehmer A als wichtigste Alternative angesehen.

Beim Gruppenvergleich werden nun diese Einzelrangreihen gegenübergestellt und zu einer Gruppenrangreihe addiert (niedrigste Summe hat höchste Priorität).

Alternative	Teilnehmer						Rangreihe
	A	B	C	D	E		
a	2	5	6	6	5	24	6
b	5	3	2	1	4	15	3
c	4	2	4	3	1	14	2
d	6	6	1	5	3	21	5
e	3	1	3	2	2	11	1
f	1	4	5	4	6	20	4

Die Alternative e wird von allen für wesentlich gehalten, d. h., hier könnte man bereits in Detailarbeit gehen. Im Gegensatz dazu steht Alternative b, wo es noch zu keiner gemeinsamen Willensbildung gekommen ist. Dieser Punkt sollte z. B. noch intensiver diskutiert werden.

Bei den Alternativen a, d und f wäre der Ansatz zu einem *Pro-und-Kontra-Spiel* vorhanden, denn hier stehen sich gegensätzliche Meinungen gegenüber.

Darstellung von Gruppenergebnissen

Für Gruppen kommen hauptsächlich drei Möglichkeiten in Frage, um den Stand des gemeinsamen Arbeitsfortschrittes zu visualisieren:

▶ Problemplakate stellen den Wissens- und Meinungsstand der Gruppe zu Einzelproblemen dar.

▶ Scenarien (Problemlandkarten) zeigen die Zusammenhänge von Einzelproblemen in einem komplexen Problemfeld auf und bezeichnen die von der Gruppe erkannten und beschlossenen Handlungsschwerpunkte.

▶ Tätigkeitskataloge bringen das Engagement der einzelnen Gruppenmitglieder zum Ausdruck, im Rahmen der gemeinsam beschlossenen Strategie klar definierte Tätigkeiten durchzuführen und bis zu einem bestimmten Zeitpunkt abzuschließen.

Diese Darstellungsformen können der Gruppe als Diskussionsunterlage, Arbeitsbasis, Kontrollinstrument und Informationsmittel bei Kontakten zu anderen Bezugsgruppen dienen.

Problemplakat

Im Rahmen eines Planungsprozesses ist es von Bedeutung, daß das Team die Probleme gemeinsam findet und strukturiert. Diese Gemeinsamkeit erhöht das Engagement und gibt jedem Teammitglied die gleiche Chance, künftige Planungsarbeiten mitzubestimmen.

▷ Je nach Planungsfeld bzw. Planungsphase sollte sich das gesamte Team
– entsprechend der Situation abwandelbare – Fragen stellen nach

- Schwierigkeiten im Planungsprozeß,
- Problemen einzelner oder der Gruppe,
- Aufgabenlösungen,
- Vorgehensweisen und Methoden.

Beispiele:

Welche Planungsschwerpunkte sehen wir in den nächsten Wochen?
Welches Problem ist vordringlich zu lösen?
Welches Stichwort charakterisiert unsere Aufgabe?

▷ Die jeweiligen Teams sollten in 20–30 Minuten Arbeitszeit die Probleme differenzieren. Dazu kann ein vorstrukturiertes Raster dienen:
- ein Bogen Packpapier (etwa 150 cm × 150 cm) wird in mehrere Felder aufgeteilt,
- aus einem Kartensatz von 10 bis 20 Stichwörtern können die Teammitglieder die Titel der einzelnen Felder selbst auswählen, z. B. „Problem", „Soll-Ideen", „Maximen", „Ist-Zustand", „Wissenslücken", „Suchstrategien", „Widerstände", „Kritik", „Prognose", „Aufwand" usw.

Problem (Thema)	
IST-KRITIK	SOLL-IDEEN (beliebig formuliert)
MAXIMEN	bitte ergänzen
ZIELE	(Abfrage bei Präsentation)
BETEILIGTE/BETROFFENE	
WIDERSTÄNDE	
	AUFWAND/NUTZEN

▷ Die Antworten bzw. Stichwörter werden in eine Tabelle eingetragen, Mehrfachnennungen werden gekennzeichnet, Synonyme zusammengefaßt und 20 bis 30 Aussagen ermittelt. Die Rangfolge wird nach einer *Bewertungstechnik* für Gruppen festgelegt.

▷ Die 4 bis 6 ranghöchsten Stichwörter, die die Gruppentendenz repräsentieren, sind Ausgangspunkt für die Bildung von Kleingruppen bzw. werden ihrer Reihenfolge nach vom Gesamtteam abgearbeitet (ausschlaggebend dafür ist die Größe des Teams bzw. die Komplexität des Problems).

▷ Die Problemplakate werden – soweit der Entwurf von Kleingruppen erstellt wurde – dem Plenum vorgetragen. Kritik und Ergänzungen sind dabei zu berücksichtigen.

▷ Die einzelnen Probleme werden entsprechend den vom Team entworfenen Problemplakaten abgearbeitet (d.h., alle in den einzelnen Feldern dargestellten Überlegungen und Aktionen sind Grundlage für die gemeinsame Weiterarbeit).

Als Rahmen für eine Diskussion über die Vorgehensweise bei der Lösung bereits definierter und beschriebener Probleme kann eine vereinfachte Form des Problemplakats dienen.

Beispiel:

PROBLEM	KRITERIEN	ANALYSE
Soll eine Materialart lagermäßig geführt oder auftragsgebunden bestellt werden?	Zugriffshäufigkeit, Wert je Verbrauchsposition	anhand der Bestell- und Verbrauchsbelege zurückliegender Zeiträume
		Prognose der Produkte, in denen die Materialart enthalten ist.
↑	↑	↑
Definiertes Problem liegt vor	Diskussionsergebnis: Kriterien für eine Entscheidung	Diskussionsergebnis: Notwendige Arbeiten, um Aussagen zu den Kriterien zu erhalten

Scenario (Problemlandkarte)

Das Scenario – eine visualisierte Strategie – ist im allgemeinen das zusammengefaßte Ergebnis eines Entscheidertrainings, kann aber auch die Übersicht oder das Fazit zu einem Informationsmarkt darstellen. Es zeigt

▷ den Stand mittel- und langfristiger Überlegungen,

▷ Alternativen, Tendenzen, Übereinstimmungen und Meinungsverschiedenheiten,

▷ Prognosen und verarbeitungsfähige Utopien,

▷ Felder und Schwerpunkte für künftige Aktivitäten innerhalb und außerhalb des Systems und

▷ den abzudeckenden Lernbedarf der Gruppenmitglieder.

Bei der Erstellung von Scenarien ist zu beachten, daß die Darstellung für Außenstehende präsentationsfähig sein muß und damit einen Prozeß der Diskussion und Weiterarbeit in Gang setzen soll.

Daher keine Perfektion!

Es gibt kein endgültiges Scenario. Jedes Scenario zeigt nur den jeweiligen Stand der Überlegungen, Einsichten und Konflikte. Die Kunst der Scenario-Erstellung liegt im „Weglassen" und in der Differenzierung zwischen Wesentlichem und Unwesentlichem.

Im Rahmen eines ET dient das Scenario als Grundlage für Folgeaktivitäten, wie:

▷ Aufstellung des Tätigkeitskataloges,

▷ Festlegung des Informationsweitergabeprogrammes über das ET und

▷ Festlegung von Strategien, d.h. Aufzeigen von Aktionen sowohl im Rahmen von Planungen als auch in der Linie und zur Abdeckung des Lernbedarfs.

Kommunikationstechniken

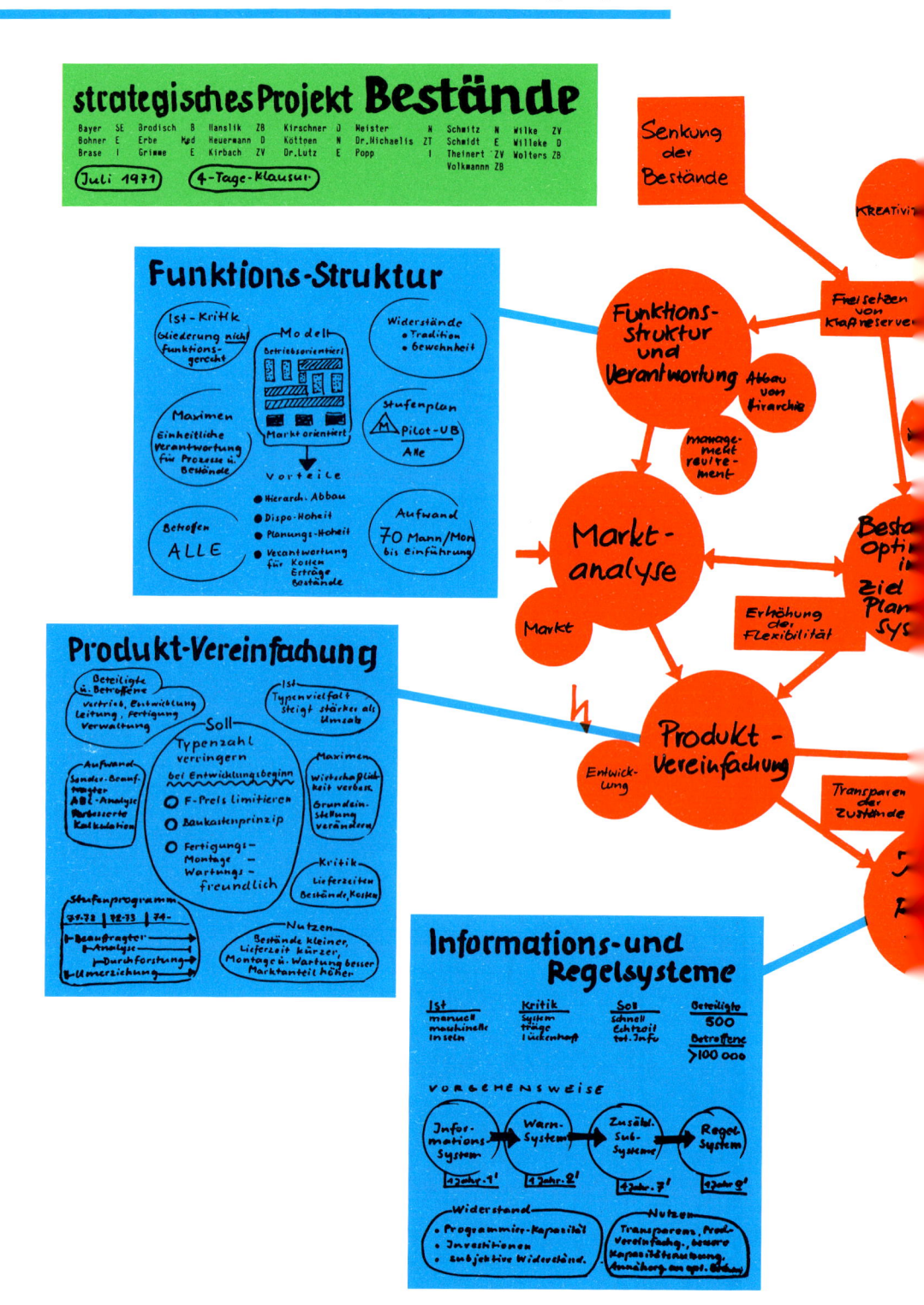

Darstellung von
Gruppenergebnissen

Darstellung von Gruppenergebnissen

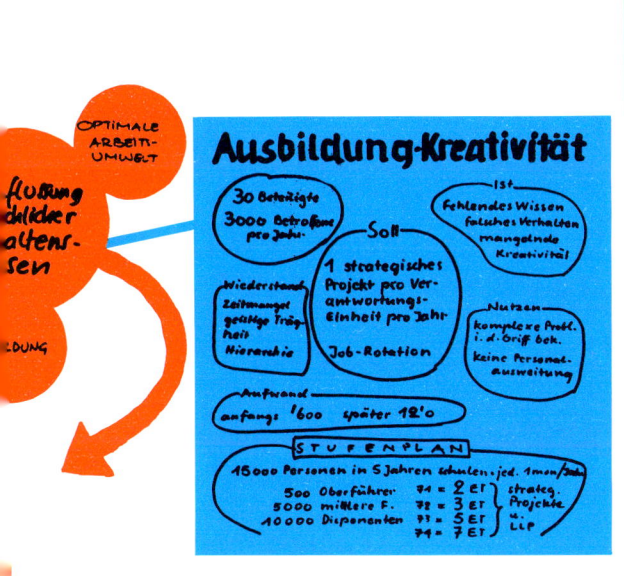

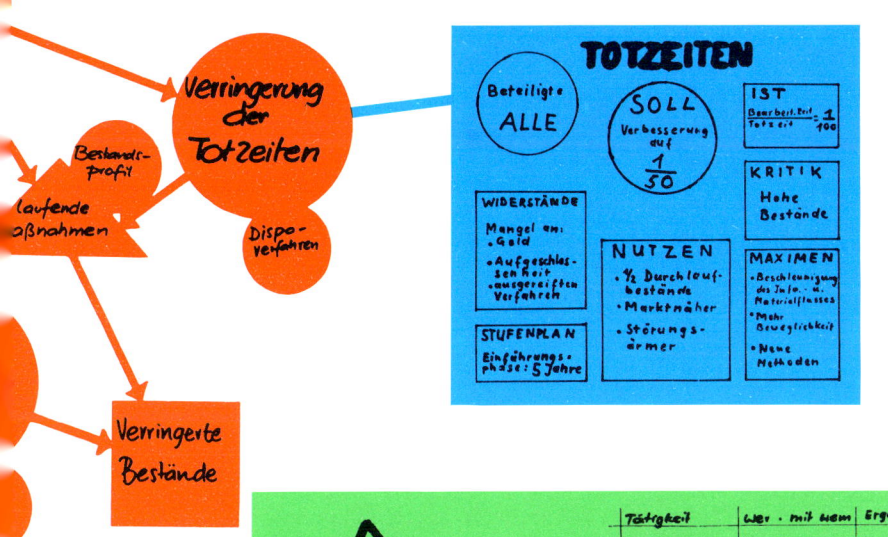

Kommunikationstechniken

Im allgemeinen wird man ein Scenario auf Packpapier erstellen (Größe bis zu 20 m²). Bei der gemeinsamen Arbeit am Scenario sollten alle vorhandenen Unterlagen zusammengefaßt, aber nichts Neues mehr erfunden werden! Dieser Vorgang kann 2 bis 3 Stunden dauern und damit beginnen, daß alle behandelten Themen auf bunte Kartonscheiben geschrieben und diese auf der Packpapierfläche ausgelegt und kombiniert werden, bis Themenkomplexe und deren Zusammenhänge sichtbar sind. Die Beziehungen zwischen den Problemschwerpunkten werden durch Pfeile dargestellt, so daß eine erste Übersicht entsteht. Danach wird das gesamte erarbeitete Material nach den gefundenen Themenkomplexen gesichtet und eventuell noch einmal in Kleingruppen zusammengefaßt und aufbereitet (z. B. in Form von Flip-charts), bevor es in das Scenario eingebracht werden kann.

Es gibt keine generelle Darstellungsregel für die Erarbeitung einer Problemlandkarte. Gewöhnlich wird man links oben mit der „Ist-Kritik" beginnen und – entsprechend dem Ergebnis – nach rechts unten auf die Strategie hinführen bzw. dort Raum für den angesichts des Scenarios noch zu erstellenden Tätigkeitskatalog freilassen. Meist finden am Scenario noch die letzten Bewertungen der Gruppe im Hinblick auf den gemeinsamen Aktionsplan statt.

Tätigkeitskatalog

Der Übergang von der durch Gruppen entwickelten Strategie zur Handlung findet seinen Ausdruck im Tätigkeitskatalog. Dieser stellt ein Arbeitsprogramm für etwa 8 Folgewochen dar und muß ständig überarbeitet und dem aktuellen Stand angepaßt werden. Das gemeinsame Formulieren der Tätigkeiten sowie die freiwillige Zuordnung erlauben es jedem Teilnehmer, seine Kenntnisse und Fähigkeiten nach eigener Einschätzung in die Arbeit einzubringen und dabei seine Kooperationspartner selbst zu wählen. Im Tätigkeitskatalog wird also sichtbar, wer sich bei den folgenden Aktionen engagieren will.

Im Rahmen von Organisationsplanungen kann jeweils für die verschiedenen Planungsphasen ein Tätigkeitskatalog als Aktionsplan ausgearbeitet und als Kontrolle (= „Papierhierarch") des Arbeitsprogrammes benutzt werden.

Im Rahmen eines ET wird sichtbar, daß nur derjenige, der Arbeitszeit zur Verfügung stellt, die Chance hat, den Entscheidungsprozeß weiter zu beeinflussen.

Beobachtungen zeigen, daß sich Gruppen meist wehren, wenn es darum geht, sich in ihrem Engagement festlegen zu müssen. Meist wird akute Arbeitsüberlastung ins Feld geführt und für zeitliche Verschiebung argumentiert. Unsichere Gruppen umgehen häufig die Aufgabe, neue Konzepte zu verwirklichen, indem sie ihre Tätigkeiten auf Bestandsaufnahmen beschränken.

lfd. Nr.	0	1	2		R	Tätigkeit	Wer	Mit wem	Start	Stop	Dauer	Art des Ergebnisses	Bemerkung
1	3	9	5	19	5	Liste von Konfliktpersonen erstellen	Maier	Schultze Vogel Betriebe	30.8.	10.9.	2 Tage	Liste	
2	–	3	14	31	1	Bestandshöhe und Termine festlegen	Bischof	Fritsche Lindner		1.10.		Tabelle Grafik	
3	1	14	2	18	6	Schreibkräfte besorgen auch Werkstudenten usw.	Zimmermann	Personalbüro	30.8.	15.9.			Zwischenlösung
4	3	6	8	22	3	Umfrage im Betrieb zu Umsatzentwicklung nach Hauptprodukten	Martin	Maier Fritsche		1.10.		grafische Darstlg. Tabellen	Teilergebnis
5	11	13	3	19	5	Vorbereitung der Durchlaufzeitenuntersuchung	Lindner	Team	1.10.	15.10.		Vorschlag	
6	11	4	2	8	12	Urlaubsregelungen feststellen	Maier	alle	30.8.	30.8			
Bewertungsspalten (Bewertung nach Schiedsrichterverfahren)	:	:	:	:	:	:	:	:	:	:	:	:	:

Der Tätigkeitskatalog, der u.a. aus einem Scenario entstehen kann, soll

▷ auf großem Packpapier (3 m × 1,5 m) visualisiert sein,

▷ den Koordinator, Gruppenleiter oder Hierarchen ersetzen (= „Papierhierarch"),

▷ laufend neuen Erkenntnissen aus dem Planungsprozeß angepaßt werden und

▷ im Planungsraum ausgehängt sein.

Hinweise zur Erstellung eines Tätigkeitskataloges:

▷ Die Tätigkeiten werden im Plenum gemeinsam formuliert.

▷ Es sollen keine Tätigkeiten aufgeschrieben werden, für die in der Spalte „wer" kein Name eines Anwesenden steht („wer" bedeutet: Initiator der Tätigkeit, der mit ausführen kann, aber nicht muß).

▷ Es sollen keine Tätigkeiten aufgenommen werden, die über 8 Wochen Arbeitszeit benötigen.

▷ Die Reihenfolge des Auflistens der Tätigkeiten ist gleichgültig, da
- zeitliche Prioritäten durch die Spalten „Start" und „Stop" sowie „Dauer" festgelegt sind und
- qualitative Prioritäten durch Rangzahlen (Spalte „R") nach einer *Bewertungstechnik* ermittelt werden.

Durch die Erstellung eines Tätigkeitskataloges gibt es in der Gruppe keinen Beeinflusser mehr, der nicht mitarbeitet. Die Moderatoren sollten darauf achten, daß die Gruppen auch schwierige Aufgaben wahrnehmen, z. B. neue Wege aufzuzeigen und diese in die bestehenden Organisationen einzubringen.

Moderation

Überall, wo Menschen in Gruppen an einem Problem zusammenarbeiten (Planungsteam, ET, Konferenzen), verwenden sie einen großen Teil ihrer Energie dafür, ihre augenblicklichen Denk- und Verhaltensweisen nicht aufgeben zu müssen. Sie versuchen, alle Erfahrungen bzw. Informationen für sich „passend" einzuordnen.

Die häufigsten Vorwürfe z. B. gegenüber dem bisherigen Konferenzstil lauten:

- ungleiche Gesprächsbeteiligung der Teilnehmer
- zu lange Anlaufzeit (z. B. langwierige Grundsatzdiskussionen)
- lange Monologe („Alleinunterhalter")
- häufiges Abweichen vom Thema (Rechtfertigungen, persönliche Leistungsdarstellungen)
- zu wenig gemeinsame Ergebnisse (geringe Entscheidungs- und Handlungszwänge im Hinblick auf die Zielsetzung)
- persönliche Interessenkonflikte und Machtkämpfe blockieren gemeinsame Lösungssuche und -findung

Dies steht jedoch im Widerspruch zu den Zielen jeder Zusammenarbeit in Gruppen:

▷ gemeinsames Problembewußtsein
▷ kooperatives Verhalten bei der Meinungsbildung, den Entscheidungen und Handlungen
▷ Ausgleich von Informationsgefällen
▷ zielorientierter Gesprächsverlauf
▷ Kreativität und Innovationsfreudigkeit
▷ effizienter Ablauf (Zeit-Nutzen-Relation)
▷ interessante und lebendige Gestaltung (Motivation)

Die Erfahrung hat gezeigt, daß ungesteuerte Gruppen diese Ziele selten, hierarchisch gelenkte Gruppen diese nie erreichen. Die Alternative heißt: **Moderation statt Führung!**

„Menschen, die methodische Unterstützung für problemorientierte kooperative Gruppen leisten, nennen wir Moderatoren. Moderatoren sind nur in bestimmten Phasen der Gruppenarbeit sinnvoll. Eine dieser Phasen ist das Entstehen der Gruppen."

(W. Kasprzik, Metaplan-Reihe 3, 1973)

Moderatoren haben die Aufgabe,

▷ die psychische Energie, die zur Stabilisierung der vorhandenen „Ordnung" aufgewandt wird, durch Provokation freizusetzen und

▷ diese Energie durch Aufzeigen und Einführen eines Modellverhaltens in Richtung der Problemlösung zu kanalisieren.

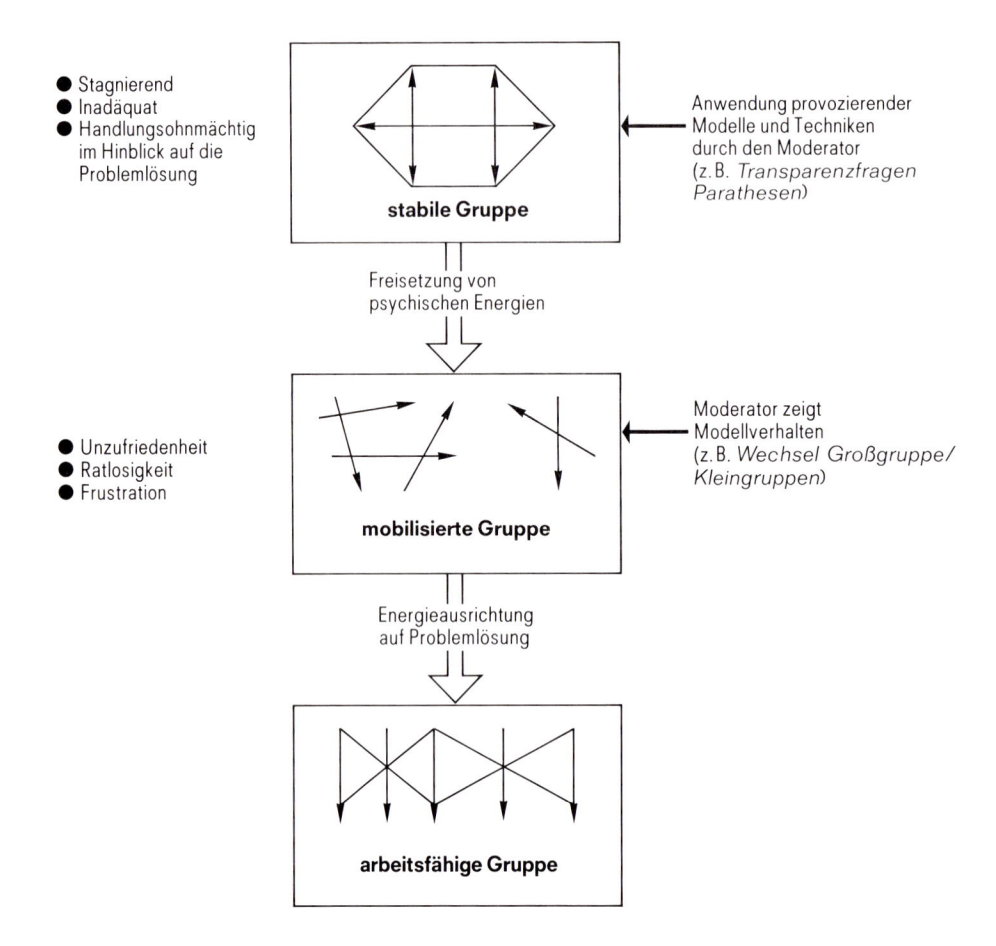

- Stagnierend
- Inadäquat
- Handlungsohnmächtig im Hinblick auf die Problemlösung

stabile Gruppe

Anwendung provozierender Modelle und Techniken durch den Moderator (z.B. *Transparenzfragen Parathesen*)

Freisetzung von psychischen Energien

- Unzufriedenheit
- Ratlosigkeit
- Frustration

mobilisierte Gruppe

Moderator zeigt Modellverhalten (z.B. *Wechsel Großgruppe/ Kleingruppen*)

Energieausrichtung auf Problemlösung

arbeitsfähige Gruppe

Da jede Gruppe situationsbedingt unterschiedlich reagiert, können die Schritte der Moderation nicht allgemeingültig beschrieben werden. Als Beispiel mag das im Ablauf geschilderte *Entscheidertraining* (s. S. 239 ff) gelten.

Dagegen gibt es einige wesentliche Verhaltensregeln, die bei der Moderation beachtet werden müssen. Prinzipiell ist es besser, wenn mehrere Moderatoren zusammenwirken (bei Gruppen über 10 Personen) oder einzelne alternierend agieren (z. B. aus dem Planungsteam).

▷ Spielregeln (z. B. *Diskussionsregeln*) bekanntgeben und kontrollieren!

▷ Sachlich verschleierte oder echte Sozialkonflikte innerhalb der Gruppe bewußt machen und auf die Sachebene zurückführen!

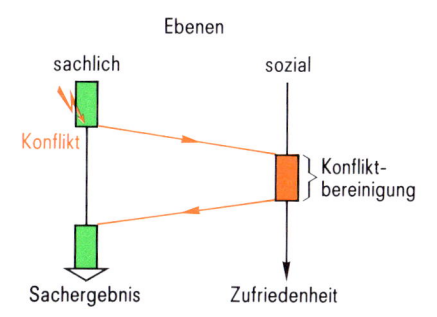

▷ Kreativität der Gruppe und ausgewogene Kommunikation zwischen den Teilnehmern fördern!

▷ Aktivitäten aller Teilnehmer anregen, ohne selbst Mittelpunkt der Gruppe zu werden!

▷ Entscheidungssituationen und Entscheidungszwänge schaffen!

▷ Ergebnisse und Konsequenzen festhalten (*Problemplakat, Scenario*) sowie Engagement für Folgeaktivitäten erzeugen (*Tätigkeitskatalog*)!

▷ Fragen stellen, statt Antworten oder Lösungen zu geben!

Die Fragestellungen müssen antwortorientiert sein und setzen deshalb die Kenntnis möglicher Antwortalternativen in ihrer Struktur voraus.

Welche Antworten sind zu erwarten?		
sachliche?	**emotionale?**	**neutrale?**
● Fakten/Wissen ● Ideen ● Erfahrungen ● Meinungen ● Bewertungen	● Haltungen ● Stimmungen ● Provokationen	● Schweigen ● Ja/Nein ● Leerformeln (z.B. Killerphrasen)

Gezielt fragen!

⇨ **Abfrage-Technik**

Die als neutral eingestuften Antwortmöglichkeiten haben wenig Erkenntniswert für die Gruppe und sollten deshalb nicht herausgefordert werden!

Eine spezielle Form der Fragestellung sind **Parathesen.**

Jede Parathese besteht aus zwei Thesen, in denen unterschiedliche Handlungsperspektiven zu einem gemeinsamen Problem formuliert sind. Die Gruppe muß durch eine Bewertung unterscheiden, welcher Handlungsperspektive oder These sie den Vorzug gibt.

Der Einsatz von Parathesen erfolgt in Phasen der Passivität. Sie sind als eine Herausforderung der Moderatoren an die Gruppe zu sehen. Ihre Bildung erfolgt aufgrund verarbeiteter Informationen aus der Vorphase bzw. aus Interviews mit den Beteiligten (s. S. 235 ff). Es sollten nicht mehr als fünf bis acht Parathesen gleichzeitig gebildet werden.

Parathesen werden bei anonymer Abfrage auf DIN-A4-Blätter geschrieben und den Teilnehmern mit der Aufforderung übergeben, jeweils die These anzukreuzen, welche sie für sehr zutreffend (++) oder zutreffend (+) halten. Alle Einzelergebnisse werden in einem weiteren Schritt auf einen großen Bogen übertragen und zusammengefaßt vorgestellt.

Beispiel:

	++	+	+	++	
Der Auftragseingang gibt uns verwertbare Hinweise auf einen Konjunkturaufschwung					Wenn wir den Konjunkturverlauf im voraus erkennen wollen, müssen wir den Auftragseingang kritisch beobachten
Die Organisationsstruktur zeigt, daß eine wirtschaftliche Gestaltung der Abläufe nicht möglich sein wird					Wirtschaftliche Abläufe erreichen wir nur, wenn wir auch Strukturen ändern

Ziel einer Parathese ist es, ein Thema zu problematisieren. In den angeführten Beispielen werden jeweils der Auftragseingang und die Organisationsstruktur in zwei unterschiedliche Handlungszusammenhänge gebracht. Will man der Gefahr entgehen, in unverbindlichen Grundsatzdiskussionen steckenzubleiben, ist es notwendig, die Gruppe insbesondere für die Formulierung von Zielvorstellungen mit solchen alternativen Handlungsmustern zu konfrontieren.

Von der Gruppe werden die formulierten Parathesen meist kritisiert. Es wird darauf hingewiesen, daß keine richtigen Alternativen vorliegen. Aus einer solchen Reaktion kann geschlossen werden, daß die Parathesen Tatbestände aufzeigen, die direkt in die Tätigkeitsfelder von Gruppenmitgliedern hineinwirken. Da es bei der Arbeit mit Parathesen nicht darum gehen darf, persönliche Angriffe zu formulieren, sind folgende Hinweise zur Erstellung von Parathesen wichtig:

▷ Die Parathesen sollen so formuliert sein, daß Ja/Nein-Entscheidungen vermieden werden und statt dessen Entscheidungen vom Typ „eher als" herbeigeführt werden.

▷ Tätigkeiten der Teilnehmer sollten nie in den Parathesen erscheinen, sondern nur Geschehnisse größerer Organisationseinheiten, in denen die Teilnehmer tätig sind.

Je unterschiedlicher die Parathesen bewertet werden, desto eher werden dadurch Konflikte der Teilnehmer sichtbar. Es ist Aufgabe der Gruppe, zu formulieren, um welche sachlichen/sozialen Konflikte es sich dabei handelt. Moderatoren sollten sich hüten, dies vorweg selbst zu tun. Da Parathesen Themen ergeben sollen, die bei der Gruppe das Verlangen nach sofortiger Bearbeitung (z. B. in Kleingruppen) erzeugen, sollten uninteressante Parathesen, die das Problem nicht treffen, gestrichen werden.

Gruppen reagieren auf Vorschläge der Moderatoren höchst unterschiedlich; deshalb gibt es kein Rezept dafür, was in welcher Situation zu tun ist.

Situation in Gruppen	Maßnahmenvorschlag
Monologe von Teilnehmern • zur Selbstdarstellung • zur Meinungsdurchsetzung • wegen Passivität anderer	• Karte mit Aufschrift „30 s" hochhalten • Aufforderung, die Aussagen zu visualisieren • Anonyme Kärtchenabfrage zu den Äußerungen • Aussagen durch Gruppe bewerten lassen • Transparenzfragen stellen • Killerphrasen sammeln
Sachliche Meinungsunterschiede • wegen unterschiedlichen Wissens • wegen unterschiedlichen Informationsstands	• Transparenz nach Lernbedarf oder Informationsbedarf • Bestandsaufnahme von Wissen und Informationen (evtl. in Kleingruppen) • Gemeinsame Strategieentwicklung für Deckung von Lern- und Informationsbedarf
Gegensätzliche Interessen (Gruppenengagement durch Ausspielen von Fachwissen töten)	• Rollenspiel der Interessenvertreter • Pro-und-Kontra-Spiel • Interesse der Gruppe abfragen • Interessenlage durch Kleingruppe darstellen lassen
Persönliche Differenzen zwischen den Teilnehmern	• Zuordnung der Kontrahenten zu verschiedenen Kleingruppen • Erweiterung des Diskussionskreises • Wechsel der Kontaktpersonen
Desinteresse der Gruppe	• Interessenlage abfragen • Gruppenmeinung über Situation und Verhalten abfragen • Pro und Kontra über vorhandenes/nichtvorhandenes Interesse • Provozierende Äußerungen gegenüber der Gruppe • Parathesen
Abhängigkeitsgefühle einzelner, hierarchische Selbstbestätigung anderer	• Offenlegung des Problems durch Moderatoren (und evtl. Gruppenmitglieder) • Hilfe durch Dritte • Bildung von Koalitionen • Aufzeigen von Verhaltensweisen
Ablehnung der Moderatoren	• Diskussionsleitung auf andere Gruppenmitglieder übertragen • Gruppe allein arbeiten lassen (wenn es gut geht, Moderatoren nach Hause schicken) • Neufestlegung der Spielregeln • Pro-und-Kontra-Spiel über Moderation
• Abwälzen↔Einmischen • Prestigedenken • Rechtfertigung • Lokalpatriotismus • falsche Information • Vorurteile	• Transparenzfragen • Themen abfragen • Pro-und-Kontra-Spiele • Rollenspiele • Utopiespiele • Bewertungen • Kleingruppenarbeiten

Der vorstehende **Maßnahmenkatalog** ist – aufgebaut auf bisherigen Erfahrungen – kein Erfolgsrezept, sondern soll Hinweise auf methodische Möglichkeiten geben.

Die Kunst der Moderation liegt nicht so sehr im Einsatz von Techniken, sondern vielmehr darin, den Gruppenprozeß zu beobachten und zu erkennen, um durch die situationsgerechte Anwendung von Spielregeln und Techniken richtig darauf zu reagieren. Das Aufnehmen von spezifischen Gruppensituationen verlangt eine ausgeprägte Problem- und Situationssensibilität. Dazu gehört auch, daß der Moderator seine eigene Reaktion und die Wirkung, die er bei der Gruppe hervorruft, wahrnimmt und bei seinem Verhalten berücksichtigt.

Es ist daher falsch, zu meinen, nach der Teilnahme an einem ein- bis zweitägigen „Moderatorentraining" – bei dem primär Techniken geübt werden – selbst Gruppen moderieren zu können. Es ist gefährlich, Gruppen in die Hand von Laien zu geben, die z.B. noch nicht genügend unterscheiden können, wann Provokation eine Gruppe aktiviert und wann sie eine Gruppe hemmt. Ungenügende Moderation verstärkt Verhaltensstörungen in der Gruppe (siehe Maßnahmenkatalog) und bringt die Methoden interaktiver Gruppenarbeit (z.B. das ET) in Mißkredit.

Voraussetzungen für einen Moderator sind in jedem Fall:

▷ Einfühlungsvermögen in gruppendynamische Vorgänge,
▷ **Erkennen** von Gruppensituationen und der situationsgerechten Einsatzmöglichkeit von Spielregeln und Techniken,
▷ Kenntnis des Methodeninstrumentariums,
▷ Motivations- und Aktivierungsfähigkeit im Hinblick auf Gruppenleistungen,
▷ unabhängige Stellung gegenüber den Teilnehmern,
▷ keine Ergebnisorientierung des Moderators – die Gruppe formuliert Ziele und Ergebnisse selbst.

Das Entscheidertraining (ET)

ist eine Zielfindungsklausur von 3 bis 5 Tagen, in der das Wissen und Wollen einer Gruppe zu handlungsorientierten Strategien führt.

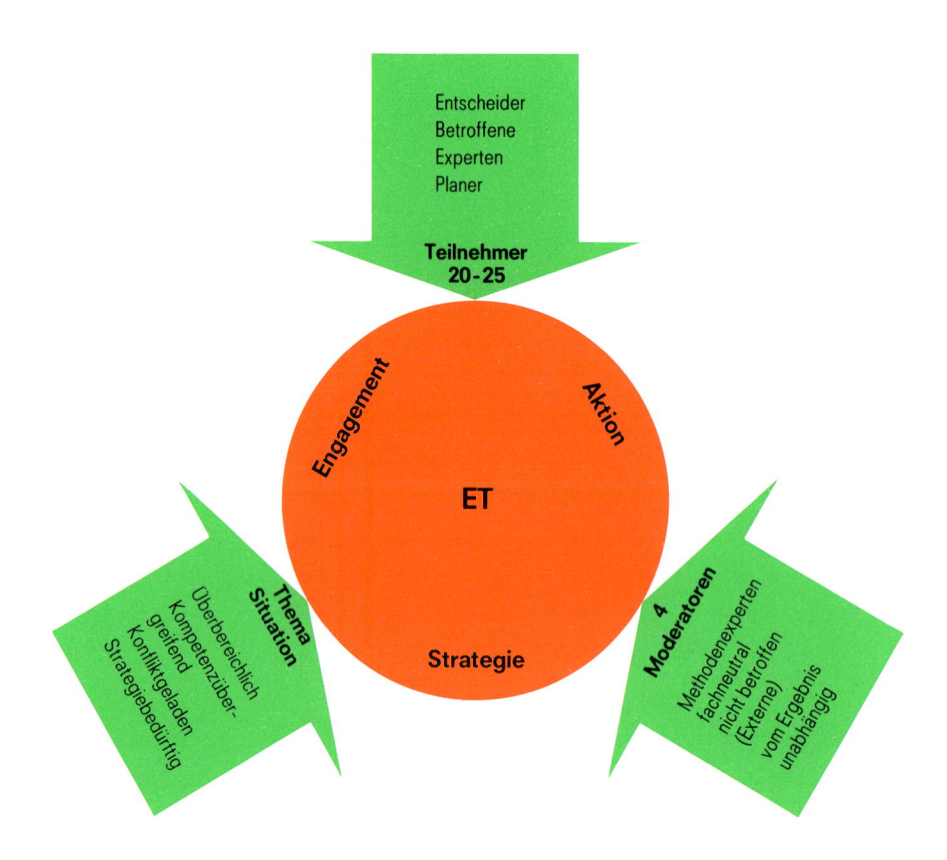

Teilnehmer 20-25
Entscheider
Betroffene
Experten
Planer

ET
Engagement
Aktion
Strategie

Thema Situation
Überbereichlich
Kompetenzübergreifend
Konfliktgeladen
Strategiebedürftig

4 Moderatoren
Methodenexperten
fachneutral
nicht betroffen
(Externe)
vom Ergebnis unabhängig

Als Kooperationsverfahren basiert das ET auf den Erkenntnissen der Gruppendynamik und stellt eine Kombination von Problemfindungs-, Problemstrukturierungs- und Lernmethoden dar. Es erhebt jedoch nicht den Anspruch, bereits fertige Problemlösungen zu liefern.

Ein „Training" mehr? –

fragt man sich wahrscheinlich. Neben Kreativitäts**training**, Management**training**, Rhetorik**training**, Sensitivity**training** nun also auch noch ein **Entscheidertraining**! Betrachten wir doch einmal die bisherigen Formen der Trainings.

Was trainieren sie?
Fähigkeiten, die bei uns allen – Organisatoren und Planer, Manager in Industrie und Verwaltung, Politiker, Lehrer – aufgrund unserer Erziehung zu wenig ausgeprägt sind.

Wie trainieren sie?
So, daß wir lernen, etwas besser zu tun und anzuwenden, indem wir es tun und anwenden („learning by doing").

Wen trainieren sie?
Einzelne in Gruppen – also trainieren sie auch die Zusammenarbeit. Jedoch: in welchen Gruppen? Da sitzt z. B. der Verkaufsleiter einer mittelgroßen Werkzeugfabrik neben einem Journalisten, einem Sparkassenfilialleiter, dem Kreisvorsitzenden einer Partei, dem Manager eines Industriekonzerns, dem Amtmann einer Stadtverwaltung. Alle Teilnehmer sind von **verschiedenen** Organisationen geschickt, weil es in diesen Organisationen – Werkzeugfabrik, Verlag, Sparkasse, Partei, Industriekonzern, Stadtverwaltung – schwierige Aufgaben und Probleme gibt, die nur zu lösen sind, wenn die darin agierenden Menschen kreativ sind, wenn sie richtig entscheiden, gut reden, ihre Fähigkeiten richtig einsetzen und ihre Schwächen erfolgreich abbauen können – und wenn sie fähig sind zur Zusammenarbeit.

Für den einzelnen sind viele dieser Trainings sehr erfolgreich. Sind sie damit ebenso erfolgreich für die Organisation, aus der er kommt und in die er wieder zurückkehrt? Das muß stark in Zweifel gezogen werden, wenn man sich der Tatsache bewußt ist, daß diese Trainingsveranstaltungen die einzelnen Teilnehmer in unverbindlichen Situationen („Seminarstimmung") kooperieren lassen sowie an Problemen „von nebenan" („Wer von Ihnen, meine Herren, kennt ein Problem, an dem wir zusammen üben können?") oder an beliebigen „Laboratoriumsproblemen" („Stellen wir uns vor, wir müßten zusammen das ideale Verkehrsmittel für das Jahr 2000 erfinden!").

Tatsächlich reduziert die mangelnde Möglichkeit, das erworbene Können in der Praxis der eigenen Organisation anzuwenden, den Zufriedenheitsgrad der Trainingsteilnehmer oft erheblich. Meist bleibt nichts anderes übrig, als ziemlich bald ernüchtert wieder zur Tagesordnung überzugehen. Auf der anderen Seite sind aber auch die Erwartungen der Organisationen an ihre „Trainierten" merkwürdig gering. Eine Ursache dafür mag die mangelnde Erfahrung sein, von Seminarteilnehmern bisher wirkliche Impulse erhalten zu haben, mit Sicherheit jedoch das Mißtrauen der „daheimgebliebenen" Bezugspartner gegenüber allem Neuen und Unbekanntem (mit dem Geruch des Elitären), was „von draußen" mitgebracht wird.

Nicht „ein Training mehr" will das ET sein, sondern eine Alternative!

Die Konzeption des Entscheidertrainings (etwa 1970 durch die Beratungsgesellschaften METAPLAN GmbH und Quickborner Team entwickelt) geht davon aus, daß die Voraussetzungen zur Bewältigung von Aufgaben und Problemen einer Organisation in der Lernbereitschaft und Zusammenarbeit aller jeweils betroffenen Funktions-, Wissens- und Verantwortungsträger dieser Organisation selbst liegen. Der erforderliche Lernprozeß muß in der aktuellen Situation und an den eigenen Problemen dieser Organisation stattfinden!

Nur durch uneingeschränkte Kommunikation aller Beteiligten wird die Tragweite von Problemen transparent und können tragfähige Zielvorstellungen und Lösungsansätze entwickelt werden. Vereinzeltem Unbehagen dagegen fehlt die Beweiskraft von Fakten.

Häufig werden bei organisatorischen Umgestaltungsprozessen die Organisationen als „Objekt" betrachtet, ohne die von den Veränderungen betroffenen Menschen entsprechend zu berücksichtigen. Das ET will diese Trennung von Objekt (Organisation) und Subjekt (betroffene Menschen) verhindern und die Veränderung der Systeme mit der Veränderung der darin wirkenden Menschen kombinieren.

Hierin liegt die Bedeutung eines ET insbesondere im *Vorfeld der Organisationsplanung* (s. S. 17, 18, 20 ff). Hinzu kommt, daß von Entscheidern im allgemeinen die Phase der Zielfindung im Planungsverlauf ungern akzeptiert wird, weil sie die Zielsetzung oft nicht als Lernprozeß für Betroffene und Beteiligte auffassen, sondern sich mit der Vorgabe meist sehr genereller Ziele begnügen. Dabei werden Informationen zugrunde gelegt, die wegen ihrer Bekanntheit sofort Verständnis finden. Informationen mit hohem Neuheitswert würden dagegen bei der Realisierung einen hohen Lernaufwand des Systems voraussetzen, den man scheut. Die Gefahr derartiger Verhaltensweisen liegt darin, daß neue Ideen wenig Chancen einer Verwirklichung besitzen.

> Das von einem ET zu verabschiedende strategische Konzept ist eine Darstellung von Zielen, die langfristig angesteuert werden sollen, von Veränderungen, die mittelfristig einzuleiten sind, und von Maßnahmen, die kurzfristig ergriffen werden müssen. Daher kann der Teilnehmerkreis eines ET auch als „strategisches Gremium" verstanden werden.

Vorbereitung eines Entscheidertrainings

Im allgemeinen treffen bei einem ET Mitarbeiter aufeinander, die keine oder nur sehr wenige Erfahrungen in problemorientierter Gruppenarbeit haben. Da jede Gruppenarbeit auch selbsterfahrendes Verhaltenstraining ist, müssen die Umstände, unter denen die Teilnehmer bisher gearbeitet haben, als Basis für den Einstieg in das ET herausgearbeitet werden.

Da zum anderen der Erfolg stark von den Erwartungen der Teilnehmer abhängt, muß die Funktion des ET für den Problemlösungsprozeß schon vorher geklärt sein.

Beides ist Aufgabe der für das ET vorgesehenen Moderatoren.

Die Moderatoren sollen bei einem ET den Willensbildungsprozeß nicht fachlich, sondern im Ablauf – unter Berücksichtigung der jeweils in der Gruppe vorhandenen Tendenzen – steuern. Sie sollen der Gruppe helfen, kooperativ wirksam zu werden (*Moderation*).

Bei der Auswahl der Moderatoren ist deshalb zu beachten, daß es sich um fachneutrale Experten für Gruppenarbeitstechniken handelt, die vom Problem nicht betroffen und vom Ergebnis unabhängig sind. Moderatoren dürfen nicht parteiisch sein und keine Scheu vor Vertretern aus oberen Hierarchiestufen haben. In der Regel werden diese Voraussetzungen nur von Externen erfüllt.

Die Vorphase eines ET kann vier Elemente beinhalten:

▶ Gruppengespräch mit allen vorgesehenen Teilnehmern
▶ Einzelgespräche am Arbeitsplatz
▶ Beschaffung von Primär-Informationen
▶ Auswertung der Vorbereitungsphase

▶ Gruppengespräch mit allen vorgesehenen Teilnehmern

Bei dieser Zusammenkunft lernen sich Teilnehmer und Moderatoren kennen. Aus Fragestellungen und Äußerungen der Teilnehmer können die Moderatoren erste Schlüsse ziehen über die Problem- bzw. Konfliktsituation in der Gruppe, ihre Verhaltensweise und ihre Änderungsbereitschaft. Wichtig ist es dabei, der Gruppe klarzumachen, daß

▷ ein ET noch keine Probleme löst, sondern „nur" als Anfangspunkt oder Zwischenstation eines gemeinsamen Willensbildungs-, Lern- und Problemlösungsprozesses zu betrachten ist,

▷ die Situation offen sein muß, d. h. der Spielraum gemeinsamer Ergebnisse noch nicht durch unumstößliche Vorentscheidungen determiniert sein darf,

▷ keine wichtigen Wissens-, Funktions- und Verantwortungsträger zum Problem fehlen dürfen (die beim ET vertretene Kompetenz bestimmt z. B. die mögliche Größe eines späteren Planungsfeldes und den Umfang nachfolgender Aktionen),

▷ die permanente und ungestörte Anwesenheit sämtlicher Teilnehmer unbedingte Voraussetzung ist.

Falls diese Voraussetzungen im wesentlichen nicht erfüllt sind oder nicht hergestellt werden können, sollte auf die Durchführung eines ET besser verzichtet werden. Daneben besteht bei diesem Gruppengespräch die Gelegenheit, technische Details zum Ablauf zu besprechen und Termine für Einzelgespräche zu vereinbaren.

▶ Einzelgespräche am Arbeitsplatz

In diesen Gesprächen sollen die Teilnehmer ihre Einstellungen und Erwartungen darstellen. Der Moderator versucht, durch geschickte Fragestellungen einen Dialog zustande zu bringen, der mehr auf die Präzisierung von Meinungsäußerungen zum Problem abzielen sollte als auf die Mitteilung von Fakten.

▶ Beschaffung von Primär-Informationen

Erfahrungen zeigen, daß insbesondere in komplexen Organisationen viele Funktionen zu einem hohen Anteil aufgrund von Sekundärinformationen ausgeführt werden. Diese Informationen basieren auf Interpretationen tatsächlicher Zustände und genügen nicht, um Problemzusammenhänge zu erkennen.

Deshalb ist es zur Vorbereitung eines ET wichtig, sich Informationen zu einem Thema aus verschiedenen – möglichst gegensätzlichen – Informationsquellen zu beschaffen, um auf die Primärinformationen zu stoßen, auch wenn diese ihrerseits als Selbstdarstellungen verfälscht sein können.

Beispiel: Zusätzlich zu den im Verwaltungsbereich erhobenen Informationen über die Fertigungsdisposition wird man sich diese auch aus dem Bereich der Fertigungsdisposition selbst besorgen.

▶ Auswertung der Vorbereitungsphase

Aufgrund der gewonnenen Informationen können einige Fragen formuliert werden, die den Teilnehmerkreis auf seine Funktionen, Zielsetzungen und Widersprüche ansprechen. Diese Fragen werden in geeigneten Situationen während des ET (z. B. bei Passivität, Konfliktverdrängung) der gesamten Gruppe zur Beantwortung vorgelegt und bieten so den Moderatoren die Möglichkeit, den Gruppenprozeß erneut in Gang zu bringen und Engagement und Interesse zu wecken (*Parathesen*). Dabei ist zu vermeiden, daß durch die Formulierung bereits Lösungsmöglichkeiten vorweggenommen, nahegelegt oder ausgeschlossen werden.

Die während der Vorbereitungsphase erhaltenen Aussagen und Meinungen werden von den Moderatoren in keinem Fall an einzelne Teilnehmer weitervermittelt. Sie dienen allein den Moderatoren, um eventuell die Zusammensetzung der Teilnehmer für das ET noch zu korrigieren, jedoch besonders dazu, um während des ET entstehende Situationen richtig einschätzen und behandeln zu können!

Die für ein ET zu schaffenden organisatorisch-technischen Voraussetzungen entsprechen denen der Organisationsplanung (*Planungsraum, Arbeitsmittel und Arbeitsmaterial*).

Kommunikationstechniken — Entscheidertraining

Ablauf des Entscheidertrainings

Abgesehen von dem formalen Prinzip des ständigen Wechsels zwischen Plenums- und Kleingruppenarbeit (*Wechsel Großgruppe/Kleingruppen*) wird jedes ET anders ablaufen. **Gruppendynamische Prozesse wiederholen sich nicht gleichartig!**

Ablaufprinzip:

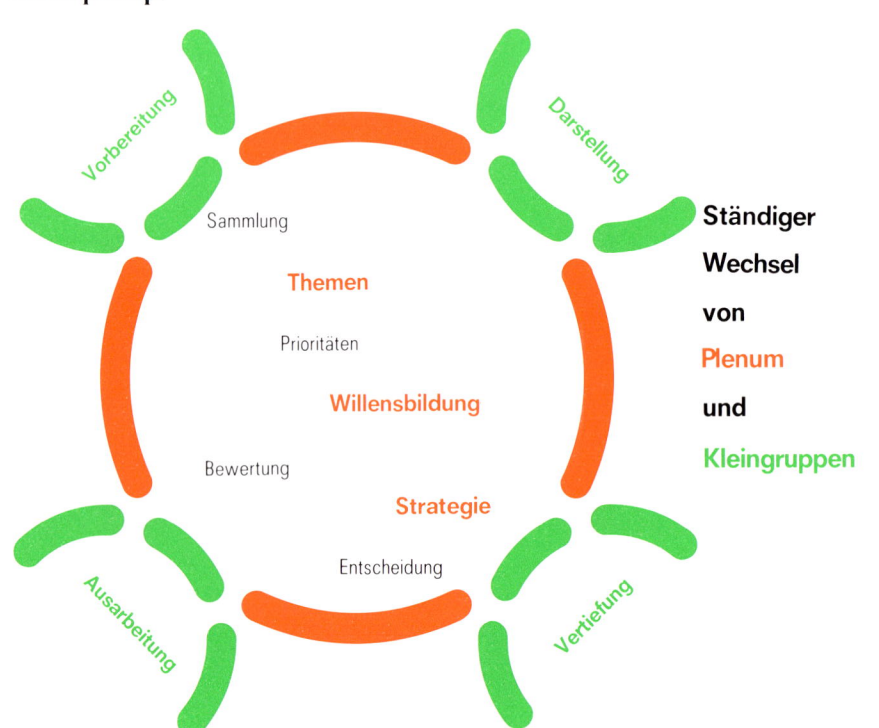

Kleingruppen (grün): Vorbereitung, Darstellung, Vertiefung, Ausarbeitung
Plenum (orange): Themen, Willensbildung, Strategie
Sammlung – Prioritäten – Bewertung – Entscheidung

Ständiger Wechsel von **Plenum** und **Kleingruppen**

Als Ablaufbeispiel wird hier das methodische Protokoll eines 4tägigen ET zum Thema „Bestände" vollständig wiedergegeben und erläutert.

Das **methodische Protokoll** wird während des ET laufend auf Flip-charts mitgeschrieben und beinhaltet den Ablauf im Hinblick auf die von den Moderatoren situationsabhängig eingesetzten Techniken (siehe Querverweise). Mit Hilfe dieses Protokolls lassen sich auch sämtliche entstandenen Arbeitsunterlagen in ihrer Reihenfolge den einzelnen Phasen zuordnen. Es besteht der Grundsatz, daß keine visualisierte Aussage verlorengehen darf, sondern daß simultan zum Ablauf alle erarbeiteten Unterlagen abgeschrieben, vervielfältigt und den Teilnehmern sofort zur Verfügung gestellt werden.

► 1. Phase

Die Gruppe hat das Bedürfnis nach konkreter Leistung, sie will Probleme lösen. Der Abstraktions- oder Komplexitätsgrad, mit dem die Teilnehmer das ET beginnen, liegt meist sehr niedrig. Tagesprobleme einzelner bestimmen den Beginn. Die Moderatoren versuchen, die Diskussion auf eine andere Ebene zu bringen, um das Thema komplexer zu sehen. Die Notwendigkeit dafür ergibt sich aus der Erkenntnis, daß eine Strategie – z. B. für Organisationsveränderungen im größeren Rahmen – nicht unter Beschränkung auf individuelle Interessen, individuelles Wissen und punktuelle persönliche Schwierigkeiten entwickelt werden kann. Es muß erst der „kleinste gemeinsame Nenner" gefunden werden.

Diese 1. Phase des ET ist gekennzeichnet durch eine ständige Erweiterung der Komplexität des Problems und ruft Unbehagen in der Gruppe hervor. Die Gruppe versucht, den Arbeitstag auszudehnen, um dem Gefühl zu entkommen, den ganzen Tag nur „palavert" zu haben. Sie will vorwärtskommen.

Eine zweite Tatsache ruft bei den Teilnehmern Unsicherheit hervor. Es gibt für das ET keinen geregelten Stundenplan, keine geregelten Pausen: die Teilnehmer oder Moderatoren müssen Pausen verlangen. Diese Form der Selbstbestimmung wird von den Gruppen meist nicht ernst genommen, da sie dem Moderator die Rolle des „Hierarchen" unterstellen. Daher nimmt die Gruppe auch dessen methodisches Angebot (die Spielregeln) an diesem ersten Tag willig an. Die Teilnehmer vermuten, daß Moderatoren alles nach einem geheimen Plan ablaufen lassen, daß sie die Gruppe mit gruppendynamischen Tricks manipulieren. Da die Moderatoren diese ihnen zugedachte Rolle nicht annehmen, werden erste Konflikte sichtbar.

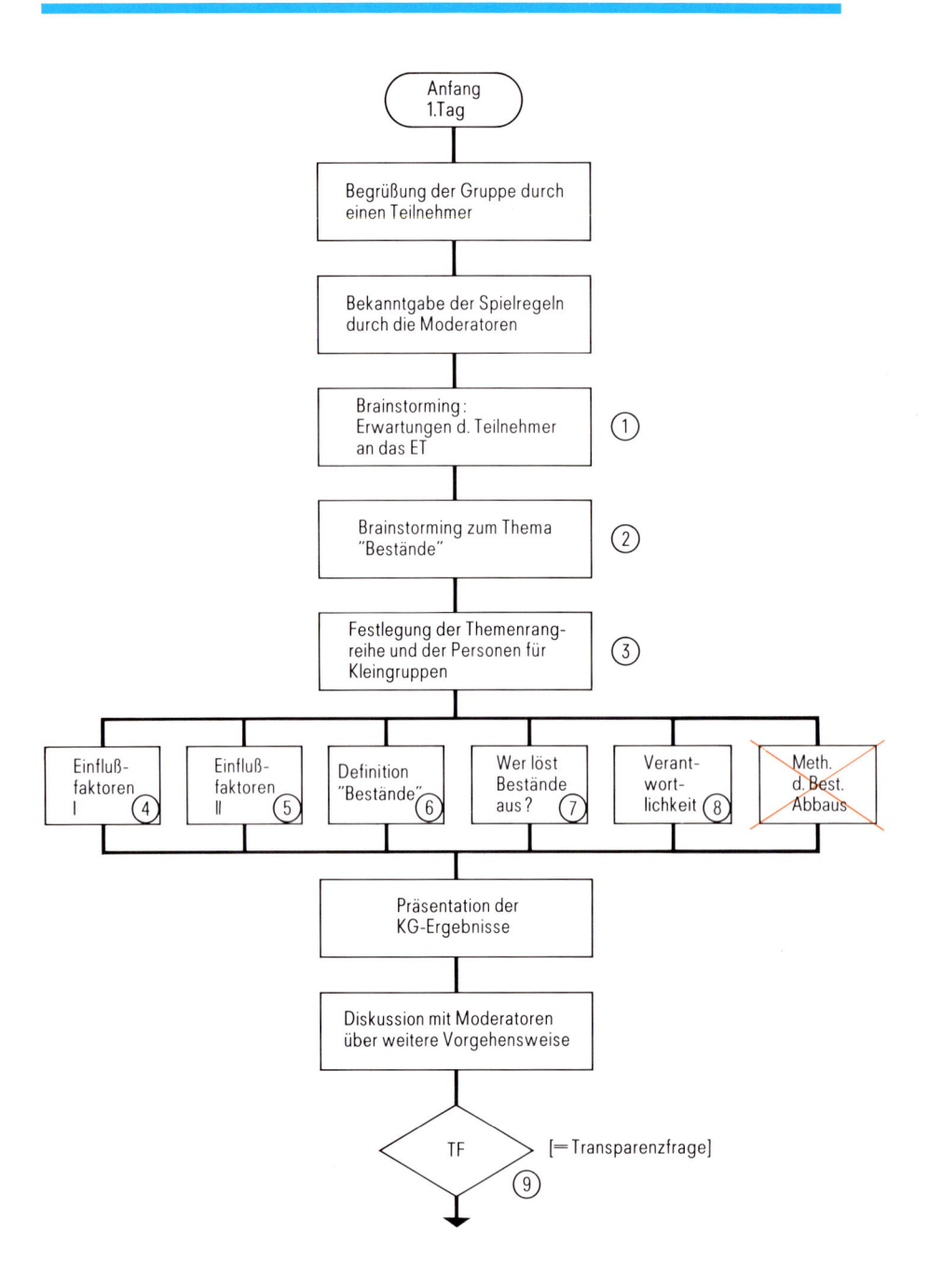

```
                    ┌─────────────┐
                    │   Anfang    │
                    │   1.Tag     │
                    └──────┬──────┘
                           │
              ┌────────────┴────────────┐
              │ Begrüßung der Gruppe durch │
              │ einen Teilnehmer          │
              └────────────┬────────────┘
                           │
              ┌────────────┴────────────┐
              │ Bekanntgabe der Spielregeln │
              │ durch die Moderatoren      │
              └────────────┬────────────┘
                           │
              ┌────────────┴────────────┐
              │ Brainstorming:          │
              │ Erwartungen d. Teilnehmer│──(1)
              │ an das ET               │
              └────────────┬────────────┘
                           │
              ┌────────────┴────────────┐
              │ Brainstorming zum Thema │──(2)
              │ "Bestände"              │
              └────────────┬────────────┘
                           │
              ┌────────────┴────────────┐
              │ Festlegung der Themenrang-│
              │ reihe und der Personen für│──(3)
              │ Kleingruppen             │
              └────────────┬────────────┘
```

| Einfluß-faktoren I (4) | Einfluß-faktoren II (5) | Definition "Bestände" (6) | Wer löst Bestände aus? (7) | Verant-wort-lichkeit (8) | ~~Meth. d. Best. Abbau~~ |

```
              ┌────────────┴────────────┐
              │ Präsentation der        │
              │ KG-Ergebnisse           │
              └────────────┬────────────┘
                           │
              ┌────────────┴────────────┐
              │ Diskussion mit Moderatoren│
              │ über weitere Vorgehensweise│
              └────────────┬────────────┘
                           │
                        ◇ TF ◇   [= Transparenzfrage]
                          (9)
                           │
                           ▼
```

Zu Beginn werden im Plenum nur einige wenige Spielregeln bekanntgegeben:
30-Sekunden-Regel, Aussagen sichtbar machen und ordnen (auf Kärtchen), *Bewertungsverfahren* für Gruppen

Diese Spielregeln werden im Verlauf des ET situationsgemäß ergänzt. *(Diskussionsregeln)*

Erstes Brainstorming zur Übung der Technik:
„Was erwarten Sie sich vom ET am Ende der 4 Tage?"

① Arbeitsunterlage 1 (Die Arbeitsunterlagen werden hier nicht wiedergegeben.)

Brainstorming zum eigentlichen Thema:
„Was fällt Ihnen zum Thema Bestände alles ein?"

② Stichwort-/Themenkatalog

Bewertung der Themen mit roten Punkten ergibt Prioritäten für Kleingruppen-(KG-)Themen. Die nicht bearbeiteten Themen fallen nicht unter den Tisch, sondern bleiben als Merkposten stehen. Die Zuordnung der Personen erfolgt durch freiwillige Meldung. *(Wechsel Großgruppe/ Kleingruppen)*

③

Für die Bearbeitung des Themas „Einflußfaktoren" liegen so viele Meldungen vor, daß 2 KG (à 5 Pers.) gebildet werden.
Für die Bearbeitung des Themas „Methoden des Bestands-Abbaus" finden sich keine Teilnehmer, obwohl es mit 9 Punkten Rang 5 erreichte.
Kleingruppenarbeit (20 bis 30 Min.)

④–⑧

KG-Ergebnisse meist in Form von *Problemplakaten!*
Aus den Diskussionen bei der *Präsentation* ergeben sich weitere Stichworte zum Thema Bestände, die vorgemerkt werden.

Versuch der Moderatoren, das Thema durch Ausweitung zu abstrahieren.

Von den Moderatoren gestellte TF:
„Wenn das ET nicht zum Thema Bestände stattfände, zu welchem Thema sollte es dann stattfinden?"

⑨

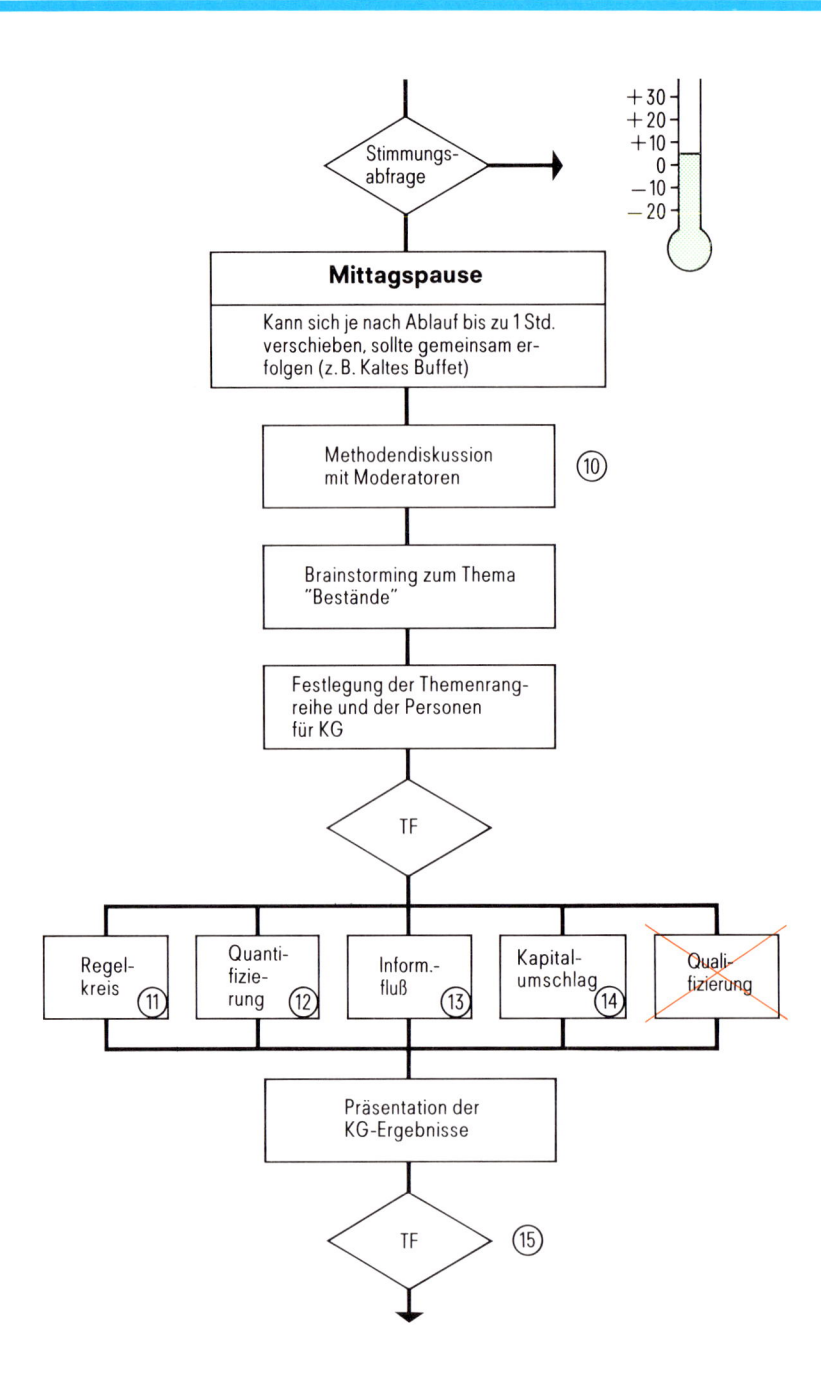

Kommunikationstechniken — Entscheidertraining

```
        ◇ Stimmungs-abfrage ─►     +30
                                   +20
                                   +10
                                     0
                                   −10
                                   −20

  ┌─────────────────────────────┐
  │        Mittagspause         │
  │ Kann sich je nach Ablauf    │
  │ bis zu 1 Std. verschieben,  │
  │ sollte gemeinsam erfolgen   │
  │ (z. B. Kaltes Buffet)       │
  └─────────────────────────────┘

  ┌─────────────────────────────┐
  │ Methodendiskussion          │  ⑩
  │ mit Moderatoren             │
  └─────────────────────────────┘

  ┌─────────────────────────────┐
  │ Brainstorming zum Thema     │
  │ "Bestände"                  │
  └─────────────────────────────┘

  ┌─────────────────────────────┐
  │ Festlegung der Themenrang-  │
  │ reihe und der Personen      │
  │ für KG                      │
  └─────────────────────────────┘

              ◇ TF ◇

  ┌──────┬──────────┬─────────┬──────────┬──────────────┐
  │Regel-│ Quanti-  │ Inform.-│ Kapital- │ Quali-       │
  │kreis │ fizie-   │ fluß    │ umschlag │ fizierung ✗  │
  │  ⑪  │ rung ⑫  │   ⑬    │    ⑭    │              │
  └──────┴──────────┴─────────┴──────────┴──────────────┘

  ┌─────────────────────────────┐
  │ Präsentation der            │
  │ KG-Ergebnisse               │
  └─────────────────────────────┘

              ◇ TF ◇   ⑮
                │
                ▼
```

Jeder Teilnehmer erhält 2× täglich ein „Fieberthermometer", um auf einer Skala von −20 bis +30 Grad seine allgemeine Stimmung einzutragen. Daraus wird für jeden Teilnehmer und für die gesamte Gruppe eine Stimmungskurve fortgeschrieben und ausgehängt.

Die Transparenz der Stimmungskurven ist für die Moderatoren wichtig, um zu zeigen, daß
- ▷ das Hoch oder Tief nicht das Erlebnis eines einzelnen ist,
- ▷ Stimmungskoalitionen möglich sind,
- ▷ sich jeder Sachkonflikt in der Stimmung auswirkt,
- ▷ die durch die Betroffenheit bei einzelnen stark differenzierenden Stimmungskurven Rückschlüsse auf das Sachengagement zulassen.

Die Methodendiskussion entfacht sich an der Frage des Abstraktionsgrades der Arbeiten und Diskussionen. Es kommt ein gewisses Unbehagen der Gruppe zum Ausdruck, resultierend aus dem Zwang, sich von eigenen Vorstellungen und Kenntnissen trennen und abstrahieren zu müssen.
⑩

Bei diesem Brainstorming geht es vor allem darum, weitere zusätzliche Stichworte zum Thema „Bestände" zu erhalten. Es ist festzustellen, daß die Formulierungen der Gruppe sich im Kreise drehen. Es werden Themen genannt, die bereits beim vorherigen Brainstorming anklangen, in den KG nicht bearbeitet wurden und nun umformuliert wieder erscheinen.

Bewertung mit roten Punkten und Kleingruppenbildung per Zuruf

Die Moderatoren formulieren die Transparenzfrage unpräzis: „Wieviel Mitarbeiter des Hauses sind systementwickelnd und wieviel systemanwendend tätig?"
(Unpräzis, weil nicht gesagt wird, wie sich die Frage auf Bestände bezieht)
Ziel der Frage ist, der Gruppe zu zeigen, welche unterschiedlichen Vorstellungen sogar über reine Fakten existieren (Verunsicherung!).

Die KG „Qualifizierung" scheitert, weil es nicht gelingt, genügend zu abstrahieren. Man verliert sich in Einzelheiten.

Kleingruppenthemen werden gelegentlich nicht eingehalten:
  entweder formuliert die KG das Thema gemeinsam um; dies ist zulässig
  oder ein einzelner manipuliert die Gruppe; dies sollte der Moderator verhindern.

Zweck der Kleingruppen ist es ▷ Problemlösungen voranzutreiben,
⑪−⑭ ▷ Einigungsprozesse zu erleichtern,
  ▷ Spielregeln zu lernen,
  ▷ gruppendynamische Beobachtungen zu intensivieren.

Um den Lernbedarf der Gruppe festzustellen, wird von den Moderatoren die Transparenzfrage gestellt: „Über welches Thema würden Sie im Zusammenhang mit Beständen mehr wissen wollen (Hearings)?"
⑮

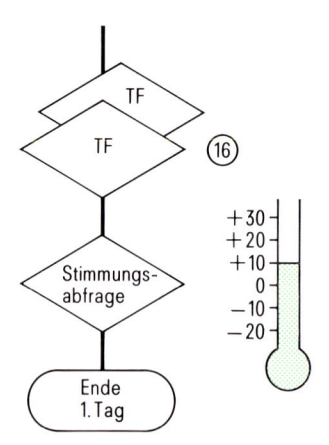

Zusammenfassender Eindruck zum ersten Tag:

▷ Bei den Diskussionen zur weiteren Vorgehensweise beteiligten sich die Moderatoren, nicht aber bei fachlichen Diskussionen.
▷ Bei den Teilnehmern war ein gewisses Unbehagen zu spüren, das wahrscheinlich auf den Wunsch, pragmatisch arbeiten zu wollen, und den Zwang, abstrahieren zu müssen, zurückzuführen ist.
▷ Einigen Teilnehmern wurde von den Moderatoren vorgeworfen, zu viel zu sprechen.
▷ Einige Teilnehmer waren wenig engagiert.
▷ Gruppenkonflikte wurden (noch?) nicht festgestellt.

► 2. Phase

In der folgenden 2. Phase wird die bisherige Problemsicht mit Wünschen und Zielvorstellungen der Teilnehmer einerseits sowie mit „unüberwindbaren Hindernissen" andererseits konfrontiert. Nach dieser Phase, die im allgemeinen nach rund 2 Tagen abgeschlossen wird, ist erfahrungsgemäß der höchste Abstraktionsgrad in den Diskussionen und Überlegungen erreicht.

Der Gruppe wird erstmals bewußt, daß zur Problemlösung nicht allein die Technik „Organisieren" ausreicht, sondern Verhaltensänderungen notwendig sind. Interessenkonflikte werden damit deutlicher gemacht, die Diskussion

Wortlaut der Schlußabfrage des 1. Tages
(durch Moderatoren):

„Ist die Gruppe zum Thema richtig ausgewählt?"

„Fühle ich mich hier am richtigen Platz?"

⑯

Ergebnis:

+ +	+	○	–	– –
1	13	6	2	
9	6	4	3	

engagierter. Die Gruppe merkt, daß es nicht beim „Palavern" des ersten Tages geblieben ist. Die Moderatoren versuchen in dieser Phase durch viele Fragen, die Teilnehmer zur Artikulierung ihres „Nichtwissens" als Voraussetzung für den Beginn eines gemeinsamen Lernprozesses anzuregen. Die Gruppe wehrt sich dagegen, was besonders bei Kleingruppenarbeiten beobachtet werden kann. Kleingruppen verlangen in dieser Phase Zeitvorgaben, um „weiterzukommen". Die Präsentationen der Kleingruppen zeigen, daß die Themen sehr allgemein behandelt werden. Man scheut sich noch, Institutionen gezielt zu kritisieren, neue, weiterführende Ideen zu bringen. Die Kleingruppenvorträge im Plenum ernüchtern. Man scheint trotz Engagement und guten Willens nicht recht vorangekommen zu sein.

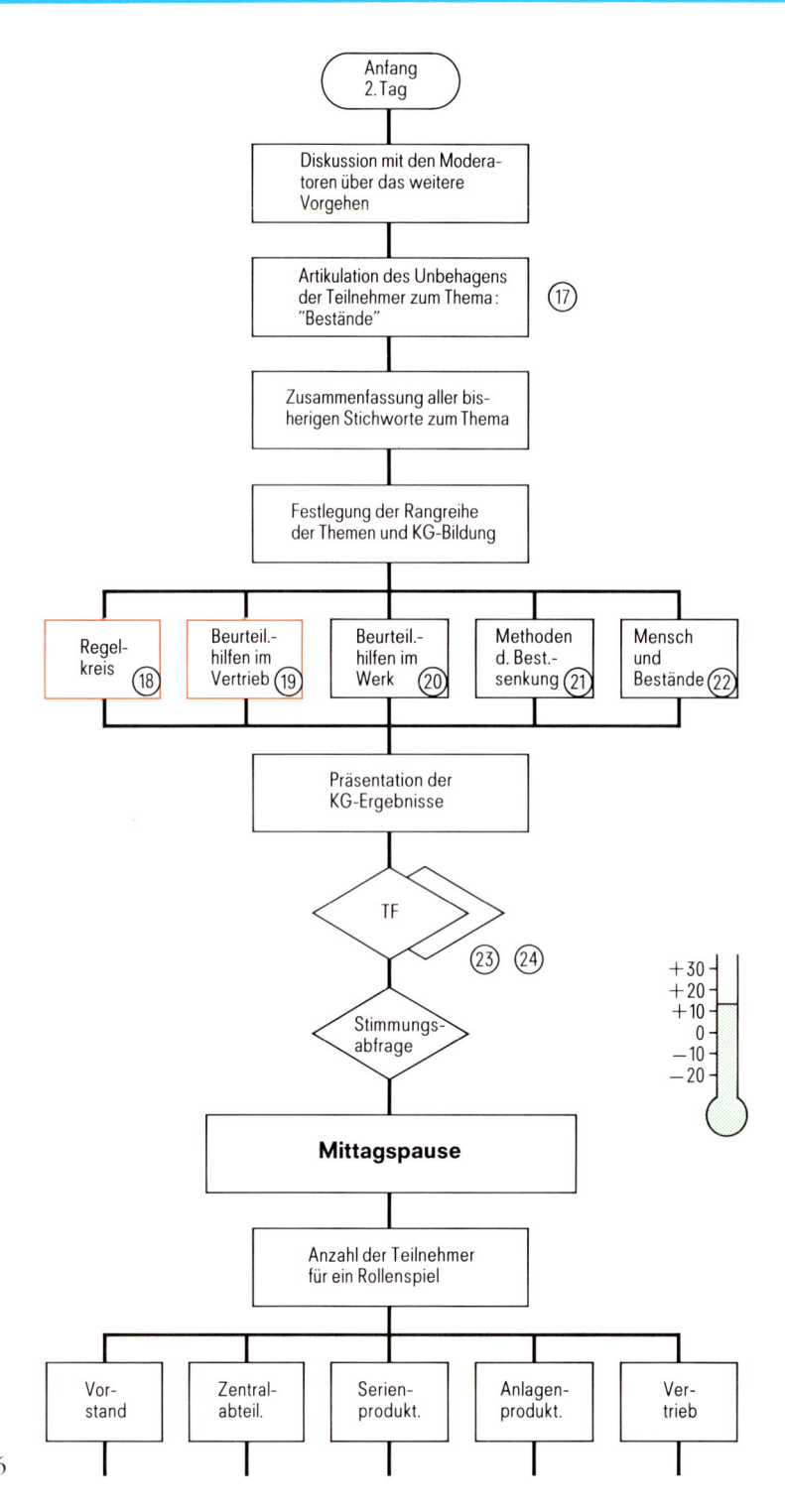

Kommunikationstechniken — Entscheidertraining

```
              ┌─────────────┐
              │  Anfang     │
              │  2. Tag     │
              └─────────────┘
                     │
      ┌──────────────────────────────┐
      │ Diskussion mit den Modera-   │
      │ toren über das weitere       │
      │ Vorgehen                     │
      └──────────────────────────────┘
                     │
      ┌──────────────────────────────┐
      │ Artikulation des Unbehagens  │
      │ der Teilnehmer zum Thema:    │ (17)
      │ "Bestände"                   │
      └──────────────────────────────┘
                     │
      ┌──────────────────────────────┐
      │ Zusammenfassung aller bis-   │
      │ herigen Stichworte zum Thema │
      └──────────────────────────────┘
                     │
      ┌──────────────────────────────┐
      │ Festlegung der Rangreihe     │
      │ der Themen und KG-Bildung    │
      └──────────────────────────────┘
                     │
   ┌────────┬────────┬────────┬────────┐
 Regel-  Beurteil.- Beurteil.- Methoden  Mensch
 kreis   hilfen im  hilfen im  d. Best.- und
 (18)    Vertrieb   Werk       senkung   Bestände
         (19)       (20)       (21)      (22)
   └────────┴────────┴────────┴────────┘
                     │
      ┌──────────────────────────────┐
      │ Präsentation der             │
      │ KG-Ergebnisse                │
      └──────────────────────────────┘
                     │
                   ◇ TF ◇   (23) (24)
                     │
                ◇ Stimmungs-
                  abfrage ◇
                     │
      ┌──────────────────────────────┐
      │        Mittagspause          │
      └──────────────────────────────┘
                     │
      ┌──────────────────────────────┐
      │ Anzahl der Teilnehmer        │
      │ für ein Rollenspiel          │
      └──────────────────────────────┘
                     │
  ┌──────┬──────────┬──────────┬──────────┬──────┐
 Vor-   Zentral-   Serien-    Anlagen-   Ver-
 stand  abteil.    produkt.   produkt.   trieb
```

Thermometer: +30, +20, +10, 0, −10, −20

Entscheidertraining　　　　　　　　　　　　　　　　　　　　Kommunikationstechniken

Diese Diskussion entzündet sich an der Frage der Moderatoren:
„Wie machen wir weiter?"

Einige Gruppenmitglieder zeigen Unbehagen, denn man will die weitere Vorgehensweise von den Moderatoren hören.
Mit dieser Aufforderung an die Gruppe sollen die „persönlichen" Schwierigkeiten des einzelnen aufgezeigt werden.

⑰

Dabei werden auch noch einmal einige der am Vortag bereits bearbeiteten Themen genannt. Damit ist beabsichtigt, alle Aspekte eines Themas transparent zu machen!

Festlegung der Themenrangreihe diesmal mit Plus- und Minuspunkten. Das Thema „Mensch und Bestände" erhält dabei 7 Minuspunkte. Ein Teilnehmer will dieses Thema jedoch bearbeiten und findet weitere 4 Partner für diese Aufgabe.
(Frage: Inwieweit ist eine Gruppe beeinflußbar?)

● Beide KG haben das Thema ihrer Arbeit verfehlt!
⑱ – ㉒

Auffallend wenig Reaktionen bei den KG-Präsentationen im Plenum!

Wortlaut der Transparenzfragen durch die Moderatoren:
　　　　　„Wie sind wir weitergekommen?"
㉓ – ㉔　　„Warum nicht?"

Aus der Arbeitsunterlage ㉔ ist die unterschiedliche Gruppenauffassung ersichtlich: Ein Teil der Gruppe meint, man verliere sich in Einzelheiten – ein anderer Teil, man abstrahiere zu sehr.

Diese Diskussion, in der sich Konflikte zwischen den Teilnehmern anzudeuten scheinen, wird während der Mittagspause von einzelnen Teilnehmergruppen fortgesetzt.

Die Auswahl der „Spielgruppe" erfolgt auf Zuruf.

Vorbereitung für das *Rollenspiel* in KG.

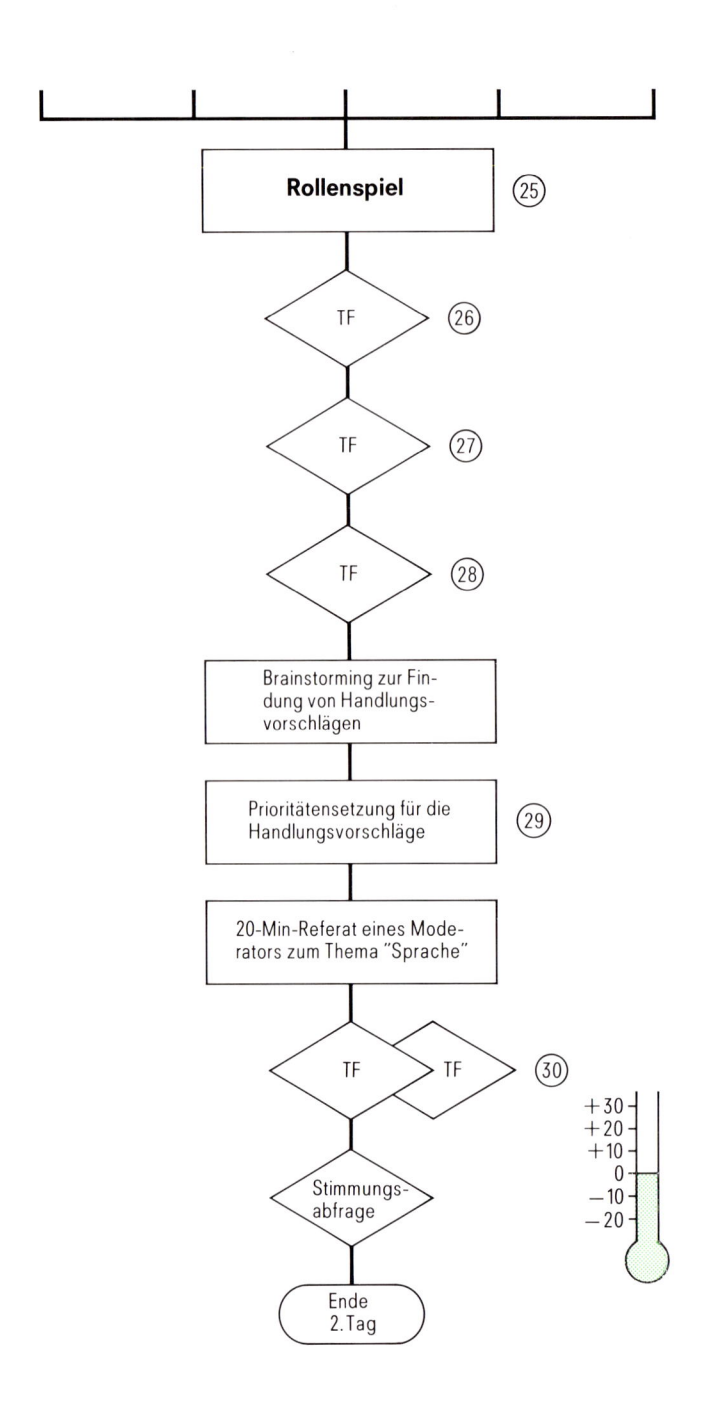

Kommunikationstechniken — Entscheidertraining

```
Rollenspiel                    (25)

    TF                         (26)

    TF                         (27)

    TF                         (28)

Brainstorming zur Fin-
dung von Handlungs-
vorschlägen

Prioritätensetzung für die
Handlungsvorschläge            (29)

20-Min-Referat eines Mode-
rators zum Thema "Sprache"

    TF    TF                   (30)

Stimmungs-
abfrage

Ende
2. Tag
```

Thermometer: +30, +20, +10, 0, −10, −20

248

Das Rollenspiel sollte u.a. Konflikte zwischen den Teilnehmern aufzeigen. Insofern wurde es ein Mißerfolg. Ursachen dafür können sein:

▷ Rollenspiel zum falschen Zeitpunkt angesetzt (die Themen wurden am Vormittag bereits im Plenum diskutiert; daher war eine gewisse Müdigkeit zu beobachten).

▷ Das Spiel hätte besser vorbereitet werden müssen (Besetzungskriterien, Ablaufkriterien, Rollenspielthemen von der Gruppe erfinden lassen).

▷ Spielleitung durch Moderatoren statt durch die Gruppe selbst. ㉕

Die Moderatoren stellen 3 Transparenzfragen:
Wortlaut: „Wer sind die konträren Partner der ersten beiden Tage in der Gruppe?" Diese Frage soll ebenfalls Konflikte aufzeigen. Leider „mauern" die Teilnehmer. Es werden nur 9 statt 22 Antwortkarten abgegeben.

㉖

Wortlaut: „Welche Frage haben Sie im Rollenspiel erwartet, die nicht gekommen ist?"
Interessant ist, daß in den Antworten häufig der Wunsch nach Richtlinien, Anweisungen und Forderungen zum Ausdruck gebracht wird.

㉗

Wortlaut: „Können Sie, wenn Sie zurückkehren, zum Thema Bestände aktiv werden?"
(nach Beantwortungsschema $++/+/\circ/-/--$)

㉘

Das Thema des Brainstorming wird wie folgt formuliert: „Was muß passieren, wenn wir jetzt an das Thema Bestände herangehen?"

Die Rangreihe wird nach der Methode der *Präferenz-Matrix* ermittelt.

㉙

Dieses Referat – das für die Gruppe überraschend kommt – ist nach Ansicht der Moderatoren wegen der vorangegangenen Diskussionen notwendig.
Der Gruppe sind die Ausführungen zum größten Teil zu theoretisch.

Wortlaut: „Wie sehen heute – nach 2 Tagen – Ihre Erwartungen an das ET aus?"
            „Sind wir weitergekommen?"

㉚   Ergebnis (der 2. Frage)

$++$	$+$	0	$-$	$--$
6	10	2	4	–

Zusammenfassender Eindruck zum zweiten Tag:

▷ Viele Informationen schienen unbrauchbar oder unqualifiziert. Die dargebotenen Informationen wurden im Plenum oder in Kleingruppen sofort akzeptiert, kritisiert, abgelehnt oder widerlegt. Außerdem werden alle Aussagen im Lauf des Gruppenprozesses reaktiviert. Daher: Hohe Informationsdichte!

▷ Es gab keine (Gesprächs-) Hierarchie. Die kommunikationsfreundliche Atmosphäre (Trainingsraum) und die Provokation durch die Moderatoren ließ Ränge vergessen.

▷ Der Höhepunkt der Frustration der Teilnehmer war erreicht!

▷ Der Konflikt zwischen Praktikern und Theoretikern war wohl noch immer nicht ausdiskutiert und führte zu Unbehagen.

▷ Auffällig war die Zurückhaltung der Gruppe bei der Nennung konträrer Partner!

► 3. Phase

Die Gruppe ist zu Beginn der 3. Phase meist stark frustriert, zum Teil unwillig, zum Teil unsicher. Man fühlt Ziellosigkeit, mangelnde Konkretisierung und Unbehagen, etwas zu verändern.

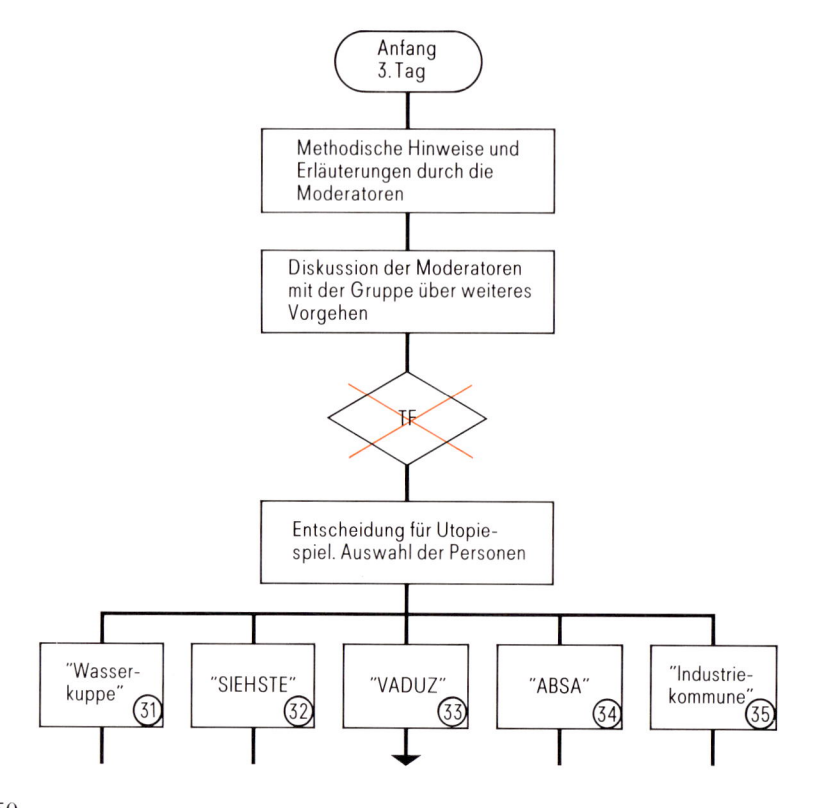

Diese Phase beginnt methodisch meist mit einem *Utopiespiel* und bringt so die eigentliche Wendung des Trainings. Ab diesem Zeitpunkt wird für die Zeit nach dem ET gearbeitet. Die Gruppe muß dazu sich selbst und anderen ihre Problemsicht in einem *Scenario* (Problemlandkarte) deutlich machen.

Dieses Scenario ist Grundlage für die Festlegung von Folgeaktivitäten. Es wird also Handeln initiiert, die Größe des Problemfeldes erkannt und dargestellt, aber damit auch das Unvermögen sichtbar, komplexe Themen in Einzelverantwortung zu bearbeiten. Hier wird die notwendige Verhaltensänderung in der Zusammenarbeit besonders deutlich. Die Gruppe beginnt zu ahnen, daß Arbeiten vereinbart werden und daß man sich auch nicht mehr um Verantwortung drücken kann.

Die Erläuterungen beziehen sich auf ▶ Qualifizierung von Ideen
▶ Operationalisierung von Ideen
▶ Bedeutung und Aufbau des Scenarios
▶ Tätigkeitskataloge

Die Diskussion entzündet sich an der Frage, entweder die noch offenen Stichworte (Themen) in KG aufzuarbeiten oder ein Utopie-Spiel durchzuführen.

An dieser Stelle wird zum ersten Mal von einem Teilnehmer eine TF gestellt!
Sie lautet: „Inwieweit haben sich die Erwartungen des 3. Tages gegenüber den Erwartungen am 1. Tag geändert!"
Die Beantwortung wird jedoch von der Gruppe abgelehnt! (Aufgrund ihres Inhaltes oder wegen mangelnder „Methodenautorität" eines Teilnehmers?)

Der Vorschlag der Moderatoren, Sympathiegruppen zu bilden, wird abgelehnt, statt dessen erfolgt die Gruppenbildung durch „Abzählen".

Bearbeitung des Themas (Entwicklung von Zielvorstellungen) jeweils unter einem utopischen Motto!
㉛ — ㉟

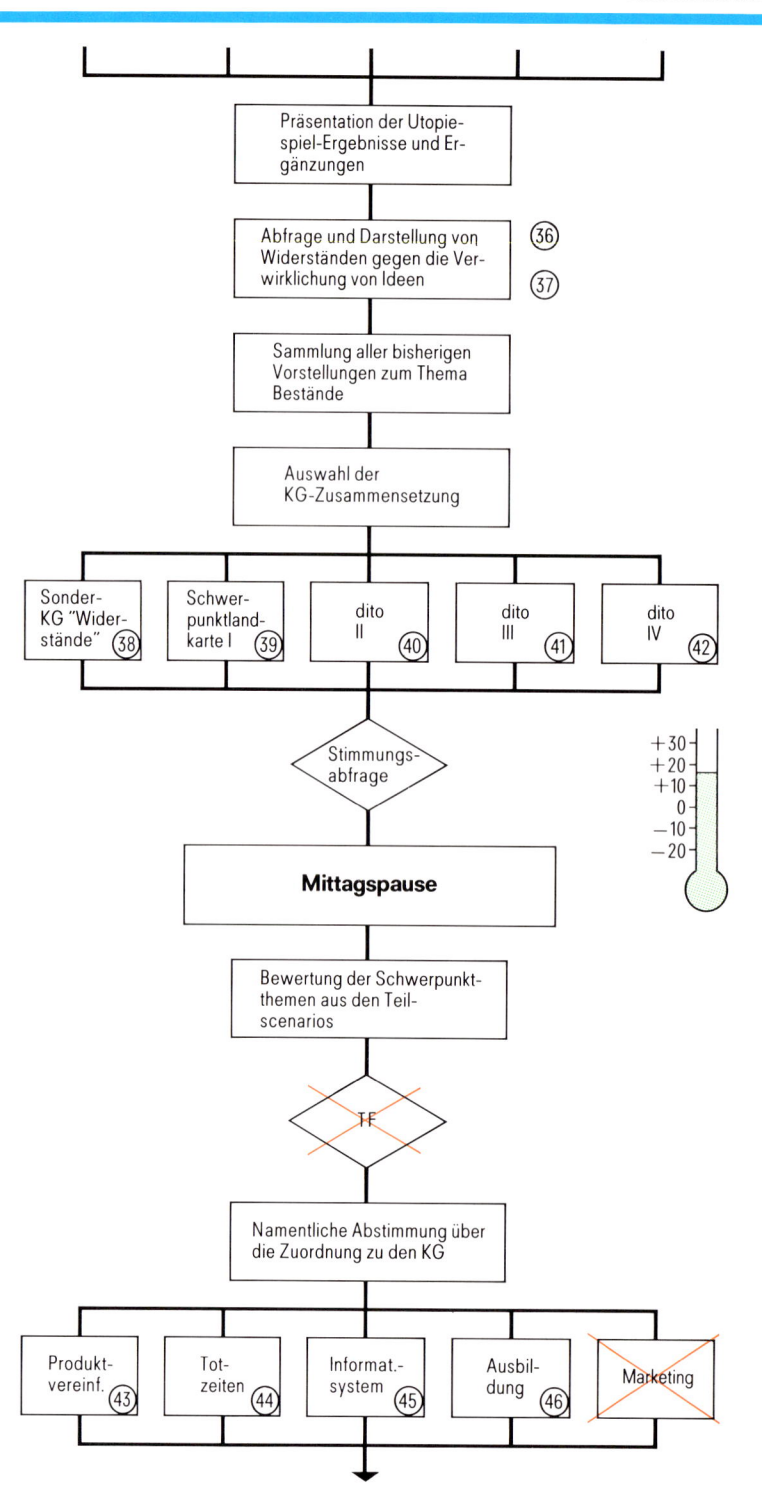

Kommunikationstechniken — Entscheidertraining

```
         ┌─────────────────────┐
         │ Präsentation der    │
         │ Utopiespiel-        │
         │ Ergebnisse und Er-  │
         │ gänzungen           │
         └─────────────────────┘
                   │
         ┌─────────────────────┐  (36)
         │ Abfrage und         │
         │ Darstellung von     │
         │ Widerständen gegen  │  (37)
         │ die Verwirklichung  │
         │ von Ideen           │
         └─────────────────────┘
                   │
         ┌─────────────────────┐
         │ Sammlung aller      │
         │ bisherigen          │
         │ Vorstellungen zum   │
         │ Thema Bestände      │
         └─────────────────────┘
                   │
         ┌─────────────────────┐
         │ Auswahl der         │
         │ KG-Zusammensetzung  │
         └─────────────────────┘
```

- Sonder-KG "Widerstände" (38)
- Schwerpunktlandkarte I (39)
- dito II (40)
- dito III (41)
- dito IV (42)

◇ Stimmungsabfrage

Thermometer: +30, +20, +10, 0, –10, –20

Mittagspause

Bewertung der Schwerpunktthemen aus den Teilscenarios

◇ TF (durchgestrichen)

Namentliche Abstimmung über die Zuordnung zu den KG

- Produktvereinf. (43)
- Totzeiten (44)
- Informat.-system (45)
- Ausbildung (46)
- Marketing (durchgestrichen)

252

Die Abfrage erfolgt mit Kärtchen. Die Ergebnisse werden im Zusammenhang mit den Utopie-Ideen ㊱ und nach Bereichen ㊲ dargelegt.

Diese Sammlung dient der Vorbereitung von Teil-Scenarien.
In diesen werden ▶ Haupt- und Nebenschwerpunkte,
▶ Maximen und Widerstände
verschieden groß und -farbig dargestellt.

Die personelle Zuordnung zu den KG erfolgt durch „Abzählen".

Auf Wunsch der Teilnehmer und der Moderatoren wird an eine KG das Thema „Überwindung von Widerständen" vergeben.

㊳ – ㊷

Zur Bewertung wird erstmals das *Schiedsrichterverfahren* angewandt.

Diese TF wird von einem Teilnehmer gestellt und lautet: „Ist sich die Gruppe ihres Beurteilungsumschwunges bewußt?" Damit sollte die Ursache für die hohe Bewertung von Nebenthemen festgestellt werden.

Wiederum wird die Beantwortung von der Gruppe abgelehnt! (Evtl. wurde der Sinn der Frage nicht verstanden?)

Zu den entsprechenden Schwerpunktthemen laut Bewertung werden zunächst Namenskarten verdeckt auf den Boden gelegt und anschließend aufgedeckt.

Die KG „Produktvereinfachung" ist von Anfang an überbesetzt. Für das Thema „Ausbildung" finden sich erst nach „Zureden" Bearbeiter, obwohl es in der Bewertung die zweithöchste Punktzahl erzielte. Für das Thema „Marketing" findet sich kein Bearbeiter.

㊸ – ㊻

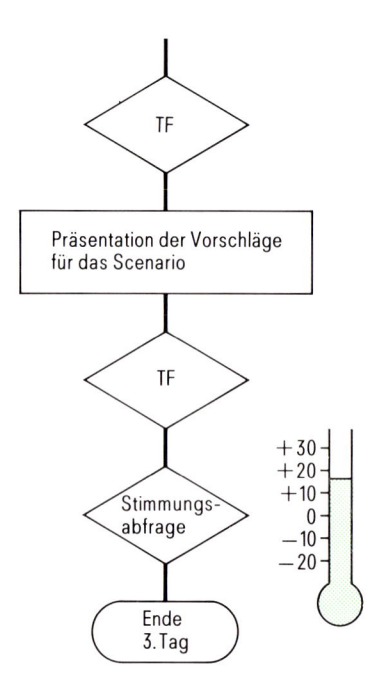

| Kommunikationstechniken | Entscheidertraining |

```
         TF
          |
  Präsentation der Vorschläge
       für das Scenario
          |
         TF
          |
    Stimmungs-       +30
     abfrage         +20
                     +10
                      0
                     -10
                     -20
          |
        Ende
        3.Tag
```

Zusammenfassender Eindruck zum dritten Tag:

▷ Das spielerische Herausarbeiten von Lösungsansätzen ließ Eigeninteressen einerseits einfließen, **andererseits** im Interesse der gemeinsamen Lösung aber auch zurücktreten. Koalitionspartner finden sich.

▷ Es sollte methodisch sichergestellt sein, daß nicht neu auftauchende „Nebenthemen" durch einmal genannte „Schwerpunktthemen" unterdrückt werden.

▷ Der scheinbare Führungsanspruch von Gruppenmitgliedern wird von der Gruppe abgelehnt (siehe Nichtbeantworten von Transparenzfragen).

▷ Es erfolgte keine fachliche Steuerung der Gruppe (das muß die Gruppe selbst tun, wobei jeder gleiche Möglichkeiten haben soll!).

▶ 4. Phase

In dieser Phase zeigen die Gruppenmitglieder ihr Engagement am Problem und erklären sich bereit, bestimmte, genau abgrenzbare Tätigkeiten zur Realisierung der Problemlösung zu übernehmen. Diese Aktivitäten werden im *Tätigkeitskatalog* zusammengefaßt und von der Gruppe gemeinsam bewertet.

Wieder eine TF, die von einem Teilnehmer gestellt wird: „Nach welchen Überlegungen haben Sie sich für eine bestimmte KG gemeldet?" Dies ist die erste TF eines Teilnehmers, die von der Gruppe beantwortet wird! Aus der Mehrzahl der Antworten geht hervor, daß das „Mitredenkönnen" entscheidend war.

Von den Moderatoren gestellt: „Wer kann nach Rückkehr in seinen Bereich etwas am Thema Bestände tun?" (nach Antwortschema $++/+/0/-/--$)

Die Moderatoren müssen darauf achten, daß in dieser Phase nicht eine Euphorie in Richtung von Aktionen ausbricht und dabei der Blick auf Realitäten verlorengeht. Es gilt zu vermeiden, daß der „Katzenjammer" über Unmöglichkeiten in einer späteren Phase zu groß wird.

Die Kunst der Moderatoren liegt also darin, die Gruppe während der Arbeit am Scenario und dem Tätigkeitskatalog so weit zu bringen, daß

▷ Entscheidungen über potentielle Ziele entstehen, die durch konkrete Aktionen verwirklicht werden sollen,

▷ die Aktionen operational sind und

▷ der Lernbedarf der Gruppe deutlich zum Ausdruck kommt.

Das ET kann seinen Abschluß in einer Präsentationsübung finden. Dabei wird eine „Dramaturgie" entwickelt, mit deren Hilfe die Gruppe ihre Problemsicht anderen Betroffenen verdeutlichen kann.

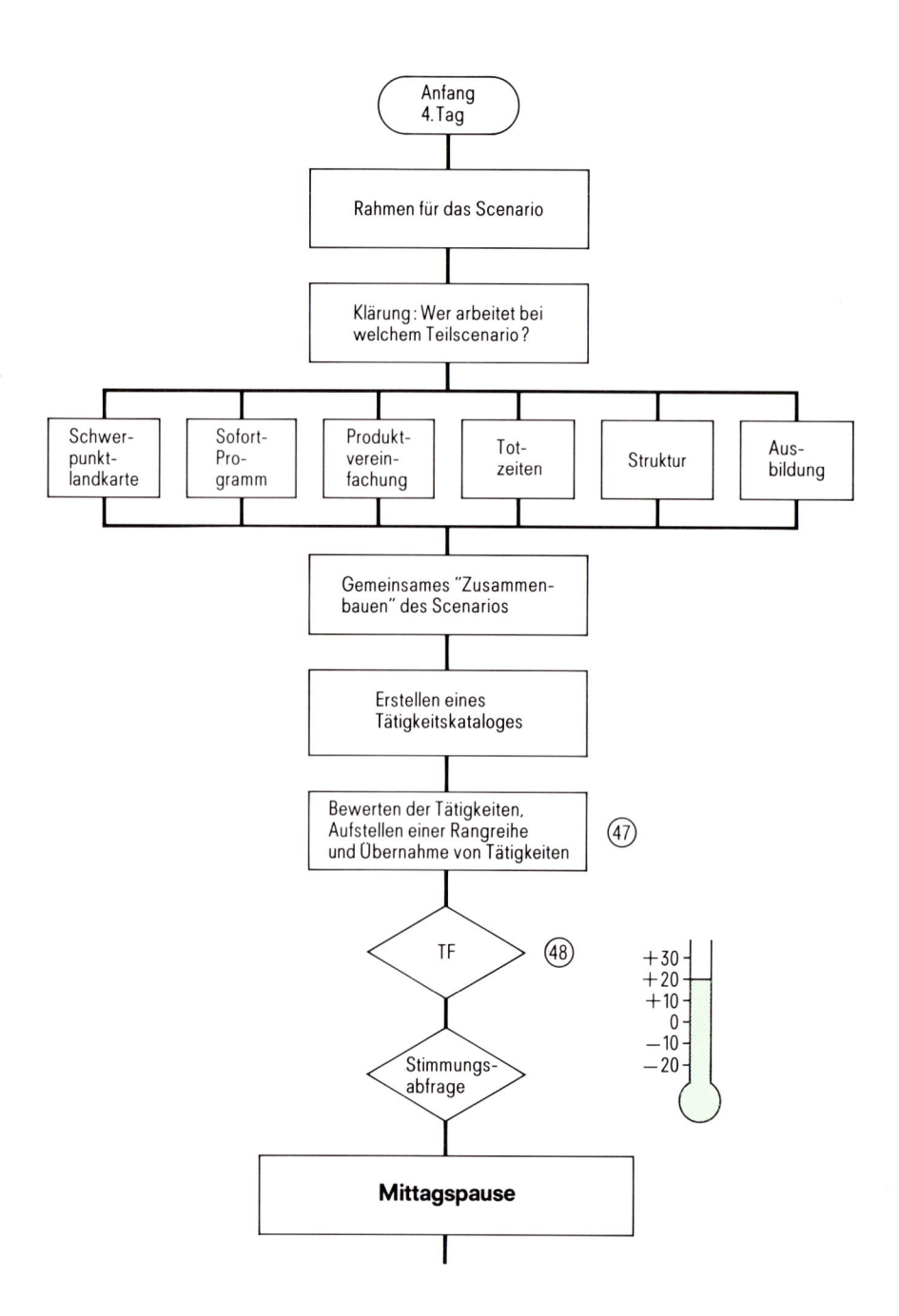

```
        ┌─────────────┐
        │  Anfang     │
        │  4.Tag      │
        └──────┬──────┘
               │
    ┌──────────┴──────────┐
    │ Rahmen für das Scenario │
    └──────────┬──────────┘
               │
    ┌──────────┴──────────────┐
    │ Klärung: Wer arbeitet bei│
    │ welchem Teilscenario?    │
    └──────────┬──────────────┘
```

| Schwer-punkt-landkarte | Sofort-Pro-gramm | Produkt-verein-fachung | Tot-zeiten | Struktur | Aus-bildung |

- Gemeinsames "Zusammenbauen" des Scenarios
- Erstellen eines Tätigkeitskataloges
- Bewerten der Tätigkeiten, Aufstellen einer Rangreihe und Übernahme von Tätigkeiten (47)
- TF (48)
- Stimmungsabfrage

Mittagspause

Thermometer: +30, +20, +10, 0, −10, −20

256

Die Schwerpunktthemen werden auf Packpapier so lange verschoben, bis ihr Zusammenhang am besten deutlich wird (*Scenario*).

Neben den bereits am Vortag erarbeiteten Teil-Scenarien, die nur vervollständigt und besser visualisiert werden müssen, werden von den Moderatoren zwei weitere Teilscenarien vorgeschlagen:
„Schwerpunktlandkarte" und
„Sofortprogramm".

Für beide finden sich vorerst keine Bearbeiter. Die Schwerpunktlandkarte wird daraufhin von den Moderatoren mit Unterstützung eines Teilnehmers erstellt; für das Sofortprogramm wird ein „Erinnerungshinweis" konzipiert.
Praktisch arbeiten die gleichen KG wie am Vortag.
Abbildung s. S. 220/221

Aufgrund der im Scenario enthaltenen Probleme und Zielvorstellungen werden durch die Gruppe auf Zuruf einzelne klar umrissene Tätigkeiten formuliert und aufgelistet.

Nach der Nennung von 22 Tätigkeiten ($\widehat{=}$ Teilnehmerzahl) ist die „Sektschwelle" erreicht: Man ließ die Korken knallen und trank im voraus auf den Erfolg der vorzunehmenden Aktionen. (Allerdings entstand der Eindruck, daß im Hinblick auf die Sektschwelle auch stark zusammengehörige Aktivitäten aufgegliedert und als einzige Tätigkeit genannt wurden.)

Methodischer Hinweis: An dieser Stelle ist es gut, den Tätigkeitskatalog mit dem Scenario zu koppeln, indem man die Nummern des Tätigkeitskatalogs in die entsprechende Stelle des Scenarios einträgt. Damit kann festgestellt werden, ob das Engagement der Gruppe tatsächlich mit den Problemschwerpunkten übereinstimmt oder ob das Engagement für das Anpacken der wichtigsten Probleme fehlt!

Bewertung durch *Schiedsrichterverfahren* und anschließend personelle Zuordnung der Teilnehmer zu den Tätigkeiten („Wer mit wem").

㊼

Frage der Moderatoren: „Wo hätte Zeit gespart werden können?"

Während etwa die Hälfte der Teilnehmer glaubt, es hätte nirgendwo an Zeit gespart werden können, beziehen sich die anderen auf unterschiedliche Einzelheiten des Ablaufs.

㊽

Das Fazit dieser Abfrage war, daß der lange intensive Kommunikationsprozeß über die Problematik des Themas (zwei volle Tage) nahezu ausnahmslos den Bedürfnissen aller Teilnehmer entsprach bzw. im nachhinein als notwendig empfunden wurde (trotz der Frustration am Ende des 2. Tages wegen fehlender „Ergebnisse"!).

Kommunikationstechniken · Entscheidertraining

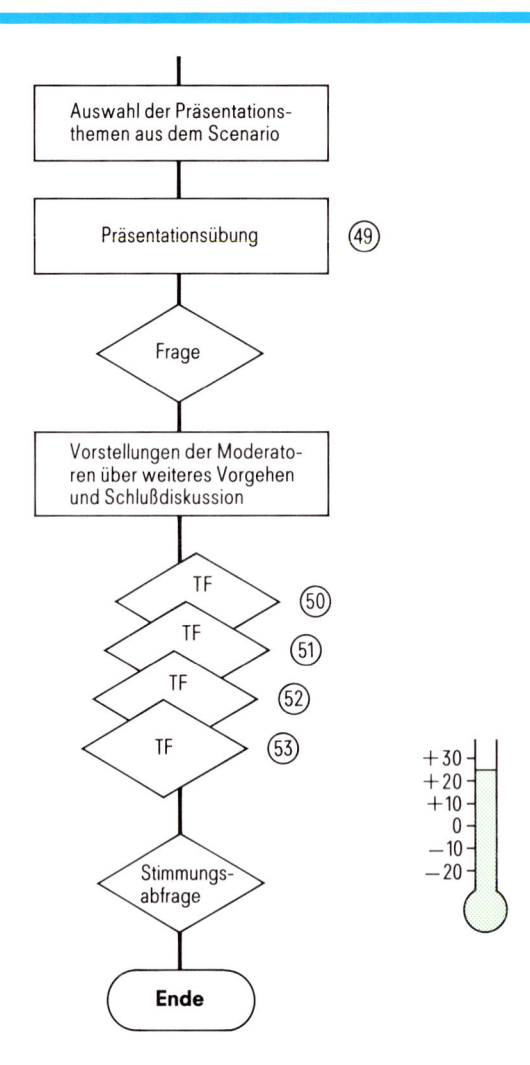

[Flussdiagramm:
Auswahl der Präsentationsthemen aus dem Scenario → Präsentationsübung (49) → Frage → Vorstellungen der Moderatoren über weiteres Vorgehen und Schlußdiskussion → TF (50) → TF (51) → TF (52) → TF (53) → Stimmungsabfrage → Ende

Thermometer-Skala: +30, +20, +10, 0, −10, −20]

Zusammenfassender Eindruck vom ET:

▷ Das ET ist eine Methode, die neue Wege eröffnet. Die Antworten auf die entsprechende TF verteilen sich wie folgt:

++	+	○	−	−−
15	7	−	−	−

▷ Diese Methode sollte bei komplexen Problemen verstärkt angewandt werden. Wichtig sind dabei unabhängige, ausgebildete Moderatoren; wünschenswert ist „neutraler Boden" (Herauslösung aus der gewohnten Arbeitsumwelt gewährleistet u.a. einen störungsfreien Ablauf).

Diese Auswahl erfolgt auf Zuruf und im Beisein von hinzugekommenen Gästen (oberste Leitungsebene). Mit der Themennennung ist auch die Bestimmung des jeweils Vortragenden verbunden.

Redezeit: 2 Minuten (wird fast immer eingehalten)
Auffallend ist die geringe Kritik an den Referaten durch das Plenum.

㊾

Von einem Teilnehmer wird die Frage gestellt: „Wie geht es weiter?" Diese Frage wird an die Moderatoren weitergegeben.

Während der Schlußdiskussion werden Fragen gesammelt und in die folgenden Transparenzfragen umgesetzt:

㊿ „Welches war der Höhepunkt dieser Veranstaltung?"
(Antwort fast einstimmig: Utopie-Spiel)

(51) „Welche wichtigen neuen Erkenntnisse hat das ET zum Thema Bestände gebracht?"
(Die Antworten reichen von „Zusammenspiel aller Einflußgrößen" bis zur Forderung nach verstärkter zukünftiger Zusammenarbeit.)

(52) „Ist ET eine Methode, die neue Wege eröffnet?" (unabhängig vom Thema Bestände)
(Beantwortungsschema + +/+/0/−/− −)

(53) „Wie soll man ET im Unternehmen weiterbetreiben?"

▷ Nach den inzwischen mit dem ET gewonnenen Erfahrungen muß aber auch davor gewarnt werden, ein ET als „Allheilmittel" zu betrachten.

Das Ingangsetzen einer Dynamik in größeren Gruppen birgt die Gefahr in sich, daß die thematische Behandlung teilweise grob und allgemein bleibt und an Stelle des Verstandes Gefühle und Stimmungen die Oberhand gewinnen. Das muß von den Moderatoren erkannt und methodisch gebremst werden.

Mit wachsender Teilnehmerzahl (über 25) kann es auch passieren, daß Verantwortungsbewußtsein und Interesse nachlassen, da bei zu großer Ausweitung der Komplexität der Anteil des einzelnen und seine Eingriffsmöglichkeiten immer geringer werden.

Die Vorzüge des ET können in Nachteile umschlagen, wenn die Methode wahllos und dilettantisch eingesetzt wird. Die Einführung sollte deshalb das Methodenverständnis der Betroffenen nicht überfordern, sondern schrittweise und mit Hilfe geübter Moderatoren erfolgen.

Ergebnis und Konsequenzen eines Entscheidertrainings

Entscheidend bei der Beurteilung des Ergebnisses eines ET ist die Einsicht, daß es bei planerischen Aufgaben nur selten einen Maßstab für die Vollendung einer Tätigkeit gibt. Deshalb sollte man Unvollständigkeit in Kauf nehmen, statt die Problemlösung an einer „Perfektionsidee" scheitern zu lassen.

Ein ET hat nur dann einen Sinn, wenn die Weiterarbeit an der Problemlösung gesichert ist. Dazu gehört zunächst, daß sich die Gruppe bezüglich der Abarbeitung des Tätigkeitskataloges immer wieder abstimmt und besonders ihr Informationsweitergabeprogramm nicht vernachlässigt.

Darüber hinaus sollte sich die gesamte Gruppe nach ca. einem halben Jahr noch einmal für mindestens zwei Tage zusammenfinden, um die Ergebnisse zu ratifizieren, ggf. zu modifizieren. Weitere Klausurtagungen im Zusammenhang mit der Problemlösung sind denkbar zu den Themen Ausbildung, Problemvertiefung, -kopplung und Zielrevision.

Ausblick

Die Erfahrungen der letzten Jahre zeigen, daß die Änderungsgeschwindigkeit der Organisationen immer höher wird. Daraus ergibt sich auf Sicht die Notwendigkeit, die Organisationsplanung als einen dauernden Prozeß im Unternehmen zu installieren. Dies kann aber nur geschehen, wenn

▷   die Unternehmensziele bekannt sind,

▷   eine Veränderung der Ziele im Laufe der Planungsprozesse möglich ist,

▷   gegenwärtige und zukünftige Bedürfnisse, ihrem Bekanntheitsgrad entsprechend, laufend in die Planung eingebracht werden.

Mögliche Fernziele bei permanenter Arbeit mit der Methode des ET sind daher:

▷   im Unternehmen alle wichtigen und komplexen Themen auf der Basis strategischer Gremien und des dafür erforderlichen Instrumentariums abzuwickeln,

▷   die strategische Planung als Methode in der Unternehmensleitung in einem „strategischen Sekretariat" zu verankern mit den dazu notwendigen Konsequenzen (personelle, technische und organisatorische Voraussetzungen, Moderatoren, Zugriff zur Personaleinsatzplanung, Abwicklungsbüro).

Eine solche Planungsorganisation muß auf die besonderen Bedürfnisse eines Unternehmens zugeschnitten sein und eine möglichst breite Akzeptierung finden. Das setzt voraus, daß mit allen Organisationsplanern gemeinsam die organisatorischen Ziele wie auch ihre Operationalisierung in Planungsabschnitten diskutiert werden. In diesen Fällen hat das Entscheidertraining die Aufgabe, die notwendige Kooperationsbasis zwischen Planern und Beplanten herzustellen und die Ziele der Planung zu formulieren. Voraussetzungen dafür sind die Transparenz der Konfliktsituationen im Unternehmen und die Bereitschaft zur gemeinsamen Realisierung der Ziele.

Informationsmarkt

Die Zahl der Kommunikationsveranstaltungen, wie Tagungen, Konferenzen usw., steigt, obwohl ihnen mehr und mehr die Effizienz abgesprochen wird.

- Einzelne dominieren die Mehrheit.
- Ausgeprägtes Konsumverhalten der Teilnehmer.
- Keine Rückkoppelung zu den Teilnehmern.
- Wenig Kommunikation zwischen den Teilnehmern.
- Mangelnde Identifikation mit den Themen.
- Die Darbietungsform überfordert die Aufnahmefähigkeit.

> **Wie kommt es zu dieser Situation?**

- Die Form hierarchischer Einweg-Information (Vater–Kinder, Lehrer–Schüler, Vorgesetzter–Untergebener usw.) wird auf völlig veränderte Gegebenheiten übertragen.
- Die Erkenntnisse über Gruppenverhalten und Gruppenarbeitstechniken werden bei diesen Kommunikationsprozessen nicht berücksichtigt – es gilt allein der glänzende Rhetoriker.
- Die äußeren Gegebenheiten (Räume, Einrichtungsgegenstände, Arbeitsmittel) sind nicht den Bedürfnissen der Gruppe angepaßt.

Kommunikationstechniken　　　　　　　　　　Informationsmarkt

Informationsmarkt – ein Konzept für die Kommunikation in kleinen und großen Gruppen

Vor diesem Hintergrund entstand die Idee, eine gezielte Kommunikation in Gruppen nach dem Marktprinzip zu gestalten. Der Markt wird dabei verstanden als Treffpunkt von Anbietern und Nachfragern, als Ort des Austausches von Informationen.

Dieser Informationsmarkt kann eine Tagung, eine Konferenz, ein Seminar, aber auch eine Sitzung sein. Dabei werden die Möglichkeiten einer Gruppe voll ausgeschöpft.

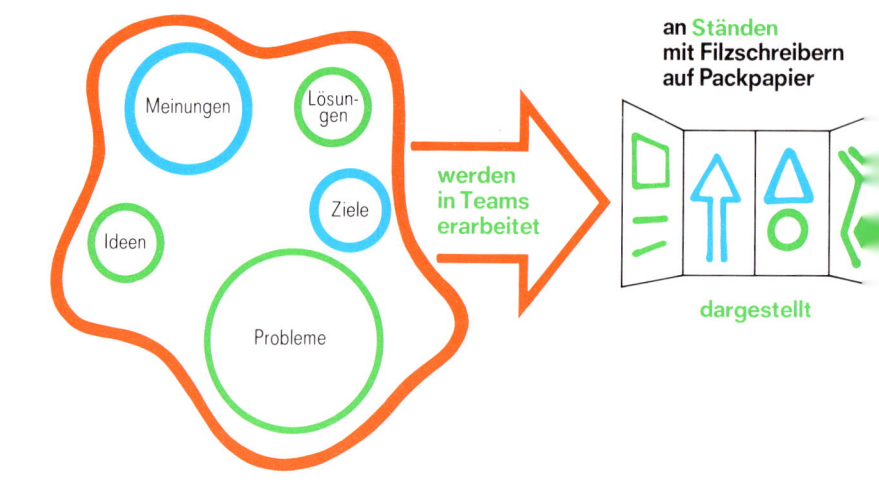

Meinungen, Lösungen, Ideen, Ziele, Probleme **werden in Teams erarbeitet** **an Ständen mit Filzschreibern auf Packpapier** dargestellt

| Informationsmarkt | Kommunikationstechniken |

▷ Spontane Aufteilung der Teilnehmer in kommunikationsfähige kleinere Gruppen (max. 25 Personen je Stand).

▷ Das vielfältige Themenangebot deckt das spezifische Informationsbedürfnis der Teilnehmer.

▷ Mehrmaliges Wiederholen der Standpräsentation läßt dem Teilnehmer Dispositionsfreiheit über Zeit und Themen.

▷ Alle Themenschwerpunkte müssen visualisiert sein.

▷ Der Teilnehmer kann durch seine Beiträge Themen mitgestalten, aber auch eigene Themen anbieten.

▷ Umkehrung der bisherigen Relation von Vortrags- zu Diskussionszeit.

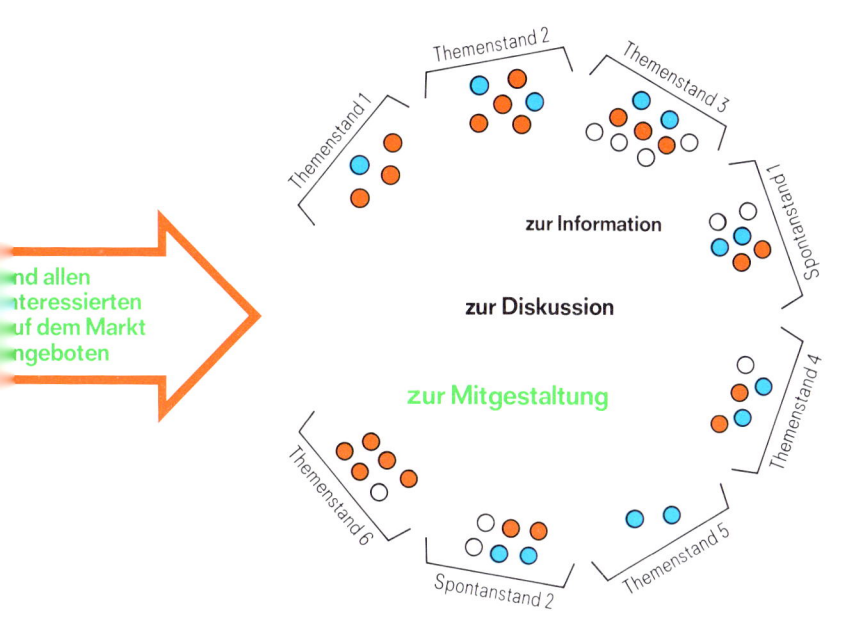

und allen interessierten auf dem Markt angeboten ➡

zur Information

zur Diskussion

zur Mitgestaltung

Themenstand 1, Themenstand 2, Themenstand 3, Spontanstand 1, Themenstand 4, Themenstand 5, Spontanstand 2, Themenstand 6

Informationsmarkt heißt:

▷ Es werden viele Arten von Informationen angeboten (durch Veranstalter und Teilnehmer).

▷ Es erfolgt ein Informationsaustausch zwischen allen Beteiligten, um
- den gleichen Informationsstand zu bekommen,
- Problemlösungen und Ideen einzelner Fachgebiete vorzustellen,
- Anregungen, Wünsche und Meinungen der Teilnehmer hervorzubringen und anzubieten.

▷ Es werden Lösungen, Ideen und Meinungen zwischen den Beteiligten diskutiert, um Prioritäten und Standpunkte zu erkennen und abzustimmen.

Der Informationsmarkt ist also ein Kooperationsverfahren für Gruppen von 20 bis 1000 Personen, die sich auf einem Markt intensiv über mehrere Themenbereiche unterrichten und durch eigene Ideen und Intentionen zu deren weiteren Erarbeitung beitragen (nach E. Schnelle).

Die Leistungsfähigkeit dieser Veranstaltungsform wird im wesentlichen durch den gruppendynamischen Charakter getragen.

> ▷ Rückkoppelungsprozesse in Gang setzen
> ▷ Ideensammlung auf breiter Basis
> ▷ Motivation durch Einbeziehen in einen Meinungsbildungsprozeß (z. B. Beplante)
> ▷ Problembewußtsein wecken, Lösungsansätze verkaufen
> ▷ informelle Kontakte erleichtern

Kommunikationsmedien

Während eines Informationsmarktes werden an Themen- und Spontanständen problemorientierte Wissens- und Meinungsdiskussionen geführt; sie stellen 80% des Informationsaustausches dar. Daneben werden aber auch lediglich zu „konsumierende" Informationen geboten.

▶ Themen-Stände

bestehen aus 3 bis 9 Thementafeln, an denen Themen und Fragen dargestellt werden. Die räumliche Anordnung zeigt das Bild auf Seite 266

▶ Spontan-Stände

bestehen aus 2 bis 4 freien Tafeln, die für spontane Diskussionsrunden zur Verfügung stehen. Der Teilnehmer hat hier die Möglichkeit,

▷ Themen Öffentlichkeit zu verschaffen, die der Veranstalter von sich aus nicht auf das Programm setzen kann,
▷ evtl. vorhandene Marktlücken zu füllen,
▷ Gegendarstellungen zu visualisieren und zu präsentieren.

Diese Stände sind mit je einem Moderator besetzt, der methodische Hilfestellung leistet (*Visualisierung, Abfragetechnik, Diskussionsregeln* usw.).

Kommunikationstechniken — Informationsmarkt

1 Die Titeltafel stellt den Stand kurz vor. Sie besteht aus dem Standtitel und drei bis vier Thesen, die den Inhalt des Standes kurz formulieren.

2 Die Kontaktkarten dienen dazu, das Interesse der Teilnehmer an Folgeaktivitäten festzuhalten.

3 Das Stand-Summary stellt die schriftliche – zur Verteilung bestimmte – Zusammenfassung des Standinhaltes dar.

4 Auf den Thementafeln ist das Thema in visualisierter Form dargestellt. Hierzu können auch Bewertungen und Abfragen (auf austauschbaren Bögen) gehören, die in die Präsentation eingearbeitet werden.

5 Die Arbeitstafel (auch Flip-Chart-Ständer möglich) kann nach Bedarf im Laufe der Präsentation/Diskussion eingesetzt werden, um Aussagen festzuhalten, Bewertungen durchzuführen oder Zusammenfassungen zu visualisieren.

6 Die Besuchermatrix dokumentiert die Zusammensetzung der jeweiligen Teilnehmergruppe. Die Zeilen können z. B. nach Funktionen (Forschung, Fertigung, Vertrieb), die Spalten nach Unternehmensteilen gegliedert sein. Die Teilnehmer tragen sich vor Beginn der Präsentation in das entsprechende Feld ein (z. B. mit Klebepunkten).
Damit ist die Matrix ein wertvolles Hilfsmittel für die Standmacher, ihr Publikum ganz gezielt ansprechen zu können.

▶ Informationsstände

Hier werden den Teilnehmern weitere Informationen in unterschiedlicher Form angeboten, z. B. Bücher, Zeitschriften, Informationsbroschüren, Dia-Schau, Filmvorführungen.
Außerdem sollten die Besucher an einem Stand Gelegenheit haben, sich mit den Methoden und Techniken eines Info-Marktes vertraut zu machen.

Durchführung einer Standrunde

Das Zusammenspiel von Standmachern (Ersteller und Gestalter eines Problemstandes) und Teilnehmern verdeutlicht folgende Darstellung:

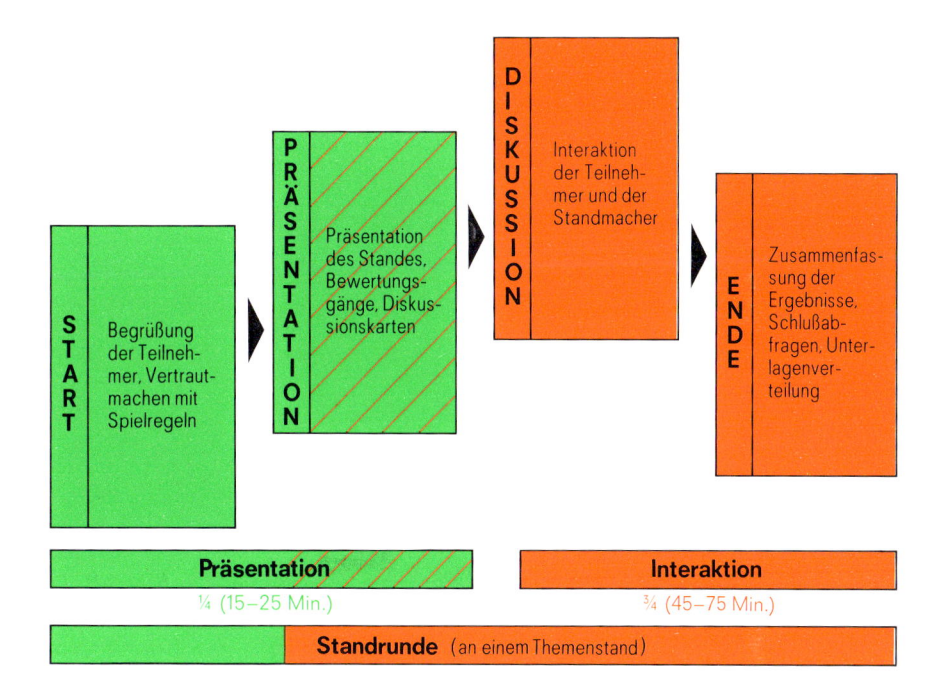

START	PRÄSENTATION	DISKUSSION	ENDE
Begrüßung der Teilnehmer, Vertrautmachen mit Spielregeln	Präsentation des Standes, Bewertungsgänge, Diskussionskarten	Interaktion der Teilnehmer und der Standmacher	Zusammenfassung der Ergebnisse, Schlußabfragen, Unterlagenverteilung

Präsentation	Interaktion
¼ (15–25 Min.)	¾ (45–75 Min.)

Standrunde (an einem Themenstand)

Für den Erfolg einer Standrunde sind einige **Regeln** ausschlaggebend:

▷ Mehrere Vortragende, d.h. zwei oder drei Standmacher, sollen sich bei der Präsentation abwechseln.

▷ Die Präsentation basiert auf dem Visualisierten.

▷ Blickkontakt mit den Teilnehmern halten.

▷ Alle Wortmeldungen beachten.

▷ Kärtchen für Stellungnahmen der Besucher verteilen und einsammeln.

▷ Die Vortragenden kontrollieren sich gegenseitig auf Einhaltung der Regeln.

▶ Präsentation

Um die Teilnehmer auf die Standrunde einzustimmen, muß der Standmacher einleitend

▷ das Ziel des Standes erklären,
▷ einen Überblick über den Themenaufbau geben,
▷ den Ablauf einer Standrunde erläutern.

Zu Beginn der 1. Standrunde empfiehlt es sich, den Teilnehmern einige *Diskussionsregeln* (30-s-Regel, Kärtchenschreiben, Bewertung usw.) bekanntzugeben.

Der Vortrag soll das Engagement und das Interesse der Teilnehmer für die Diskussion aufbauen:

▷ Der Vortrag muß ergänzungsbedürftig bleiben; die Teilnehmer müssen sich zur Mitgestaltung aufgefordert fühlen.
▷ Er muß mit konkreten Aussagen oder Fragen enden, nicht mit abstrakten Formulierungen.

▶ Interaktion

Interaktion ist das Geschehen in der Gruppe am Stand, sie umfaßt Teilnehmer wie Standmacher, letztere in der Rolle von Moderatoren.

Die Moderation versucht, diese Interaktion, den Meinungsaustausch anzuregen und zu steuern, z. B. durch

▷ provokative Thesen,
▷ Aufzeigen von Meinungsgruppen,
▷ Abfragen und Bewertungen, die Prioritäten, Werturteile, Stimmungen und Meinungen für die Gruppe transparent und diskutierbar machen.

Für die **Moderation** der Teilnehmer gelten drei Maximen:

Nach dem Vortrag gestalten die Besucher die Standrunde: der Standmacher hält nur durch geschickte Fragen die Diskussion in Gang.
Der Standmacher darf sich nie in die Rolle des Fragen-Beantworters drängen lassen, er gibt die Fragen immer an die Teilnehmer weiter.
Keine Rechtfertigungen auf Angriffe aus dem Publikum — der Standmacher sollte die Angriffe zum Gegenstand der Diskussion unter den Teilnehmern machen.

Am Ende der Standrunde werden die Standmacher

▷ die geplanten Folgeaktivitäten anbieten und, wenn möglich, Kontakte herstellen sowie

▷ das Ergebnis der Standrunde dokumentieren.

Planung und Erstellung des Informationsmarktes

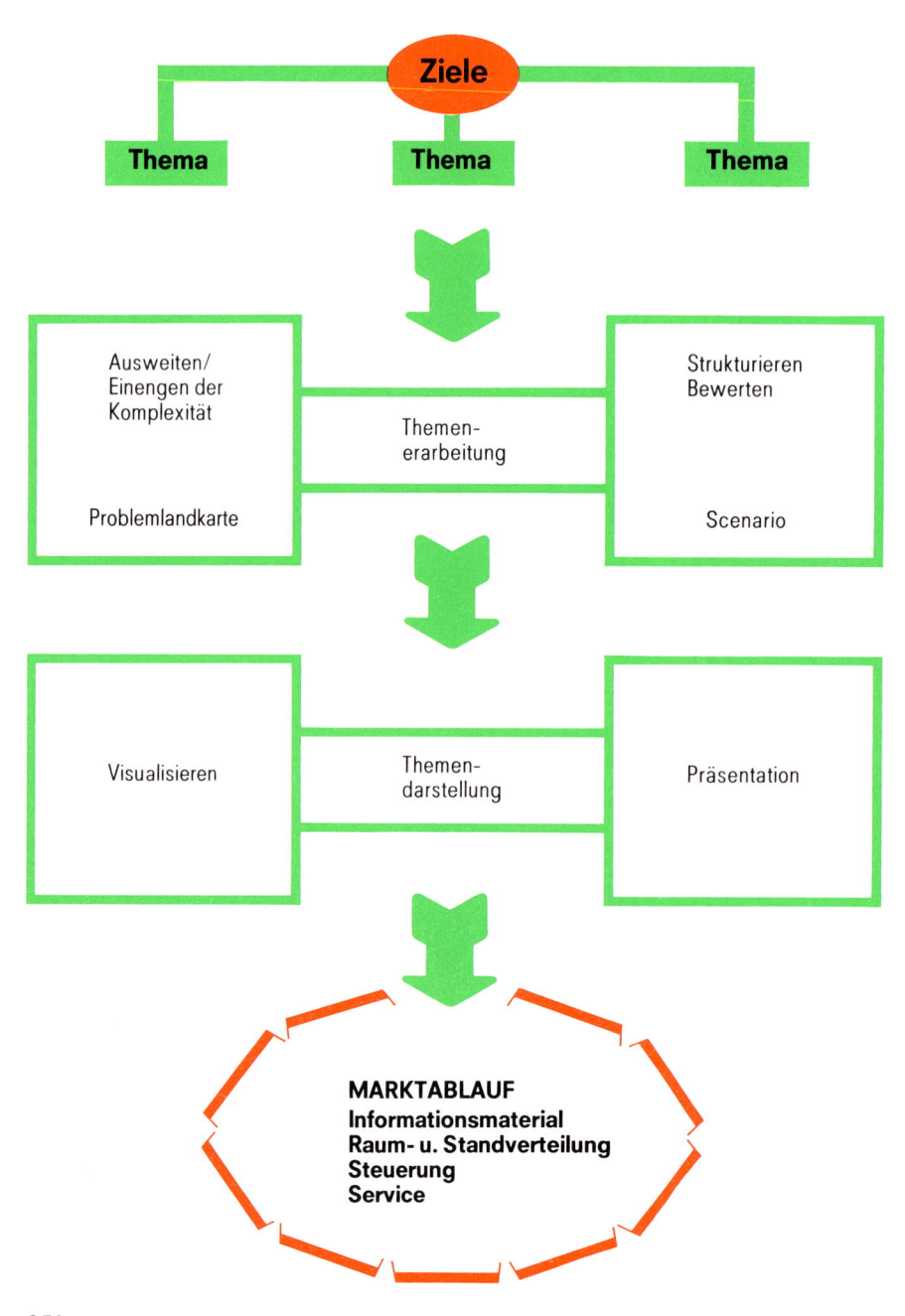

Ziele

Thema — Thema — Thema

Ausweiten/Einengen der Komplexität

Strukturieren Bewerten

Themenerarbeitung

Problemlandkarte

Scenario

Visualisieren

Themendarstellung

Präsentation

MARKTABLAUF
Informationsmaterial
Raum- u. Standverteilung
Steuerung
Service

▶ Zielformulierung, Themenauswahl

Bei der Planung und Durchführung eines Informationsmarktes wirken neben den Veranstaltern (Planungsteam, hierarchische Ebenen, Bereich, Interessengruppen usw.) drei Gruppen mit:

▷ **Standmacher** erarbeiten unter Mithilfe von Moderatoren die Themenstände und präsentieren diese auf dem Markt.

▷ **Moderatoren** bringen die für die Themenerarbeitung und -darstellung nötigen Techniken ein (*Gruppenarbeitstechniken, Problemlösungstechniken, Visualisierungstechniken* usw.) und wirken bei der Gestaltung des Informationsmarktes mit.

▷ **Zielgruppe** sind die Teilnehmer des Informationsmarktes.

Voraussetzung für die Arbeit an den Ständen ist eine klare Zielvorstellung beim Veranstalter. Prinzipiell stehen dabei drei Wege der Zielfindung offen:

Ziele werden von der Hierarchie formuliert	Ziele werden in Abstimmung mit Teilnehmern und Standmachern erarbeitet	Ziele werden von den Markterstellern formuliert, z.B. wenn ein Planungsteam Ergebnisse seiner Arbeit dem Unternehmen präsentiert

Dieselben Möglichkeiten gelten für die Festlegung eines Themenkreises oder einzelner Themen. Für die Phase der Standerstellung ist weiterhin Voraussetzung, daß

▷ die Themen auf das Ziel abgestimmt sind und

▷ das Themenangebot der Zielgruppe (d.h. den späteren Teilnehmern) gerecht wird.

Als Vorlauf für die Standarbeit sollte von den Moderatoren ein ca. zweitägiges Training durchgeführt werden.
Zur Schulung gehört eine Information über die Ziele des Informationsmarktes sowie ein Training von Methoden und Techniken zur Standerstellung und Präsentation. Die Moderatoren vermitteln den Standmachern dieses Wissen in einer gemeinsamen Plenumsveranstaltung anhand von frei gewählten The-

men – die strukturiert, visualisiert und präsentiert werden – in der Form eines Verhaltenstrainings durch Selbsterfahrung.

▶ Themenerarbeitung

Entwicklung eines Kriterienkataloges zur Beurteilung des Standes.

Als formale Arbeitsrichtlinie erarbeiten sich die Standmacher einen Katalog mit verschiedenen Anforderungen zur Beurteilung ihrer Arbeit bzw. des fertigen Standes. Dieser Katalog enthält Kriterien zur formalen Gestaltung (Visualisierung, Text usw.) und Kriterien zur Beurteilung des Standinhaltes.

Die folgende Darstellung zeigt das Beispiel eines solchen Kriterienkataloges, der den jeweiligen Zielen der Marktveranstaltung angepaßt werden kann.

Kriterien	++	+	○	–	– –
• Ziel ist klar • bereichsüberschreitend • handlungsorientiert • Konflikte deutlich					
• Visualisierung • Publikum einbezogen • Text aufnehmbar					

Orientierung

In dieser Phase müssen die Standmacher zu einer Zielsetzung finden. Allen muß klar werden, was der Stand erreichen will. In einer folgenden Analyse der Zielgruppe sind Untergruppen herauszufinden, die der Stand ansprechen will. Anhand dieser Erkenntnisse kann jeder Stand seinen „Marktanteil" auf der Veranstaltung schätzen. (Der Vergleich mit der tatsächlichen Besucherzahl wird zeigen, wie gut man den Informationsbedarf der Gruppe geschätzt hat.)

Informationsmarkt   Kommunikationstechniken

Ausweiten der Komplexität

Anschließend muß eine Themensammlung durchgeführt werden, um sich einen Überblick über das Arbeitsfeld zu schaffen. Die Standmacher können sich dabei einer *Problemlandkarte* bedienen, die alle Einflußgrößen und die zwischen ihnen bestehenden Abhängigkeiten transparent machen soll.

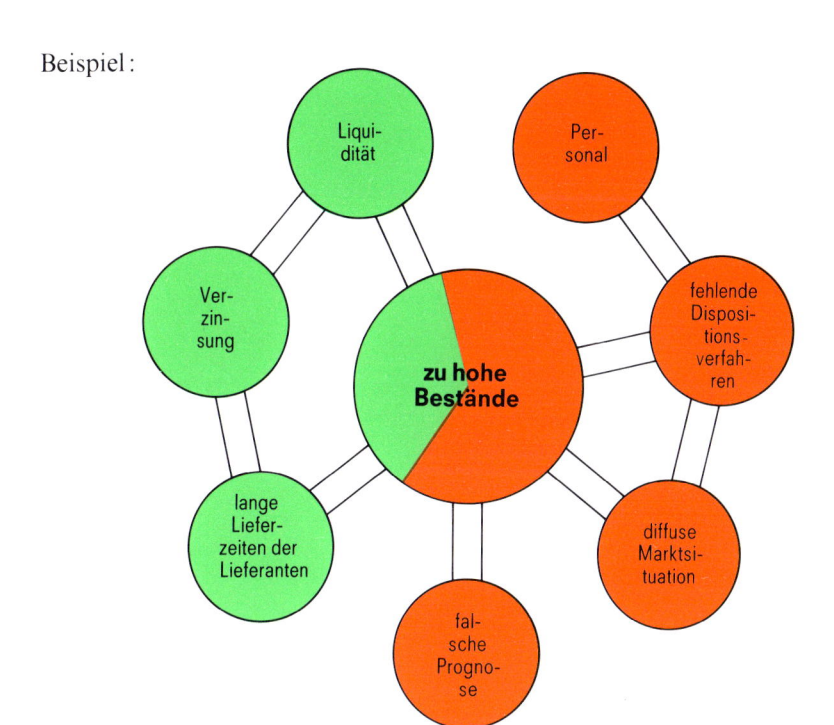

Beispiel:

Die hierbei gefundenen Themenaspekte müssen von der Standmachergruppe formuliert werden, z. B. als

        Feststellung

           Konflikt

              Werturteil

Alle diese Aussagen werden in einer Tabelle zusammengefaßt und nach bestimmten Gesichtspunkten geordnet.

273

Einengen der Komplexität

Diese Sammlung von Aussagen wird von den Standmachern bewertet, um Schwerpunkte zu erkennen, die nun gezielt weiterverfolgt werden.

Test

An dieser Stelle müssen die Standmacher die Themenschwerpunkte mit der ursprünglichen Zielsetzung abgleichen. Ist keine Übereinstimmung gegeben, muß geprüft werden, ob der neuen Zieldefinition (aufgrund der Bewertungsschwerpunkte) eine höhere Priorität zuzuordnen oder ob eine neue Bewertung der Themensammlung durchzuführen ist.

Problemplakat ausarbeiten

Nach dieser Eingrenzung und Formulierung des Stand-Themas beginnt die Themenstrukturierung. Hierzu bietet sich die Form eines *Problemplakates* an, in dem der Stoff nach einem Schema geordnet und zusammengefügt wird. Gleichzeitig werden aber auch Lücken und Schwachstellen aufgezeigt.

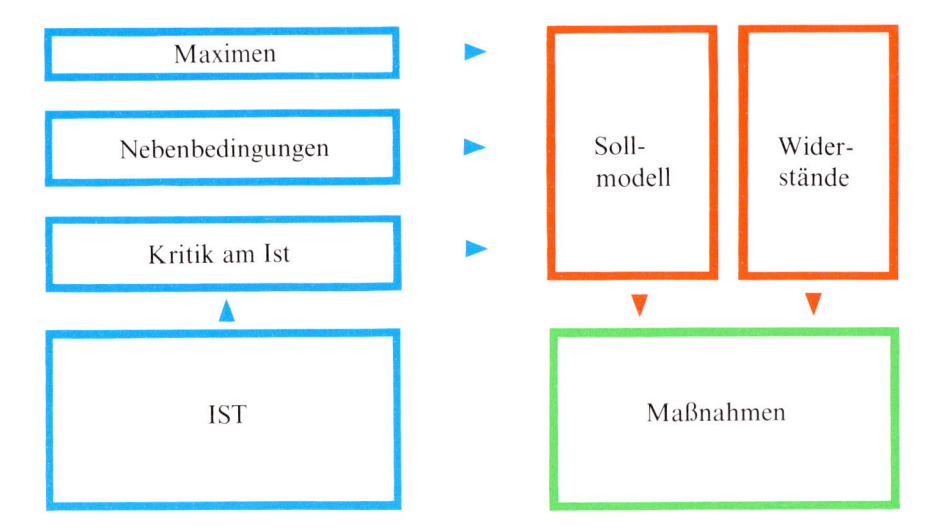

```
┌─────────────────┐
│    Maximen      │ ▶     ┌────────┐ ┌────────┐
└─────────────────┘       │ Soll-  │ │ Wider- │
┌─────────────────┐       │ modell │ │ stände │
│ Nebenbedingungen│ ▶     └────────┘ └────────┘
└─────────────────┘            │         │
┌─────────────────┐            ▼         ▼
│  Kritik am Ist  │ ▶     ┌──────────────────┐
└─────────────────┘       │    Maßnahmen     │
         ▲                └──────────────────┘
┌─────────────────┐
│      IST        │
└─────────────────┘
```

Der Standmacher muß sich an dieser Stelle bereits Gedanken über Bewertungen und Abfragen machen, mit denen er das Engagement der Teilnehmer erhöhen bzw. das Interesse wecken kann.

Inhaltliche Aussagen erhalten

Dazu gehören Wissens- und Meinungsabfragen. Die Fragen sollten auf keinen Fall eine Ja-Nein-Antwort zulassen.

Interesse wecken

Der Standmacher startet eine Abfrage über einen alltäglichen Sachverhalt und konfrontiert anschließend die Teilnehmer mit unerwarteten Fakten (Überraschungseffekt!).

Stimmungen abfragen

Die Veranstalter können über eine Abfrage (*Situationsabfrage*) ein Stimmungs- bzw. Meinungsbild der Teilnehmer erhalten.

Ideensammlung

Das Zusammentreffen von einer Vielzahl von Fachleuten auf einem Info-Markt sollte zur Ausschöpfung dieses Ideenpotentials benutzt werden.

Ist das Problemplakat in einer ersten Fassung vorhanden, so sollte im Plenum ein Test mit allen Standmachern durchgeführt werden, wobei jeder seinen Stand präsentiert. Das Plenum nimmt danach anhand des Kriterienkataloges vor allem eine inhaltliche Kritik vor.

► Stand ausarbeiten

Visualisierung

Für einen Stand müssen besonders folgende Visualisierungsregeln beachtet werden:

▷ Genügend freie Flächen, damit der Besucher Eingriffsmöglichkeiten hat, $1/3$ der Fläche sollte frei bleiben.

▷ Möglichst wenig Text und viele bildhafte Darstellungen. Bilder können schneller aufgenommen werden und zwingen außerdem dazu, komplexe Gedanken anschaulich und einfach darzustellen.

▷ Der Text muß aus 6 m Entfernung zu lesen sein. Schreibinstrument ist der Filzschreiber.

▷ Kein graphischer Perfektionismus. Er hemmt den Besucher, Änderungen anzubringen, und kostet außerdem unverhältnismäßig viel Zeit.

Präsentation

Ist der Stand fertiggestellt, dann wird die Präsentation geübt: der abwechselnde Vortrag, die Durchführung der Abfragen und Bewertungen, die Moderation der Besucherrunde, der Abschluß einer Standrunde.

Die Vorbereitung des Marktes

Die für den Ablauf des Marktgeschehens wichtigen organisatorischen Vorkehrungen hängen wesentlich von der Menge der erwarteten Besucher ab. Vier Dinge müssen in Abhängigkeit von der Größe des Marktes geregelt werden:

1. Da das Geschehen auf dem Markt sich selbst steuern soll, muß der Marktbesucher über genügend Informationen (Themenangebot, Tagesablauf, Lageplan, Spielregeln usw.) verfügen, die rechtzeitig verteilt werden sollten.

2. Die Wahl der Räumlichkeiten für den Markt muß dem Platzbedarf der Stände sowie der Beweglichkeit, die das Marktgeschehen erfordert, entgegenkommen.
Die Standanordnung kann z.B. nach thematischen Gesichtspunkten vorgenommen werden.

3. Die Regie des Markttages wird in erster Linie durch Angebot und Nachfrage an den Themenständen geregelt, doch sollten auch die Veranstalter ein Steuerungsinstrument in der Hand behalten. Dieses stützt sich auf eine Nachrichtenorganisation, die alle für den Ablauf wichtigen Informationen an eine zentrale Stelle leitet. Diese steuert:

   ▷ Anfang und Ende der Standrunden,
   ▷ Eröffnung eines Spontanstandes,
   ▷ die Schlußveranstaltung (z. B. Hammelsprung),
   ▷ unvorhergesehene Teilnehmeransammlungen.

4. Die Marktveranstaltung bedarf auch gewisser Serviceleistungen. Dafür können eigene Stände vorgesehen werden, an denen

   ▷ Reservematerialien bereitliegen (Papier, Filzstifte usw.),
   ▷ kopiert werden kann,
   ▷ Telefonverbindungen hergestellt werden,
   ▷ Polaroidkameras bereitliegen,
   ▷ Texte zum Schreiben gegeben werden können usw.

Administrative Aufgaben

Damit die Standerstellung und die Vorbereitung des Marktes reibungslos durchgeführt werden können, wird eine Ablaufgruppe gebildet. Diese besteht aus einem Teil der Moderatoren sowie einem Planungssekretariat und nimmt in Zusammenarbeit mit entsprechenden Dienststellen (z.B. Einkauf, Standortverwaltung) alle notwendigen administrativen Aufgaben wahr.

Ablaufgruppe

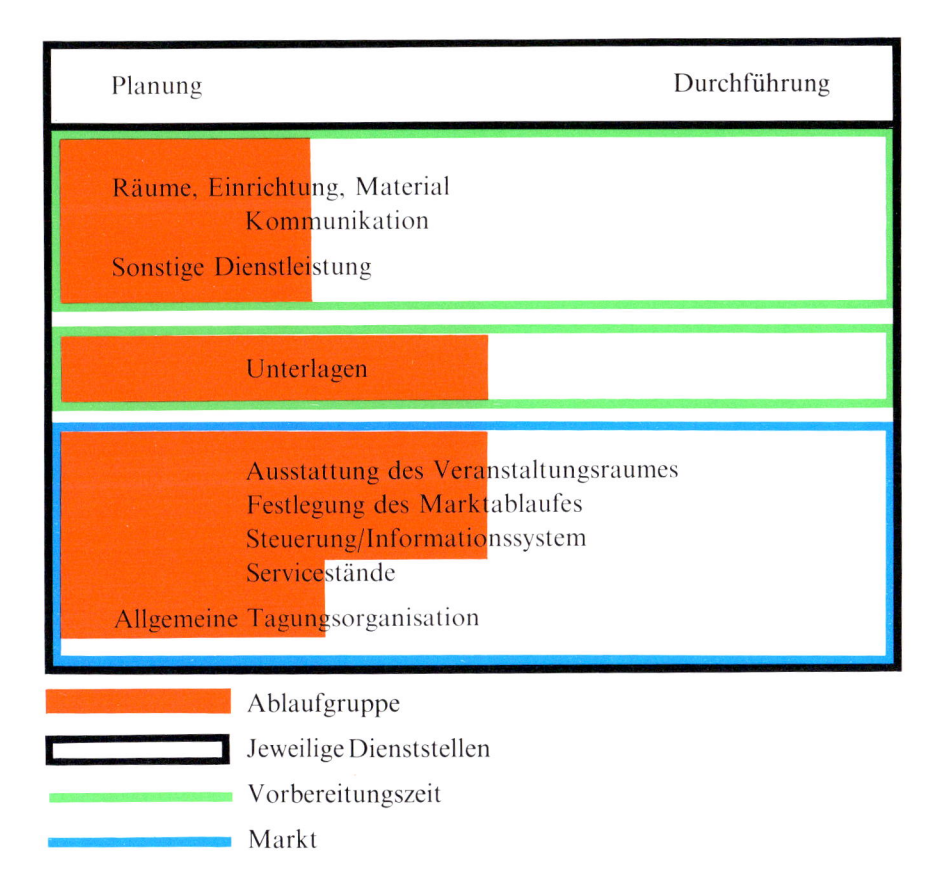

- Räume, Einrichtung, Material
- Kommunikation
- Sonstige Dienstleistung
- Unterlagen
- Ausstattung des Veranstaltungsraumes
- Festlegung des Marktablaufes
- Steuerung/Informationssystem
- Servicestände
- Allgemeine Tagungsorganisation

Planung — Durchführung

Legende:
- ▮ Ablaufgruppe
- ▭ Jeweilige Dienststellen
- ▬ Vorbereitungszeit (grün)
- ▬ Markt (blau)

Raum, Einrichtung, Material: Feststellen des Bedarfes, Erstellen einer Checkliste für die benötigten Dinge, Beschaffung

Kommunikation: Telefonanschlüsse, Postdienst usw.

Sonstige Dienstleistungen: Kopiermöglichkeit, Zuweisung einer Schreibdame, Essensregelung usw.

Unterlagen: Erstellen (Inhalt, Layout) aller nötigen Informations- und Arbeitsunterlagen für Standmacher und Marktteilnehmer

Check-Liste

A Planung des Info-Marktes

I Zielgespräche
1. Zielgruppe abgrenzen
2. Themenkreise festlegen
3. Standmacher und Moderatoren ernennen
4. Verantwortlichkeit und Instanzen festlegen
5. Information der betroffenen Hierarchie

II Auswahl der Themen
1. Entscheidung über Auswahlmodus
2. Themenauswahl
3. Anzahl der Themenstände fixieren

III Termine
1. Entscheidung über die Dauer des Forums
2. Zeitvorgabe für die Vorbereitung
3. Terminraster mit den wichtigsten Ereignissen
4. Abstimmung der Termine mit allen Betroffenen

IV Schulung der Standmacher
1. Problemstrukturierung
2. Visualisierung
3. Präsentation
4. Zuteilung von Standmachern und Moderatoren auf die Themen überprüfen

B Gestaltung des Info-Marktes

I Themenbearbeitung
1. Kriterien für Standerstellung erarbeiten
2. Zielsetzung und Zielgruppe analysieren
3. Komplexität des Themas ausweiten
4. Komplexität des Themas einengen
5. Problemplakat entwickeln
6. Standtest

II Themendarstellung
1. Visualisierung
2. Einbau von Abfragen und Bewertungen
3. Test
4. Zusammenstellung aller Standteile

Problemlösungstechniken

Problemlösungstechniken erleichtern die Ideenfindung und -verarbeitung. Sie sind Hilfsmittel, deren Beherrschung allein jedoch nicht zwingend zu neuen Lösungen führt.

Wege zur Ideenfindung und Problemlösung

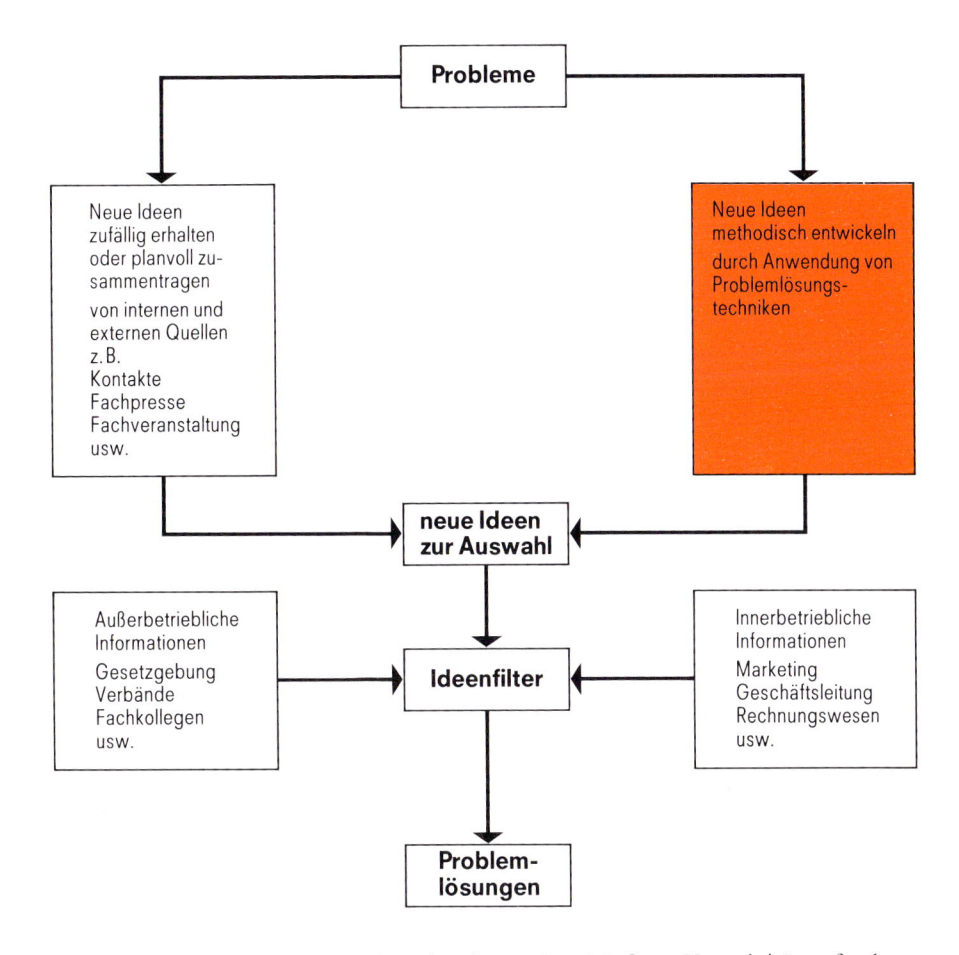

```
                            ┌──────────┐
                            │ Probleme │
                            └────┬─────┘
              ┌──────────────────┴──────────────────┐
              ▼                                     ▼
┌─────────────────────────┐         ┌─────────────────────────┐
│ Neue Ideen              │         │ Neue Ideen              │
│ zufällig erhalten       │         │ methodisch entwickeln   │
│ oder planvoll zu-       │         │ durch Anwendung von     │
│ sammentragen            │         │ Problemlösungs-         │
│ von internen und        │         │ techniken               │
│ externen Quellen        │         │                         │
│ z.B.                    │         │                         │
│ Kontakte                │         │                         │
│ Fachpresse              │         │                         │
│ Fachveranstaltung       │         │                         │
│ usw.                    │         │                         │
└───────────┬─────────────┘         └────────────┬────────────┘
            │        ┌──────────────┐            │
            └───────▶│  neue Ideen  │◀───────────┘
                     │  zur Auswahl │
                     └──────┬───────┘
┌─────────────────┐         │         ┌─────────────────┐
│ Außerbetriebliche│        ▼         │ Innerbetriebliche│
│ Informationen   │  ┌──────────────┐ │ Informationen   │
│ Gesetzgebung    │─▶│ Ideenfilter  │◀│ Marketing       │
│ Verbände        │  └──────┬───────┘ │ Geschäftsleitung│
│ Fachkollegen    │         │         │ Rechnungswesen  │
│ usw.            │         ▼         │ usw.            │
└─────────────────┘  ┌──────────────┐ └─────────────────┘
                     │  Problem-    │
                     │  lösungen    │
                     └──────────────┘
```

Für die Entwicklung neuer Ideen ist ein starkes Maß an Kreativität erforderlich.

Problemlösungstechniken

WAS IST KREATIVITÄT?

Kreativität ist ein schöpferischer Denkprozeß, der neue, unkonventionelle Ideen hervorbringt.

DER KREATIVE PROZESS

Der kreative Prozeß läuft in Phasen ab, die oft fließend ineinander übergehen:

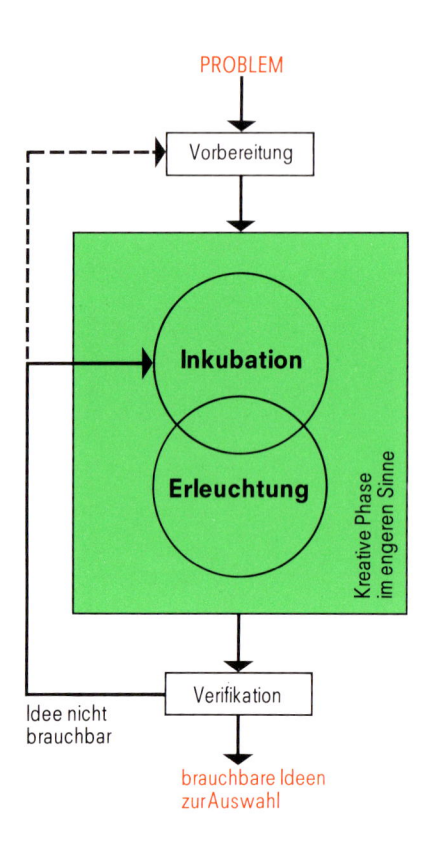

```
PROBLEM
   │
   ▼
Vorbereitung ─────────────┐   Logischer Abschnitt
   │                       │   Abgrenzung des Problems
   │                       │   Intensive Beschäftigung
   │                       │   mit dem Problem
   │                       │   Ansammlung von Wissen
   │                       │   Erste Lösungsversuche im
   │                       │   bekannten Bezugssystem
   ▼
Inkubation ───────────────┐   Intuitiver Abschnitt
   │                       │   Äußerliche Abstandnahme vom
   │                       │   Problem und seine Verlagerung
Erleuchtung                │   in das Unterbewußtsein, wo
   │                       │   sich die Analyse und die
(Kreative Phase            │   Suche nach einer Lösung voll-
im engeren Sinne)          │   ziehen.
   │                       │   Die Lösungsidee wird plötz-
   │                       │   lich in ihrer Gesamtheit bewußt.
   ▼
Verifikation ─────────────┐   Kritischer Abschnitt
   │                       │   Die Idee wird auf ihre Brauch-
Idee nicht brauchbar       │   barkeit und Realisierbarkeit
   │                       │   überprüft.
   ▼
brauchbare Ideen
zur Auswahl
```

KREATIVITÄTSSCHRANKEN

Kreative Ideen entstehen, wenn vorhandenes Wissen und Erfahrungen in bisher unbekannter Weise kombiniert und geordnet werden.

Die herkömmliche Erziehung vermittelt dagegen hauptsächlich abgegrenztes Fachwissen, und nur die logische Aneinanderreihung sachlicher Argumente (vertikales Denken) wird positiv beurteilt. Durch die Beherrschung vieler abgegrenzter Fachgebiete und ihren Einbau in ein Ordnungssystem wird zwar ein gewisses notwendiges Wissenspotential geschaffen, aber kreative Ideen entstehen nur, wenn neue Beziehungen im Wissens- und Erfahrungsschatz gefunden werden. Diese Fähigkeit – „in die Breite zu denken" (laterales Denken, Kreativität) – ist bei jedem Menschen latent vorhanden, wird aber selten erkannt, weil sie weder ausgebildet noch genutzt wird.

KREATIVITÄT UND VERSTAND

Das logisch-systematische Vorgehen erklärt sich aus der herkömmlichen Erziehung und Ausbildung und kommt der Arbeitsweise des menschlichen Gehirns entgegen.

Das Gehirn programmiert oft wiederkehrende Verhaltensmuster vor. Bei Wiederauftreten entsprechender Situationen erfolgt die Reaktion nach dem vorstrukturierten Verhalten. Das geht so weit, daß bereits ein Teil der ursprünglich notwendigen Informationen ausreicht, um die Reaktion auszulösen.

Diese Fähigkeit des Gehirns ist in vielen Fällen notwendig und nützlich, verhindert oder erschwert aber die völlige Umstrukturierung der vorhandenen Verhaltens- und Denkmuster. Vertikales (logisch-systematisches) Denken vertieft also vorhandenes Wissen, führt aber nicht zu neuartigen Lösungen.

MERKMALE KREATIVEN VORGEHENS

Kreativität ist erlern- und trainierbar. Auf die Kreativität wirken sowohl persönliche Voraussetzungen als auch externe Einflüsse ein:

▶ Persönlichkeitsprofil
  Originalität, Phantasie
  Offenheit gegenüber der Umwelt
  Selbstbewußtsein
  Spontaneität
  Experimentierfreudigkeit
  Kritikfähigkeit
  Unabhängigkeitsstreben

▶ Externe Einflußgrößen
  Informationsfreiheit
  Fehlen von autoritärem Führungsdruck
  Finanzieller Anreiz
  Freiheit in der Methodenwahl

Daneben sollten zur Verbesserung der Ideenproduktion einige Verhaltensnormen beachtet werden, z. B.

- Informationen nicht sofort klassifizieren und einordnen
- Untersuchungsobjekte auch unter zukünftigen Blickwinkeln betrachten
- aus alten Begriffsgefängnissen ausbrechen, sprunghafte Denkvorgänge zulassen
- auch scheinbar belanglose Informationen verarbeiten
- unwahrscheinliche Lösungsansätze nicht von vornherein verwerfen

Der im allgemeinen langwierige kreative Prozeß wird mit **Problemlösungstechniken in Gruppen** simuliert und abgekürzt. Diese Techniken sollen den einzelnen dazu zwingen, die drei Abschnitte des schöpferischen Denkprozesses bewußt zu durchlaufen. Hierdurch ist es möglich, die durch logisches und systematisches Denken aufgebauten Schranken zu durchbrechen.

Warum Gruppen?

Sämtliche Problemlösungstechniken werden stets von Gruppen durchgeführt. Dadurch summiert man das Ideen- und Wissenspotential der einzelnen Gruppenmitglieder. Zusätzlich erfolgt auf gruppendynamischem Wege ein gegenseitiger Anreiz zu neuen Ideen, und es ist die Möglichkeit gegeben, diese Ideen aufzunehmen und weiterzuführen.
Wenn die Gruppe sehr heterogen zusammengesetzt ist, wird das Problem von verschiedenen Standpunkten aus betrachtet und durch Einbringung von Meinungen aus verschiedenen Fachbereichen bearbeitet.

Warum Moderator?

Sich selbst überlassen ist eine Gruppe oft nicht arbeitsfähig. Deshalb wird in den meisten Fällen entweder innerhalb der Gruppe ein Moderator gewählt oder von extern angefordert.
Dieser sollte die Techniken kennen und erläutern sowie in der Lage sein, die Sitzung zu steuern. Während des Ablaufes muß er sich neutral verhalten, auf die Einhaltung der Spielregeln achten und Zwischenresultate visualisieren. Bei Stockungen müssen von ihm neue Impulse ausgehen.

Problemlösungstechniken

Technik / Bestimmungsgrößen	Vorbereitende Techniken			Spezielle Techniken				
	Rollenspiel	Utopiespiel	Pro-und-Kontra-Spiel	Brainstorming	Methode 635	CNB-Methode	Synektik	morphologische Analyse
Problem	definiert	bekannt	definierte Lösungsansätze	definiert	definiert	Problemfeld bekannt	definiert	definiert und für morphologische Analyse geeignet
Regeln	wenig	wenig	wenig	wenig	wenig	wenig	viele	viele
Teilnehmerkreis	6 bis 30 Pers. (2 bis 4 Rollen)	4 bis 5 Gruppen von je 4 bis 6 Personen	6 bis 30 Pers. (4 bis 6 aktive Teilnehmer)	5 bis 12 Pers.	in der Regel 6 Pers.	Experten	5 bis 7 geübte Teilnehmer	5 bis 7 Pers.
Durchführungsart	zentral	zentral	zentral	zentral	in der Regel zentral	schriftlich dezentral	zentral	zentral
Steuerung	in Ausnahmefällen Moderatoren	1 Moderator je Gruppe	keine	1 bis 2 Moderatoren	nur Initiator („Taktgeber")	nur Initiator	Moderator	Moderator
Vorbereitungszeit	ca. 1 Std.	keine	ca. $^{1}/_{2}$ Std.	abhängig von der Beschaffung der Hilfsmittel	gering	1 Sitzung	abhängig von der Beschaffung der Hilfsmittel	keine
Durchführungszeit	15 Min.	20 bis 30 Min. ohne Präsent.	20 Min.	max. 30 Min.	45 Min.	1 bis 10 Wochen	2 bis 6 Std.	$^{1}/_{2}$ bis 2 Std.
Auswertungszeit	gering	gering	gering	mittel	mittel	1 Sitzung	Auswertung durch Außenstehende	groß
Ergebnis	Verhaltensänderung, Sammlung von Argumenten	Utopien	Argumente	viele Ideen	Vielzahl von Lösungsansätzen	Lösungskonzeption	unkonventionelle Lösungsansätze	Lösungen

Rollenspiel

Das Rollenspiel bietet die Möglichkeit, Spannungen innerhalb einer Gruppe sowie zwischen einer Gruppe und ihrer Umwelt aufzudecken und neue Verhaltensweisen zu entwickeln.

Das Rollenspiel soll

- Einfühlungsvermögen erzeugen bzw. steigern,
- Strategien zur Überzeugung von Außenstehenden entwickeln,
- dem Teilnehmerkreis schnell Interessenlagen und Machtverhältnisse aufzeigen,
- latente Gruppenspannungen aufdecken,
- deren wirkliche Ursachen (emotionale, rationale) ermitteln.

Um diese Probleme in einer Gruppe gemeinsam lösen zu können, ist es notwendig,

▷ Distanz zur eigenen Rolle zu gewinnen und
▷ Lernbereitschaft für neues Verhalten zu wecken.

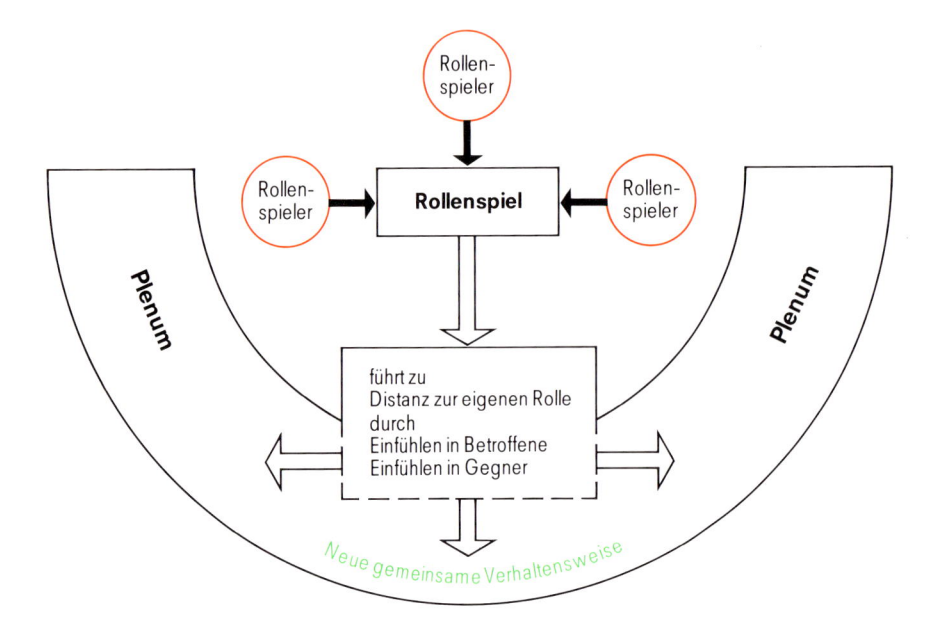

Vorbereitung

Die Gruppe listet mögliche Konfliktpartner und ihre Konfliktsituationen auf und definiert sie.

- Diese Liste wird von der Gesamtgruppe bewertet und dadurch das Thema festgelegt.
- Zu diesem Thema werden die Konfliktpersonen genannt und ihre Rollen von den voraussichtlich am besten geeigneten Teilnehmern, die sich für das Thema melden, übernommen.
- Die Rollenspieler bereiten sich 10 bis 15 Minuten getrennt voneinander auf ihre Rolle vor.
- Soweit es angebracht erscheint, kann die Gesamtgruppe ebenfalls in „Parteien" aufgeteilt werden, die bei der Vorbereitung helfen.

Durchführung

Es sind folgende Regeln zu beachten:

- Es soll so diskutiert werden, daß man recht behält (rhetorische Kniffe zur Verteidigung des eigenen Standpunktes sind erlaubt).
- Leerformeln sollen von der Gegenpartei sofort aufgedeckt werden.
- Alle Argumente, gleich ob emotionaler oder sachlicher Natur, werden in schriftlicher Form von Protokollanten festgehalten.
- Das Spiel sollte zeitlich begrenzt werden (Sprechzeit ca. 5 bis 15 Minuten).

Auswertung

Zu den festgehaltenen Aussagen werden nach dem Spiel von der Gruppe Fragen beantwortet, wie:

▷ Welches waren die unangenehmsten Argumente, Einwände, Fragen?
▷ Welches waren die besten Vorschläge?
▷ Welche auffälligen Verhaltensweisen wurden demonstriert?

Alle während des Rollenspiels und seiner Auswertung festgehaltenen Ergebnisse werden in Gruppendiskussionen vertieft bzw. an Kleingruppen zur weiteren Ausarbeitung gegeben.

Utopiespiel

Erwachsene Menschen öffnen sich nur sehr schwer. Da Phantasie im allgemeinen nicht belohnt wird, wird sie leider auch bei Problemlösungen kaum gefördert.

Das Utopiespiel soll im Rahmen von Planungen und *Entscheidertrainings* die Phantasie anregen. Der einzelne verläßt seine Rolle als Funktionsträger und artikuliert seine „geheimen Wünsche". Dadurch kann im Verlauf des Spiels über Utopievorstellungen kollektives Unbehagen aufgezeigt werden. Spontan geäußerte Aussagen und Verhaltensweisen überwinden etwa vorhandene „Angstschwellen". Vorübergehend werden geltende Normen außer Kraft gesetzt und vorher akzeptierte Determinanten (an denen meist die Planungsprozesse zum Stillstand kommen) ignoriert.

Eine Gruppe steht dem Angebot des Utopiespiels mit gemischten Gefühlen gegenüber. Einerseits will man mit der Arbeit vorankommen, andererseits ist es reizvoll, einmal in die Unverbindlichkeit einer Utopie auszubrechen. Das Thema des Spiels darf jedoch nicht bereits ausdiskutiert oder durch Vorentscheidungen beeinflußt sein, da in solchen Fällen kaum Phantasie entwickelt wird. Es muß problembezogen sein und eine plastische Zukunft haben.

Beispiele:
Wie verwalten wir unsere Bestände im Jahr 2000? Wie funktioniert ein Industriebetrieb ohne Verwaltung? Was bringt uns eine totale Kommunikation?

Durchführung

- Das Plenum teilt sich in *Sympathiegruppen* von ca. je 4 Personen auf. Jede Gruppe hat einen Moderator.

- Die Kleingruppen entwickeln rund 20 Minuten lang ihre Ideen und visualisieren diese gleichzeitig (farbige Filzschreiber, Packpapier). Dabei kann Sekt die Gedanken beflügeln.

- Die Kleingruppen tragen dem Plenum die Ergebnisse vor (es darf gelacht werden, jedoch keine Kritik von Einzelheiten).

- Die Ergebnisse des Utopiespiels werden durch das Plenum mit Selbstklebepunkten bewertet. Dabei soll die Gruppe Ideen herausfinden, die weiterentwickelt werden können.

- Die Hauptwünsche der Gruppe können mit Hilfe der *Präferenz-Matrix* für das *Scenario* ausgewählt werden.

Utopiespiel — Problemlösungstechniken

Ergebnisse und Auswertung

▷ Utopien, d.h. gewünschte Zukunftsvorstellungen

▷ Dystopie-Modelle, d.h. unerwünschte Zukunftsvorstellungen

▷ Verbalisierung bzw. *Visualisierung* der Sachzwänge, die einer Utopie im Wege stehen

▷ Darstellung der Gruppe, d.h. die Teilnehmer erkennen, wie sie sich selbst und andere einschätzen

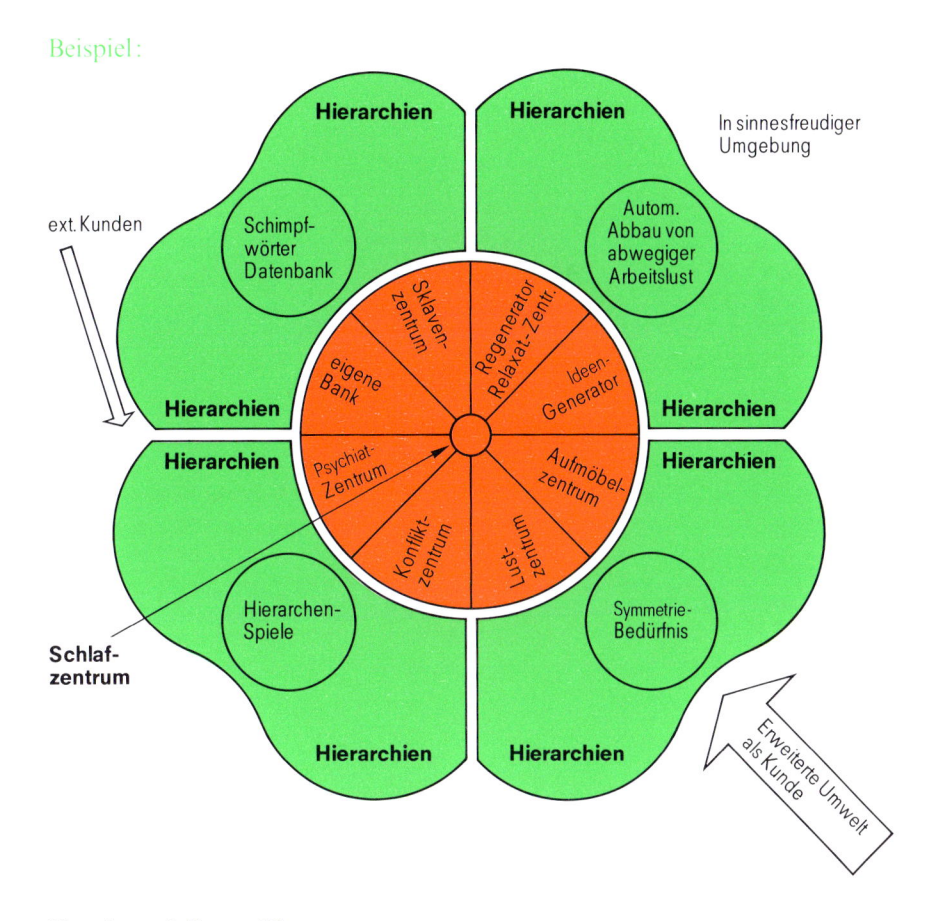

Beispiel:

[Diagramm: Kleeblattförmiges Utopiemodell mit acht grünen Blättern (alle mit "Hierarchien" beschriftet) und einem inneren Kreis, der in Segmente unterteilt ist: Sklavenzentrum, Regenerator-Relaxat.-Zentr., Ideen-Generator, Aufmöbel-zentrum, Lustzentrum, Konfliktzentrum, Psychiat-Zentrum, eigene Bank. Innerhalb der Blätter: Schimpfwörter Datenbank, Autom. Abbau von abwegiger Arbeitslust, Hierarchen-Spiele, Symmetrie-Bedürfnis. Beschriftungen außen: ext. Kunden, In sinnesfreudiger Umgebung, Schlafzentrum, Erweiterte Umwelt als Kunde.]

Utopiemodell zum Thema:
Wunschvorstellungen über die Arbeitsbedingungen einer Abteilung

Pro-und-Kontra-Spiel

Das Pro-und-Kontra-Spiel ermöglicht es, Lösungsalternativen zu einem Problem auf ihre Brauchbarkeit zu überprüfen.

Vorbereitung

▷ Die von der Gruppe gefundenen Lösungsansätze werden definiert und aufgelistet.

▷ Die Auswahl von 2 bis 3 zu behandelnden Alternativen erfolgt durch Punktebewertung.

▷ Es werden je Thema 2 bis 3 Vertreter gewählt, bestimmt oder auf freiwilliger Basis ermittelt, die die jeweilige Lösung vertreten oder ablehnen sollen (pro und kontra).

Ausführung

Die Vertreter von Pro und Kontra setzen sich gegenüber und versuchen, so schnell wie möglich ihre Argumente an den „Mann" zu bringen. Dabei schreiben Protokollanten die Argumente nach Pro und Kontra mit.
Nach 5 bis 10 Minuten werden die Partner ausgewechselt, d.h. die Kontra-Vertreter übernehmen die Rolle der Pro-Vertreter und umgekehrt.
Sind alle Thesen abgehandelt, so werden die festgehaltenen Aussagen des Gesamtverlaufes in einer Gruppendiskussion vertieft und an Kleingruppen zur Überarbeitung oder Weiterführung gegeben.

Brainstorming

Brainstorming („Gehirnsturm") ist die bekannteste und am häufigsten angewandte Problemlösungstechnik; es handelt sich um eine Form

gemeinsamen Nachdenkens,
gemeinsamer Ideenfindung

über ein vorgegebenes Problem unter Leitung eines Diskussionsmoderators.

In der folgenden Darstellung wird ein Überblick über die in den verschiedenen Phasen des Brainstorming zu beachtenden Punkte gegeben.

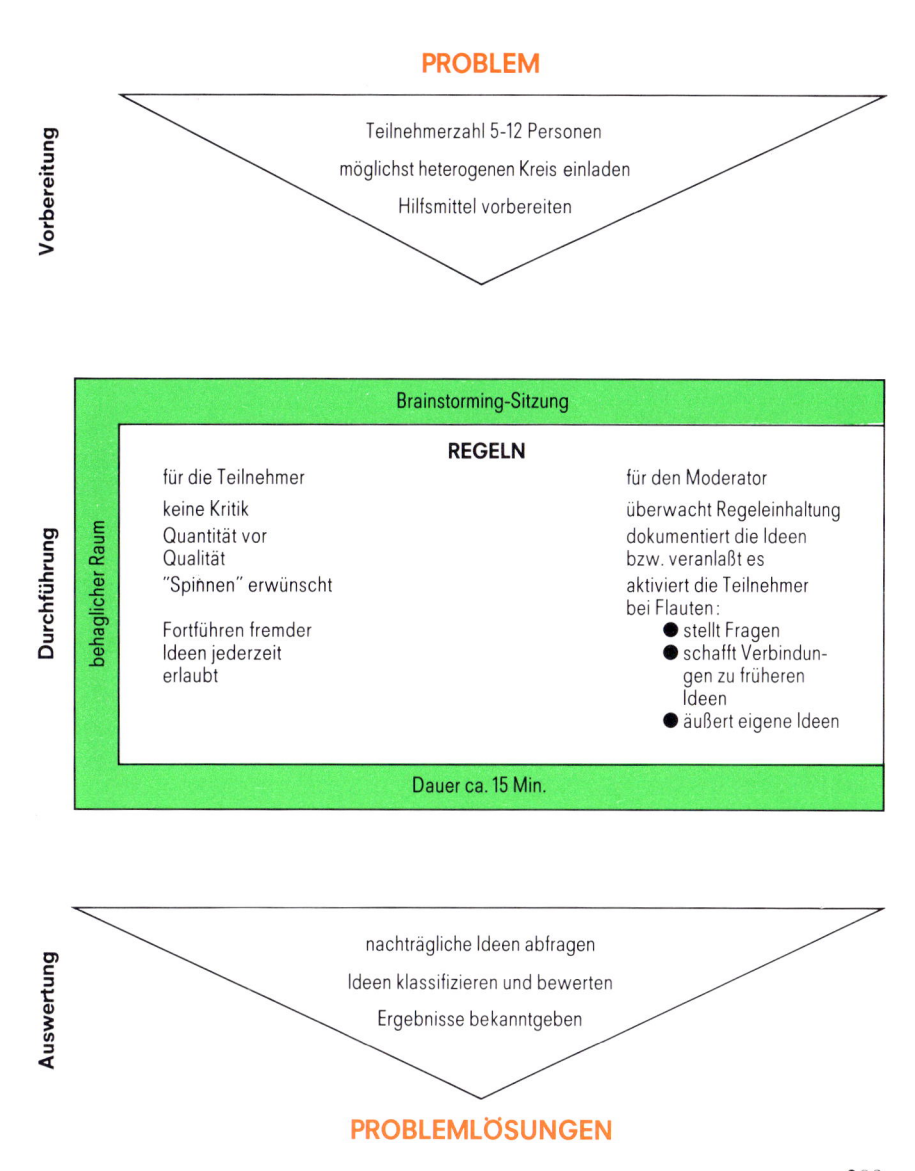

PROBLEM

Vorbereitung
- Teilnehmerzahl 5-12 Personen
- möglichst heterogenen Kreis einladen
- Hilfsmittel vorbereiten

Durchführung — behaglicher Raum

Brainstorming-Sitzung

REGELN

für die Teilnehmer	für den Moderator
keine Kritik	überwacht Regeleinhaltung
Quantität vor Qualität	dokumentiert die Ideen bzw. veranlaßt es
"Spinnen" erwünscht	aktiviert die Teilnehmer bei Flauten:
Fortführen fremder Ideen jederzeit erlaubt	● stellt Fragen ● schafft Verbindungen zu früheren Ideen ● äußert eigene Ideen

Dauer ca. 15 Min.

Auswertung
- nachträgliche Ideen abfragen
- Ideen klassifizieren und bewerten
- Ergebnisse bekanntgeben

PROBLEMLÖSUNGEN

| Problemlösungstechniken | Brainstorming |

Brainstorming ist für festumrissene, abgegrenzte und eindeutig definierte Themen auf allen Gebieten anwendbar, z. B.

Anwendung
- im Privatleben (Planung einer Urlaubsreise)
- zur Produktauswahl
- zur Lösung technischer Probleme
- zur Entwicklung neuartiger Arbeitsflüsse

Das wesentlichste Merkmal des Brainstorming ist, daß während der Sitzung keine Kritik geäußert werden darf. Das fördert die Spontaneität und führt zu einer größeren Anzahl neuer Ideen.

Aus eigener Erfahrung wird jeder rückblickend erkennen, wie schnell die Effizienz von Problemlösungskonferenzen abnahm, sobald das Für und Wider der Lösungsvorschläge sofort diskutiert wurde.

Vorbereitung

Der Moderator sollte bei der Festlegung der Gruppe darauf achten, daß diese zwischen 5 und höchstens 12 Personen umfaßt und die Teilnehmer möglichst unterschiedliche Kenntnisse und Erfahrungen mitbringen. Stammen die Teilnehmer aus verschiedenen Hierarchiestufen eines Unternehmens, kann sich dies negativ auf den Ideenfluß auswirken.

In den meisten Fällen ist es angebracht, die Teilnehmer rechtzeitig über

Ort, Zeit, Themenkreis und Teilnehmer

zu informieren (Einladung). Es sollte in der Einladung aber kein genaues Thema angegeben werden, damit sich der einzelne ein freies Gedankenspiel nicht durch Vorüberlegungen blockiert. Als Tagungsort ist ein Raum zu wählen, in dem man sich in einer behaglichen Atmosphäre ungestört und unbelastet von geschäftlichen Problemen auf das Thema konzentrieren kann.

Grundsätzlich kann ein Brainstorming jedoch auch spontan aus einer Gruppensituation heraus durchgeführt werden.

Durchführung

Vor Beginn der Sitzung sollten die Regeln bekanntgegeben und das Thema für alle Teilnehmer deutlich sichtbar gemacht werden.

Ist das Thema zu weit gefaßt, muß versucht werden, eine von allen Teilnehmern akzeptierte Arbeitsdefinition zu finden.

Alle während einer Sitzung produzierten Ideen sind festzuhalten; hierzu eignen sich besonders Flip-charts und Kärtchen.

Regeln

1. Keine Kritik oder Beurteilung von Gedanken
2. Entwicklung möglichst vieler Ideen: Quantität vor Qualität
3. Erzeugung möglichst außergewöhnlicher Ideen: „sich etwas einfallen lassen – spinnen"; unbegrenzte Spontaneität
4. Fortführen und Weiterentwickeln bereits vorgebrachter Ideen, es gibt kein Urheberrecht

Es ist Aufgabe des Moderators, die Einhaltung der Regeln zu überwachen und alle Teilnehmer zu aktivieren. Dabei darf er aber nie eine Führungsrolle anstreben, sondern muß ausgleichend wirken. Vom Geschick des Moderators hängt wesentlich der Ablauf der Brainstorming-Sitzung ab; er muß es verstehen, auftretende Pausen richtig zu deuten (Nachdenken oder Ermüdungserscheinung) und entsprechend den Ideenfluß wieder anzuregen bzw. die Sitzung abzubrechen.

Auswertung

Die produzierten Ideen werden entsprechend der Problemstellung vom Moderator systematisiert und von der Gruppe einzeln bewertet, z. B. nach folgenden Gesichtspunkten:

▷ Mit den Gegebenheiten und Bedürfnissen vereinbar?
▷ Realisierbar oder nicht realisierbar?
▷ Sofort, bald oder erst längerfristig realisierbar?
▷ Ohne vorherige Untersuchung realisierbar? Schon in ähnlicher Form vorhanden?

Erst hier werden die hervorgebrachten Ideen kritisiert!

Das daraus resultierende Zwischenergebnis dient als Arbeits- und Entscheidungsunterlage für weitere Schritte, z. B. Bildung von Kleingruppen. Es zeigt Alternativen zur Überwindung des gestellten Problems auf.

Um die Teilnehmer für andere Brainstorming-Sitzungen positiv zu motivieren, sind ihnen alle Auswirkungen der gut bewerteten Ideen mitzuteilen.

Erfahrungen

▷ Nicht nur „Experten" sollten teilnehmen, sondern auch von dem Problem unberührte Mitarbeiter; neue Ansichten beleben die Atmosphäre.

▷ Das Vorgesetzten-Untergebenen-Verhältnis sollte während der Sitzung aufgehoben sein – sonst mangelnde Spontaneität, Angst vor Beurteilung u.a.

▷ Die Sitzung sollte höchstens 30 Min. dauern, weil danach die Kreativität der Teilnehmer merklich nachläßt.

▷ Die Visualisierung der Ideen hat sich als beste Form der Protokollierung erwiesen: Ständige Bezugnahme auf bereits produzierte Ideen wird möglich.

▷ Brainstorming steigert die Effizienz von Konferenzen und verkürzt die Sitzungsdauer, da

- normalerweise gute Ideen aus Prestigegründen, Rivalität, Unternehmenspolitik, finanziellen Gründen u.a. zurückgehalten werden,
- „spinnen" ausdrücklich zugelassen wird (auf einer normalen Konferenz würde sich lächerlich machen, wer seiner Phantasie freien Lauf läßt).

▷ Es steigert das Selbstbewußtsein des Teilnehmers, wenn er erkennt, wie viele Ideen er hat.

▷ Teilnehmer am Brainstorming entwickeln später auch zu anderen Problemlösungen ein weit kreativeres Verhalten.

▷ Brainstorming verstärkt die Kommunikations- und Informationsbeziehungen im Unternehmen durch die gemeinsame Problemlösung und die gelockerte Atmosphäre („Wir-Gefühl").

▷ Anfangs ergeben sich Schwierigkeiten, kein Urheberrecht zu haben und „unsinnige" Vorschläge nicht kritisieren zu dürfen.

Methode 635

Die Methode 635 ist eine Methode, die aus dem Brainstorming entwickelt wurde. Ideen werden nicht wie beim Brainstorming akustisch zum Ausdruck gebracht, sondern vom einzelnen Teilnehmer schriftlich festgehalten.
Bei der Auswertung des Brainstorming ist oft zu erkennen, daß die Weiterentwicklung bereits produzierter Ideen über mehrere Stufen zu den fruchtbarsten

Ergebnissen führt. Die Methode 635 verwendet diese Erkenntnis; die Grundideen werden systematisch vertieft. Dadurch wird die Ideenauswahl zwar eingeschränkt, aber die verfolgten Ideen sind wesentlich konkreter als beim Brainstorming.

In dem folgenden Bild ist der normale Ablauf einer Sitzung schematisch dargestellt. Die Vorbereitungs- und Auswertungsphase verlaufen analog zum Brainstorming.

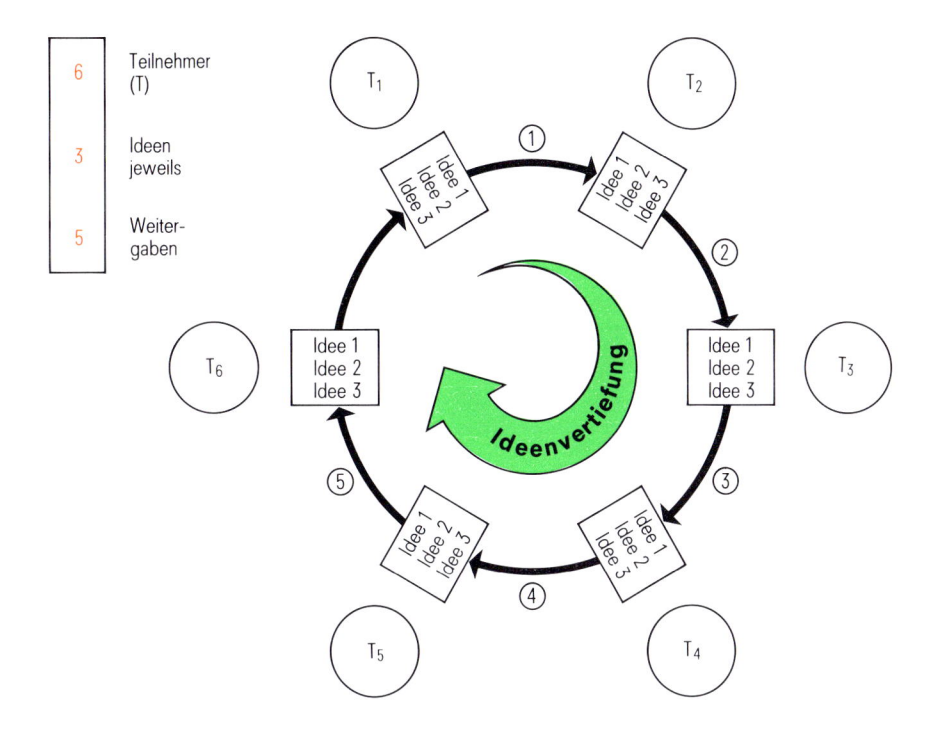

6	Teilnehmer (T)
3	Ideen jeweils
5	Weitergaben

Durchführung

Jedes Mitglied der aus 6 Teilnehmern bestehenden Gruppe schreibt 3 Ideen auf ein Blatt Papier, das in einer vorgegebenen Reihenfolge 5mal weitergereicht wird. Aufbauend auf den vorliegenden Gedanken sollen dabei die Teilnehmer jedes Blatt um 3 weitere Ideen zur Problemlösung ergänzen. Die Antworten der Teilnehmer sollen sich möglichst an die aufgezeichneten Ideen anlehnen und diese weiterentwickeln; ein logischer Aufbau ist aber nicht unbedingt erforderlich. Es genügt, wenn nach genauer Durchsicht der bereits produzierten Ideen drei neue Gedanken zum gegebenen Problem entwickelt werden.

Erfahrungen

▷ Handelt es sich um einen größeren Teilnehmerkreis oder ist eine Mehrzahl von Antworten erwünscht, so können mehrere Gruppen gebildet werden.

▷ Folgende Zeitvorgaben haben sich als geeignet erwiesen:

1. Runde	5 Minuten
2. Runde	6 Minuten
3. Runde	7 Minuten
4. Runde	8 Minuten
5. Runde	9 Minuten
6. Runde	10 Minuten

Durch diese Zeiteinteilung haben die Teilnehmer genügend Zeit, die vorausgegangenen Ideen zu lesen und weiterzuentwickeln bzw. eigene Ideen zu produzieren.

▷ Mit dieser Methode ist es auch möglich, Ideen zu einer Themenstellung zu sammeln, ohne daß die Teilnehmer zusammenkommen müssen. Jedoch ist dann der Zeitaufwand wesentlich größer.

▷ Die Methode 635 ist auch als Nachfolgetechnik geeignet, Ideen einer Brainstorming-Sitzung zu vertiefen und weiterzuführen.

▷ Weil die Gedanken schriftlich fixiert werden, sind die vorgebrachten Ideen abgerundeter und fundierter, aber meist weniger originell als beim Brainstorming.

▷ Die wechselseitige Anregung zur Weiterentwicklung neuer Ideen ist eingeschränkt, da nicht die ganze Gruppe sofort mit den vorgebrachten Lösungsansätzen konfrontiert wird.

▷ Im offenen Gespräch werden viele eher abwegige Ideen genannt, als wenn diese schriftlich fixiert werden müssen.

▷ Jeder Teilnehmer wird zwangsweise aktiviert. Zeitweiliges „Abschalten" ist nicht möglich.

▷ Es ist möglich, von der Teilnehmerzahl von 6 Personen geringfügig abzuweichen, aber

- bei zu wenigen Teilnehmern werden die Ideen nicht ausreichend vertieft,
- bei zu vielen Teilnehmern läßt die Konzentration am Ende der Sitzung wegen zu langer Dauer stark nach.

CNB-Methode

Die CNB-Methode (Collective Notebook: gemeinsames Notizbuch) ist eine abgewandelte Brainstorming-Methode wie die Methode 635 und entstand aus folgenden Überlegungen:

- Um das Unterbewußtsein mehr zu aktivieren, wird die Phase der Ideensammlung über einen längeren Zeitraum ausgedehnt.
- Um die Schwierigkeit zu umgehen, die zur Problemlösung erforderlichen Experten mehrmals zu bestimmten Terminen zusammenzuziehen, wird die Ideenabfrage nur schriftlich durchgeführt.

Vorbereitung

Der Initiator (z.B. die Planungsgruppe) beschreibt das Problemfeld und bereitet das CNB vor. Die erste Seite des Buches enthält folgende Aufforderungen:

▷ Schreiben Sie alle Ideen zum Problem nieder.
▷ Versuchen Sie, das Problem neu zu definieren.
▷ Notieren Sie, wo Lösungsansätze bereits zu finden sind, z.B. Literaturangaben.

Der Initiator wählt eine geeignete Expertengruppe aus und schickt jedem Teilnehmer ein CNB.

Durchführung

Während eines festgelegten Zeitraumes (z.B. ein Monat) trägt jedes Gruppenmitglied spontan seine Gedanken und Ideen zum vorliegenden Problem in das CNB ein, z.B.

- Ideen zur Lösung des Problems
- Fakten, die in Zusammenhang mit dem gegebenen Problem stehen,
- Ideen und Anregungen zu tangierenden Problemen,
- stimulierende Fragestellungen für die weitere Forschungsarbeit.

Jedes Gruppenmitglied faßt nach Ablauf der vorgegebenen Frist den Inhalt des CNB in drei Punkten zusammen:

- die beste Idee zum Problem
- Vorschläge zur weiteren Vorgehensweise
- Ideen, die außerhalb der Problemstellung liegen.

Während der gesamten Dauer der Aufschreibungen ist jedes Gruppenmitglied auf sich gestellt, es gibt keine Eingriffe von anderen Teilnehmern.

Auswertung

Der Initiator wertet die Ideenbücher aus und erstellt eine schriftliche Zusammenfassung. Die einzelnen CNB und die schriftliche Zusammenfassung bilden die Grundlage für eine Arbeitssitzung, in der alle Teilnehmer gemeinsam versuchen, eine Lösungskonzeption zu erarbeiten.

Bei langfristiger Anwendung der CNB-Methode werden die entstandenen Ideen in eine „Ideenkartei" übernommen. Dieses Ideenpotential sollte zur Lösung neuer Probleme herangezogen werden.

Erfahrungen

▷ Die CNB-Methode ist als Vorphase einer komplexen Planung und eines *Entscheidertrainings* einsetzbar.

▷ Eine Variation der CNB-Methode besteht in der Verwendung nur eines Notizbuches, das täglich herumgereicht wird.

Synektik

Die Technik Synektik (≙ Zusammenfügen) versucht, die unterbewußt ablaufenden Denkprozesse zu simulieren. Der entscheidende Aspekt dabei ist die Verfremdung des Problems.
Durch Konfrontation unabhängiger Strukturen mit dem Problem soll eine Verknüpfung gefunden werden, die eine Lösung des Problems darstellen kann.

Ablaufplan einer Synektiksitzung

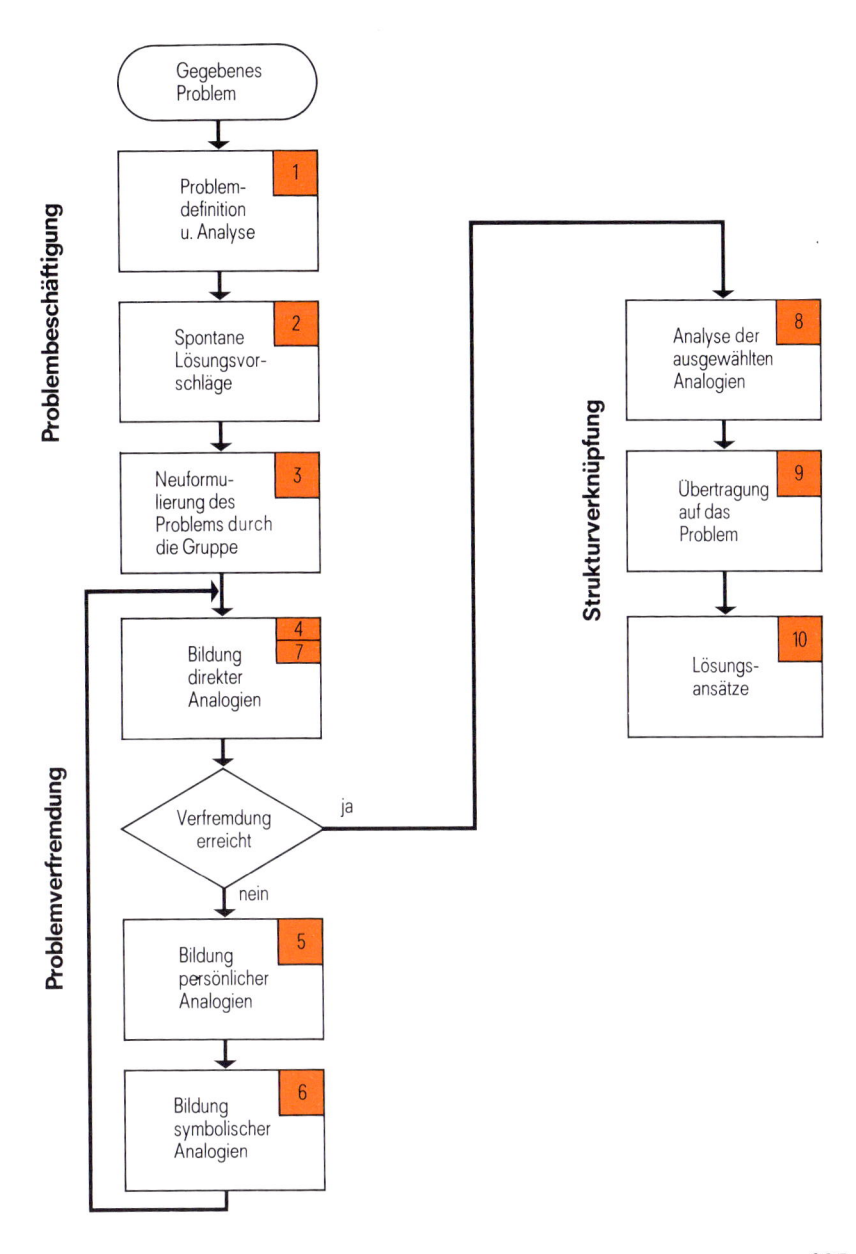

Problembeschäftigung

Gegebenes Problem

1. Problemdefinition u. Analyse
2. Spontane Lösungsvorschläge
3. Neuformulierung des Problems durch die Gruppe

Problemverfremdung

4./7. Bildung direkter Analogien

Verfremdung erreicht?
- ja → weiter zur Strukturverknüpfung
- nein ↓

5. Bildung persönlicher Analogien
6. Bildung symbolischer Analogien

Strukturverknüpfung

8. Analyse der ausgewählten Analogien
9. Übertragung auf das Problem
10. Lösungsansätze

297

Erläuterungen

1

Der Moderator erläutert das vorgegebene Problem, die Gruppe analysiert das Problem, grenzt es ab bzw. formuliert es um, bis die Problematik von allen Teilnehmern verstanden worden ist.

2

Spontane Einfälle der Teilnehmer müssen schon nach der Analyse abgefragt und schriftlich festgehalten werden, da vorhandene, nicht artikulierte Ideen den weiteren Sitzungsverlauf stören würden.

3

Basierend auf den Erkenntnissen der ersten Schritte werden zum Zwecke der Konzentration auf einen gemeinsamen Problemsachverhalt neue Problemdefinitionen abgeleitet. Die Gruppe sollte sich darüber einigen, ob die ursprüngliche Problemstellung beibehalten werden soll oder ob es sinnvoll ist, das Gesamtproblem allgemeiner zu fassen, einzuengen oder in Teilprobleme aufzuspalten. Alle Teilprobleme sind entsprechend den einzelnen Synektikphasen durchzusprechen; die Reihenfolge wird von der Gruppe festgelegt.

4

Die Synektikgruppe überträgt das Problem zum Zweck der Verfremdung in andere Bereiche z. B. Natur, Technik, Politik, Soziologie. Es hat sich als zweckmäßig erwiesen, bei technischen Problemen auf Beispiele aus der Natur zurückzugreifen.

Beispiel

Es soll eine Verbindung für zwei Glasrohre gefunden werden. Die Rohre sollen an den Verbindungsstellen in gewissem Rahmen flexibel bleiben, so daß die Leitung auch über unebene Flächen verlegt werden kann. Einfache Montage mit wenig Werkzeug, ab und zu muß die Leitung wegen Reinigungsarbeiten geöffnet werden.

- Pneumatischer Verschluß
- Kunststoffmanschette
- Kunststoff- oder Glasgelenke
- Klappmanschetten ähnlich denen bei alten Bierflaschen
- Gewindeverschluß

Es wird eine druckfeste, flexible und säurebeständige Verbindung für zwei Rohre gesucht.

- Saugender Walfisch
- Blutegel
- Krähen
- Rüssel eines saugenden Insektes
- Holzböcke
- Begattungsvorgang

Die Auswahl einer Analogie aus den gefundenen Analogien kann nach folgenden Kriterien erfolgen:

▷ Die Analogie erscheint der Gruppe interessant.

▷ Sie hat mit dem Problem nichts oder wenig zu tun.

▷ Die Teilnehmer haben zumindest über die Analogie Kenntnisse.

Ausgewählt wird:
Blutegel

5

Durch die Bildung persönlicher Analogien (Eindrücke und Gefühle der Gruppenmitglieder zur gewählten Analogie) soll sich die Gruppe mit der gefundenen Analogie identifizieren. Die Äußerungen sollen in der Ich-Form erfolgen und nach Möglichkeit Erlebnis- oder Situationsdarstellungen sein.

Wie fühle ich mich als Blutegel?
- Ich fühle mich wohl
- Ich fühle mich sehr geborgen
- Anstrengend

Ausgewählt wird:
geborgen

6

Im nächsten Schritt werden symbolische Analogien in Form von Gegensatzpaaren gebildet. Die symbolische Analogie besteht meist aus einem Substantiv und einem Adjektiv. Das Substantiv beinhaltet das Wesen der persönlichen Analogie. Mit der Auswahl eines möglicht paradoxen Adjektives sollte eine Konfliktsituation hervorgerufen werden (z. b. stabile Zerbrechlichkeit, rettendes Feuer, anheimelnde Kälte).

- Kühle Freundschaft
- Frostige Wärme
- Unerwünschte Hilfe

Ausgewählt wird:
Unerwünschte Hilfe

7

Zu der von der Gruppe ausgewählten symbolischen Analogie werden erneut direkte Analogien gebildet (erste direkte Analogie aus der Technik, zweite direkte Analogie aus der Natur).

- Melkmaschine
- Motor
- Telefon
- Bombe

Ausgewählt wird:
Melkmaschine

8

Die gefundene Analogie wird von der Gruppe analysiert und beschrieben. Die Analyse erfolgt durch die Beschreibung des gefundenen Objektes nach seinen Eigenschaften, Funktionen, Vorkommen usw.

- Es gehört eine Warze dazu.
- Saugsystem: – Vakuum
  – Druck, Massage
- Der Saugstutzen muß die Warze fest umschließen.

9

Die gefundenen Teilstrukturen des Objektes werden mit dem von der Gruppe definierten Problem in Verbindung gebracht. Diese Phase ist der eigentliche Kern der Synektiksitzung.

- Die Glasrohre werden mit Vakuum zusammengehalten (Manschette)
- In die Glasrohre werden Verbindungsstücke gesteckt und dann mit Überdruck festgepreßt.
- Abkühlen eines Rohres und Einschieben des zweiten Rohres. Bei Wiedererwärmung wird sich ein Rohr ausdehnen.

10

Aus diesen Verbindungen ergeben sich Lösungsansätze. Spricht die Gruppe alle Problemdefinitionen durch, so kommt sie zu einem Katalog von Aussagen und Aspekten, die zusammen helfen können, das Problem zu lösen.

Ergebnis:

Technische Ausarbeitung einer Alternative

Klassische Synektiksitzungen laufen in den dargestellten Phasen ab. Eine Verkürzung der Sitzung tritt dann ein, wenn die Gruppe feststellt, daß der angestrebte Verfremdungseffekt schon nach der Phase 4 erreicht ist und somit sofort in die Phase 8 übergegangen werden kann.

Voraussetzung und Auswertung

▶ Personenkreis

Eine Synektikgruppe sollte aus etwa 5 bis 7 kreativen und fachlich heterogenen Teilnehmern bestehen. Wichtig ist, daß die Gruppe in der Technik Synektik geschult ist. Die Gruppe sollte während einer Synektiksitzung in ihrer Zusammensetzung nicht wechseln.

▶ Moderator

Die für Synektiksitzungen notwendige Moderatorfunktion sollte wegen sonst auftretender Status- und Gruppenzusammenhaltsprobleme von den Gruppenmitgliedern abwechselnd übernommen werden.

Aufgaben des Moderators:

- Vorgehensweise auf Flip-Chart festhalten
- Auf die Einhaltung des Ablaufes laut Ablaufplan achten
- Vorschläge über weitere Vorgehensweise, Einsatz von Techniken usw. machen

▶ Zeitdauer

Exakte Angaben über die optimale Zeitdauer von Synektiksitzungen lassen sich nicht machen. Es hat sich aber gezeigt, daß das Minimum einer Synektiksitzung bei ca. 90 Minuten liegt. Wichtig ist bei längeren Sitzungen, daß genügend Pausen eingelegt werden (aber: z. B. die Verfremdungsphase geschlossen durchführen).

▶ Organisatorische Voraussetzungen

Die Synektiksitzung sollte in einem Raum stattfinden, der die kreative Leistung der Teilnehmer durch seine Größe und Ausstattung unterstützt (siehe Seite 56 ff.).

▶ Auswertung

Über den Wert der von der Synektikgruppe gefundenen Lösungen entscheiden außenstehende Fachleute.
Wichtig im Rahmen dieser Auswertung ist die Prüfung der Lösungen auf

- Durchführbarkeit
- Realisierbarkeit

Vorteile und Erfahrungen

Der wesentliche Vorteil der Technik Synektik liegt im Zwang zu neuen Ideen durch die Verfremdung des Problems. Die Analogiebildungen schaffen die Möglichkeit, unkonventionellen Ideen freien Lauf zu lassen, ohne daß störende Kritik den Ideenfluß einschränkt.

Nach den bisherigen Erfahrungen sollte der Verfremdungsprozeß nicht länger als 30 bis 45 Minuten dauern, um die Gruppen nicht schon vor Beginn des eigentlichen Problemlösungsprozesses zu ermüden. Für eine Synektiksitzung eignen sich auch Laien, da bei ihnen keine Hemmungen der Spontaneität wegen zu großen Wissenshintergrundes bzw. Abwägens von Für und Wider auftreten.

Als begleitende Techniken können im Rahmen einer Synektiksitzung *Brainstorming* und verschiedene *Bewertungstechniken* eingesetzt werden.

Morphologische Analyse

Bei der Lösung komplexer Probleme neigen wir zu

▷ Problemvereinfachungen und Teillösungen — Der Mensch denkt wegen seines begrenzten Kurzzeitgedächtnisses sequentiell, d. h., er bildet Assoziationsketten. Es fällt ihm schwer, Gesamtlösungen komplexer Probleme als Ganzes zu begreifen.

▷ Irrtümern ... — weil wir wesentliche Aspekte eines gegebenen Problems unberücksichtigt lassen.

▷ vorgefaßten Meinungen ... — die uns daran hindern, alle relevanten Lösungen überhaupt in Betracht zu ziehen.

▷ der Unterdrückung von unwahrscheinlichen Lösungen ... — und ziehen vor, uns im Bereich der naheliegenden, realisierbaren Lösungen aufzuhalten.

Ziel der morphologischen Analyse

Vollständige Erfassung eines komplexen Problembereichs.
Ableitung aller möglichen Lösungen vorgegebener Probleme.

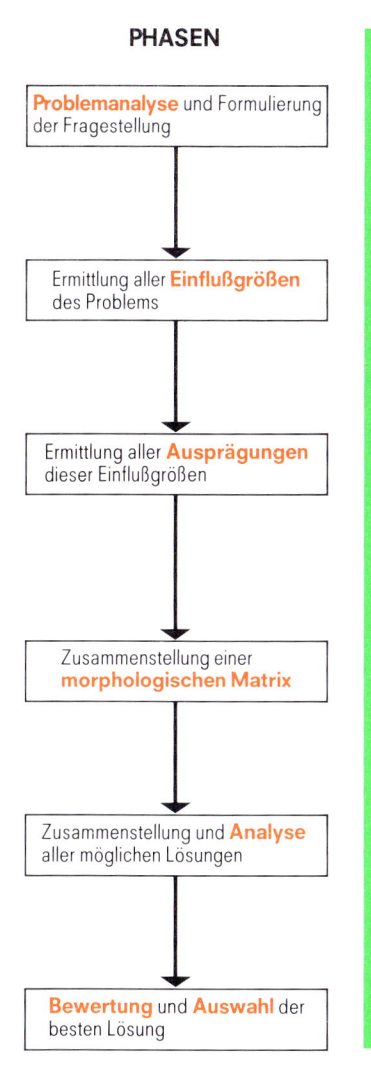

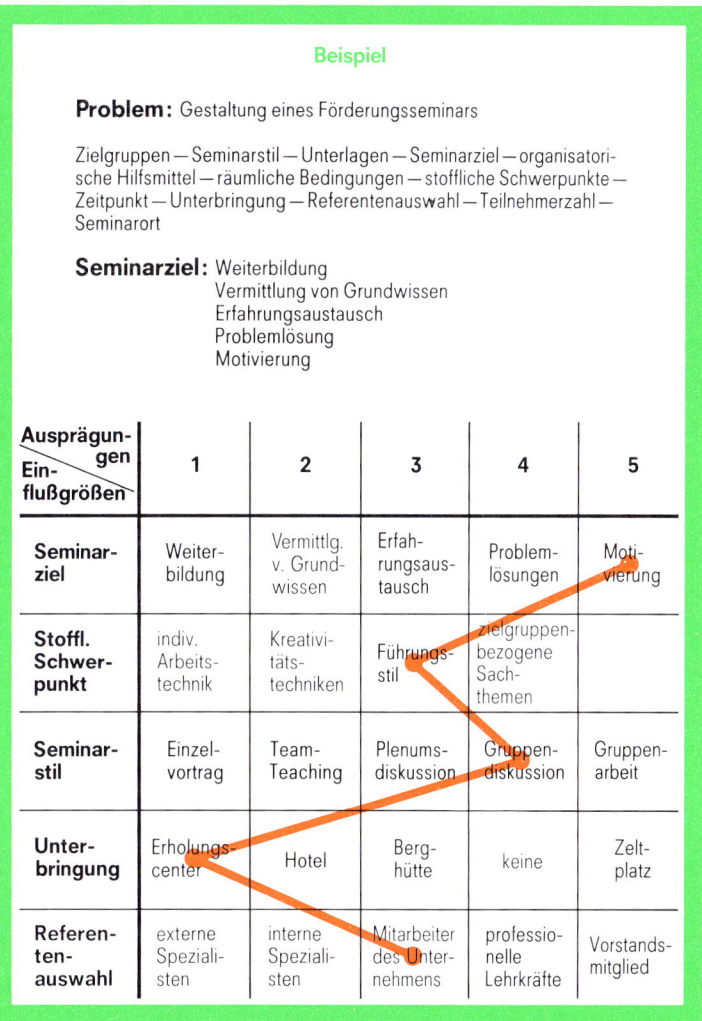

PHASEN

- Problemanalyse und Formulierung der Fragestellung
- Ermittlung aller **Einflußgrößen** des Problems
- Ermittlung aller **Ausprägungen** dieser Einflußgrößen
- Zusammenstellung einer **morphologischen Matrix**
- Zusammenstellung und **Analyse** aller möglichen Lösungen
- **Bewertung** und **Auswahl** der besten Lösung

Beispiel

Problem: Gestaltung eines Förderungsseminars

Zielgruppen – Seminarstil – Unterlagen – Seminarziel – organisatorische Hilfsmittel – räumliche Bedingungen – stoffliche Schwerpunkte – Zeitpunkt – Unterbringung – Referentenauswahl – Teilnehmerzahl – Seminarort

Seminarziel: Weiterbildung
Vermittlung von Grundwissen
Erfahrungsaustausch
Problemlösung
Motivierung

Ausprägungen \ Einflußgrößen	1	2	3	4	5
Seminarziel	Weiterbildung	Vermittlg. v. Grundwissen	Erfahrungsaustausch	Problemlösungen	Motivierung
Stoffl. Schwerpunkt	indiv. Arbeitstechnik	Kreativitätstechniken	Führungsstil	zielgruppenbezogene Sachthemen	
Seminarstil	Einzelvortrag	Team-Teaching	Plenumsdiskussion	Gruppendiskussion	Gruppenarbeit
Unterbringung	Erholungscenter	Hotel	Berghütte	keine	Zeltplatz
Referentenauswahl	externe Spezialisten	interne Spezialisten	Mitarbeiter des Unternehmens	professionelle Lehrkräfte	Vorstandsmitglied

Erläuterungen

▶ Zusammen mit der Analyse des Problems ist häufig eine Verallgemeinerung der ursprünglichen Fragestellung zweckmäßig. Durch diese Verfremdung erreicht man eine Ausweitung des Problemfeldes mit dem Ziel origineller Lösungen.

▶ Kernstück der morphologischen Analyse ist die Aufstellung der Matrix:

- Bestimmung voneinander möglichst unabhängiger Einflußgrößen des Problems und deren Auflistung in der Vorspalte der Matrix.

- Für jede Einflußgröße werden alle nur denkbaren Ausprägungen in der Matrix aufgeführt.

In einer solchen Matrix ist jede Kombination von Ausprägungen aller Einflußgrößen eine theoretisch mögliche Lösung.

▶ Die Bewertung und Auswahl geeigneter Lösungen kann erfolgen

- durch systematische Bewertung der Lösungen, z.B. durch Anwendung der *Multifaktorenmethode*.

  Die Anzahl der Einflußgrößen und deren Ausprägungen ist bei dieser Methode durch den Aufwand bei der Lösungsbewertung beschränkt. Eine Unterstützung durch Computer ist bei der Bewertung denkbar.

- durch intuitive Bewertung

  Der Bearbeitende betrachtet die morphologische Matrix und verfolgt gedanklich einen Linienzug, der ihm ganzheitlich als alternative Lösung bewußt wird. Dabei wird er diese Lösung bezüglich ihrer Qualität spontan bewerten und festhalten. Wegen des begrenzten menschlichen Kurzzeitgedächtnisses sind hierbei mehr als 5–10 Einflußgrößen kaum sinnvoll.

Im Anschluß an die Auswahl der besten Lösungen sollten von der gleichen Gruppe, die die morphologische Matrix erstellt hat, Realisierungsstrategien erarbeitet werden.

Determinanten

▶ Die wesentlichen Einflußgrößen müssen bekannt sein.

▶ Das Problem muß gut strukturierbar sein.
Die jeweiligen Einflußgrößen sollten möglichst unabhängig voneinander sein, damit jede Kombination von Ausprägungen eine **zulässige Lösung** darstellt; ggf. müssen stark miteinander verflochtene Einflußgrößen unter einem Oberbegriff zusammengefaßt werden.

▶ Die Ausprägungen einer Einflußgröße müssen möglichst klar gegeneinander abgrenzbar sein bzw. sich gegenseitig ausschließen.

▶ Man sollte nur 5 bis 10 Einflußgrößen und Ausprägungen zulassen, da der Auswertungsaufwand sonst zu groß wird. Eine morphologische Matrix der Dimension 5×5 ergibt bereits $5^5 = 3125$ Lösungsmöglichkeiten.

Möglichkeiten zur Begrenzung der Lösungsanzahl:

- Verminderung der Anzahl der Einflußgrößen durch Erhöhung ihres Komplexitätsgrades – z. B. Zusammenfassung verwandter Einflußgrößen zu übergeordneten Begriffen.

- Gewichtung der Einflußgrößen und der entsprechenden Ausprägungen. In einem weiteren Schritt werden die besten Lösungen der derart verkleinerten **morphologischen Matrix zusammengestellt**.

Aber: Hierbei können für das Problem wesentliche Randlösungen verlorengehen!

Voraussetzungen

Personenkreis Bei komplexen Problemen bis zur Auswertungsphase heterogener Teilnehmerkreis, z. B. Spezialisten verschiedener Fachgebiete.
Für die Bewertung nach einzelnen Kriterien sind homogene Fachteams häufig zweckmäßiger – z. B. zur Beurteilung der technologischen Realisierbarkeit eines neuen Produktes ein Team aus Verfahrenstechnikern und Fertigungsplanern.
In den ersten Phasen ist ein Moderator von Vorteil.

Personenzahl	Abhängigkeit von der Komplexität des Problems, 3 bis 7 Personen
Dauer	ca. 0,5 bis 2 Stunden (für die Erstellung der Matrix), abhängig von der Komplexität des Problems
organisatorische Hilfsmittel	Stecktafeln, Kärtchen, Flip-Charts, Filzschreiber usw.

Erfahrungen

Zur Bewältigung der ersten drei Phasen einer morphologischen Analyse ist bei komplexen Problemen eine Gruppe zweckmäßig, um Einflußgrößen und Ausprägungen von verschiedenen Seiten zusammenzutragen.

Bei der Suche nach Ausprägungen zu den erarbeiteten Einflußgrößen kann oft der Einsatz von Gruppen vorteilhaft sein, denen die ursprüngliche Aufgabenstellung nicht bekannt ist – u.U. Verhinderung von problembezogenen Denkbarrieren! Es können dabei originellere Lösungen produziert werden!

Probleme

▷ Die weitaus kritischste Phase ist die Erarbeitung der wesentlichen Einflußgrößen.

▷ Große Schwierigkeiten bereitet die Abgrenzung der Einflußgrößen und ihrer Ausprägungen.

▷ Bewertung einer meist sehr großen Anzahl von Lösungen erforderlich.

▷ Zu große Gruppen sind häufig ineffizient, wenn Auswahlentscheidungen getroffen werden müssen („viele Köche verderben den Brei").

Ist-Aufnahme- und Analysetechniken

Mit der Ist-Aufnahme sollen zielgerichtet alle relevanten Informationen erfaßt werden, die über den organisatorischen Ist-Zustand im Planungsfeld Auskunft geben können.
Vor Beginn der Ist-Aufnahme ist es wichtig, das angestrebte Ziel genau zu definieren und den daraus resultierenden Informationsbedarf festzustellen. Eine zu große Anzahl von Informationen kann oft nicht ausgewertet werden; sie birgt außerdem die Gefahr in sich, der Betrachtung von wesentlichen Dingen zu wenig Zeit einzuräumen und die Analyse zu erschweren.
Da die Ist-Aufnahme und Analyse eines der teuersten Teile einer komplexen Planung ist – bis zu 80% der gesamten Planungskosten –, muß sie stets besonders sorgfältig vorbereitet werden.

Man beachte:

Im Rahmen der Untersuchungen müssen folgende Aspekte der erhaltenen Informationen festgestellt werden:

▷ Wiederholungshäufigkeit
   Genereller Arbeitsablauf oder Sonderfall?

▷ Konstanz
   Wie oft ändern sich Anforderungen bei der Aufgabenerfüllung? (Änderungsrate)

▷ Komplexität
   Gibt es starke Zusammenhänge, müssen wesentliche Verknüpfungspunkte einbezogen werden?

▷ Determiniertheit
   Sind bestimmte Sachverhalte nicht änderbar und für die Planung daher als Festpunkte anzusehen?

Erst wenn diese Kriterien überprüft sind, können die Informationen für verbindliche Auswertungen herangezogen werden.

Ist-Aufnahme- und Analysetechniken

Tiefenstufe der Ist-Aufnahme

Die Frage nach der notwendigen Tiefenstufe steht in unmittelbarem Zusammenhang mit den Fragen:

▷ Wie stichhaltig muß eine Beweisführung sein?
▷ Welche organisatorischen Bereiche sind einzubeziehen?
▷ Welche Verfahren und Tätigkeiten sind aufzunehmen?

Meist genügt es bei reinen Ablaufuntersuchungen, den Ist-Zustand aufgrund des Belegdurchlaufs („roter Faden") festzustellen. Dasselbe gilt auch für den Zweck, einen raschen Überblick zu gewinnen und die Untersuchungsschwerpunkte herauszufinden.

In Untersuchungsschwerpunkten und beim „Nachfassen" ist es in der Regel erforderlich, Arbeitsplätze detailliert aufzunehmen, um hier Aussagen über die Aufgabenstruktur und -erledigung zu erhalten. Jedoch soll man den Arbeitsaufwand nur so bemessen, daß ein ausreichender Erkenntniswert erreicht wird. Dies setzt auch die Bereitschaft zum „Mut zur Lücke" voraus.

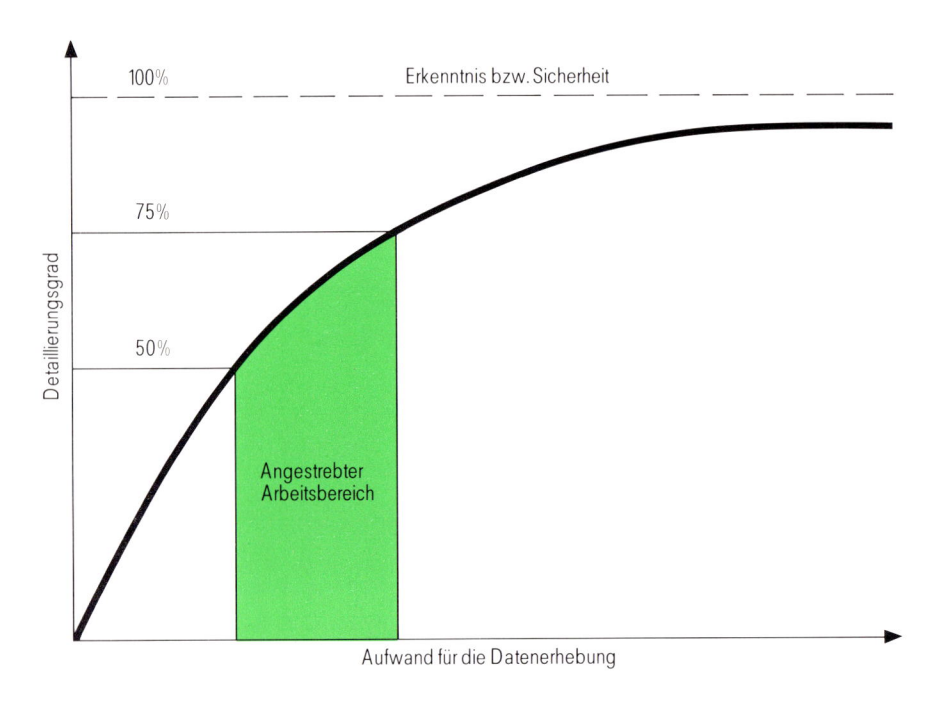

Ist-Aufnahme- und
Analysetechniken

Untersuchungstechniken

Aus der Vielzahl der vorhandenen Ist-Aufnahme- und Analysetechniken werden diejenigen gewählt, die am häufigsten angewendet werden. Die Beherrschung dieser Techniken ist das unbedingt notwendige Rüstzeug eines jeden Organisationsplaners. Die hier beschriebenen Techniken sind teilweise in verkürzter Fassung gebracht worden; erforderliche detailliertere Ausführungen (z. B. für Multimomentaufnahmen im Fertigungsbereich) sind in der Fachliteratur zu finden. Es wurde der Schwerpunkt auf das Prinzip und auf praktische Hinweise für die Auswahl und Durchführung gelegt. Erfahrungsgemäß genügt die Auswahl und der *Detaillierungsgrad* der dargebrachten Techniken, um Organisationsplanungen im gesamten Verwaltungsbereich durchführen zu können.

- Auswertung vorhandener Unterlagen
- Interview
- Fragebogen
- Dauerbeobachtung
- Selbstaufschreibung
- Kommunikationsanalyse
- ABC-Analyse
- Multimomentverfahren
- Netzplantechnik

Auswahl und Kombination von Techniken

▶ Auswahl

Für die Untersuchung eines Tatbestandes ist es oft möglich, alternativ mehrere Techniken anzuwenden. Die Auswahl der geeigneten Technik kann nicht per Rezept angegeben werden, sondern kann nur durch Beachtung bestimmter Kriterien erleichtert werden, z. B.:

- zeitliche und psychologische Belastbarkeit des Untersuchungsfeldes
- Kooperationswille des zu beplanenden Bereiches
- Art des Untersuchungsobjektes
- Art der gewünschten Untersuchungsergebnisse
- dem Organisationsplaner zur Verfügung stehende Zeit
- zur Verfügung stehendes Personal
- Planungsbudget
- erforderlicher Genauigkeitsgrad

► Kombination

Keine Technik ist so beschaffen, daß deren Resultate eine vollkommen abgeschlossene Untersuchung ergeben. Die zwangsläufig entstehenden Lücken und Unsicherheiten müssen durch die Anwendung weiterer Techniken beseitigt werden. Bei der Wahl der Kombinationen gilt der Grundsatz:

> Die Vorteile verschiedener Techniken vereinen und dabei deren Nachteile vermeiden!

Beispiele:

Interview + Multimomentverfahren,
Interview + Selbstaufschreibung + Kommunikationsanalyse,
Auswertung vorhandener Unterlagen + Interview + Fragebogen + Netzplantechnik.

Auswertung vorhandener Unterlagen

Zu Beginn der eigentlichen Untersuchung sollten soweit wie möglich bereits vorhandene Unterlagen vom beplanten System beschafft und ausgewertet werden (Kosten- und Zeitersparnis). Daraus ergibt sich meist ein genauer Überblick, welche Informationen zusätzlich, d.h. unter Zuhilfenahme von Techniken, noch gezielt beschafft werden müssen.

Aus diesen Unterlagen können bereits erste Erkenntnisse gezogen werden, z.B.:

▷ Gliederung der Verantwortungsbereiche
▷ Funktionsgliederung im Rahmen des Gesamtablaufes
▷ Informationswege
▷ Übersicht über den Arbeitsablauf, die verwendeten Vordrucke und sonstige Unterlagen
▷ Personaleinsatz nach qualitativen und quantitativen Gesichtspunkten
▷ Beurteilung der Hilfsmittel und Ausstattung

| Interview | Ist-Aufnahme- und Analysetechniken |

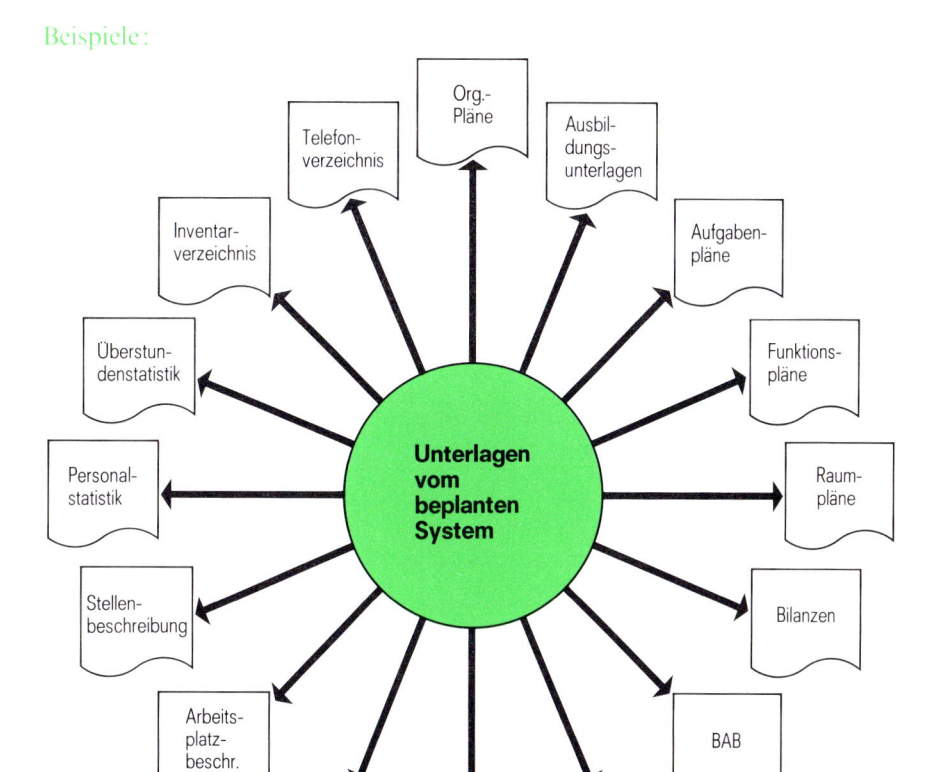

Beispiele:

Unterlagen vom beplanten System: Org.-Pläne, Ausbildungsunterlagen, Aufgabenpläne, Funktionspläne, Raumpläne, Bilanzen, BAB, Voruntersuchungen/Studien, ausgefüllte Vordrucke/Datenträger, Statistiken/Berichte (laufend), Arbeitsplatzbeschr., Stellenbeschreibung, Personalstatistik, Überstundenstatistik, Inventarverzeichnis, Telefonverzeichnis.

Interview

Definition

Persönliche und mündliche Befragung

Vorbereitung

Der Interviewer soll

- den Aufgabenbereich der zu Befragenden wenigstens in groben Zügen kennen,

- die Stellung des zu Befragenden im Arbeitsablauf einschätzen können,
- sich möglichst auf jedes Interview einzeln vorbereiten
  - in fachlicher Hinsicht,
  - hinsichtlich der Person des zu Befragenden,
- bei umfangreichen Fragenkomplexen ein schriftliches Konzept festgelegt haben.

Regeln für Interviews

sachlich:

▷ Der Interviewer sollte sich im Verlauf des Interviews die wichtigsten Arbeitsmittel und Unterlagen nicht nur beschreiben, sondern auch zeigen lassen.

▷ Die richtige Reihenfolge der Fragestellung ist zu beachten (z. B. überwiegend sachliche Fragen, die frei sind von Gefühlsmomenten und Werturteilen, in zusammenhängender Form stellen).

▷ Der Interviewer sollte sich nicht mit passiv formulierten Antworten begnügen (z. B. nicht: „der Beleg wird abgelegt", sondern konkret: „ich lege den Beleg ab" usw.).

▷ Die Dauer eines Interviews sollte so bemessen sein, daß einerseits nicht der Eindruck von Hast entsteht und andererseits der Befragte nicht ermüdet wird.

▷ Falls der Themenkreis sehr komplex ist, lieber mehrere Interviews als ein überlanges; Zeitdauer maximal 1 Stunde.

▷ Bei wichtigen Aussagen sollte ein Protokoll angefertigt werden, das dem zu Befragenden zur Kontrolle vorgelegt wird.

psychologisch:

▷ Der Zweck des Interviews ist zu Beginn zu erläutern.

▷ Das Vertrauen des Befragten muß gewonnen werden z. B. durch Eingehen auf dessen Probleme.

▷ Der Interviewer kann Abschweifungen des Befragten, z. B. Geschwätzigkeit, zusammenhanglose Ausführungen, Anekdotenerzählungen, unterbinden durch:
  - die „Rangier"-Frage, d. h., der Befragte kann zu sachdienlichen Angaben durch solche Fragen zurückgeführt werden, die seine Aussage auf den Gegenstand beziehen, an dem der Interviewer interessiert ist,

- eine zu Beginn des Interviews gestellte allgemeine Frage, die dem Befragten Gelegenheit gibt, einiges von dem auszusprechen, was ihm besonders am Herzen liegt.

▷ Der Interviewer sollte Fragen zu problematischen Tatbeständen, z. B. Beurteilung der Mitarbeiter, Rationalisierungsmöglichkeiten, indirekt stellen.

▷ Der Interviewer sollte sich in der Regel einer Wertung und Kritik sowie Kommentaren und Gefühlsäußerungen enthalten.

▷ Vermeide Hast — benutze das „fragende Schweigen" (z. B. bei schwierigen und wichtigen Fragen und dann, wenn der Befragte mit der Antwort ringt).

▷ Vermeide „intelligente" Fragen und Aussprüche (z. B. „ich verstehe auch eine ganze Menge von der Materie") sowie suggestive Fragen (hier wird nur die Erwartung des Interviewers befriedigt, nicht aber eine evtl. mögliche Problemaufdeckung erreicht).

▷ Vorsicht bei aggressiven, kompliziert ausgedrückten oder zu theoretischen Fragen.

▷ Der Interviewer muß „zuhören" können!

▷ Nur solche Fragen stellen, die der Interviewte wahrscheinlich fundiert beantworten kann (sonst Gefahr von Ausschweifung bzw. Frustration).

▷ In Ausnahmefällen ist es notwendig, durch provokative Wertungen Aussagen herauszufordern, die sonst nicht erhältlich wären.

▷ Vermeide zu lange Fragen, da sonst die eigentliche Fragestellung vernachlässigt wird bzw. verlorengeht.

▷ Der Interviewer sollte bei dem zu Befragenden mögliche Abwehrmechanismen beobachten und entsprechend reagieren.

Aufzeichnung der Interview-Daten

▷ Aufschreiben aus dem Gedächtnis: Interviewer versucht, sich so gut wie möglich an Aussagen des Befragten zu erinnern.

▷ Wörtliche Aufzeichnungen: Interviewer versucht, gleichzeitig mit den gestellten Fragen die wesentlichen Aussagen zu notieren.

▷ Mechanische Aufnahme: Die Aussagen werden direkt auf ein Aufnahmegerät genommen.

▷ Feldbewertungen: Interviewer hat ein Einstufungsschema und ordnet die Aussagen diesem Schema direkt zu (z. B. Grad der Zufriedenheit).

Kontrolle der Interview-Aussagen

▷ Kontrollfragen stellen

▷ Befragen mehrerer Personen zum gleichen Thema

Vor- und Nachteile der Interview-Methode

Vorteile:

Das Interview

- ist die einzige Ist-Aufnahmetechnik, die es ermöglicht, ein Stimmungsbild über das Betriebsgeschehen zu vermitteln (Betriebsklima, Sympathie, Antipathie, *Opinionleaders*),
- bietet die Möglichkeit, nicht nur Daten, sondern auch Meinungen zu erhalten (z. B. Verbesserungsvorschläge),
- erlaubt es, nicht nur Informationen zu erhalten, sondern auch weiterzugeben.

Der Interviewer kann

- seine Fragen individuell auf den jeweils Befragten abstellen,
- Fragen so präzisieren, daß Mißverständnisse praktisch ausgeschlossen werden,
- sachliche Stichhaltigkeit der Antworten durch Querfragen prüfen,
- Fragen so stellen, daß sich die Antworten unmittelbar in einen größeren Zusammenhang einordnen lassen.

Nachteile:

- Die Interview-Methode stellt besonders hohe Anforderungen an die Person des Interviewers, von ihm hängt die Qualität der Ergebnisse ab.
- Der Interviewer ist von der zeitlichen Verfügbarkeit sowie der Bereitschaft der zu befragenden Personen abhängig.
- Sehr große Bereiche können als Ganzes nicht gleichzeitig untersucht werden, sondern nur Teilbereiche.
- Erhebungen erstrecken sich auch bei Einsatz mehrerer Interviewer auf einen größeren Zeitraum.

Formen

Beurteilung / Formen	Adressatenkreis	Spielraum für Befragte	Vorbereitungsarbeit	Auswertungsarbeit
Gespräch	Vorgesetzte Opinionleader Sachbearbeiter Gruppen	sehr groß Rahmen und Behandlung des Themas noch offen	keine da nur Thema bekannt	sehr schwierig Aussagen noch nicht einordenbar
Interview im engeren Sinne	Vorgesetzte Opinionleader Sachbearbeiter Gruppen	groß da Rahmen nur grob vorgegeben	mittel lediglich Grobstrukturierung	schwierig Aussagen nicht eindeutig einordenbar
Standardisiertes Interview mit offenen Fragen	Sachbearbeiter	eingeschränkt Rahmen und Behandlung des Themas fixiert	groß umfassende Vorstrukturierung	mittel Art der Aussage noch offen
Standardisiertes Interview mit geschlossenen Fragen	Sachbearbeiter Gruppen	klein lediglich Auswahl vorgegebener Antworten	sehr groß komplette Vorstrukturierung	einfach Art der Aussage vorgegeben

▷ Gespräch
   Nicht vorbereiteter Informationsaustausch; ein Gedächtnisprotokoll kann angefertigt werden; keine Formalisierung

▷ Interview im engeren Sinne
   Gezielte Fragen; Anfertigung eines Protokolls; keine Formalisierung

▷ Standardisiertes Interview mit **offenen Fragen**
   Die vorher festgelegten Fragen werden in gleicher Reihenfolge und gleichem Wortlaut allen Befragten gestellt; die Antworten werden nach Möglichkeit wörtlich notiert

▷ Standardisiertes Interview mit **geschlossenen Fragen**
   Der Befragte kann nur zwischen vorgegebenen Alternativen (Multiple-Choice-Verfahren) wählen; z. B. ja, nein, viel, mittel, wenig

Fragebogen

Der Fragebogen dient zur Feststellung organisatorischer Tatbestände.

> Auf Fragebögen gemachte Angaben sind Momentaufnahmen der Organisation.

Adressatenkreis

Vorgesetzte	insbesondere für funktionale und disziplinarische Unterstellungsverhältnisse
Sachbearbeiter	für Arbeitsabläufe, Arbeitsgestaltung, Daten

Anwendungsbereich

- Vorbereitung von *Arbeitsplatz-* und *Stellenbeschreibungen*
- Untersuchung der Arbeitsauslastung
- Untersuchung von *Arbeitsabläufen*
- Untersuchung von *Organisationsstrukturen*
- Grobe Ermittlung des Ist-Zustandes und Abtasten für mögliche Soll-Vorschläge
- Ergänzung zu anderen Techniken, insbesondere des *Interviews*

Regeln

▷ Fragebögen so gestalten, daß das Ausfüllen nicht mehr als $^1/_2$ Stunde dauert

▷ Ablieferungstermin angeben (maximal 2 Wochen)

▷ Anregungsfragen stellen, d.h. um Rat für ein bestimmtes Problem nachfragen, damit sofort Interesse beim Befragten geweckt wird

▷ Berücksichtigung der Problemsituation des zu Befragenden (z.B. unterschwellige Sorge der Mitarbeiter um den Arbeitsplatz)

▷ Fragen kurz, präzise und leicht verständlich formulieren
▷ Bei Entwurf des Fragebogens an Auswertungsmöglichkeiten denken
▷ Fragen sorgfältig formulieren und auf den zu befragenden Personenkreis abstimmen
▷ Bei der Formulierung von Fragen Themengruppen bilden; z. B. Zusammenfassung sachlicher Fragen in einen Komplex und Zusammenfassung von Fragen zur Person
▷ Fragebogenentwürfe testen
▷ Begleitschreiben mit folgenden Erläuterungen:

Grund der Befragung

Angabe des Auftraggebers

Zusicherung über vertrauliche Behandlung der Unterlagen

Vorteile:

- Antworten aus verschiedenen Untersuchungsbereichen liegen schriftlich in einheitlicher Form vor.
- Kurzer Zeitaufwand für Ist-Aufnahme zu einem bestimmten Stichtag.

Nachteile:

- Zuverlässigkeit und Brauchbarkeit der Antworten sind eingeschränkt, da der Befragte die gestellten Fragen bewußt oder unbewußt mißverstehen kann.
- Es ist schwierig, einen Standardfragebogen zu entwickeln, der sinnvoll in den verschiedenartigsten Bereichen eingesetzt werden kann (z. B. muß ein Fragebogen für Schreibkräfte anders aussehen als ein Fragebogen für Rechnungsprüfer, da die Tätigkeit zu unterschiedlich ist).
- Der Fragebogen läßt dem Befragten wenig Spielraum. Stellt man sehr spezielle Fragen, so stößt man evtl. auf Unverständnis, schafft Heiterkeit oder auch Verdruß; bei allgemeinen Fragen sind auch nur allgemeine Antworten zu erwarten, die kein klares Bild des Ist-Zustandes vermitteln.
- Der Fragebogen wird oft nicht selbständig vom Befragten ausgefüllt, sondern von mehreren Befragten zusammen bzw. nach Gesprächen mit Kollegen (manipuliertes Ergebnis!).

- Antworten, die zur Bewertung des Befragten verwendet werden können, sind meist subjektiv beeinflußt.
- Die Aufbereitung der Ergebnisse kann bei sachlich **einwandfreien**, aber ungeschickt formulierten Antworten sehr erschwert werden.

Dauerbeobachtung

Ständiges Beobachten von Arbeitsabläufen und Tätigkeiten an einem oder mehreren Arbeitsplätzen über einen längeren Beobachtungszeitraum hinweg.

Anwendungsbereich

Die Methode ist anwendbar für die Ermittlung von Ist-Zuständen in räumlich überschaubaren Bereichen, speziell für einzelne Arbeitsplätze, z. B. bei:

- Ermittlung der Arbeitsschritte und der Eignung der Arbeitsplatzgestaltung,
- Ermittlung der Auslastung eines Arbeitsplatzes,
- Ursachenermittlung bei Engpaßproblemen.

Regeln

▷ Sämtliche Arbeiten und Tätigkeiten im Aufnahmebereich werden ständig beobachtet und notiert.

▷ Alle zum jeweiligen Arbeitsprozeß gehörenden Arbeitsmittel und -unterlagen werden festgehalten.

▷ Der Zeitraum für die Dauerbeobachtung ist um so höher, je mehr einzelne Arbeitsvorgänge zu beobachten sind.

▷ Arbeitsbeeinflussende *Umweltbedingungen* (z. B. Lärm, Staub, Beleuchtung, Wochenbeginn und -ende) sind festzuhalten und in den Auswertungen zu berücksichtigen.

▷ Der Beobachtungszeitraum muß so groß gewählt werden, daß eine Konstanz in der Art und Häufigkeit der Beobachtungen gegeben ist.

Vorteile:

- Sehr genaue Ergebnisse im Untersuchungsbereich
- Punktuelle Kontrolle und Vertiefung anderer Ist-Aufnahmen

Nachteile:

- Psychologische Belastung der Beobachteten
- Dauerbeobachtung wird als unangenehme Kontrolle empfunden
- Gefahr der Aufnahme verfälschter Daten durch Verhaltensänderung der Untersuchten
- Anwendbarkeit nur innerhalb der Sichtweite des Beobachters (z. B. Einzelarbeitsplätze, Bearbeitergruppe, kleine Abteilung)
- Relativ hoher Zeitaufwand für den Organisator

Selbstaufschreibung

Bei der Selbstaufschreibung werden die benötigten Informationen durch die Mitarbeiter im beplanten Bereich selbst schriftlich auf Vordrucken oder Formularen festgehalten.

Anwendung

Diese Technik wird immer dann angewendet, wenn die gleichen Daten (z. B. Anzahl Kundenbesuche) fortlaufend während eines bestimmten Zeitraumes bis zur Erreichung einer bestimmten statistischen Sicherheit gesammelt werden müssen. Im Gegensatz zur Dauerbeobachtung können viele Arbeitsplätze gleichzeitig untersucht werden. Dabei müssen die Arbeiten genau definierbar sein und regelmäßig auftreten. Zu kleine Arbeitsschritte dürfen jedoch als Untersuchungsgegenstand nicht gewählt werden, da der Aufwand für die Durchführung sonst den normalen Rhythmus des Bearbeiters und somit auch die Resultate verfälschen würde.

Ziele

Einige Beispiele seien hier aufgeführt:

- Erhebung der notwendigen Daten für eine *Arbeitsplatzbeschreibung* bzw. *-bewertung*
- Ausgangsdaten für *Kommunikationsanalyse*
- Ausgangsdaten für *Multimomentverfahren*

- Ermittlung des Zeitbedarfes bestimmter Vorgänge zur Errechnung von durchschnittlichen Bearbeitungskosten eines Auftrages
- Ermittlung des Auslastungsgrades einer Abteilung in bezug auf bestimmte Objekte

Voraussetzungen

▷ Eine Ist-Aufnahme muß vorher stattgefunden haben, damit der Arbeitsplatz hinlänglich bekannt ist und Fragestellung sowie Vorgehensweise fixiert werden können.

▷ Da bei dieser Technik die Betroffenen über einen längeren Zeitraum hinweg an der Datenerhebung aktiv mitwirken müssen, ist es unbedingt notwendig, die Zustimmung des Vorgesetzten für diesen erhöhten Arbeitsaufwand in Absprache mit den Betroffenen einzuholen.

▷ Der Betroffene ist genau zu informieren über das Ziel und die Dauer der Untersuchung. Außerdem ist ihm die Vorgehensweise genau zu erläutern, d.h.
- was er aufschreiben und
- wie er es aufschreiben soll.

▷ Dem Betroffenen ist zuzusichern, daß die Auswertung ohne Angabe der Person erfolgt und somit seine Aufzeichnungen vertraulich behandelt werden.

▷ Die zur Anwendung kommenden Strichlisten, Formulare, Bögen u.ä. müssen vorher auf ihre Eignung getestet werden.

Kommunikationsanalyse

Untersuchung der Beziehungen zwischen verschiedenen Stellen hinsichtlich Häufigkeit und Dauer des Informationsaustausches.

Anwendungsbereich

- Bei Untersuchungen zur Rationalisierung von *Aufbau- und Ablauforganisation*
- Bei Raum- bzw. Gebäudeplanungen zur Festlegung der zweckmäßigsten räumlichen Zusammenlegung von verschiedenen Abteilungen

Durchführung

In einer Vorphase werden die zu untersuchenden Bereiche genau eingegrenzt und definiert sowie die vorkommenden Informationsbeziehungen festgelegt. Diese Daten werden auf ein Formular übertragen, das folgendermaßen aussehen kann:

| | | Abt. 2 |
| | | Abt. 1 |

Ausgehende Informationen
Im Zeitraum vom .... bis .... Bearbeiter ....

Abteilungen	Art der Beziehungen			Summe
	schriftlich	telefonisch	persönlich	
Abt. 2				
Abt. 3				
Abt. 4				
Abt. 5				
Abt. 6				
Summe				

Die Formulare werden in den verschiedenen Abteilungen an die Mitarbeiter verteilt. Diese tragen nun jeden Kontakt, den sie mit anderen Abteilungen haben, in der betreffenden Zeile bzw. Spalte ein. Unter Art der Beziehungen können Telefonate, persönliche Besuche, Schriftwechsel u.ä. aufgeführt sein. Je nach gewünschtem Genauigkeitsgrad bzw. Ziel der Untersuchung können diese Angaben stärker detailliert werden. Es ist oft nötig, neben der Anzahl der Kontakte deren Zeitdauer festzuhalten.

Ist-Aufnahme- und Analysetechniken

Kommunikationsanalyse

Auswertung und Darstellung

Nach Ablauf der Untersuchungsperiode werden die von den Abteilungen ausgefüllten Strichlisten ausgewertet.

Die einfachste Form der Darstellung ist die Zusammenfassung der Einzelaufnahmebögen innerhalb einer Abteilung. Diese Zusammenfassung, in der Form identisch mit den Strichlisten, zeigt die Einfachbeziehung einer Abteilung mit allen anderen. Sie zeigt gleichfalls auf, welcher Art diese Beziehungen sind. Will man die Beziehungen sämtlicher Abteilungen zueinander in einer Darstellung aufzeigen, so gibt es dafür verschiedene Möglichkeiten, mit denen man die

- Gesamtkontakte
- Art der Beziehungen
- Zeitdauer

darstellen kann.

Beispiel 1

Kommunikationsmatrix

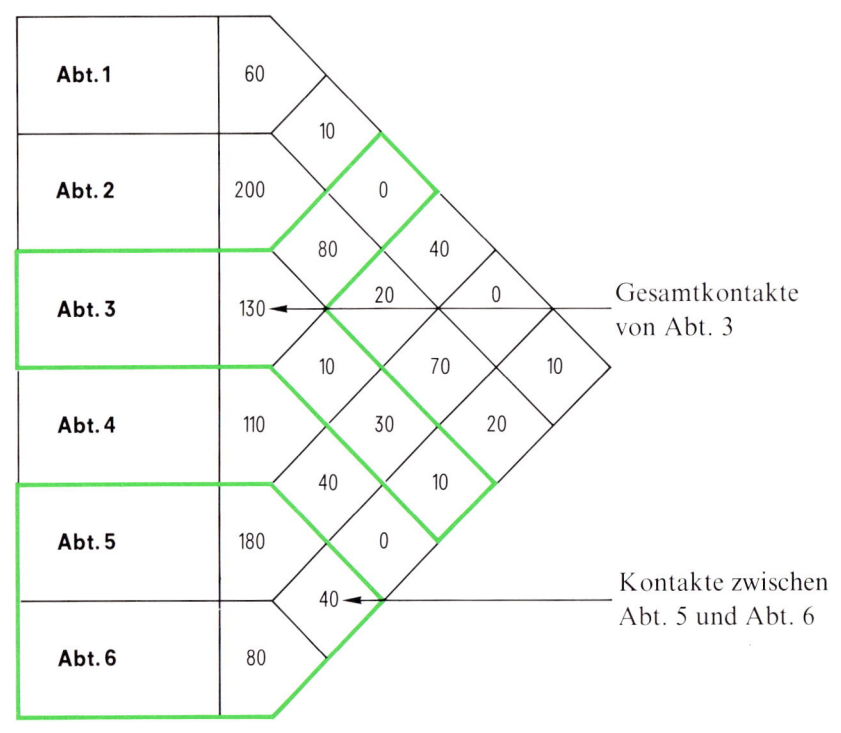

Abt.	Gesamt					
Abt. 1	60					
		10				
Abt. 2	200		0			
		80		40		
Abt. 3	130		20		0	
		10		70		10
Abt. 4	110		30		20	
		40		10		
Abt. 5	180		0			
		40				
Abt. 6	80					

Gesamtkontakte von Abt. 3 (← 130)

Kontakte zwischen Abt. 5 und Abt. 6 (← 40)

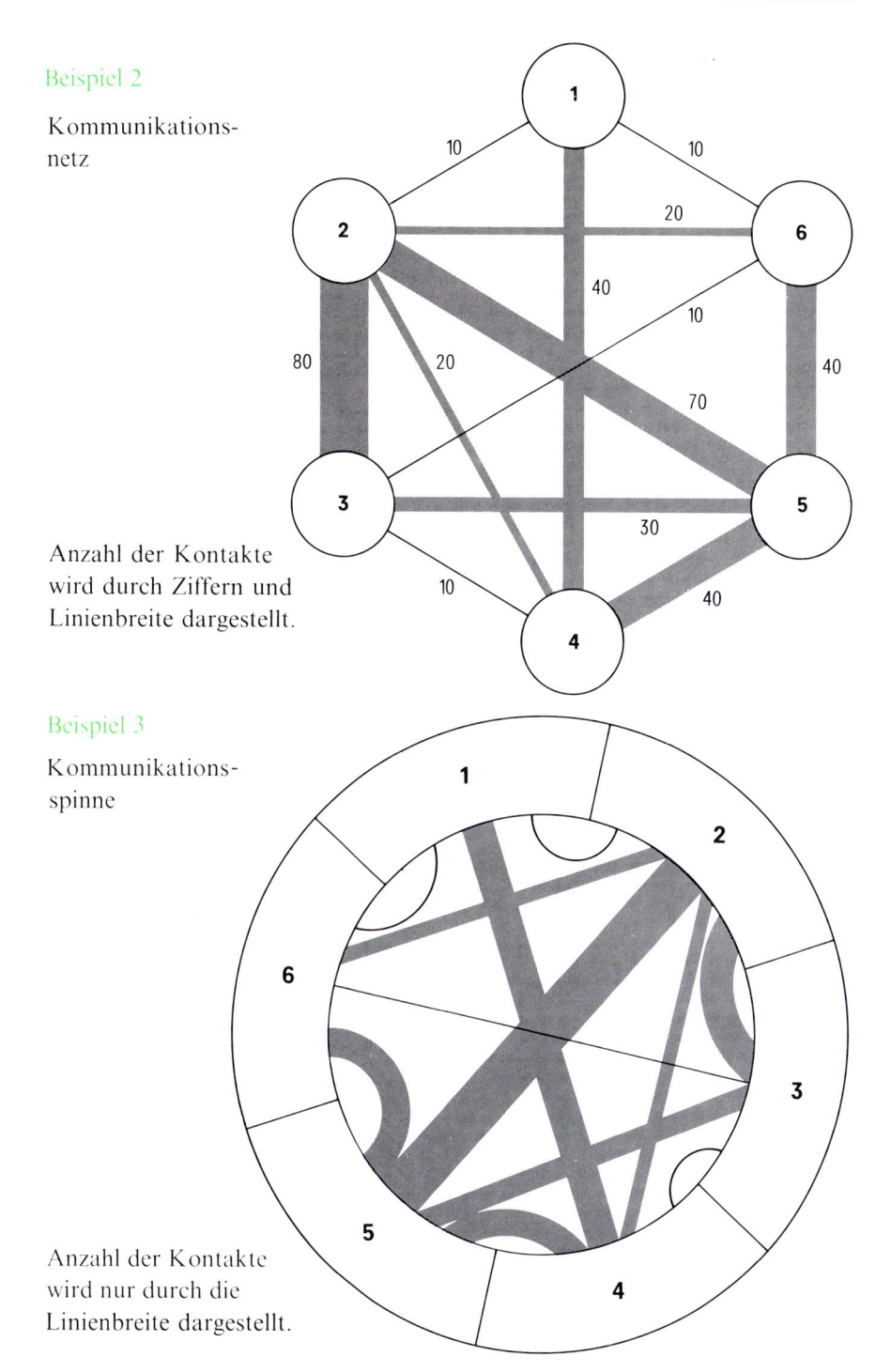

Kommunikationsanalyse — Ist-Aufnahme- und Analysetechniken

Beispiel 2

Kommunikationsnetz

Anzahl der Kontakte wird durch Ziffern und Linienbreite dargestellt.

Beispiel 3

Kommunikationsspinne

Anzahl der Kontakte wird nur durch die Linienbreite dargestellt.

Ist-Aufnahme- und
Analysetechniken

ABC-Analyse

ABC-Analyse

Die ABC-Analyse ist ein Instrument zum Erkennen von Schwerpunkten. Bei Kenntnis dieser Schwerpunkte können Regeln für ihre betriebswirtschaftliche Behandlung erarbeitet werden.

Vorgehensweise

Anhand des nachfolgenden Beispiels (Materialverbrauch in DM während eines bestimmten Zeitraumes) wird die Vorgehensweise dargestellt. Die Erstellung der ABC-Analyse vollzieht sich nach folgenden Schritten:

▶ Erfassung
- Sämtliche Materialien, die in den Verbrauch eingegangen sind, werden nach Positionen mit dem Materialwert aufgelistet.
- Errechnung des Gesamt-Materialverbrauchs in Mio DM
- Errechnung der Materialpositionen in % der Gesamtsumme

Pos.-Nr.	Bezeichnung der Materialposition	Wert Mio. DM	% von Gesamt	Rangfolge
1	Schweißmaterial	0,7	0,6	14
2	Kabel	1,3	1,2	9
3	Kugellager	5,0	4,7	5
4	Dichtungen	0,4	0,4	17
5	Lötmaterial	0,2	0,1	19
6	Farben	1,1	1,0	11
7	Bleche	6,9	6,5	4
8	Buntmetalle	15,0	14,0	2
9	Nieten	0,6	0,6	15
10	Armaturen	3,0	2,8	6
11	Profileisen	10,0	9,4	3
12	Scharniere	1,0	0,9	12
13	Graphit	0,1	0,1	20
14	Schalter	1,4	1,3	8
15	Hochlegierte Stähle	55,0	51,9	1
16	Öle und Fette	0,3	0,3	18
17	PVC-Rohre	1,2	1,1	10
18	Drähte	0,5	0,5	16
19	Hochdruckschläuche	2,0	1,9	7
20	Schrauben	0,8	0,7	13
		106,5	100%	

ABC-Analyse

▶ Sortierung

Nach fallendem Prozentanteil wird die Rangfolge der Materialpositionen vergeben.

- Gemäß der ermittelten Rangfolge werden die Positionen in eine weitere Tabelle eingetragen und
- ihre Prozentanteile fortlaufend summiert.

Rangfolge	Materialposition	Pos.-Nr.	% von Gesamt	Summe in %
1	Hochlegierte Stähle	15	51,9	51,9
2	Buntmetalle	8	14,0	65,9
3	Profileisen	11	9,4	75,3
4	Bleche	7	6,5	81,8
5	Kugellager	3	4,7	86,5
6	Armaturen	10	2,8	89,3
7	Hochdruckschläuche	19	1,9	91,2
8	Schalter	14	1,3	92,5
9	Kabel	2	1,2	93,7
10	PVC-Rohre	17	1,1	94,8
11	Farben	6	1,0	95,8
12	Scharniere	12	0,9	96,7
13	Schrauben	20	0,7	97,4
14	Schweißmaterial	1	0,6	98,0
15	Nieten	9	0,6	98,6
16	Drähte	18	0,5	99,1
17	Dichtungen	4	0,4	99,5
18	Öle und Fette	16	0,3	99,8
19	Lötmaterial	5	0,1	99,9
20	Graphit	13	0,1	100,0

▶ Auswertung

- In einem Koordinatensystem trägt man waagerecht den Rang der Materialposition, senkrecht den dazugehörenden summierten Prozentwert ein und
- verbindet die somit erhaltenen Punkte zu einer Kurve.

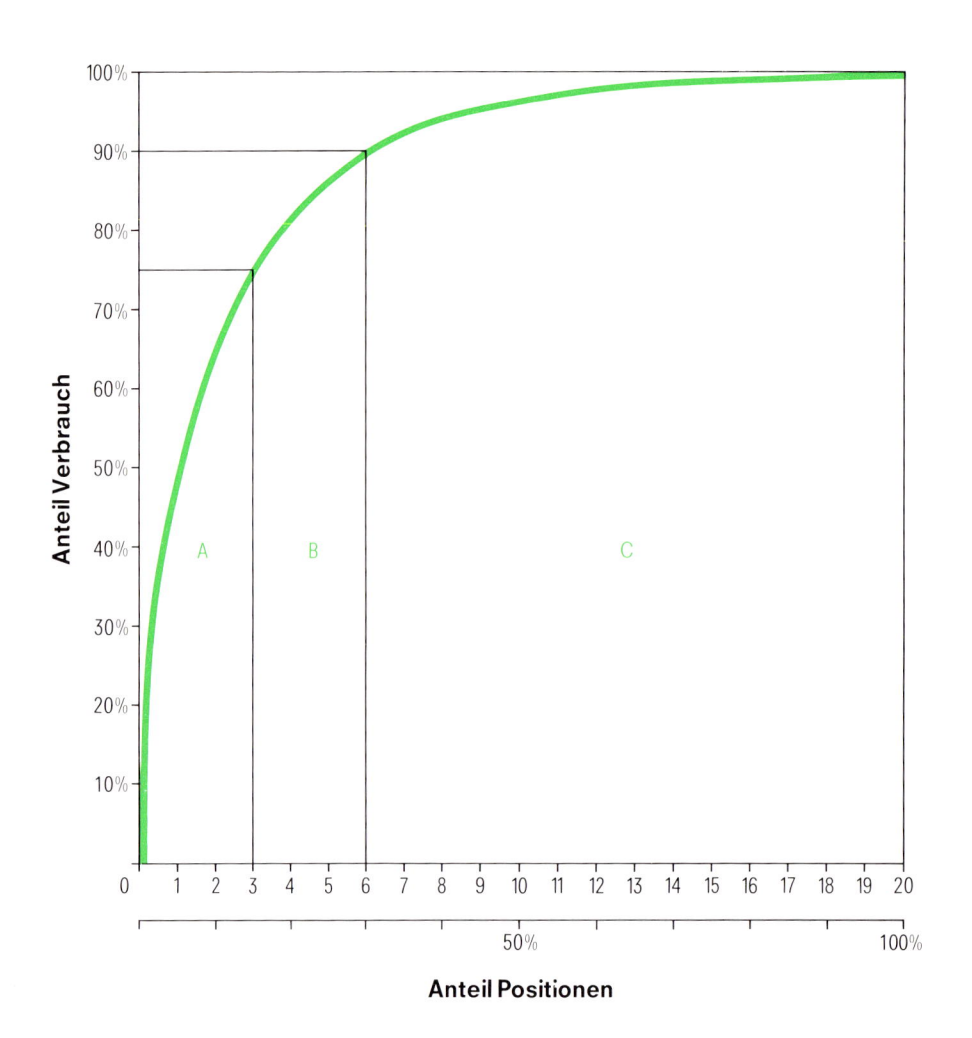

Ist-Aufnahme- und Analysetechniken ABC-Analyse

Aussagen für dieses Beispiel:

15% der Positionen tragen 75% des Verbrauchs (A), d.h. die mit der Rangfolge 1, 2, 3 versehenen Positionen (hochlegierte Stähle, Buntmetalle, Profileisen).

30% der Positionen tragen 90% des Verbrauchs (A + B).

70% der Positionen tragen 10% des Verbrauchs (C).

Die Auswertung beinhaltet eine Einteilung der Positionen in A-, B- und C-Positionen. Bei der Festlegung von A-Positionen versucht man, alle wertmäßig großen Positionen zu erfassen, die zusammen zwischen 60 und 85% des Gesamtwertes ergeben. Die B-Positionen sind die weiteren Positionen, die aufsummiert mit den A-Positionen einen Wert bis zu 95% ergeben. C-Positionen sind die noch verbleibenden Positionen.

Konsequenzen

Für das Beispiel aus der Materialwirtschaft ist folgendes denkbar:

Festlegung von Dispositionsregeln für die einzelnen Gruppen (A-, B- und C-Positionen), wie z.B.

- Häufigkeit der Disposition je Gruppe,
- Bemessung des Sicherheitsbestandes je Gruppe,
- regelmäßige Typenbereinigung bei C-Positionen.

Anwendungsgebiete

▷ Im Materialbereich wie im Beispiel beschrieben

▷ Im Einkauf zur Analyse der Lieferanten, Termintreue, Qualitätsniveau

▷ In der Fertigung zur Untersuchung der Reparaturhäufigkeit von Maschinen, Werkzeugen, Teilen und Gruppen. Anschließend Ausarbeitung von Wartungsplänen (gruppenbezogen)

▷ In der Kostenrechnung zur Analyse

- der Fertigungslohnstunden je Erzeugnis (Abstufung nach Lohnintensität)
- des Fertigungs-Materialanteils je Erzeugnisart (Abstufung nach Materialintensität)
- des Gemeinkostenmaterials (Abstufung nach Gemeinkostenintensität)

▷ Analyse der Debitoren zur Finanzplanung (Gruppenbildung nach Laufzeit)

▷ Analyse der Umsatzverteilung auf Erzeugnisse, Kunden und Vertriebsstellen

▷ Im Personalbereich zur Analyse der Gehaltsstruktur, Krankenstandsuntersuchungen u.ä.

Praktische Erfahrungen

Die oben vorgeschlagene prozentuale Einteilung der A-, B- und C-Positionen wird in der Praxis flexibel gehandhabt. Teilweise wird davon völlig abgegangen und nur ein absoluter Wert als jeweiliger Übergang von einer Gruppe zur anderen angegeben.

Beispiel:

Alle Lieferanten mit einem Umsatz > DM 100000,— werden der Gruppe der A-Lieferanten zugeordnet.

Häufig werden die Gruppen noch weiter aufgeteilt (z.B. A1, A2, A3, B1, B2), um noch genauere Aussagen zu erhalten.

Beispiel:
- A-Positionen umfassen Materialpositionen vom Maximalwert bis minimal DM 50000,—. Diese Gruppe wird in A1- und A2-Positionen unterteilt.
- Zur Gruppe der A1-Positionen zählen alle Materialpositionen mit einem Verbrauchswert von > DM 100000,—.
- A2-Positionen sind Positionen mit einem Verbrauchswert zwischen DM 100000,— und DM 50000,—.
- Daraus abgeleitet der Soll-Vorschlag, A1-Positionen mit einer maximalen Reichweite von 10 Tagen und A2-Positionen von 15 Tagen zu disponieren, um die Kapitalbindung zu verringern.

Als sehr hilfreich hat sich bei der Anwendung der ABC-Analyse der Einsatz einer Datenverarbeitungsanlage erwiesen, weil zur Erstellung einer ABC-Analyse große Mengen von Daten aufzubereiten sind.

Multimomentverfahren

Stichprobenverfahren, bei dem aus einer Vielzahl von Augenblicksbeobachtungen statistisch gesicherte Mengen- oder Zeitangaben abgeleitet werden können.

Anwendung
- Arbeitsauslastungsstudien
- Störungsermittlung im Arbeitsablauf
- Ermittlung der Anteile von Teiltätigkeiten am Gesamtarbeitsaufwand
- Verteilzeitstudien

- Erstellung von Tätigkeits- und Belastungsbildern (durchschnittliche Auslastung)

Regeln und Vorgehensweise bei der Durchführung

▶ Vorbereitung

- Mitarbeiter informieren über Grund, Zweck der Aufnahme und Vorgehensweise.
- Bekanntmachen mit den Beobachtern, Vertrauensverhältnis schaffen.
- Der Beobachter muß über gesamten Standardablauf, Arbeitsmethodik, verwendete Geräte und Hilfsmittel, bekannte Einfluß- bzw. Störfaktoren Bescheid wissen. Fehlendes Wissen fördert Verfälschung der Auswertungsergebnisse. Während der Durchführung kann eine mangelhafte Vorbereitung nur sehr schwer korrigiert werden.

▶ Festlegung der Beobachtungselemente

Je nach Zweck der Aktion können diese z. B. Personen, Arbeitsgeräte, Transportmittel, Arbeitsplätze, Tätigkeiten u.a. sein. Eine genaue Definition und Abgrenzung der Elemente ist notwendig.

▶ Beobachtungszeitplan

Um die hohe Zahl der Beobachtungen reibungslos durchführen und später gut auswerten zu können, sollte ein Beobachtungszeitplan aufgestellt werden. Die Festlegung der Zeitintervalle ist abhängig von der Zahl der Beobachtungselemente, nicht jedoch von deren Art. Wichtig ist, wechselnde Zeitintervalle vorzusehen (z.B. mit Hilfe von Zufallszeiten-Tabellen). Dadurch wird es den zu Beobachtenden erschwert, sich auf das Kommen des Beobachters einzustellen und dementsprechend zu agieren (Ausschluß von Aufnahme atypischer Tatbestände).

▶ Reihenfolge

Hier wird die Reihenfolge der Beobachtungsstationen während der Rundgänge festgelegt. Diese Reihenfolge wird während der gesamten Aufnahmedauer beibehalten.

▶ Aufnahme

Der Beobachter erhält eine Aufnahmeliste, in die er während seiner Rundgänge die beobachteten Tätigkeiten bzw. Zustände einträgt.

| Ist-Aufnahme- und Analysetechniken | Multimomentverfahren |

▶ Durchführung und Berechnung

Beispiel: In einer Abteilung mit 20 Mitarbeitern werden 4 verschiedene Tätigkeiten durchgeführt.:

- A Bestellzettelbearbeitung
- B Rückfragen
- C Karteiführung
- D Sonstige Tätigkeiten

Diese 4 Tätigkeiten können von jedem Mitarbeiter ausgeführt werden.
Frage: Wie sind, am Gesamtaufwand gemessen, die Anteile der jeweiligen Tätigkeiten, und wieviel Mitarbeiter müssen abgezogen werden, wenn die Karteiführung ausgelagert wird?

Als erstes wird ein **Pilot-Test** durchgeführt; es werden 5 Rundgänge gemacht und somit $5 \times 20 = 100$ Beobachtungen notiert. Die Aufnahmeliste zeigt folgendes Bild:

Rundgang			Tätigkeit — Notierung				
Nr.	Datum	Zeit	A	B	C	D	Σ
1	2. 10.	10.00	5	7	4	4	20
2	3. 10.	9.15	7	4	6	3	20
3	4. 10.	14.00	6	5	7	2	20
4	5. 10.	11.30	7	6	4	3	20
5	6. 10.	16.45	5	8	4	3	20
		Σ	30	30	25	15	100

Bereits jetzt können erste Näherungswerte für die einzelnen Anteile errechnet werden:

$$p^* = \frac{x}{N^*}$$

p^* Ungefährer Anteil lt. Pilot-Test
x Absoluter Wert
N^* Anzahl der Beobachtungen beim Pilot-Test

$p_A^* = 0{,}30$ $p_C^* = 0{,}25$
$p_B^* = 0{,}30$ $p_D^* = 0{,}15$

p_A^*, p_B^* ... Ungefähre Anteile der Tätigkeiten A, B, ...

Als nächstes muß man sich fragen, wie genau diese Resultate sind, oder wie groß der Streubereich ist, innerhalb dessen die wirklichen Anteile mit einer bestimmten Wahrscheinlichkeit liegen.

$$f = \pm u \sqrt{\frac{p^*(1-p^*)}{N^*}}$$

für A ausgerechnet: $f_A = \pm 1{,}75 \sqrt{\dfrac{0{,}3(1-0{,}3)}{100}}$

$f_A = \pm 0{,}08$

f Absoluter Fehler
f_A Absoluter Fehler für A
u Fehlschlußfaktor (bei 92% Wahrscheinlichkeit $u = 1{,}75$)

Der wahre Wert von p_A liegt also zwischen 22% und 38% oder $p_A = 0{,}3 \pm 0{,}08$. Dieser Streubereich wird als zu hoch angesehen, man will den absoluten Fehler auf $f_A = \pm 0{,}06$ (Streubereich: $\pm 20\%$) reduzieren. Es fragt sich nur, wieviel Beobachtungen nötig sind, um die Anteile p_A, p_B, p_C und p_D innerhalb dieses engeren Streubereiches angeben zu können.

Mit der nachstehenden Formel können diese Zahlen errechnet werden:

$$N = \frac{u^2 p^*(1-p^*)}{f^2}$$

N Anzahl der notwendigen Beobachtungen

für A: $N_A = \dfrac{u^2 \, p_A^* (1 - p_A^*)}{f_A^2}$

N_A 183 N_C 222
N_B 183 N_D 434

N_A, N_B... Anzahl der notwendigen Beobachtungen für A, B...

Man entschließt sich für $N = 200$ und führt also 10 Rundgänge durch. Die vollständige Multimomentaufnahme und -auswertung zeigt:

Rundgang			Tätigkeit — Notierung				
Nr.	Datum	Zeit	A	B	C	D	Σ
1	2. 10.	10.00	5	7	4	4	20
2	3. 10.	9.15	7	4	6	3	20
3	4. 10.	14.00	6	5	7	2	20
4	5. 10.	11.30	7	6	4	3	20
5	6. 10.	16.45	5	8	4	3	20
6	9. 10.	8.30	6	6	6	2	20
7	11. 10.	13.15	7	5	5	3	20
8	11. 10	15.15	6	7	4	3	20
9	12. 10	10.00	7	6	3	4	20
10	12. 10	11.30	6	6	5	3	20
		$\Sigma =$	62	60	48	30	200
		$p =$	0,31	0,30	0,24	0,15	1,00
		$f \approx$	0,057	0,057	0,053	0,044	—

Resultat: mit 92% Wahrscheinlichkeit liegen die Anteile bei A zwischen 25% und 37%, bei B zwischen 24% und 36%, bei C zwischen 19% und 29%, bei D zwischen 11% und 19%.

Will man C auslagern, so werden 4 bis 6 Mitarbeiter frei.
Will man genauere Werte, z.B. $f_A = \pm 0{,}015$, und einen größeren Wahrscheinlichkeitsgrad, z.B. 95% ($u = 1{,}96$), so wird $N_A = 3424$

Netzplantechnik

▷ Drei wesentliche Modelle:

- CPM   CRITICAL PATH METHOD
  > Du Pont und Remington Rand
  > USA 1957/59

- PERT   PROGRAM EVALUATION AND REVIEW TECHNIQUE
  > US-NAVY's Special Project Office
  > USA 1957/59

- MPM   METRA POTENTIAL METHODE
  > Beratungsgruppe SEMA/METRA
  > Frankreich 1959/60

▷ Es wurden programmiert:

- SINETIK   Siemens-Netzplantechnik
  > für alle Siemens-Systeme 4004
- CLASS   von IBM

▷ Netzwerke mit mehr als:

> 100 Ereignissen
> und
> mehreren 100 Tätigkeiten

sind nur noch durch DV errechenbar.

Anwendung für Organisationsplanungen

▷ Darstellung komplexer Abläufe (Sichtbarmachen logischer Zusammenhänge)

▷ Engpaßanalyse (Tätigkeiten und Ereignisse, die sich auf dem kritischen Weg befinden)

▷ Selektion und Schwerpunktverlagerung der Planung auf Tätigkeiten, die eine Ablaufverkürzung bringen

▷ Steuerung und Kontrolle von Projektabläufen

▷ Bei Organisationsplanungen wendet man meistens die CPM-Methode an, da sie manuell am einfachsten durchzuführen ist.

CPM

Elemente

► Tätigkeit (T)

- Tätigkeiten sind zeitverbrauchende Aktivitäten im Rahmen eines Ablaufes.
- Tätigkeiten müssen stets nach rechts (Richtung der Zeitachse) gerichtet sein (keine Schleifen).
- Richtung der Tätigkeiten darf höchstens vertikal sein.

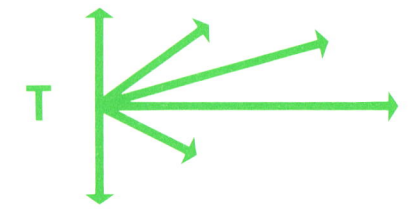

► Scheintätigkeit (S)

- Scheintätigkeiten sind fiktive Tätigkeiten.
- Sie dienen zur Darstellung logischer Verknüpfungen.
- Richtungsregel wie bei Tätigkeit
- Zeitdauer = 0

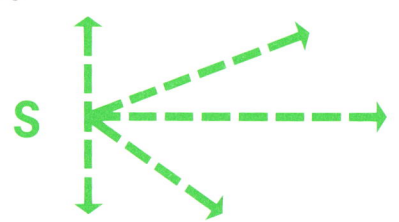

► Ereignis (E)

- Ereignisse sind Anfangs- und Endpunkte von Tätigkeiten.
- Sie haben mindestens 3 Datenfelder (Ereignis-Nr., frühester und spätester Ereigniszeitpunkt).

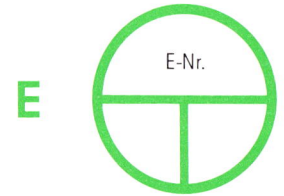

Regeln der Netzplantechnik

▶ Jede Tätigkeit muß als Anfangs- und Endpunkt je 1 Ereignis haben.

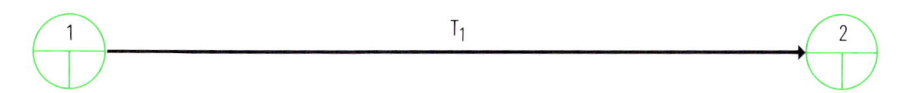

▶ Ein Ereignis kann sowohl Ende als auch Anfang einer oder mehrerer Tätigkeiten sein.

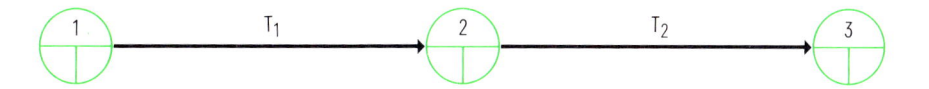

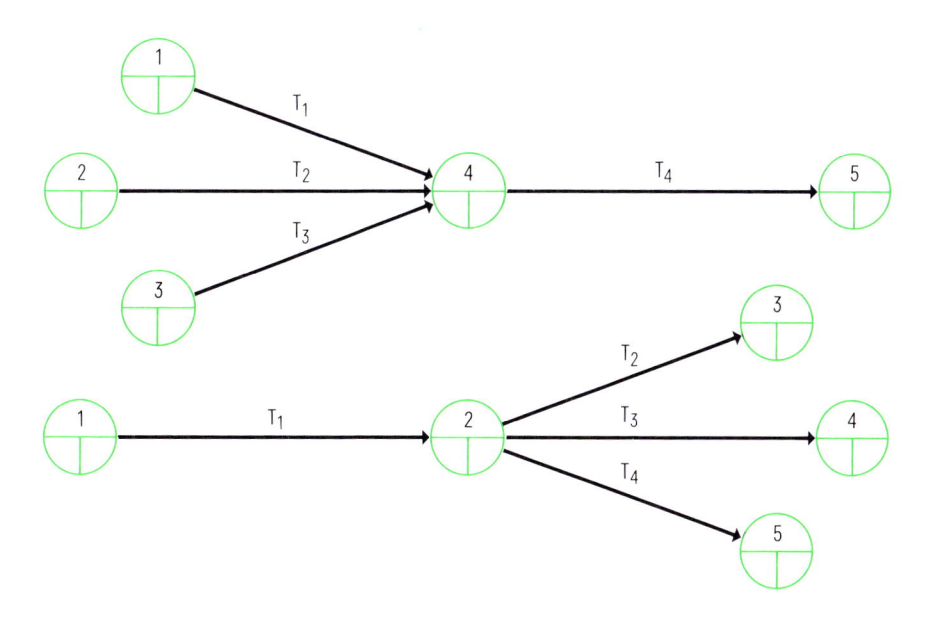

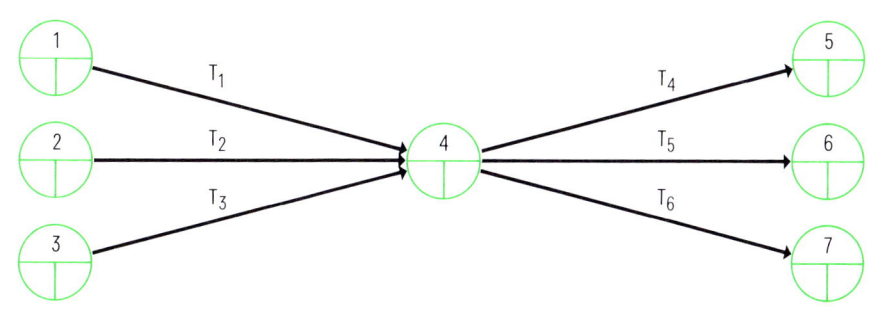

▶ Von Ereignis zu Ereignis darf nur eine Tätigkeit stattfinden: Verwendung von Scheintätigkeiten.

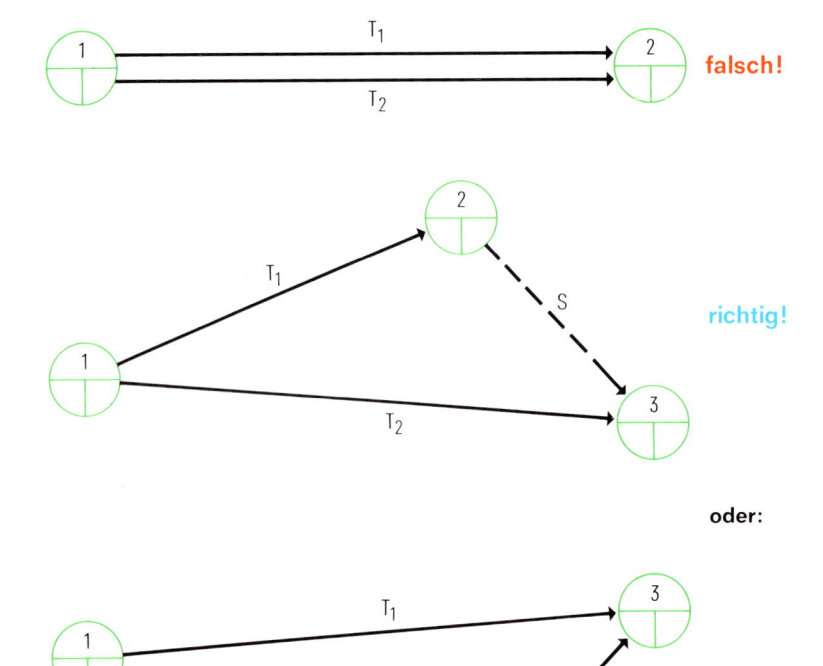

falsch!

richtig!

oder:

S Scheintätigkeit

► Enden und beginnen in einem Ereignis mehrere Tätigkeiten, die nicht alle voneinander abhängig sind, so muß mit Scheintätigkeiten gearbeitet werden.

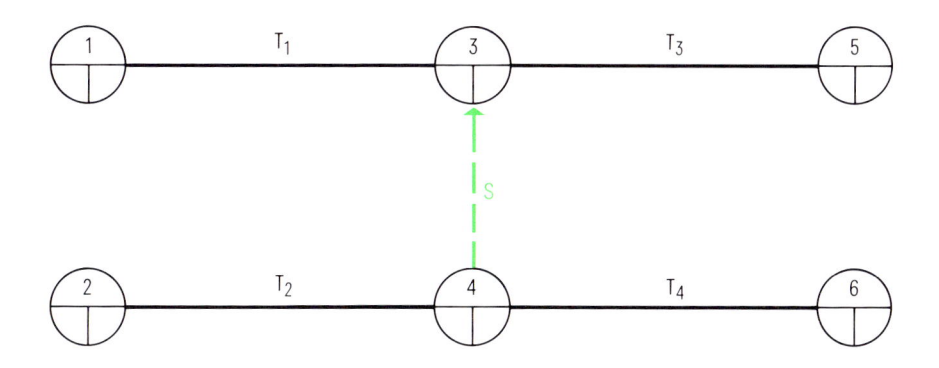

T_3 kann beginnen, wenn $T_1 + T_2$ beendet, T_4 kann bereits nach Ende T_2 beginnen (also nicht von T_1 abhängig).

► Eine Tätigkeit kann nur einmal ablaufen. Wird sie wiederholt, so muß sie neu im Ablauf dargestellt werden (von links nach rechts). Rücksprünge sind nicht zulässig!

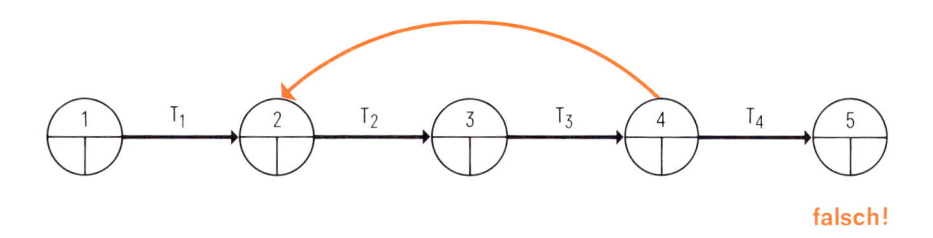

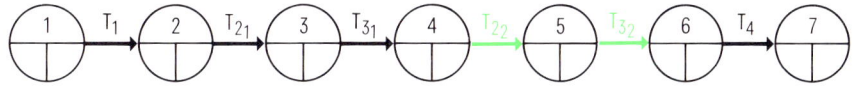

falsch!

richtig!

Ist-Aufnahme- und
Analysetechniken   Netzplantechnik

▶ Voneinander abhängige Tätigkeiten können nur an E-Punkten auseinanderzweigen oder zusammenlaufen.

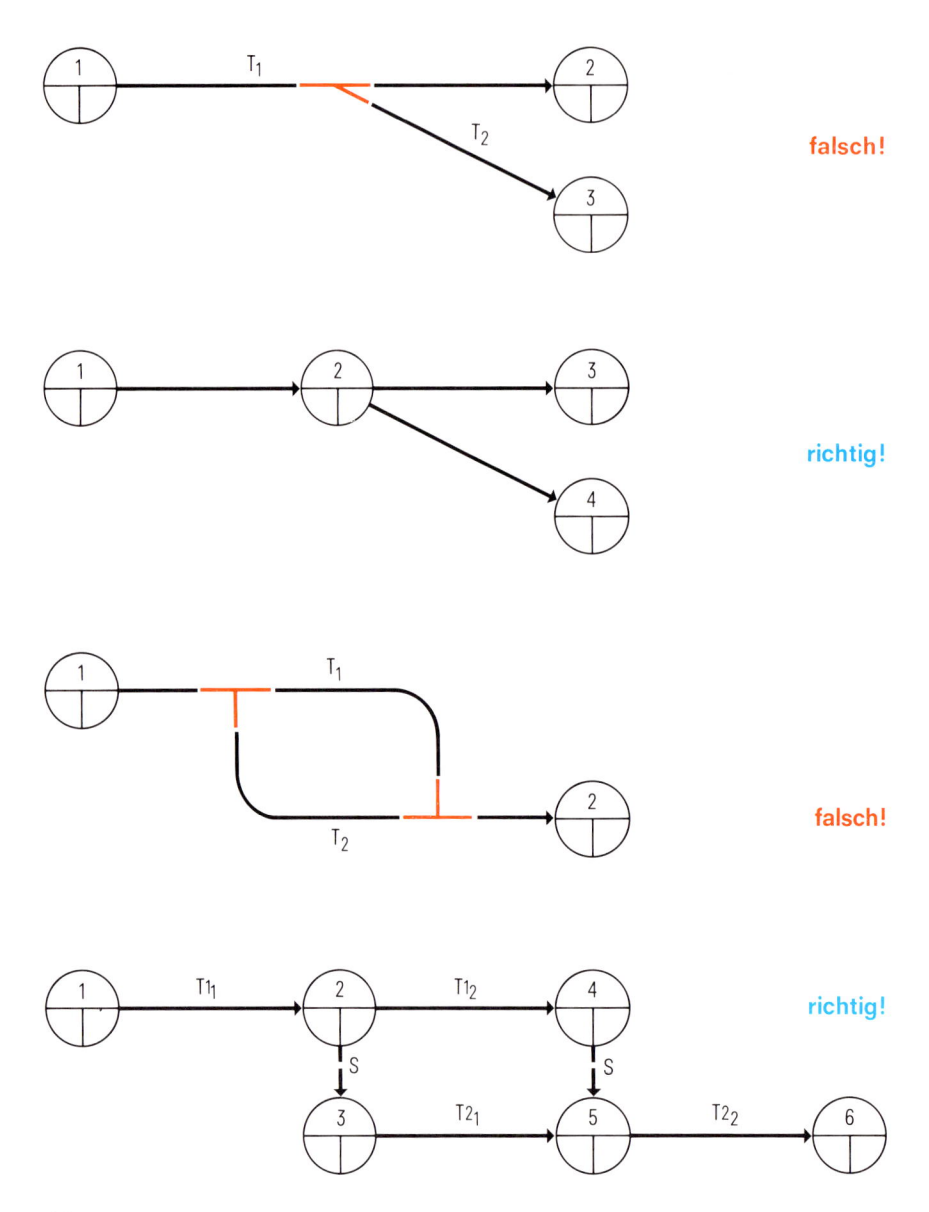

falsch!

richtig!

falsch!

richtig!

Netzplantechnik   Ist-Aufnahme- und Analysetechniken

richtig!

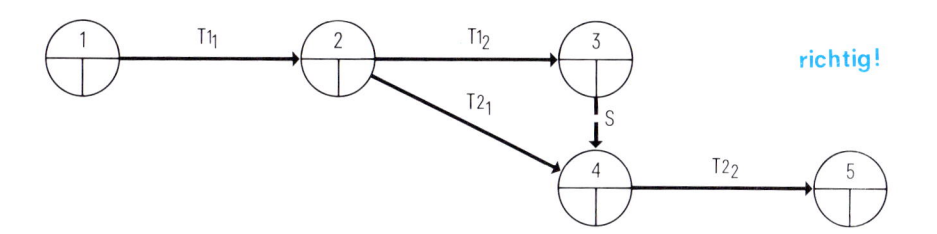

▶ Jeder Netzplan beginnt mit **einem** Ereignis (Start) und endet in **einem** Ereignis (Stop). Vorher endende Tätigkeiten müssen durch Scheintätigkeiten in den Stop-Punkt geführt werden.

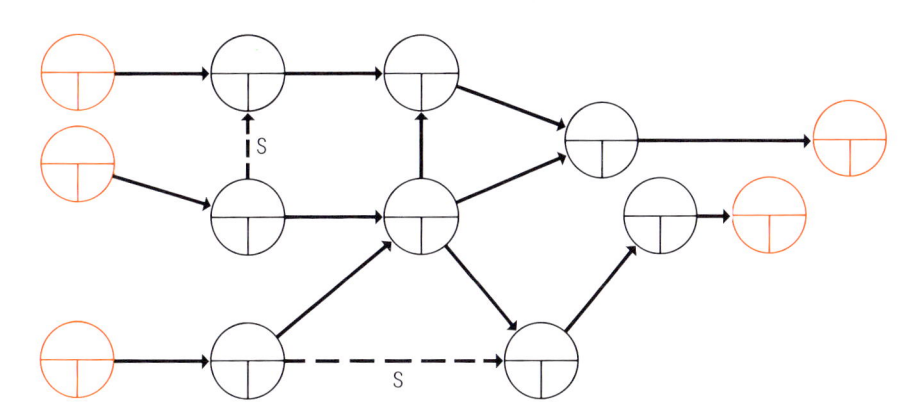

falsch!

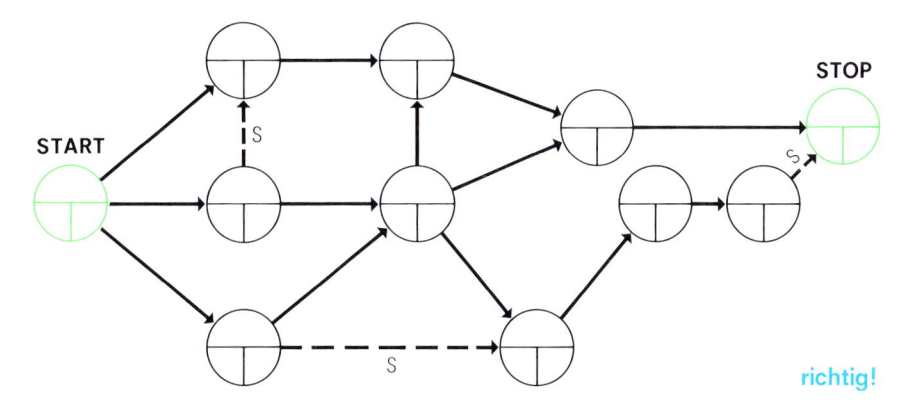

richtig!

339

Aufbau eines Netzplanes CPM

▶ Tätigkeitsliste

Bevor ein Gesamtvorgang mittels eines Netzplanes dargestellt werden kann, müssen die darin befindlichen Tätigkeiten und Ereignisse ermittelt werden. Grundlage für die dafür erforderliche Ist-Aufnahme ist die Tätigkeitsliste. In ihr werden alle vorkommenden Tätigkeiten mit Zeitdauer und gegenseitiger Abhängigkeit eingetragen.

Beispiel

Tätigkeitsliste

Nr.	Beschreibung	Welche Tätigkeiten müssen vorher beendet sein?	Dauer Tage
1	Objektbeschreibung	—	15
2	Entnahme von Bodenproben	—	5
3	Entrümpelung	—	10
4	Behördliche Genehmigung	1	20
5	Bodenbelastbarkeit errechnen	2	15
6	Grundstücksvermessung	3	15
7	Zufahrten bereitstellen	6	20
8	Baupläne erstellen	4, 5, 6	15
9	Transportplanung	7	15
10	Brunnenbau	7	25
11	Transport der Baumaschinen	8, 9, 10	10
12	Leistungsverzeichnis	8, 9	25

Netzplantechnik — Ist-Aufnahme- und Analysetechniken

▶ Beziehungsschema

Resultierend aus den Daten der Tätigkeitsliste kann nun eine Matrix aufgebaut werden, die die Beziehungen der einzelnen Tätigkeiten zueinander graphisch darstellt.

Das Beziehungsschema zeigt in der Horizontalen die zu betrachtenden Tätigkeiten, die jeweils dann beginnen können, wenn die anderen Tätigkeiten, in der Vertikalen angeordnet, abgeschlossen sind.

Beziehungsschema

zu betrachtende Tätigkeit → kann beginnen

beeinflussende Tätigkeit ↓ muß beendet sein

T	1	2	3	4	5	6	7	8	9	10	11	12
1				X								
2					X							
3						X						
4								X				
5								X				
6							X	X				
7									X	X		
8											X	X
9											X	X
10											X	
11												
12												

Anlauftätigkeiten (Spalten 1–3)

Das Beziehungsschema zeigt, daß die Anlauftätigkeiten 1, 2, 3 sofort beginnen können, da sie von keiner vorhergehenden Tätigkeit abhängig sind; T_4 kann hingegen erst beginnen, wenn T_1 beendet ist, ebenso T_5 nach T_2, T_6 nach T_3, usw. (vergleiche Tätigkeitsliste).

Diese Matrix kann, entgegen der bisherigen Lesart bei der Entwicklung, auch umgekehrt gedeutet werden. Man betrachtet die Tätigkeiten in der Vertikalen und kann somit ablesen, daß z. B. T_4 abgeschlossen sein muß, ehe T_8 beginnen kann, oder T_6 vor T_7 und T_8 beendet ist.

▶   Auswertung der Matrix

Das Beziehungsschema kann nun bereits in einen Netzplan umgesetzt werden:

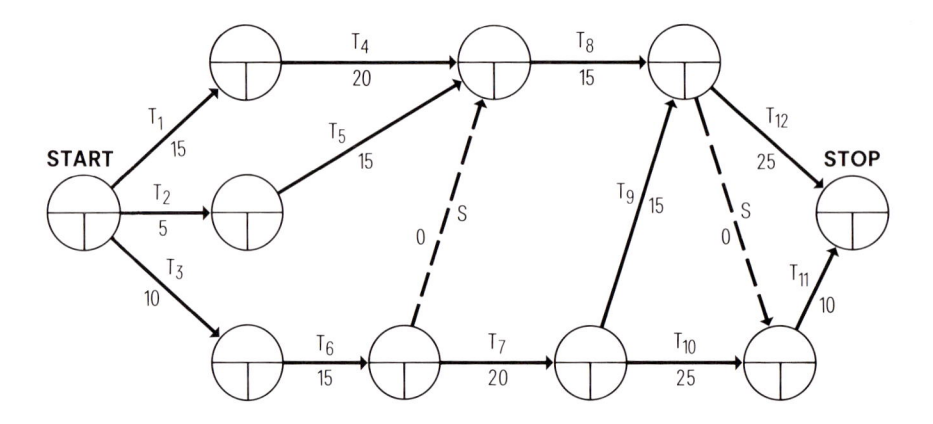

▶   Vergabe der Ereignisnummern

Ausgehend vom Startpunkt E_1, werden die in andere E-Punkte eingehenden Tätigkeiten „abgestrichen". Derjenige E-Punkt, der als erster von der Eingangsseite her vollständig abgestrichen ist, erhält die nächste Nummer E_2. In unserem Beispiel trifft dies auf 3 Ereignisse zu, die diese Bedingung gleichzeitig erfüllen. Sie werden von oben nach unten mit E_2, E_3 und E_4 bezeichnet.

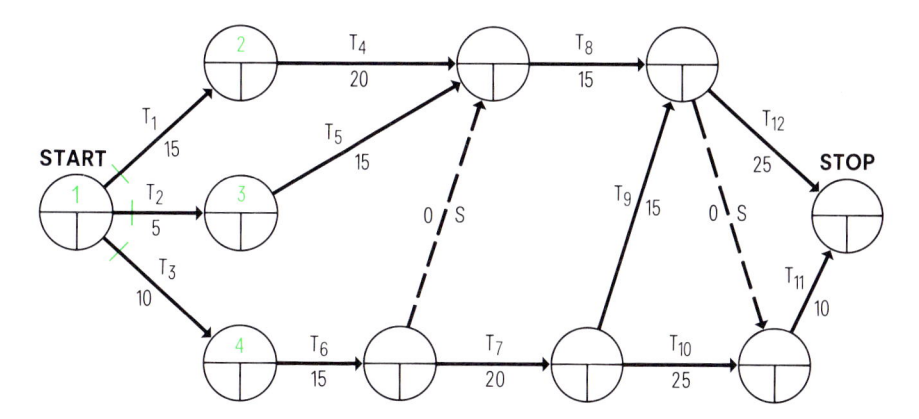

Nun werden die von diesen bezeichneten E-Punkten ausgehenden Tätigkeiten weiter abgestrichen. Dadurch erhalten wir E_5.

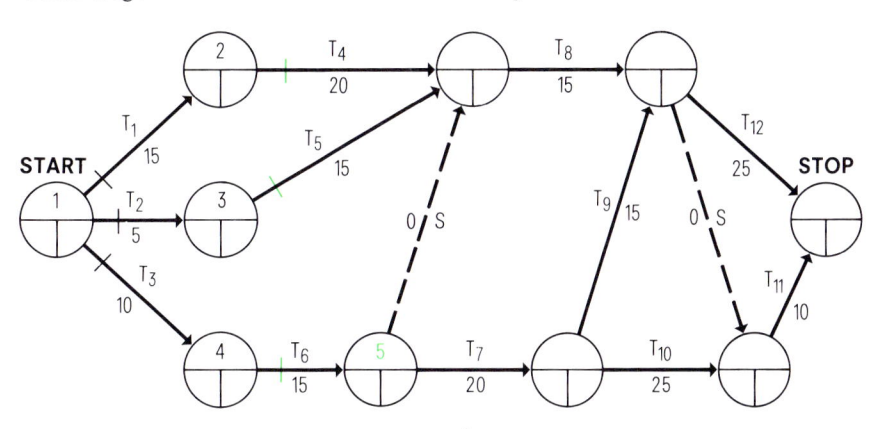

E_6 erhält man durch Abstreichen der Scheintätigkeit und E_7 durch T_7.

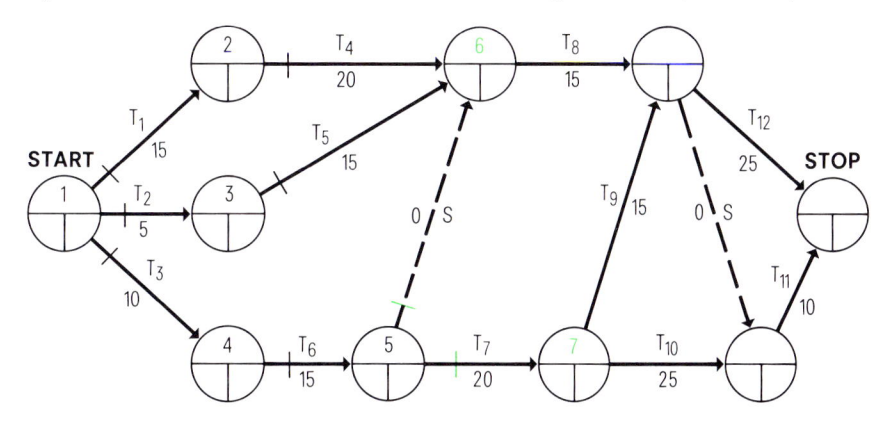

Diese Vorgehensweise wird weiter durchgeführt, bis sämtliche Ereignisse benummert sind.

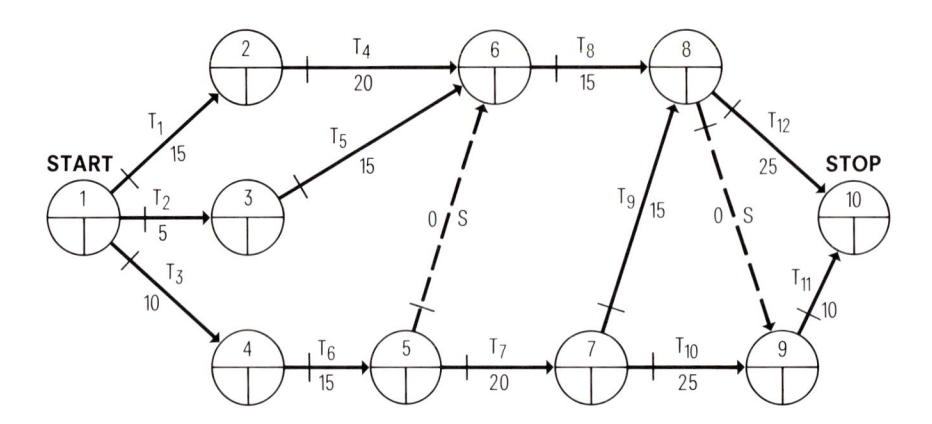

▶ Ermittlung des kritischen Weges

Um den kritischen Weg innerhalb eines Netzplanes ermitteln zu können, müssen der früheste (EF) und der späteste Ereigniszeitpunkt (ES) aller Ereignisse bestimmt werden.

Dies kann auf

▷ graphische
▷ rechnerische

Weise erfolgen!

Graphische Ermittlung

Bei diesem Vorgehen werden die Daten für die Ermittlung von EF und ES direkt aus dem Netzplan errechnet. Der EF-Wert wird im linken, der ES-Wert im rechten Datenfeld eingetragen.

EF-Wert (vom Start aus zu berechnen)

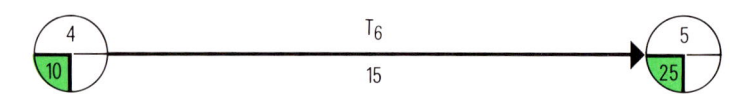

Netzplantechnik

Ist-Aufnahme- und Analysetechniken

ES-Wert (vom Stop zurückzurechnen)

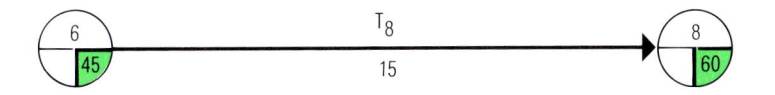

```
   ⎛6⎞         T₈         ⎛8⎞
   ⎝45⎠ ─────────────────►⎝60⎠
                15
```

Vorgehensweise bei der graphischen Lösung

Beispiel

Progressive Rechnung	Retrograde Rechnung
EF 1 = 0	ES 10 = 85
EF 2 = 15	ES 9 = 85 − 10 = 75
EF 3 = 5	ES 8 = 85 − 25 = 60
EF 4 = 10	ES 8 = 75 − 0 = ~~75~~
EF 5 = 10 + 15 = 25	ES 7 = 75 − 25 = ~~50~~
EF 6 = 15 + 20 = 35	ES 7 = 60 − 15 = 45
EF 6 = 5 + 15 = ~~20~~	ES 6 = 60 − 15 = 45
EF 6 = 25 + 0 = ~~25~~	ES 5 = 45 − 20 = 25
EF 7 = 25 + 20 = 45	ES 5 = 45 − 0 = ~~45~~
EF 8 = 35 + 15 = ~~50~~	ES 4 = 25 − 15 = 10
EF 8 = 45 + 15 = 60	ES 3 = 45 − 15 = 30
EF 9 = 45 + 25 = 70	ES 2 = 45 − 20 = 25
EF 9 = 50 + 0 = ~~50~~	ES 1 = 25 − 15 = ~~10~~
EF 10 = 60 + 25 = 85	ES 1 = 30 − 5 = ~~25~~
EF 10 = 70 + 10 = ~~80~~	ES 1 = 10 − 10 = 0

Erläuterungen:

bisherige Zeitsumme — Zeitwert EF — bisherige Zeitsumme — Zeitwert ES

Zeitwert nächste Tätigkeit — Zeitwert vorherige Tätigkeit

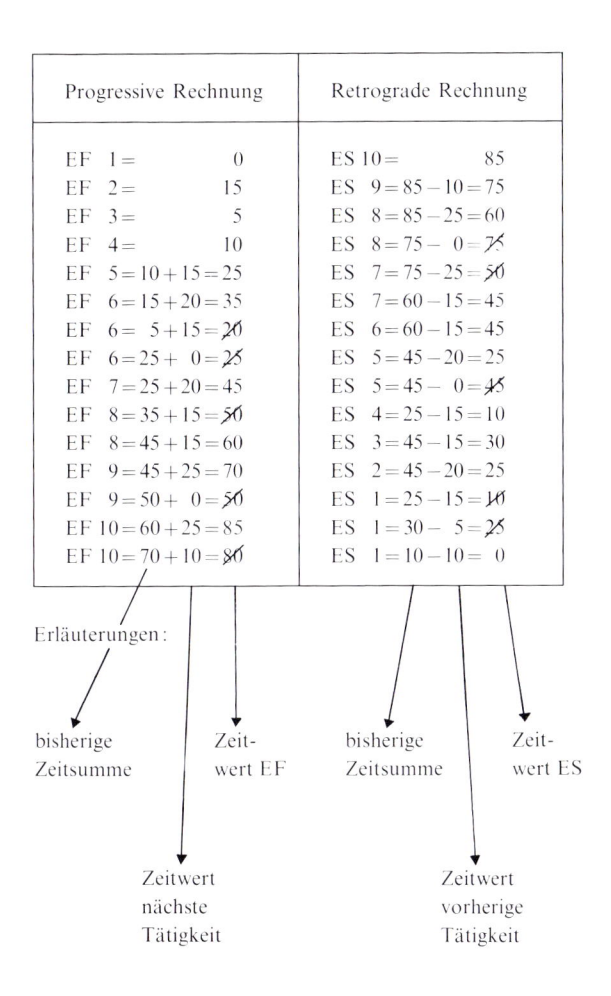

345

Ergeben sich für einen EF oder ES mehrere Zeiten, so streicht man

bei EF die kürzeste Zeit	bei ES die längste Zeit
EF 10 = 60 (E 8) + 25 (T_{12}) = 85 EF 10 = 70 (E 9) + 10 (T_{11}) = 8̶0̶	ES 5 = 45 (E 7) − 20 (T_7) = 25 ES 5 = 45 (E 6) − 0 (S) = 4̶5̶

Der kritische Weg verläuft dort, wo ES und EF gleich sind, d.h. Pufferwert = 0.

Vollständiger Netzplan

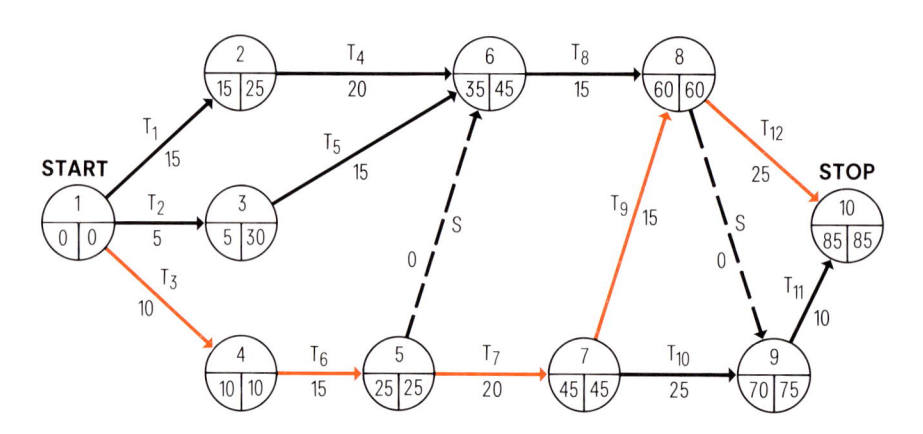

Kritischer Weg:

Ununterbrochene Kette von kritischen Tätigkeiten

Rechnerische Ermittlung

Zur rechnerischen Ermittlung des kritischen Weges ist es erforderlich, eine Matrix nach folgendem Muster aufzustellen, in die die Daten aus dem gezeichneten Netzplan eingetragen werden.

Netzplantechnik

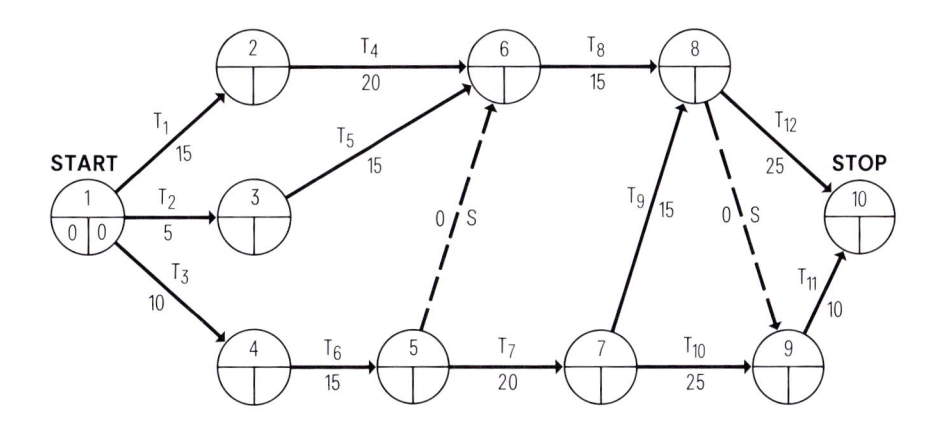

Ist-Aufnahme- und Analysetechniken

Matrix der Grunddaten

E	1	2	3	4	5	6	7	8	9	10
1		15	5	10						
2						20				
3						15				
4					15					
5						0	20			
6								15		
7								15	25	
8									0	25
9										10
10										

Nach Aufstellung der Matrix erfolgt die eigentliche Errechnung in 3 Schritten.

1. EF-Bestimmung

Grundsätzlich wird mit E 1 begonnen (progressive Rechnung).
Darstellung anhand von **2 Beispielen:**

Ist-Aufnahme- und Analysetechniken

Netzplantechnik

EF für E 5

EF	E	1	2	3	4	5	6	7	8	9	10
0	1		15	5	10						
15	2						20				
5	3						15				
(10)	4						(15)				
(25)	5		START				0	20			
35	6								15		
45	7								15	25	
70	8									0	25
60	9										10
85	10										

25 ← 10 + 15 ← (10)
ENDE → (25)

EF für E 6

EF	E	1	2	3	4	5	6	7	8	9	10
0	1		15	5	10						
(15)	2						(20)				
(5)	3						(15)				
10	4					15					
(25)	5						(0)	20			
(35)	6		START						15		
45	7								15	25	
70	8									0	25
60	9										10
85	10										

35 ← 15 + 20 ← (15)
20 ← 5 + 15 ← (5)
25 ← 25 + 0 ← (25)
ENDE → (35)

Netzplantechnik — Ist-Aufnahme- und Analysetechniken

2. ES-Bestimmung

Grundsätzlich wird mit dem letzten Ereignis begonnen und rückwärts gerechnet (retrograde Rechnung).
In die ES-Zeile wird der höchste EF-Wert übernommen und unter dem letzten Ereignis eingetragen. Von diesem Wert wird in der weiteren Berechnung ausgegangen.

Darstellung anhand eines **Beispiels**

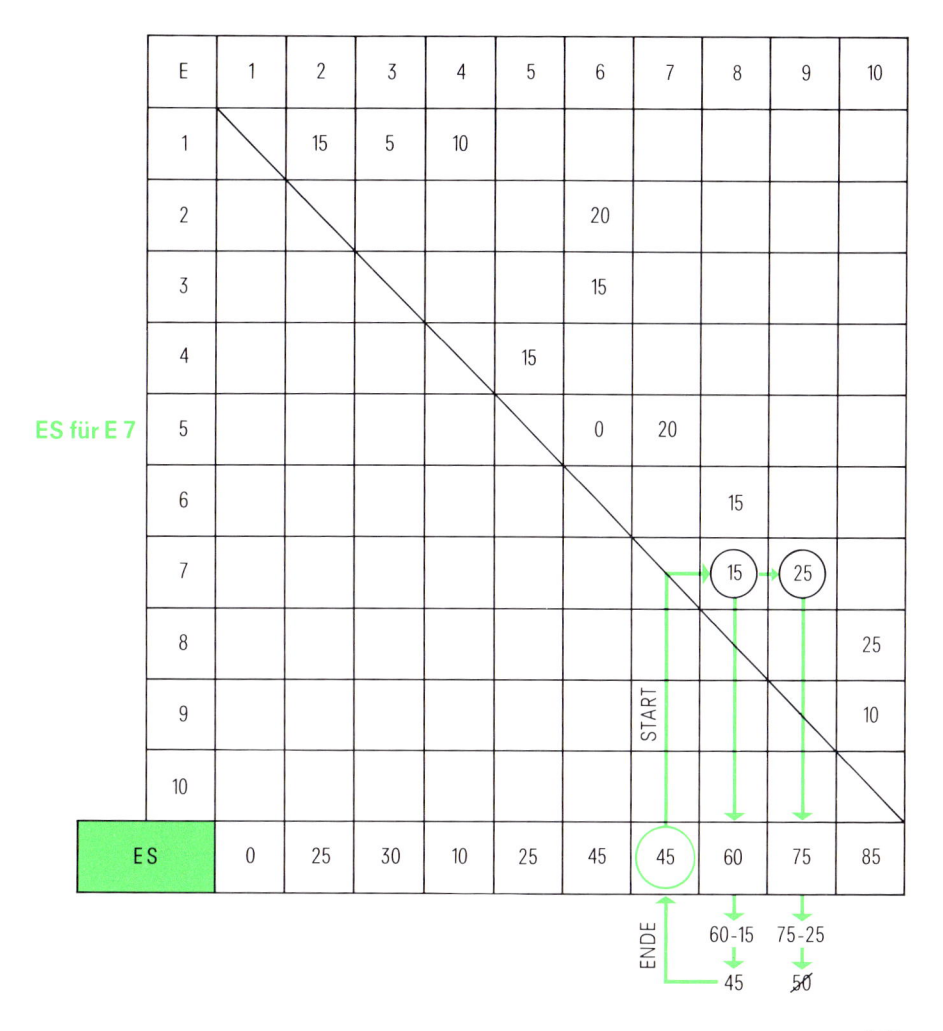

E	1	2	3	4	5	6	7	8	9	10
1		15	5	10						
2						20				
3						15				
4					15					
5						0	20			
6							15			
7								15	25	
8										25
9										10
10										
ES	0	25	30	10	25	45	45	60	75	85

ES für E 7

60−15 → 45
75−25 → 50

3. Bestimmung der Pufferzeit

Die Pufferzeit der einzelnen Ereignisse wird dadurch ermittelt, daß von ihrem ES-Wert der dazugehörende EF-Wert subtrahiert wird.

Beispiel

EF	E	1	2	3	4	5	6	7	8	9	10
0	1		15	5	10						
15	2						20				
5	3						15				
10	4					15					
25	5						0	20			
35	6								15		
45	7								15	25	
60	8									0	25
70	9										10
85	10										
ES		0	25	30	10	25	45	45	60	75	85
ES-EF		0	10	25	0	0	10	0	0	5	0

EF   Frühester Ereigniszeitpunkt
ES   Spätester Ereigniszeitpunkt
ES – EF   Pufferzeit

Der kritische Weg im Netzplan verläuft dort, wo die Pufferzeit bei den Ereignissen den Wert 0 hat.

Kritischer Weg verläuft über 1, 4, 5, 7, 8, 10.

Wir haben somit sämtliche Daten gewonnen, die für die Aufstellung des Netzplanes notwendig sind.

Wirtschaftlichkeitsprüfung

Die Realisierung jeder Planung erfordert Investitionen und verursacht Kosten. Über den reinen Verfahrensvergleich hinaus ermöglicht die Wirtschaftlichkeitsprüfung eine konkrete Beurteilung von Verfahrensalternativen durch Bewertung des Mengengerüstes.

Kriterien der Wirtschaftlichkeit sind

▷ Rentabilität des eingesetzten Kapitals,
▷ Kostenreduzierung,
▷ qualitative Verbesserungen.

Anwendungsmöglichkeiten bieten sich im Rahmen der Soll-Konzipierung als „ex-ante-Rechnung", aber auch während der Realisierung als „ex-post-Rechnung" (Kontrollrechnung) zur Erfolgsmessung.

> Bei der Entwicklung von Modellen/Sollvorschlägen muß auch die Liquidität, d.h. die Verfügbarkeit der Mittel im beplanten Bereich, geprüft werden.

Es gibt bereits eine Vielzahl von Arten der Wirtschaftlichkeitsprüfung, doch sollen hier nur die drei wichtigsten Techniken erläutert werden:

▶ Kostenvergleichsrechnung
▶ Marginal-Rendite
▶ Multifaktorentechnik

Kostenvergleichsrechnung

Ob eine organisatorische Maßnahme (Soll-Vorschlag) wirklich zu einer Verbesserung führt, kann erst durch einen Vergleich mit dem jetzigen Zustand geklärt werden. Die Größen, die sich am schnellsten zum Vergleich anbieten, sind: Leistung, Zeiten, Kosten.

Die Kostenvergleichsrechnung kennt zwei Möglichkeiten:

► Kostenvergleich je Zeiteinheit
► Kostenvergleich je Leistungseinheit

Bei mehreren Möglichkeiten (Soll-Vorschläge) wird grundsätzlich derjenigen Maßnahme der Vorzug gegeben, deren **Kosten** geringer sind; die dazu notwendigen Investitionen werden in Form der Kapitalkosten (kalkulatorische Zinsen und Abschreibungen) berücksichtigt.

Bei der Anwendung dieser Technik kommt es in besonderem Maße darauf an, die genaue kostenmäßige Auswirkung einer geplanten Verbesserung in möglichst isolierter Form zu erfassen. Daher müssen zwei Kostengruppen unterschieden werden:

▷ Kosten(-arten), die verändert werden
▷ Kosten(-arten), die unberührt bleiben

Die Betriebsbuchhaltung, insbesondere der Betriebsabrechnungsbogen, enthält selten die Kosten in der Detaillierung, daß sie direkt für die Kostenvergleichsrechnung verwendet werden können. Komplette Abläufe müssen in ihre Einzelschritte aufgelöst und diese kostenmäßig untersucht werden, auch wenn sie nur in Sammelwerten zu finden sind (z. B. Fertigungsgemeinkosten, Verwaltungsgemeinkosten).

Erschwerend kommt hinzu, daß es häufig notwendig ist, den Auslastungsgrad oder Beschäftigungsgrad zu berücksichtigen. Dazu müssen die Kosten wiederum in zwei Kategorien eingeteilt werden:

▷ fixe Kosten, unabhängig von der Auslastung
▷ variable Kosten, von der Auslastung abhängig

Bei den variablen Kosten unterscheidet man je nach Trend:

- proportionale Kosten, sie steigen in gleichem Maße wie die Beschäftigung (z.B. Materialverbrauch in der Fertigung)
- progressive Kosten, sie steigen schneller als die (gestiegene) Beschäftigung (z.B. Notwendigkeit von Überstunden)
- degressive Kosten, sie nehmen langsamer zu als die Beschäftigungszunahme

Zusammenfassend kann gesagt werden, daß die notwendige Kostenermittlung sehr objekt-spezifisch zu sehen ist. Sie kann enthalten:

▷ Prüfung der Kostenstruktur nach beeinflußten und nichtbeeinflußten Kosten durch die geplante Veränderung

▷ Aufsplittung der beeinflußten Kosten in alle Einzelkosten (Ist-Werte)

▷ Einteilung in variable und fixe Kosten
(falls veränderliche Auslastungsgrade eine Rolle spielen)

▷ Alle beeinflußbaren Kosten gemäß der geplanten Veränderung berechnen (Soll-Werte), unter Berücksichtigung der verschiedenen Auslastungsgrade.

Der Kostenvergleich je Zeiteinheit

Dieses Verfahren wird dann gewählt, wenn die zu erbringende Leistung mengenmäßig und qualitätsmäßig feststeht und von allen zum Vergleich kommenden Alternativen erfüllt wird. Basis der Kostenangaben ist die Zeiteinheit, sie kann je nach Bedarf in Stunden, Arbeitsschichten, Arbeitswochen oder Jahren angegeben werden. Der Kostenanfall der Vergleichsobjekte soll während der gesamten Lebensdauer annähernd gleich verteilt sein, sonst ist diese Form der Betrachtung (statische Betrachtung) nicht zulässig und muß durch eine andere (dynamische) ersetzt werden (z.B. *Marginal-Rendite*)

Wirtschaftlichkeitsprüfung | Kostenvergleichsrechnung

Beispiel: Anschaffung eines Schweißautomaten

Bezeichnung	Einheit	Ist manuell	Automat I	Automat II
Investition	DM	–	150 000,–	200 000,–
Lebensdauer	Jahre	–	4	5
Kalkulatorische Abschreibungen	DM/Jahr	▶1	37 500,–	40 000,–
Kalk. Zinsen 8% ▶2	DM/Jahr		6 000,–	8 000,–
Instandhaltungs-, Raum-, Energie-, Personalkosten	DM/Jahr	95 000,–	40 000,–	25 000,–
	DM/Jahr	95 000,–	83 500,–	73 000,–

▶ 1 Die noch wirksamen Abschreibungen für die Handgeräte werden nicht angeführt, da diese – unabhängig von der Anschaffung eines Automaten – weiter bestehen.

▶ 2 Der Zinssatz von 8% wird auf das durchschnittlich gebundene Kapital berechnet.

Kostenvergleich je Leistungseinheit

Zu diesem Verfahren muß man sich entschließen, wenn mehrere Alternativen zur Wahl stehen, die unterschiedliche Leistungen erbringen. Gemeint sind hier lediglich Mengenunterschiede, z.B. Stück je Monat, nicht jedoch Qualitätsunterschiede. Letztere würden Erlösunterschiede bewirken, die in der reinen Kostenvergleichsrechnung nicht berücksichtigt werden können. Um einen Vergleich anstellen zu können, wird man für jede Alternative die Kosten je Leistungseinheit für verschiedene Auslastungsgrade errechnen und die daraus resultierenden Werte (Kurven) miteinander vergleichen.

Beispiel:
Es soll entschieden werden, ob für einen Fertigungsvorgang ein Universalgerät oder ein Spezialgerät erworben werden soll.
Das Universalgerät erzeugt 120 Einheiten je Woche. Das Spezialgerät erzeugt 150 Einheiten je Woche
Der heutige Wochenbedarf liegt bei 100 Einheiten.

Die Untersuchung der Kostenstruktur hat ergeben:

Beeinflußte Kosten (Kosten je Stück)	vom Auslastungsgrad	
	abhängig	unabhängig
Löhne		×
Energiekosten		×
Wartungskosten		×
kalk. Abschreibungen	×	
kalk. Zinsen	×	

Die weitere Untersuchung hat folgende Stückkosten erbracht:

Kostenart	Auslastung 1 Universalgerät, DM/Stck.				Auslastung 2 Spezialgerät, DM/Stck.			
	100%	75%	50%	25%	100%	75%	50%	25%
Löhne	14,—	14,—	14,—	14,—	2,50	2,50	2,50	2,50
Energiekosten	0,50	0,50	0,50	0,50	0,40	0,40	0,40	0,40
Wartungskosten	1,20	1,20	1,20	1,20	0,90	0,90	0,90	0,90
kalk. Abschreibungen	7,50	10,—	15,—	30,—	12,50	16,70	25,—	50,—
kalk. Zinsen	2,50	3,30	5,—	10,—	4,10	5,50	8,20	16,40
Summe DM/Stck.	25,70	29,—	35,70	55,70	20,40	26,—	37,—	70,20
Stück/Woche	120	90	60	30	150	112	75	37
	Werte orange Kurve				Werte grüne Kurve			

Darstellung der Resultate

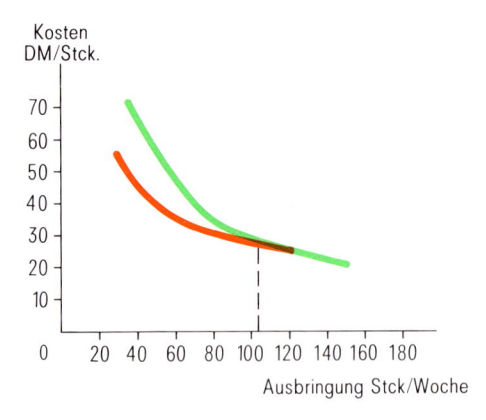

Kosten DM/Stck.

[Diagramm: x-Achse Ausbringung Stck/Woche (0–180), y-Achse Kosten 0–70; zwei Kurven schneiden sich bei ca. 105 Stck/Woche]

Kommentar:

Von der geforderten Ausbringung von 100 Stück je Woche bis zu einer Ausbringung von 105 Stück je Woche ist das Universalgerät wirtschaftlicher, bei höheren Stückzahlen ist das Spezialgerät vorteilhafter. Die Zukunftserwartungen werden bei der Wahl des Gerätes ausschlaggebend sein.

Marginal-Rendite

Die meisten Planungen bringen Soll-Vorschläge, die abschnittsweise realisiert werden sollen und damit verschiedene Ausgaben in unterschiedlichen Perioden erfordern. Dementsprechend treten auch die Einsparungen zeitversetzt auf. In solchen Fällen bietet sich die Technik des „Internen Zinsfußes" an (innerhalb der Siemens AG: „Marginal-Rendite").

Diese Technik erlaubt es, verschiedene Soll-Vorschläge miteinander zu vergleichen, auch wenn diese mit verschiedener Nutzungsdauer versehen sind.

Definitionen

▷   Ein Geldbetrag hat 2 Werte, nämlich einen **Zeitwert** (Wert zum Zeitpunkt der Einnahme oder Ausgabe) und einen **Barwert** (auf den Bezugszeitpunkt abgezinster Wert).

▷ Bewirkt eine heute getätigte Investition spätere Einnahmen/Einsparungen, so ist die Gegenüberstellung Investition–Einnahmen nur zulässig, wenn die Einnahmen auf den Bezugszeitpunkt abgezinst werden (Barwerte).

▷ Wird der Zinsfuß bei der Abzinsung so gewählt, daß die Summe der Barwerte der Einnahmen gleich der Investition ist, so ist der interne Zinsfuß gefunden.

Hinweis:

▷ Voraussetzung für die Anwendung dieser Technik ist die Kenntnis der notwendigen Ausgaben und der erwarteten Einsparungen/Einnahmen mit ihrem zeitlichen Anfall während der gesamten wirtschaftlichen Nutzungsdauer.

▷ Basis der Berechnung ist immer Bargeld; kalkulatorische Werte, wie Abschreibungen oder Wertminderungen, werden nicht verwendet.

Technik

Gerechnet wird mit der Zinseszinsformel:

$$K_0 = K_n \cdot \frac{1}{\left(1 + \frac{p}{100}\right)^n},$$

wobei
K_0 Kapital zum Zeitpunkt 0 (Bezugszeitpunkt)
K_n Kapital nach n Jahren
p Zinsfuß in %
n Anzahl Jahre

Der mathematische Ausdruck $\dfrac{1}{\left(1 + \frac{p}{100}\right)^n}$ heißt Abzinsungsfaktor.

Falls 2 der 3 Größen (Abzinsungsfaktor, n, p) bekannt sind, kann die fehlende Größe in der entsprechenden Tabelle gefunden werden.

Wirtschaftlichkeitsprüfung — Marginal-Rendite

Tabelle der Abzinsungsfaktoren (zu lesen: 0, ...) für die am Ende einer bestimmten Periode anfallenden Beträge.

Zinsfuß	Anzahl Jahre									
	1	2	3	4	5	6	7	8	9	10
1%	990	980	971	961	951	942	933	923	914	905
2%	980	961	942	924	906	888	871	853	837	820
4%	962	925	889	855	822	790	760	731	703	676
6%	943	890	840	792	747	705	665	627	592	558
8%	926	857	794	735	681	630	583	540	500	463
10%	909	826	751	683	621	564	513	467	424	386
12%	893	797	712	636	567	507	452	404	361	322
14%	877	769	675	592	519	456	400	351	308	270
16%	862	743	641	552	476	410	354	305	263	227
18%	847	718	609	516	437	370	314	266	225	191
20%	833	694	579	482	402	335	279	233	194	162
22%	820	672	551	451	370	303	249	204	167	137
25%	800	640	512	410	328	262	210	168	134	107
28%	781	610	477	373	291	227	178	139	108	085
30%	769	592	455	350	269	207	159	123	094	073
35%	741	549	406	301	223	165	122	091	067	050
40%	714	510	364	260	186	133	095	068	048	035
50%	667	444	296	198	132	088	059	039	026	017
60%	625	391	244	153	095	060	037	023	015	009
70%	588	346	204	120	070	041	024	014	008	005
80%	556	309	171	095	053	029	016	009	005	003
90%	526	277	145	076	040	021	011	005	003	001
100%	499	249	124	062	031	015	007	003	001	—

▶ Schwierigkeiten bei der Berechnung

▷ Ist die Rechnungsperiode – 1 Jahr – zu lang, muß mit Monats-Abzinsungsfaktoren gearbeitet werden. Tabellen dazu sind schwierig zu finden.

▷ Sind zeitweilig die Rückflüsse **negativ** (d.h., die Ausgaben überwiegen), so wird die (mathematische) Richtigkeit dieser Technik angezweifelt.

Beispiel:

Sie haben DM 10000,— und wollen sie dort anlegen, wo der größte Gewinn erzielt werden kann. Drei Möglichkeiten bieten sich an:

1. Sie erhalten nach 1 Jahr   DM 12200,— zurück.
2. Sie erhalten nach 2 Jahren DM 14400,— zurück.
3. Sie erhalten nach 1 Jahr   DM   1800,—
                  2 Jahren DM   4200,—
                  3 Jahren DM   9000,— zurück.
                  ─────────────────
                  gesamt DM 15000,—

Welche der 3 Möglichkeiten ist die rentabelste?

Möglichkeit 1:

$K_0 = K_n \times$ Abzinsungsfaktor

$\dfrac{K_0}{K_n} =$ Abzinsungsfaktor

$K_0 = 10000,$— DM $K_n = 12200,$— DM   Abzinsungsfaktor $\approx 0{,}820$
$n = 1$ Jahr

2 Werte ($n = 1$, Abzinsungsfaktor $\approx 0{,}820$) sind nun bekannt, der fehlende Wert (p int. Zinsfuß) kann in der Tabelle gefunden werden: $\underline{\underline{p = 22\%}}$.

Möglichkeit 2:

$\dfrac{K_0}{K_n} =$ Abzinsungsfaktor, $\dfrac{10000,-}{14400,-} \approx 0{,}694$

$n \;\; = 2$ Jahre

$p \;\; = 20\%$.

Möglichkeit 3:

Hier muß durch Probieren der Zinsfuß so gefunden werden, daß die Summe der abgezinsten Rückzahlungen dem investierten Kapital entspricht.

1. Versuch: $p = 20\%$

Rückzahlung (Zeitwert)	Zeit (Jahre)	Abzinsungsfaktor (bei 20%)	Abgezinster Wert (Barwert)
1800,—	1	0,833	1500,—
4200,—	2	0,694	2910,—
9000,—	3	0,579	5200,—
			9610,—

< 10000,—
zu hoher Zinsfuß!

2. Versuch: $p = 16\%$

Rückzahlung (Zeitwert)	Zeit (Jahre)	Abzinsungsfaktor (bei 16%)	Abgezinster Wert (Barwert)
1800,—	1	0,862	1550,—
4200,—	2	0,743	3120,—
9000,—	3	0,641	5770,—
			10440,—

> 10000,—
zu niedriger Zinsfuß!

3. Versuch: $p = 18\%$

Rückzahlung (Zeitwert)	Zeit (Jahre)	Abzinsungsfaktor (bei 18%)	Abgezinster Wert (Barwert)
1800,—	1	0,847	1520,—
4200,—	2	0,718	3010,—
9000,—	3	0,609	5490,—
			10020,—

≈ 10000,—
der Zinsfuß stimmt!

Lösung:

	int. Zinsfuß
Möglichkeit 1	22%
Möglichkeit 2	20%
Möglichkeit 3	18%

Sie werden also Möglichkeit 1 wählen!

Multifaktorentechnik

In jeder Phase einer Planung müssen vom Team Entscheidungen getroffen werden, z.B.

▷ welche Istaufnahmen sollen durchgeführt,
▷ welches Analyseverfahren soll angewendet,
▷ welche Verbesserungsvorschläge sollen weiterverfolgt,
▷ bei konkurrierenden Soll-Vorschlägen: welcher soll verworfen werden?

Aus diesen Beispielen geht hervor, daß die Entscheidungen nur in seltenen Fällen auf Grund konkreter Zahlen getroffen werden können; sie kommen vielmehr durch Meinungen **(nicht quantifizierbare Faktoren)** zustande. Da es im Team keinen „Hierarchen" gibt, der Entscheidungen trifft, sollten anstehende Themen so lange diskutiert werden, bis eine gemeinsame Meinung erreicht und somit die Entscheidung vom gesamten Team getragen wird. Solche Diskussionen – ungesteuert durchgeführt – versanden meist, weil nicht vergleichbare Kriterien gegenübergestellt werden.

Z.B. bei der Wahl von Soll-Vorschlägen:
▷ Lösung 1 hat größere Realisierungschancen.
▷ Lösung 2 hat größere Lebensdauer.

Deshalb hat es sich bei kritischen Entscheidungen (wenn die Wahl zur Qual wird) bewährt, die Diskussion zu steuern (*Moderation*) und den Entscheidungsprozeß nach bestimmten Regeln zu strukturieren (Multifaktorentechnik).

Die Strukturierung erfolgt in 4 Phasen:

1. Phase: Abfrage aller Teilnehmer:
„Welche **Kriterien** sind für die Entscheidung von Bedeutung?" (Erstellung einer Kriterienliste)

2. Phase: Abfrage aller Teilnehmer:
„Für wie wichtig halten Sie jedes Kriterium innerhalb der Kriterienliste?"
(Jeder Teilnehmer kann z. B. 0 bis 10 Punkte je Kriterium vergeben, die jeweilige Summe ergibt die **Gewichtung**.)

3. Phase: Abfrage aller Teilnehmer:
„Wie schätzen Sie den Erfüllungsgrad der einzelnen Möglichkeiten (z. B. Soll-Vorschläge) in bezug auf die jeweiligen Kriterien?"
(Jeder Teilnehmer hat z. B. 10 Punkte, die er je Kriterium vergeben muß, d. h., er führt eine **Beurteilung** durch.)

4. Phase: Je Kriterium und Lösungsmöglichkeit werden die Gewichtungen und Beurteilungen multipliziert und die errechneten Zahlen addiert. Bei dieser **Auswertung** „siegt" die Lösungsmöglichkeit mit der größten Zahl.

Beispiel:

Ein Team von 7 Personen mit dem Planungsauftrag „Erstellung und Verteilung technischer Unterlagen für den Außendienst" mußte entscheiden, ob die technische Unterlage „Einstell- und Justieranleitung" im Bereich der Entwicklung oder im Bereich des Kundendienstes erstellt werden sollte.

Da sich die Entscheidung als schwierig (Grenzfall) erwies, wurde vom Team beschlossen, die Multifaktorentechnik anzuwenden.

Multifaktorentechnik — Wirtschaftlichkeitsprüfung

Es wurde folgendes Ergebnis erzielt:

Kriterien	Ge-wich-tung	Entwicklung		Kundendienst	
		Be-urtei-lung	Gewichtung × Beurteilung	Be-urtei-lung	Gewichtung × Beurteilung
Woher kommen die notwendigen Informationen?	63	51	**3213**	19	1197
Wer kann am besten die Verantwortung für die inhaltliche Richtigkeit tragen?	66	47	**3102**	23	1518
Welche Stelle kann den Änderungsdienst am effizientesten durchführen?	45	32	1440	38	**1710**
Wer kennt die Einstell- und Justierhilfsmittel am besten?	40	31	1240	39	**1560**
Wer kennt den inhaltlichen Zusammenhang zwischen der Einstell- und Justieranleitung und den übrigen technischen Unterlagen am besten?	55	32	1760	38	**2090**
Wer kennt den Ausbildungsstand der Außendiensttechniker am besten?	34	22	748	48	1632
			11503		9707

Beachte: Meist liegen die Resultate sehr nahe zusammen (im Beispiel 20% Übergewicht für die Entwicklung), da diese Methode für Grenzfälle benötigt wird!

Praktische Hinweise für den Moderator:

▷ Bei der Bildung des Kriterienkatalogs: nur positive Ausdrücke verwenden!
▷ Die Punkte sollten **offen** vergeben werden (jeder soll wissen, was der andere meint).
▷ Die Gewichtung soll durchgehend durchgeführt werden.
▷ Falls die Einzelgewichtungen je Kriterium zu stark abweichen (Richtgröße: 40%), muß der Moderator die „Extremisten" auffordern, in einem „Streitgespräch" (*Pro-und-Kontra-Spiel*) ihre Ansichten vor der Gruppe darzulegen. Danach wird die Gewichtung von der Gesamtgruppe neu durchgeführt. Solche Fälle kommen häufig vor und haben ihre Ursache meist im unterschiedlichen Wissensstand der Teilnehmer. Durch die Diskussion wird der Wissensstand wieder abgeglichen, und im nachfolgenden Durchgang können die Diskrepanzen beseitigt sein.
▷ Die Beurteilung sollte für jedes Kriterium durchgeführt werden (zeilenweise), wobei – wenn wiederum starke Abweichungen in den Einzelbeurteilungen festzustellen sind – eine entsprechende Diskussion mit nachfolgender Neubeurteilung erfolgen muß.
▷ Die Notenskala ist frei wählbar und wird dem gewünschten Feinheitsgrad **angepaßt** (1 bis 3 / 1 bis 10 / 1 bis 100).

Bei der Wahl zwischen 2 Modellen wird als Bezugsgröße häufig der Istzustand mit einbezogen, was als nützlichen Nebeneffekt eine Bewertung des Ist-Zustandes mit sich bringt, z. B.

Kriterien	Gewichtung	IST		SOLL I		SOLL II	
		Note	N × G	Note	N × G	Note	N × G
Geringerer Schwierigkeitsgrad der Handhabung	7	2	14	5	35	3	21
Werbeeffekt	4	1	4	4	16	5	20
Lebensdauer	6	2	12	3	18	5	30
Kontroll- und Überwachungsmöglichkeit	10	1	10	5	50	4	40
Sicherheit	8	2	16	4	32	4	32
			56		151		143

Die Multifaktorentechnik erlaubt es, falls notwendig, auch quantifizierbare Faktoren einzubeziehen. Dabei ist zu beachten, daß diese Faktoren im richtigen Verhältnis zu Noten umgewandelt werden.

Beispiel:

Kriterien	SOLL I	SOLL II	Vorz.
Einführungszeit	1 Jahre	3 Jahre	−
Lebensdauer	5 Jahre	8 Jahre	+
Benötigtes Fachpersonal	110	200	−
Interner Zinsfuß	30%	40%	+

Umwandlung in Noten
Notensystem 0 bis 100:

Kriterien	SOLL I	SOLL II
Einführungszeit	75	25
Lebensdauer	39	61
Fachpersonal	65	35
Interner Zinsfuß	43	57
	NOTEN	

Bestimmte (wichtige) Kriterien lassen eine getrennte Ist-Soll-Betrachtung nicht zu, z. B.

▷ Einführungsschwierigkeiten des Modells

▷ Einführungszeit des Modells

▷ Entspricht das Modell den Vorstellungen des Auftraggebers?

▷ Rentabilitätsaspekte des Modells

In diesen Fällen entspricht die Benotung einem direkten Soll I–Soll II-Vergleich, und die Spalte IST entfällt.

Im Hause Siemens hat sich eine Variante der Multifaktorentechnik (hauptsächlich für die Bewertung von DV-Verfahren) durchgesetzt, die auf einen direkten Soll-Ist-Vergleich abzielt, wobei jedes Soll einzeln abgehandelt wird (s. Beispiel).

Der Vorteil dieser Technik ist, daß durch Bildung einer Kennzahl völlig verschiedene Verfahren vergleichbar werden. Bei beschränktem DV-Investitionsbudget wird demjenigen DV-Verfahren die Priorität eingeräumt, das den größten Nutzeffekt aufweist.

Wirtschaftlichkeitsprüfung Multifaktorentechnik

Beispiel:
Wirtschaftlichkeitsprüfung des DV-Verfahrens „Bedarfsermittlung und Disposition"

	Beschreibung	A	B	C
0	Bewertung des geplanten Verfahrens im Vergleich zum derzeitigen Verfahren/Vergleichsverfahren im Hinblick auf die Erfüllung der genannten Kriterien anhand folgender Punkteskala: ±3 erhebliche ±2 deutliche } Veränderung (Verbesserung, Verschlechterung) ±1 geringfügige 0 keine Veränderung	Punkte	Gewichtungsfaktoren	Punkte × Gewichtungsfaktoren
	Nicht-quantifizierbare Kriterien			
1	Schnelligkeit der Informationsauslieferung (rasches Zurverfügungstellen)	2	3	6
2	Aktualität der gewonnenen Informationen	3	3	9
3	Rechtzeitiges Zurverfügungstellen der Informationen	1	3	3
4	Zusätzliche Informationen (z. B. durch statistische Auswertungsmöglichkeiten, Erweiterung des Berichtswesens)	1	3	3
5	Genauigkeit der Informationen (z. B. Rechengenauigkeit)	1	1	1
6	Relevanz (Qualität) der Informationen (Aussagekraft und Übersichtlichkeit der Informationen, Auswahl und Aufbereitung der Informationen)	0	2	0
7	Sicherheit (Ablaufsicherheit, Fehlerwahrscheinlichkeit, Datenfehleranfälligkeit)	3	1	3
8	Möglichkeit von Terminverkürzungen im Anwenderbereich	2	2	4
9	Anwenderfreundlichkeit (z. B. Vereinfachung durch Datenabbau)	1	2	2
10	Bedienungs- und Pflegefreundlichkeit	1	1	1
11	Flexibilität (z. B. Änderungsfreundlichkeit gegenüber Veränderung von Organisation, Datenvolumen, Datenstruktur, Sonderfälle	1	2	2
12	Kontroll-, Abstimm- und Überwachungsmöglichkeiten	2	2	4
13	Korrekturmöglichkeiten und -aufwand	0	2	0
14	Transparenz des Verfahrensablaufs (Übersichtlichkeit)	2	1	2
15	Transparenz und Straffheit der Organisation	0	1	0
16	Kapazitätsreserven (Auffangbereitschaft bei Arbeitsspitzen oder Beschäftigungszunahme)	0	3	0
17	Abhängigkeit von Fachpersonal	−1	2	−2
18	Umstellungsrisiko (langfristige Bindung an das Verfahren, Starrheit der Organisation)	−1	3	−3
19				
20				
21	Summen		37	35
	Koeffizient für nicht-quantifizierbare Faktoren (Wirtschaftlichkeitskoeffizient)			
22	Koeffizient der nicht-quantifizierbaren Vor- und Nachteile des geplanten DV-Verfahrens (Pos. 21, Summe C, Summe B)	ca. 1		
23	Verbale Bedeutung des Koeffizienten gemäß Punkteskala (Pos. 0; ggf. Interpolation) geringfügige Verbesserung gegenüber dem derzeitigen Verfahren			

Literaturverzeichnis

Acker, Heinrich B.: Organisationsanalyse; Baden-Baden 1966
Bendixen, Kemmler: Innovative Planung; in: Congena Texte 1/70, 2/70, 1/71
Bendixen, P., Kemmler, H. W.: Planung – Organisation u. Methodik innovativer Entscheidungsprozesse; Berlin-New York 1972
Bloch, Willy: Methoden der Rationalisierung – Durchführungsverfahren; in: Industrielle Organisation 35 (1966) Nr. 4, S. 143–159
Budil, Werner: Planung, Koordination und Kontrolle als betrieblicher Kreislauf; in: Industrielle Organisation 38 (1969) Nr. 8, S. 323–331
Bullens, Harry: Systematik und Kreativität in komplexen Planungen; in: Teambriefe des Quickborner Teams
Clark, H.: Brainstorming
Collins, B. E., Guetzkow, H.: A Social Psychology of Group Processes for Decisions Making. New York-London-Sydney 1964
Dahrendorf, Ralf: Homo Sociologicus; Köln-Opladen 1968
Degelmann, Alfred: Organisationsleiter, **Handbuch**; München 1968
Demmer, K.: Die neuen Managementtechniken
Diekmeyer, U.: Creativitäts Training
Dr. Haseloff: Kreativitätstechniken und Problemlösungsverfahren; DIB-Seminar 71
Häusler, J.: Planung als Zukunftsgestaltung – Spielerisches Denken
Hierzel, Miketta: Planungsvorgehen in komplexen Systemen; in: Congena Texte 1/70 S. 8ff
Hofstätter, P. R.: Gruppendynamik; Hamburg 1968
Hollinger, Hermann: Morphologie als Werkzeug für kreatives und methodisches Management; in: Seminarunterlagen des Morphologischen Institutes Zürich
Klein, Gerhardt: 26 Stunden täglich am Schreibtisch; in: Der Erfolg; Heft 5/1970
König, R.: Das Interview; Kiepenheuer&Witsch
Lauterbach, E.: Was Chefs vom Netzplan wissen müssen; Plus 6/70
Lockyer, K. G.: Einführung in die Netzplantechnik; Köln-Bramsfeld 69
Luhmann, Niklas: Funktionen und Folgen formaler Organisation; Berlin 1964
Malewski, Andrzej: Verhalten und Interaktion; Tübingen 1967
Mayntz, Renate: Soziologie der Organisation
Dr. Mülling, Rainer: Die heiklen Punkte bei der kritischen Untersuchung des Ist-Zustandes; in: das rationelle Büro, 7/1971, S. 14–19
Quiske, Skirl, Spieß: Kreativitäts-Training (Seminarunterlagen)
Schnelle, Eberhard: Kritische Hinweise zur Verbesserung von Entscheidungsprozessen; in: Kommunikation, 3 Vol. V 1969
Schnelle, Eberhard: Entscheidung im Management; Quickborn 1966
Uhlmann, G.: Kreativität
Wagenführ, H.: Industrielle Zukunftsforschung
Warschokow, Uwe: Zum Konkretisierungsgrad der Aufgabenanalyse; in: Zfo, Jan. 1967
Wolff, L.: Netzplantechnik (CPM); Köln 67
o. Verf.: Der Aufbau einer Rationalisierungsuntersuchung; in: Das rationelle Büro 8/1966
Zeitschriften: Capital; Congena-Texte; Manager-Magazin; Metaplan-Reihe; Plus

Abkürzungsverzeichnis

AE	Auftragseingang
BA	Beratungsausschuß
BAB	Betriebsabrechnungsbogen
EA	Entscheidungsausschuß
ET	Entscheidertraining
F-	Fertigungs-...
Ff	Fertigfabrikate
IG	Informationsgruppe
Info-Markt	Informationsmarkt
KG	Kleingruppe
LK	Lochkarte
PT	Planungsteam
RA	Realisierungsausschuß
RG	Realisierungsgruppe
RL	Realisierungsleiter
RZ	Rechenzentrum
TF	Transparenzfrage
UB	Unternehmensbereich
ZBO	Zentralabteilung Betriebswirtschaft Organisation

Stichwortverzeichnis

Suchbegriffe mit ähnlichen oder gleichen Bedeutungen

Phasen – Abschnitte
Team – PT – Planungsteam
Planung – Organisation – Organisationsplanung
Ergebnis – Resultat
Größen – Einflußgrößen – Faktoren – Determinanten
Bereich – Feld
Überprüfung – Kontrolle
Daten – Information
Untersuchung – Analyse
Balkendiagramm – Balkenplan
Ist-Zustand – Ist-Situation

Beratungsgesellschaft – Unternehmensberatungsgesellschaft
tangiert – betroffen
Leitung – Management
Aufgaben – Funktionen
Schwierigkeiten – Konflikte
Ist-Aufnahme – Ist-Erhebung – Untersuchung
Plenum – Großgruppe
Verfahren – Technik
Abläufe – Arbeitsabläufe
Dauerbeobachtung – Beobachtung vor Ort
Scenario – Problemlandkarte

ABC-Analyse 93, 102, **324–328**
Abfrage, Situations- **213**, 275
—, Stimmungs- 242, 244, 246, 248, 252, 254, 256, 258
Abfragetechnik **205–207**, 228, 266
Abgrenzung, System- 79, **80**
Abläufe 36, 122, 316
—, Sonder- **123**
—, Standard- **122**
Ablaufanalyse 105
Ablauforganisation 83, 115, 320
—, Maximen für **104**
Ablaufplan 101, 105, 110
Abwehrmechanismen **156**
Abweichungsanalyse 115, **132–133**
Änderung, organisatorische 34
Änderungsbereitschaft des Managements 37
Aktion – Reaktion 27
Analyse 85, 94
—, Ablauf- 105
—, Abweichungs- 115, **132–133**
— des Systems 29, **36–38**
—, Fehler- **109**
—, Ist- 103
—, Kommunikations- 102, 319, **320–323**
—, morphologische **302–306**
—, Problem- **30–35**, 38

—, Schwachstellen- **95**
Analysetechniken 73, 102, **307–350**
Analysetechnik, Wahl der 102
Arbeit, Determiniertheitsgrad der 114
Arbeiten, modellorientiert 74, **79–85**, 91–93
—, praxisorientiert 74, **85–87**, **94–105**
Arbeit, Organisations- 72
—, politische 68, **72**
—, sachliche 68, **72**
Arbeitsanweisung **123**, 127
Arbeitsfähigkeit des PT **68**, 150
Arbeitsmittel+Arbeitsmaterial 56, **58–59**, 150, 237
Arbeitsplatzbeschreibung 123, **125–126**, 316, 319
Arbeitsschritte 123, 318
Arbeitstechnische Voraussetzungen für das Team 140, **147–150**
Arbeitsweise, BA **51**
—, EA **53**
Art der Information **71**
Aufbauorganisation 83, 115, 122, 320
—, Maximen für **104**
Aufgaben, des BA **49**
— des Organisationsplaners 27
Aufgabenrealisierung 115, **122–132**
Aufgabenträger **121**

369

Stichwortverzeichnis

Auftrag, Planungs- **60–63**
—, Projekt **42**
—, Realisierungs- 116, 117, **120**
Aussagen sichtbar machen, ordnen, analysieren · 199, **207–209**, 241
Ausstattung des Planungsraumes **56**
Auswahl von Techniken **309–310**
Auswertung vorhandener Unterlagen **310–311**

Balkendiagramm 101, 120
Beobachtung vor Ort 100, 318
Beplante **39**
Beplantes System, Information 60, **62–66**
Berater, externe 47, **48**
Beratungsausschuß (BA) 44, **49–51**, 85, 106, 153, 180
—, Aufgaben **49**
—, Arbeitsweise **51**
—, Funktionen **49**, 136
Beratungsausschußsitzung 50, **51**, **88**, 106, 111, 149, 153
Beratungsausschuß, Zusammensetzung **50**
Beratungsgesellschaft **21**, 61, 189
Bereiche, tangierte 121, **122**, 127
Bestimmungsfaktoren d. Pl.-Situation **30–34**
Betriebsblindheit 47
Betriebsrat 70, 71, 125
Betriebsvergleiche 93
Betriebsversammlung **130**
Betriebswirtschaftliche Kenntnisse 103
Bewertungstechniken 157, 198, 202, **210–215**, 217, 224, 241, 302
Bildung von Hypothesen **83**
Black-Box 80
Brainstorming 241, 242, 248, **288–292**, 302

Checklisten **109**, 278
CNB-Methode **295–296**
CPM 333, **334–350**

Darstellungstechniken 100, 101
Darstellung von Gruppenergebnissen **216–224**
Daten, kontrollierte 99
Dauerbeobachtung **318–319**
Deduktiv 74, 75, 78, 91, 108
Denken, laterales 281
—, vertikales 281

Detaillierungsgrad der Ist-Aufnahmen 97, 308
Determiniertheitsgrad der Arbeit 114
Diskussion 66 : **205**
Diskussionsregeln **199–202**, 227, 241, 266, 268
Diskussionstechniken 54, 145, 181, 182, 198, **199–209**

Eigenschaften eines PT-Mitgliedes **48**
Einflußgrößen 79, **82**
Einführung, Parallel- **131**
—, Stufen- **130**
—, System- 115, **130–132**
Einführungsschreiben **65–66**
Einpassung des Modells in das System **110**
Einsatz von Experten **41**
Einzelziele, operationale 92
Entscheidertraining (ET) **21–23**, 38, 180, 198, 218, 222, 225, 226, 231, **232–260**, 286, 296
—, Ablauf **238–259**
—, Ergebnis und Konsequenzen 260
—, Vorbereitung **235–237**
Entscheidung 111, 112
—, Realisierungs- 51
Entscheidungsausschuß (EA) 44, **51–53**, 106, 153, 180
—, Arbeitsweise **53**
—, Funktionen **52**, 136
Entscheidungsausschußsitzung 50, 53, 76, **88**, 106, 107, **111**, 149
—, Ziele **89**
Entscheidungsausschuß, Zusammensetzung **52**
Entscheidungsprozeß im PT **149**,
Entscheidung, unternehmerische **18**
Ergebnis der Problemanalyse **34**
—, Planungs- 74
—, Untersuchungs- **83**
Ex-ante-Rechnung 351
Experten, Einsatz von **41**
Ex-post-Rechnung 351
Externe Berater 47, **48**

Fehleranalyse **109**
Feinmodell 76, **107–111**
—, Kontrolle 108, **111**

Filzschreiber **164**, 169
Fixe Kosten 353
Flip-chart 290
Flip-chart-Ständer 266
Formen der IG **54**
Fragebogen 100, **316–318**
Full-time-job **46**
Funktionen der IG **53**
— des BA **49**, 136
— des EA **52**, 136
— des Moderators **22**

Gestaltung des Planungsraumes **57**
Gremium, strategisches 234, 260
Grundinstrumentarium der Organisationsplanung **135–197**
Gruppenarbeitstechniken 271, **282**
Gruppendynamischer Prozeß 238
Gruppenergebnisse, Darstellung **216–224**
Gruppenpsychologischer Prozeß der Teambildung 140, **141–147**
Gruppen, Situationen in **230**
Grobkonzept 76, 91, **106**, 108
Grobkonzeption **90–107**
Größe des Teams **47**
Großgruppe 23, 201, 203, 238, 241

Hafttafel 169
Hearing 54, 243
Hypothesen 79, 86, 99
—, Bildung von **83**

Idealvorstellung 74
Ideenfindung, Wege zur **279**
Induktiv 74, 75, 78, 91, 108
Information des beplanten Systems 60, **61–66**
Informationelle Voraussetzungen **60–66**, 121
Informationsart **71**
Informationsaustausch im Team 149
Informationsbedarf 30, **32**
Informationsgeber 70, **71**
Informationsgruppen (IG) 44, **53–55**, 152, 154
—, Formen **54**
—, Funktionen **53**
—, Zusammensetzung **54**

Informationsmarkt (Info-Markt) 23, 24, 25, 38, 54, 69, 138, 180, 198, **261–278**
—, administrative Aufgaben **276**
—, Kriterienkatalog **272**
—, Planung **270**
—, Test **274**
—, Vorbereitung **276**
Informationsnetz für PT 69
Informationsoffenheit 68, 70
Informationsspeicherung 129
Informationsstand 54, **266**
Informationsübermittlung 129
Informationsumformung 129
Informationsvervielfältigung 129
Informelle Organisation 71, **97**
Instanzen, Planungs- 44, **45–55**, 61, 88, 151
—, Realisierungs- 116, **117–119**
Interaktion 26, 268
Interner Zinsfuß **356–361**
Interview 33, 69, 100, **311–315**, 316
Interview-Regeln **312–313**
Ist-Analyse **103**
Ist-Aufnahme 85, 94, 149
Ist-Aufnahmen, Detaillierungsgrad **97**, **308**
Ist-Aufnahme-Techniken 73, 86, 93, 99, **307–350**
Ist-Aufnahme, Ziele **307**
Ist-Zustand 28, 74, 103
—, Kritik am **103**

Kalkulation **109**
Kärtchen 169, 290
Kärtchenabfrage 206, 208, 267
Kenntnisse, betriebswirtschaftliche 103
Kennzahlenvergleich 93
Killerphrasen **146**
Kleingruppe (KG) 23, 87, 201, 229, 242
Kombination von Techniken **309–310**
Kommunikation 24, 56, 123, 137, 262
— in Gruppen **26**
Kommunikationsanalyse 102, **309**, **319**, **320–323**
Kommunikationsmedien **265**
Kommunikationsnetz für PT 69
Kommunikationsprobleme **17**
Kommunikationstechniken **198–278**
Komplexe Planung 76, 93, 296
Komplexe Problemsituation 32

371

Komplexität 35, 60, 272
Komponenten der Planung 74
Komponenten der Planungsaufgabe 75
Konfliktaustragung 159
Konflikte im Team 140, **157–160**
—, Sozial- 227
Konsolidierung 36, 115, **132**
Kontrolle 91, **97**, 108, 111, **132–133**
— des Feinmodells 108, **111**
—, Realisierungs- 115, **132–133**
Kontrollierte Daten 99
Konzeptverfeinerung 108, **110**
Kooperation 22, 137
Kosten, fixe 353
—, variable 353
Kostenvergleich je Leistungseinheit **354–356**
— je Zeiteinheit **353–354**
Kostenvergleichsrechnung 351, **352–356**
Kreativer Prozeß **280**
Kreatives Vorgehen, Merkmale **281**
Kreativität 73, **280–282**
Kreativitätsschranken **280**
Kritik am Ist-Zustand 103

Laterales Denken 281
Lebensdauer des Modells **109**
Linienorganisation **44**
Lösungsansätze, grobe 91, **92**

Management 17, 28, 42, 48, 52, 61, 121
—, Änderungsbereitschaft **37**
—, Projekt- 41, **42–43**, 115, 119
—, Teamwork- 41, **44–55**, 139
—, Widerstände 17, 37
Marginalrendite 353, **356–361**
Maßnahmekatalog 230, 231
Maximen **83**
— für Ablauforganisation **104**
— für Aufbauorganisation **104**
Methode 635: **292–294**
Modellorientierte Arbeiten 74, **79–85**, **91–93**
Modellvorstellungen **79**
Moderation 22, 38, 51, 68, **73**, 79, 85, 198, 202, **225–231**, 235, 269, 362
Moderator 22, 136, 149, 182, 228, 235, 243, 271, 282, 283
—, Aufgaben **226**

Moderatorentraining 231
Moderator, Funktionen **22**
Morphologische Analyse **302–306**
MPM 333
Multifaktorentechnik 304, **361–366**
Multimomentverfahren 102, 319, **328–332**
Multiple-choice 315

Netzplan 41, 42, 101, 102, 116
Netzplantechnik **333–350**
Normalfälle **97**
Normen **109**

Offener Terminkalender 144, 149
Operationale Einzelziele **92**
Opinion-leader 50, 71, 93, 97, 314
Organisationen, Planung an **14–18**
—, Planung in **14–18**
Organisation, informelle 71, **97**
Organisationsarbeit **72**
Organisationsform, Wahl der (für die Planung) **41**
Organisationsmappe 124, 132, **134**
Organisationsplaner 38, 157, 210
—, Aufgaben **27**
—, Rolle **18**
Organisationsplanung, Grundinstrumentarium **135–197**
—, Vorfeld **13–27**, 234
Organisationsstruktur 15, 316
Organisatorische Änderung 34
Organisatorisch-technische Voraussetzungen (für die Planungsarbeit) **56–60**, 116, 122

Packpapier 169
Paralleleinführung **131**
Parathesen **228**, 237
Personalaufwandplan 116, 120
Personaleinsatz (im PT) **102**
Persönliche Widerstände 17
PERT 333
Phasen der Planung **76**
— der Realisierung **115–134**
Planung an Organisationen **14–18**
— der Planung 30, 37, **39–43**
— der Realisierung 112, 115, **116–122**
— des Informationsmarktes **270**
— in Organisationen **14–18**

—, komplexe 76, 93, 296
—, Komponenten 74
Planungsarbeit (Effizienz) 56, 149
—, Komponenten 74
—, Qualität 70
—, Realitätsnähe 114
Planungsaufgabe 60
—, Komponenten der 75
—, Lösung 90
Planungsauftrag 60–63
Planungsbericht 112, 135, **184–197**
—, Darstellung und Gestaltung 191–197
—, Funktion 184
—, Gliederung 189, 191
—, Inhalt 186–189
—, Zielgruppe 184
Planungsergebnis 74
Planungsetat 61
Planungsfeld 34, 51, 80, 81, 86
Planungsinstanzen 44, **45–55**, 61, 88, 151
—, Vorteile 45
Planungskomponenten 74
Planungsmüdigkeit 49
Planungsphasen 76
Planungsprinzip 67–77
Planungsproblem, Struktur 79, **81**
Planungsprozeß 29, 34, 33, **67–111**
Planungsraum **56–58**, 138, 141, 148, **150**, 237
—, Ausstattung 57
—, Gestaltung 57
Planungsseminar 48, 67, 135, **136–138**, 141
Planungssituation 35
—, Bestimmungsfaktoren 30–34
Planungsspezialisten 44
Planungsteam (PT) 44, **45–49**, 225
—, Arbeitsfähigkeit **68**, 150
—, Arbeitsformen 69
—, Entscheidungsprozeß im **149**
Planungsteammitglieder, Eigenschaften 48
—, systemexterne 48
—, systeminterne 48
Planungsteammitglied, Qualifikation 48
Planungsteam, Rollenwechsel im 69
Planungszeit 60
Plenum 23, 73, 149, 201
Politische Arbeit 68, **72**

—, Überprüfung 93
Politische und sachliche Arbeit, Verhältnis 72
Präferenzmatrix **214**, 249, 286
Präsentation 26, 51, 53, 54, 81, 112, 135, 138, 152, **180–183**, 241, 267, 268, 275
— von Planungsergebnissen 180
Präsentations-Regeln **181**
Praxisorientierte Arbeiten 74, 85–87
Problemanalyse **30–35**, 38
—, Ergebnis 34
Problemdefinition 76, 77–89
Probleme, Kommunikations- 17
—, Verhaltens- 17
Problemfeld 32
Problemlandkarte **20**, 216, **218–222**, 227, 251, 254, 257, 273, 287
Problemlösungstechniken 156, 157, 182, 271, **279–306**
—, Übersicht 283
Problemlösungsverhalten des Teams 155
Problemplakat 157, **216–218**, 227, 274
Problemsituation, Komplexität 32
Problemstruktur 29, **30**
Problemstrukturierung 232
Pro-und-Kontra-Spiel 215, **288**, 364
Programm, Untersuchungs- 74, 83, 94
Projektauftrag 42
Projektgruppe 42
Projektleiter 42
Projektmanagement 41, **42–43**, 115, 119
Projektverantwortung 43
Protokoll 89, 183
Punkteverfahren **210–211**

Qualifikation eines PT-Mitgliedes 48
Qualität der Planungsarbeit 70

Randbedingungen des Konzeptes 110
Realisierung 36, 42, 52, 76, **114–134**
—, Aufgaben- 115, **122–132**
Realisierungsauftrag 116, 117, 120
Realisierungsausschuß (RA) 119, 121, **122**
Realisierungsentscheidung 51
Realisierungsgruppe (RG) **117**
—, Zusammensetzung 118
Realisierungsinstanzen 116, **177–119**
Realisierungskontrolle 115, **132–133**

Realisierungsleiter (RL) 119
Realisierungsphasen 115–134
Realisierungsplanung 112, 115, **116–122**
Realisierungsrevision 134
Realisierungszeit- und Vorgehensplan 116
Realisierung, Übergang zur 111
Realitätsnähe der Planungsarbeit 114
Rechnung, ex-ante 351
—, ex-post 351
Regelfälle 91, 109
Regelkreis im Unternehmen **16**
Regeln, 30 Sekunden 145, 199, 241
— der Diskussion **199–202**, 227, 241, 268
— der Präsentation 181
— der Teamarbeit **45–46**, 69, **144–145**
— der Visualisierung **163–168**
— für die Standrunde 267
— für Interviews 312–313
Ressortverteilungsplan 127
Revision 33, 70
—, Realisierungs- 134
Richtlinien 109
Rolle des Organisationsplaners **18**
Rollen im Team **157–160**
Rollenspiel 152, 158, 246, **248**, **284–285**
Rollenwechsel im Team **69**

Sachbezogene Widerstände **17**
Sachliche Arbeit 68, 72
—, Überprüfung **93**
Sachmittel 115, **129–130**
Scenario 216, **218–222**, 227, 251, 254, 257, 286
Schiedsrichterverfahren **211–213**, 223, 253
Schnittstellen 85, 99, 109
Schulung der Mitarbeiter **131–132**
Schwachstelle (Kritikpunkte) 102, 105
Schwachstellenanalyse **95**
„Schwarzer Kasten" **80**
Schwierigkeiten (während einer Planung) **49**
Selbstaufschreibung 100, **319–320**
SINETIK 333
Situationen in Gruppen **230**
Situationsabfrage 213, 275
Sitzung, BA 50, **51**, **88**, 106, 111, 149, 153
—, EA 50, 53, 76, **88**, **106–107**, **111**, 149
Soll-Vorschlag 91, 95, **103**
Soll-Zustand **28**

Sonderabläufe 123
Sonderfälle 97, 108
Sozialkonflikte **227**
Spezialisten, Planungs- **44**
Spielregeln der Teamarbeit **144–145**
Spontane Diskussionsrunde **266**
Spontanstand 25, 263, **266**
Standardabläufe **122**
Standmacher 271, 272, 274
Standrunde **267–269**
—, Regeln für 267
Stecktafeln 168
Stellenbeschreibung **124**, 316
Stimmungsabfrage 242, 244, 246, 248, 252, 254, 256, 258
Strategisches Gremium 234, 260
Struktur des Planungsproblems 79, **81**
—, Organisations- 15, 16, 316
—, Problem- **30–31**
Strukturierung, Problem- 232
Stufeneinführung **130**
Symptome 19, **20**, 31, 83, 86
Sympathiegruppe 251, 286
Synektik **296–302**
Systemabgrenzung 79, **80**
Systemeinführung 45, **130–132**
Systemexterne PT-Mitglieder **48**
Systeminterne PT-Mitglieder **48**
System, Analyse 29, **36–38**
Systems-Engineering 93
System, Information des beplanten S. 60, **62–66**
Systemübergabe 115, **134**
Systemzwang 47

Tätigkeitskatalog 145, 149, 157, 200, 216, **222–224**, 227, 254, 256
Tageslichtprojektor 169
Tangierte Bereiche 121, **122**, 127
Team **45–49**, 135, 137, **139–160**
Team-Andacht 158
Teamarbeit, Regeln **45**, **69**, **144–145**
Team, Arbeitsfähigkeit **68**, 150
—, arbeitstechnische Voraussetzungen 140, **147–150**
Teambildung 137, **147**
—, gruppenpsychologischer Prozeß 140, **141–147**

Teambrief **55**, 152
Team, Konflikte im 140, **157–160**
—, Problemlösungsverhalten im **155**
—, Rollen im **157–160**
Team, Entscheidungsprozeß **149**
—, Größe **47**
—, Spielregeln **144–145**
Team-teaching 136, 303
Teamtraining 141
Team, Verhaltensregeln im **142**
—, Verhältnis zur Umwelt 140, **151–154**
—, Vorgehensweise und Arbeitsweise 140, **154–157**
Team-work 115, 139, 157
Teamwork-Management 41, **44–55**, 140
Team, Zusammensetzung **47**
Technik, Abfrage- **205–207**, 228, 266
Techniken, Analyse- 73, 102, **307–350**
—, Auswahl von **309–310**
—, Bewertungs- 157, 198, 202, **210–215**, 217, 224, 241, 302
—, Darstellungs- 100, 101
Technik, Diskussions- 54, 145, 181, 182, 198, **199–209**
—, Gruppenarbeits- 271, **282**
Techniken, Ist-Aufnahme- 73, 86, 93, 99, **307–350**
—, Kombination von **209–310**
—, Kommunikations- **198–278**
Technik, Multifaktoren- 304, **361–366**
—, Netzplan- **333–350**
Techniken, Problemlösungs- 156, 157, 182, 271, **279–306**
—, Problemlösungs-Übersicht **283**
—, Untersuchungs- **309–350**
Terminkalender, offener 144, 149
Terminplan **101**, 116, **120**, 155
Themensammlung **201**
Themenstand 263, **265**
„totplanen" **36**
Transparenzfragen (TF) 158, 200, **205–207**, 240

Übergabe, System- 115, **134**
Übergang zur Realisierung **111**
Überprüfung (politisch und sachlich) **93**
Überzeugungsstrategie 180
Umweltbedingungen 318

Unkonventionelle Lösungen 19
Unterlagenorganisation 148
Unterlagenstudium 100
Unternehmen, Regelkreis **16**
Unternehmensberatungsgesellschaft **21**, 62, 189
Unternehmensführung, -leitung 28
Unternehmerische Entscheidung **18**
Untersuchung 94, 95
Untersuchungsergebnis **83**
Untersuchungsprogramm 74, 83, 94
Untersuchungstechniken **309–350**
Untersuchung, Ziele **95**
Ursachenforschung 19, 20, 31
Utopiespiel 250, **286–287**

Variable Kosten 353
Verantwortung, Projekt- 43
Verfahren 115, **127**
—, Multimoment- 102, 319, **328–332**
—, Punkte- **210–211**
Verfahrensbeschreibung **128**
Verfahren, Schiedsrichter- **211**, 223, 253
Verhältnis des Teams zur Umwelt 140, 151–154
— politischer zu sachlicher Arbeit **72**
Verhaltensprobleme **17**
Verhaltensregeln des Teams **142–143**
Vertikales Denken 281
Visualisierung 26, 58, 127, 135, 145, **161–179**, 181, 182, 192, 263, 271, 275
—, Beispiele 171–173, 176–179
—, Darstellungsmöglichkeiten **170–179**
—, Hilfsmittel **168–170**
— mit Bild **166–168**
—, Regeln **163–168**
— von Text **163–165**
— warum? **162**
Voraussetzungen, arbeitstechnische V. des Teams 140, **147–150**
—, informationelle **60–66**, **121**
—, organisatorisch-technische (für die Planungsarbeit) **56–60**, 116, **122**
Vorbereitung des Informationsmarktes **276**
Vorfeld der Organisationsplanung **13–27**, 234

Vorgehensstrategie des Teams **154**
Vorschlag, Soll- 91, 95, **103**
Vorteile der Planungsinstanzen **45**
Voruntersuchung **28–66**, 77, 88

Wahl der Analysetechnik 102
— der Organisationsform (für die Planung) **41**
Wandtafel 170
Wandzeitung 162
Wechsel Großgruppe/Kleingruppe 23, 201, **203**, 238, 241
Wege zur Ideenfindung 279
Weg zur Planung **18–27**
Widerstände bei der Realisierung 117, 132
— des Managements **37–38**
—, persönliche 17

Widerstände, sachbezogene 17
Wirtschaftlichkeitsprüfung **351–366**

Zeitbedarf für den Problemlösungsprozeß 30, **33**
Ziele der EA-Sitzung **89**
— der Ist-Aufnahmen **307**
— der Untersuchung **95**
Zielfindungsklausur **21**
Zielformulierung 76, **77–89**
Zitate im Team erlauscht **160**
Zukunftsorientierte Vorschläge **82**
Zusammensetzung, BA **50**
—, EA **52**
—, IG **54**
—, RG **118**
—, Team **47**
Zustand, Soll- **28**